受贿犯罪研究

SHOUHUI FANZUI YANJIU

李 辰/著

中国政法大学出版社

2011·北京

序

"吏不廉平，则治道衰。"[1]

贿赂犯罪是我国历朝历代以来的一大社会顽疾，对国家经济和社会发展具有极强的破坏性。受贿犯罪严重腐蚀了国家公职人员的职务廉洁性，败坏了社会风气，削弱了党的执政基础和执政地位。惩治贿赂犯罪不仅是法制建设的需要，更关系到国家的长治久安。

我们党和国家一贯重视对受贿犯罪的惩治。近年来，反腐败斗争持续深入开展，大量的受贿犯罪特别是一批大案要案得到了揭露和惩处，这不仅充分表明了党和政府反腐败的决心，也有利保障了我国的社会稳定和经济发展。但是从司法实践来看，受贿犯罪具有相当的复杂性，随着经济转型和社会发展，受贿犯罪又出现了很多新的形式，更趋于隐蔽和智能化，原有的立法规定和司法解释显露出一定程度的滞后性，造成了法律适用上的很多疑难问题和争议。

实践中的问题迫切需要理论研究上的支持和跟进。作为刑法的重要罪名之一，受贿犯罪历来是刑法学界研究的热点，自1997年修订的刑法典颁布以后，受贿犯罪研究的相关论著层出不穷，成果颇丰。但是以往的论著更多侧重于理论，密切贴近司法实务的研究成果并不多见。针对司法实践中手段翻新、形式多变的受贿犯罪，继续展开务实而深入的研究，无论对于完善立法还是指导司法实践都具有重要意义。

《受贿犯罪研究》一书正是应这样的现实需要而诞生。该书的作者李辰同志不仅是北京市人民检察院第一分院公诉二处的副处长、北京市的十佳公诉人，同时也是中国政法大学的兼职研究生导师，有着丰富的司法实践经验和

---

[1]《资治通鉴·汉纪十八》。

深厚的学术素养。她长期从事检察一线的工作，经办了大量在全国有重大影响的疑难、复杂受贿犯罪案件。在工作中，她始终保持求真务实的态度和学术研究的热情，以她高度的问题意识和敏锐的分析洞察力对受贿案件的新情况、新问题进行了系统梳理，发掘并提炼了受贿犯罪研究的第一手资料，并对其进行了潜心研究和深入思考，该书是其实践经验和理论研究的结晶。

在《受贿犯罪研究》一书中，作者上下两编的论述体例别具特色，上编论述受贿犯罪的实体问题，下编论述受贿犯罪的证据问题。上编首先从宏观上对受贿犯罪的理论研究及立法现状进行了概述，并对受贿罪的犯罪客体进行了系统解读；其次从微观上对受贿罪、利用影响力受贿罪、单位受贿罪以及非国家工作人员受贿罪等与受贿犯罪相关的个罪的构成要件及司法认定进行了逐一论证，进而分析了受贿犯罪的具体的犯罪形态、刑罚标准及量刑情节，在此基础上针对受贿犯罪的罪名体系、构成要件以及刑罚配置等方面提出了立法完善的建议。下编对受贿犯罪的证据部分进行了系统、深入的研究，涉及受贿犯罪的证明对象、证明标准、证据规则、证明责任的分配以及证据的收集、审查与运用等与司法实务密切相关的问题，其中很多问题的论述独创性极强，如纪检监察机关移送案件证据的审查与转化、受贿犯罪中"一对一"证据的认定、死刑案件证据的审查判断等，在以往的相关学术著作中是没有涉及的，对司法实务工作具有极强的指导意义。

根植于实践的刑法理论之树才会常青。浏览全书，著者立足于惩治受贿犯罪的司法实践，向读者递交了一份受贿犯罪从证据收集到定罪量刑所包罗问题的完美答卷。理论研究深入、紧扣司法实践就是该书最大的特点。该书纵向上分为实体认定和证据研究两个层面，横向上抓住刑法理论和检察实践两个维度，直击受贿犯罪理论和司法实践中的疑点、难点问题，对受贿罪在犯罪构成、法律适用，以及证据的收集和审查运用上，做了全面、系统的剖析。该书以著者在检察实践一线收集的第一手资料为佐证，切实增强了论证的力度和深度，并具有极强的实践指导意义。对于受贿犯罪的理论研究和司法实践来说，本书必将成为重要的参考文献之一；对于正确适用法律打击受贿犯罪来说，该书必将成为"蠲浊而流清，废贪而立廉"的扛鼎之作。

李辰同志在本书付梓之际，邀我作序，我深为在检察机关辛勤奋斗的同志能够有如此的学术研究热情而甚感欣悦，并为她取得的研究成果倍加赞叹，于是欣然写下此文，是以为序。

周光权
2011年4月

引 言

受贿犯罪是指具有公职的人员利用职务上的便利实施的一类严重的经济犯罪,不管是我国封建社会的各种典章律例,还是当代世界各国的刑事法典,都将其作为严厉惩治的对象之一(当然罪名可能有所不同)。究其根源,在于这种权力腐败行为侵害了一般民众对于国家公务行为的信任,并最终可能危及公务行为的顺利实施,因而,防治权力腐败是国家政治清明、社会稳定、经济发展的基础与保证。"吏治清明"是古代历史上盛世(如文景之治、贞观之治)的标志之一,也是现在建设法治国家"阳光政府"的应有之义。受贿犯罪作为最为典型的腐败现象,从微观上关系着百姓生活,从宏观上关系着国家的廉政建设。可以毫不夸张地说,受贿问题的治理在一定程度上决定着一个国家的长期发展与民族的未来命运。当然,这需要全体社会的不懈努力。二战以来,随着各国认识到公职人员腐败的严重危害性以及其不分国界、文化传统与社会制度普遍地存在于各种权利领域中的特点,世界范围内的反腐合作不断加强与深化,实现了包括《联合国反腐败公约》在内的全球合作的阶段性成果。

事实上,新中国成立以来,腐败行为一直是我国政府打击的重点,尤其是 1979 年刑法颁布以来,我国刑事立法在打击受贿犯罪方面不断完善,逐步形成了受贿犯罪的罪名体系。如何挥法律之利剑,在法治建设层面有效地、正确地惩治和预防受贿犯罪?这就迫切需要理论界和司法实践给予极大的关注与不断的研究。

基于以上认识,本书主要从规范解释的视角,以我国刑事法(包括刑法与刑事诉讼法)及有关司法解释为依据,对具体的刑法规范、刑事诉讼过程中有关证据的运用进行解释,以期对受贿犯罪的定罪量刑起到指引作用。

本书在内容上分为上下两编。上编是实体部分的内容,主要内容是对受贿犯罪中各具体犯罪的构成要件进行解释,然后分析其具体的犯罪形态(分别从罪与非罪的界限、此罪与彼罪的界限、犯罪的未完成形态、共同犯罪形态、罪数形态以及刑罚的设置与具体适用等方面予以阐述);同时,基于犯罪学与刑事政策学的视角,本书也对我国受贿犯罪的现状、成因与对策以及受贿犯罪罪名体系的立法完善等问题进行了研究。下编是证据部分的内容,主要是针对受贿案件审理过程中,有关证据运用中的特殊问题,包括受贿犯罪的证明对象、证明标准、证据规则以及证明责任的分配,等等。

李 辰

2011 年 1 月

Contents 目录

序 ·· I
引 言 ·· IV

上编　受贿犯罪的实体问题研究

第一章　受贿犯罪概述 ·· 1
第一节　受贿犯罪的概念与现状 ·· 1
第二节　受贿犯罪的成因与对策 ·· 7
第三节　域外受贿犯罪的立法考查 ·· 12
第四节　我国受贿犯罪的立法沿革 ·· 18

第二章　受贿犯罪的客体 ·· 30
第一节　受贿犯罪的客体 ·· 30
第二节　贿赂的范围与性质 ·· 36

第三章　受贿罪 ·· 42
第一节　受贿罪概述 ·· 42
第二节　受贿罪的主体要件 ·· 45
第三节　受贿罪的客观方面要件（之一）
　　　——受贿罪的职务要件 ·· 55
第四节　受贿罪的客观方面要件（之二）
　　　——受贿罪"为他人谋取利益"要件 ·· 72
第五节　受贿罪的主观方面要件 ·· 84
第六节　受贿罪的认定 ·· 87
第七节　新型受贿犯罪 ·· 96

第四章 利用影响力受贿罪 ………………………………………… 120
第一节 利用影响力受贿罪概述 ………………………………… 120
第二节 利用影响力受贿罪的主体要件 ………………………… 122
第三节 利用影响力受贿罪的客观方面要件 …………………… 125
第四节 利用影响力受贿罪的主观方面要件 …………………… 129
第五节 利用影响力受贿罪的认定 ……………………………… 130

第五章 单位受贿罪 ………………………………………………… 133
第一节 单位受贿罪概述 ………………………………………… 133
第二节 单位受贿罪的主体要件 ………………………………… 136
第三节 单位受贿罪的客观方面要件 …………………………… 139
第四节 单位受贿罪的主观方面要件 …………………………… 140
第五节 单位受贿罪的认定 ……………………………………… 141

第六章 非国家工作人员受贿罪 …………………………………… 143
第一节 非国家工作人员受贿罪概述 …………………………… 143
第二节 非国家工作人员受贿罪的主体要件 …………………… 145
第三节 非国家工作人员受贿罪的客观方面要件 ……………… 151
第四节 非国家工作人员受贿罪的主观方面要件 ……………… 154
第五节 非国家工作人员受贿罪的认定 ………………………… 155

第七章 受贿犯罪的特殊犯罪形态 ………………………………… 157
第一节 受贿犯罪的进程形态 …………………………………… 157
第二节 共同受贿犯罪 …………………………………………… 161
第三节 受贿犯罪的罪数形态 …………………………………… 181

第八章 受贿犯罪的刑罚 …………………………………………… 192
第一节 受贿罪的刑罚 …………………………………………… 192
第二节 利用影响力受贿罪的刑罚 ……………………………… 198
第三节 单位受贿罪的刑罚 ……………………………………… 200
第四节 非国家工作人员受贿罪的刑罚 ………………………… 201

第九章 受贿犯罪的量刑 …………………………………………… 203
第一节 量刑情节概述 …………………………………………… 203
第二节 受贿犯罪的概括性情节 ………………………………… 207

第三节　受贿犯罪的数额 …………………………………………… 211
　　第四节　受贿犯罪的自首与坦白 …………………………………… 217
　　第五节　受贿犯罪的立功 …………………………………………… 226

第十章　受贿犯罪的立法完善 …………………………………………… 230
　　第一节　受贿犯罪立法完善的必要性 ……………………………… 230
　　第二节　完善受贿犯罪立法的原则 ………………………………… 234
　　第三节　受贿犯罪立法完善 ………………………………………… 235

下编　受贿犯罪的证据问题研究

第十一章　受贿犯罪的证据概述 ………………………………………… 247
　　第一节　受贿犯罪证据的概念 ……………………………………… 247
　　第二节　受贿犯罪证据的法律特征 ………………………………… 249
　　第三节　受贿犯罪证据的种类及分类 ……………………………… 251

第十二章　受贿犯罪的证明对象 ………………………………………… 259
　　第一节　证明对象概述 ……………………………………………… 259
　　第二节　受贿犯罪证明对象中的实体法事实 ……………………… 261
　　第三节　受贿犯罪证明对象中的程序法事实 ……………………… 266
　　第四节　受贿犯罪赃款去向的证明对象归属问题 ………………… 267

第十三章　受贿犯罪证明责任的分配 …………………………………… 270
　　第一节　证明责任概述 ……………………………………………… 270
　　第二节　我国有关刑事证明责任分配的一般规则 ………………… 273
　　第三节　受贿犯罪案件中的证明责任倒置规则的域外考察 ……… 276
　　第四节　受贿犯罪案件中的证明责任倒置规则在我国的确立 …… 279

第十四章　受贿犯罪的证明标准 ………………………………………… 285
　　第一节　证明标准概述 ……………………………………………… 285
　　第二节　受贿案件的立案标准 ……………………………………… 287
　　第三节　受贿案件的公诉标准 ……………………………………… 291
　　第四节　受贿案件的定罪标准 ……………………………………… 298
　　第五节　受贿类罪的证据参考标准 ………………………………… 302

第十五章 受贿案件的特殊证据规则 ……………………………… 311
- 第一节 证据规则概述 …………………………………………… 311
- 第二节 受贿案件的证据排除规则 ……………………………… 318
- 第三节 受贿案件的贿赂推定规则 ……………………………… 326

第十六章 受贿犯罪证据的收集、审查与运用 …………………… 343
- 第一节 受贿犯罪证据的收集 …………………………………… 343
- 第二节 受贿犯罪证据的审查判断 ……………………………… 354
- 第三节 受贿犯罪证据的运用 …………………………………… 355

第十七章 受贿案件的非法证据排除 ……………………………… 362
- 第一节 受贿犯罪非法证据的现状 ……………………………… 362
- 第二节 受贿案件中非法证据排除规则的意义 ………………… 363
- 第三节 非法证据排除在证据审查中的具体运用 ……………… 367

第十八章 受贿犯罪证据审查中的特殊问题研究 ………………… 374
- 第一节 纪检监察机关向检察机关移送案件证据的审查和转化 … 374
- 第二节 受贿犯罪中的翻供的审查判断 ………………………… 378
- 第三节 受贿犯罪中"一对一"证据的认定 …………………… 379
- 第四节 受贿犯罪中死刑案件证据的审查判断 ………………… 382

第十九章 受贿犯罪证据的立法完善 ……………………………… 387
- 第一节 现行受贿犯罪证据立法在查处受贿案件中的缺陷 …… 387
- 第二节 受贿犯罪证据立法完善的建议 ………………………… 388

参考文献 …………………………………………………………… 398

后　　记 …………………………………………………………… 405

上编 受贿犯罪的实体问题研究

第一章 受贿犯罪概述

第一节 受贿犯罪的概念与现状

一、受贿犯罪的概念

虽然贿赂犯罪在古今中外都是各国法律重点惩治的对象，但是基于各国不同的政治、经济、文化特征，不同国家的法律对贿赂犯罪规制的范围也各不相同，即使同一国家在不同时期，立法上的嬗变也导致贿赂犯罪规制的范围不断地流变。因此，受贿犯罪当是一个特定时空条件下的概念。[1] 因此，本书所称的受贿犯罪是指当前中国刑事立法规制下（主要是刑法典）所有涉及受贿行为的犯罪总称。目前我国刑法典针对受贿行为设置的各罪名既是本书研究的对象，同时也大致划定了本书研究的依据与范围。[2]

本书认为，把握受贿犯罪的概念与内涵需要明确以下三点：

首先，受贿犯罪是一个类罪名，不同于我国刑法典中规定的某一个具体的罪名。依据我国目前刑法的规定以及最高人民法院、最高人民检察院有关罪名确定的司法解释，受贿犯罪涉及以下四个具体罪名：受贿罪、利用影响力受贿罪、单位受贿罪、非国家工作人员受贿罪，四个罪名的结合在一定程度上形成了我国目前较为严密的受贿犯罪罪名体系。

其次，受贿犯罪是一个类罪名，不是定罪的规范依据。受贿犯罪只是一个分类罪名，本身没有具体的罪状与法定刑，刑法对构成要件没有明确的规定，不具有规范的质量。因而，在审理受贿犯罪案件时不得定"受贿犯罪"，而应当依据以上四个具体罪名定罪处刑。一言以蔽之，受贿犯罪同刑法分则中的各章节罪名

---

〔1〕 有关各国受贿犯罪的立法例的不同以及中国自古至今尤其是新中国成立以来受贿犯罪立法的演变，详见本书第二章。

〔2〕 其中主要涉及的规范参见本书第一章第四节"当前我国受贿犯罪罪名体系"的有关论述。

一样，只具有分类机能，而不具有定罪机能。[1]

最后，受贿犯罪与行贿犯罪通称贿赂犯罪。贿赂犯罪是对合犯罪，有受贿者必有行贿者，反之亦然。我国刑事立法对受贿行为、行贿行为都规定为犯罪行为（异罪异罚），与受贿犯罪罪名体系下的四个具体罪名（受贿罪、利用影响力受贿罪、单位受贿罪、非国家工作人员受贿罪）相对应，也形成了有四个具体罪名（行贿罪、单位行贿罪、对单位行贿罪、对非国家工作人员行贿罪）组成的行贿犯罪罪名体系。[2] 两者结合形成了我国贿赂犯罪罪名体系。

二、当前办理受贿犯罪案件的概况

（一）查办受贿犯罪的力度进一步加大

近年来随着一桩桩重大受贿案件被查处，体现出我党对于反腐败工作的坚强决心，也看出对于加大办案力度的工作成效。据统计，1992 年 10 月至 2002 年 9 月，全国纪检监察机关共立案 1 634 925 件，结案 1 550 408 件，给予党纪政纪处分 1 555 481 人。通过查办案件，纪检监察机关为国家挽回经济损失 483.491 亿元。特别是查处陈希同、王宝森、成克杰、胡长清、许运鸿、金德琴、李嘉廷、王乐毅、李纪周、慕绥新、丛福奎等一批领导干部严重违纪违法案件，突破了厦门、湛江特大走私案，无锡新兴公司非法集资案等一批大案要案，收到了良好的政治和社会效果。[3]

随着经济的飞速发展，受贿犯罪的数目也呈持续上升趋势，其中在 2008 年，各级纪检监察机关共立案 128 516 件，结案 127 949 件，给予党纪政纪处分 133 951 人，其中涉嫌犯罪被移送司法机关处理 4518 人，严肃查处了一批大案要案。全国共查办商业贿赂案件 17 506 件，涉案金额 39.7 亿元。[4] 到 2009 年全国纪检监察机关共立案 134 504 件，结案 132 808 件，给予党纪政纪处分 138 708 人，涉嫌犯罪被移送司法机关处理 5366 人，还对 7036 名领导干部进行了问责。深入开展治理商业贿赂专项工作，共查办商业贿赂案件 15 548 件，涉案金额 39.1 亿元。[5]

---

[1] 需要说明的是，我国刑法分则所规定的 10 类犯罪（章节罪名），是根据同类客体划分的结果。从这个角度说章节罪名是法定的，受贿犯罪这一类罪名的划分并不是法定的，有一定的理论整理成分。因为受贿犯罪中受贿罪、利用影响力受贿罪、单位受贿罪规定在《刑法》分则第八章贪污贿赂犯罪，非国家工作人员受贿罪规定在《刑法》分则第三章破坏社会主义市场经济罪中，受贿犯罪处在刑法分则不同的章节之中。

[2] 需要特别注意的是，以上四对具体罪名并不是一一对应关系，相反，在中国现行的贿赂犯罪罪名体系之下，倒是存在着不小的处罚间隙。

[3] http://www.cctv.com/news/china/20021026/100015.shtml，最后访问日期：2010 年 10 月 1 日。

[4] http://portal.sinoth.com/zgvip/1000034942.html，最后访问日期：2010 年 10 月 1 日。

[5] http://news.cntv.cn/special/qgzmk/20100907/102764_3.shtml，最后访问日期：2010 年 10 月 1 日。

2010年，全国纪检监察机关共接受信访举报1 427 186件（次），立案139 621件，结案139 482件，给予党纪政纪处分146 517人，涉嫌犯罪被移送司法机关处理5373人，立案、结案件数和党纪政纪处分人数同比都有所增长。严肃查处了康日新、黄瑶、宋勇、许宗衡等一批大案要案。治理商业贿赂专项工作扎实推进，全国共查办商业贿赂案件15 900件，涉案金额42.66亿元。〔1〕2010年以来，全国法院共判处11名省部级高官刑罚。落马高官有两个共同点，所犯罪名必有受贿罪，涉案金额都在500万元以上。大都是利用职务便利收受大量的钱财，部分官员还接触桃色，多为包养情妇、嫖娼。专家表示，大批高官落马，足以见证国家近几年一直在加大查处腐败的力度。〔2〕

（二）高级领导干部受贿案件数量增多

在查办案件当中，高级领导干部受贿的案件呈逐年上升趋势。根据最高人民检察院政府工作报告，检察机关2008年立案查办涉嫌犯罪的县处级以上国家工作人员2687人，其中厅局级181人、省部级4人。2009年查办涉嫌犯罪的县处级以上国家工作人员2670人，其中厅局级204人、省部级8人。在上述被查办的省部级领导干部案件中均涉及了受贿犯罪，2009年以来查处了国家开发银行原副行长王益、天津市原市委常委皮黔生、最高人民法院原副院长黄松有、广东省政协原主席陈绍基、浙江省原纪委书记王华元、深圳市原市长许宗衡、宁夏回族自治区原副主席李堂堂、贵州省政协原主席黄瑶、辽宁省人大原副主任宋勇、中国核工业集团原总经理康日新、中国移动通信集团公司原党组书记张春江等一批大案要案。

（三）受贿犯罪的数额和次数增多

1979年刑法对受贿罪的立案标准是1000元，1988年1月全国人大常委会《关于惩治贪污罪贿赂罪的补充规定》对受贿罪规定的起刑点是2000元，1997年修订刑法虽然将该数额提高至5000元，但从司法实践来看，受到惩处的受贿者受贿数额为5000元的极为少见，一般情形下，受贿数额都在1万元以上。特别是20世纪末期至今所发生的受贿案件，其受贿数额动辄几万元、几百万元、几千万元，更有甚者达上亿元。例如，国家开发银行原副行长王益收受贿赂共计折合人民币1196万余元、重庆市司法局原局长文强收受贿赂共计折合人民币1211万余元、中国石油化工集团公司原总经理陈同海收受贿赂共计折合人民币1.957 3亿余元。

从近年来查办的受贿犯罪案件看，受贿的频率提高且单笔犯罪金额增大。过

─────────

〔1〕 http://gb.cri.cn/27824/2011/02/20/2225s3157789_1.htm，最后访问日期：2011年3月2日。

〔2〕 http://news.163.com/10/1221/06/6ODIKTDB0001124J.html，最后访问日期：2010年12月21日。

去受贿犯罪案件中数年间受贿几次,受贿单笔数额往往是几千元、几万元,近些年受贿犯罪多为十多次、几十次,有的甚至达上百次。受贿单笔数额动辄几十万元、上百万元。首都公路发展有限责任公司原董事长毕玉玺5年间受贿77次,黑龙江省原政协主席韩桂芝10年间受贿416次,更有甚者,河南省封丘县原县长李荫奎7年间受贿高达1575次。[1]

（四）受贿犯罪窝案、串案多

最近几年,中央加大反腐力度,查办了一批包括一些省部级领导干部在内的高官职务犯罪案件。在对这一类犯罪案件进行分析后发现:一名官员落马,往往会带出一批官员甚至是高级干部,即所谓的"群体效应"。在这3000余起职务犯罪案件中,涉及官员的串案、窝案有552起,占案件总数的18%,涉案人数达933人。[2]在案件查处中是一挖一窝、一带一串。例如,在办理国有重点金融机构原监事会主席胡楚寿受贿案中,先后有财政部金融司原司长徐放鸣、农发行原行长助理于大路、中国瑞联电子公司原副总经理王刚、中国电子租赁公司原副总经理赵东明、深圳亚捷公司原法定代表人黄俊杰、北京美禾电子有限责任公司原法定代表人蔡国安以及天津中银机电设备公司的陈卫国等多人被追究刑事责任。在办理国家食品药品监督管理局原局长郑筱萸受贿、玩忽职守案中,先后有药品注册司原司长曹文庄、医疗器械司原司长郝和平、注册司原助理巡视员卢爱英、药监局专项办马腾、国家药典委员会原秘书长王国荣、业务综合处原副处长李智勇、北京中欣医药经营公司原副经理王颖伟、香港诺氏制药集团有限公司原总经理魏威等多人被追究刑事责任。

（五）受贿犯罪往往与其他犯罪相关联

实务中受贿犯罪往往与其他犯罪相关联,具体体现在:

1. 与贪污罪、挪用公款罪、私分国有财产罪和巨额财产来源不明罪相关联。受贿犯罪隶属于《刑法》分则第八章贪污贿赂罪一章,均属于特殊主体犯罪,往往会出现行为人在构成受贿犯罪的同时,还会构成贪污罪、挪用公款罪、私分国有资产罪和巨额财产来源不明罪等罪名。例如北京市西城区人民法院原院长郭生贵因构成受贿、贪污两项罪名,被判处死刑缓期二年执行,剥夺政治权利终身,并处没收个人全部财产。又如北京市首都公路发展集团原董事长毕玉玺因犯受贿罪、私分国有资产罪两项罪名,被判处死刑缓期二年执行,剥夺政治权利终身,并处没收个人全部财产。

2. 与其他渎职犯罪相关联。这主要是说行为人在犯行贿罪的同时,有时还会

---

[1] http://news.163.com/10/1122/17/6M42I1M700014JB6.html,最后访问日期:2010年12月21日。

[2] 李宏民:"当前职务犯罪呈现十大特点",载《检察日报》2007年3月27日。

在为他人谋取利益过程中，致使公共财产、国家和人民利益遭受重大损失，其行为会触犯《刑法》分则第九章渎职罪中的玩忽职守、滥用职权、徇私舞弊等罪名。如2003年6月5日，河南省淮阳县公安局原党委委员、副政委任伟因犯受贿罪、贪污罪、挪用公款罪、滥用职权罪、收购赃物罪、重婚罪，一审被判处有期徒刑20年。2003年12月26日，深圳市中级人民法院对深圳市能源集团有限公司原董事长兼党委书记劳德容以受贿罪、挪用公款罪、滥用职权罪、巨额财产来源不明罪等四罪并罚，判处无期徒刑，剥夺政治权利终身。2007年5月29日，北京市第一中级人民法院对国家食品药品监督管理局原局长郑筱萸以受贿罪、玩忽职守罪并罚，判处死刑，剥夺政治权利终身，并处没收个人全部财产。

3. 与其他犯罪相关联。这表现在某些国家工作人员在犯受贿罪时，还涉及触犯《刑法》分则第三章破坏社会主义市场经济秩序罪、第四章侵犯公民人身权利、民主权利等罪名。如2004年6月，全国经济特产经济开发中心原主任曹忠武因犯贪污罪，受贿罪，诈骗罪，伪造国家机关公文、证件罪，挪用公款罪，行贿罪等六罪而被数罪并罚，判处死刑，剥夺政治权利终身，并处没收个人全部财产。[1] 又如重庆市司法局原局长文强，法院认定构成受贿罪、包庇、纵容黑社会性质组织罪，强奸罪，巨额财产来源不明罪四项罪名。

三、当前受贿犯罪案件的新特征

（一）行贿受贿的时间差加大，出现了"期权化"现象

以往的贿赂犯罪一般表现为现货交易，国家工作人员利用职务便利为他人谋取利益，请托人根据请托事项予以"酬谢"，方式比较直白、显露。随着重点部委监控力度的加大，一些环节的腐败空间被压缩，为了规避风险，直接利用职务之便进行权钱"现货"交易少了，但是腐败的内在动力并没有消除，为了降低风险进行权钱交易，行为人有的将腐败行为前置，有的将收受财物的行为后移，这样就出现了约定"先办事、后拿钱"的离职干部"余权型"受贿问题，还有的行贿者也并非为一时一事而行贿，而是为了谋求长期稳定的利益，采取入股、合伙经商、委托理财等手法，与国家工作人员"利益共享"、长期"合作"，形成稳定、持续的权钱交易关系。

（二）行受贿利益链条复杂，群体型犯罪突出

随着机构改革，政府职能转变，国家工作人员的权力受到越来越多的制约，单独作案风险大，机会不多，只有官官勾结、官商勾结，权力的敛财功能才能充分发挥出来。因此，群体型犯罪成为近年来受贿犯罪的主要犯罪形式，这也是近

---

[1] 佚名："原全国特产经济开发中心主任犯六罪一审被判死刑"，载《北京日报》2004年6月15日。

六年北京市局级干部群体型犯罪同比增长25％的主要原因。[1] 近年来的受贿犯罪，无论从组成人数、人员结构、作案方式上都要更为复杂。以前的受贿犯罪，最多是由两人组成，或夫妻合作，或家族联手，或单位班子成员，或领导干部与直接下级，作案方式多是一手办事一手收钱。而近年来，从涉案人数上看，涉案人数增多，几人、十几人屡见不鲜。北京市首都公路发展有限公司原董事长毕玉玺案涉案人员达22人、国家食品药品监督管理局原局长郑筱萸案中涉案十余人、国有重点金融机构监事会原主席胡楚寿案涉案人员也有8人。涉案人员成分也更为复杂化，除妻儿、亲属、情人、下属、关系单位外，又出现了咨询公司之类的中介组织。此外，隐藏在国家工作人员背后的利益链条日益复杂。这些利益链条以权力为核心，呈放射状发展，这些链条可以与家庭成员形成，可以与上下级形成，还可以与相关行业的请托人形成，各链条之间又彼此发生联系，盘根错节。以国有重点金融机构监事会原主席胡楚寿受贿案为例，他就是利益链条中的核心人物，他与儿子勾结在一起受贿，与下属勾结在一起买官卖官，还利用其职位和关系为请托人谋取利益，收受贿赂。

（三）行受贿手段隐蔽，贿赂性质被刻意淡化

在行贿犯罪中，为了规避法律的惩治打击，行为人的行贿行为往往以"合法"的外衣掩盖其非法的目的，公开或者半公开地进行受贿活动，常常选择受贿者或者家人的婚丧嫁娶、生病住院或者逢年过节时，以"贺礼"、"慰问金"等名义进行。在受贿犯罪中，收钱的名义越来越多，以酬谢费、信息费、中间费、顾问费、礼物、纪念品、过节费、挂名工资等名义，公开或半公开的收受财物。据统计，有60％的贿赂犯罪案件是以"红包"、感谢费、过节费等名目出现的。在中国这个传统文化底蕴深厚的国家，在这些重要的节日或者事件上送钱物，表面上看起来理由也比较充分，形式上也合乎情理，这就给对行为人的行为的定性加大了法律上的难度。同时，行贿与受贿双方的犯罪手段也由原来的直接送收财物向事后受贿、海外受贿、以借为名、以租为名、委托理财等更为隐蔽的受贿形式转变。

除了传统的权力与金钱交易外，新型的受贿犯罪形式从"权钱交易"向"权与利交易"转变，贿赂范围不断扩大。刑法理论界一般认为，受贿犯罪具有交易性特征。传统的受贿罪是权与钱的交易，贿赂范围局限于财物。随着犯罪与法律的不断博弈，当前行、受贿双方为规避法律，以"利"换"权"，从形式上让收受者没有得到财物，但实际上又获取利益，从而使贿赂范围从金钱、物品等财物扩大到获取公司股份、土地使用权、免费或低价获取优质服务、无偿使用汽车住

---

[1] 率黎："2003年至2008年北京市检察机关查办局级干部贪污贿赂犯罪案件情况分析"，载《法律监督论坛》2010年第59期。

房等财产性利益甚至非财产性利益。此外,行送和收受"干股"、"性贿赂"(包括包养情妇)、"关联贿赂"(为受贿者子女出国、经商提供便利等)也时有发生,非物质性利益的交易正渐趋突出。如国家食品药品监督管理局原局长郑筱萸受贿案就呈现出很多新型受贿的形式。

(四)特定关系人参与受贿现象普遍

据统计,正义网"贪官档案"公布的贪官中,亲属共同受贿比例为81%。国家工作人员与家属"具有建立在共同财产关系上的共同利益,容易在受贿犯罪中形成共谋实施犯罪,这是工作人员受贿犯罪的主要形式"。[1] 当前,受贿犯罪分子为了推脱罪责、规避法律、逃脱惩罚,在许多情况下,工作人员不亲自直接受财物,而由家属或者关系密切的人出面收受。从司法实践来看,只要有亲属代收请托人财物行为和工作人员利用职务之便为请托人谋利行为,就有工作人员与亲属共谋受贿的故意,亲属插手的受贿案与亲属共同受贿案的比率近100%。[2] 比如北京市海淀区人民政府原区长周良洛受贿案中,周良洛收受贿赂共计折合人民币1672万余元。其中,妻子鲁小丹与周良洛共同非法收受他人给予的贿赂款共计折合人民币889万余元。又如重庆市司法局原局长文强受贿案中,文强收受贿赂共计折合人民币1211万余元,其中与妻子周晓亚多次共同非法收受他人钱物共计折合人民币449万余元。

现实中,许多国家工作人员的家属或者关系密切的人可能由于帮助行为构成受贿罪共犯,但现实中也出现了许多不是基于共犯而受贿,而是直接利用自己的特有身份收受请托人财物,为请托人谋取利益的行为。行为人往往利用自己作为国家工作人员的配偶、子女等特殊关系直接影响其他国家工作人员,迫使其他工作人员由于心理上的压力服从。国家工作人员以外的人员参与受贿罪情形的增多,也使受贿犯罪的主体进一步的扩大。2009年《刑法修正案(七)》增设利用影响力受贿罪正是由于实践中此类事件的频繁发生。

第二节 受贿犯罪的成因与对策

一、受贿犯罪的成因

受贿犯罪是一种社会现象,受贿犯罪的发生是各种因素合力作用的结果,这其中既有社会方面的原因,也有个人方面的原因,需要从不同的角度进行综合分析。

(一)受贿犯罪原因的社会学分析

西方国家的犯罪学学者运用社会学原理对社会越轨行为进行研究,形成了不

---

[1] 姜伟等:"共同受贿犯罪若干问题探讨",载《中国刑事法杂志》2002年第2期。
[2] 李伟迪:"受贿犯罪的新态势与推定政策",载《中国刑事法杂志》2003年第3期。

同的理论，主要有犯罪行为论和犯罪论。用以上两种理论解释受贿犯罪的原因，一般认为：处于社会管理阶层的公务人员，由于确定的合法追求目标难以通过正当途径实现，而实施了受贿犯罪。具体分析我国贪污贿赂产生的社会原因，主要有以下几个方面：

1. 体制漏洞。转型过程中，旧体制已经打破，新体制尚未健全，留下许多漏洞，给腐败现象滋生蔓延留下了很多空间。实践已经证明，凡是双轨制并存的地方，腐败现象就相对严重。当前，因为争取投资、项目、资源、优惠政策等而发生的贿赂，正是体制不完善的结果。

社会转型期在经济体制方面最大的特征，就是从计划经济体制向市场经济体制过渡的过程中，两种体制并存。这在客观上给权力腐败带来空前的"机遇"。在这种新旧体制的转换时期，旧的行政权力仍然对经济保持干预，而新的经济体制又缺乏有效的制约和管理，容易滋生种种腐败现象，如20世纪80年代价格双轨制导致的腐败。近年随着价格改革的深化，大部分商品的价格都由市场配置，而少数关系国计民生的重要生产资料如原材料、能源、信贷、铁路运输等的配置权却掌握在政府部门手中，仍然沿用计划经济的方式进行配置。土地、股票、房地产、外汇、产权等仍存在一级市场和二级市场之分，价格双轨制仍然存在。因此，在经济利益的驱动下，一些参与市场的利益主体，为了获得项目、资金、配额以及其他重要生产资料，就不惜使用送礼、行贿、美色引诱等不法手段，而那些在政府部门据有实权的党员领导干部就成为进攻的重要目标。由此可见，市场经济在社会生产中的成分大量增加和国家行政权力远未退出经济生活之间的矛盾，成为腐败问题产生的重要条件。

2. 监督不力。转型过程中，旧的权力监控制约机制可能失效了，但新的还未及时建立健全起来。权力监控的缺位和弱化，为权力的滥用、腐败的滋生留下空隙。

政府执法部门未建立起必要的监督机制，为国家工作人员在客观上滥用权力营造了环境，政府执法部门如公安、工商、税务、土管、城建、环保、交通、卫生等，直接代表政府行使权力，对市场经济的各个方面以各种形式进行管理，如办理各种营业执照、上税免税、车辆上照、房屋拆迁、土地批租、环保检测及食品卫生检验等。由于执法部门缺乏一定的制度，又没有建立起相应的监督机制，造成国家工作人员权力过大，而市场主体为达到自己的目的而对其行贿，权钱交易便在所难免。如广东清远市房地产公司原总经理董胜鸥案中，国家工作人员利用批租土地，受贿四百多万元。金融部门如银行在借款贷款中的受贿现象比较常见；司法部门的徇私舞弊现象也比较突出，其原因同样是既缺乏制度，又缺少必要的监督手段，权力失去监督就会产生腐败。

3. 人情社会因素。五千年的中华文明，深受儒家思想影响，亲其亲者，尊其尊者。人情世故思想根深蒂固，人情包括亲情、友情、乡情等若干方面。人情是维系我国封建社会的重要纽带。在当今社会，人情也无处不在，它仍对社会关系的调节起着某些积极的作用。比如，对弱势群体的同情，会激发人们的社会捐助的积极性等。但随着社会的发展，人情的消极作用也随之显现，特别是对于腐败的产生与蔓延，人情的消极作用是显而易见的。

首先，人情扭曲了人与人之间的社会关系。被人情扭曲的社会关系，最根本的表现在官员与人民群众的关系扭曲上。按照正常社会通则，官员应该是为全体人民群众服务的公务员，但由于人情的干扰，官员就由全体人民群众的利益的代表变成了与自己有血缘关系和利益关系的那"一部分"人的代表了。官员的"服务"也就分出了三六九等，腐败便产生了。

其次，人情模糊了判断官员行为的是非标准。由于人情的存在，使全社会的人对于官员的行为标准发生了模糊，对于什么是"滥用权力"，什么是"公信力"产生了"右移"。人们的潜意识中似乎已经认同，官员一旦掌握某个方面的权力，在"一定程度上"为个人或某些人的利益服务是可以容忍的。就当前来讲，一个官员如果有严重的贪污、枉法行为，当然会引起民愤。但他如果只是做了为自己的子女就业而行个方便、为自己受灾的老家多拨点救济款之类的事情，则可以被社会理解，有些事甚至被认为是美德。反之则会被认为是不讲人情，不可理喻。如有些群众认为，若地方官员能为当地经济发展作出贡献，能给老百姓带来实惠，即使贪一点，也是可以原谅的。这就突出反映了社会对官员行为标准的模糊不清。

最后，人情削弱了社会对权力的监督与制约。《中国共产党纪律处分条例》、《中国共产党党内监督条例》、《干部任用条例》等若干制度，对官员如何正确使用手中的权力作出了明确的规定。但实践中总是出现"好经"被"歪嘴和尚"念歪了的问题，人情便是一大原因。例如，党委集体领导和民主集中制，它排除了可能出现的利益集团对决策者的影响，排除了为了选举而产生的"短期行为"，排除了选举产生的领导者可能出现的独裁与错误，更能保证决策的正确性。但实践中，这一制度却没有发挥出应有的作用，原因正是人情的干扰。党委一班人在讨论某一人事任免事项时，由于人情的干扰，事先预设了条件，表决前施加必要的诱导，再加上利益的关系，班子成员低头不见抬头见，于是产生了"一把手"说了算的问题，腐败就产生了。

（二）受贿犯罪原因的经济学分析

犯罪原因的经济学理论，是以假设人类有足够的理性面对社会且总是追求利益的最大化为前提的。这种观点认为，由于犯罪人的预期收益超过预期成本所以才去犯罪。[1] 当然，经济学的分析方法并不适用于所有的犯罪，对于激情犯等仅凭一时心理冲动或外部环境的强烈刺激而实施的犯罪就难以解释。对于受贿而言，实施者一般都受过良好教育，他们具有较高的理性和分辨是非的能力，则可以适用经济学的方法进行分析。

受贿犯罪实施者通常会考虑到三个因素，就是考虑腐败的机会成本、考虑腐败的处罚成本、考虑行为的预备费用。[2] 每个人的时间和精力总是有限的，如果行为人留给违法行为或某类非法行为上的时间和精力越多，那么他留给从事合法职业和行为的时间和精力就越少，这就是从事某种特定违法行为的机会成本。处罚成本是指犯罪行为所导致的刑罚之恶，包括有形损失和无形损失，前者指由此遭受的物质损失和可能遭受的损失，后者指对犯罪者本人及家庭带来的精神损失。考虑行为的预备费用是指为预备实施犯罪行为所支出的除时间以外的成本。上述三个因素共同构成犯罪的预期成本，如果成本越高，实施犯罪的可能性就越小，反之就越大。和成本相对应的就是行为的预期利润，也包括有形利润和无形利润两种，实施犯罪的可能性和预期利润成正比。

由于目前我国公务员的薪金有限，正常的合法行为很难满足一部分人对物质的强烈需求，于是受贿犯罪的行为主体就会利用职务之便搞钱权交易。相对于合法行为来说，非法行为的机会成本更低，同时由于受贿行为的隐蔽性，又没有实质意义上的被害人，行为人自己还拥有反侦查能力和社会关系网，犯罪行为的处罚成本相对其他类型的犯罪来说较低。受贿犯罪无须投入较大的预备费用就可获得可观的利润。正是因为以上各种因素的相互作用导致了贪污贿赂犯罪的高发趋势，当社会制度的某些层面出现疏漏时还会进一步激发这种类型的犯罪。

（三）受贿犯罪原因的个体分析

虽然贪污贿赂犯罪存在这样那样的外在原因，但总有一些人能坚守行为的底线，保持正确的权力观、价值观。而一个人的正确的权力观、价值观的养成又和社会政治制度、经济制度、法治水平、教育程度有着千丝万缕的联系，使得个体原因更多地属于道德、教育等范畴。

1. 利益诱惑。转型过程中，在规则不健全的情况下，多元化的利益主体为了追求利益最大化，会使用各种手段来腐蚀干部。同时，社会和其他个人财富增长，对于一些理想信念不坚定的领导干部，具有很大的诱惑力，导致他们心理失衡，于是想用权捞钱。这种内外因素构成的利益诱惑，是诱发腐败的重要因素。

河北省对外贸易和经济合作厅原副厅长李友灿在担任河北省对外贸易和经济合作厅副厅长兼河北省机电产品进出口办公室主任期间，利用职务上的便利，非

---

[1] 严存生：《西方法律思想史》，法律出版社2004年版，第470页。
[2] 宗剑峰：《中西文化与贪污贿赂犯罪学研究》，中国检察出版社2003年版，第439~441页。

法收受他人财物共计人民币 4744 万余元，河北省衡水市中级人民法院依法以受贿罪判处其死刑，剥夺政治权利终身，并处没收个人全部财产。李友灿的受贿主要源于其贪欲恶性膨胀，他在供述中说："我的蜕变是从开始接触进口汽车配额以后开始的，特别是当上副厅长以后，接触的人多是一些出手大方的有钱人和做生意的老板们，我的心理产生了严重的不平衡，便开始通过配额得钱，越做越大，直到后来一车一车地拉钱，完全丧失了人性，不想再有任何进步。"被告人正是利益的诱惑，贪欲膨胀，一步步走向罪恶的深渊。

2. 道德因素。在社会转型过程中，在窗户打开、新鲜空气进来的同时，苍蝇蚊子也一并进来，资本主义的拜金主义、享乐主义、极端个人主义，封建主义的家长制、裙带风、帮派风，或乘虚而入，或死灰复燃。一些干部不顾廉耻，不讲人格，随心所欲，从而跌入腐败的深渊。

一些贪官的蜕变，往往与色情腐败有关，而从权色交易到与情人互相勾结、共同犯罪。常见的是，贪官幕后操纵，情人台前收钱；贪官收钱后交给情人享用或共同挥霍；由情人出面牵线搭桥、招揽生意，贪官用权换钱。如全国人大常委会原副委员长成克杰与其情妇李平共同受贿四千余万元案，就是由李平出面"揽活"，收取钱财，成克杰则在幕后"点石成金"。江苏省连云港市卫生检疫局原局长田宗庆与女副局长朱本美成为情人关系后，利用职权联手捞财，把 92 万元公款装入了自己的腰包。

二、受贿犯罪的对策

当前，要加强新形势下反腐倡廉工作，就必须根据腐败产生的原因不断地推进惩治和预防腐败体系建设，着力抓好反腐倡廉制度建设，建立起科学、严密、完备、管用的反腐倡廉制度体系。

(一) 完善教育制度

要把近年来经过实践证明是可行的、有效的教育方法以制度形式固定下来，形成工作常态。以理想信念教育为基础，以领导干部教育为重点，完善示范教育、警示教育、岗位廉政教育以及基层党员轮训等制度，使党员干部筑牢廉洁从政、拒腐防变的思想防线。

(二) 完善监督制度

积极探索加强监督的有效途径，建立健全决策权、执行权、监督权既相互制约又相互协调的权力结构和运行机制，保证权力依法运行。改革和完善党内监督体制，健全权力运行监控机制，完善党内决策监督机制，落实重大决策报告制度，健全信访联席会议制度，提高监督权威性和有效性。

(三) 完善预防制度

从重点领域、重点部门、重点环节入手，深入查找容易诱发腐败问题的部位和环节，构筑起制度防线。推进廉政风险防控机制建设，形成信息共享和腐败预警机制，建立健全防止利益冲突制度，从制度上更好地发挥市场配置资源的基础性作用，有效排查和化解廉政风险。

（四）完善惩治制度

遏制腐败，惩治这一手段任何时候都不能放松。要分析案件查处中的难点问题尤其是制度缺陷，建立健全腐败案件及时揭露、发现、查处机制。加强反腐败立法，修订完善惩治腐败的法律法规，建立腐败现象易发多发领域调查分析和专项治理制度，健全查处案件协调机制，完善案件线索通报移送机制，始终保持惩治腐败的高压态势。

（五）高薪养廉制度

"高薪养廉"是指以给予公务人员高报酬、高待遇作为重要措施，促使其廉洁奉公的控制模式。高薪养廉在欧美等发达国家实施较为广泛。"高薪养廉"的主要作用有两个方面：其一，有了高薪，那些公务员就可以有较高的生活水准，衣食无忧，就不会再见钱眼开、见利忘义甚至以身试法；其二，有了较高的薪水就可以使那些公务员对自己的职务由较高的认同感和自豪感，从而也加倍珍惜，不会轻易的贪污受贿以权谋私，冒着失去这个职位的危险。

第三节 域外受贿犯罪的立法考查

一、国际公约对受贿犯罪的规定

自 20 世纪 80 年代以来，腐败犯罪的危害性日益严重并成为全球性问题，引起国际社会的高度重视。2003 年 10 月 3 日，在第 58 届联合国大会上审议通过了世界上第一部全球性专门反腐败法律文件——《联合国反腐败公约》（以下简称《公约》），并于 2003 年 12 月 9 日至 11 日在墨西哥的梅里达召开的高级政治会议上开放签署。《公约》是迄今为止关于腐败行为的最为全面而权威的国际法律文件，为在全球化时代开展反腐败斗争提供了一个可行性的框架。我国政府全程参与了《公约》的谈判和拟订工作并于 2003 年 12 月 10 日签署了《公约》。经过近两年的审议和准备工作，第十届全国人大常委会第十八次会议于 2005 年 10 月 27 日正式批准了《公约》，这标志着我国的反腐败进程迈向了新的阶段。它的生效无疑会对我国反腐败工作产生良性影响，其相关规定将促进中国反腐立法进一步完善。但是，我们不能将反腐败的希望完全寄托于《公约》，反腐败还要从建立内部防范机制着手，认真研究《公约》，制定与其相适应的符合国情的反腐措施，完善我国反腐败的政策和法律制度。

《公约》分序言和 8 个章节，共 71 个条款。第一章总则包括宗旨声明、术语的使用、适用范围和保护主权。该章的突出特点是为了正确实施公约宗旨而对"公职人员"、"犯罪所得"等 9 项概念的法律内涵进行了规范。第二章用大量篇幅阐述了腐败预防的具体措施,强调预防的作用。这种事前预防机制比事后惩罚制度更具优越性,它不仅能降低司法成本,而且能将不法行为所产生的社会危害性降到最低,从而使社会达到稳定和谐的状态。第三章采用实体法与程序法相结合的方法对各种腐败行为的刑事定罪和执法进行了具体规定,是公约最重要的一部分。从实体法角度,列举了贿赂本国公职人员、妨害司法等有关腐败的罪名,同时还对犯罪主观要件、犯罪形态和腐败的后果作了规定;从程序法角度,规定了对腐败行为的管辖、起诉、审判、制裁以及其间各部门之间的合作。此外,公约还对相关国际合作、腐败资产追回、技术援助等进行了规定。

《公约》对促进我国反腐实践具有重要的意义:一方面,在全球范围内第一次确立了打击腐败犯罪的法律框架,为我国逐步解决涉外腐败犯罪案的人员引渡以及资金返还等提供了国际法依据。腐败分子在我国犯下的罪行不仅会受到我国法律的制裁,即使逃到其他国家,也可能会被缔约国按照《公约》规定引渡回国,或直接被惩处没收非法所得。这也将大大震慑国内的腐败分子,使其逃到"乐土"逃脱惩罚的侥幸心理更脆弱,有利于减少腐败,尤其是重大腐败。另一方面,确立了打击腐败犯罪方面的国际合作机制,特别是确立了腐败资产追回的原则,为我国追回腐败资产,挽回国家损失和其他损失提供了法律依据。只要能够证明这资产是我国损失的财产,是腐败分子非法所得的我国财产,我国就有权利追回流失的国有资产或者其他属于我国的资产。

二、外国受贿犯罪的立法

(一) 美国的法律制度

美国贿赂犯罪立法是在英国法律传统的基础上发展起来的,但是在近300多年的历史进程中又形成了更为明确具体的规定,主要体现在以下一些法律中:

1. 《宪法》。美国联邦宪法是于1789年3月4日正式通过的,该宪法规定的一些政府原则为美国的反贪污法律制度确定的基本框架。宪法中也有直接涉及贪污贿赂问题的规定。如该法第2条第4款规定:"合众国总统、副总统、及其他所有文官因叛国、贿赂、或者其他重罪或轻罪而被弹劾并判罪者,均应被免职。"

2. 《美国法典·刑事法卷》。该法典第201~209条规定了与政府官员贪污贿赂行为有关的各种罪名和处罚,包括贿赂公务人员罪、贿赂证人罪、公务员受贿罪、证人受贿罪等。

3. 《有组织的勒索、贿赂和贪污法》。该法典最初是1962年在联邦立法机关中部分提出的,后来在1970年由国会通过。该法扩大了联邦司法机关使用更为灵活的调查手段的权力,加大了对贪污受贿官员的惩罚力度。因此,这部法律很快就成为反贪污贿赂最有效的法律。

4. 《对外行贿行为法》。该法典颁布于1971年,后来在1998年进行了修订。该法禁止对外行贿行为。无论是直接还是间接地付款给外国政府官员、外国政党首脑或政党首脑候选人，或者作出给付某种利益的承诺，只要给付的目的是"行贿"，即希望通过受贿者的某种行为或不作为使公司获得不正当的利益，那么这种给付或承诺就属于对外行贿行为。由于美国的法律制度以判例法为主体，所以，上述由立法机关制定的反贪污贿赂法律的具体实施，在很大程度上仍要依赖于判例法，即审判机关对有关法律的解释和适用。

此外，在罪名上，美国联邦贿赂法中将贿赂罪分为两种，一是重型贿赂罪，二是轻型贿赂罪。首先，重型贿赂罪。法典第18编第201条（b）项规定："具有影响公务员职务的意图而直接或间接不正当地向公务员赠送、提供或约定提供有价之物时；或公务员具有在实行职务行为时受到影响的意图而直接或间接不正当地要求或接受或约定接受有价之物时，前者构成重型行贿罪，后者构成重型受贿罪。"[1] 其次，轻型贿赂罪。法典第18编第201条（c）项规定："为了或因为已实行了的或将要实行的职务行为，在法定的正当费用征收标准之外直接或间接不正当地向公务员赠送、提供或约定提供任何有价之物时；公务员为了或因为已实行了的或将要实行的职务行为，在法定的正当费用征收标准之外要求或接受或同意接受任何有价之物时，前者构成轻型行贿罪，后者构成轻型受贿罪。"[2] 根据第18编第201条（b）和（c）项的规定，（b）项（2）中重型受贿罪的客观方面表现为现职公务员或当选公务员的下列行为：使其职务行为受到影响；受到影响而实行对美利坚合众国的不正当行为，或对这种行为的实施予以协力、参与共谋、故意容忍或创造机会；受到影响而违反其法律义务去实行或不实行某种行为为本人或其他个人或团体，直接或间接地不正当地要求、寻求、接受、接收或同意接收任何有价之物的行为。其行为方式为"要求"、"寻求"、"接受"、"接收"、"同意接收"有价之物的行为。（c）项（z）中的轻型受贿罪的客观方面表现为"现职公务员、原公务员、当选公务员为了或因为已实行了的或即将实行的职务行为，违反有关职务行为收费的法律规定，直接或间接地要求、寻求、接受、接收或同意接收任何有价之物"的行为。[3]

关于受贿犯罪的对象方面，按照联邦贿赂法的规定，"任何有价之物（anything of value）"都可成为贿赂的内容（贿赂物），都属于贿赂的范围。然而，"任何有价之物"的范围须由联邦法院在审理具体案件时做出解释。综观联邦法院的判例可以发现，联邦法院至今为止采取的是一种"主观性"判断标准。即作为贿赂所授受的"贿赂物"，无论客观上或实际上是否真正具有价值，只要当事人主观上认为或赋予其价值，就构成"任何有价之物"，属于"贿赂物"存在于贿赂

---

[1] 王云海：《美国的贿赂罪：实体法与程序法》，中国政法大学出版社2002年版，第15页。
[2] 王云海：《美国的贿赂罪：实体法与程序法》，中国政法大学出版社2002年版，第15页。
[3] 何承斌：《贪污犯罪比较研究：兼从〈联合国反腐败公约〉看中国廉政法制》，法律出版社2004年版，第171~172页。

的范围内。[1]

关于受贿犯罪的主体。法典第 18 编第 201 条将受贿罪的主体规定为公务员、当选公务员及陪审员。在第 201 条（1）中具体将"公务员"的定义规定如下：所谓"公务员"是指联邦议会议员、哥伦比亚特别行政区代表及原住民委任官、为了或代表美利坚合众国本身或其某一部门、机构、分支（包括哥伦比亚特别行政区）并在这些机关的授权下行使职务行为的官员、雇员及其他人员、陪审员。在第 210 条（2）中具体将"当选公务员"规定如下：所谓"当选公务员"，是指已被指名或任命为公务员或已被正式通知将被指名或任命为公务员的人员。[2]

美国刑法对受贿犯罪的主观方面要求有某种意图。构成重型受贿罪时需要证明"意图"的存在，而且必须是以"不正"或"枉法"为内容的"意图"的存在，与此相反，构成轻型受贿罪所需要证明的是公务员为了或因为其"公务员"的地位在法定外接收了"有价之物"，至于受贿者的意图怎样，不影响轻型受贿罪的成立。[3]

美国对于受贿犯罪的刑事制裁方式或种类有四种：其一，拘禁。作为联邦贿赂法之一的第 201 条规定了两种刑期，对于犯有重型受贿罪的犯人判处 15 年以下的拘禁刑，对于犯有轻型受贿罪的犯人判处 2 年以下的拘禁刑。其二，罚金。根据第 201 条的规定，可以判处所接受贿赂金额 3 倍以下的罚金，并且罚金既可作为独立刑也可作为拘禁刑的附加刑适用。其三，剥夺公职保有权。根据第 201 条的规定，对于犯有该条所规定的重型受贿罪的犯人，可以剥夺其在美利坚合众国保有与名誉、信任、利益有关的公职的资格。这种对公职保有权的剥夺只适用于犯了重型受贿罪的犯人，对轻型受贿罪的犯人不适用。其四，没收犯罪所得利益。美国的不正敛财及不正犯罪组织法直接规定了对犯罪所得利益的没收。该法规定，不仅必须没收通过实行包括贿赂罪在内的"不正敛财行为"所得到的一切利益，而且，对于与"不正敛财行为"有关而设立、经营、管理、参与的企业中的犯人所拥有的所有利益、请求权、财产权、债权等都必须予以没收。[4]

（二）德国贿赂犯罪立法

根据反腐败国际公布的世界各国和地区的廉政排序，1995 年德国得分为 8.14 分，在 41 个国家和地区中居 13 位，1996 年，德国得分 8.27 分，在 52 个国家中名列 12 位。

---

［1］ 王云海：《美国的贿赂罪：实体法与程序法》，中国政法大学出版社 2002 年版，第 51 页。
［2］ 王云海：《美国的贿赂罪：实体法与程序法》，中国政法大学出版社 2002 年版，第 18～19 页。
［3］ 王云海：《美国的贿赂罪：实体法与程序法》，中国政法大学出版社 2002 年版，第 49 页。
［4］ 王云海：《美国的贿赂罪：实体法与程序法》，中国政法大学出版社 2002 年版，第 82～86 页。

从以上的数字中我们可以知道，在德国的贿赂类犯罪率要比其他国家好得多。在《德国刑法典》中，有关贿赂类犯罪，主要规定于该法典第 30 章的"渎职犯罪"当中。第 331 条规定了受贿罪，包括：①公务员或从事特别公务之人员，为履行其职务行为而为自己或他人索要、让他人允诺或者收受他人利益的，处 3 年以下自由刑或罚金；②法官或者仲裁人，对现在或将来的职务行为，而为自己或他人索要、让他人允诺或者收受他人利益的，处 5 年以下自由刑或罚金；③行为人让他人允诺或收受利益，并非其所要求，而系经主管官员于其职权范围内事先予以允许，或对行为人事后立即提出之报告予以追认者，不依第 1 款处罚。

第 332 条规定了索贿罪，包括：①公务员或从事特别公务之人员，对现在或将来的职务行为索要、让他人允诺或者收受他人利益的，因而可能违反其职务义务的，处 6 个月以上 5 年以下自由刑或罚金；情节较轻的，处 3 年以下自由刑或罚金。犯本罪未遂的，亦应处罚。②法官或者仲裁人，对现在或将来的职务行为索要、让他人允诺或者收受他人利益的，因而可能违反处其裁判义务的，处 1 年以上 10 年以下自由刑；情节较轻的，处 6 个月以上 5 年以下自由刑。③行为人对将来职务上的行为索要、让他人允诺或者收受他人利益，而向他人示意，具备下列情形之一的，适用第 1 款和第 2 款的规定：一是行为违反其职务义务；二是以是否获得利益来影响裁判的。可见，受贿罪和索贿罪的区别主要在于是否违背职务义务，法律对此规定了不同的罪名，并且给予索贿罪较重的法定刑。

第 333 条规定了行贿罪，包括：①对公务员或从事特别公务之人员或联邦军人将来的职务行为，为其本人或第三人提供、允诺或者给予利益的，处 3 年以下自由刑或者罚金；②对法官或仲裁人为其裁判上之职务行为，其本人或第三人提供、允诺或者给予利益的，处 5 年以下自由刑或者罚金；③主管当局在其职权范围内已事先允许上述人员接受利益，或在其立即报告后加以追认时，行为不依第 1 款处罚。

第 334 条规定了违反公职的行贿罪，包括：①就公务员、对公共职务负有义务的人员或者联邦军队的军人已经从事或者将要从事的职务行为和因此侵害了或者可能侵害其职务义务的行为，向该人或者第三者表示提供、允诺或者给予利益，以作为回报的，处 3 个月以上 5 年以下的自由刑。在较轻的情形中，处 2 年以下的自由刑或者罚金。②就法官或仲裁人的：已经从事的和因此侵害了其法官性质的义务；或者将要从事的和因此可能侵害其法官性质的义务的行为，向该人或第三者表示提供、允诺或给予利益作为回报的，在前者情形中处 3 个月以上 5 年以下的自由刑，在后者情形中处 6 个月以上 5 年以下的自由刑。③行为人要求对方对未来之行为而提供、允诺或者给予利益，有下列情形之一的，即应适用本条第 1、2 款的规定处罚：该行为违反其职务；以是否获得利益来影响裁判。此外，第 335 条还规定了情节特别严重的贿赂罪。另外，在德国的行政立法中，也有许多预防和处置贪污贿赂行为的法律。其中，比较重要的是《联邦公务员法》和《行政管理法》。《联邦公务员法》主要是对政府官员兼职、收受礼物和酬谢等作出了明确的规定。[1]

德国刑法关于贿赂犯罪最为明显的特点就是区分侵犯职务行为的不可收买性的受贿罪和侵犯职务行为纯洁性的索贿罪。也就是说：其一，受财而不为对方谋取非法利益的，情节较轻；受财而且为对方谋取非法利益的，情节较重。其二，德国刑法对法官、仲裁人与一般的公务员进行了区别对待，这有利于督促法官、仲裁人公正履行其职务，维护国家司法的公正形象。其三，德国刑法对于贿赂犯罪规定的刑罚较轻，这与我国刑法规定的法定刑差别非常明显。

（三）日本贿赂犯罪立法

日本《刑法》于1907年4月24日公布，1908年10月1日施行，至2001年底大选后进行了16次修正。日本《刑法》第2编第25章专章规定了公职人员的渎职犯罪。

在日本，贿赂是公务员不廉洁行为最普遍、最严重的表现。贿赂罪是以公务员职务的公正和社会对它的信赖作为保护法益，构成与贿赂对价关系的行为只要属于法律当中公务人员的一般失职行为即可，至于公务员本身行为的合法性并不影响该罪的成立，在日本《刑法》中贿赂罪有八种犯罪类型：

1. 单纯受贿罪。它是日本《刑法》中各种受贿的基本类型。它仅为公务员或仲裁人因执行职务收受、索取、约定贿赂的行为。根据日本《刑法》第197条第1款的规定，犯本罪的，处5年以下惩役。在本条中所称的"公务员"一般认为是一切依照法律、法令、有关行政组织的规定、规则从事公务的人。"仲裁人"是指按法律具有仲裁职务的人，一般意义上，为和解进行周旋的仲裁人不包括在内。

2. 受托受贿罪。本罪是指公务员或仲裁人因执行职务接受请托，收受、索取或约定贿赂。本罪其实是单纯受贿罪的加重型，根据该《刑法》第197条第1款规定，犯本罪的，处7年以下惩役。

3. 事前受贿罪。本罪是指将要成为公务员或仲裁人的人，在应担当的职务上，接受请托、收受、索取或约定贿赂。本罪的处罚前提是已经成为公务员或仲裁人的行为。按该《刑法》第197条第2款之规定，犯本罪的，处5年以下惩役。

4. 向第三者提供贿赂罪。本罪是指公务员或仲裁人因职务有关接受委托，使请托人向第三者行贿或者约定贿赂。本罪的特点是本罪的主体为了让第三人收受贿赂。按该《刑法》第197条之二规定，犯本罪的，处5年以下惩役。

5. 加重受贿罪。本罪是指公务员或仲裁人犯单纯受贿罪（公务员实因实施不

---

[1] 冯军译：《德国刑法典》，中国政法大学出版社2000年版，第206~207页。

正当行为或者没有实施正当行为而犯上述之罪的）。按该《刑法》第197条之三第1款的规定，犯本罪的，处1年以上有期惩役。

6. 事后受贿罪。本罪是公务员或仲裁人在职期间，接受请托，因实行职务上的不正当行为或不实行应当实行的行为，收受、索取或约定贿赂。按日本《刑法》第197条之三第3款的规定，犯本罪的，处5年以下惩役。

7. 斡旋受贿罪。本罪是公务员接受请托，为让其他公务员实行职务上的不正当行为或不实行应当实行的行为而进行斡旋、收受、索取或约定贿赂。按该《刑法》第197条之四的规定，犯本罪的，处5年以下惩役。

8. 赠贿罪。本罪是指提供、要求接受或约定提供贿赂的行为。该《刑法》第198条规定，犯本罪的，处3年以下惩役或加处250万元以下罚金。本罪的主体不受任何限制，不是身份犯。

此外，为了弥补《刑法》中关于贿赂犯罪的缺陷，日本于1944年2月还制定了一部惩治贿赂犯罪的专门法律，名为《关于整顿经济关系罪则的法律》，并随着形势的发展，作了多次的修正。该法共有10条，增加了条款，扩大了贿赂犯罪的主体，即将公司职员与公务员一起作为贿赂犯罪的主体，同时还设立了自首方面的条款。

可见，日本有关反贿赂犯罪的刑事立法具有如下特点：其一，立法绩密，按主体不同或客观手段不同而规定不同的罪名；其二，与德国刑法相似，区分违反职责的贿赂犯罪和不违反职责的贿赂犯罪；其三，逐步发展了比较完善的商业贿赂犯罪的刑事立法；其四，日本刑法规定的贿赂的内容比较广泛，包括财物、财产性利益和其他利益；其五，日本刑法关于贿赂犯罪的规定具有法网严密而惩罚较轻的特点，这与我国刑法法网稀疏但是惩罚较重的特点存在明显区别。

第四节 我国受贿犯罪的立法沿革

一、我国古代受贿犯罪的立法

（一）奴隶时代有关受贿犯罪的立法

自从有了国家就有了受贿犯罪，在我国历史上第一个奴隶制国家——夏朝就有了关于受贿犯罪的规定。《左传·昭公十四年》记载："夏书曰：昏、墨、贼、镣、皋陶之用也。"在这里的昏、墨、贼三种犯罪，都会处以死刑。对于昏，按照后来人们查阅史料意为"己恶而掠美"，也就是自己作恶，却夺人美名；而墨，是"贪以败官"之意，即贪赃枉法，败坏官风。这里的墨，是史书最早关于贿赂罪的相关记载，在处罚上，从史书上我们可以看出是对其处以极刑的，即死刑。

商朝确立了"威风扫地十源"之罪。据《尚书·伊训》记载："敢有恒舞于宫，酣歌于室，时谓巫风；敢有殉于货色，恒于游畋，时谓淫风；敢有侮圣言，逆忠直，远耆德，比顽童，时谓乱风。"对于这些犯罪，无论是卿士、邦君，都要受到惩处。如国君有以上行为，臣下不进行劝谏、阻止的，对臣下处以墨刑。一般贵族官吏有这种行为则要被处以罚金，如《墨子·非乐》记载："汤之官刑有之曰：其恒舞于宫，是谓'巫风'。其刑君子出丝二卫"。就是说，卿士、邦君犯了巫风，要罚丝二束。[1]

在西周时期的法律中，对于贿赂的规定主要体现在《尚书？吕刑》当中，即"五过之疵"，具体是指司法官在审判案件过程中出现的因徇私枉法而出现的司法不公正的犯罪。何谓五过？即"惟官、惟反、惟内、惟货、惟来"。其中的"惟货"是指行货于吏而吏受财枉法，更进一步说就是贿赂行为。在司法实践中，对于"惟货"类的五过之罪，采取"以案犯所涉之罪罪之"，并且运用"五听"之法审理案件。奴隶制时期有关贿赂犯罪制度已现雏形，这些制度及其处罚贿赂的思想为我国封建时代贿赂犯罪的立法与实践奠定了基础。

（二）封建时代有关受贿犯罪的立法

1.《秦律》。在秦代历史上，由于受法家文化的影响，执政者很早就认识到官员的腐败对一个国家的巨大社会危害性，有的人曾把利用职权贪污贿赂，谋取非法利益的官员们叫做"蠹虫"。《商君书·开塞》有记载："立君之道，莫广于胜法，胜法之务，莫急于去奸，去奸之本，莫深于严刑。"另外，在秦律《法律答问》中对贿赂也有一些相关的规定。如《法律答问》："害益别微而盗，加罪之。何谓加罪？五人盗，赃一钱以上，斩左止，又黥以为城旦；不盈五人，盗过六百六十钱，黥劓以为城旦；不盈六百六十到二百廿钱，黥为城旦；不盈二百廿以下到一钱，迁之。求盈比此。"《法律答问》对行贿一钱即处城旦的规定，正是加强对贿赂处罚的实例。在贿赂罪中，重要的判断标准是行为的性质，即是否成立贿赂的罪名，至于贿赂应达到的数额则不予以规定，因此可见，秦代法律对于贿赂类犯罪的惩罚之重。[2]汉承秦制，西汉时期的《刺吏六条》、《三互法》的律法专门针对贿赂制定了许多处罚方法。

2.《晋律》。《晋律》于公元268年修订完成并向全国颁发。如果主管官吏的曲法处断属于严重违法，就要照"出入人罪"处罚，最高刑罚为死刑。触犯请求罪的官吏，都是没有接受当事人的财物而为之曲法处断，若官吏接受当事人的财物而为之请求，无论事前或事后接受，皆为受贿，法律上称为"受有事人财"，属于从重处罚的犯罪行为。但是在具体量刑中，对于受财枉法与受财不枉法，受贿官吏是否为监临主守，也加以区别，刑罚也有不同，普通官吏，也就是从法律上认定属于非监临主守的人，若虚假答应为当事人办事，由此接受钱财，但实际

---

[1] 刘生荣等：《贪污贿赂罪》，中国人民公安大学出版社2003年版，第3页。
[2] 吕天奇：《贿赂罪的理论与实践》，光明日报出版社2007年版，第54页。

上并不办理,属于诈骗财物罪,比照盗窃罪量刑,最高刑罚为流刑,即遣送到指定的边远地区并强制服劳刑;若接受财物,答应为当事人向有关官吏请求,但尚未办理就被发觉,以贪赃罪论处,最高刑罚为三年徒刑,即强制服劳役三年;已向有关官吏提出请求,就要比照贪赃罪,加二等从重处罚。接受财物的官吏,同样按贪赃处理。若受贿官吏将接受的财物分给其他官吏,除直接受贿者按贪赃罪判刑之外,所有接受财物的官吏也都要按所受财物的数额,分别予以惩处。策划或预谋接受当事人财物的官吏,即使没有实收财物,也可视其情节轻重进行惩罚。监临主守触犯请求罪,刑罚比普通官吏更重:凡是为人请求曲法处断的监临官,无论是否办理,也不论请求是否接受,皆处以杖刑;若主管官吏接受监临官的请求,严重枉法处断,为人请求的监临官与主管官吏同罪,主管官吏的最高刑罪为死刑,监临官则为减死一等判刑。如果监临官是接受当事人的财物而向有关主司提出请求,就要按贪赃罪加二等从重惩处,若尚未办理就被发觉,则比照"受所监临财物"罪论处,最高刑罚为流刑。如果监临主守是在职权范围内接受当事人的财物,则按照受财之后是否枉法论处,属于受财枉法,就要按枉法罪论处,最高处以流刑。即使当时处断公正,但事后接受当事人的财物,也要按"受所监临财物"罪论处。

3. 《唐律》。《唐律》上承秦汉魏晋,下启宋元明清,是中国历史上最完备的成文刑法典。其中的职制篇对受贿罪作了较为详细的规定,另外在杂律和断狱中也有部分规定,归纳起来可以分为两种:官吏受财和有事以财行求。唐律的规定具有如下特点:其一,把受贿对象限定为财物;其二,把主体区分为监临主司与非监临主司、有禄者与无禄者;其三,在行为方式上区分为受财与乞索;其四,在量刑标准上,规定了计赃论罪的量刑原则;其五,在情节上,分为枉法与不枉法两种。概而言之,《唐律》把受贿犯罪细分为多种罪,实际上这是罪刑多元化的立法雏形,具有明确性和可操作性,对后世立法具有很高的参考价值。之后《宋刑统》和《大明律》都基本上沿袭了《唐律》关于受贿罪的规定,但又有所发展。例如《大明律》中专设"受赃"一节,专门规定官吏受贿的犯罪,在内容上作了一些补充,如"风宪官吏犯赃"应加重处罚。但总的看来,变化不大。

4. 《大清律例》。如前所述,继唐之后的中国各封建王朝,虽也制定过自己的刑法,但基本沿袭的是《唐律》。清朝是中国封建社会的最后一个封建王朝,在其统治时期,统治者总结继承了以前各个朝代的经验和教训,同时也有自己的创新之处。就惩治贪污贿赂而言,统治者把治国安民作为头等大事,严惩贪污贿赂,朝廷治国安民,首在严惩贪官。

具体说来,在立法上,康熙二十八年(1689年),将康熙十八年修订的《现行律例》附入《大清律》。雍正元年(1723年)续修,三年后书成,雍正五年颁布。乾隆五年(1740年)更名为《大清律例》。《大清律例》中大体相当于今天贪污罪的罪名是"监守自盗库钱粮";相当于今天贿赂罪的罪名是"官吏受赃",分为正律十一条:"官吏受财"、"坐赃致罪"、"事后受财"、"官吏听许财物"、"有事以财请求"、"在官求索借贷他人财物"、"家人求索"、"风宪官吏犯赃"、"因公科敛"、"克留盗赃"、"私受公侯财物"各条,在《大清律例》贿赂罪的罪名分"枉法赃"和"不枉法赃"两种。在《刑律·受赃·官吏受财》中规定:"凡官吏(因枉法、不枉法事)受财者,计赃科断,无禄人各减一等。官追夺除名,吏罢役(赃止一两)俱不叙用。"律文中的所谓"枉法"与"不枉法",区别在于收受有事人财物之后是否曲法,曲法者定为枉法,否则为不枉法,凡枉法赃各主者,通算全科,即收受十人财,一时事发,通算作一处,全科其罪;不枉法赃,各主者,通算折半科罪。即"虽受有事人财,判断不为曲法者,如受十人财,时事发,通算作一处,折半科罪。一主者,亦折半科罪"。枉法赃、不枉法赃最高刑为绞刑,枉法赃至八十两即绞,不枉法赃则一百二十两处绞,由于"折半科罪",实际上二百四十两以上才处以最高之刑罚。

在实践中,对于官员贿赂类犯罪,其处罚包括正刑,即笞、杖、徒、流、死五刑。惩贪的处罚最严重的是判处死罪:拟斩(绞)。另外,除正刑以外还有缓刑,如拟斩(绞)监候,候秋审、朝审后,分别情实、缓决。可承祀留养,进候皇帝裁决。其次是流罪。流放终身不得返回,各依人犯本籍按《三流道里表》内的规定,由该省督抚酌量县大小远近,在配人犯多寡,均匀派发。比流罪稍轻的是徒罪,侵贪犯被判徒罪有徒二至五年不等,所谓徒罪,即令发本省驿递充徒,在京徒罪由顺天府尹于离京师五百里的川县定地充配,外省徒罪由督抚于本省川县内核计道里远近,酌量人数多寡。另外,还有笞刑、发边充军、枷号、刺字等刑罚。清朝官员侵贪,只要被揭参,首先是被革职,查出端倪之后即被抄家。在行政处罚上对于那些失察侵贪的官员,或参与侵贪但涉足不深者则采取革职、停升、分赔、注销议叙、免加级等行政处罚。

通过以上简要梳理,我们可以看出我国封建时代从严治吏的思想,事实上吏治清明也是一个王朝昌盛繁荣的重要标志之一,如贞观之治、康乾盛世。封建时代对于贿赂犯罪的立法经验和司法实践对于我们今天打击贿赂犯罪仍然具有重要的借鉴意义。

二、我国台湾地区受贿犯罪立法

台湾地区现行"刑法"是1935年公布施行的"中华民国刑法"(又称为"新刑法")。"新刑法"在体例内容上基本以"旧刑法"为蓝本,之后虽然四次修正过几个条文,但渎职罪一章中受贿罪的条款仍未改动,只是条文的内容有所减少。"新刑法"共计有四个受贿罪的罪名,即不违背职务之受贿罪、违背职务之受贿罪、受贿而违背职务罪、准受贿罪。不违背职务之受贿罪(也称为普通受贿罪)是受贿罪的基本类型,违背职务之受贿罪和受贿而违背职务罪是普通受贿罪的加重类型,准受贿罪是受贿罪的独立类型。"新刑法"对保留下来的这四个受贿罪的罪状进行了充实和修改,并提高了法定刑,但删除了"旧刑法"中有审判职务的公务员或公断人之受贿罪。

除了"刑法典"规定有受贿罪外,台湾地区还先后颁布过若干单行刑事法规,对受贿罪也有规定。其中最主要的是 1963 年公布施行的、1973 年作过修正并施行至今的"'戡乱时期'贪污治罪条例"(以下简称"条例")。因此台湾地区"刑法"中的受贿罪立法规定既包括"刑法典",又包括上述"条例"。该"条例"对受贿罪的规定,有以下突出的特点:其一,将受贿罪列为贪污罪的一种,即把违背职务之受贿罪列为一级贪污罪,把不违背职务之受贿罪列为二级贪污罪。其二,扩大了犯罪主体,将受公务机关委托承办公务的人员也作为受贿罪主体。其三,加重了法定刑,将"刑法典"规定的最高刑罚为 10 年有期徒刑提高到死刑;对于有调查追诉或审判职务之人员犯违背职务或不违背职务之受贿行为的,均可加重其刑至 1/3。其四,对触犯该"条例"之受贿行为人,均可加重其刑至 1/3。其五,对触犯该"条例"之受贿罪,若宣告刑为有期徒刑以上之刑罚者,宣告剥夺公权,并且排除刑法假释之适用。由上可知,台湾现行"刑法"中的受贿罪规定与过去相比,在立法技术上确有所改进,有许多长处;但是把贿赂罪规定为贪污罪的一种,混淆二者之间的界限,也是它的不足之处。

此外,除台湾地区"新刑法"和"'戡乱时期'贪污治罪条例"外,受贿罪也散见于其他非刑事法律之中,尚涉及多种人员及事务,兹简介如下:①"妨害兵役治罪条例"第 21 条第 1 项,办理兵役人员不违背职务之受贿罪;同条第 2、3 项,办理兵役人员违背职务之受贿罪。依台湾地区有关规定,兵役行政人员具有公务员身份,是故受贿罪应优先适用"'戡乱时期'贪污治罪条例"。②"陆海空军刑法"第 37 条,军人收受贿赂罪,也悉以"'戡乱时期'贪污治罪条例"处罚。③"破产法"第 157、158 条,破产管理人员等受贿罪。④"证券交易法"第 172 条第 1 项,证券交易从业人员不违背职务收受不正利益罪;同条第 2 项,证券交易从业人员违背职务收受不正利益罪。⑤"农会法"第 47 条,农会选举及总干事聘任之受贿罪。⑥"渔会法"第 50 条,渔会选举及总干事聘任之受贿罪。⑦"银行法"第 127 条,银行从业人员收受佣金酬金或其他不正利益罪。但若银行从业人员具有公务员身份,依"'戡乱时期'贪污治罪条例",也可能成立贪污罪。⑧"公职人员选举罢免法"第 89 条第 2 项,放弃竞选之受贿罪。在此需附带指明,台湾"新刑法"第 143 条规定了投票受贿罪,即有投票权之人要求、期约或收受贿赂或其他不正利益,而许以不行使其投票权或为一定之行使者。后因"选举罢免法"于1994年修正公布施行,该条已不再适用。[1]

三、建国后受贿犯罪的立法演变

(一) 新中国成立初期的受贿立法

新中国成立后的关于受贿罪的立法,最早见于1952年4月18日中央人民政府委员会批准,并于1952年4月21日中央人民政府颁布的《惩治贪污条例》,该条例第2条规定:"一切国家机关、企业、学校及其附属机构的工作人员,凡侵吞、盗窃、骗取、套取国家财物,强索他人财物,收受贿赂以及其他假公济私违法取利之行为,均为贪污罪。"

从该条规定分析,在当时,对受贿行为是以贪污罪来处理的,显然这里的贪污罪的外延是相当大的,但是同时也应当看到,强索他人财物、收受贿赂行为的规定。

(二) 1979年刑法典中的受贿立法

1979年7月,我国第一部刑法典通过,标志着我国刑事司法进入法典化阶段。由于当时我国贪污贿赂犯罪处于相对低潮阶段,因此,该法典将受贿犯罪的条文规定在第185条。受贿罪指国家工作人员利用职务上的便利,收受贿赂的行为。受贿罪的法定刑也包括两个档次:一般受贿罪,处5年以下有期徒刑或者是拘役;致使国家或者公民利益遭受严重损失的,处5年以上有期徒刑。

(三) 修改与司法解释

1. 《严惩破坏经济的罪犯的决定》。20世纪80年代初,随着改革开放的深入,我国经济体制的结构和模式逐步产生变化。贪污贿赂犯罪也呈逐步上升的趋势,特别是对于国家工作人员索贿、受贿的犯罪行为。1979年刑法规定的法定刑偏轻,不足以遏制其发展势头,同时与贪污罪的法定刑相比也不平衡。为此,1982年的《严惩破坏经济的罪犯的决定》第2条对受贿罪作了修改,将国家工作人员索取、收受贿赂的法定刑改为与贪污罪相同,情节特别严重的,可以判处无期徒刑和死刑。这是对1979年刑法典中受贿罪的第一次修改。[2]

(1) 关于国家工作人员在经济活动中,为他人谋取利益,以酬谢费等各种名义收受财物的,是否构成犯罪,应作具体分析:其一,是否利用职务上的便利;其二,把合理报酬与违法所得区别开来;其三,把对搞活经济,对生产发展有利与无利区分开来。当前,在经济活动中,国家工作人员利用职权或者工作便利为他人谋取利益,以"酬谢费"等名义索取、收受财物的;利用职务上的便利,与他人勾结,以次充好、以假冒真、以多报少、抬高或者降低物资价格、提高工程

---

[1] 赵秉志主编:《海峡两岸刑法各论比较研究》,中国人民大学出版社2001年版,第616~618页。

[2] 李希慧:《贪污贿赂罪研究》,知识产权出版社2004年版,第5~6页。

造价、降低工程质量等手段为他人谋利益，使国家或集体受到损失，而以"酬谢费"等名义索取或者收受财物的，均应认定为受贿罪。犯受贿罪，同时犯投机倒把罪、诈骗罪、贪污罪的，应依法实行数罪并罚。对于个人受贿罪的定罪量刑数额可以参照贪污罪的数额。

（2）关于国家工作人员利用职务上的便利，为他人谋取利益，收受物品，只付少量现金，可否认定为受贿罪以及金额如何计算的问题。这是行贿、受贿双方掩盖犯罪行为的手段，情节严重、数量较大的，应认定为犯罪。受贿金额以行贿人实际购买物品支付的金额扣除受贿人已付的金额来计算。行贿认定物品未付款或者无法计算行贿人支付的金额的，应以行贿人行贿的物品的当时当地市场零售价扣除受贿人已付的现金额来计算。

（3）关于国家机关、团体、企业事业单位和集体经济组织收受贿赂，应如何处理的问题。应根据不同情况区别对待：其一，单位主管人员和直接责任人员借机中饱私囊，情节严重的，除没收全部受贿财物外，对主管人员和直接责任人员应追究受贿罪的刑事责任；其二，对单位进行走私、投机倒把等违法活动，或者为谋取非法利益收受贿赂，数额巨大，情节严重的，除没收全部受贿财产之外，对主管人员和直接责任人员应追究刑事责任；其三，如果受贿单位没有进行违法活动，主管人员和直接责任人员也没有中饱私囊，由主管部门予以行政处分。

2.《关于惩治贪污罪贿赂罪的补充规定》。1988年1月，全国人民代表大会常务委员会鉴于贪污贿赂犯罪的严重现状，在吸收最高人民法院、最高人民检察院司法解释的基础上，根据社会各界的意见，对于1979年刑法规定的贪污贿赂犯罪进行了修改，制定并通过了《关于惩治贪污罪贿赂罪的补充规定》，其主要内容有：

（1）受贿罪的概念。受贿罪是指国家工作人员、集体经济组织的工作人员或者其他从事公务的人员，利用职务上的便利，索取他人财物的，或者非法收受他人财物为他人谋取利益的行为。此外，与上述人员勾结伙同受贿的，以受贿罪的共犯论处。

（2）受贿罪的处罚基本与贪污罪相同。但如果受贿数额不满1万元，使国家利益或者集体利益遭受重大损失的，应处10年以上有期徒刑；如果受贿数额在1万元以上，使国家或者集体利益遭受重大损失的，处无期徒刑或者死刑，并处没收财产。索贿的从重处罚。因受贿进行违法活动构成其他犯罪的，依照数罪并罚的规定处罚。

（3）关于单位行贿罪。本决定新规定了单位行贿罪，即企业事业单位、机关、团体为谋取不正当利益而行贿，或者违反国家规定，给予国家工作人员、集体经济组织工作人员或者其他从事公务的人员以回扣、手续费，情节严重的行为。对单位行贿罪的处罚是：对单位判处罚金，对其直接负责的主管人员和其他直接责任人员，处 5 年以下有期徒刑或者拘役。

《关于惩治贪污罪贿赂罪的补充规定》是对 1979 年刑法中贪污贿赂犯罪的一次较为系统、全面的修改。通过这次修改，我国贪污贿赂犯罪的立法更为完备了，为我国进入 20 世纪 90 年代后，在改革开放不断深入的进程中与贪污贿赂罪作斗争提供了有力的法律武器，同时也为我国刑法的全面修订工作奠定了良好的基础。

（四）1997 年《刑法》关于受贿犯罪的全面修订

1997 年刑法典的修订工作，是在 1979 年刑法典的基础上，结合改革开放以来的立法司法实践，在借鉴国外成功的立法经验，吸收全国人大常委会 22 个补充规定、决定的基础上，广泛征求各方面意见，在司法实践部门和专家、学者的共同参与下完成的。

关于受贿罪的修订，是本次刑法修订的重点之一。修订的主要内容如下：①将贪污贿赂犯罪单独设立为刑法分则的一章即现行《刑法》分则第八章；②对受贿犯罪的主体进行了修改；③关于受贿犯罪数额的修改；④规定了斡旋受贿以受贿罪处罚。

（五）《刑法修正案（六）》

随着经济社会的发展，1997 年《刑法》第 163、164 条在实践的运用中，出现了两个方面的问题。其一，公司、企业以外的其他单位的工作人员也是市场经济活动的主体之一，商业领域出现的贿赂行为有些也并不全是公司、企业的工作人员所为。随着我国加入《联合国反腐败公约》和反商业贿赂工作的深入和实际需要，有关部门和司法机关提出，把商业贿赂犯罪的主体仅限于公司、企业的工作人员，范围有些窄，对公司、企业以外的其他单位的工作人员利用职务便利进行权钱交易、危害社会利益的行为，也应追究刑事责任。其二，根据刑法的有关规定，国家工作人员违反国家规定，收受回扣、手续费归个人所有，以受贿论，尚且要与职务有关；但公司、企业和其他单位的人员在经济往来中违法国家规定，收受回扣、手续费，以受贿论，要否利用职权，原条文规定不很清楚，应当明确。

针对上述问题，全国人大常委会于 2006 年 6 月 29 日通过公布的《中华人民共和国刑法修正案（六）》对《刑法》第 163 条作出修改，将该款规定为：国有公司、企业或者其他国有单位中从事公务的人员和国有公司、企业或者其他国有单位委派到非国有公司、企业以及其他单位从事公务的人员有前两款（指利用职务上的便利、索取他人财物或者非法收受他人财物，为他人谋取利益，数额较大的和在经济往来中，利用职务上的便利，违反国家规定，收受各种名义的回扣、手续费，归个人所有的）行为的，依照《刑法》第 385、386 条的规定定罪处罚。一方面，将商业贿赂犯罪的主体从"公司、企业的工作人员"扩大到"其他单位的工作人员",包括非国有公司、企业、事业单位或者其他组织的工作人员;另一方面,将本条公司、企业和其他单位的人员在经济往来中违反国家规定收受回扣、手续费,以受贿处理的行为,在构成要件中,增加了"利用职务上的便利"的条件。

《刑法修正案(六)》公布后,关于第 163 条的罪名问题,理论研究中有人主张将"公司、企业人员受贿罪"修改为"公司、企业、其他单位人员受贿罪"或"公司、企业、其他组织人员受贿罪"。如果使用"公司、企业、其他单位人员受贿罪"的罪名,则上述"公司、企业人员受贿罪"罪名的缺陷得以保留,而且作为选择式罪名,"其他单位人员受贿罪"严格来讲不属于规范的罪名。最终,2007 年 11 月 6 日最高人民法院、最高人民检察院公布的《关于执行〈中华人民共和国刑法〉确定罪名的补充规定(三)》中将第 163 条的罪名修改为"非国家工作人员受贿罪"。

(六)《刑法修正案(七)》

2009 年 2 月 28 日,第十一届全国人大常委会第七次会议审议通过了《刑法修正案(七)》,在刑法中增加了利用影响力受贿罪,在《刑法》第 388 条后增加一条作为第 388 条之一:"国家工作人员的近亲属或者其他与该国家工作人员关系密切的人,通过该国家工作人员职务上的行为,或者利用该国家工作人员职权或者地位形成的便利条件,通过其他国家工作人员职务上的行为,为请托人谋取不正当利益,索取请托人财物或者收受请托人财物,数额较大或者有其他较重情节的,处 3 年以下有期徒刑或者拘役,并处罚金;数额巨大或者有其他严重情节的,处 3 年以上 7 年以下有期徒刑,并处罚金;数额特别巨大或者有其他特别严重情节的,处 7 年以上有期徒刑,并处罚金或者没收财产。离职的国家工作人员或者其近亲属以及其他与其关系密切的人,利用该离职的国家工作人员原职权或者地位形成的便利条件实施前款行为的,依照前款的规定定罪处罚。"

关于该条罪名的确定,本书赞成"利用影响力受贿罪",该条罪名的确立不但严密了刑事法网,符合时代的需要,同时也是与《联合国反腐败公约》等国际公约相接轨的体现。关于"利用影响力受贿罪",本书将在第五章中详细论述。

四、当前我国受贿犯罪罪名体系

至 2009 年《刑法修正案(七)》增设利用影响力受贿罪为止,我国受贿犯罪在立法上由无到有,罪名数量由少到多,受贿犯罪法网由粗疏到不断严密,形成相对完整的罪名体系,为我国当前打击腐败提供了规范依据,同时,也是刑法理论上研究受贿犯罪的规范依据。本书即主要依据这些规范展开对受贿犯罪的论述。

不难发现,现行法根据受贿犯罪主体、行为方式的不同,设立了不同的受贿罪名;在立法上主要体现为以下四个罪名:

（一）受贿罪

现行刑法典在《刑法》分则第八章贪污贿赂罪、第九章渎职罪、第三章破坏社会主义市场经济秩序罪中以六个条文对受贿罪做出规定。具体是：

1. 第385条规定："国家工作人员利用职务上的便利，索取他人财物的，或者非法收受他人财物，为他人谋取利益的，是受贿罪。国家工作人员在经济往来中，违反国家规定，收受各种名义的回扣、手续费，归个人所有的，以受贿论处。"

2. 第386条规定："对犯受贿罪的，根据受贿所得数额及情节，依照本法第383条的规定处罚。索贿的从重处罚。"

3. 第388条规定："国家工作人员利用本人职权或者地位形成的便利条件，通过其他国家工作人员职务上的行为，为请托人谋取不正当利益，索取请托人财物或者收受请托人财物的，以受贿论处。"

4. 第399条第4款规定，司法工作人员收受贿赂，有前三款行为的（指徇私枉法，枉法裁判，执行判决、裁定失职，执行判决、裁定滥用职权），同时又构成本法第385条规定之罪，依照处罚较重的规定定罪处罚。

5. 第163条第3款规定，国有公司、企业中从事公务的人员和国有公司、企业委派到非国有公司、企业从事公务的人员有前两款行为的（指利用职务上的便利索取他人财物或者非法收受他人财物，为他人谋取利益，数额较大的和在经济往来中，违法国家规定，收受各种名义的回扣、手续费，归个人所有的），依照本法第385条的规定处罚。[1] 需要指出的是，《刑法修正案（六）》对第163条做出过修改，前文已述，此处不赘。

6. 第184条第2款的规定，国有金融机构工作人员和国有金融机构委派到非国有金融机构从事公务的人员有前款行为的（指在金融业务活动中索取他人财物或者非法收受他人财物，为他人谋取利益的和违反国家规定，收受各种名义的回扣、手续费，归个人所有的），依照本法第385、386条的规定定罪处罚。

以上6个条文中，第385、386条是受贿罪的基本条文，规定了受贿罪的罪状、构成要件和对受贿罪的处罚。第163条第3款、第184条第2款、第388条、第399条第4款是受贿罪的特别条文，规定了对国有公司、企业或者其他国有单位中从事公务的人员和国有公司、企业或者其他国有单位委派到非国有公司、企业以及其他单位从事公务的人员受贿，国有金融机构工作人员和国有金融机构工作人员委派到非国有金融机构从事公务人员受贿，国家机关工作人员利用本人职权或者地位形成的便利条件，通过其他国家工作人员职务上的行为，为请托人谋取不正当利益受贿的，都以受贿罪定罪，刑罚都依照《刑法》第386条的规定处理。而第386条又是一个援引刑罚的条文，即援引了《刑法》第383条对于贪污

---

[1] 廖福田：《受贿罪纵览与探究》，中国方正出版社2007年版，第17~23页。

罪的刑罚规定。对司法工作人员徇私枉法，枉法裁判，同时又受贿，构成受贿罪的，依照处罚较重的罪定罪处罚，不实行数罪并罚。

（二）利用影响力受贿罪

2009 年 2 月 28 日，第十一届全国人大常委会第七次会议审议通过了《刑法修正案（七）》，在刑法中增加了利用影响力受贿罪，在刑法第 388 条后增加一条作为第 388 条之一："国家工作人员的近亲属或者其他与该国家工作人员关系密切的人，通过该国家工作人员职务上的行为，或者利用该国家工作人员职权或者地位形成的便利条件，通过其他国家工作人员职务上的行为，为请托人谋取不正当利益，索取请托人财物或者收受请托人财物，数额较大或者有其他较重情节的，处 3 年以下有期徒刑或者拘役，并处罚金；数额巨大或者有其他严重情节的，处 3 年以上 7 年以下有期徒刑，并处罚金；数额特别巨大或者有其他特别严重情节的，处 7 年以上有期徒刑，并处罚金或者没收财产。离职的国家工作人员或者其近亲属以及其他与其关系密切的人，利用该离职的国家工作人员原职权或者地位形成的便利条件实施前款行为的，依照前款的规定定罪处罚。"

近年来，随着反腐败斗争的深入，中纪委、最高人民检察院和一些全国人大代表提出，目前在处理涉及腐败案件时遇到了一些新问题：一些国家工作人员的配偶、子女、亲朋好友利用其对国家工作人员的影响力，通过在职的国家工作人员，为请托人办事谋取不正当利益，收受请托人财物。事情一旦败露，就说财物是背着国家工作人员收的，在职的国家工作人员则说根本不知道收受财物之事，使案件难以处理。此外，一些已经离职的国家工作人员，虽然已不具备国家工作人员的身份，但他们或者其近亲属及关系密切的人利用其在职时形成的影响力，通过其他国家工作人员的职务行为为请托人谋取不正当利益，自己从中索取或者收受财物。这些行为严重玷污了国家公权力的廉洁性，败坏了党风、政风和社会风气，应作为犯罪追究。另外，我国已批准了《联合国反腐败公约》，其中第 18 条对影响力交易犯罪也作了明确规定，要求各缔约国将"公职人员或者其他任何人为其本人或者他人直接或间接索取或者收受任何不正当好处，以作为该公职人员或者该其他人员滥用本人的实际影响力或者被认为具有的影响力，从缔约国的行政部门或者公共机构获得任何不正当好处的条件"的行为规定为犯罪。其中的"公职人员或者其他任何人"就包括国家工作人员、离职的国家工作人员及其配偶、子女、亲朋好友等非国家工作人员。一些部门提出，为适应反腐败的需要，刑法的有关条文规定应当修改完善，与公约相衔接，从而以有利于我国履行承担的国际公约义务。

（三）单位受贿罪

单位受贿罪是《关于惩治贪污罪贿赂罪的补充规定》首次设立的一个罪名。1993 年《反不正当竞争法》又对单位受贿罪做出了规定。该法第 8 条规定："经营者不得采用财物或者其他手段进行贿赂以销售或者购买商品。在账外暗中给予对方单位或者个人回扣的，以行贿论处；对方单位或者个人在账外暗中收受回扣的，以受贿论处。"现行刑法典规定的单位受贿罪是根据上述规定修改而成的，并将《关于惩治贪污罪贿赂罪的补充规定》关于单位受贿罪主体的"机关"改为"国家机关"，将"全民所有制企业事业单位"改为"国有公司、企业、事业单位、人民团体"。

现行刑法典在《刑法》分则第八章贪污贿赂罪中以一个条文对单位受贿罪作出规定，《刑法》第387条规定："国家机关、国有公司、企业、事业单位、人民团体，索取、非法收受他人财物，为他人谋取利益，情节严重的，对单位判处罚金，并对其直接负责的主管人员和其他直接责任人员，处5年以下有期徒刑或者拘役。前款所列单位，在经济往来中，在帐外暗中收受各种名义的回扣、手续费的，以受贿论，依照前款的规定处罚。"

（四）非国家工作人员受贿罪

非国家工作人员受贿罪是全国人大常委会《关于惩治违反公司法犯罪的决定》新增设的一个罪名，根据当时的司法解释，称"商业受贿罪"。现行刑法典将该决定第9条所规定的内容移入刑法之中，将犯罪主体由"公司董事、监事或者职工"修改为"公司、企业的工作人员"，设立"公司、企业人员受贿罪"。

现行刑法典在《刑法》分则第三章破坏社会主义市场经济秩序罪中两个条文对公司、企业人员受贿罪做出规定，即：

1. 第163条第1、2款规定："公司、企业的工作人员利用职务上的便利，索取他人财物或者非法收受他人财物，为他人谋取利益，数额较大的，处5年以下有期徒刑或者拘役；数额巨大，处5年以上有期徒刑，可以并处没收财产。公司、企业的工作人员在经济往来中，违反国家规定，收受各种名义的回扣、手续费，归个人所有，依照前款的规定处罚。"

全国人大常委会于2006年6月29日公布的《中华人民共和国刑法修正案（六）》第7条对其做出了修改，修改为"公司、企业或者其他单位的工作人员利用职务上的便利，索取他人财物或者非法收受他人财物，为他人谋取利益，数额较大的，处5年以下有期徒刑或者拘役；数额巨大的，处5年以上有期徒刑，可以并处没收财产。公司、企业或者其他单位的工作人员在经济往来中，利用职务上的便利，违法国家规定，收受各种名义的回扣、手续费，归个人所有，依照前款的规定处罚"。

2. 刑法第184条第1款规定："银行或者其他金融机构的工作人员在金融业务活动中索取他人财物或者非法收受他人财物，为他人谋取利益的，或者违反国家规定，收受各种名义的回扣、手续费，归个人所有的，依照本法第163条的规定定罪处罚。"

第二章 受贿犯罪的客体

犯罪的本质是侵犯了法益，刑法的任务是保护法益。刑法典之所以规定受贿犯罪，就是因为受贿犯罪侵犯了刑法所保护的法益，应该（值得）被科处刑罚。受贿犯罪侵犯了何种法益？这涉及有关受贿犯罪本质特征的研究。贿赂犯罪是交易型的腐败行为，其本质是肮脏的权钱交易，因此，我们应当从"权钱交易"出发来深入研究受贿犯罪的本质特征。

第一节 受贿犯罪的客体

首先需要说明的是，在我国目前受贿犯罪的罪名体系当中，受贿罪、单位受贿罪、利用影响力受贿罪是公务领域的犯罪，非国家工作人员受贿罪则是私营领域的职务犯罪，所以各罪名的本质在表述上会有所差异。但是这些差异是表象的，本书为了论述方便，在以"权钱交易"展开对受贿犯罪本质特征即受贿犯罪客体的讨论时，仅以受贿犯罪的典型——受贿罪——为对象展开讨论；同时，考虑到其他具体罪名的特殊性，在本节最后对其他罪名的客体再做简单的必要说明。

受贿罪本质问题也就是受贿罪所要保护的法益，受贿罪保护的法益在我国学者通常的语境中是指贿赂罪的客体。

一、受贿罪的客体

（一）有关受贿罪客体的争论

我国关于受贿罪客体的理论，存在着单一客体说与复杂客体说的争论。

单一客体说认为，受贿罪的客体只有一个，但对这一客体的内容仍存在不同看法。有论者认为，受贿罪侵犯的客体是国家机关的正常管理活动，即正确执行国家机关对内对外职能任务的一切活动。[1]有论者认为，受贿罪的客体是国家工作人员职务行为的廉洁性。[2]这种观点是目前的通说。此外，有论者认为，受贿罪的客体应是国家工作人员职务行为的不可收买性。[3]也有论者在此基础上指出，

---

[1] 参见高铭暄主编：《中国刑法学》，中国人民大学出版社1989年版，第601页。
[2] 郝力辉、刘杰："对受贿罪客体的再认识"，载《法学研究》1986年第2期；李洁："受贿罪法条解释与评析"，载《河南政法管理干部学院学报》2003年第5期。
[3] 参见张明楷：《法益初论》（2003年修订版），中国政法大学出版社2003年版，第612页以下。

受贿罪的客体是国家工作人员职务行为的不可出卖性。[1]

复杂客体说与单一客体说相对,复杂客体说认为受贿罪客体不是单一的,而是具有复合性。理论界关于该罪复合客体的学说主要有以下观点。有论者认为受贿罪不但侵害了国家机关的正常活动,而且侵害了公私财产所有权。[2]还有论者认为,受贿罪的客体包括国家机关的正常活动、公私财产的所有关系以及社会主义经济秩序。[3]在此基础上,还有论者提出综合性客体说,认为并非每一种受贿行为都必然同时侵犯多方面的客体,侵犯其中任何一种都可以构成受贿罪。[4]

(二)受贿罪的客体是职务行为的不可收买性

本书赞同单一客体说中职务行为的不可收买性的观点,理由如下:

1. 不同意综合复杂客体说中综合客体说的提法。一般认为,复杂客体的犯罪应该是该罪的构成要件行为一经实施,就必然侵害两种或两种以上的社会关系或法益,因为复杂客体本身意味着该犯罪行为直接侵害的客体包括两种以上社会关系且都是成立犯罪的必备要件。以此推论,如果某种法益在某行为实施时有时会受到侵害,有时不会受到侵害,不能认为是复杂客体的犯罪,这样综合客体说便不攻自破。

2. 不能认为受贿罪的客体是"国家机关的正常管理活动"。该观点的存在一方面是因为1979年刑法将贿赂犯罪规定在渎职犯罪一章,而渎职犯罪的同类客体是国家机关的正常管理活动,另一方面是受到了前苏联刑法理论的影响:前苏联刑法理论认为"贿赂行为是贪污营私最危险的形式,它首先旨在破坏苏维埃国家机关、各机构和企业的正常工作,破坏它们活动的声誉,使它们在劳动人民心目中失去威信"。[5]但是,国家机关的管理活动这一概念并不明确,是整个渎职犯罪类罪的共同客体,不能将其作为受贿罪个罪的客体,而且1997年刑法已经将受贿罪另行规定在贪污贿赂犯罪一章。如果将国家机关的正常管理活动理解为"正确执行国家机关对内对外职能任务的一切活动",必然要求受贿行为人违背作为或者不作为的职责为行贿人谋取不正当的利益,这明显不符合刑法的规定。因为在受贿罪中索贿行为并不要求行为人为他人谋取利益要件,收受贿赂的行为也不要求行为人为他人谋取不正当利益,换句话说,受贿有贪赃枉法和贪赃而不枉法之分,即使是国家机关工作人员受贿,如果没有枉法,也谈不上对国家机关正常

---

[1] 参见李希慧主编:《贪污贿赂罪研究》,知识产权出版社2005年版,第130页。

[2] 参见钱大群、孙国祥主编:《职务犯罪研究》,南京大学出版社1996年版,第199页。

[3] 参见钱大群、孙国祥主编:《职务犯罪研究》,南京大学出版社1996年版,第80页。

[4] 参见黄海龙:"当前我国刑法中受贿罪若干问题的研究",载赵秉志等编:《全国刑法硕士论文荟萃》,中国人民公安大学出版社1989年版,第788页。

[5] [前苏联] A. 菲拉托夫:"贿赂行为是危险犯罪",载《法学译丛》1982年第3期。转引自张明楷:《法益初论》(2003年修订版),中国政法大学出版社2003年版,第621页。

活动的侵犯。

基于同样理由，本书也不同意受贿罪的客体是"社会主义市场经济秩序"。首先，这是《刑法》分则第三章"破坏社会主义市场经济秩序犯罪"这一类罪的共同客体，不能准确地说明刑法规定受贿罪是为了保护何种法益。其次，受贿犯罪并非都发生在经济领域，其他领域（如跑官买官现象）也存在着大量贿赂现象；即使发生在经济领域，在受贿人贪赃而不枉法的情形之下，也没有侵犯社会主义市场经济秩序。所以，认为受贿罪的客体是"社会主义市场经济秩序"也是不够科学的。

3. 不能认为受贿罪的客体是"公私财产所有权"。首先，如上所述，受贿罪属于对合犯。就收受贿赂而言，行贿人之所以将财物交付给行为人，是为了利用国家工作人员职务的行为，此时，行贿行为本分就是违法的。如果认为此时财物所有权受到侵犯，即是将所有的行贿人当作受害人，则刑法规定行贿罪不仅多余而且是错误的。显然，我们不能认可如此荒谬的结论。其次，贿赂是构成受贿罪的中介之物而非行为对象之物。依据《刑法》第 64 条的规定："犯罪分子违法所得的一切财物，应当予以追缴或者责令退赔。……违禁品和供犯罪所用的本人物品，应当予以没收。"贿赂，对于受贿者而言是"犯罪分子违法所得的一切财物"；对于行贿者而言，是"供犯罪所用的本人物品"。所以由贿赂本身的违法性质所决定，行贿者的财物就不值得刑法保护，也就不能认定受贿行为侵犯其财产所有权。最后，受贿行为确实可能造成公共财产的损失。但是，公共财产的损失只是因为受贿可能造成的危害后果；况且并非只要有受贿行为就必然造成公共财产损失的危害后果。[1]

4. 职务行为的不可收买性说是在批判职务行为的廉洁性说基础上产生的。职务行为不可收买性说认为，[2]"廉洁性"概念本身含义存在着不明确的地方。首先，廉洁性是指职务行为的廉洁性还是公务人员本身的廉洁性并无定论，采取何者会对受贿罪构成要件产生不同的结论；廉洁性说没能说明是以纯洁性说还是以不可收买性说为基本立场。廉洁性说如果是指职务行为的廉洁性，根据我国现行刑法的规定"国家工作人员利用职务上的便利索取财物，或者收受他人财物为他人谋取利益的"，成立受贿罪。可见，不论是索贿行为还是收受贿赂行为，都不要求国家工作人员违背职责枉法行事。因此，职务行为的不廉洁（不纯洁）不符合刑法的规定。如果认为客体是国家工作人员自身的廉洁性，而国家工作人员自身索取财物、收受贿赂与其职务行为不具有关联性时也构成受贿罪，这无疑扩大

---

[1] 张明楷：《法益初论》（2003 年修订版），中国政法大学出版社 2003 年版，第 625 页。

[2] 张明楷：《法益初论》（2003 年修订版），中国政法大学出版社 2003 年版，第 625 页。

了处罚的范围。[1]

5. 本书采取职务行为的不可收买性学说，符合受贿罪的本质特征。受贿罪的本质是权钱交易。这种权与钱之间肮脏交易的达成与实现，体现了国家职务（公权力）与贿赂之间的关联性与对价性。如上所述，如同买卖合同双方一样，行贿人与受贿人之间也存在意思合致，具体体现在，"行贿者之所以贿赂受贿者，目的是利用受贿者的职权获取某种利益，实际上是一种'以钱换利'或曰'以私利换公利'的钱权交易行为；而对受贿者来说，利用其职权便利，从事或不从事一定的职务行为，或者从事违反职务的行为，为行贿者谋取某种利益，以便非法收受或索取他人财物，这是一种'以权换利'或是'以公利换私利'的权钱交易行为。"[2]换句话说，对于受贿人来说，收受贿赂是目的，出卖职务是手段，受贿人之所以出卖职务因为存在"贿赂"作为对价；对于行贿人来说，给付贿赂是手段，借以通过受贿人的职务获取某种利益是目的，行贿人之所以给付"贿赂"是因为可以因此利用国家职务作为（进而谋取某种利益）作为对价。

（三）职务行为不可收买性的内涵

权钱交易的达成包括职务行为与贿赂的关联性与对价性。关联性要求接受财物的行为与职务行为相关，如前所述，贿赂与权力总是相伴而生，不存在与权力相交换的贿赂，也就不存在犯罪。正是因为行为人具有某种职务，才可能向他人索取贿赂，他人才主动向其提供贿赂。至于该职务行为是违背职责的职务行为还是不违背职责的职务行为，是当为而不为的不作为职务行为还是不当为而为的作为职务行为，是已经实施完毕、正在实施的职务行为还是将要（包括许诺实施）实施的职务行为，在所不问。我国《宪法》规定"中华人民共和国的一切权力属于人民"，即国家公权力来源于人民的授予，具有神圣性。既然受贿人手中的公权力来源于人民，理应服务于人民大众，而不是服务于某个人（包括权力人个人），因此，国家工作人员理所当然要合法、合理、公正的实施职务行为，其工资、奖金等收入已经是其职务行为的相应报酬，如果权力行为人利用国家权力直接从公民那里收受职务行为的不正当报酬来满足个人私欲，其职务行为不可避免地将只为提供财物的人服务，从而损害他人的利益，职务行为的公正性就成为空谈，遑论公民对国家机关本身的信赖了。所以，立法上规定受贿罪的目的，就是禁止权力行使作为贿赂的对价来执行，换言之，职务行为不具有可收买性。

职务行为的不可收买性包括两个方面内容：一是职务行为不可收买性本身；二是公民对职务行为不可收买性的信赖。因此，只要国家工作人员以职务行为换

---

[1] 关于受贿罪的保护法益的看法，参见[日]西田典之：《日本刑法各论》（第三版），刘明祥、王昭武译，中国人民大学出版社2007年版，第380页。

[2] 孟庆华：《受贿罪研究新动向》，中国方正出版社2005年版，第1页。

取了财物,侵害了职务行为的不可收买性;只要国家工作人员在接受财物时许诺为他人利益而实施职务行为就损害了公民对职务行为不可收买性的信赖。[1]

需要指出的是,有学者在认同职务行为的不可收买性说反映出了贿赂犯罪的本质特征的同时提出质疑,认为"国家工作人员职务行为的不可收买性"是相对于行贿者而言,而不是针对受贿罪而言的。与其说"国家工作人员职务行为的不可收买性"是受贿罪的客体,倒不如说是行贿罪的客体。受贿罪的客体应当是"国家工作人员职务行为的不可出卖性"。的确,从受贿者的角度来说,受贿者不应当出卖职务行为以收受财物;从行贿者的角度而言,是行为人不应当给付财物以收买职务行为。但二者只是一个问题的两个方面,本质上并无不同。[2]职务行为的不可收买性即意味着不能将职务行为与财物作为对价进行交换。例如,在重婚罪中,无论是重婚者还是相婚者都同样损害了国家一夫一妻的婚姻制度。[3]本书认为,这种说法并没有错误,但是给付财物对我们研究受贿的本质特征并没有提供多少进展,只是换句说法而已,况且在"职务行为不可收买性"的说法已经约定俗成的情况下,采用"职务行为的不可出卖性"有标新立异之嫌。

综上,本书认为受贿罪的客体是单一客体,即国家工作人员职务行为的不可收买性。

二、其他受贿犯罪的客体

(一)利用影响力受贿罪的客体

关于利用影响力受贿罪的客体,有学者认为该罪客体不完全等同于受贿罪,原因是本罪是腐败犯罪的外围,虽然行为人的行为与公权力或公务相联系,但是行为人并没有保证国家工作人员廉洁性的义务,因此缺乏与公权力或公务的联系而不具有可罚依据。

本书不赞同上述观点,从刑法安排的体例中可以看到,利用影响力受贿罪是作为《刑法》第388条的第2、3款。而《刑法》原第388条规定的斡旋受贿行为作为修改后的第388条第1款。实际上,利用影响力受贿罪也是贿赂犯罪的一种方式,其性质仍是受贿,所以,利用影响力受贿罪的客体理应与受贿罪的客体保持一致。

从表面上看,利用影响力受贿罪中的请托人是给予关系密切的人一定的贿赂,而关系密切的人是不具有为请托人谋取其所托的不正当利益的职权,在实践中,关系密切的人还可能是不具备任何职权的国家工作人员以外的人。在此情况

---

[1] 张明楷:《法益初论》(2003年修订版),中国政法大学出版社2003年版,第629页。

[2] 参见李希慧主编:《贪污贿赂罪研究》,知识产权出版社2005年版,第130页。

[3] 因此,本书认为受贿罪、行贿罪、介绍贿赂罪所侵犯的客体都是职务行为的不可收买性。至于罪名不同,是因为结合主体身份不同、行为内容不同而导致的对客体的侵犯程度的不同而已,详细的说明见下文。

下，职务的不可收买性似乎就不能成为利用影响力受贿罪的客体。然而，从实质上来看，本罪中利用影响力的行为是请托人和关系密切的人有意识的"权钱交易"，而利用该影响力的结果就是不正当利益的谋取，也就是说，利用影响力受贿罪实质上是让金钱或是其他财产利益入侵到权力行使的过程，影响力通过买卖而施加于国家工作人员的公务行为，职务行为的不可收买性同样受到了侵犯。因此，本书认为，利用影响力受贿罪的客体是国家工作人员职务的不可收买性。

（二）单位受贿罪的客体

单位受贿罪是单位犯罪的一种，也是我国刑法规范中少有的在自然人与单位同时构成犯罪的情形下，将单位犯罪单列作为独立罪名的情形，因此，本书认为单位受贿罪的客体应当同受贿罪的客体相同，也是犯罪单位中有关国家工作人员职务行为的不可收买性。

（三）非国家工作人员受贿罪的客体

非国家工作人员受贿罪规定在妨害对公司、企业的管理秩序罪中，原因是该罪名先前为"公司、企业人员受贿罪"。从中我们可以看出非国家工作人员受贿罪相对于受贿罪所强调的不同之处，前者是对私营领域的危害，后者强调对国家公务领域的危害。通说认为，非国家工作人员受贿罪的客体是公司、企业及其他单位的正常管理制度和公司、企业或者其他单位工作人员职务的不可收买性。

一方面，在市场经济领域，公司、企业或者其他单位是经济活动的主体，它们的正常运作是市场经济健康运行的重要前提。而对于每一个公司、企业或者其他单位来说，其内部都有相对完整且独立的规章制度，对单位的正常运转起到管理和约束的作用。如果工作人员因为受贿而不遵循单位的制度、钻制度的空子或者干脆在制度之外运作，就会造成单位运转混乱，在严重的情况下甚至会导致单位的破产。所以说，公司、企业及其他单位的正常管理制度是非国家工作人员受贿罪的客体。

另一方面，职务行为的不可收买性体现现代社会对行为人职业伦理的要求，同时也是非国家工作人员受贿罪立法缘由所在。我国《公司法》第148条规定："董事、监事、高级管理人员应当遵守法律、行政法规和公司章程，对公司负有忠实和勤勉义务。董事、监事、高级管理人员不得利用职权收受贿赂或其他非法收入，不得侵占公司的财产。"从中可以看出，法律要求董事、监事、高级管理人员对公司的忠实义务，即"董事、监事、经理经营公司业务时，应毫无保留地为公司最大利益努力工作，当自身利益与公司利益发生冲突时，应以公司利益为先"。[1]行为人在公司的某种职位上具有相应的职务，其职务行为必须为公司利益而不是为其个人私利服务，作为职务行为的回报，行为人从公司获取相应的工

---

〔1〕 赵旭东主编：《公司法学》，高等教育出版社2006年版，第408页。

作报酬（包括奖励在内），他不能通过实施职务行为为第三人谋取利益从而获取公司给予报酬以外的报酬，这是一种不正当的报酬。如果职务行为可以收买，可以与财物交换，那么职务行为必然只是或首先为提供财物的人服务，而无法保证只能为设置职务的单位所用，这是对忠实义务的严重违背。公司法的规定虽然仅针对董事、监事、高级管理人员，但就职业伦理来讲，公司、企业、其他单位中的所有非国家工作人员都同样存在忠实义务的要求。

第二节 贿赂的范围与性质

贿赂与权力总是相伴而生，且存在对价性。"对于受贿人来说，贿赂的收受是其出卖职务的目的；对于行贿人来说，贿赂的付出是其借以达到自己某种目的的手段。"[1]可以说，不存在与权力相交换的贿赂，也就无所谓受贿这种犯罪行为。因此，确立贿赂的性质和范围，是认定受贿行为罪与非罪的重要标准之一。

如果说本章第一节受贿（犯）罪的客体是从"权钱交易"中的"权"来论述公权力不可收买性，那么本节将通过对促成这种非法交易达成的行为媒介之载体的"钱"的论述，来揭示受贿犯罪的特征。当然，以"钱"代"贿赂"不免以偏概全，因为贿赂除了金钱之外，还包括其他财物与利益，这里涉及的则是贿赂的范围问题。

一、贿赂的范围

（一）财物的范围

关于贿赂的范围，也就是对于"财物"的理解，在理论界有以下几种观点：

第一种观点认为，贿赂只应该限定为财物，包括金钱以及用金钱可以购买的有形物。[2]这种观点严格遵循文义解释，"财物"即金钱和物品。"金钱"即充当一般等价物的货币；"物品"是指具有价值和使用价值、可操控和管理、可用金钱数字计量的有体物和无体物。

第二种观点认为，贿赂不仅包括财物，还包括可以用金钱来计算的物质利益。[3]

第三种观点认为，贿赂应当是能够满足受贿人生活需要和精神欲望的一切财产性和非财产性利益，包括财物、用货币计算的财产性利益，以及其他非财产性的利益。[4]这种非财产性的利益包括提供指标、提升职务、迁移户口、提供女

---

[1] 李希慧主编：《贪污贿赂罪研究》，知识产权出版社2005年版，第1页。
[2] 参见高铭暄主编：《中国刑法学》，中国人民大学出版社1989年版，第603～604页。
[3] 肖扬主编：《贿赂犯罪研究》，法律出版社1994年版，第173页。
[4] 参见高憬宏：《刑法刑诉法适用问题研究》，中国政法大学出版社1999年版，第191～194页。

色等。

　　本书认为，第三种观点理论上能够成立，[1] 是立法的趋向，理由如下：其一，无论贿赂的内容如何，不管行贿人是以金钱贿赂还是以女色贿赂，只要能够投受贿人所好，满足其所需，受贿人接受并且支付相应的对价，就侵犯了国家工作人员职务行为不可收买性这一法益，从社会危害性与应受惩罚性来说，两者并无差别；其二，至于非财产性利益在司法认定上"无法计算数额"，而且当前主要以"数额"为依据否定非财产性利益为贿赂内容的说法似是而非，因为司法上的认定困难恰恰是以非财产性利益作为贿赂内容的隐蔽性特征，在司法实践中行为人为了规避法律，采取隐蔽手段以物质性利益作为贿赂的情况极为常见，但不能因此否定其作为贿赂的应有内容，而且受贿罪的认定除了根据"数额"外还要考虑"情节"因素；其三，从美国、日本、新加坡等国家以及中国台湾地区的立法例和司法实践来看，非物质性利益也包括在贿赂范围之内。我国加入的《联合国反腐败公约》将贿赂规定为"不正当好处"，显然，这里"不正当好处"包括物质性财产利益以及非物质性财产利益。因此，有学者提出为了与"与世界各国腐败犯罪立法潮流相契合"、"对接公约"而修改受贿罪受贿范围的建议。[2] 但是，贿赂范围的确定必须立足于成文法的规定进行解释，在现行法规定下将非物质性利益纳入"财物"超出法律可能具有的含义，属于社会危害性中心论的类推解释，破坏了罪刑法定原则。

　　第一种观点认为贿赂仅指"财物"，是严格遵循文义解释的结果，但是，将贿赂的内容限定为金钱和实物，明显不能满足现实打击贿赂犯罪的需要。

　　所以，综合现实宽严相济刑事政策的需要和现行刑法的规定，本书采第二种观点。应当看到，随着我国市场经济的完善以及人们多元化衡量价值观念的形成，很多物质性利益可以并且需要用金钱给付。如果受贿人接受，诸如免费装修住房、免费提供出国旅游机会等物质性利益，则实质上意味着受贿人可以免去必要的支出，是财富的相对增加，这同受贿人收受财物实现财富的直接增加是等同的，因此，对"财物"的外延也应当进行与时俱进的扩张解释，将物质性利益纳入"财物"范围之内。这样的解释并没有超出"财物"文义可能的射程与国民预测可能性的范围，符合刑法解释的正义性要求。

　　实质上，最高人民法院、最高人民检察院《关于办理商业贿赂刑事案件适用法律若干问题的意见》也是吸收了非财产性利益的观点，该意见第7条就规定，商业贿赂中的财物，既包括金钱和实物，也包括可以用金钱计算数额的财产性利益，如提供房屋装修、含有金额的会员卡、代币卡（券）、旅游费用等。

---

〔1〕　本书为便于论述，此处将非财产性利益等同于非物质性利益。
〔2〕　姜伟："对接公约，受贿罪应修改"，载《检察日报》2006年10月25日。

相应地，本书否定性贿赂的入罪化。因为如上所述，性贿赂入罪化有违罪刑法定原则。除此之外，也会带来司法实践中的困境：如，对于提供色情服务的人员如何定罪，无法律可比照；也难以界定卖淫嫖娼、不正当的性行为以及以换取权力为目的的性贿赂。

（二）回扣和手续费的认定

《刑法》第 385 条第 2 款将回扣和手续费并列规定，显然二者在性质上都属于贿赂的范围，不同之处在于来源不同。

所谓回扣，是指在商品购销活动过程中，买卖双方按价成交后，卖方从买方支付的价款中退还给买方或者买方委托代理人（经办人）的金钱、实物或者其他物质性利益。[1] 回扣本身是商品经济的产物，具有双重性，不能一概否定。如买卖合同双方在合同中约定卖方应该给予买方一定回扣，双方都如实入账，依法纳税，这样的回扣是合法的，应当受到法律的保护。受贿罪中的回扣是指非法回扣，或者违反国家规定，或者在账外暗中给予或者收受回扣。账外暗中，是指为在依法设立的反映其生产经营活动或者行政事业经费收支的财物账上按照财物会计制度规定明确如实记载，包括不记入财物账、转入其他财物账或者做假账等。比如：经营者销售商品在账外暗中以现金、实物或者其他方式退给对方单位或者个人的一定比例的商品价款，就属于非法回扣。账外回扣的出账和入账都是暗箱操作，是为获得在市场竞争中不正当的竞争优势或者交易条件谋取对方职权行为的成本，破坏了公平竞争的市场秩序，因而属于贿赂的范畴。国务院《关于严禁在社会经济活动中牟取非法利益的通知》就指出：企业事业单位在经营活动中，根据国家规定收取的手续费，必须按照财经制度全部列入单位收入，除国家另有明文规定的外，不得分给个人；任何单位、个人在国际贸易等活动中根据国际惯例收取的回扣，必须按照财经制度全部列入单位收入，不准归个人所有。这实际上为回扣的合法与否划定了界限。

同样，手续费的性质也有两面。手续费就其本质而言，是一种劳务报酬，本身无所谓非法与否。但是，如果国家工作人员未付出劳动而收受财物，或者以少量劳动换取高额报酬，以其职务行为与所谓的手续费相互交易，就是假借手续费之名收受贿赂。实务中假借手续费之名而收受贿赂的名目繁多："辛苦费"、"劳务费"、"好处费"、"介绍费"、"信息费"、"感谢费"、"活动费"、"奖励"，等等。国家工作人员在经济往来中办理一定事务是其本职工作，自有所在单位给付一定的工资、奖金作为报酬，除此之外，不能收取对方业务单位所给付的任何名义的手续费，否则都构成国家工作人员职务行为的对价，是收受贿赂的行为。[2]

---

[1] 参见张明楷："论市场经济条件下的回扣"，载《法商研究》1994 年第 3 期。
[2] 参见李希慧主编：《贪污贿赂犯罪研究》，知识产权出版社 2004 年版，第 150 页。

回扣与手续费的区别主要是产生的方式不同。回扣来源于买方支付的价款、劳务费。而"手续费则是经营者对交易对象顺利完成商业程序的回馈，泛滥的根源在于支付手续费的一方能够通过此项交易机会衍生的持续性商业运作谋取远高于贿赂成本的高额利润"，可以发生在财物结算之前，也可以在商品、款项到位之后。

（三）灰色收入是否属于贿赂

有论者提出，灰色收入属于贿赂犯罪的隐蔽形式。其一，国家公务人员除了工资以外，不得因职务行为收受任何利益，否则，便违背了国家工作人员职务行为的不可收买性，属于贿赂行为；其二，"灰色收入"名为接受赠与，但因为数额较大并且具有单向性，其实质是用金钱换取国家工作人员手中掌握的公权力中与自己相关的利益；其三，"灰色收入"的赠与者肯定有所求，只是双方心照不宣而已，收受人也当然清楚，如果自己不具有特定的职务，他人就不会向自己赠与财物。[1] 但是，依照现行法律规定，收受贿赂的成立需要以"为他人谋取利益"为要件（详见下文论述）。该论者提出为打击此种贿赂犯罪，应当修改受贿罪"为他人谋取利益的"规定。在法律没有修改之前，应当将"为他人谋取利益作"做扩张解释，包括：其一，已为他人谋取了具体利益；其二，正在为他人谋取具体利益；其三，将来为他人谋取不确定的利益。[2]

本书认为，"灰色收入"因为不存在具体的请托事项不属于贿赂，实际上"灰色收入"问题属于德日刑法中规定的单纯受贿罪问题。所谓单纯受贿，是指仅'因职务关系'而收受贿赂，不以接受请托实施职务行为为构成要件。如日本《刑法》第197条对单纯受贿罪的规定："公务员或者仲裁人，因职务关系收受、要求或者约定贿赂的，处5年以下惩役。"而我国现行法并无规定这一罪名，因此没有进行刑事处罚的法律依据；此外，在今后的法律中，也没有必要对灰色收入犯罪化，否则，巨额财产来源不明罪将无适用的空间和余地。现实中，灰色收入问题确实大量存在，但是这一问题的实质是因为我国公务员管理法规的滞后、官员财产申报制度迟迟未能建立而导致"黑色收入"（贿赂）与"白色收入"（工资、奖金）的"灰色"地带跨度太大而产生的问题。所以，解决问题的根本之道在于完善行政立法、加大行政反腐的力度。不难预见，将"灰色收入"认定为受贿罪，将致使受贿罪承载过多而不堪重负。

二、贿赂的性质

与贿赂范围的研究的"繁荣景象"相比，关于贿赂的性质，理论界、实务部门则鲜有涉及甚至非常冷清（或许认为这根本就不是一个问题）。通行的理论将

---

[1] 以下参见李洁："灰色收入当属贿赂犯罪隐蔽形式"，载《检察日报》2004年1月13日。

[2] 李洁："灰色收入当属贿赂犯罪隐蔽形式"，载《检察日报》2004年1月13日。

贿赂看作是受贿犯罪的犯罪对象，本书认为这一定位是值得商榷的。

（一）贿赂的正确定位

一般认为，犯罪对象或者行为对象是指犯罪分子对之施加影响的具体的物或者人，或者犯罪行为所指向的具体的物或者人，其中具体的物是社会关系的物质表现，而人则是社会关系的主体。[1]因此，行为对象是体现利益的物与人，是犯罪客体的具体表现。受贿罪的本质是行为人背离了职务行为的不可收买性的保护法益，背离职务行为的不受收买性不是指行为本身的自然属性，而是根据对公职人员的要求而进行的对行为的评价，这种评价的根据是具体的行为样态。[2]显然，无论如何，单从贿赂（财物）本身无从体现出职务行为不可收买性这一法益受到了侵犯，所以贿赂（财物）不是受贿罪的犯罪对象或者行为对象。

因此，贿赂是指作为"职务行为的对价的不正当报酬"。[3]贿赂并非存在于行为之外，而是存在于行为之内，也就是说贿赂从属于受贿行为与行贿行为，应当是受贿罪中犯罪行为组成之物。所谓组成物，是指对犯罪来说构成其不可缺少的要素之物，正如没有赌资就不可能有赌博行为，不存在贿赂之物就不可能有行贿行为与受贿行为。[4]因此对于受贿罪而言，"无物（贿赂）之存在"即"无犯罪（受贿罪）之成立"。

（二）贿赂物的处理

关于赃款赃物的处理，我国《刑法》第64条有明确规定："犯罪分子违法所得的一切财物，应当予以追缴或者责令退赔；对被害人的合法财产，应当及时返还；违禁品和供犯罪所用的本人财物，应当予以没收。没收的财物和罚金，一律上缴国库，不得挪用和自行处理。"追缴是针对犯罪分子违法所得财物仍然存在的情形适用，责令退赔则是针对犯罪分子违法所得财物被挥霍或者毁坏之后——财物因毁损或者灭失而不存在，无法适用追缴措施的情形——责令犯罪分子用其合法财产进行退赔。如上所述，贿赂，对于受贿者而言是"犯罪分子违法所得的一切财物"；对于行贿者而言，是"供犯罪所用的本人物品"。所以，一般而言，作为受贿行为与行贿行为之中介的贿赂物，最终是由司法机关追缴或者没收后上缴国库。

---

〔1〕 高铭暄主编：《刑法学》（修订本），法律出版社1984年版，第114页。

〔2〕 李洁、林菲："论贿赂在受贿罪犯罪构成中的地位兼论受贿罪立法及认定中的几个问题"，载《法制与社会发展》1998年第3期。本文认识到贿赂非犯罪对象无疑是正确的，但是却又进而得出犯罪对象与行为对象区分的结论，本书不能认可。本书认为犯罪对象与行为对象两者含义相同。

〔3〕 [日]西田典之：《日本刑法各论》（第三版），刘明祥、王昭武译，中国人民大学出版社2007年版，第381页。

〔4〕 [日]大塚仁：《刑法概说·总论》，冯军译，中国人民大学出版社2003年版，第451页；另见张明楷：《法益初论》（2003年修订版），中国政法大学出版社2003年版，第187~188页。

贿赂物属于赃物的范畴，当然适用《刑法》第64条的规定。对于贿赂物的处理在不同时期我国也存有规定。如，1987年财政部《关于罚没财物和追回赃款赃物管理办法》第2条规定："……依法查处追回贪污盗窃、行贿受贿等违法犯罪案件的财物，称追回赃款赃物。"第7条第3款规定："追回属于受贿、行贿的财物一律上缴国库。"又如，全国人民代表大会常务委员会《关于惩治贪污罪贿赂罪的补充规定》[1]第12条明文规定："贿赂财物及其他违法所得一律没收。"这些法律法规规定的很明确，所有属于贿赂的财物，一律应予没收。因为贿赂犯罪属于对合犯，受贿者与行贿者总是相伴而生，受贿者的违法犯罪所得必然是行贿者用于行贿的财物。即使因为在我国立法对受贿罪与行贿罪采取非对称性刑事政策的情况下，存在受贿人构成犯罪而行贿人不构成犯罪的情形（如行贿人为谋取正当利益而行贿），但其行贿行为也不应当认定为合法行为。行贿行为的不合法性决定了行贿人所给付的贿赂（行贿人本身的合法财产）不受法律保护。

但是，在贿赂犯罪中，行贿人所给付的贿赂是否在所有的情形下一律不受保护呢？也即在贿赂犯罪中行贿人是否一律不被认定为被害人呢？对这一问题的回答，则将决定贿赂的最终去向。如若存在行贿人是被害人情形，对经追缴和责令退赔而获的财物中，其中包括应当返还被害人的部分，则应及时退还给被害人，而不是一律上缴国库。本书认为，受贿犯罪中，行贿人是被害人的情形是存在的。如上所述，索贿行为是指公务人员在他人有求于自己的职务行为时要求对方提供贿赂，包括要求、索要或者勒索贿赂。[2]当公务人员甲利用职务上的便利向乙勒索贿赂，乙为了自身的正当利益被迫按照勒索贿赂的要求向甲给付财物时，甲的行为就完全符合敲诈勒索罪的构成要件，[3]此时，乙就具有双重身份：既是甲受贿罪的行贿人（尽管是被迫的），也是甲敲诈勒索罪的被害人。无疑，司法机关的正确做法应当是，在将贿赂物收缴后，及时返还给受害人乙，而不是上缴国库。

---

[1] 本规定已被1997年10月1日实施的《中华人民共和国刑法》废止，但该条仍不失其参考意义。

[2] 张明楷："论受贿罪的客观要件"，载《中国法学》1995年第1期。

[3] 此时，利用职务勒索的受贿人的行为构成敲诈勒索罪与受贿罪的想象竞合犯；在我国，受贿罪的法定刑重于敲诈勒索罪，故按受贿罪处罚；本书认为，最终如何定罪，并不影响给付财物的行为人是这一行为的被害人的认定。

第三章 受贿罪

第一节 受贿罪概述

一、受贿罪的概念

（一）受贿罪的立法沿革

我国刑法中的受贿罪经历了一个不断发展演变的过程。1952年《惩治贪污条例》是将受贿罪作为贪污罪的一种形式加以规定，不存在独立的受贿罪。1979年《刑法》第185条在立法上首次将受贿罪作为一个独立的罪名加以规定："国家工作人员利用职务上的便利，收受贿赂的，处5年以下有期徒刑或者拘役。"随着我国改革开放的深入，现实生活中受贿犯罪不断增加，为了适应同这一犯罪作斗争的需要，1982年3月全国人大常委会通过了《关于严惩严重破坏经济的犯罪的决定》，该决定将受贿罪的法定最高刑由有期徒刑提高为死刑。1988年1月全国人大常委会又通过了《关于惩治贪污罪贿赂罪的补充规定》（以下简称《补充规定》），该《补充规定》对受贿罪的概念作了更为明确的规定："国家工作人员、集体经济组织工作人员或者其他从事公务的人员，利用职务上的便利，索取他人财物的，或者非法收受他人财物为他人谋取利益的，是受贿罪。"此外，还规定了国家工作人员在经济往来中，违反国家规定，收受各种名义的回扣、手续费归个人所有的，以受贿论。1997年修订后的《刑法》对《补充规定》关于受贿罪的规定作了进一步的修改和补充。首先，修订了关于受贿罪的定义。1997年《刑法》第385条第1款规定："国家工作人员利用职务上的便利，索取他人财物的，或者非法收受他人财物，为他人谋取利益的，是受贿罪。"其次，增加了间接受贿的规定。第388条规定："国家工作人员利用本人职权或者地位形成的便利条件，通过其他国家工作人员职务上的行为，为请托人牟取不正当利益，索取请托人财物或者收受请托人财物的，以受贿论处。"最后，1997年《刑法》第385条第2款保留了《补充规定》关于经济受贿的规定："国家工作人员在经济往来中，违反国家规定，收受各种名义的回扣、手续费，归个人所有的，以受贿论。"由此，形成了我国目前受贿罪[1]的规范依据。

（二）受贿罪的概念

依据现行刑法规范，我们大体上可以给受贿罪下一个完整的定义：所谓受贿罪，是指国家工作人员利用职务上的便利，索取他人财物；或者利用职务上的便利，非法收受他人财物，为他人谋取利益；或者利用本人职权或地位形成的便利条件，通过其他国家工作人员职务上的行为，为请托人谋取不正当利益，索取请托人财物或者收受请托人财物的行为。

二、受贿罪的分类

（一）在立法上的分类

从我国的受贿罪现行立法的形式上的划分，受贿罪包括如下类型：

根据《刑法》第385条第1款的规定，国家工作人员利用职务上的便利，索取他人财物的，或者非法收受他人财物，为他人谋取利益的，是受贿罪。由此可知，受贿罪有两种基本行为形式：一是索取贿赂，即利用职务上的便利，索取他人财物；二是收受贿赂，即利用职务上的便利，非法收受他人财物，为他人谋取利益。

此外，刑法又规定了两种"以受贿论处"的行为：一是《刑法》第385条第2款规定的，国家工作人员在经济往来中，违反国家规定，收受各种名义的回扣和手续费，归个人所有的经济受贿行为；二是《刑法》第388条规定的，国家工作人员利用本人职权或者地位形成的便利条件，通过其他国家工作人员职务上的行为，为请托人谋取不正当利益，索取或者收受请托人财物的间接受贿行为。

（二）在学理上的分类

1. 受贿罪是典型的图利型犯罪，是目的犯。如果没有不法所有的目的，就说明行为人并不想占有或获得他人财物，就没有权钱交易的认识，进而说明行为人没有犯罪故意，从而无以成立受贿罪。不法所有的目的虽然是超过的构成要件要素，但由于受贿罪必须以现实的索取或收受他人财物为要件，因而可以由客观事实推定而来。"在刑法中，以不法所有的目的为犯罪构成要件要素的很多，其认

---

[1] 这里所说的受贿罪，是指"两高"司法解释中所确定的具体罪名，而不是指本书其他章节所称受贿犯罪的类罪名。依据刑法规定，该3条均为对受贿罪的规定，本章受贿罪正是以此作为分析的规范依据。至于《刑法》第163条第2款"国有公司、企业或者其他国有单位中从事公务的人员和国有公司、企业或者其他国有单位委派到非国有公司、企业以及其他单位从事公务的人员有前两款行为的，依照本法第385条、第386条的规定定罪处罚"以及《刑法》第184条第2款"国有金融机构工作人员和国有金融机构委派到非国有金融机构从事公务的人员有前款行为的，依照本法第385条、第386条的规定定罪处罚"的规定，本书认为是拟制性的规定，仅具有提示性意义，故在下文受贿罪构成要件的分析上不再提及。也有学者认为，这些规定，"不仅是多余的，而且是不合理的"。参见张绍谦：《刑法理性论》，北京大学出版社2006年版，第248～249页。

定方式也大体如此。"〔1〕

2. 受贿罪是典型的对合犯。犹如买卖合同的成立必然存在双方当事人，并且意思表示达成合致。在受贿犯罪的过程中，受贿人与行贿人是个相对的概念，存在收受贿赂的受贿人，必然有给付贿赂的行贿人，反之亦然。（至于受贿人、行贿人是否必然同时可罚，涉及刑事立法与刑事政策的问题，此处不论。）双方的意思合致具体体现在："行贿者之所以贿赂受贿者，目的是利用受贿者的职权获取某种利益，实际上是一种'以钱换利'或曰'以私利换公利'的钱权交易行为；而对受贿者来说，利用其职权便利，从事或不从事一定的职务行为，或者从事违反职务的行为，为行贿者谋取某种利益．以便非法收受或索取他人财物，这是一种'以权换利'或是'以公利换私利'的权钱交易行为。"〔2〕简而言之，对于受贿人来说，收受贿赂是目的，出卖职务是手段；对于行贿人来说，给付贿赂是手段，借以通过受贿人的职务获取某种利益是目的。

3. 受贿罪是身份犯，属于因权力而生公务犯罪，权力与本罪的构成必然存在对应关系。行为人从事一定公务，代表国家行使公权力，是受贿罪主体资格的本质特征。不具备国家工作人员这一特殊身份要件，不具有侵犯受贿罪法益的可能性，当然无从构成本罪。

4. 受贿罪是公务（职务）犯罪。我国《宪法》规定"中华人民共和国的一切权力属于人民"，即国家公权力来源于人民的授予，具有神圣性与不可收买性。既然受贿人手中的公权力来源于人民，理应服务于人民大众，而不是服务于权力行为人个人，如果权力行为人利用国家权力收受贿赂满足个人私欲，则是对国家权力的亵渎。立法上规定受贿罪的目的，就是禁止权力行使作为贿赂的对价。

5. 受贿罪是行为犯还是结果犯？对此，学界存在不同的看法，采取不同理论将关系到行为人是否构成犯罪以及犯罪是否存在未遂状态。本书认为受贿罪是结果犯。（详见本章下文论述）

6. 受贿罪是数额犯与情节犯。1997年《刑法》第386条规定："对犯受贿罪的，根据受贿所得数额及情节，依照本法第383条的规定处罚。"受贿罪成立，不仅要有受贿行为，而且要求达到一定数额或者情节严重的程度，属于既定性又定量的规定。因此，受贿数额与受贿行为的情节是认定成立犯罪与否的重要标准之一。如果数额未达到定罪的最低限额或者情节显著轻微，则一般不按照犯罪来处理。

---

〔1〕 李希慧、童伟华："受贿罪主观方面研究"，载赵秉志主编：《刑法评论》（第五卷），法律出版社2004年版，第198~199页。

〔2〕 孟庆华：《受贿罪研究新动向》，中国方正出版社2005年版，第1页。

第二节　受贿罪的主体要件

一、概述

受贿罪是身份犯，我国《刑法》第 385、388 条所规定的受贿罪的主体是国家工作人员。依据《刑法》第 93 条规定，所谓国家工作人员，"是指国家机关中从事公务的人员。国有公司、企业、事业单位、人民团体中从事公务的人员和国家机关、国有公司、企业、事业单位委派到非国有公司、企业、事业单位、社会团体从事公务的人员，以及其他依照法律从事公务的人员，以国家工作人员论。"

该条规定了国家工作人员的内涵与范围，是认定国家工作人员主体身份的规范依据。我们不难发现，规定里同时出现了三个概念：国家工作人员、准国家工作人员、国家机关工作人员。三者之间的关系是怎样呢？国家机关工作人员当然是国家工作人员的典型，第 2 款规定的三类人员是非典型的国家工作人员，我们称之为准国家工作人员。因此，国家工作人员包括国家机关工作人员与准国家工作人员，也即国家工作人员是上位概念，国家机关工作人员与准国家工作人员是下位概念。对国家工作人员的认定，包括对国家机关工作人员与准国家机关工作人员的认定。

二、国家机关工作人员的认定

依《刑法》第 93 条的规定，国家工作人员是指在国家机关中从事公务的人员。关于国家机关的范围，学界与实务部门已经基本上达成共识。[1] 所谓共识是指：依据《宪法》第三章国家机构的规定，各级国家权力机关、行政机关、司法机关和军事机关都是我国的国家机构。《全国法院审理经济犯罪案件工作座谈会纪要》也明确指出："刑法中所称的国家机关工作人员，是指在国家机关中从事公务的人员，包括在各级权力机关、行政机关、司法机关和军事机关中从事公务的人员。"对此本书不再赘述。

本书称对国家机关的范围基本上达成共识，是因为在中国共产党的各级机关、中国人民政治协商会议的各级机关以及一些不具国家行政机关之名但实际上承担国家行政管理职能的机构（如石油天然气总公司、电力总公司等）是否是国家机关的认定上，仍然存有分歧。本书认为，考虑到中国共产党是我国的执政党，中国共产党领导的多党合作和政治协商制度是我国的基本政治制度。在国家的政治生活、经济社会生活和对外交往活动中，中国共产党和人民政协实际履行

---

[1] 共识与分歧，请参见侯国云、白岫云：《新刑法疑难问题解析与适用》，中国检察出版社 1998 年版，第 184 页；参见敬大力主编：《刑法修订要览》，法律出版社 1997 年版，第 148 页；参见赵秉志主编：《新刑法教程》，中国人民大学出版社 1997 年版，第 780 页。

着国家管理职能,在刑法上应当将国家机关作扩张解释,将这些机构包括在内。[1]但并非任何级别的党组织和政协机关都履行了国家管理职能,《关于全国法院审理经济犯罪案件工作座谈会纪要》(以下简称《会议纪要》)还明确规定:"在乡(镇)以上中国共产党机关、人民政协机关中从事公务的人员,司法实践中也应当视为国家机关工员。""乡(镇)以上"具体包括中国共产党中央委员会和全国政协,省、自治区、直辖市、市、县(区)、乡(镇)党委和政协,而不包括基层(村、街道办)党支部,也不包括公司、企业等单位中的党组织。此外,与此相关的一个问题是民主党派机关中工作人员的认定问题。我国统一战线的特点是,共产党是执政党,民主党派是参政党,如果把共产党当做国家机关,不把民主党当做国家机关,执政党和参政党的关系如何解决?在司法实践中,也应当把民主党派机关中从事公务的人员当做国家机关工作人员看待。

需要指出的是,否认中国共产党、中国人民政协等机构为国家机关的学者往往将此类机构规定为"其他依照法律从事公务的人员",即将在此类机构中工作的工作人员以准国家工作人员论,仍然符合受贿罪的主体要件。[2]如果单从受贿罪主体要件的认定来看,这样的区分对于司法实务并无多大帮助,然而事实并非如此。首先,理论的研究除了以能够指导实践并力求在实践中可行为使命的同时,也贵在追求其理论上的一贯性;其次,是否认定为国家机关工作人员,将直接决定这些机构中工作的人员是否能够成为渎职犯罪的主体。具体而言,如果认为此类机构是国家机关,则该机构中的工作人员的渎职行为可能构成渎职犯罪,反之认为此类机构不是国家机关,则该机构中的工作人员的渎职行为就不构成渎职犯罪。[3]从司法实践来看,这样的区分仍然是必要的。

三、准国家工作人员的认定

(一) 概述

《刑法》第 93 条第 2 款是对准国家工作人员的规定,采取列举式与概括式相

---

[1] 本书认为国家机关与国家机构是同义语。并不赞同有论者指出《刑法》中的"国家机关"不同于我国《宪法》中的"国家机构",并进而指出国家机关除了国家机构之外,还包括中国共产党、中国人民政协等国家机关。本书认为,此类解释有滥用文字游戏之嫌。

[2] 如龚培华、肖中华:《刑法疑难争议问题与司法对策》,中国检察出版社 2002 年版,第 611~612 页;孟庆华:《受贿罪研究新动向》,中国方正出版社 2005 年版,第 151 页。

[3] "中共中央政治局原委员、中共上海市委原书记陈良宇 4 月 11 日下午被天津市第二中级人民法院以受贿罪、滥用职权罪判处有期徒刑 18 年,没收个人财产人民币 30 万元。"参见 http://news.ifeng.com/mainland/200804/0411_ 17_ 487072.shtml,最后访问日期:2010 年 8 月 24 日。陈被滥用职权罪论处,显然,司法机关是将陈认定为国家机关工作人员。司法实践中将在中国共产党内任职的工作人员认定为国家机关工作人员的例子比比皆是,贵州省原省委书记刘方仁、广东省普宁市原市委书记丁伟斌、湖北省崇阳县原县委书记江忠兴、深圳市盐田区沙头角镇原镇委书记张嗣胜均以受贿罪论处。

结合的方式，具体规定了三类人员：一是从事公务的人员；二是国家机关、国有公司、企业、事业单位委派到非国有公司、企业、事业单位、社会团体中从事公务的人员；三是其他依照法律从事公务的人员。

（二）关于国有公司、企业、事业单位、人民团体中从事公务的人员的认定

这类人员成为受贿罪的主体，需要满足两个条件：其一，所在单位是国有公司、企业、事业单位、人民团体；其二，在上述单位从事公务。两者同时具备，方能满足此类受贿罪的主体要件。如果是在非国有公司、企业、事业单位、人民团体中从事管理的人员（受委派从事公务除外），则不能成为受贿罪的主体；如果是在上述单位工作，但从事劳务工作，也同样不是国家工作人员（有关公务与劳务的区分，请见下文。）这两者对于区分受贿罪与非国家工作人员受贿罪具有重要意义。

（三）关于国家机关、国有公司、企业、事业单位委派到非国有公司、企业、事业单位、社会团体中从事公务的人员的认定

这里关键是要理解"委派"的含义。《会议纪要》规定："所谓委派，即委任、派遣，其形式多种多样，如任命、指派、提名、批准等。"并且指出"不论被委派的人身份如何，只要是接受国家机关、国有公司、企业、事业单位委派，代表国家机关、国有公司、企业、事业单位在非国有公司、企业、事业单位、社会团体中从事组织、领导、监督、管理等工作，都可以认定为国家机关、国有公司、企业、事业单位委派到非国有公司、企业、事业单位、社会团体从事公务的人员。如国家机关、国有公司、企业、事业单位委派在国有控股或者参股的股份有限公司从事组织、领导、监督、管理等工作的人员，应当以国家工作人员论。"

在认定受委派从事公务的人员时，应当注意区分"委派"与外部人员"委托"。一般认为，委派是一种内部关系，因此受委派人员是本单位人员。而委托是一种外部关系，受委托人员是外部人员，[1]也即当其接受国家机关、国有公司、企业、事业单位等委托从事某种公务的时候，不能认定为国家工作人员。所以，《刑法》第382条第2款"受国家机关、国有公司、企业、事业单位、人民团体委托管理、经营国有财产的人员，利用职务上的便利，侵吞、窃取、骗取或者以其他手段非法占有国有财产的，以贪污论"的规定属于法律拟制规定，即将原不属于贪污罪的行为赋予贪污罪的法律效果。对于这种受委托人员，若无法律的专门规定，则不能构成以国家工作人员为特殊主体的犯罪，例如，2000年2月16日最高人民法院《关于对受委托管理、经营国有财产人员挪用国有资金行为如何定罪问题的批复》指出，对于受国家机关、国有公司、企业、事业单位、人民团体委托，管理、经营国有财产的非国家工作人员，挪用国有资金归个人适用成犯

---

[1] 参见陈兴良：《中国当代刑法新境遇》，中国人民大学出版社2007年版，第900页。

罪的，应当依照刑法第 272 条第 1 款（即挪用资金罪）的规定定罪处罚，并非按照挪用公款罪定罪。[1]

（四）关于其他依照法律从事公务人员的认定

这里"其他依法从事公务的人员"，是刑法列举准国家工作人员的一种兜底性立法条款，在刑法理论上，对这类人员的解释也也是众说纷纭，莫衷一是。[2] 实务中多参照：①依法履行职责的各级人民代表大会代表；②依法履行审判职责的人民陪审员；③协助乡镇人民政府、街道办事处从事行政管理工作的村民委员会、居民委员会等农村和城市基层组织人员；④其他由法律授权从事公务的人员。但是争议并没有因此而终结，因为解释中"其他有法律授权从事公务的人员"仍然需要再解释。[3] 现实生活丰富多样，受贿罪主体也各形各色，例如近些年足球裁判黑哨，医生收受回扣，记者索取封口费能否构成受贿罪的主体，理论聚讼，实践不一。这就需要我们正确把握国家工作人员的认定标准，避免司法解释追随其后疲于奔命的尴尬。[4] 那么，认定国家工作人员的标准是什么呢？

四、国家工作人员的认定标准

（一）关于"公务"的界定

在确定国家工作人员的认定标准之前，我们首先界定公务的含义。依据《会议纪要》："从事公务，是指代表国家机关、国有公司、企业、事业单位、人民团体等履行组织、领导、管理、监督等职责。公务主要表现为与职权相联系的公共事务以及监督、管理国有财产的职务活动。如国家机关工作人员依法履行职责，国有公司的董事、经理、监事、会计、出纳等管理、监督国有财产等活动，属于从事公务。那些不具备职权内容的劳务活动、技术服务工作，如售货员、售票员等所从事的工作，一般不认为是公务。"由此，可以得出公务与劳务的区别。[5] 其一，公务只能存在于国家机关、国有公司、企业、事业单位、人民团体中，而劳

---

〔1〕 相反的观点，请参见张明楷：《刑法分则的解释原理》，中国人民大学出版社 2009 年版，第 273~276 页。

〔2〕 有关详细论述，请参见侯国云、白岫云：《新刑法疑难问题解析与适用》，中国检察出版社 1998 年版，第 190~200 页；张穹主编：《修订刑法条文适用解说》，中国检察出版社 1997 年版，第 112 页；赵秉志主编：《新刑法教程》，中国人民大学出版社 1997 年版，第 780 页。

〔3〕 一个明显的例子是，在司法解释之后产生的，与人民陪审员具有等同地位的，依法履行审判监督职责的人民监督员当然包含在"其他依法从事公务的人员"之内。

〔4〕 对此，有学者无不感慨："立法机关对于刑法中的国家工作人员虽然作过多次立法解释，但是由于这些规定有的过于笼统，可操作性不强，有的又失之琐碎、偏颇，不全面、不系统，因而还未达到理想的程度；而纵观'两高'单独或者联合做出的历次司法解释，虽然曾在各个不同历史时期起到过指导司法实践的重要作用，但也确有诸多自相矛盾以及不符合立法本意的地方。"参见何泽宏："刑法中国家机关工作人员的立法解释与司法解释评析"，载《现代法学》2003 年第 2 期。

〔5〕 郝守才："我国刑法中国家工作人员的界定标准"，载《河南省政法管理干部学院学报》2002 年第 4 期。

务既可以存在于国家机关、国有公司、企业、事业单位、人民团体中，也可以存在于非国有单位中；其二，公务是在国家机关、国有公司、企业、事业单位、人民团体的各种职能部门中，从事组织、领导、监督、管理等职务活动，它与一定的管理职权、履行一定的职务密切相关，一般不直接从事物质生产活动，而劳务主要是从事物质生产活动或服务性劳动；其三，从事公务的人员一般按其职务享有处理一定国家事务的权力，而从事劳务的人，一般都接受从事公务人员的管理，在其管理之下进行活动，不具有处理国家事务的权力。

需要指出的是，公务与职务也存在着差别。职务是指被赋予某种职责的人所应当具有的身份或者所应当从事的工作，这种职责可能来源于国家授权，如国家工作人员，也可能来源于他人，如非国有企业所雇用的高管。公务不仅如职务一样需要一定的权力或者身份，而且这种行为还必须是一种国家管理行为或者由国家管理行为所派生出来的行为，换句话说，公务带有国家管理的性质，是国家权力的体现。所以，一旦公务行为失范，就可能破坏国家的管理职能。公务的范围要比职务狭窄，是职务行为的下位概念。因此，我们可以说受贿罪是公务犯罪，也是职务犯罪；非国家工作人员是职务犯罪，但不是公务犯罪。

（二）国家工作人员的认定标准

关于以什么标准来界定是否是国家工作人员，学界和司法界主要存在以下三种观点：其一，"公务论"，该论者主张国家工作人员范围的界定标准，应以其是否从事公务为标准，行为人不管具有什么身份，只要其依法从事公务，就应认定为国家工作人员；[1]其二，"身份论"，持该论者认为当以行为人是否具有国家工作人员的资格身份（如干部身份、公务员身份）来确定，因为具有国家工作人员的身份是行为人从事能够一定公务的前提；[2]其三，在前两种观点的基础上，有学者提出折中观点，即"身份论加公务论"，主张两者是构成国家机关工作人员不可分割的两个要素。[3]

本书赞同公务论，首先，从方法论上来说，确定认定国家工作人员的标准，实质上就是明确国家工作人员区别于其他人员的特征，而这一特征对于各类国家工作人员内部之间来说则是其共同的属性与本质特征。从《刑法》第93条的文本规定来看，各类工作人员都有"从事公务"这一共同特征。因此，应当以是否从事公务来界定国家工作人员的身份。其次，从受贿罪的本质来看，受贿罪所保护的法益是职务行为的不可收买性。受贿犯罪是因为权力而生的犯罪，从事公务

---

〔1〕 赵秉志主编：《中国刑法案例与学理研究（分则篇六）》，法律出版社2001年版，第14页。

〔2〕 江礼华："论国家工作人员范围的界定"，载《刑法问题与争鸣》（第一辑），中国方正出版社1999年版，第308页。

〔3〕 郝守才："我国刑法中国家工作人员的界定标准"，载《河南省政法管理干部学院学报》2002年第4期。

就是代表国家行使职权，行为人"从事公务"为其利用职权收受贿赂提供可能性。质言之，受贿罪的构成与从事公务存在着对应关系。然而，不属于行政法人事制度意义上的"国家工作人员"也可能从事公务，如法院的聘任制书记员。因此，不能以身份来衡量是否从事公务。最后，"身份论"与"折中论"的不同之处在于"折中论"看到了具有国家工作人员身份的人存在不从事公务的可能性，注意到了"从事公务"在认定国家工作人员的重要性，这点值得肯定；但是两者的共同之处在于都认为"具有某种资格身份是从事公务的前提"，这点并不符合现实。例如，对于国家机关、国有公司、企业、事业单位委派到非国有公司、企业、事业单位、社会团体中从事公务的人员，在被委派之前，可以是委派单位本身的工作人员，也可以是单位从社会招聘来的；同时，上述人员在被委派到非国有公司、企业、事业单位、社会团体之后，既可能直接任职，也可能被接受单位聘任，凡此种种，都不影响其国家工作人员的性质，只要其是受委派在接受单位从事公务即可。"折中论"将不具有国家干部身份但事实上从事公务的人员排斥在国家工作人员之外，不当缩小了受贿罪主体范围。因此，本书也不赞同"身份论加公务论"。

事实上，立法解释也采取了"公务论"。如 2000 年 4 月 29 日全国人民代表大会常务委员会《关于〈中华人民共和国刑法〉第九十三条第二款的解释》指出："村民委员会等村基层组织人员协助人民政府从事下列行政管理工作时，属于刑法第 93 条第 2 款规定'其他依照法律从事公务的人员'：①救灾、抢险、防汛、优抚、移民、救济款物的管理；②社会捐助公益事业款物的管理；③土地的经营、管理和宅基地的管理；④土地征用补偿费用的管理；⑤代征、代缴税款；⑥有关计划生育、户籍、征兵工作；⑦协助人民政府从事的其他行政管理工作。"又如 2002 年 12 月 28 日全国人大常委会通过的《关于〈中华人民共和国刑法〉第九章渎职罪主体适用问题的解释》指出："在依照法律、法规规定行使国家行政管理职权的组织中从事公务的人员，或者在受国家机关委托代表国家机关行使职权的组织中从事公务的人员，或者虽未列入国家机关人员编制但在国家机关中从事公务的人员，在代表国家机关行使职权时，有渎职行为，构成犯罪的，依照刑法关于渎职罪的规定追究刑事责任。"显然，村民委员会等基层组织人员是集体组织工作人员，其主要职能是处理集体事务而非公务，本身并不具有国家工作人员的身份，但当其协助人民政府从事行政管理事务时，便具有了国家工作人员的身份；受委托从事公务与未入编在国家机关中从事公务的人员，本身也并无国家机关工作人员的资格身份，但当依法具有从事公务的资格时，也以国家机关工作人员论。此外，2002 年 5 月最高人民法院《关于在国有资本控股、参股的股份有限公司中从事管理工作的人员利用职务便利非法占有本公司财物如何定罪问题的批复》指出："在国有资本控股、参股的股份有限公司中从事管理工作的人员，除受国家机关、国有公司、企业、事业单位委派从事公务的以外，不属于国家工作人员。"

五、有关特殊案件的主体认定

（一）假国家工作人员能否构成受贿罪主体

所谓假国家工作人员是指，通过欺骗手段获得有关组织的信任，使不具备国家工作人员条件的人被正式录用为国家工作人员或者是国家工作人员通过欺骗手段获得更高职务等情况的人员。行为人行为时的身份形式上合法，但是身份的来源属于非法，因而，在本质上并不属于合法的国家工作人员。关于假国家工作人员能否构成受贿罪的主体，理论上有两种不同的观点。

否定说认为，假国家工作人员以不正当手段骗取职务后利用职务的行为仅是欺骗活动的继续，不能认为是公务活动；如若认定其构成受贿罪的主体，无异于承认其骗取国家工作人员的身份的合法性。[1]

肯定说认为，认定国家工作人员的关键在于行为人是否从事公务，至于如何取得国家工作人员的身份，对受贿罪主体的认定并不产生影响；因为行为人获取国家工作人员的身份的途径，社会公众并不知情，也无从知晓；行为人利用假国家工作人员的身份受贿，同样侵犯职务行为的廉洁性，这完全符合受贿罪的本质特征。[2]

本书赞同肯定说，"假国家工作人员"事实上行使国家职权的行为仍然符合国家工作人员"从事公务"这一本质特征，应该当认定符合受贿罪的主体；同时，这些人员在实际工作中行使了国家工作人员的职权，其索取或者收受财物的行为也正是利用这些职权便利而实施、完成的，职务行为不可收买性已经受到侵犯，构成了受贿罪。2004年3月30日最高人民法院研究室关于《行为人通过伪造国家机关公文、证件担任国家工作人员职务并利用职务上的便利侵占本单位财物、收受贿赂、挪用本单位资金等行为如何适用法律问题的答复》指出："行为人通过伪造国家机关公文、证件担任国家工作人员后，又利用职务上的便利侵占本单位财物、收受贿赂、挪用本单位资金等行为，构成犯罪的，应当分别以伪造国家机关公文、证件罪和相应的贪污、受贿、挪用公款罪等追究刑事责任，实行数罪并罚。"这一批复虽然只是针对"通过伪造国家机关公文、证件担任国家工作人员职务"这一类情形做出的指示，但是适用于以非法手段获取国家工作人员职务后，又利用该职务实施相关职务犯罪的所有情形，也就是说，取得"从事公务"的途径合法与否，并不影响对国家工作人员的认定。"假国家工作人员"最终以受贿罪等罪名判决最为著名的当是曾经震惊中南海的"三假干部"曹忠武

---

[1] 参见王作富主编：《刑法分则实务研究》（下），中国方正出版社2007年版，第1813页。
[2] 参见孙力主编：《公务活动中犯罪界限的司法认定》，中国检察出版社2000年版，第77页。

案：案发前，曹忠武的身份是中国物资储运大连公司项目部部长、物华运输有限公司董事长兼经理、全国特产经济办公室筹备组负责人、全国特产经济办公室主任等。可就是这样一个位居司局级的干部却是一个彻头彻尾的"假干部"——专业证书是伪造的、干部履历是假的、连入党材料也是假的。[1] 2004年6月8日，曹忠武因贪污211.17万元，受贿135万元，行贿6万余元，挪用公款200万元，诈骗163万元，伪造国家公文、私刻印章、伪造证件等23项罪行6项罪名被北京市第一中级人民法院一审判处死刑。[2]

（二）体育裁判能否构成受贿罪主体

体育裁判能否成为受贿罪主体的争论发端于足球裁判"龚建平受贿案"。"龚建平受贿案"系我国司法介入足球腐败的"第一案"，自案件侦查、起诉到审判的整个刑事追诉阶段，都受到法学界、体育界乃至社会的广泛关注与激烈争论。案情大致如下：[3]

2000～2001年，被告人龚建平在受中国足球协会指派担任全国足球甲级队A组、B组联赛主裁判员期间，利用职务之便，明知他人有让其在比赛中予以关照的请托，9次收受他人给予的人民币共计37万元。

本案由北京市宣武区人民检察院以公司、企业人员受贿罪提起公诉，北京市宣武区人民法院认为龚建平属于《刑法》第93条第2款规定的"其他依照法律从事公务的人员"，依法应以国家工作人员论，定受贿罪。

本案二审，北京市第一中级人民法院作维持裁定。

"黑哨"性质上属于收受贿赂，具有相当严重的社会危害性，这是没有什么争议的，有争议的是"黑哨"行为是否构成犯罪以及构成何罪。虽然法院最终以受贿罪定罪，理论界和司法实务部门对此的争议却远未画上句号。围绕此问题，存在着三种不同意见，实质上，这三种不同意见也是本案审理过程中审、辩、控方的观点，即受贿罪、非国家工作人员受贿罪与无罪。

受贿罪论者认为：中国足协的法律性质是社会团体，其从事的活动是管理社会公共事务，受其聘任或聘请的裁判员担任足球职业联赛裁判工作属于从事公共管理事务，因此，足球裁判利用职务之便收受他人财物，为他人谋利的，依照现

---

〔1〕曹忠武本人的造假升迁之路，请参见简一："'三假干部'两次骗到厅级职位，震惊中南海"，载 http://www.110.com/ziliao/article-117235.html，最后访问日期：2010年10月20日。

〔2〕曹忠武本人的"六宗罪"的详细情形请参阅高原一："'三假干部'曹忠武的'六宗罪'"，载人民网，http://www.people.com.cn/GB/paper81/12852/1155729.html，最后访问日期：2010年10月20日。

〔3〕(2003) 宣刑初字第32号。

行《刑法》第380条之规定以受贿罪论处。[1]

非国家工作人员受贿罪论者认为，职业俱乐部之间的足球赛事实际上是一种商业活动，而足球裁判是凭借自己的专业足球知识参与某项赛事的人员，因此他们的裁判活动事实上是某项足球比赛—特定商业活动的组成部分，如果裁判员在此过程中收受贿赂，其行为性质就是商业受贿，故应当按照商业受贿罪即非国家工作人员受贿罪论处。2002年2月25日最高人民检察院《依法严肃处理足球"黑哨"腐败问题的通知》也指出："根据目前我国足球行业管理体制现状和体育法等有关规定，对于足球裁判的受贿行为，可以依照刑法第163条的规定，以公司、企业人员受贿罪[2]依法批捕、提起公诉。"在实务中，公诉部门对于体育裁判受贿也是以此罪名提起公诉。

无罪论者认为，足球裁判员在足球职业联赛中担任裁判工作，是基于其与中国足协之间的约请合同，两者是行业管理关系和经济合同的双重关系，其裁判活动不具有公务活动的性质，故"黑哨"行为不构成受贿罪；同时，中国足协不是公司、企业，加之足球裁判员也不是中国足协的工作人员，所以，足球裁判员在足球比赛中并不具有公司、企业人员的身份，故对"黑哨"行为也不能以公司、企业人员受贿罪定罪。[3]

由上述观点可知，本案"黑哨"行为的问题焦点在于中国足球协会聘请的在足球比赛中从事裁判工作的裁判员是否属于受贿罪的犯罪主体也即国家工作人员。如果认定裁判员属于国家工作人员，那么"黑哨"行为构成受贿罪；如果认定裁判员属于公司、企业工作人员，则"黑哨"构成非国家工作人员受贿罪；如果认定裁判员既不属于国家工作人员也不属于公司、企业工作人员，那么"黑哨"行为便不构成犯罪。所以，"黑哨"问题最终归结到对受贿罪国家工作人员主体的认定上来。如上所述，国家工作人员主体的认定的唯一标准在于行为人是否"从事公务"。因此，对于本案被告人龚建平在职业联赛中的裁判行为是否是"从事公务"将成为本案定罪的关键。

本书认为裁判行为属于从事公务行为的行为，正如有论者分析的：

"足球裁判员对足球比赛的裁判活动，实际上是足协对专项运动进行管理的组成部分。常识告诉我们，体育竞技中的裁判员既不代表A队也不代表B队，作

---

[1] 曲新久："'黑哨'行为已构成受贿罪"，载《政法论坛》2002年第3期；相同的看法，参见谢望原："'黑哨'、'黑球'与'伤熊'行为的刑法学思考"，载《政治与法律》2002年第6期。

[2] 2007年11月5日最高人民法院、最高人民检察院《关于执行〈中华人民共和国刑法〉确定罪名的补充规定（三）》，取消"公司、企业人员受贿罪"罪名，由"非国家工作人员受贿罪"替代。

[3] 王作富、田宏杰："'黑哨'行为不能以犯罪论处"，载《政法论坛》2002年第3期。

为裁判员,国家法律授权他负责对具体比赛进行组织、指挥,并按照国家制定的体育比赛规则进行公正裁判。据此可以肯定,足球裁判员在执哨时所行使的权力乃是国家对体育竞技进行管理的公权,……故不论是专职还是兼职足球裁判员,他在官方举行的赛事中执行裁判职务时,他所履行的裁判职务就是代表中国足协对足球比赛进行的组织、管理、指挥活动。"[1]

龚建平代表国家从事管理活动明显地体现了"从事公务"的特征,因此,本书认为国家举办的职业体育比赛中"黑哨"裁判应当以"其他依法从事公务人员论",黑哨行为应当构成受贿罪。[2]

(三) 新闻工作者、律师、普通医务人员等能否构成受贿罪主体

以记者为例,有论者认为记者应当归入《刑法》第93条规定的国家工作人员范围的"国有单位从事公务的人员",可以成为受贿罪的主体。[3]本书认为,虽然记者所在的新闻单位属于国有事业单位,但是不能据此认定其可以成为受贿罪的主体;记者能否构成受贿罪的主体,关键在于认定记者所从事的新闻采访和报道活动是不是属于公务活动。本书认为,采集信息、撰写稿件、制作节目、新闻报道是记者主要的工作内容,无论其所属新闻单位性质如何,其从事的都不是公务,而仅仅是一种个体性的劳务,与那些如售货员、售票员等所从事的工作不具有任何职权内容方面没有实质上的差异。[4]因此,记者是非从事公务的人员,不是受贿罪的主体。至于记者以撰写批评报道要挟获取财物的,则可以考虑以敲诈勒索罪论处。基于同样的理由,律师、临床医生也不宜认定为"从事公务的人员"。

综上,本书认为从事公务是认定国家工作人员的唯一标准,从这个角度上来讲,受贿罪的主体与其称为国家工作人员,不如称为"从事公务的人员","从事公务是国家工作人员的本质特征,而从事公务的内涵在于代表国家行使国家管理职能,从事公务本身并不应受取得从事公务资格的方式的限制,也不应受在何种单位从事公务的限制。所以,只要能认定行为人是在代表国家对公共事务进行管理、领导、监督,只要行为人的这种公务活动具有法律依据,那么无论是被任命

---

[1] 谢望原:"'黑哨'、'黑球'与'伤熊'行为的刑法学思考",载《政治与法律》2002年第6期。

[2] 相同观点参见赵秉志:《罪行各论问题——现代刑法问题新思考》(第三卷),北京大学出版社2010年版,第636页以下。

[3] 参见孟庆华:"受贿罪主体构成中的几个问题探讨",载《北京工业大学学报(社会科学版)》2005年第3期。司法实践中,也有判处宗纪胜与孙振两位记者构成受贿罪的案例。

[4] 相同观点与看法,请参见赵金:"'受贿罪'阴影下的记者被抓现象——访中国青年政治学院副教授、北京问天律师事务所律师周泽",载《青年记者》2009年第3期。

从事公务，还是受委派或受委托从事公务，也无论其是否在国有单位从事公务，都应视为国家工作人员。"[1]只要我们时刻注意抓住是否"从事公务"这一本质特征，国家工作人员、新闻工作者、临床医生、体育裁判、村民小组长等是否是受贿罪主体的认定就不再是难题。

第三节　受贿罪的客观方面要件（之一）
——受贿罪的职务要件

一、受贿罪的行为类型概述

在立法上，一般认为，依照受贿罪客观方面行为方式的不同，可将受贿行为分三类，即《刑法》第385条第1款的直接受贿、第388条的间接受贿或者斡旋受贿以及第385条第2款的经济受贿。下文将依据法条对各种受贿行为逐条分析。

（一）直接受贿——第385条第1款

根据《刑法》第385条第1款的规定，国家工作人员利用职务上的便利，索取他人财物的，或者非法收受他人财物，为他人谋取利益的，是受贿罪。可知，受贿罪有两种基本行为形式：一是索取贿赂，即利用职务上的便利，索取他人财物；二是收受贿赂，即利用职务上的便利，非法收受他人财物，为他人谋取利益。从文义上来看，索取贿赂与收受贿赂行为要件不同：收受贿赂需要以"为他人谋取利益为要件"，而索取贿赂不需以此为要件；同时，"索取"与"收受"并列规定，很明显，"是以行为人是否主动为标准，将受贿行为方式划分为两个部分，即主动的索取方式和被动的收受方式。"[2]因而，直接受贿可以分为索贿型受贿与收受型受贿两种方式。

1. 索贿型受贿。

（1）"索取"的含义。对于"索取"的概念，学界存在不同理解。有论者认为"索取"等同于"勒索"，认为"索贿具有明显的勒索性、胁迫性"；[3]还有论者认为，索取与勒索是两个不同的概念：索取只有"向他人要财物"的意思，而勒索则是"以威胁手段向他人要财物"的意思；索取的外延大于勒索，勒索包容于索取之中、是索取的下位概念。[4]

本书赞同第二种观点，索取包括非以胁迫手段的索要和以胁迫手段的勒索两种行为方式。因为不管是否以胁迫的手段，都是公务人员在他人有求于自己的职务行为时提出要求对方给付财物的非法要求，这种财物就是与公务行为相关的、

---

[1] 赵秉志、于志刚、孙勤："论国家工作人员范围的界定"，载《法律科学》1999年第5期。
[2] 邹志宏："论索贿犯罪"，载《中国刑事法杂志》2001年第4期。
[3] 刘光显等主编：《贪污贿赂罪的认定与处理》，人民法院出版社1996年版，第292页。
[4] 参见邹志宏："论索贿犯罪"，载《中国刑事法杂志》2001年第4期。

作为职务行为对价的不正当报酬；这两种行为同样地侵犯了职务行为的不可收买性，符合受贿罪的本质特征与构成要件。

（2）索取型受贿不以为他人谋取利益为要件。通过以上对"索取"含义的辨析，索贿可划分为两种：勒索型索贿和索要型索贿。

勒索型索贿是指，如果不交付财物就要利用职务上的便利或者所掌握的公权力打击报复相胁迫。显然，勒索型索贿还同时构成敲诈勒索罪，属于想象竞合〔1〕这种情况下，索贿人以不利或者恶害相胁迫，远远谈不上"为他人谋取利益"。

非勒索型索贿可分为两种情况：一是行为人乘对方有求于己之机，主动向其索要财物。此种索贿可以称之为"请托索贿"，当行为人做出索要贿赂的意思表示时，索贿人有无为对方谋取利益的意图无关紧要，因为财物与职务行为之间的对价关系已经十分清楚，被索贿方（行贿者）也认识到职务行为需要收买并且可以收买，公务人员职务行为的不可收买性的法益就已经受到侵犯。二是行为人只是单纯利用职务上的便利索取财物而并无为对方谋利的具体打算，对方虽无具体的请托事项，但从长远计仍心甘情愿交付财物。此类索贿可称之为"单纯索贿"，不存在具体的请托事项，但行贿者具有将来利用其职务上便利谋取个人利益的期待，财物与职务之间的对价关系也就呈现出来。

综上所述，索贿行为的核心在于通过主动利用自己本身的职务以获取利益，不以"为他人谋取利益"为必要。1999 年 9 月 16 日最高人民检察院《关于人民检察院直接受理立案侦查案件立案标准的规定（试行）》规定："索取他人财物的，不论是否'为他人谋取'利益，均可构成受贿罪。非法收受他人财物的，必须同时具备'为他人谋取利益'的要件，才能构成受贿罪。但是为他人谋取利益是否正当，为他人谋取利益是否实现，不影响受贿罪的认定。"所以，本书认同这样的结论：

"索贿以主动索取为已足，不以'为他人谋取利益'为必要条件、也不要求具有勒索性和胁迫性。详言之，利用职务上的便利勒索他人构成索贿，利用职务上的便利主动索要财物也构成索贿；利用职务上的便利索取财物并为他人谋取利益是索贿，利用职务上的便利索取财物但不以为他人谋取利益为交换条件的也是索贿，均应以受贿罪从重处罚。"〔2〕

2. 收受型受贿。收受型受贿的行为要件有三：①利用职务上的便利；②非法收受他人财物；③为他人谋取利益。"利用职务上的便利"要件与"为他人谋取

---

〔1〕 此时，有可能存在行贿人是被害人的情形以及影响贿赂的处理，详见贿赂部分的论述以及受贿罪与敲诈勒索罪的区分。

〔2〕 邹志宏："论索贿犯罪"，载《中国刑事法杂志》2001 年第 4 期。

利益"要件见下文论述，这里仅述及"非法收受他人财物"。所谓"非法"是刑法上的一个否定的评价和态度，与在刑法立法中常见的如"以非法占有为目的"中的"非法"含义相同。"收受他人财物"与"索取他人财物"相对应，与后者相比，收受他人财物具有被动性的特点，即"收受"是行为人被动接受，行贿人主动给予；而"索取"是行为人主动索要，行贿人被动给予。"收受"包括两层意思，"收到"并且"接受"，仅仅"收到"财物而行为人并不"接受"该财物的，也不能认定为收受贿赂。如行为人根本不知道自己受到了财物或者行为人虽然收到了财物，没有将对方给付的财物据为己有的意思，而只是暂时收下，准备退还或者准备交给相关部门，也不构成受贿罪。

关于"他人"，行为人收受财物，可以是由行贿人直接给予的，也可以是间接通过第三者而取得的，但不论是直接收受，还是间接收受，都不影响受贿罪的成立；此外，"为他人谋取利益"中的"他人"与此处"非法收受他人财物"中的"他人"可以是同一"他人"，也可以是不同的"他人"；可以是自然人，也可以是单位（可能构成单位行贿罪）。从实践来看，如果是不同的"他人"，那么不同的"他人"之间肯定具有某种紧密关系（合法或者不合法），但这已超出本罪的评价范围。

3. 经济受贿及其定位——第385条第2款。依照我国《刑法》第385条第2款之规定："国家工作人员在经济往来中，违反国家规定，收受各种名义的回扣、手续费，归个人所有的，以受贿论处。"由于这类行为发生在经济领域，因此，在理论界和实务部门通常称之为经济受贿。

（1）经济受贿的再定位。关于经济受贿与直接受贿的关系，我国刑法学界存在不同的看法。有论者认为，刑法与反不正当竞争法对经济贿赂罪均作了有别于一般贿赂的规定，它们各自有独立的构成要件，经济贿赂只要符合自身的法定要件，即发生于"经济往来中"，给予或收受回扣、手续费"违反国家规定"，收受回扣、手续费"归个人所有"，即已构成犯罪，而不必以一般贿赂罪的特征来要求。有论者认为，经济贿赂是特定领域、特殊形式的一种贿赂，本身还不具备完整的构成要件，故必须符合贿赂的一般构成要件才构成犯罪。[1]

从规范上来看，两者之间的关系体现为《刑法》第385条第1款与第2款之间的逻辑关系。本书认为，经济受贿行为构成受贿罪同样需要"回扣、手续费"（特殊形式的贿赂）与行为人职务行为具有相关性和对价性。也就是说，只有行为人在经济往来中利用职务上的便利，收受回扣、手续费的，才具备受贿罪以权谋私、权钱交易的本质特征。如果行为人以个人身份参与经济交往，并收取报酬

---

[1] 转引自杨兴国：《贪污罪贿赂罪法律与司法解释应用问题解疑》，中国检察出版社2002年版，第214页。

的，也即国家工作人员没有利用职务上的便利，就意味着其行为与职务没有任何关联，当然不可能侵害职务行为的不可收买性，因而不构成受贿罪。所以，《刑法》第385条第2款是对第1款在经济领域发生的贿赂犯罪的提示性规定：经济受贿的成立要求行为人必须利用职务上的便利；在收受他人给予的回扣、手续费的情况下，行为人成立犯罪与否必须有"他人谋取利益"要件。

综上，本书认为，经济受贿只是理论与实务中一个习惯性的称谓，在规范意义上并不是受贿罪的独立类型。在规范的意义上，经济受贿与直接受贿不是并列的关系，而是直接受贿在经济领域的特殊表现。此外，随着市场经济的发展完善，经济与商业在语义上已经很难做出区分，经济受贿的说法与商业受贿也很容易混淆。现在一般认为，商业贿赂犯罪既不是具体独立的罪名也不是一个类罪名，除了狭义上的非国家工作人员受贿罪、对非国家工作人员行贿罪外，还包括受贿罪、行贿罪、单位受贿罪、对单位行贿罪、介绍贿赂罪等八个罪名，[1]随着《刑法修正案（七）》颁布实施，利用影响力受贿罪应当也包括在内。综上，经济受贿既不宜认定为规范的法律术语，也不能认为规范的独立罪名；经济受贿行为，从属于直接受贿，直接受贿行为相关问题的分析同样适用于经济受贿行为。所以，本书不将所谓的"经济受贿"行为单列。

（2）对经济受贿行为法条的解读。经济受贿的行为条件有三：①经济往来中；②违反国家规定；③收受各种义的回扣和手续费，归个人所有。所谓"经济往来"中，是指此种受贿行为发生在经济活动中，经济活动包括国家经济管理活动和国家工作人员参与的直接经济交往活动。依据《刑法》第96条之规定，"违反国家规定"，是指违反全国人民代表大会及其常务委员会制定的法律和决定，国务院制定的行政法规、规定的行政措施、发布的决定和命令。另外，"收受回扣和手续费"是否归个人所有，也是认定经济受贿的标准之一。如果利用职务便利，收受回扣或者手续费归个人所有，数额较大或者情节严重的，就可能构成受贿罪。

（二）斡旋受贿——《刑法》第388条第1款

1. 斡旋受贿的行为构成及其地位。理论上所说的斡旋受贿也称为间接受贿，[2]依据是《刑法》第388条第1款之规定："国家工作人员利用本人职权或者地位形成的便利条件，通过其他国家工作人员职务上的行为，为请托人谋取不正当利益，索取请托人财物或者收受请托人财物的，以受贿论处。"由此，斡旋受贿的行为条件有三：①职务利用的间接性：国家工作人员利用本人职权或者地

---

[1] 参见最高人民法院、最高人民检察院《关于办理商业贿赂刑事案件适用法律若干问题的意见》。

[2] 下文本书对斡旋受贿与间接受贿不加区分的适用。

位形成的便利条件,通过其他国家工作人员职务上的行为;②利益的不正当性:为请托人谋取不正当的利益;③索贿与收受贿赂的行为构成相同性:索取请托人财物或者收受请托人财物的。

关于斡旋受贿是否是独立的罪名,本书持否定的看法:其一,现行刑法明确规定斡旋受贿以"以受贿论处";其二,根据"两高"确定罪名的规定,也未将斡旋受贿行为规定成为一个独立的罪名。所以,从规范上来看,斡旋受贿行为与直接受贿行为是平行关系,两者都是受贿罪罪名之下的并列的行为类型。

2. 斡旋受贿行为与直接受贿行为的区别。斡旋受贿与直接受贿作为受贿的两种类型,本质上都是权钱交易,侵犯的法益都是职务行为的不可收买性,因此行为要件具有相似性,这点无庸赘述。但是,两者作为彼此独立的受贿行为类型,行为要件的差异性在所难免,在实务上引起争论的恰恰是斡旋受贿行为与直接受贿行为的不同构造。本书认为,概括来说,有三个方面。其一,是否利用的本人的职务便利。如果直接利用本人职务上的便利为他人谋取利益的构成直接受贿;否则为斡旋受贿。这里的关键问题在于区分如何界分"利用职务上的便利"与"国家工作人员利用本人职权或者地位形成的便利条件,通过其他国家工作人员职务上的行为"。关于此点将在下文详细展开。其二,直接受贿行为仅要求"为他人谋取利益",利益包括正当利益与不正当利益;间接受贿行为要求为请托人谋取的是"不正当利益",依反对解释,也就是说,在行为人为请托人谋取的是正当利益的情况下,行为人的行为不构成间接受贿行为。在此,何谓"正当利益"?何谓"不正当利益"?二者如何界分?这些问题常常也是理论与实务界争论的焦点。关于这点详见下文论述。其三,斡旋受贿也包含索贿与受贿两种方式,但是两者都要求"为请托人谋取不正当利益"的要件,这点不同于直接受贿行为中的索贿方式,在直接受贿行为中仅仅有索取行为即可,不需要"为他人谋取利益的要件"。

二、受贿罪"职务要件"的含义变迁

利用职务上的便利是受贿罪客观方面的重要构成要件之一,单从条文用语的字面上做分析与加减法。[1]"利用职务上的便利"包括利用本人职务上的便利,也包括利用他人职务上的便利;既包括利用现在职务上的便利,也包括利用过去职务上的便利和利用将来职务上的便利。正是因为"利用职务上的便利"的立法规定的这种抽象性,理论界与司法实务中,对于"利用职务上便利"的内涵及其外延产生了不同的理解与争论:"利用职务上的便利"是否仅限于利用本人职务上的便利,利用他人的职务便利是否可以视为"利用职务上的便利"?"利用职务

---

[1] 本书认为,通常情况下,"利用职务上的便利"是指利用行为人本人的现在的职务上的便利;但是如下的加减仍未超出"利用职务上的便利"的可能的文义的射程范围,符合罪刑法定原则。

上的便利"是否仅限于利用现在职务上的便利，利用过去或者将来的职务便利是否可以视为"利用职务上的便利"？对于这些问题的合理界定与准确解答，是认定受贿罪中的重要问题。

事实上，关于"利用职务上的便利"的司法解释也在不断的变化。1989 年 11 月 6 日"两高"联合发布的《关于执行〈关于惩治贪污罪贿赂罪的补充规定〉若干问题的解答》指出："受贿罪中的'利用职务上的便利'，是指利用职权或者与职务有关的便利条件。'职权'是指本人职务范围内的权力。'与职务有关'是指虽然不是直接利用职权，但利用了本人职权或地位形成的便利条件。""国家工作人员不是直接利用本人职权，而是利用本人职权或者地位形成的便利条件，通过其他国家工作人员职务上的行为，为请托人谋取利益，而本人从中向请托人索取或者非法收受财物的，应以受贿论处。"1999 年 9 月 16 日最高人民检察院《关于人民检察院直接受理立案侦查案件立案标准的规定（试行）》作了这样的解释："利用职务上的便利，是指利用本人职务范围内的权力，即自己职务上主管、负责或者承办某项公共事务的职权及其所形成的便利条件。"2003 年 11 月 13 日最高人民法院《全国院审理经济犯罪案件工作座谈会纪要》（以下简称《会议纪要》）指出："《刑法》385 条第 1 款规定的'利用职务上的便利'，既包括利用本人职务上主管、负责、承办某项公共事务的职权，也包括利用职务上有隶属、制约关系的其他国家工作人员的职权。担任单位领导职务的国家工作人员通过不属自己主管的下级部门的国家工作人员的职务为他人谋取利益的，应当认定为'利用职务上的便利'为他人谋取利益。"

从司法解释的演变来看，在《刑法》修订前后对"利用职务上的便利"是不同的：修订之前"利用职务上的便利"既包括"利用本人职权"，也包括"利用本人职权或地位形成的便利条件"；修订之后，"利用职务上的便利"仅仅包括"利用本人职务范围内的权力"。究其原因，是因为修订后的《刑法》第 388 条专门规定了"利用本人职权和地位形成的便利条件"的斡旋受贿行为作为一个单独条款规定。因此，不应再将"利用职务上的便利"解释为包括"利用本人职权或地位形成的便利条件"在内了，从形式逻辑上看，二者是并列关系而非包含关系。[1]因此，在职务要件的认定上，有必要将直接受贿行为与间接受贿行为区别开来。

三、直接受贿的职务要件——利用本人职务上便利

如上所述，"利用职务上的便利"仅仅包括利用本人职务上的便利。从"两高"对"利用职务上便利"的司法解释的规定上来看："利用本人职务上的便利"包括以下两种情况：其一，直接利用本人职务上的便利，即自己职务上主管、负

---

[1] 参见潘爱民、许建琼："受贿罪认定中的几个疑难问题"，载《人民检察》2001 年第 11 期。

责或者承办某项公共事务的职权。这是受贿罪的典型表现形式。其二，间接利用本人职务上的便利，也即利用职务上有隶属、制约关系的其他国家工作人员的职权。所谓'隶属'关系，是某一单位内部国家工作人员之间或者上下级单位的国家工作人员之间的一种管理和被管理、领导和被领导的关系。需要指出的是，利用本人职权并不局限于个人职责上的分工。因此，《会议纪要》特别指出一种间接利用本人职务上的便利的情形："担任单位领导职务的国家工作人员通过不属自己主管的下级部门的国家工作人员的职务为他人谋取利益的，应当认定为'利用职务上的便利'为他人谋取利益。"

从理论上看，作为上级领导干部的国家工作人员命令、指挥作为其下属的国家工作人员为请托人谋取利益（该事项在上级领导权力范围内时），此时行为人的下属或者受其指挥者是按照行为人的意志实施为请托人谋利益的行为，实质上是上级国家工作人员行为的延长，是行为人自身职权的直接延伸。从实践上看，现实生活中，上级领导，尤其是高级领导干部，往往并不事必躬亲，一般都是通过其他国家工作人员（往往是其下属）的职务行为为请托人谋取利益。[1]

如分管科教文卫工作的副市长要求物资局局长拨给请托人100吨水泥，然后收受请托人财物。在这种情况下，虽然副市长并不直接管理物资调度，因而不是直接利用本人职权，但是副市长作为物资局长的上级领导，物资局长通常得按照副市长的意志办事，虽然表面操作上是利用了物资局长的职务行为，但这是副市长职权的自然延伸，所以副市长构成直接受贿行为。所谓"制约"关系，是指行为人虽然不直接领导、管理其他国家工作人员，但其职务范围内的权力能够派生出对于其他国家工作人员行为的约束力。成克杰受贿案就是非常典型的案件。[2]

1994年3月10日，被告人成克杰利用职权，将广西银兴房屋开发公司（后更名为广西银兴实业发展公司，以下简称银兴公司）由原隶属广西国际经济技术合作公司改为直接隶属自治区政府领导和管理。1994年初至1995年6月，成克杰通过李平接受银兴公司负责人周坤（另案处理）请托，并从李平处得知可以得到好处，遂利用职权，指定南宁市江南停车购物城工程（以下简称停车购物城工程）由银兴公司承建，要求自治区计委尽快办理立项手续；指令南宁市政府将该工程85亩用地以每亩55万元低价出让给银兴公司；多次向中国建设银行广西分行行长曾国坚提出要求，为银兴公司发放贷款人民币7000万元。为取得事先约定

---

〔1〕 朱本欣："斡旋受贿若干争议问题刍议"，载《云南大学学报（法学版）》2003年第2期。
〔2〕 (2000)（北京）一中刑初字第1484号。

的好处,在张静海(另案处理)的协助下,成克杰、李平收受周坤以银兴公司多付土地转让费的方式给予的人民币 20 211 597 元。李平将其中人民币 900 万元送给张静海。成克杰、李平取得人民币 11 211 597 元。

辩护人的辩护意见认为:成克杰为请托人联系银行贷款,没有利用职权,不具备受贿罪的主体资格。

法院并未采纳辩护意见,认为:公诉机关在庭审中出示的证人证言、书证等证据证实,在当时的金融管理体制下,设立于广西壮族自治区内的中国建设银行广西分行、中国工商银行广西分行、中国银行广西分行有关负责人员的任命,要征得自治区党委和政府的同意。成克杰作为自治区党委及政府的主要负责人,与设立于自治区内的上述三家银行及其负责人具有管理制约关系,其帮助请托人从银行获取贷款,属于利用职务上的便利。

本书认为,虽然地方政府与该辖区的各专业银行之间不存在领导与被领导的关系,但是,被告人作为地方政府的一把手,对于各专业银行的负责人的人事任命具有重要制约关系,因此,事实上成克杰对各专业银行是否放贷有着直接的影响,而其利用这种直接的影响为他人联系贷款,应该属于利用职务上的便利为他人谋利的直接受贿行为。因此,法院的认定是正确的。

四、斡旋受贿的职务要件——利用职权与地位形成的便利条件

(一)对"利用职权与地位形成的便利条件"含义的不同理解

依《刑法》第388条规定,国家工作人员利用本人职权或者地位形成的便利条件,通过其他国家工作人员职务上的行为,为请托人谋取不正当利益,索取或者收受请托人财物的,是斡旋受贿行为。在这里所谓"职权",指行为人职务范围内的权力。"地位",是指行为人所在的领导岗位,在领导身边工作或者担负的特殊工作对其他国家工作人员所形成的影响力,[1]如省委书记的秘书、省长的司机、医务人员等。斡旋受贿行为不是国家工作人员就自身的职务行为所取或者收受贿赂,而是利用国家工作人员职权或者地位行为形成的便利条件,就其他国家工作人员职务行为进行斡旋,使其他国家工作人员利用职务上的便利为请托人谋取不正当利益,从而索取或者收受贿赂。[2]

由此,我们不难发现,其实间接利用本人职务上的便利与斡旋受贿行为的共同之处在于,在现实利益实现层面,两者都利用了其他国家工作人员的职务行为,如何区分这两种利用他人的职务行为呢?这实际上取决于"利用本人职权或者地位形成的便利"的理解,对此,理论上主要存在以下这不同的观点:

---

〔1〕 周道鸾主编:《刑法的修改与适用》,人民法院出版社1993年版,第788页。
〔2〕 参见张明楷:《刑法学》,法律出版社2008年版,第883页。

1. 制约关系说。该观点认为，斡旋人与被利用的国家工作人员之间存在着职务上的制约关系。这种制约关系包括两类：一类是纵向的制约关系，即上级领导人员对下级国家工作人员在职务上的制约关系；另一类是横向的制约关系，即不同部门、不同单位不存在领导关系的国家工作人员之间在职务上的制约关系。[1] 在制约关系说的内部存在着横向制约关系说，该说认为斡旋受贿中国家工作人员职务之间的关系，只能是横向的制约关系，即不同单位的国家工作人员之间存在着职务上的制约关系，一方可以凭借自己的职权与地位，左右或者影响另一方，是其利用职权为他人办事；若是纵向的制约关系，则是直接受贿行为。[2]

2. 制约关系否定说。该说认为，国家工作人员与被利用的国家工作人员不存在着职务上的制约关系，若存在职务上的制约关系，则应当认定为直接受贿。

3. 影响关系说。该说认为，斡旋人与被利用的国家工作人员之间须有职务上的影响关系。所谓影响关系，主要表现为斡旋人与被利用的国家工作人员之间不处于同一职能部门，两者的职责范围不具有直接上下级关系，其他国家工作人员若不依该国家工作人员要求实施职务行为，对于以后的工作、协作关系可能会带来一些不利影响，但是不利影响与不依要求实施职务行为之间缺乏必然的联系。[3]

4. 身份或者面子说。该说认为制约关系说与影响关系说都不足取，否则，就没有必要增加《刑法》第388条了；《刑法》正是针对那些不具有制约、影响关系，但是利用了自己的身份或者面子，通过第三者为请托人谋利，有社会危害性而《刑法》第385条又不能涵盖的行为，才增加第388条的斡旋受贿行为。[4] 换言之，该说是指利用与本人职务无关的便利条件，即利用亲属关系、友情关系和工作关系，如果利用与本人职务有关的便利条件，通过第三者的职务便利为请托人谋利而受贿的，应解释为属于《刑法》第385条规定的直接受贿行为。

5. 综合关系说，该说认为，斡旋人与被其利用的国家工作人员之间存在着一种"特殊关系"，这种特殊关系具体表现为三种，即职务上的制约关系（包括纵向和横向的关系）、影响关系（如首长的秘书对首长的影响）和协作关系。[5]

(二) **本书的看法**

本书基本上赞同影响关系说，理由如下：

首先，制约关系说并不可取。如上所述，若斡旋人与被利用的国家工作人员

---

[1] 参见何秉松主编：《刑法教科书》（下），中国法制出版社2000年版，第1134页。
[2] 参见赵秉志、肖中华："间接受贿罪之认定"，载《检察日报》2002年7月30日。
[3] 参见游伟："斡旋受贿罪若干问题探析"，载《河南省政法管理干部学院学报》2005年第6期。
[4] 参见赵秉志主编：《中国刑法适用》，河南人民出版社2001年版，第1470页。
[5] 参见刘光显："论间接受贿"，载《中国刑事法杂志》1998年第5期。

在职权上存在纵向的隶属制约关系，则应当认定为直接受贿行为。横向关系则说不够全面。至于横向制约关系说则是对制约关系说的修正，有一定的说服力，但是，该说不能准确涵盖斡旋人与被利用的国家工作人员在职权上的关系。例如，利用下级国家工作人员对上级职务的影响，比如，领导身边的秘书说服领导为请托人谋取不正当利的情形，应当认定为斡旋受贿行为。又如，在中国目前的干部提拔与人事任命制度体制下，各职能部门的主要负责人是通过同级组织部门来考察的，组织部门的负责人虽然并无权力直接任命各职能部门的负责人，但是在任命的决定形成之前，其意见或建议所起的作用也是至关重要的，因此，如果组织部门的主要负责人要求环保局长对请托人工厂施工的环境影响评估予以"关照"，而环保局长往往也会满足其要求的。在这种情况下，他们之间就存在着制约关系，组织部门负责人的行为就利用了自己的职务便利，如果其利用这种便利，索取或收受他人财物的，应当认定为直接受贿行为。因此，横向制约关系说可能也缩小可能扩大斡旋受贿的范围。

其次，制约关系否定说未能提供一个新的区分标准。制约关系否定论指出：

"首先，从法条文义分析不能推导出行为人只有与第三者存在职务上的制约关系才能构成间接受贿罪的结论，'职务制约论'没有立法依据。其次，从现实情况看，行为人与第三人不具有职务上的制约关系，并不能否定行为人不存在利用本人职权或者地位形成的便利条件。再次，国家工作人员职务的高低往往与其职权的大小和地位状况成正比，但又不完全尽然。最后，从危害后果看，只要行为人客观上是利用自己的职权或者地位形成的便利条件，通过第三人的职务行为为请托人谋取不正当利益，从中收受请托财物，其结果都损害了国家工作人员的廉洁性，就应当以斡旋受贿罪惩处。"[1]

应当说，制约关系否定说在驳斥制约关系说上是有力的，但是其仅仅从反面对"制约关系"作了排除，而未能从正面对行为人与第三人职务之间究竟是什么关系做出解释说明，也即这种观点只有"破"而未能"立"。所以，制约关系否定说显然无法成为我们提供区分两者的标准。

再次，身份或者面子说过于宽泛。在制约关系说"破产"之后，又有了影响关系说与身份面子说。本书认为，所谓的"面子"，从一般的见解来看，除了因"职务与地位"而产生外，它更多地属于人的个人亲情、友情和感情的范畴，不能将利用个人的交情一概地视为受贿罪所要求的职务要件。因为，斡旋人（的斡

---

〔1〕张兆松："论斡旋受贿罪若干有争议问题"，载《中央政法管理干部学院学报》1999年第2期。

旋行为）仅仅利用亲友关系而不是因为利用本人职务上的便利而索取或者收受财物，职务行为与收取财物之间不具有相关性，国家工作人员职务行为不可收买性的法益就没有受到侵犯，不符合受贿罪的本质特征。[1]所以，身份或者面子说实际上不当地扩大了斡旋受贿成立的范围。

最后，综合关系说并未提出新的标准而且标准混乱不一。综合关系说（特殊关系说）不仅没有提出一个标准，而且杂糅了制约关系说、影响说关系说的观点之外，又提出了"协作关系"。如上所述，制约关系说并不可取，同时，如果行为人与被其利用的国家工作人员之间在职务上存在"协作关系"，那么相互之间存在影响一定不可避免，也就是说"协作关系"是影响关系说的一种表现形式。

《会议纪要》对"利用本人职权或者地位形成的便利条件"的司法解释基本上是混合了制约关系否定说[2]与影响关系说。《会议纪要》指出："'利用本人职权或者地位形成的便利条件'是指行为人与被其利用的国家工作人员之间在职务上虽然没有隶属、制约关系，但是行为人利用了本人职权或者地位产生的影响和一定的工作联系，如单位内不同部门的国家工作人员之间、上下级单位没有职务上隶属、制约关系的国家工作人员之间、有工作联系的不同单位的国家工作人员之间等。"实质上《会议纪要》表达了两层意思：一是非制约关系，即接受请托、索取或者收受财物的国家工作人员与利用职务行为为请托人谋取不正当利益的国家工作人员之间没有职务上的隶属、制约关系；二是影响关系，索取或者收受财物的国家工作人员对于被利用的国家工作人员职务行为存在一定的影响。[3]一言以蔽之，行为人与被其利用的国家工作人员之间在职务上存在着非制约的影响关系。这种非制约性的影响程度上限是没有达到制约的程度，就是请托人利益实现的根本原因在于第三者职务行为的行使，而不在于行为人职务的行使，其下限是超出亲友关系等一般社会关系的范围。[4]当然，这种"非制约的影响关系"仍然是抽象的，在具体案件的认定中仍然需要划分。通过上面的比较与分析，我们大

---

[1] 对此，在《刑法》修订之前，也就是斡旋受贿行为未被独立规定前的1989年，"两高"制发的《关于执行〈关于惩治贪污罪贿赂罪的补充规定〉若干问题的解答》指出："对于单纯利用亲友关系，为请托人办事，从中收受财物的，不应以受贿论处。"这在当时应当肯定的；现在依据《刑法修正案（七）》则有可能构成利用影响力受贿罪。

[2] 单从对列举的例子："如单位内不同部门的国家工作人员之间、上下级单位没有职务上隶属、制约关系的国家工作人员之间、有工作联系的不同单位的国家工作人员之间等"可以看出，这是"横向制约关系"的内容。本书认为，影响关系说可以包容横向制约关系说，制约关系否定说的观点驳斥的是"纵向制约关系"而非"横向制约关系"。

[3] 郭清国："解读《全国法院审理经济犯罪案件工作座谈会纪要》"，载张军主编：《解读最高人民法院司法解释》（刑事卷），人民法院出版社2006年版。

[4] 参见毕为、陈正云："受贿罪若干问题司法认定研究"，载高铭暄、赵秉志主编：《刑法论丛》（第四卷），法律出版社2000年版。

体上可以给出这样一个标准：

"一是行为人的职权和地位对其他国家工作人员是否作出某种行为仅仅具有影响作用而不具有制约作用；二是其他国家工作人员是否依照行为人的要求或请求作出某种行为，在意志上具有相对的自主选择余地；三是如果其他国家工作人员违背了行为人希望其为某种行为的意志不会也不可能立即带来什么不利的后果。"[1]

五、利用职务上便利的时态问题

国家工作人员从事公务都具有一定的期限，只有在该期限内，才享有法律赋予该职位的"公权力"。所以，一般认为，利用职务上的便利是指利用现在职务上的便利，这也是受贿犯罪的典型情形。但是利用职务上的便利是否包括利用过去职务上的便利与利用将来职务上的便利的呢？

（一）是否包括利用将来职务之便——职前受贿[2]

职前受贿行为是指行为人利用其将担任的职务的便利，许诺行为人在其上任后为其谋取利益，进而行为人在其上任前索贿或者收受贿赂的行为。职前受贿行为在德日刑法中有明文规定，如日本《刑法》第 197 条第 2 款规定："将要成为公务员或仲裁人的人关于自己将要担任的职务的事情，接受请托而收受、要求或约定贿赂，事后成为公务员或仲裁人的，处 3 年以下的惩处。"[3]

职前受贿与一般受贿行为的区别在于利用职务便利的时间不同：一般受贿行为利用的权力是现在的，这种权钱交易的标的物是"现货"；而职前受贿行为所利用的权力是将来的，是这种权钱交易的标的物是"期货"。从主观上来说，在职前受贿的情形下，行为人之所以敢于在任职之前收取他人财物，是因为其将担任某项职务，具备了为他人谋取利益的资本；从行贿人角度来讲，之所以给付"将任的国家工作人员"财物，也是因为"将任的国家工作人员"的未来职务有为其谋取利益的价值。从行为的联系性来讲，虽然行为人索取或者收受贿赂的行为在任职之前，而为他人谋取利益是在任职之后，从时间上来看肯定存在着时间的间隔，但是行为人如果不具有即将担任该职务的条件，他也不会约定在任职后

---

〔1〕 李向前："斡旋受贿犯罪若干问题探析"，载《河南省政法管理干部学院学报》2005 年第 6 期。

〔2〕 注：德日等国现行法中均有规定"职前受贿"的明文规定，但是其讨论的重点在于"客观可处罚条件"存在的正当性与否问题。此处不赘。

〔3〕 参见陈兴良："受贿罪研究"，载陈兴良：《中国刑法新境遇》（第二版），中国政法大学出版社 2007 年版，第 910~911 页。

为行贿人谋取利益,[1]也就是说这种时间的间隔并不影响"未来的职务行为"与"现在的取财行为"两者之间的关联性与对价性。因此从受贿罪的本质来看,这种"未任职即腐败"的行为如果不以受贿罪追究行为人的刑事责任,实际上放纵了一种社会危害性不低于典型受贿罪的行为。[2]

认为"利用职务上的便利"不包括利用本人即将担任的职务上的便利,也即认为职前受贿行为不应入罪,理由主要如下:

首先,我国刑法对职前受贿未有规定,从文理解释的角度来讲,利用职务之便通常是指利用现在的职务之便,不能解释成利用将来的职务之便,否则就超出了国民的预测可能性,有违罪刑法定原则蕴涵的保障人权的宗旨;其次,职前受贿是在担任职务前受贿,普通受贿是在担任职务后受贿,客观方面区别较大;最后,即使国外规定职前受贿的国家,也是将其与普通受贿分别规定的,这也说明普通受贿不包含职前受贿。[3]

本书认为,职前受贿构成受贿罪。首先从解释论的角度来讲,将利用职务上的便利解释为利用本人将来担任某项职务上的便利在"利用职务上便利"的文义可能的射程范围之内,是符合罪刑法定原则的扩大解释;其次;职前受贿与一般受贿的区别仅仅在于形式上"利用职务"的时间不同,职务行为与"财物"之间具有关联性和对价性,只不过有公权力的现货出售转变为公权力的预售行为,符合受贿罪权钱交易的本质;国外明文规定"职权受贿"也不能作为否定在我国处罚职前受贿的充分理由。因为德日等国在受贿罪罪名之下细分了不同的受贿行为。如日本《刑法》规定有单纯受贿罪、受托受贿罪、职前受贿罪、职后受贿罪、加重受贿罪、斡旋受贿罪等具体罪名;我国受贿罪是根据行为主体而非行为方式划分,我国受贿罪完全包容职前受贿罪并无障碍。

(二)是否包括利用过去职务之便——职后受贿

1. 职后受贿的认定。所谓职后受贿,是指以前曾经担任国家工作人员职务,后因退休、离休、辞职、自动离职或者被辞退、开除而不再具有国家工作人员身份的人员。离职国家工作人员可否单独成为受贿罪主体的问题,实践中主要涉及三种情况:一是行为人任职期间利用职务便利为他人谋取利益,离职之后收取他人的财物;二是行为人离职之后借助原来职务关系所形成的影响为他人谋取利

---

[1] 参见陈兴良:"受贿罪研究",载陈兴良:《中国刑法新境遇》(第二版),中国政法大学出版社2007年版,第910页。

[2] 相同的观点,请参见肖介清主编:《受贿罪的定罪与量刑》,人民法院出版社2000年版,第125~126页;参见肖中华:"论受贿罪适用中的几个问题",载《法学评论》2003年第1期。

[3] 李希慧主编:《贪污贿赂犯罪研究》,知识产权出版社2004年版,第136页。

益,并索取或者收受他人财物;三是行为人在任职期间利用职务上的便利为请托人谋取利益,并与请托人事先约定,在其离职、辞职后收受请托人财物。

第一种情形下需要研究的问题是:"利用职务上的便利"是否包括利用过去已经发生的职务行为?所谓"利用过去已经发生的职务行为",是指行为人在过去任职期间利用职权为他人谋取利益时并无受贿的意图,但在离职之后实施了收受财物的行为。这就是说,行为人在收受财物时,不再具有职权和职责,也即不再具有国家工作人员的身份。对于国家工作人员利用职务上的便利为请托人谋取利益时,并未索取或者非法收受请托人财物,也未约定请托人在其离退休以后提供财物的,对于其在离退休以后,收受原请托人提供的财物的,行为人虽然利用职务上的便利为请托人谋取了利益,离退休后也收受了请托人提供的财物,但是行为人在为请托人谋利时,主观上并未具有索取或者非法收受请托人财物的目的;在离退休以后,虽收受了原请托人的财物,但已不具有利用职务上的便利的条件,因为此时已无职务可以利用。因此,不能认定收受财物的行为与职务行为之间存在关联性与对价性。本书认为,无约定的职后受贿行为不宜认定为犯罪。

第二种情形,则符合我国《刑法修正案(七)》规定的利用影响力受贿罪的情形,此处不赘。

对于第三种情形,虽然行为人在收受财物的时候不再是国家工作人员,但因其与请托人之间有过约定,故其收受财物的行为和过去的职务行为之间,虽然隔着离职的时间间隔,但是二者的发展是按交易的计划进行,存着统一的意思联络,换句话说,在"事先约定"的情形下,行为人主观上有利用职务之便索取或者非法收受他人财物的故意,客观上有索取或者收受行贿人财物的行为,尽管收受行为发生在离职以后,但是职务行为与取得财物之间仍然具有关联性与对价性,而且行贿人也认识到职务行为是可以收买的。对此,"高法"《纪要》指出:"国家工作人员利用职务上的便利为请托人谋取利益,并与请托人事先约定,在其离职后收受请托人财物,构成犯罪的,以受贿罪定罪处罚。"

通过第一种和第三种的情形比较,可以看出"有无约定"是认定职后受贿是否构成受贿罪的关键(职前受贿则不存在这一问题)。这是因为:

"是因为离任后对在任时职务行为所引起的后果无法控制和影响,更无法控制和影响对方当事人事后的主观心态和行为。只有事先约定在离任后收受财物,才能清楚地表明其受贿的主观故意,才能将其事后收受他人财物的行为与其在任时的职务行为联系在一起;如果事先没有约定,则就割裂了其事后收受财物与利用职务便利的关系,则不具备受贿罪所特有的破坏职务行为纯洁性、不可收买性这种本质特征。"[1]

2. 事后受贿与职后受贿的联系与区别。与职后受贿容易混淆的一个概念是事后受贿。所谓事后受贿，是指行为人现实地为他人谋取利益后，（在职时）索取或者收受财物，也就是俗语所说的"先办事后拿钱"，与事前受贿（即"先拿钱后办事"）相对应。可见，事后受贿与职后受贿并不相同，两者区别在于行为人事后（即索取或者收受财物时）是否具有国家工作人员的身份。事后受贿的，行为人在收受财物时仍然具有国家工作人员的身份，但不一定仍任原职，可以升职或者是调职；职后受贿的，行为人在收受财物时已经不具有国家工作人员身份，包括离休、退休、辞职、被辞退、被开除等。

实践中，事后受贿存在两种情况。第一种是有约定的事后受贿，即行为人与相对人约定，在为相对人谋取利益之后收受相对人的财物；第二种是无约定的事后受贿，即行为人实施职务行为，现实地为他人谋取利益，但是在为他人谋利时并没有受贿的故意，事后收受财物的行为。对于有约定的事后受贿，行为人受贿的故意非常明显，对此基本上并无异议。对于没有约定的事后受贿，行为人有无受贿的故意，学界存在着争议。[2]

持否定意见者认为，依据《刑法》第 385 条的规定的"非法收受他人财物，为他人谋取利益"，收受他人财物在前，为他人谋取利益在后，前者是因，后者是果，因此"收受他人财物的故意"必须先于"为他人谋取利益之故意"。否则，就不存在受贿的故意。[3]也有论者认为，事先没有约定的事后受贿行为情形下，虽然行为人主观上有收受财物的意思，客观上也有收受财物的行为，但是行为人没有以为他人谋取利益作为交换条件而收受他人财物的故意，所以不构成受贿罪。[4]

肯定论者认为，事后受贿（财）行为，无论有无约定只是形式上差异，而无

---

〔1〕 杨矿生："'事先约定'在受贿罪认定中的意义"，载《法制日报》2002 年 11 月 21 日。
〔2〕 这一争议发端于"陈晓受贿案"。论者指出："行为人明知利用自己职务便利为对方谋取了利益，事后接受对方送给的明显超过友情馈赠数量的钱财时内心必定（不可能不）与先前的用权行为建立联想，这种内心联想便形成了权钱交易的受贿故意。就司法认定而言，得出行为人具有受贿故意的结论是运用了推定解释方法，其前提有二，一是行为人事先用职务行为为对方谋取了利益；二是对方赠送的钱财明显超过通常友谊馈赠数额，根据社会常识和生活经验，这种结论是惟一的，即不可能有其他解释。法律适用不可能没有适用解释，解释方法有多种，包括推定解释。推定解释结论既合法律规定精神又合社会实践经验，这种推定便是合理合法的。"参见储槐植、杨健民："'事后受贿'能否构成受贿罪——析陈晓受贿案和徐德臣受贿案"，载姜伟主编：《刑事司法指南》（2000 年第 2 辑），法律出版社 2000 年版，第 176 页。
〔3〕 参见陈大平："浅谈环境对职务犯罪的影响"，载《人民司法》2000 年第 2 期。
〔4〕 刘荣生、胡云腾："受贿罪客观方面几个实务问题"，载杨敦先主编：《新刑法实行疑难问题研究与适用》，中国检察出版社 1999 年版，第 605 页。

实质不同：其一，从财物性质上看，二者都是国家工作人员职务行为的不正当报酬，财物与职务行为之间都具有对价性与关联性。有约定，当然侵犯了职务行为的不正当报酬；没有约定，但是事后明知他人提供的财物是对自己以前的职务行为的不正当报酬时，该财物同样是职务行为的不正当报酬。其二，从故意方面来看，只要行为人认识到他人交付的财物是对自己职务行为的不正当报酬，就完全可以成立受贿罪。具体来说，当国家工作人员事前实施某种职务行为，客观上为他人谋取了利益之时（后），他人向国家工作人员交付的财物，就是对国家工作人员职务行为的不正当报酬；国家工作人员明知该财物是对自己职务行为的不正当报酬而收受，就具有了受贿罪的故意。[1]

本书持肯定意见，理由如下：

（1）受贿罪的本质是权钱交易。对行为人来说，先取得财物后使用权力，属权钱交易；先使用权力后取得财物，也是权钱交易。公权力的利用与私利的实现，孰先孰后，均不影响权钱交易的成立。《刑法》第385条规定"非法收受他人财物，为他人谋取利益"为受贿罪的两个要件，但并没有规定两个要件发生的先后顺序。因此，否定论的第一种观点"收受他人财物的故意"必须先于"为他人谋取利益之故意"是对法条的机械的僵化的解读，正如有论者指出的："受贿行为往往表现为一个从办事到受财，或者从受财到办事的过程……至于先产生受贿的故意再为他人办事，还是先为他人办事之后才产生接受他人对自己职务行为的酬谢的故意，从实现权钱交易方面来看，并无本质的区别，只是情节的不同而已。把所谓'事后受贿'排除在受贿行为之外，不利于反腐倡廉工作"。[2]

（2）否定论的第二种观点也不可取，因为虽然行为人没有在将收受财物"非法为自己所有"的意思之下为他人谋取利益，但当行为人对与所收受的财物与其先前实施的职务行为（而为他人谋得利益）之间的关联性与对价性有明确的认识，就不能否认行为人的受贿故意。换句话说，"受贿故意认定的关键，不在于行为人为他人谋取利益当时是否具有收人钱财的意图，而在于行为人收人钱财的当时是否明知或者应知所收钱财是否是作为对其利用职务为他人谋取利益的回报。"[3]

（3）事后受贿完全满足了受贿故意的内容。[4] 目的上，行为人主观上具有收受行贿人所交付的财物为自己所有的意思；认识因素上，行为人认识到自己收受的财物与其先前职务行存在着关联性与对价性，自己行为会侵犯职务行为的不

---

〔1〕张明楷：《刑法学》（第三版），法律出版社2007年版，第881~882页。

〔2〕高铭暄主编：《刑法专论》（下编），高等教育出版社2002年版，第840页。

〔3〕梁根林："受贿罪法网的漏洞及其补救——兼论刑法的适用解释"，载《中国法学》2001年第6期。

〔4〕受贿罪主观方面的内容详见下文论述。

可收买性这一法益；意志因素上，行为人认识到上述结果，仍然决意收受财物。一言以蔽之，事后受贿同事前受贿一样，"事"与"财"不仅客观上相关联，而且主观上也存在着关联，事后受贿的主观罪过是故意。

（4）在司法实践中，客观上存在着事前受贿、事后受贿以及事前受贿与事后受贿两者相结合的情况。如果否定事后受贿的主观故意，当收到追诉时，受贿者又寻找各种借口解释财物的正当性，并企图排斥自己的受贿故意。同时，在混合存有事前受贿与事后受贿的情形之下，两者如何区分也是一个难题。所以，如果对这种情况（事后受贿）都不以受贿罪处罚，无异于为受贿、行贿之道大开绿灯，很多受贿犯罪根本就没办法追究，这是不妥当的。

六、"利用职务上的便利"含义的相对性

"利用职务上的便利"除了本罪有规定外，在第163条非国家工作人员受贿罪、第382条贪污罪与第384条挪用公款罪都有同样规定。本书认为，同样的"利用职务上的便利"彰显了这些罪名是职务犯罪，但是，从各罪的特征来看，受贿罪与非国家工作人员受贿罪、贪污罪以及挪用公款罪的中的含义不尽相同，应作不同的解释。[1]

（一）受贿罪与贪污罪、挪用公款罪在"利用职务上便利"的含义比较

本书认为，受贿罪在"利用职务上的便利"的内涵大于贪污罪、挪用公款罪的内涵（对于单独构成本罪而言）。贪污罪、挪用公款罪是行为人利用其在职务上或者因执行职务而主管、经手、管理本单位财物的便利条件，即利用本人职务范围内的权力；受贿是可以利用任何对其他人的利益具有制约力的职务，与其是否主管、经手、管理本单位财物没有必然联系。另外，贪污罪挪用公款罪只能是行为人直接利用自己职务范围内的权力，但是，受贿罪则不仅可以直接利用本人职务范围内的权力（直接受贿），而且利用本人的职权或地位形成的影响，通过其他国家工作人员的职务行为为请托人谋取不正当利益，本人从中向请托人索取或非法收受财物（间接受贿）。[2]

（二）受贿罪与非国家工作人员受贿罪在"利用职务上便利"的含义比较

从表面上看，两罪的分野在于主体的不同，前者是国家工作人员，后者是公司、企业工作人员；实质上在于从事职务的性质不同，因为认定主体身份的标准在于主体从事职务的性质，受贿罪从事的职务具有代表国家管理的性质，是从事

---

[1] 注：为了使刑法相协调，解释者经常使用体系解释的方法，但是体系解释的方法并不等于对同一用语做完全相同的解释，有时对同一用语在不同地方做不同解释也是刑法相协调、实现刑法郑毅理念的需要。参见张明楷：《刑法分则的解释原理》，中国人民大学出版社2009年版，第324页以下。

[2] 参见王作富："贪污、受贿'利用职务之便'有何不同"，载《检察日报》2003年5月8日。

公务，具有公权力性；而非国家工作人员从事的职务，或者具有业务管理性质或者具有集体事务管理性质。

第四节　受贿罪的客观方面要件（之二）
——受贿罪"为他人谋取利益"要件

如上所述，依据《刑法》第385条对直接受贿行为的规定来看，索取财物的，不问是否"为他人谋取利益"，均可构成受贿罪；非法收受他人财物的，必须同时具备"为他人谋取利益"的条件，方能构成受贿罪，也即现行法上"为他人谋取利益"是收受型受贿行为的必备要件。但是"为他人谋取利益"在构成要件上的地位是客观方面要件还是主观方面要件？其在认定受贿犯罪中有无存在的必要以及其合理性怎样？在此，理论聚讼，众说纷纭，蔚为壮观。本节拟对这两个问题进行研究。

一、"为他人谋取利益"在构成要件上的地位之争

关于"为他人谋取利益"在收受型受贿罪构成要件上的地位，有旧客观要件说（行为说）、主观要件说、新客观要件说，其中新客观要件说又包括许诺说与准备说。下文将依次展开论述。

（一）旧客观要件说

1. 旧客观要件说的内容。客观要件说认为，受贿人为行贿人谋取某种利益，这是受贿人与行贿人之间的一个交换条件，不论谋取的利益是否合法，或为他人谋取的利益是否实现，均不影响受贿罪的成立。但至少必须要有为行贿人谋取利益的行为，否则，即使国家工作人员非法收受他人财物，事实上并没有为他人谋取利益的，也不能构成受贿罪。[1] 1989年最高人民法院和最高人民检察院颁布的《关于执行〈关于惩治贪污罪受贿罪的补充规定〉若干问题的解答》中即持这种观点："非法收受他人财物，同时具备'为他人谋取利益的'，才构成受贿罪。为他人谋取利益是否正当，为他人谋取利益是否实现，不影响受贿罪的成立。"依此观点，"为他人谋取利益"是指行为人在客观上有为他人谋取利益的行为。因此，此种观点也被称为行为说。

2. 旧客观要件说的缺陷。行为说曾经一度成为通说，但是也有着无法克服的缺点。

（1）就"行为论"自身而言难以贯彻如一。依照行为说，受贿罪是复行为犯，具有双重的实行行为：一是非法收受贿赂的行为；二是为他人谋取利益的行

---

[1] 参见高铭暄主编：《中国刑法学》，中国人民大学出版社1989年版，第692页；相同的观点见肖扬主编：《中国新刑法学》，中国人民公安大学出版社1997年版，第664页。

为。其特点是：两个以上的实行行为结合为一个整体来反映犯罪的实质，它们之间具有互相依存的关系，缺少其中任何一个实行行为，都会使犯罪的性质发生改变。刑法理论一般认为，犯罪既遂是指犯罪行为已经完全符合刑法分则规定的该罪的全部构成要件，所以受贿罪既遂当然应当同时具备这两种行为，缺一不可。然而，持行为论的学者同时认为收受财物为既遂，未收受财物为未遂，而不问是否实行了为他人谋取利益的行为。这就会造成这样的矛盾：犯罪已经既遂的同时还没有齐备犯罪构成要件。显然，这样的结论违背了刑法的基本理论，因为没有完全符合犯罪构成要件的行为并不构成犯罪，更不可能成立犯罪既遂。

（2）行为论大大缩小了受贿犯罪的成立范围，有放纵受贿犯罪之嫌。依照行为论，受贿者在没有为他人谋取利益之前（包括行为人根本没有为他人谋取利益的意思或者准备为他人谋取利益但因客观原因未来得及实施），其构成要件的实行行为就是没有实施完毕，即使贿赂已经到手，犯罪客体已经受到了侵害（即职务行为的不可收买性已经受到了侵害），也不能认为是受贿罪的既遂甚至不能按犯罪处理。正如有论者所指出的："如果认为只有国家工作人员客观上有为他人谋取利益的行为才构成受贿罪，则会产生以下不合理现象：收受贿赂后实施了为他人谋取合法利益的行为的，不构成受贿罪；收受贿赂后没有实施为他人谋取合法利益的行为的，反而构成受贿罪。本来前者的危害重于后者，而后者却构成犯罪、前者不构成犯罪，这是不可思议的。"[1]通俗地说，"拿钱办事"的构成犯罪，"拿钱不办事"的不构成犯罪。这样的结论显然不符合立法目的，也难以让国民所接受。

（3）肯定为他人谋取利益是受贿罪的客观要件属于受贿罪的实行行为之一，也会带来刑法解释体系上的矛盾与不协调。当行为人收受他人贿赂的同时，又利用职权实施了为他人谋利的行为，且该谋利的行为又符合了刑法中其他犯罪构成要件时，一般以受贿罪和该其他罪实行数罪并罚。如1998年最高人民法院《关于审理挪用公款案件具体应用法律若干问题的解释》第7条指出："因挪用公款索取、收受贿赂构成犯罪的，依照数罪并罚的规定处罚。"[2]如此，为他人谋取利益的行为，一方面是受贿罪的实行行为要件，另一方面又构成他罪的行为要件，为他人谋取利益的行为就受到了双重评价，这种过度评价显然是不符合刑法中禁止重复评价的原则。

（二）主观要件说

如上所述，由于行为说容易缩小受贿罪的处罚范围，逐渐为我国刑法理论和

---

〔1〕 张明楷："受贿罪中的'为他人谋取利益'"，载《政法论坛》2004年第5期。
〔2〕 需要指出的是，《刑法》第399条第3款规定只是立法上的一个例外。依该条司法工作人员贪赃枉法，构成徇私枉法罪或者枉法裁判罪，同时又构成受贿罪时，不数罪并罚，而依处罚较重的规定定罪处罚。

实务所摒弃。相应地，为了克服行为说存在的上述缺陷，主观要件说与新客观要件说便应运而生。

主观要件说主张"为他人谋取利益"不是受贿罪的客观要件而是受贿罪的主观要件；持该说的论者指出，虽然"为他人谋取利益"在语法上应该理解为受贿罪的客观构成要件，但是，这样一来就会导致司法实践中对大量受贿罪的放纵。因而"从刑法解释角度看，客观要件说是文理解释，而主观要件说是论理解释，在文理解释与论理解释冲突的情况下，应取论理解释之结论。因此，将'为他人谋取利益'作为受贿罪的主观要件，比较合适"。[1]

1. 主观要件说的内容。持主观要件说的论者认为"为他人谋取利益，只是行贿人与受贿人之间货币与权力互相交换达成的一种默契。就行贿人来说，是对受贿人的一种要求；就受贿人来说，是对行贿人的一种许诺或曰答应。因此，为他人谋取利益只是受贿人的一种心理态度，属于主观要件的范畴，而不像通行观点所说的那样是受贿罪的客观要件"。[2] 实际上，它是受贿人主观上的一种"意图"，因此，受贿罪是一种"意图犯"（"目的犯"），是目的犯中缩短的二行为犯。这里的二行为，一是指受贿行为；二是指为他人谋取利益的行为。为他人谋取利益不能由受贿行为本身来实现，而有赖于将这一意图付诸实施。但为他人谋取利益的这一行为又不是受贿罪本身的构成条件之行为，因而是缩短的二行为犯，以与纯正的二行为犯相区别。立法者之所以规定缩短的二行为犯，是为了防止其他违法犯罪的发生。也就是说，根据法律的规定，不待其他违法犯罪发生（即只要有其他违法犯罪之意图），就足以构成本罪。[3]

2. 对主观要件说的质疑。应该说，"将为他人谋取利益"解释为主观要件，可以把那种意图为行贿人谋取利益，但还没来得及实现或因某种原因未能谋取到利益的情形，纳入受贿罪的处罚范围，这对于扩大受贿罪的调整范围具有积极意义。但是，主观要件说也不是没有疑问。

（1）单从刑法条文的表述来看，仅根据"为"来确定受贿罪中的"为他人谋取利益"是主观要件，缺乏充分依据。而且，从表述习惯来看，受贿罪中的"为他人"应是指获利者是他人，故不符合主观要件的表述特点。因此，将"为他人谋取利益"作为主观要件在语义上不免牵强；同时，从"为他人谋取利益"在条

---

〔1〕 参见赵秉志主编：《刑法争议问题研究》（下），河南人民出版社1996年版，第620～621页。

〔2〕 王作富、陈兴良："受贿罪构成新探"，载《政法论坛》1991年第1期。

〔3〕 参见陈兴良：《当代中国刑法新理念》（第二版），中国人民大学出版社2007年版，第862页。

文的位置来看，若作为主观要件的目的犯中的目的要件，应置于条文之首；[1]但是受贿罪中，"为他人谋取利益"这一要件置于"利用职务上的便利，收受他人财物"之后，位于条文的中间，所以也不应认定为主观要件。[2]

(2) 主观要件论者所指出的"为他人谋取利益"对于受贿人来说，"是对行贿人的一种许诺或曰答应"，这种"许诺或者答应"本身就是一种外在的行为，已经不是单纯的意图或者心理状态。[3]

(3) 将为他人谋取利益作为主观要件有时会不当缩小受贿罪的范围。把为他人谋取利益作行为人的主观要件，意味着行为人必须确实具有为他人谋取利益的意图，否则便不成立受贿罪。但是，当国家工作人员在他人有求于自己的职务行为之际，本身不具有为他人谋取利益的意图，可是在作出虚假许诺并收受财物时，财物与职务行为之间同样形成了对价，也即损害了国家工作人员职务行为的不可收买性，应构成受贿罪。[4]

(4) 主观要件说也与受贿人的实际心理状态不符。如上所述，受贿罪是对合犯。对于行贿人来说，其之所以对受贿人给付财物，目的是利用受贿人手中的公权力为自身谋取利益，即"以钱换权"；对于受贿人来说，其之所以利用手中掌握的公权力为他人谋取利益，目的则是为了换得行贿人的财物，即"以权换钱"。所以将"为他人谋取利益"作为受贿人主观要件的说法无法合理解说受贿人的真实心理。[5]

(5) 从司法实践看，如果将"为他人谋取利益"视为主观要件，即受贿人只要有为他人谋取利益的想法（并收受他人财物的），即可认定构成受贿罪，有主观归罪之嫌。在认定上，则会过分依赖行为人的口供，也会遇到行为人在交待其主观"为他人谋取利益"的意图上可能时时翻供的情况，徒增案件认定的难度。

(三) 新客观要件说

也有学者坚持"为他人谋取利益"是客观要件的观点，但对行为说加以修

---

[1] 对比《刑法》第389条行贿罪的条文："为谋取不正当，给与国家工作人员财物的……"可知，行贿罪中的"为谋取不正当利益"是主观要件。

[2] 张明楷："受贿罪中的'为他人谋取利益'"，载《政法论坛》2004年第5期。

[3] 张明楷："受贿罪中的'为他人谋取利益'"，载《政法论坛》2004年第5期。

[4] 当然，虚假许诺构成受贿罪是有条件的，正如学者张明楷教授指出的：①收受财物后作虚假承诺，成立受贿罪；②事先作虚假承诺并要求他人交付财物的，则是索取贿赂或者诈骗罪，不属于收受贿赂的问题；③许诺的内容与国家工作人员的职务相关，否则，如果国家工作人员根本没有为他人谋取利益的职权与职务条件，却谎称为他人谋取利益，原则上构成诈骗罪；④许诺行为导致采取与所在许诺的职务行为之间形成了对价关系，使财物成为国家工作人员所许诺的"为他人谋取利益"的不正当报酬。详细论述请参见张明楷："受贿罪中的'为他人谋取利益'"，载《政法论坛》2004年第5期。

[5] 王明辉：《复行为犯研究》，中国人民公安大学出版社2008年版，第237页。

正,通过对行为的扩张解释,提出了以许诺说、准备说为代表的新客观要件说。

1. 新客观要件说之许诺说。通过对主观要件说的上述检讨,有论者在坚持"为他人谋取利益"是客观要件的基础上提出了许诺说。

(1) 许诺说的内容。许诺说认为,"为他人谋取利益"虽然是收受型受贿罪客观方面的必备要件,但并非是必须要有为他人谋取利益的行为,更不能理解为要求实现谋取的利益的实际结果,实际上,"为他人谋取利益"的内容包含许诺为他人谋取利益。"许诺"既可以是明示的也可以是暗示的,既可以是真实的也可以是虚假的。也就是说,即便是并不打算为他人谋取利益,却又承诺为他人谋取利益的,也可理解为具备"为他人谋取利益"的要件。[1]根据许诺说,"许诺"为他人谋取利益的意思表示是"为他人谋取利益"作为受贿罪客观要件的最低限度的行为;至于这种"许诺"的方式是明示的还是默示的,"许诺"的内容是真实的还是虚假的,为他人谋取的利益是否正当以及是否现实地实现,为他人谋取利益是在收受贿赂之前、当时还是之后,在所不问,均不影响受贿罪的构成。

(2) 对许诺说之批判。许诺说的合理之处显而易见,但也并不是完全没有疑问。有论者提出质疑:"许诺是一种行为,这是完全正确的,但'许诺'这种行为仅是表露思想的行为,而不是实现思想的行为。'许诺'为他人谋取利益,并不等于就是、或就会为他人谋取利益。……仅有'为他人谋取利益'的许诺,而无进一步的实行行为,就应仍属于思想范畴的东西,而不是客观实在的犯罪行为。"有论者进一步指出:"既然肯定'为他人谋取利益'是受贿罪客观方面的要件,即受贿人客观方面必须要有的行为,那么,把这种行为的内容解释为许诺为他人谋取利益,显然超出了法律规定本身的含义……"[2]

2. 一个插曲——"两高"《会议纪要》的出台及其带来的困惑。

(1)《会议纪要》的出台。在主观要件说与许诺说两种观点激烈对抗如火如荼的前后,"两高"《会议纪要》[3]对"为他人谋取利益"的认定作出解释,该《会议纪要》指出:"为他人谋取利益包括承诺、实施和实现三个阶段的行为。只要具有其中一个阶段的行为,如国家工作人员收受他人财物时,根据他人提出的具体请托事项,承诺为他人谋取利益的,就具备了为他人谋取利益的要件。明知他人有具体请托事项而收受其财物的,视为承诺为他人谋取利益。"

---

〔1〕 张明楷:《刑法学》(第三版),法律出版社 2008 年版,第 877~878 页。

〔2〕 刘明祥:"也论受贿罪中的'为他人谋取利益'",载《华中科技大学学报(社会科学版)》2004 年第 1 期。

〔3〕 需要指出的是,从法律效力位阶上来看,最高人民法院制定的《会议纪要》在性质上要不属于司法解释性文件,不具有司法解释的法律效力,但是各级人民法院在审理具体案件时大多以此为参照,起实际作用并不逊色正式的司法解释,因此大体上可以认定为"准司法解释"。

(2) 对《会议纪要》采取哪种学说的追问。官方解读[1]认为,《会议纪要》采取的是主观要件说。主要理由有三:其一,国家工作人员只要接受他人的请托并收受了请托人或其代理人的财物,其行为即具备了受贿罪"权钱交易"的本质特征;所以,收受型受贿行为中,只要行为人有为他人谋取利益的承诺就足够,即使其最终未为请托人谋取利益,也足以构成受贿罪的既遂。其二,从刑法规范的角度看,只要以谋取利益作为收受财物的交换条件的,不管事后有无实际的谋取利益行为,也不管谋取的利益是否正当,均不应当影响受贿罪的成立。其三,将"为他人谋取利益"规定为受贿罪的构成要件,其立法本意在于将"感情投资"和亲友之间"馈赠"等现象排除于受贿罪之外,将"明知他人有具体请托事项而收受其财物"解释为受贿是符合立法本意。

本书认为,《会议纪要》明确提到了承诺,承诺与许诺的同义词,可以替换适用。因此,认为《会议纪要》采纳了许诺说的观点也并无不妥。实质上,官方解读者对此也坦诚直言:"在我们看来,这种观点(即许诺说——引者注)与主观要件说在结论方面并无二致。"同样地,主观要件说的上述理由也同样适用与许诺说。非但如此,依照《会议纪要》"明知他人有具体请托事项而收受其财物,视为承诺为他人谋取利益"的规定。在请托人给付财物请行为人为其办某具体事项时,行为人本身并不打算为其办该事,仍旧作出虚假许诺并收受财物的,构成受贿行为;但依照主观要件说,虚假许诺行为因为不具有为他人谋取利益的意图而并不属于受贿罪的调整范围,不能认定为受贿。从这个角度来比较,许诺说倒是占了上风。

3. 新客观要件说之准备说。

(1) 准备说的提出及其内容。为什么用两种看似截然对立的观点说明《会议纪要》内容时,都大体上解释得通?各论者在得意于"准司法解释"采用"己说"之余,当再看到"异说"也说得通时不免也就要失望了。其实有论者早已洞察到这两种观点的界限是模糊的,并且有鞭辟入里的分析:

"这样的解读(即许诺说——引者注)表面上仍然认为'为他人谋取利益'是受贿罪的客观要件(符合立法意思),但其中的许诺为他人谋取利益的意思表示虽然属于客观范畴,实际上与行为人为他人谋取利益的主观意思之间已经只有一步之遥了,彼此之间除了分属客观范畴和主观范畴外,已经没有什么实质性区别。按照这样的解释,就可以将绝大多数非法收受他人财物而没有实际为他人谋取非法利益的腐败行为,纳入受贿罪的刑事法网。……但这种适用解释也可能导

---

[1] 参见苗有水、宋伟岩:"《全国法院审理经济犯罪案件工作座谈会纪要》适用解读(下)",载姜伟主编:《刑事司法指南》,法律出版社 2004 年版,第 127 页以下。

致模糊受贿罪犯罪构成主观要件与客观要件界限的后果，因而不是解决受贿罪法网疏漏的最佳办法。"[1]

有论者在此基础上提出了准备说。准备说坚持认为"为他人谋取利益"是客观要件，而不是主观要件说所认为的"意图"或者"目的"；同时，既然"为他人谋取利益"仍是受贿的客观要件，就必须要有为他人谋取利益的行为，但是，这种为他人谋取利益的行为的最低限度既不是许诺说所认为的"许诺"（意思表示）行为，也不是旧客观要件说所认为的实行行为，而是介于两者之间的"为他人谋取利益"的准备行为。因为依我国刑法总则中的规定，原则上处罚故意犯罪的预备行为。刑法上的故意行为大多有一个从开始准备、着手实行到最终完成的过程，而依我国刑法总则中的规定，原则上处罚故意犯罪的预备行为。因而，把为他人谋取利益的准备行为包容在为他人谋取利益的行为之内是具有法律根据的。[2]

（2）对准备说的检讨。准备说具有一定的合理性，其与许诺说相较而言，具有以下特点：

第一，在扩张受贿罪的调整范围的方法论上，二者是相同的，即尽可能地扩张"为他人谋取利益"的行为范围，淡化旧客观要件说中"为他人谋取利益"的实行行为性，将"为他人谋取利益"要件的最低要求非实行行为化，或者认为是"为他人谋取利益的许诺"，或者认为是"为他人谋取利益的准备行为"即可。

第二，在证据的认定上，准备说一般要比许诺说容易。诚如准备说所述："要证明行为人有为他人谋取利益的主观'意图'或'许诺'（尤其是暗示的许诺），在行为人未采取行动之前，通常是十分困难的。而为他人谋取利益做准备的行为，毕竟是一种行为，是表现于外的客观实在，这方面的证据一般不难搜集，这就为司法机关准确认定案件性质创造了便利条件。"本书认为，这种难易的比较也不易夸大，因为依我国刑法规定，虽然在故意犯罪的预备犯理论上都是构成犯罪的，但是在司法实践中鲜有处罚预备犯的，除了社会危害程度小外，一个重要的原因是预备犯取证与证明的困难。所以在这点上，准备说的优势也不宜夸大。

第三，在调整的范围上，许诺说所调整的"为他人谋取利益"的虚假许诺行为，超出了准备说的调整范围；因为既然行为人本身没有为他人谋取利益的真实意图，自然不会做出为他人谋取利益的（准备）行为。因而在调整范围上准备说

---

[1] 梁根林："受贿罪法网的漏洞及其补救——兼论刑法的适用解释"，载《中国法学》2001年第6期。

[2] 参见刘明祥："也论受贿罪中的'为他人谋取利益'"，载《华中科技大学学报（社会科学版）》2004年第1期。

不如许诺说扩张得彻底。

通过以上比较来看，准备说无论在理论上还是在实务操作中并不比许诺说具有优势。

（四）各种学说综览与评价

本文在对以上各种学说进行评价之前，首先有必要进行一个自然意义上的行为历程考察。

1. 自然意义上的行为历程考察。以行为人甲故意杀乙为例，杀人的行为流程可以分解为如下几个步骤（几种行为可以瞬间完成，也可能存在若干时间间隔）：其一，甲产生杀死乙的意图或者动机；其二，甲将杀死乙的犯意表示于外部，即做出杀死乙的犯意表示行为；其三，甲为杀死乙准备工具、制造条件；其四，甲实施杀死乙的实行行为；其五，甲实施杀死乙的实行行为，但是未产生乙死亡的结果（乙未被杀死或者并未受伤）；其六，甲实施杀死乙的实行行为，并产生乙被杀死的最终结果。

与此相似，为他人谋取利益的行为也存在一个前后发展的历程，打破传统将"为他谋取利益"的行为划分为承诺、实施、实现三个阶段的看法，可以细分为如下的历程点：①产生为他人谋取利益的主观意图或者目的；②做出通过利用职务上的便利为他人谋取利益的意思表示行为，即承诺为他人谋取利益，但未付诸实施；在这里，包括虚假承诺的情形；③利用职务上的便利实施为"为他人谋取利益"的准备行为；④利用职务上的便利实施"为他人谋取利益"的行为，但尚未为他人谋取利益；⑤利用职务上的便利实施"为他人谋取利益"的行为，并实现部分利益；⑥利用职务上的便利实施"为他人谋取利益"的行为，并实现全部利益。

2. 各学说与"为他人谋取利益"的历程点的对应关系。不难发现，以上各种学说的评价起始点与"为他人谋取利益"的行为进程点存在着某种对应关系。具体说来，主观要件说的评价点起始于点①[1]；客观要件说的评价点则落在②③④上，其中许诺说的评价点起始于点②，准备说的评价点起始于点③，实行行为说的评价点起始于点④。

质言之，从本质上来看，以上各种学说之争归根结底在于"为他人谋取利益要件"在这一行为历程中的各阶段点何时开始进入刑法评价的视野，成为（行为构成犯罪的）处罚点。具体对照关系详见图表。[2] 从表中大体上可以看出，处罚点前置，受贿罪评价范围就会扩张，"为他人谋取利益"要件对于构成犯罪（及

---

[1] 当然，对于某一受贿行为来说并非都完全具备上述行为历程，在确定行为所处的阶段时，应以后续行为吸收先前行为；如果评价起始点始于②，说明行为进程达到②时就已经构成犯罪，至于后续行为②③④⑤⑥发生与否，就不具有定罪意义，而只具有量刑意义，以此类推。

[2] 参见本章附录部分对应简图。

犯罪既遂）的限制作用就越来越小（也不尽然，如许诺说的范围未必比主观要件说就小）；同时，"为他人谋取利益"要件的在司法实践中取证和证明的难度越来越大，法官自由裁量的空间也会随之加大。因此，如何恰当地界定"处罚点"不仅是一个刑法解释上的问题，也是一个刑事政策上的选择。换句话说，也就是如何在现行法规定的范围内，根据刑事政策的需要，通过合理的限缩或者扩张解释，缩小或者扩大刑事法网，合理地组织对贿赂犯罪的反应。

3. 本书的立场与选择。近年来，腐败问题日趋严重，通过法律手段严厉惩治与预防腐败已是社会各界的共识，贪污贿赂犯罪问题当然首当其冲。因此，对于贿赂犯罪，在现行法规定的范围之内尽量通过扩张解释来严密刑事法网，增强打击力度，符合时代的需要与国民大众的要求。

从解释论上来看，应当说实行行为说是最符合立法原意的解释，但是该说大大缩小了受贿罪调整，不能满足打击贿赂犯罪的司法实践的需要，因此，该学说已被摒弃。主观要件说除在解释论上过于牵强外，在证据认定上也有极大困难，容易造成过于依赖"行为人口供"定罪的倾向，也不足取。准备说介于许诺说与实行行为说之间，尽管扩大了受贿罪的调整范围，但是，不如许诺说非实行行为化彻底，不能调整"虚假许诺"行为；在证据认定上的优势更多具有理论上的意义，这也是准备说论者没有给准备行为在证据认定上提出具体标准的重要原因。因而，在理论上，本书倾向于许诺说的观点，其合理性的体现在：依循刑法文理解释，坚持"为他人谋取利益"是收受型受贿罪的客观要件；本着扩大受贿罪调整范围的方向，对"为他人谋取利益的行为"作尽可能的扩张解释，相对合理地划定了受贿罪的调整范围；以受贿罪所保护的法益即职务行为的不可收买性为出发点，为受贿罪确立了合理的既遂标准。当然，许诺说之"许诺"的证明在证据的认定上仍然具有很大难度。不过本书认为，受贿罪本身是对合犯，而对合犯具有不同于一般犯罪的隐蔽性，这是决定受贿罪取证难度大的决定原因，倒不是许诺说惹的祸。

总之，许诺说可以将大多数收受他人财物但是未为他人谋取利益的行为涵盖进受贿罪的调整范围，满足了现实中打击受贿犯罪需求，因而既符合目前我国严厉打击贿赂犯罪的刑事政策的需要，也符合刑法法益保护机能的需要；同时，也没有脱离"为他人谋取利益"用语可能具有的文义范围，符合罪刑法定原则的要求，在理论上也具有相当的自洽性。所以，本书认为许诺说是在现行刑法规定之下具有比较优势的解释。

二、"为他人谋取利益"要件的存废之争

应当看到，无论是上述主观要件说抑或客观要件说的各种学说，[1]都是想尽可能正确地理解这一要件在受贿罪的犯罪构成中的地位，尽可能地避免把一些本属受贿的行为排除在犯罪之外。但是，其立论的前提是"为他人谋取利益"作为收受型受贿的必备条件，并在此基础上进行规范上的分析。问题是，这一规定的前提是否合情合理，理论界仍存在着疑问。对此，有"取消论"与"必要论"两种观点。

（一）取消论

取消论者的主要观点如下：有论者指出，"为他人谋取利益"要件束缚了司法机关的手脚，造成对受贿罪的打击不力，为预防和打击许多腐败交易带来了不利影响；同时也加大了受贿罪认定上的混乱与难度。"一些人故意把收受贿赂和为他人谋取利益在时间和空间上分离开聚敛不义之财。司法部门在认定这些'灰色收入'（此时是贿赂而不是灰色收入——引者注）的法律性质时确实感到困惑，以致行为人往往因此逃脱法网，严重影响了反腐败斗争的深入开展。"[2]也有论者指出，'为他人谋取利益'作为受贿罪的要件，与受贿罪的本质不相符合；与认定受贿既遂的标准不相符合；与国际上绝大多数国家的做法不相符合。[3]因此将"为他人谋取利益"这一在理论上引起争论、在实践中不好证明、不利于操作并与受贿罪的直接客体相矛盾的模棱两可的要件从受贿罪的法定要件中删去，是合情合理的；既符合受贿罪的本质特征，也能够消除理论与实践中诸多困惑与麻烦；既符合世界各国的通行做法，也能够实现与我国已经加入的《联合国反腐败公约》相关规定的对接。

（二）必要论

必要论者认为，取消论虽然有一定的合理性，但是，把"为他人谋取利益"作为收受型受贿罪的要件，也有不容忽视的正面意义，仔细权衡利弊，可以说在现实条件下是利大于弊，其主要理由是：把为他人谋取利益作为收受型受贿罪的要件有其历史原因；"为他人谋取利益"并非是"利用职务上的便利"所能包容的；在中国的人情社会下，将"为他人谋取利益"作为受贿罪的要件，具有限制

---

[1] 也包括"行为论"者不彻底地主张"行为人收受他人财物为既遂"。因为如果贯彻行为论，在收受财物的同时，必须有通过利用之便为他人谋取利益的行为方能构成既遂；不能或者未来得及为他人谋取利益，行为可能应该构成犯罪，但至少不构成受贿既遂。

[2] 姜伟："对接公约，受贿罪应修改"，载《检察日报》2006年10月25日。

[3] 游伟、肖晚强："论受贿罪构成要件中的'为他人谋取利益'"，载《政治与法律》2000年第6期。

处罚范围的功能；对于预防犯罪的发生，也具有一定的积极作用。[1]

（三）本书的看法

本书认为，"必要论"的观点不得不承认的一个前提是：把"为他人谋取利益"规定为受贿罪的要件，确实会增加受贿罪的难度，对国家的廉政建设会有负面影响。[2]其作为利大于弊的衡量依据的"不容忽视的正面意义"并不充分：

1. 立法实践的"历史原因"对于"为他人谋取利益"的必要性并无必然联系，有直接联系的是该要件是否能够满足我国目前和将来打击受贿犯罪的需要。

2. "为他人谋取利益"要件限制处罚范围的功能正是"取消论"的有力武器；而且人情社会的现实不能成为放纵犯罪的理由。

3. 取消"为他人谋取利益"要件，严密刑事法网同样更有助于预防犯罪；受贿罪门槛规定得过高过宽正是受贿罪愈演愈烈的原因之一。

4. 认为"为他人谋取利益"并不能被"利用职务上的便利"所包容无疑是正确的，但是取消"为他人谋取利益要件"之后，将之作为一个量刑情节，法定刑设置上重于没有为他人谋取利益的受贿行为，同样可以圆满地解决问题。

综上，必要论并无多大说服力，可以预见取消论将会成为立法趋势。但是，需要明确的是，取消论显然是从应然的角度或者说立法论的角度对收受型受贿罪的"为他人谋取利益要件"予以探讨，其努力的方向无疑是非常正确的，也会对我国修改与完善贿赂犯罪的立法产生积极影响，但是，在现行法规定的情况下，这对司法实践并无多少助益。

三、合理地发挥"为他人谋取利益"要件的限制机能

在现行刑法的规定之下，"为他人谋取利益"是收受型受贿行为的必备要件，这是我们无法回避的。依循罪刑法定原则，在现行刑法的框架内，对于收受型受贿行为的认定，司法者不能排除"为他人谋取利益"构成要件的特征，该要件仍然是司法者无法绕开的限制。对此，我们努力的方向毋宁是，在符合罪刑法定原则下通过合理地解释该条文，尽量减少其限制。应当说主观要件说、许诺说、准备说都是这一方向的努力成果。在此，需要明确的是，尽量减少限制不等、摆脱限制甚至无视限制，不可能完全超越法律规定，更不能置法律于不顾。[3]

如上所述，许诺说在刑法解释的限度内能够有效地减少"为他人谋取利益"

---

〔1〕 参见刘明祥："也论受贿罪中的'为他人谋取利益'"，载《华中科技大学学报（社会科学版）》2004年第1期。

〔2〕 参见刘明祥："也论受贿罪中的'为他人谋取利益'"，载《华中科技大学学报（社会科学版）》2004年第1期。

〔3〕 从法学方法论上来说，也就是立法论的思考不能代替司法论（解释论）的思考，关于立法论的思考与司法论的思考的区别与联系，请参见陈兴良："立法论的思考与司法论的思考——刑法方法论之一"，载《人民检察》2009年第21期。

要件的限制；同时，许诺说认为"为他人谋取利益"要件对收受型受贿行为的限制作用仍旧是存在的。具体来讲，其限制作用在于：其一，从受贿罪的本质，也即法益保护的角度来说，"为他人谋取利益"旨在说明职务行为与收受的财物之间的关联性和对价性；因为仅收受财物的行为，有时还很难认定财物与职务行为的对价关系，如没有具体请托事项的"感情投资"，此部分属于"灰色收入"不宜认定为贿赂；许诺为他人谋取利益，即说明财物已经成为职务行为的不正当的报酬，职务行为不可收买性的法益已经受到侵犯。其二，从处罚的功利性角度而言，"为他人谋取利益"作为客观要件，其对构成要件的限制在于区别于没有具体请托事项的"感情投资"以及亲友之间的"馈赠"，原因是这类"灰色收入"属于单纯受贿行为，[1]我国刑法并未规定单纯受贿罪（但不排除此类行为可以以巨额财产来源不明罪定罪处罚）。

四、斡旋受贿中"为他人谋取不正当利益"的认定

（一）"为他人谋取不正当利益"是斡旋受贿行为的必要条件

根据《刑法》第388条的规定，利用本人职权或者地位形成的便利条件，通过其他国家工作人员职务上的行为，为请托人谋取不正当利益，索取请托人财物或者收受请托人财物的。根据该规定，构成斡旋受贿的必要条件是为请托人谋取了不正当利益（无论是索贿还是收受财物），如果虽然利用本人职权或者地位形成的便利条件居中斡旋，索取或者收受请托人财物，但为请托人谋取的是正当利益的，则不构成受贿罪。[2]也就是说，直接受贿与斡旋受贿的区别在于，直接受贿不问利益正当与否，斡旋受贿必须谋取的是不正当利益。因此，确定谋取的利益是否正当，是认定行为人是否构成斡旋受贿的重要依据。

（二）利益正当与否的认定及其标准

1999年3月14日最高人民法院、最高人民检察院《关于在办理受贿犯罪大要案的同时要严肃查处严重行贿犯罪分子的通知》指出："'谋取不正当利益'，是指谋取违反法律、法规、国家政策和国务院各部门规章规定的利益，以及要求国家工作人员或者有关单位提供违反法律、法规、国家政策和国务院各部门规章规定的帮助或者方便条件。"1999年8月16日最高人民检察院《关于人民检察院直接受理立案侦查立案标准的规定（试行）》吸纳了上述通知的精神，指出："本规定中有关贿赂案中的'谋取不正当利益'，是指谋取违反法律、法规、国家政策和国务院各部门规章规定的利益，以及谋取违反法律、法规、国家政策和国务院各部门规章规定的帮助或者方便条件。"通过上述规定可以看出，以下两种情

---

[1] 详见本书有关部分论述。

[2] 依据受贿罪的本质，不管谋取利益正当与否，同样都侵犯了国家工作人员的职务行为的不可侵犯性，但是立法上却做出不同处理是否合理，也备受质疑。当然这同"为他人谋取利益"是否取消一样，是一个立法论上的应然问题，参见本书第十九章部分。

形都属于"谋取不正当利益":一是利益本身非法,即谋取违反法律、法规、国家政策和国务院各部门规章规定的利益;二是利益本身可能是合法,但是取得利益的途径或者手段违法,即国家工作人员或有关的单位提供帮助或方便条件时违反了有关的程序,因此,可以称为违法性帮助利益。

  一般认为,利益包括非法利益、应得利益和可得利益。非法利益本身是违法的,当然就是不正当利益,如通过走私、逃税、贩毒等行为获得的利益,这一点理论与实务界都有共识,应得利益应当属于正当利益也没有疑问,可得利益是否是正当利益的问题则颇具争议。所谓可得利益或者是不确定利益,是指根据有关政策、法律,任何具备一定条件的人都有可能取得的利益,但究竟能否取得,则是不确定的,正因为不确定导致利益取得的竞争性特征。[1]可得利益本身是正当的,关键在于如何认定这种竞争性手段的违法。有论者认为利益并非仅受道德法律、法规、政策的调整,还受包括道德因素在内的其他因素的调整,违背道德的利益是不正当利益,采取行贿手段谋取的利益也是不正当利益。[2]本书认为,不能将违背道德的利益认定为不正当利益,"道德"本身不具确定性,在实践中容易泛化不易把握;同时,也不能将所有的非法手段谋取的利益都认定为不正当利益,因为行贿行为、收受财物的行为本身就是非法的,如果将此认定为不正当利益,那么斡旋受贿行为以及行贿罪中规定的"不正当利益"要件的限制作用就失去意义,所以这里指的手段的不法应当是指在行贿人处在同等条件下的竞争状态之中或者自由裁量权的影响下仅仅是具有取得某种利益的可能性的人选之一,国家工作人员收受财物,通过其他国家工作人员违反了有关程序的规定提供帮助或者方便条件。通过这种违背程序的手段谋取的利益当属于不正当利益,在实践中常见的有,通过一些行业协会或者公司、企业人员行贿,获取有关经营信息或者其他有关帮助,以便有利于自己的经营活动;通过向证券机构从业人员行贿,以获得证券从业机构人员所在机构的相关投资信息;在招投标过程中,符合条件的竞标者在宣布中标之前,为确保中标而行贿相关工作人员,这些行贿人员谋取的利益本身是正当的,但其为谋取该正当利益需要受贿人违反规定的帮助或者方便条件,仍应当认定为不正当利益。

第五节 受贿罪的主观方面要件

  关于受贿罪的主观罪过,刑法学界对此有三种观点:直接故意说、包含间接故意说和包含过失说。

---

[1] 陈兴良:《刑法疏议》(第一版),中国政法大学出版社1997年版,第635页。
[2] 参见曾乐非:"论行贿罪中的司法认定",载《检察实践》2003年第2期。

众所周知，故意与过失是构成犯罪的两种罪过方式。现行《刑法》对此有明确规定，第 14 条是对故意的规定："明知自己的行为会发生危害社会的结果，并且希望或者放任这种结果发生，因而构成犯罪的，是故意犯罪。故意犯罪，应当负刑事责任。"第 15 条是对过失的规定："应当预见自己的行为可能发生危害社会的结果，因为疏忽大意而没有预见，或者已经预见而轻信能够避免，以致发生这种结果的，是过失犯罪。过失犯罪，法律有规定的才负刑事责任。"

一、受贿罪只能是直接故意犯罪

本书认为受贿罪的主观罪过只能是直接故意。

受贿罪的主观罪过是直接故意，对此学界并无争议，因为直接故意也是包含间接故意说与包含过失说的应有之义。关于直接故意的内容，一般认为，"行为人明知利用职务上的便利索取他人财物或非法收受他人财物并为他人谋取利的行为会损害国家工作人员的职务廉洁性，仍希望并追求该结果发生的心理态度。"[1]

如上所述，受贿罪是目的犯。目的是目的犯中必要的主观构成要件要素，而故意的内容包含认识因素与意志因素，所以受贿罪的主观罪过的内容应包含以上三个方面。具体说来，其一，目的方面，行为人主观上具有接受（包括索取）财物的意思，即将对方所有的财物转变为自己所有或者支配的意思；其二，认识因素方面，行为人认识到自己索取、收受的是职务行为不正当的报酬，认识到自己的行为会侵害到职务行为的不可收买性；其三，意志因素方面，行为人对上述结果持希望的态度。需要指出的是，"上述结果"是指受贿行为本身对职务行为不可收买性的侵害，至于行为人因受贿对为他人谋取非法利益的行为所造成的结果所持的态度，则是其他犯罪（渎职犯罪）的故意内容。[2]也就是说，无论是索取型受贿还是收受型受贿，在行为人不法所有的目的支配之下，只要行为人认识到其以权谋私的行为侵害职务行为的不可收买性，仍然决意为之，就构成受贿罪。

同时，刑法理论认为，目的犯只能存在于直接故意犯罪当中。故本书认为，受贿罪的主观罪过形式只能是直接故意，而不能包含间接故意，更不能包含过失。

二、对包含间接故意说的反驳

包含间接故意说认为，受贿罪的主观方面除了是直接故意以外，也可以是间接故意。具体表现为：在认识因素上，行为人认识到自己的行为可能会发生侵害职务行为不可收买性的危害后果；在意志因素上，行为人对这种危害结果的发生

---

[1] 高铭暄、马克昌主编：《刑法学》，北京大学出版社、高等教育出版社 2005 年版，第 702 页。

[2] 参见张明楷：《刑法学》（第三版），法律出版社 2008 年版，第 881 页。但是该书认为，受贿罪的意志因素是"行为人对上述结果持希望或者放任的态度"，显然，将认为受贿罪的主观罪过也包含间接故意。

持放任态度。持该种观点的论者一般认为,间接故意发生在被动受贿的场合,"实际生活中,由于行贿人软磨硬泡,受贿人万般无奈只好接受的事例屡见不鲜,受贿人处于被动、任其受贿行为危害结果发生,其罪过形式属于间接故意。"〔1〕

本书认为,间接故意不存在于受贿犯罪中。从故意的内容上看,受贿犯罪中无论是索贿或者是收受贿赂,在认识因素上,当行为人明知对方所给予的财物是自己职务行为的不正当报酬时,其对接受财物行为本身所引起的危害职务行为的不可收买性的后果的认识是一种"必然"的明知,而不是"可能"的明知,在这种认识因素之下,行为人应当产生一种抑制收受财物的反对动机,如果行为人仍然决意为之,其主观罪过只可能是直接故意,而非间接故意。

三、对包含过失说的反驳

包含过失说认为,受贿罪的主观方面除了故意以外,也存在过失受贿的情形。所谓过失受贿,是指国家工作人员利用职务之便为他人谋取非法利益,本人没有索取或者收受贿赂,但对自己的行为有可能导致其亲属(或其他人)从中索取、收受贿赂的结果,应当预见而没有预见,或者已经预见但是轻信能够避免的,以致其亲属(或者其他人)最终客观上实施了索取或者收受贿赂的行为。当然,构成过失受贿有一定的条件限制,需同时具备以下三点:一是国家工作人员为行贿人谋取的是非法利益;二是国家工作人员对其亲属索取或者收受贿赂的行为至少应当能够预见;三是亲属(或其他人)索取或者收受的贿赂数额较大,给国家造成严重的经济损失,或者受贿数额虽然较小,但给国家造成恶劣的政治影响。〔2〕该说认为国家工作人员应当负过失犯罪的刑事责任的主要理由是:从客观行为看,国家工作人员与其亲属(或者他人)的行为互相联系,不可分割,构成了犯罪行为的整体;从主观方面看,国家工作人员为他人谋取非法利益时对危害结果的发生已经预见或者应当预见。〔3〕

本书认为,过失在受贿罪中不可能存在,主要理由如下:

1. 受贿罪的本质是权钱交易,索取或者收受财物是行为人的目的,这应当是行为人积极追求的结果,不可能是行为人不愿意发生的"过失犯罪"的后果。如果承认构成过失犯罪,将会产生以下矛盾,行为人一面积极追求贿赂结果的实现(包括亲属或者其他人索取或者收受贿赂),一面又不希望该结果的实现。〔4〕

2. 过失受贿在受贿罪的构造上是不存在的。依《刑法》第15条第2款规定:

---

〔1〕 魏平雄、王然冀主编:《贪污贿赂罪的认定与对策》,群众出版社1992年版,第56页。

〔2〕 参见张倩:"国家工作人员与家属共同受贿犯罪浅析",载《陕西青年管理干部学院学报》2000年第2期。

〔3〕 参见刘家琛主编:《刑法(分则)及配套规定新释新解》(下),人民法院出版社2002年版,第2708页。

〔4〕 参见孟庆华:《受贿罪研究新动向》,中国方正出版社2005年版,第207~208页。

"过失犯罪，法律有规定的才负刑事责任。"受贿罪是故意犯罪，但是刑法并无明文规定过失也可以构成受贿罪，所以，过失说不存在法律依据。

3. 包含过失论者所说的过失受贿容易导致客观归罪的结果。依据包含过失论者所述，"亲属（或其他人）索取或者收受的贿赂数额较大，给国家造成严重的经济损失，或者受贿数额虽然较小，但给国家造成恶劣的政治影响"的，方成立受贿罪。至于受贿数额大小、国家工作人员是否明知，在论者看来都无关紧要，这并不符合受贿罪构成的基本理论。[1]

4. 上述过失论列举的情形，"亲属或者他人"的行为符合《刑法修正案（七）》新增加的利用影响力受贿罪的行为特征，可能构成利用影响力受贿罪；但是，行为人主观罪过的认识因素是对自己行为的危害后果的认识，而不包括对他人行为的认识与预见，我国现行刑法也并未规定行为人对于亲属或者其他人的行为有预见的义务。

第六节 受贿罪的认定

一、受贿罪罪与非罪的界限

（一）受贿罪与"灰色收入"、接受亲友馈赠的界限

受贿罪是国家工作人员收受他人财物，为他人谋取利益的以"公权"谋"私利"的肮脏的交易行为；而亲友之间财产赠与行为是民法上的财产处分行为，是民事法律行为的一种，是亲友之间感情联络的人情往来行为。因而，从理论上说，受贿罪与接受亲友馈赠是泾渭分明的，在规范层面并不存在交叉。

然而，实践中，国家工作人员收受他人的财物究竟属于贿赂或一般馈赠，经常存在争议，尤其是以接受馈赠之名行受贿之实的情形。人具有社会性，在日常生活中自然会形成各种人际关系网，尤其是在中国这样一个崇尚人情往来的社会中，熟人之间相互送礼请客是联络感情的方式之一，在日常生活中再正常不过；国家工作人员自然概莫能外。如何认定两者之间的区别，需要通过经验的观察来认定二者之间的关系。

有论者指出，区分二者时，应从如下几个方面进行判断：

看接受方与提供方是否存在亲友关系；看提供方是否有求于接受方的职务行为；看接受方是否允诺为他人谋取利益；看所接受的财物数量与价值；看接受方是否利用了职务之便；看有无正当馈赠的适当理由；看接受与提供方式是否具有

---

〔1〕 参见童伟华：《受贿罪的构造》，兰州大学出版社2004年版，第179~180页。

隐蔽性；等等。对上述问题要全面分析、综合判断。[1]

有论者认为，应注意考察送礼人有无特定的请托事项，如果答案是肯定的，那么国家工作人员就有收受贿赂的嫌疑。[2]该论者还强调，要考察国家工作人员是否已经或者曾经承诺利用职权为他人谋利，如果送礼是对所谋利益或者承诺利益的酬谢的，就可以认定国家工作人员收受贿赂。[3]也有论者认为应从双方关系、馈赠价值、馈赠方式入手，来进行区分。[4]

此外，与此相关的一个问题是国家工作人员的"灰色收入"问题。本书认为，最高人民法院、最高人民检察院《关于办理商业贿赂刑事案件适用法律若干问题的意见》中"接受方是否利用职务上的便利为提供馈赠方谋取利益"是受贿与"灰色收入"的区分界限，在实践中，相对人采取"放长线钓大鱼"的策略，给国家工作人员送礼时并无具体请托事项，而国家工作人员收受的情形，属于单纯受贿行为。依照我国现行刑法的规定，单纯受贿行为不构成受贿罪，但可能构成巨额财产来源不明罪。（见上文论述）

最高人民法院、最高人民检察院《关于办理商业贿赂刑事案件适用法律若干问题的意见》综合以上因素，对于界分贿赂与亲友之间正当馈赠做出了规定：①发生财物往来的背景，如双方是否存在亲友关系及其交往的程度；②馈赠的财物价值是否合理；③馈赠的缘由、时机、方式是否适当，提供馈赠方是否有求于接受方的职务行为；④接受方是否利用职务上的便利为提供馈赠方谋取利益。司法实践中，需要综合考虑以上因素对于贿赂与馈赠进行区分，本书认为受贿罪与接受馈赠行为的区分应该抓住受贿罪的本质特征关键特征，通过相关证据（以上论者的论述可作为各种参考面）来证明或者推定行为人接受财物是否与职务活动有关。所谓与职务活动有关，主要是指国家工作人员收受亲友的财物与利用职权（为亲友谋利）行为是否存在着对价关系。如果有具体请托事项，存在对价关系，则应当认定为犯罪；如果从实际情况看，接受亲友"馈赠"与为亲友谋利明显没有对价关系，则属于礼尚往来或者"灰色收入"的范畴，不宜认定为犯罪。

典型的是韩桂芝受贿案，[5]在本案中亲友之间的"馈赠"、没有具体请托事项的"灰色收入"与贿赂之间的区别也成为争论焦点之一。

---

[1] 张明楷：《刑法学》（下册），法律出版社1997年版，第923页。
[2] 高铭暄主编：《刑法专论》（下册），高等教育出版社2002年版，第842页。
[3] 王俊平、李山河：《受贿罪研究》，人民法院出版社2001年版，第82页。
[4] 陈兴良：《当代中国刑法新境遇》（第二版），中国人民大学出版社2007年版，第941~942页。
[5] 载北大法律信息网，http://vip.chinalawinfo.com/case/displaycontent.asp?gid=117508224，最后访问日期：2009年9月30日。

首先，看贿赂与亲友馈赠的认定。韩桂芝案中被告人1993年至2003年间担任黑龙江省委组织部副部长、组织部长、省委常委、省委副书记，利用职务上的便利收受贿赂，行贿人多达68人之多，不乏其亲朋好友，案件事实中行贿人不乏以春节拜年、韩桂芝生病、受伤去医院探望等理由给韩桂芝送钱物，这部分财物能否认定为贿赂呢？这其中便有被告人韩桂芝的干女儿卢某。不可否认卢某与韩桂芝之间存在一定的感情因素，但是，卢某认韩桂芝作干妈，除了感情因素以外，还包含着希望利用韩桂芝的职务之便为其丈夫的职务晋升、调整提供帮助的因素，特别是在卢某丈夫任某市公安局局长后的2001年春节，韩桂芝更是一次就接受了卢某给予的1万美元，表面上是逢年过节时的礼物，但是其馈赠礼金的时机和缘由也远非单纯的"感情交流"，其馈赠的礼金多达1万美金也远远超出了正常礼金的数额，由此可见，行贿人给韩桂芝送钱根本不是出于"人情"，而是以"春节拜年、生病探望"等为名，行贿赂之实，他们与韩桂芝之间根本不是什么"人情往来、礼尚往来"，而是打着"人情往来、礼尚往来"的旗号，进行赤裸裸的权钱交易。

其次，看馈赠贿赂与没有具体请托事项的"灰色收入"的认定。韩桂芝受贿案的一个特点是"行贿人给韩桂芝送钱，多数都没有提出任何请托事项，韩桂芝也没有任何承诺"，因此能否认定为存在具体的请托事项。本书认为，答案是肯定的。韩桂芝作为省委组织部副部长、部长、省委常委、省委副书记，负责全省的地厅级干部选拔和任用工作，手中握有很大的人事方面的权力，对省内干部的晋升或调整，都有相当分量的决定权。这也是68名行贿人为什么会纷纷向韩桂芝行贿的原因：一方面是为韩桂芝过去给他们的关照表示感谢（谋取利益之后的酬谢）；另一方面也可以在韩桂芝心目中留下良好的印象，以便韩桂芝在他们今后的提拔、任用等方面继续给予关照。因此，尽管部分行贿人在给予韩桂芝财物时并未明示其请托事项，但是韩桂芝对行贿人内心的意思表示心领神会。具体请托事项的认定不是必须有行贿人向受贿人明确提出"拜托你为我办某件具体的事情"，这种心照不宣的默示足以说明职务行为与财物之间的对价关系，通过这种方式实现其权钱交易仍然符合受贿罪的本质。

（二）受贿罪与取得合法报酬的界限

受贿罪与合法报酬之间的界定主要是用来解决利用业余时间为他人服务并收取报酬的科技人员是否构成受贿罪的问题。所谓合法报酬是指："一些在国家研究、学术机构工作的科研人员，在国有公司、企业工作的工程技术人员，在法律、政策允许的范围之内，利用业余时间，用自己的知识和能力，为他人进行某种工作或者提供咨询服务而获得的报酬。"[1]通常认为："国家工作人员在法律允

---

[1] 刘生荣、但伟：《腐败七罪刑法精要》，中国方正出版社2001年版，第173页。

许的范围内,利用业余时间,用自己的劳动为他人提供服务,从而获得报酬的,不成立受贿罪。国家工作人员在业余时间,利用职务上的便利为他人谋取利益,进而获得报酬的,仍然成立受贿罪。"〔1〕

在实践中认定两者之间的界限一般应从以下两个方面来把握:

1. 行为人是否付出了劳务。受贿收受的财物是作为职务行为的不正当报酬而取得的,这也是受贿罪权钱交易的表现;而合法报酬是行为人通过利用自己的知识资本或者技术资本换取的合法报酬,是现代市场经济条件下取得报酬的合法方式之一。

2. 行为人是否利用了职务便利。受贿行为是利用职务上的便利而收受财物,而合法报酬与职务行为不具有关联性。实践中就要注重区别是从事科研、技术服务,还是利用职务上的便利为他人谋取利益,以酬劳费的名义索取、收受财物。如果是后者,就应当认定构成受贿罪;此外,科技人员认定科技人员是否利用职务,还要看其所利用的技术成果是职务技术成果还是非职务技术成果。"如果科研、技术人员是在不侵犯国家或者单位技术秘密、商业秘密的前提下,利用业余时间进行研究和工作,向社会提供科学、技术服务而获取的报酬,就属于自己的劳动成果。如果是这类研究、技术人员盗卖了单位或者别人的科研、技术成果,或者泄漏国家、单位的技术秘密、商业秘密而得利的,性质也就完全变了。"〔2〕

(三) 受贿罪与一般违法违纪行为之间的界限

如上所述,受贿罪是数额犯,在刑法上属于既定性又定量的规定。因此,受贿行为并不意味着一定成立受贿罪。如果情节显著轻微、数额较小,危害不大的,就只是一般的行政违法行为而不是犯罪行为,可视情节依《公务员法》给予不同程度的政纪处分,对接收的财物予以没收。衡量受贿行为的罪与非罪,主要应根据其受贿的数额和情节。最高人民检察院《关于人民检察院直接受理立案侦查案件立案标准的规定(试行)》(以下简称《立案标准》)中根据受贿数额与情节这两个因素对受贿行为规定了应予立案的情形,具备下列情形之一的,应予立案:

1. 个人受贿数额5000元以上的。受贿罪是由法律直接规定定罪量刑数额标准的少数几种犯罪之一。根据《刑法》第386条的规定,对犯受贿罪的,应根据受贿所得数额及情节,依照有关贪污罪处罚的有关规定处罚。在司法实践中,原则上,行为人如果受贿数额在5000元以上或累积受贿数额在5000元以上的,应当作为犯罪处理。

2. 个人虽然受贿数额不满5000元,但情节严重的。根据《立案标准》的规

---

〔1〕 王作富主编:《刑法》,中国人民大学出版社1999年版,第202页。
〔2〕 刘荣生、胡云腾:"受贿罪的定罪与量刑",载《中国法学》1999年第1期。

定,个人受贿数额"不满5000元",是指接近5000元且已经达到5000元的80%以上,即个人受贿数额在4000元以上,情节较重的,也应立案侦查。"情节较重"是指:因受贿行为而使国家或社会利益遭受重大损失的;故意刁难、要挟有关单位、个人,造成恶劣影响的;强行索取财物的。

下列情况下也应视为"情节严重":其一,"贪赃枉法"。这里所说的"贪赃枉法"是指行为人收受贿赂后为他人谋利的行为,是违背其职务的违法行为,为行为人谋取的是非法利益。"贪赃枉法"比"贪赃不枉法"危害性更大。即使行为人受贿不到5000元,但如果有"枉法"行为的,属于情节严重。其二,持续时间长和受贿的次数多。持续时间较长的应作为受贿罪处理。多次索贿或收受贿赂的,说明行为人有犯罪习性,人身危险性较大,也应视为是"情节严重"。其三,受贿相对人的情况特殊。如乘人之危索取贿赂的,或者收受外商、华侨、港澳台同胞贿赂造成不良影响的,都应看作是情节严重。其四,受贿后态度较差的。如在案发后转移赃物、销毁罪证,或与他人订立攻守同盟,掩盖罪行等。[1]

二、受贿罪与相近罪名的区别

(一)受贿罪与非国家工作人员受贿罪的区别

我国《刑法》第163条的第1款与第2款规定了非国家工作人员受贿罪,[2]即公司、企业或者其他单位的工作人员利用职务上的便利,索取他人财物或者非法收受他人财物,为他人谋利益,数额较大的行为,或者在经济往来中,违反国家规定,收受各种名义的回扣、手续费,归个人所有的行为。

1. 受贿罪与非国家工作人员受贿罪在构成要件上的主要区别:

(1)犯罪主体的差异。受贿罪的主体是国家工作人员,而非国家工作人员受贿罪的主体是(非国有)公司、企业或者其他单位从事公务的人员,即如果是国有公司、企业或者其他单位中从事公务的人员和国有公司、企业或者其他单位委派到非国有公司、企业或者单位从事公务的人员,属于国家工作人员。这是两罪的最大区别,关于国家工作人员身份的认定。(详见上文论述,此处不再赘述。)

(2)犯罪客观方面的差异。国家工作人员索贿的,不需要"为他人谋取利益要件";非国家工作人员索贿的,需要同时具备"为他人谋取利益要件"方可。受贿罪的成立不要求数额较大,而非国家工作人员的受贿要求达到数额较大。

2. 两者相区别的疑难问题——身份认识错误的处理。受贿罪的入罪门槛低于

---

[1] 李希慧主编:《贪污贿赂罪研究》,知识产权出版社2004年版,第175页。

[2] 此外,《刑法》第184条第1款也是对非国家工作人员受贿的规定:"银行或者其他金融机构的工作人员在金融业务活动中索取他人财物或者非法收受他人财物,为他人谋取利益的,或者违反国家规定,收受各种名义的回扣、手续费,归个人所有的,依照本法第163条的规定定罪处罚。"一般认为,这是对非国家工作人员受贿罪的提示性规定,因此,在《刑法》第163条第1款与第2款非国家工作人员受贿罪的构成要件等同于可以该条的规定,在此,没有特别指出的必要。

非国家工作人员受贿罪，主要原因是受贿罪的法益侵害性较大，两者区别对待符合罪刑相适应原则和宽严相济的刑事政策的需要。由此产生的问题是当行为人在刑法上应当评价为国家工作人员，但是其主观上却认为自己属于一般的公司、企业人员时，从而实施索取他人财物或者非法收受他人财物，为他人谋利益，数额较大的行为，或者在经济往来中，违反国家规定，收受各种名义的回扣、手续费，归个人所有的行为，是否应当认定为受贿罪？换句话说，也就是国家工作人员发生身份认识错误时，是否阻却受贿罪的成立？本书认为，国家工作人员无论认识到或者正确认识自己的身份，只要认识到可以通过利用自身职务上的便利为他人谋取利益，从而凭此与他人的财物交换，也即认识到这种权钱交易的本质时，就应当认定为构成受贿罪；反过来，当一般公司、企业的工作人员（即非国家工作人员）误认为自己是国家工作人员而实施上述行为的，也不能认定为受贿罪的未遂，应当认定为非国家工作人员受贿罪。[1]总而言之，受贿犯罪行为人身份认识错误并不影响定罪。

（二）受贿罪与贪污罪的区别

从立法渊源上来看，我国1979年《刑法》规定将受贿罪作为独立罪名从贪污罪中独立出来，并将两者分设在第五章侵犯财产犯罪与第八章渎职犯罪之中；1997年修订后的《刑法》为了适应严厉打击与惩治贪污贿赂的需要，又将贪污与受贿合放到新设立的第八章贪污贿赂犯罪之中，并且受贿罪的处罚参照贪污罪的处罚规定。[2]

1. 受贿罪与贪污罪在构成要件上的主要区别：

（1）侵犯的法益的不同。受贿罪侵犯的直接客体是国家工作人员职务行为的不可收买性，而贪污罪却是国家公职人员职务行为的廉洁性和公共财产的所有权，侵犯的是复杂客体。

（2）主体要件的差异。受贿罪的主体是国家工作人员，而贪污罪的主体不仅包括国家工作人员，还包括受国有单位委托管理、经营国有财产的人员。

（3）客观方面要件不同。受贿罪是利用职务上的便利，索取他人财物，或者非法收受他人财物，为他人谋取利益；而贪污罪是利用职务上的便利，侵吞、窃取、骗取或者用其他手段非法占有公共财物。虽然同为"利用职务上的便利"，但是含义不尽相同。①贪污罪"利用职务上的便利"主要是主管、管理、经手公共财物的权力及其方便条件；受贿罪既有可能利用主管、管理、经手公共财物的

---

〔1〕 参见肖中华：《贪污贿赂罪疑难解析》，上海人民出版社2006年版，第208~209页。

〔2〕 贪污贿赂犯罪单独规定作为刑法分则一章，显然是处于刑事政策的考虑，加大打击愈演愈烈的贪污贿赂犯罪；同时，这样两种侵害了不同法益的犯罪是否适合设立在刑法的同章作为类罪名，仍有待论证，不过，两者的合并无论如何已经不能回到1979年《刑法》颁布以前的状态了，因为受贿罪在1997年修订后的《刑法》仍然是一个独立的罪名。

权力及其方便条件,也有可能利用其他一切可以利用的职务上的权力及其方便条件。②贪污罪的行为人只能利用本人职权范围内的便利条件实施贪污罪行为;受贿罪的行为人既可直接利用本人职权范围内的便利条件,又可能利用本人职权或者地位形成的便利条件,通过其他国家工作人员的职务行为,来实施斡旋受贿犯罪行为。③贪污罪"利用职务上的便利"的"职务"通常只能是现在的、当下的"职务"上的便利;受贿罪"利用职务上便利"的"职务",可能是现在的,可能是过去的,也有可能是将来的。④行为人占有财物的归属性质不同。贪污罪的行为人是监守自盗本单位的公共财产;受贿罪行为人收受的是他人的财产,此点是区分两罪的关键。[1]

2. 两者相区别的疑难问题——经济受贿行为与贪污罪。通常贪污罪与受贿罪不难区分,难以区分的是经济受贿与贪污罪的界限。所谓经济受贿,是指依照《刑法》第385条第2款所规定的,"国家工作人员在经济往来中,违反国家规定,收受各种名义的回扣、手续费,归个人所有的,以受贿罪论处"的情形。这种受贿罪与发生于经济活动中的贪污罪不易区分,因为两罪中财物都是以回扣、手续费等形式表现出来,如买卖双方或者其他经济往来中的双方有关人员暗中约定抬高或者降低价格,并以回扣或者手续费的名义占有差价款。因此,区分两者的关键在于透过其表现形式,通过考察回扣、手续费是怎样产生的,这些回扣、手续费在被行为人据为己有之前本应归谁所有,也即其财物来源的归属性质究竟如何。具体地说,"受贿者所获取的财物,不管是公共财物还是私人财物,都不能是其本单位的财物,而是行贿方作为交换代价而自愿做出的",如果受贿者所在单位在财产上有直接损害,则应定为贪污罪。[2]为便于说明在此举两个例子:

案例1 某国有公司经理甲在向乙公司购买500万元的生产设备中提出对方要给50万元的回扣,乙公司表示这笔生意无利可图,且公司运行正规,无法支付回扣,甲因而提出将该生产设备的总卖价提高到550万元人民币,对方同意并以此签订了合同,甲因此获得差价50万元。(赚的是国有公司的钱)

案例2 某国有公司经理A某在向B公司购买500万元的生产设备万中提出对方要给回扣50万,B公司同意并以此签订了合同,孙某因此将50万回扣据为己有。(要的是B公司的钱)

案例1和2,从形式上看,这50万元的价款都是从行为人本单位给付的货款。然而,案例1中,甲明知不需要由其单位支付多余的50万元,仍然故意虚报

---

[1] 陈兴良:《当代中国刑法新境遇》(第二版),中国人民大学出版社2007年版,第950页。
[2] 熊选国:"谈如何区分贪污罪与受贿罪",载《法学杂志》1993年第1期。

事实，骗取本单位多支付50万元价款，然后非法侵吞据为己有，甲的行为造成其所在单位直接损失本不应支付多余的50万元，损害的是本单位的财产所有权，应当认定为贪污罪；案例2中，A某收受的50万元回扣，虽然仍通过A某单位支付，但是通过交易这50万元在法律上本应该属于对方（B公司）所有，之所以B公司愿意将本应属于自己所有的货款中多拿出50万元给A某，是想通过A某所具有的签订购买设备合同的权力来达成这笔交易（经济上的考虑），也就是说这50万元是作为A某与其签订合同的酬劳，此时，A某的职务行为与50万元的回扣就形成了对价关系，应当以受贿罪论处。

（三）受贿罪与敲诈勒索罪的区别

依据《刑法》第274条之规定，敲诈勒索罪，是指行为人以非法占有为目的，采取威胁、要挟等手段，强行勒索公私财物的行为。敲诈勒索罪的行为流程：行为人（以不法所有的目的）对他人实行威胁→被害人产生恐惧心理→被害人基于恐惧心理被迫做出财产处分行为→行为人最终取得财产。两罪区别较大，一般情况下不难区分。

1. 受贿罪与敲诈勒索罪在构成要件上的主要区别。

（1）侵犯客体不同。受贿罪侵犯的法益是国家工作人员职务行为的不可收买性；而敲诈勒索罪侵犯的法益则是公私财物所有权。

（2）主体要件不同。受贿罪是典型的身份犯，犯罪主体须具有国家工作人员这一特殊身份；敲诈勒索罪的主体是一般主体，不问是否是国家工作人员，均可构成本罪。

（3）客观方面的表现不同。受贿罪表现为行为人利用职务之便索取他人财物，或者非法收受他人财物并意图为他人谋取利益；敲诈勒索罪表现为，行为人以非法占有为目的，对于被害人实施威胁或者要挟的方法，索取财物的行为。

2. （索贿型）受贿罪与敲诈勒索罪的竞合（交叉）问题。收受型受贿罪与敲诈勒索罪并不存在交叉，在此，并不存在疑问。有疑问的是，索贿型受贿罪与敲诈勒索罪是否存在竞合（交叉）？本书持肯定回答。如上所述，索取的外延大于勒索，"索取贿赂"只有"向他人要财物"的意思，而勒索则是"以威胁手段向他人要财物"的意思。行为人利用职务上的便利索取贿赂当然包括利用职务上的便利威胁或者胁迫他人了。

对此，有论者认为，因为敲诈勒索一般是以暴力加害被害人及其亲属，揭发他人的隐私或损害他人的名誉、地位、前途以及其他危害他人的人身、生命、财产等方法相威胁或要挟，强行索取公私财物，具有明显、公开、强力等特征。而受贿罪则表现为利用职务上的便利，非法收受他人财物，为他人谋取利益和利用职务上的便利，索取他人财物。前者行为人是被动的，后者索贿是主动的。在索贿的情况下，一般也比较隐蔽，强行索取的并不普遍。[1]

该论者大体上说明了受贿罪与敲诈勒索罪在实践中的不同行为表现，也就是两罪在一般情况下并不存在交叉，本书并无异议。但是，恰如论者指出的受贿罪中"强行索取并不普遍"，但是"不普遍"并不代表绝对没有。本书认为受贿罪与敲诈勒索罪是存在交叉现象的。事实上，在现实生活中，强行索贿行为也是存在的。例如，某派出所干警甲某抓获嫖客乙某，并对乙某说：此事只有我一人知道，如果你给我10 000块钱就将此事私了，否则，就把你送到公安局并且通知你的所在单位以及家属。嫖客乙某被迫给公安干警甲某10 000块钱，甲某将乙某放走。该案中行为人利用职务上的便利，威胁或者要挟对方交出财物，即被害人被迫交出财物的行为是行为人滥用职权使被害人产生恐惧心理的效果下的处分行为，既符合敲诈勒索罪，也构成受贿罪，因而，属于一行为触犯两罪名的想象竞合犯，应当以较重的受贿罪处罚。[2]

（四）受贿罪与诈骗罪的区别

依据《刑法》第266条之规定，诈骗罪是指行为人以非法占有为目的，虚构事实或者隐瞒真相，骗取对方公私财物数额较大的行为。诈骗罪的行为流程与敲诈勒索罪非常相似：行为人（以不法所有的目的）虚构事实或者隐瞒真相→被害人产生错误认识→被害人基于该错误认识做出财产处分行为→行为人最终取得财产。两罪区别较大，一般情况下也不难区分。

1. 受贿罪与诈骗罪在构成要件上的主要区别。

（1）侵犯客体不同。受贿罪侵犯的客体是国家工作人员职务行为的不可收买性；诈骗罪侵犯的客体是公私财产所有权。

（2）主体要件不同。受贿罪是典型的身份犯，犯罪主体须具有国家工作人员这一特殊身份；诈骗罪同敲诈勒索罪的主体一样，都是一般主体，不问是否是国家工作人员，均可构成本罪。

（3）客观方面要件不同。受贿罪的行为方式主要表现为利用职务上的便利，索取或者收受他人财物为他人谋取利益的行为；诈骗罪的行为方式主要是行为人通过虚构事实或者隐瞒真相，使相对人基于错误认识"自愿"给付财物。

2. 受贿罪与诈骗罪的竞合问题。在现实生活中，"虽然有的行为人在实施受贿犯罪的过程中、在承诺为对方谋取利益的时候，可能有一些夸大自己的能力、权限的不实之词，但这种夸大是建立在一定的事实基础上的，与诈骗之虚构、隐

---

[1] 杨兴国：《贪污贿赂罪法律与司法解释应用问题解疑》，中国检察出版社2002年版，第240页。

[2] 关于5000元赃款的处理，本书认为这是被害人的合法财产，应当由司法机关收缴后返还被害人乙某；至于乙某的嫖娼行为，依据《治安管理处罚法》应当如何处罚，则是另外一个层面（仅乙某嫖娼行为）的问题，这里讨论的仅仅是干警甲某"以权谋私"的渎职行为。

瞒存在着程度上的根本差别。"[1]这种行为仍有利用职务便利以"公权"谋"私利"的本质特征，所以仍应认定为受贿罪。容易发生疑问的是，虚假许诺也即国家工作人员虽然并没有为他人谋取利益的意图，但是仍旧做出虚假的"为他人谋取利益"的许诺，索取或者收受他人贿赂的行为如何定性？

行为人以为对方谋取利益为诱饵索取或者非法收受他人贿赂，致使他人交付财物的行为，侵犯了被害人的财产所有权，完全符合诈骗罪的行为流程；如果达到数额较大，则认定为诈骗罪是没有问题的。有疑问的是，"虚假许诺"行为是否可能构成受贿罪。本书认为，对这一问题的回答取决于上文所讨论的"为他人谋取利益"的要件如何定性，具体说来：其一，依实行行为说，"为他人谋取利益"要件是实行行为，既然行为人没有为他人谋取利益的真是意图或者目的，也就不可能做出为他人谋取利益的行为，从而欠缺了受贿罪的实行行为要件，因此，虚假许诺行为并无构成诈骗罪的可能；其二，依主观要件说，"为他人谋取利益"是行为人的主观意图或者目的，"虚假许诺"则不具备"为他人谋取利益"要件，也即缺乏受贿罪的主观要件，因而也无从成立受贿罪；其三，依许诺说，只要做出为他人谋取利益的"许诺行为"，不管该许诺是真实的还是虚假的，就足以说明财物与职务行为之间的对价性，因而构成受贿罪。[2]如上文所述，本书采许诺说，因此国家工作人员进行虚假许诺的行为完全有可能构成受贿罪与诈骗罪的想象竞合犯，若构成，则以处罚较重的受贿罪定罪处罚。（因为诈骗罪的定罪起点较受贿罪为低，故也存在行为符合诈骗罪但是只是一般的违法乱纪行为的可能，此时，则应当以诈骗罪定罪处罚。）

第七节　新型受贿犯罪

一、新型受贿犯罪概述

（一）新型受贿犯罪法律规定出台的背景

我国现阶段正处于经济体制、利益格局以及思想观念的深刻变革之中，诱发腐败的因素增多，特别是随着查处力度的加强和社会的发展，受贿犯罪的形式越来越多，已经远远不是传统的贿赂形式所能涵盖。其特点就是手段趋于隐蔽化、智能化，出现了诸如以低买高卖、合作投资、委托理财、挂名领薪等名义和形式掩盖犯罪，实际上是由"公开"转为"私下"、由"直接"变为"间接"、由"现货"变为"期权"。相对而言，直接进行以权谋私，发生的贿赂比较容易界定和查处，但是许多变相的新类型贿赂却难以发现和查处。因此，实务中出现了这

---

[1]　孟庆华：《受贿罪研究新动向》，中国方正出版社2005年版，第378页。
[2]　参见上文的分析与论述，本书在此仅作简要总结。

样的困境：这些新的受贿犯罪形式常常受不到应有的惩处；即便进行追诉，同样类型的案件，在不同的地区，甚至在同一地区的不同时期，裁判的结果也是截然不同的。[1] 这样的局面，不仅给具体案件的认定增加了难度，随意性的司法也影响了法律适用的公正统一，同时也增加了司法腐败的危险，影响案件审理的法律效果与社会效果的统一。

在这样的背景下，为了推动反腐败斗争的深入开展，从而能够有效地应对贿赂犯罪的新情势，中央纪委、最高人民法院、最高人民检察院就这些新形式的受贿违纪犯罪适用纪律、法律问题进行了认真研究。中央纪委于2007年5月30日作出了《中共中央纪委关于严格禁止利用职务上的便利谋取不正当利益的若干规定》。最高人民法院、最高人民检察院于2007年7月8日下发了《关于办理受贿刑事案件适用法律若干问题的意见》（以下简称《意见》）。《意见》明确规定将那些新类型的权钱交易行为按照刑法中关于受贿犯罪的规定进行定罪处罚，为司法机关有效地惩治这类行为提供了统一明确的法律依据；同时，《意见》也对各种具体受贿行为的细化以及罪与非罪的界定，为国家工作人员的经济生活和社会交往划出了清楚的边界，有利于国家工作人员统一认识，增强自律意识。

总之，《意见》是在深入反腐的背景下出台的，体现了党和国家防治腐败的决心和信心。《意见》在严密我国受贿犯罪刑事法网的基础上，力图解决受贿案件法律适用不统一的问题，也是在我国当前宽严相济的刑事政策之下加大惩治腐败力度的有力举措。

(二)《意见》的适用原则

1.《意见》的法律效力及其溯及力问题。与《意见》的司法适用密切相关的两个问题是《意见》的法律效力及其溯及力问题，前者决定《意见》在裁决具体案件中的效力根据，后者则决定《意见》在裁决具体案件中时间上的效力。

(1)《意见》的法律效力问题。根据最高人民法院2007年3月9日颁行的《关于司法解释工作的规定》，最高人民法院司法解释的形式有四种，分别为："解释"、"规定"、"批复"和"决定"。[2] 从名称上观察（《意见》的全称为《关于办理受贿刑事案件适用法律若干问题的意见》），《意见》不能划入上述四种形式的任何一种；从公布文号上看，最高人民法院的"司法解释"的文号形式统一为"法释〔××××〕××号"，而该《意见》的公布的形式是"法发

---

〔1〕 孙国祥：《新类型受贿犯罪疑难问题解析》，中国检察出版社2008年版，第4页。

〔2〕 该规定对上述四种形式各自解决的法律都有明确的划分。对在审判工作中如何具体应用某一法律或者对某一类案件、某一类问题如何应用法律制定的司法解释，采用"解释"的形式；根据立法精神对审判工作中需要制定的规范、意见等司法解释，采用"规定的形式"；对高级人民法院、解放军军事法院就审判工作中具体应用法律问题的请示制定的司法解释，采用"批复"的形式；修改或者废止司法解释，采用"决定"的形式。

[2007] 22号"。所以，从形式上来说，《意见》不能划入司法解释的范畴。但是，在实质内容的规定上，《意见》是对在审理受贿案件时如何适用刑法中受贿犯罪的规定，即是对如何应用法律的解释，本应属于司法解释的范畴。所以《意见》虽未采用司法解释的形式公布，但是在效力上仍属于司法解释性文件，对司法机关仍然具有效力。事实上，在该《意见》制定后，最高人民法院、最高人民检察院紧接着发布了《关于印发〈关于办理受贿刑事案件适用法律若干问题的意见〉的通知》，也说明了《意见》的效力。

（2）《意见》的溯及力问题。《意见》的法律效力直接决定着《意见》的溯及力问题，如上文所述，《意见》在法律性质上属于司法解释性文件，是对具体应用法律问题所作的解释，是对某些刑法条款的规范含义的说明，解释本身与被解释的刑法文本构成一个不可分割的整体；同时，解释依附于被解释的刑法文本而存在，自然，解释与被解释的法律文本在时间效力上是一致的。[1] 对此，最高人民法院、最高人民检察院于2001年12月制发的《关于适用刑事司法解释时间效力问题的规定》指出："司法解释自发布或者规定之日起施行，效力适用于法律的施行期间。对于司法解释实施前发生的行为，行为时没有相关司法解释，司法解释施行后尚未处理或者正在处理的案件，依照司法解释的规定办理。"[2] 显而易见，《意见》作为司法解释性质的文件，在时间效力上与刑法文本相一致。

2.《意见》的适用原则。《意见》虽然规范了各式各样的新型受贿犯罪，但是，其毕竟是司法解释性文件，并没有（也不能）增设新的罪名。《意见》规范的只是传统受贿犯罪随着时代的发展不断出现的新的变种而已。各种新型受贿犯罪不管如何异化，充其量只是"新瓶装旧酒"，其本质仍旧未变。换句话说，各种新型受贿犯罪在本质上仍然是"权钱交易"，侵犯的客体仍然是国家工作人员职务行为不可收买性。

认识到这一点对于认定各种不同类型的新型受贿犯罪至关重要。因为《意见》是对刑法关于受贿犯罪抽象性规定在审理案件中的具体化解释与说明（并且是有限的几种类型），在认定各类新型受贿犯罪时不能完全依赖《意见》的规定。正确的做法则是，立足于刑法文本的规定，把握受贿犯罪的本质特征，结合《意见》的规定与受贿犯罪的基本构成要件裁决某一行为是否构成犯罪。这一思维不仅对于认定《意见》规定的几种典型的新型受贿犯罪具有重要指导意义，而且对于《意见》尚未规定但是现实中当下已经存在或者将来可能出现的更多的新型受

---

〔1〕 曲新久："论刑法解释与刑法文本的同步效力——兼论刑法适用的逻辑路径"，载《政法论坛》2006年第2期。

〔2〕 当然，规定同时指出，对于同一问题的前后两个司法解释在相互矛盾之时，适用"从旧兼从轻"原则。

赂犯罪形式的认定也具有指导意义。[1] 限于篇幅，本节即通过运用受贿犯罪的基本构成原理，依据《刑法》，对《意见》中目前规定的几种新型的受贿类型进行研究和解读。

二、新型受贿犯罪的类型与认定

《意见》中主要规定了以下几种新型的受贿犯罪类型：

（一）交易型受贿

1. 交易型受贿的本质界定。《意见》第1条规定："关于以交易形式收受贿赂问题国家工作人员利用职务上的便利为请托人谋取利益，以下列交易形式收受请托人财物的，以受贿论处：①以明显低于市场的价格向请托人购买房屋、汽车等物品的；②以明显高于市场的价格向请托人出售房屋、汽车等物品的；③以其他交易形式非法收受请托人财物的。受贿数额按照交易时当地市场价格与实际支付价格的差额计算。前款所列市场价格包括商品经营者事先设定的不针对特定人的最低优惠价格。根据商品经营者事先设定的各种优惠交易条件，以优惠价格购买商品的，不属于受贿。"

尽管有关部门将以交易形式受贿的行为称之为"新类型受贿"，是贿赂的新变种、新动向，但实际上早在20世纪80年代初期，就出现过这种"以购代贿"的贿赂形式。[2] 为此，最高人民法院、最高人民检察院在1985年出台的《关于当前办理经济犯罪案件中具体应用法律的若干法律问题的解答（试行）》中就曾规定："国家工作人员利用职务上的便利，为他人谋取利益，收受物品，只付少量现金，这往往是行贿、受贿双方为掩盖犯罪行为的一种手段，情节严重，数量较大的，应认定为受贿罪。受贿金额即行为人购买物品实际支付的金额扣除受贿人已付的现金额来计算。行贿人的物品未付款或无法计算行贿人支付金额的，应以受贿人收受物品当时当地的市场零售价格扣除受贿人已付现金额来计算。"我国1997年修订后的《刑法》关于受贿罪的规定中并没有继承这样的内容，而《意见》将这种以交易形式收受贿赂的行为明确纳入到了受贿罪的客观表现形式中。

对于以交易形式收受请托人财物的行为，其行为本质符合受贿犯罪的权钱交易的本质，这是《意见》将其规定到新型受贿犯罪种类中的依据。权钱交易是受贿罪的本质特征，受贿行为简而言之就是一个行贿人给受贿人以物质利益，以此换取受贿人手中的公权力为自己谋取利益的交易过程。一般认为，在交易型受贿行为中，存在着"双重交易"——"市场交易"与"权钱交易"，也即交易型受贿具有双重交易性质。从形式上看，行贿人和受贿人双方存在着一般市场交易行

---

[1] 随着时代的发展，受贿犯罪的各种形式也必然会"与时俱进"，但是司法者总不能总是依赖司法解释的出台才能对社会中层出不穷的新型受贿形式作出被动的反应；这就需要司法者能够抓住受贿犯罪的本质特征，掌握透视"新变种"的本领，才能以不变应万变。

[2] 孙国祥："以交易形式收受贿赂的方式与界限解读"，载《人民检察》2007年第16期。

为,有正规的市场交易这种形式,有金钱和物品的对价支付这种手段,且这种交易形式中通常包含着打折、让利、优惠等。但是上述打折、让利、优惠的条件并不是一般商品买卖活动中为了促销而进行的正常销售手段,换取这种打折、让利、优惠中产生的巨大利益的对价包括两方面,除了国家工作人员支付的一定金额的价款之外,更重要的是国家工作人员手中的公权力。因此,在表层的市场交易形式的背后,隐藏的实际上仍然是一个行贿人给受贿人以物质利益,以此换取受贿人手中的公权力为其谋取利益的权钱交易的过程。所谓的"市场交易"只不过是"权钱交易"的手段行为,是一种掩护,是一个幌子,权钱交易才是交易型受贿犯罪双重交易性质中的本质特征。

2. 交易型受贿中"明显"的理解。从《意见》规定来看,交易型受贿是指国家工作人员利用职务之便为请托人谋取利益,以明显低于市场价格购买或者明显高于市场价格出售房屋、汽车等大宗贵重物品的行为。从《意见》第1条的规定可以看出,交易形式受贿主要有三种类型:第一种是以明显低于市场价格向请托人购买房屋、汽车等物品;第二种是明显高于市场价格向请托人出售房屋、汽车等物品;第三种是以其他交易形式非法收受请托人财物。

《意见》中用了一个表示程度的副词"明显"来修饰"低于"和"高于",但是对于"明显低于"和"明显高于"如何认定却又并没有规定明确的标准。交易型受贿主要涉及的交易对象是房屋、汽车等大宗贵重物品,价格不菲,几个百分点的差异,数额就可能相差数万,诚如"两高"负责人在《〈关于办理受贿刑事案件适用法律若干问题的意见〉答记者问》中做的解释:"如简单规定以低于市场的价格购买或者高于市场的价格出售房屋、汽车等物品,达到受贿犯罪的定罪数额起点,都构成受贿犯罪,则有可能混淆正常交易与权钱交易的界限,不利于控制打击面。"[1]从"两高"负责人的回答可以看出,并不是将所有的低于市场价格购买或者高于市场价格出售房屋、汽车等物品的行为都作为受贿罪处理的,从当前实践中查处的一些案件来看,应该严厉打击的是那些以很低,甚至是象征性的价格收受请托人价值巨大的房屋或者汽车的国家工作人员,一般的以略低于正常价格购买的,尽管数额可能较大,但不宜都作为犯罪追究。[2]因此,有必要在低于或者高于市场价格的基础上附加"明显"这个限制性的条件。

由于《意见》并没有进一步界定什么是"明显","明显"到什么程度符合刑法和司法解释的规定,司法实践中对于如何把握"明显"的尺度存在不同的认识。理论界与实务界对"明显"的认定标准大概有以下几种观点:主观判断标准、绝对数额标准、成本标准、比例标准、比例加总额的标准。

---

[1] 袁祥:"十种新类型受贿如何界定",载《光明日报》2007年7月16日。
[2] 陈国庆主编:《新型受贿犯罪的认定与处罚》,法律出版社2007年版,第12页。

主观判断标准说对于"明显"的理解主要是对"明显"进行文义解释，例如，有学者认为"明显"的本意就是清楚显露，容易看出之意，只有在常人看来，其交易价格异常、有悖常理的情形下，才能做"明显"的认定。[1]也有学者从以下角度对明显做出界定，认为"明显"属于程度副词，"明显低于"和"明显高于"并非形式判断，而是实质判断。"明显低于"或者"明显高于"是根据社会观念、主观识别、政策立场做出的价值选择。[2]

绝对数额标准说认为市场价格经由价格评估部门确定后，贿赂双方实际交易价格与市场价格产生偏差的，均应当计入受贿数额。如果绝对数量超过受贿犯罪立案标准，即在社会危害性层面达到了刑事处罚的规格，可将之判定为明显偏离市场价格。[3]

成本标准说认为，国家工作人员以低于或者等于成本价格的方式向请托人购买商品的，属于明显低买；国家工作人员向请托人出售商品，须计算市场价格与成本价格的差额，国家工作人员在成本价格的基础上附加高于该差额两倍利润的，属于明显高卖。[4]

比例标准说认为，"明显低于或者高于市场价格"应当设定一定的比例，国家工作人员向请托人进行"低买高卖"超过一定比例的交易行为的，应当定性为受贿行为。但是这个比例具体数额究竟确定为多少，学界存在不同意见：有人认为各地司法机关可以确定一定比例以明确"明显低于"的操作标准，如低于市场价20%的为"明显低于"等。也有人认为根据我国的整体经济发展水平和人民群众的收入状况，交易价格低于或高于市场价格40%的，作为明显低于或高于的界限。还有人以成本价格为基础确定一定的比例，认为国家工作人员在成本价格的基础上附加高于该差额两倍利润的，属于明显高卖。

比例加总额标准说认为，认定"明显低于或者高于市场价格"的数额依据可以考虑比例加总额的方式综合评判。比例上可以考虑掌握在低于（高于）最低（最高）市场价的10%以上，总额上应获得"优惠"5万元以上。之所以采取10%的幅度，主要考虑一般商品的盈利幅度也就10%左右，商人基于趋利本能，正常情况下一般人是无法得到如此幅度优惠的；而5万元的总额主要考虑此种形式的贿赂还是要与直接收受款物的行为有所区别。对已经达到了现行刑法规定的

---

[1] 孙国祥："以交易形式收受贿赂的方式与界限解读"，载《人民检察》2007年第16期。

[2] 张玉娟："交易型受贿'明显偏离市场价格'司法认定"，载《检察日报》2007年8月26日。

[3] 张玉娟："交易型受贿'明显偏离市场价格'司法认定"，载《检察日报》2007年8月26日。

[4] 张玉娟："交易型受贿'明显偏离市场价格'司法认定"，载《检察日报》2007年8月26日。

数额巨大标准,具有了"明显"特征。应该说此种观点在把握"明显低于或者高于市场价格"的认定上是比较合理的,适用相对比例加一定数额的标准来综合评判是否达到明显"低买高卖"的程度,从而准确地判定一个行为是否能够被认定为受贿罪,既克服了单纯将市场价格与实际支付价格的差额均作为受贿数额的弊端,同时也避免了因各地经济发展水平的差异,以及房屋、汽车等因为类型的不同而产生的价值悬殊情形下是否定性为受贿的尴尬。但是具体的比例和数额的判断并不适于制定统一的标准,应该由各地根据当地的实际情况,综合考虑各种因素,最后再加以判断。

3. 交易型受贿与优惠价格购买的界定。当然,在查处交易型受贿犯罪中,应当注意区分以优惠价格购买商品与交易型受贿犯罪的界限。

首先,优惠条件或优惠交易价格具有预先设定性。在优惠购物中交易价格通常是由经营者预先设定的,是按照经营者事先确定的折扣操作,而不是由主管人员根据情况直接拍板。优惠价格相对一般价格必然发生结算方式、数额、渠道的变化,需要处于经营主体购销环节的内部成员按照事先制定的程序规范进行,共同完成、照章办事。反之,交易型受贿犯罪中的优惠条件或优惠交易价格则往往具有较大的随机性和任意性,一般价格向"优惠"价格进行交易环节转换的方式极为粗糙,缺少领导与分工,基本上由经营者根据交易对象(国家工作人员)的具体情况灵活调整价格优惠幅度、结算时间与平账方式。优惠交易价格的预设性排除了交易双方通过差价给付或者收受贿赂的行为故意;明显偏离市场标准的见机调整性价格印证了国家工作人员间接从中谋取非法个人利益的犯罪意图。

其次,优惠条件或优惠交易价格所针对交易相对人具有不特定性或者相对特定性。交易型受贿犯罪中出现的交易价格固然明显偏离市场价格,但优惠购物中的优惠价格也有可能明显偏离同类商品市场一般价格。但是,以优惠条件购买商品的交易相对人是不特定的,或者根据经营者规定的条件在一定幅度内享受折扣。对于不特定的优惠交易价格而言,凡是愿意支付相关对价者均可参与商品买卖、享受优惠待遇;对于相对特定的优惠交易价格而言,相对特定的受众群体在优惠幅度内进行合法交易。因此,国家工作人员不符合优惠条件或者不具有优惠身份而享受优惠价格的,可以构成交易型受贿犯罪类型。例如,内部职工股、内部职工购买房屋等"内部价"均明显低于市场价格,在符合法律规定的情况下,同样属于合法价格。但国家工作人员不具有内部职工身份却购买相关股票、房屋的,因不符合相对特定优惠价格的交易条件而区别于《意见》规定的"以优惠价格购买商品不属于受贿",不能适用该条除罪规定。

最后,优惠条件或优惠交易价格往往表现出有因性。优惠是商品购销中的让利,是经营者在销售商品时,以明示并如实入账的方式给予对方的价格竞争优势,表现为支付价款时对价款总额按一定比例即时予以扣除或者支付价款总额后再按一定比例予以退还。从本质上考察，优惠是经营者所采取的一种价格营销策略，即通过让利达到促销，存在符合市场价值规律的价格优惠原因。从形式上分析，优惠条件或优惠交易价格普遍发生在符合商业惯例的经营活动中，基础性原因或事实包括：①买方当期付款，缩短卖方资金回流周期；②降价处理积压商品，收回部分成本；③买方承担运输、仓储费用，或者承诺缩减部分售后服务，节省卖方附随性开支。而交易型受贿犯罪行为，一般违背诚实信用，无视市场规律，私通暗洽，通过暂时性地亏本买卖换取权力腐败而形成的排他性回馈，其不存在优惠的合法合理原因，买卖合同权利义务关系不对等、缺乏商业惯例依据、无视价格法律法规。

（二）干股型受贿

1. 干股的概念。《意见》第2条规定："关于收受干股问题，干股是指未出资而获得的股份。国家工作人员利用职务上的便利为请托人谋取利益，收受请托人提供的干股的，以受贿论处。进行了股权转让登记，或者相关证据证明股份发生了实际转让的，受贿数额按转让行为时股份价值计算，所分红利按受贿孳息处理。股份未实际转让，以股份分红名义获取利益的，实际获利数额应当认定为受贿数额。"

"干股"这一词严格意义上来说并不是一个法律术语，而是日常生活中人们根据不同需要被赋予不同含义的俗称。正因为其实际含义的多样性，导致司法实践中对于"干股"的认识存在一定程度的模糊和混乱。人们在使用"干股"的概念时，往往根据需要加以限定，从而形成不同类型的干股，大致表现为以下几种情形：①权力干股，即公司或者股东无偿送给掌握某种公共权力的人股份；②管理干股，即公司或者股东无偿送给公司管理者股份；③技术干股，即公司或者股东无偿送给公司技术骨干或某种技术诀窍掌握者股份；④信息干股，即公司或股东无偿送给为公司提供经营信息的人股份；⑤员工干股，即公司无偿送给公司员工的股份；⑥亲友干股，即公司股东无偿送给其亲友的股份。但不管如何限定，干股的本质属性是它未按照有关法律规定实际出资，而实际享有的公司股份或资本额。可见干股本质上是一项赠与，干股的提供者实施的是赠与行为，而收受干股的行为则属于接受他人赠与的性质。前述管理干股、技术干股、信息干股、员工干股、亲友干股等类型的干股，在我国的法律体系中并没有加以禁止，然而权力干股由于其赠与对象的特殊，实质上是一种权力腐败的表现形式，因此赠送及收受权力干股的行为应当加以严厉打击。而《意见》所要惩治的也正是这种干股，即国家工作人员利用职务便利，为他人谋取利益，在未出资的情况下获得的股份。

2. "干股"与相关概念的辨析。

（1）首先应该认定干股与股份的关系。股份代表对公司的部分拥有权，分为普通股、优先股、未完全兑付的股权。股份一般有以下三层含义：其一，股份是股份有限公司资本的构成成分；其二，股份代表了股份有限公司股东的权利与义务；其三，股份可以通过股票价格的形式表现其价值。上述已经分析了干股的性质，干股实际上是股份的一种，干股包括管理干股、权力干股、技术干股、信息干股、员工干股、亲友干股等，由于管理干股、技术干股、信息干股、员工干股、亲友干股之类的属于法律没有禁止的赠与行为，因此不受刑法的否定性评价。但是由于权力干股的赠与对象的特殊性，因此被刑法所禁止。

（2）其次应该界定分红的概念以及与干股的关系。分红是股份公司在赢利中每年按股票份额的一定比例支付给投资者的红利。是上市公司对股东的投资回报。分红是将当年的收益，在按规定提取法定公积金、公益金等项目后向股东发放，是股东收益的一种方式。普通股可以享受分红，而优先股一般不享受分红。股份公司只有在获得利润时才能分配红利。一般说来，分红是基于所有人所持有的股份来分配，干股由于是股份的一种，依照法律的规定也可以取得分红。在干股型受贿犯罪中，行为人正是看中干股能取的分红的性质，接受干股的行为已经变相为接受分红的行为，行为人不需要投资，也不需要出面管理经营，即可以取得分红，进而进行权钱交易，从本质上来说，符合受贿罪的法律规定。

3. 干股数额的认定。干股与传统型贿赂中的现金、财物相比，由于其价格随市场的波动而变化，存在多个价格，究竟以何种价格来准确计算干股受贿数额是当前司法认定干股受贿的难题之一。受贿之数额对于受贿罪的成立以及量刑具有重要意义，干股受贿之数额又极具个性特色，因而应结合司法解释和干股之特殊性正确予以认定，如此才能做到不随意出入人罪，体现刑法的公平与公正。《意见》第2条规定："进行了股权转让登记，或者相关证据证明股份发生了实际转让的，受贿数额按转让行为时股份价值计算，所分红利按受贿孳息处理。股份未实际转让，以股份分红名义获取利益的，实际获利数额应当认定为受贿数额。"根据上述规定受贿数额分两种情况予以认定：

（1）股权转让的，以转让行为时股份价值计算受贿数额，股权转让包括登记转让和实际转让。根据《公司法》第74、140条的规定，登记转让是指公司转让股权时，应当注销原股东的出资证明书，向新股东签发出资证明书，并相应修改公司章程和股东名册中有关股东及其出资额的记载。从《公司法》关于股份转让登记的规定可知，登记原则上并不是股权转让的生效要件，而是对抗要件，起到的是公示的作用。业已登记的，干股产权当然地转让于收受人名下。实际转让是指尚未登记但签署股权转让协议或者双方就股权转让达成其他真实意思表示的情形。即使收受干股没有经过登记，只要有证据证明发生实际转让的，也应当认定为受贿。那么，股权转让时其股份价值就是受贿数额。同时，根据《意见》的规定，实践中股权转让后分得的红利应作为受贿孳息处理，不纳入受贿数额。

(2) 干股股权未转让的,以实际获取的红利数额认定为受贿数额。贿赂双方达成收受干股意向后,在股权没有进行登记转让或者事实转让的情况下,根据《意见》第 2 条的规定,"股份未实际转让,以股份分红名义获取利益的,实际获利数额应当认定为受贿数额"。因为这时的干股,只是挂名的干股,受贿人并不真正享有股份的所有权和公司经营管理权。其所得到的只是以赢利名义给付的红利,故应当以实际得到的分红利益来计算受贿数额。但在此应当注意的是,如果国家工作人员与请托人达成合意收受干股但并未进行股权转让,并且没有以股份分红名义获取利益,然而由于某些意志以外的原因未实际转让股权,应当属于受贿未遂。

如中国光大集团有限公司原董事长朱小华受贿案中,在 1996 年 11 月,华利公司董事会主席兼总经理杨国勋提出请朱小华担任华利公司顾问,朱小华表示同意,后朱小华参加了华利公司股票上市仪式。杨国勋写信给朱小华,提出让光大有限公司参股华利公司,并许诺给予朱小华华利公司认股权的"好处"。朱小华便指令光大金融公司负责人与杨国勋进行商谈,后经朱小华批准,光大金融公司出资港币 4650 万元购买了华利公司 3000 万股股票。1997 年 6 月 23 日,杨国勋按许诺将华利公司 36 万股上市股票(价值人民币848 152.8元)送给朱小华,朱小华将股票交给其妻。同年 8 月初,朱小华的妻子通过杨国勋,将股票按当时市场价兑换成港币 108 万元(折合人民币 1 155 924 元)。朱小华利用职务便利,以股票的名义收受贿赂,属于典型的干股型受贿。

(三) 合作投资型受贿

《意见》第 3 条 [关于以开办公司等合作投资名义收受贿赂问题] 规定:"国家工作人员利用职务上的便利为请托人谋取利益,由请托人出资,'合作'开办公司或者进行其他'合作'投资的,以受贿论处。受贿数额为请托人给国家工作人员的出资额。国家工作人员利用职务上的便利为请托人谋取利益,以合作开办公司或者其他合作投资的名义获取'利润',没有实际出资和参与管理、经营的,以受贿论处。"

所谓"合作投资型受贿",是指国家工作人员利用职务上的便利为请托人谋利,以合作开办公司或者以其他合作投资的名义,收受请托人的"出资"或者所谓"利润"的行为。此类犯罪从表面上看,有关人员参与了经营活动,具有形式合法、方法隐蔽、手段狡猾等特征,定性显得更为复杂,因为给司法实践对行为性质的准确判定带来一定困难,需要认真研究。

国家工作人员利用职务上的便利为请托人谋取利益,以参与合作开办公司或者进行其他合作投资的形式收受请托人财物,可以分为以下五种情况:一是由请托人出资,国家工作人员或者其指定的第三人参与合作投资;二是由请托人垫付资金,国家工作人员"合作投资",事后未归还请托人的垫资,且不实际参与经营而获取经营"利润";三是由请托人垫付资金,国家工作人员"合作投资",事后自己通过正当途径归还了请托人的垫资,且不实际参与经营而获取经营"利润";四是由请托人垫付资金,国家工作人员"合作投资",不实际参与经营而获取经营"利润",并以"利润"归还了请托人的垫资;五是由请托人垫付资金,国家工作人员"合作投资",实际参与经营而获利,事后归还了请托人的垫资的。[1]

对于第一种情况,对于国家工作人员收受请托人以国家工作人员或者其指定的第三人名义的出资,这与直接收受贿赂财物没有本质区别,就是受贿。受贿数额按照国家工作人员或者第三人收受的出资额计算。

对于第二种情况,由于国家工作人员没有管理、技术等经营上的付出,也没有资金上的风险,实际上属于以"合作投资"的名义获取"利润",是假合作真受贿。

对于第三种情况,国家工作人员虽然没有实际参与经营管理,但是应当认定其实际上出了资,而合作投资可以以管理和技术投资,也可以以资金投资,因此,如果国家工作人员所获利润与其投入的资金应得的回报基本成正比的话,应当认为该行为不构成受贿。

对于第四种情况,本书认为,这属于典型的"空手套白狼",如果国家工作人员参与了经营管理的,可以适用上述第三种情况,一般不以受贿处理。但如果国家工作人员既不参与经营管理,又没有投资,而是要求请托人垫付资金,事后以利润冲抵垫款,没有利润或者亏损则不再冲抵,也不需要国家工作人员自己掏钱归还。因此,国家工作人员自始至终都没有实际投资,也未参与经营管理,虽然所获利润或被其全部或者部分冲抵垫款,似乎是归还投资,但实质上属于《意见》第3条第2款规定的"没有实际出资和参与管理、经营"却实际获得"利润"的情形,应当以受贿论处。

对于第五种情况,本书认为,如果对于类似上述第三种情况确实是属于请托人垫付资金,国家工作人员事后通过正当途径已经归还的,就算其没有实际参与经营管理,也不宜认定为受贿,那么,对于第五种情况,由请托人垫付资金,国家工作人员或者其指定的第三人实际参与经营而获利的,更不宜以犯罪论处。

(四)委托理财型受贿

《意见》第4条规定:"国家工作人员利用职务上的便利为请托人谋取利益,以委托请托人投资证券、期货或者其他委托理财的名义,未实际出资而获取'收益',或者虽然实际出资,但获取'收益'明显高于出资应得收益的,以受贿论处。受贿数额,前一情形,以'收益'额计算;后一情形,以'收益'额与出资

---

[1] 陈国庆主编:《新型受贿犯罪的认定与处罚》,法律出版社2007年版,第35页。

应得收益额的差额计算。"

实践中，国家工作人员利用职务上的便利为请托人谋取利益，委托请托人投资证券、期货或者其他委托理财的形式投资理财，主要有四种情况：第一种情况，是国家工作人员未实际出资，以委托请托人投资证券、期货或者其他理财的名义收受请托人的财物的；第二种情况，是国家工作人员虽然实际出资，但是其出资并未被请托人利用于投资理财，却收受请托人以投资理财收益的名义所送的"收益"的；第三种情况，是国家工作人员虽然实际出资，但是其所获"收益"高于实际出资应得收益的；第四种情况，是国家工作人员实际出资，其所获"收益"与实际出资应得收益相当的。上述四种情况中，对于第一种情况构成受贿犯罪的，应当以受贿罪定罪量刑，对于第四种情况，不宜认定为受贿，这两点在理论与实务中的认定都没有难度。

对于第二种情况，本书认为对其的认定处理需要慎重。其一，委托理财操作较为复杂，做法不尽一致，在有实际投资的情况下，不易判断也不易区分钱款出资者是谁；其二，收益回报不是必须要以出资实际被请托人用于投资理财为条件，双方事先约定高回报额虽然不受法律保护，但是这种违规做法在实践中的确存在。考虑到实际情况的复杂性，为避免客观归罪，《意见》对此情形未作规定。

对于第三种情况，既然是委托投资理财，就应当按照市场经济规律办事，虽然实际出资，但获取的"收益"高于出资应得的收益的，理应属于变相受贿，可以以受贿处理。但是在对这种情况的认定的时候，应当清晰地界定什么是《意见》第4条规定的"明显高于"。国家工作人员将自有资金委托给请托人管理，其有权获得的应当仅限于该资金经投资后所产生的收益，而无权获得高于其出资应得的收益部分，在国家工作人员利用职务上的便利为请托人谋取利益的情况下，其本无权获得的那部分收益显然是"权钱交易"中的对价，应当全部计入受贿数额。就此而言，只要国家工作人员委托理财后所获取的"收益"高于其出资应得收益的数额，超过受贿罪法定数额要求，即使不"明显"，也完全有可能构成受贿罪。

然而，根据我国刑法规定，收受贿赂数额达到5000元的即可定罪处罚。在当前的经济活动中，委托理财涉及的数额往往较大，在此基础上上下几个百分点即可能突破5000元。在国家工作人员大额委托理财的案件中，如果简单地将收受超过应得收益5000元的情形全部以受贿罪论处，打击面似乎过宽。为此，《意见》规定国家工作人员在实际出资的情况下，只有所获收益"明显"高于出资应得收益方能构成委托理财型受贿罪。显然，《意见》是将惩治重点集中于国家工作人员实际出资后所获得的收益"明显高于"其应得收益情形，而将那些虽然超过起刑点，但仅是"一般高于"或"略高于"的情形排除在外，体现了我国宽严相济的刑事司法政策，明确了查处大案、要案的司法重点，避免出现打击面过宽的不利后果。同时，《意见》也充分考虑到了委托理财性受贿中所具有的"涉案金额较大、收益认定模糊"这一与传统受贿不同的特点，符合刑法的谦抑性原则。

本书认为，对于"明显高于"，不能简单地以主观标准或者以客观标准来加以认定，而需坚持我国刑法主客观相一致的原则，即只有在国家工作人员获取'收益'高于其出资应得收益达到一定程度，且为其所认识或感觉时，方能认定"明显高于"。国家工作人员主观上虽有认知，但客观上"高于"程度不十分明显，或已经达到"明显高于"程度，但国家工作人员确实未能对此有所认知，均不宜以委托理财型受贿论处。

当然，要求国家工作人员在主观上对"明显高于"有认识，并不意味着其可以一味以自己没有认识而辩解脱罪。在司法认定过程中，办案人员不应简单轻信犯罪嫌疑人的口供，而应根据案件中的主客观情况综合判断。质言之，在国家工作人员所获收益客观上明显高于其应得收益时，可以收益率、请托人的投资方式、资质、投资手段的行情走势、请托人与国家工作人员在理财前的约定、理财中请托人的告知等情况加以佐证。如具有收益率畸高或收益率与投资方式明显不符、国家工作人员明知请托人没有某项特定理财活动的资质而仍委托其理财、请托人在理财中对投资情况有过通报说明等情形，可以认定国家工作人员对"明显高于"具有主观认识。

（五）赌博型受贿

《意见》第5条规定："根据《最高人民法院、最高人民检察院关于办理赌博刑事案件具体应用法律若干问题的解释》第7条规定，国家工作人员利用职务上的便利为请托人谋取利益，通过赌博方式收受请托人财物的，构成受贿。

实践中应注意区分赌赂与赌博活动、娱乐活动的界限。具体认定，应当结合以下因素进行判断：①赌博的背景、场合、时间、次数；②赌资来源；③其他赌博参与者有无事先通谋；④输赢钱物的具体情况和金额大小。"

赌博型受贿是指国家工作人员利用职权为他人谋取利益之后，或者准备利用职权为他人谋取利益，要求、暗示、默许他人利用赌博输钱等方式收受他人贿赂的行为。赌博型受贿犯罪与赌博犯罪的最核心的区别在于是否按照赌博的游戏规则进行。具体而言，从犯罪构成要件看，赌博型受贿犯罪与赌博犯罪有以下区别：其一，犯罪主体不同。赌博型受贿犯罪的主体是特殊主体，即必须是国家工作人员；而赌博犯罪的主体是一般主体，既包括国家工作人员，也包括非国家工作人员。其二，犯罪目的不同。赌博型受贿行为人的犯罪目的是通过赌博的方式收受他人财物，而赌博犯罪中的行为人的目的就是希望按照约定俗成的规则，赢得其他参赌者的钱财。其三，犯罪行为所侵犯的客体不同。赌博型受贿犯罪侵犯的主要客体是国家工作人员职务上的廉洁性，而赌博型受贿犯罪侵犯的客体是社会治安管理秩序和良好的社会风尚。其四，犯罪客观行为表现不同。赌博型受贿犯罪通常表现为国家工作人员利用职务上的便利为请托人谋取利益，通过赌博方式收取请托人财物的行为。

在实践中，国家工作人员利用职务上的便利，为请托人谋取利益后，通过与请托人等人赌博的形式赢取财物的，到底定性为受贿还是赌博，要具体情况具体分析。一般说来，国家工作人员利用赌博活动收受钱物有三种情况：一是收受请托人提供的赌资；二是接受请托人免除赌债或者代付赌债；三是通过与请托人及有关人员赌博的形式赢取钱物。第一种情况属于典型的收受贿赂，"两高"《关于办理赌博刑事案件具体应用法律若干问题的解释》中明确规定该种行为应以受贿定性处理。第二种情况属于变相的收受贿赂，一般来说，受贿犯罪是权钱交易，主要就是现钱现物的交接，但是免除赌债或者代付赌债虽然不属于现钱现物的交接，也属于支付方式上的改变，不影响该行为受贿的定性。第三种情况也属于变相的收受贿赂，虽然表面上，国家工作人员是通过正常的赌博方式赢取其他参赌人员的钱物，但是实际上有与请托人等其他参赌人员的事先约定，这种赌博已经不是真正意义上的偶然定胜负的赌博，而是国家工作人员必赢、请托人等人必输的形式上的赌博，因此，对于这种行为同样认定为受贿。

在对赌博型受贿犯罪的认定过程中，要区分赌博型受贿与一般赌博娱乐活动的界限。本书认为，判断一个行为是一般的赌博娱乐还是以赌博为名的行贿受贿行为，需要司法人员根据常识、常理和常情来予以综合分析、推定。《意见》提出了可资考量的一些主要因素：

第一，是赌博的背景、场合、时间、次数。是赌博型受贿还是一般的赌博娱乐活动，首先，看赌博的背景，即国家工作人员的职务便利与请托人的利益之间有无制约关系，参与赌博者有无一定的利益诉求；其次，国家工作人员参与赌博的场合，是随机的还是精心策划的，是经常性的还是偶尔为之。如果国家工作人员与参赌人员有着利益上的制约关系，参赌又是请托人精心策划安排的，而且是经常性的，则可能存在着以赌博为名的行贿受贿犯罪。

第二，是赌资的来源。国家工作人员参与赌博的赌资是自己出的，还是由请托人出的，是一个需要考量的因素。如果赌资完全由请托人出资的话，国家工作人员就很难说是在正常地参与赌博，其受贿的性质比较明显。

第三，是输赢结果是否被控制，其他赌博参与者有无事先通谋。正常的赌博，输赢具有一定的偶然性，如果参与赌博者串通，在于国家工作人员赌博的过程中，输赢在他们的控制之中，只输不赢，故意输钱给国家工作人员，变偶然性为必然性，就不能再称之为赌博了，行贿受贿的性质比较明显。

第四，是输赢钱物的数额。一般的赌博娱乐活动，其输赢的款项不会太多，一次输赢数万元甚至数十万元，已经不是一般的娱乐性的活动，除非是好赌者的豪赌，否则行贿受贿的性质比较明显。

应当强调的是，以上只是认定赌博型受贿的若干因素，具体认定时，应紧紧围绕着"权钱交易"这一受贿罪的本质特征，不能抓住一点、不及其余。

（六）特定关系人受贿

1. 特定关系人的界定。《意见》首次以司法解释的形式，明确将特定关系人参与受贿的行为纳入受贿犯罪范畴。《意见》关于特定关系人参与受贿体现在以下两条：一是关于特定关系人"挂名"领取薪酬的问题。国家工作人员利用职务上的便利为请托人谋取利益，要求或者接受请托人以给特定关系人安排工作为名，使特定关系人不实际工作却获取所谓薪酬的，以受贿论处。二是关于由特定关系人收受贿赂问题。国家工作人员利用职务上的便利为请托人谋取利益，授意请托人以本意见所列形式，将有关财物给予特定关系人的，以受贿论处。

特定关系人与国家工作人员通谋，共同实施前款行为的，对特定关系人以受贿罪的共犯论处。特定关系人以外的其他人与国家工作人员通谋，由国家工作人员利用职务上的便利为请托人谋取利益，收受请托人财物后双方共同占有的，以受贿罪的共犯论处。

本书认为要对以上两款特定关系人参与的受贿犯罪行为有正确的理解和认定，必须先明确特定关系人的范围。《意见》第 11 条规定，本意见所称"特定关系人"，是指与国家工作人员有近亲属、情妇（夫）以及其他共同利益关系的人。根据我国民法规定，近亲属指父母、配偶、子女、兄弟姐妹、祖父母、外祖父母，这一点当无异议。所谓情妇（夫）一般指行为人的配偶以外，长期保持有不正当性关系的人。此处需要注意的是，"利益关系"不能跟"财产关系"画等号，"共同利益关系"当属受贿罪中"特定关系人"群体的本质特征，"两高"《意见》就特定关系人的概念作了专门界定：与国家工作人员有近亲属、情妇（夫）以及其他共同利益关系的人。显然，从语言逻辑的角度看，国家工作人员的近亲属、情妇（夫）与其他共同利益关系人应当是一种特殊与一般的关系，前者是后者的具体表现形式，而"共同利益关系"则应当是受贿罪中"特定关系人"共同具有的特征，可谓其本质特点。如此看来，如何界定"共同利益关系"就直接影响到受贿罪中共犯的范围大小，涉及罪与非罪的界限问题。把握"其他共同利益关系人"，应注意两点：一是共同利益关系主要指经济利益关系，纯粹的同学、同事、战友、同乡、朋友关系应排除在外。合伙人、共同投资人、经常联手的赌友以及已经形成默契的介绍贿赂人均可认定为具有共同利益关系。二是共同利益关系不限于共同财产关系。

2. 特定关系人挂名领薪型受贿。《意见》第 6 条规定："国家工作人员利用职务上的便利为请托人谋取利益，要求或者接受请托人以给特定关系人安排工作为名，是特定关系人不实际工作却获取所谓薪酬的，以受贿论处。"

国家工作人员利用职务便利为请托人谋取利益，要求或者接受他人给特定关系人安排工作，主要有三种情况：一是特定关系人不实际工作，"挂名"领取薪酬的；二是特定关系人虽然参与工作，但领取的薪酬明显高于该职位正常薪酬水平的；三是特定关系人是正常地工作和领取薪酬的。由于接受工作获取薪酬与直接接受财物有区别，能否定位受贿，应区分情况定性处理：对于第一种情况，所谓的"安排工作"只是个虚名，实质上是以此为借口收受请托人给付的"薪酬"，应当认定为国家工作人员受贿。对于第三种情况，则不宜认定为受贿，尽管国家工作人员有利用职务便利为请托人谋取便利是该工作的前提条件，请托人为特定关系人安排工作，绝大多数不是因为该单位需要或者特定关系人的能力和条件符合所安排的工作，主要是出于回报国家工作人员的目的，但是由于工作毕竟不是直接地给财物，在特定关系人实际从事所安排的工作的情况下，其应该获得相应的报酬。换言之，这种情况下，该特定关系人获得的工作机会是通过不正当的方式得来的，但其因为实际工作而获得的薪酬却不能说是不正当的。这种不正当的工作机会不能视为刑法中的财物以及非财产性物质利益，因此不能认定为受贿。对于第二种情况，认识上存在分歧，需要慎重处理。在实践中，实际领取的薪酬明显高于正常薪酬的情况的确存在，在理论上来说，将高于正常薪酬的部分视为受贿所得是没有问题的，而且《意见》第1条与第4条也有类似的情况，但是《意见》在此处只规定了"未实际工作却取得薪酬"的情形，并没有规定第二种情况，所以在实务中，对该种情况的处理还需慎重，一般来说，除非证据非常确凿地证明国家工作人员利用职务上的便利为请托人谋利后，要求或者接受请托人给特定关系人安排工作，特定关系人虽然参与工作，但领取的薪酬明显高于该职位的正常薪酬水平，属于变相的行贿受贿，否则不宜轻易定罪处罚。

如国家食品药品监督管理局原局长郑筱萸受贿案中，1999年中国双鸽集团有限公司董事长李仙玉将双鸽集团下属的生产一次性使用无菌注射器和输液器的企业由浙江黄岩搬到上海，这样就需要到国家药监局重新办理生产注射器和输液器的医疗器械注册证。李仙玉为能尽快取得注册证并开始生产，想让郑筱萸提供帮助。在得知郑的妻子是药学的高级工程师已经退休的消息后，就想到：如果请郑筱萸的妻子做顾问，在新药开发方面可以咨询她，而且她是郑筱萸的夫人，作为生产药品的企业还可以得到郑筱萸的关照和帮助。于是就聘请郑的妻子做了公司的顾问，并发了聘书，月薪2000元，每年2.4万元，共计支付郑的妻子顾问费18.2万元。后此笔费用以受贿罪认定。[1]

3. 特定关系人收受型受贿。《意见》第7条规定："国家工作人员利用职务上的便利为请托人谋取利益，授意请托人以本意见所列形式，将有关财物给予特定

---

[1] 熊选国主编：《刑事审判参考》（2007年第6集·总第59集），法律出版社2008年版，第140页。

关系人的,以受贿论处。特定关系人与国家工作人员通谋,共同实施前款行为的,对特定关系人以受贿罪的共犯论处。特定关系人以外的其他人与国家工作人员通谋,由国家工作人员利用职务上的便利为请托人谋取利益,收受请托人财物后双方共同占有的,以受贿罪的共犯论处。"

所谓特定关系人收受型受贿,是指国家工作人员利用职务上的便利为请托人谋取利益,授意请托人以交易、合作投资、委托理财、赌博、挂名领薪等形式,将有关财物给予特定关系人的行为。根据《意见》的规定,特定关系人收受型受贿中的"特定关系人"主要指的是与国家工作人员有近亲属、情妇(夫)以及其他共同利益关系的人。由于近亲属与国家工作人员共同受贿在上文已有详细论述,此处不赘,在此仅就情妇(夫)以及其他共同利益关系的人与国家工作人员共同受贿的问题进行分析。

例如公安部原副部长李纪周受贿案中,在 1994 年 11 月时任公安部部长助理的李纪周帮助香港基杰公司董事长梁耀华注册成立了新英豪公司,挂靠公安部下属的中国道路交通安全协会。同月中旬,梁耀华为新英豪公司设立保税仓准备到北京找李纪周帮忙,让拟到新英豪公司任职的李纪周的情妇李莎娜及汤松新等人同行。汤松新与李莎娜商议,要向梁耀华要钱,用于李莎娜到香港购房。同月 21 日,梁耀华、李莎娜、汤松新等人到北京,李纪周当晚到北京王府饭店 1018 房间看望李莎娜。汤松新、李莎娜对李纪周讲,梁耀华要给李莎娜 300 万元港币。李纪周提出:"梁耀华这个人在广州的口碑不好,要小心"。后汤松新将梁耀华叫到 1018 房间。当提起 300 万元港币一事时,李纪周对梁耀华说:"莎娜不能白要,你也不能白给,等公司赚了钱再还你。"梁耀华当时表示:"不必了。"1995 年 8 月,李莎娜从梁耀华处取得 300 万元港币,购买了香港九龙德福花园 K 座 216 室房产 1 套。

1995 年 1 月至 1996 年 3 月间,运载新英豪公司汽车和汽车配件的"粤海 333 号"、"粤海 335 号"、"英豪 1 号"货船和货运汽车因涉嫌走私,分别被广东省深圳市公安局蛇口分局和广州市公安局黄埔分局查扣。被告人李纪周听信新英豪公司人员所谓公安机关违规查扣的说法,出面找深圳市公安局局长何景涣、副局长孙彪、黄埔公安分局局长陈沛林等人,要求将查扣的货船和货运汽车放行或将货物发还。在李纪周的多次干预下,上述车船和货物被放行或发还。其中已查实的涉嫌走私货物的总价值计人民币 3399 万余元,应缴税款 2173 万余元。据此,北京市人民检察院第一分院指控被告人李纪周与李莎娜共同收受梁耀华贿赂共计人民币 321.5 万元,构成受贿罪。北京市第一中级人民法院审理后认为:虽然李纪周在客观上对李莎娜取得 300 万元港币起了一定作用,但是,由于存在着汤松新、李莎娜事先商议向梁耀华要 300 万元港币,又告诉李纪周梁耀华要给李莎娜 300 万元港币的情节,并且李纪周与李莎娜之间没有财产共有关系,300 万元港币是由李莎娜个人占有使用,因此,认定李纪周有与李莎娜共同收受300万元港币的故意证据不足。故认定李纪周的行为构成受贿罪缺乏法定要件,起诉书指控李纪周此项受贿犯罪不能成立。

法院的这一判决收到了诸多质疑。公诉机关认为,本案中,被告人李纪周明知梁耀华看中的是他手中的权力,为了情人在香港买房,而将手中的权力同走私分子的金钱进行交易,完全符合受贿罪的本质特征,应当构成共同受贿。

《意见》规定,"特定关系人与国家工作人员通谋,共同实施前款行为的,对特定关系人以受贿罪的共犯论处。""通谋"的原意是"共同策划"之意。刑法理论根据共同犯罪故意形成的时间,将共同犯罪分为有通谋的共同犯罪和无通谋的共同犯罪。由此,《意见》应该是指特定关系人在接受请托人提供的财物之前与国家工作人员共同谋划,双方都具有利用国家工作人员的职务便利为请托人谋取利益并索要或者收受请托人财物的故意,即明知特定关系人接受请托人提供的财物,也明知该财物是国家工作人员利用职务便利为请托人谋取利益的代价,如此才能对特定关系人以受贿罪的共犯论处。如果与国家工作人员有特殊关系的人,仅仅是应国家工作人员的要求接受贿赂,事先并没有形成共同受贿的故意,也没有具体参与受贿行为的实施,其接受贿赂的行为不能作为受贿罪的共犯论处。

实务中,国家工作人员与情妇(夫)以及其他共同利益关系的人收受请托人财物的表现形式多样,对能否构成受贿的共犯应当区别对待。

第一,如果国家工作人员主动向他人索要财物给情妇(夫)或其他共同利益关系人,情妇(夫)或其他共同利益关系人即使明知该财物是国家工作人员受贿所得,但是没有参与国家工作人员的收受或者索取贿赂行为,其获得财物的行为,仅仅是国家工作人员对赃物处理后的结果,对该国家工作人员应该以受贿罪追究刑事责任,对其情妇(夫)或其他共同利益关系人则不构成受贿共犯。

第二,如果国家工作人员与情妇(夫)或其他共同利益关系人通谋,为行贿人转达请托事项,帮助国家工作人员为请托人谋利益,分享或共享所获得的贿赂,则国家工作人员与情妇(夫)或其他共同利益关系人应构成受贿罪的共同犯罪。

例如全国人大常委会原副委员长成克杰受贿案中,1993年底,成克杰与香港商人李平商议各自离婚后结婚。为此,时任成克杰秘书的周宁邦向李平建议,利用成克杰在位的有利条件,二人先赚钱后结婚,为以后共同生活打好物质基础。李平将周宁邦的建议转告成克杰后,成克杰表示同意,并与李平商定,由李平联系请托人,由成克杰利用其职务便利,为请托人谋取利益,二人收受钱财,存放境外,以备婚后使用。此后,自1994年初至1998年初,李平在得知有"好处费"后,将有关请托事项告诉成克杰,由成克杰利用当时担任中共广西壮族自治区委员会副书记、广西壮族自治区人民政府主席的职务便利,先后为广西银兴公司、桂信公司、铁道部隧道工程局谋取承包工程项目，帮助贷款以及为甘某晋升职务等。事后，李平与成克杰共同从中收取贿赂财物合计人民币4104万余元。李平除支付帮助其转款、提款的香港商人张某人民币1150万元外，其余部分都按约定，存放境外银行。北京市第一中级人民法院2000年8月9日作出一审判决，认定李平犯受贿罪，判处无期徒刑，剥夺政治权利终身，并处没收个人财产港币2688万余元。

上例中，李平与成克杰存在"特殊关系"，李平利用这种特殊关系，在成克杰利用职务便利为他人谋取利益后，收受贿赂，成克杰不仅知晓李平收受财物的情况，而且约定以后共同使用，因此完全符合共同受贿罪的条件。

第三，国家工作人员利用职务上的便利为请托人谋取利益，但是国家工作人员没有授意而是请托人主动将财物交与国家工作人员的情妇（夫）以及其他共同利益关系的人，在国家工作人员知晓的情况下，国家工作人员应构成受贿罪。国家工作人员的情妇（夫）以及其他共同利益关系的人不仅收受请托人的财物，而且参与国家工作人员受贿行为的实施的，应作为受贿共犯认定。

三、其他特殊情形研究

严格地说《意见》第8、9条不是对新型的受贿案件的规定，而是某些受贿案件出现的特殊的情形的处理意见，本章为了说明上的完整性，将这些特殊的情形归在本节之下进行讨论。

（一）收受贿赂物品未办理权属变更的情形

《意见》第8条规定，国家工作人员利用职务上的便利为请托人谋取利益，收受请托人的房屋、汽车等物品，未变更权属登记或者借用他人名义办理权属变更登记的，不影响受贿的认定。

认定以房屋、汽车等物品为对象的受贿，应注意与借用的区分。具体认定时，除双方交代或者书面协议之外，主要应当结合以下因素进行判断：①有无借用的合理事由；②是否实际使用；③借用时间的长短；④有无归还的条件；⑤有无归还的意思表示及行为。

所谓权属登记未变型受贿，是指国家工作人员利用职务上的便利为请托人谋取利益，收受请托人房屋、汽车等物品，但未变更权属登记或者借用他人名义办理权属变更登记的受贿行为。权属登记未变型受贿，是近些年来出现的一种新型受贿犯罪。由于此类犯罪所涉及的物品没有办理相应的所有权变更手续，使得无法在法律上直接认定国家工作人员是否收受了请托人的财物，从而导致了一系列问题。

1. 收受贿赂物品未办理权属变更的能否作为犯罪处理。国家工作人员接受并控制请托人提供的房屋、汽车等财物后，没有办理房屋、机动车辆等权属登记的案件，通常有以下特点：其一，行为人已经对房屋、汽车形成了实际控制。如房屋已经实际居住，汽车已使用了一段时间。其二，具备办理权属变更的条件，可以办理权属变更。其三，没有办理权属变更，既可能是因客观原因未来得及办理，也可能是国家工作人员主观上有意为之。其四，一旦案发，行为人往往以借用为由等作无罪辩解，有时还出示借用协议作证。

没有办理权属登记的物品，能否作为受贿犯罪中的非法所得？或者说能否对其认定国家工作人员非法收受、占有房屋车辆的故意？这在理论上有分歧。

首先，使用权能否作为受贿的对象，本身有一定的争议。否定的观点认为，刑法规定受贿犯罪的财物所有权必须转移，将贿赂扩大到财物的使用权没有依据，因此没有转移所有权的意思表示和行为，不能认定为受贿。但是住房的使用权难以计价，然而却也很难否认岂不属于财产性利益。事实上，这些利益虽不直接表现为财物，但是它必定与一定财物所有权的权能相联系。住房权虽然难以计价，但使用权是所有权的权能，应属于财产性的利益。当然，既然接受的是使用权，在计算受贿数额时，以住房的实际价格或者购房价格计赃恐不尽合理，可以考虑以相同类型房屋平均年出租价格乘以使用年限计赃。

其次，实践中，有些国家工作人员事实上拥有占有权后，故意不办理产权权属变更手续，这实际上是行为人规避法律的一种手段。因为某些紧急情况，国家工作人员偶尔使用请托人的汽车等财物，并且能及时归还，尚属情理之中，如果国家工作人员利用职务便利以借为名长期占有请托人提供的住房、汽车，形式上是"借用"关系，住房、汽车并没有过户登记到国家工作人员名下，所有的费用还是由"出借人"支付，"借用人"可以无期限使用。一旦查处，也可以以"借用"为名辩解。这可能比直接收受一辆汽车后办理权属登记的受贿价值更大，对受贿者更有意义，是借用掩盖下的占有，只是形式更加隐蔽。对此，应根据占有的时间、"借用"的理由以及没有办理权属变更的原因，做全面分析。

最后，刑法上非法占有的认定标准与物权法上的合法所有的认定标准不完全一样，非法占有目的的实现并不以得到法律上的确认为条件，是否在法律上取得对房屋、汽车的所有权，并不能对事实上占有房屋、汽车的认定形成阻却。只要双方有明确的送、受的意思表示，受贿双方实际占有房屋、汽车即可认定为受贿。

例如北京市海淀区原副区长许树迎受贿案中，许树迎利用担任北京市海淀区人民政府副区长，分管城市建设，主管建委、规划局、土地局、房地局、市政管委会等单位的职务便利，在北京泰岳房地产开发有限责任公司小南庄项目转办手续中提供帮助，收受该公司法定代表人刘军（另案处理）给予的小南庄怡秀园4号楼403室住房一套，价值人民币934 667元。海淀区太阳园15号楼504室住房一套，价值人民币1 306 629元。该房由许的儿子居住，并约定未退休后再办理手续。虽然该房没有签署购房合同，也没有办理房产手续，但是并不影响受贿罪的成立。

2. 权属登记未变型受贿既、未遂的认定。《意见》在对收受贿赂物品未办理权属变更登记的行为认定构成犯罪的情况下，对此种情况是既遂还是未遂没有作出规定。理论界对此存在着争议。主张未遂的论者认为，对于属于国家依法实行特别管理的财物，必须以是否履行法定转移手续作为衡量受贿罪既遂与未遂的标准。有论者更主张，收受型受贿罪的取得贿赂，取得不等于占有，应该是所有权的转移，因此，对于一般物品，交付就视为取得，但是对于不动产和汽车等按照法律必须登记才能发生效力的，如果没有办理登记手续，应以受贿罪的未遂论处，但在处罚上也可以不比照既遂犯从轻或减轻处罚。主张既遂的论者则认为，即使属于国家依法实行特别管理的财物，只要行贿人将其交由受贿人实际控制，就应当认定为既遂，是否办理法定手续转归受贿人名下，不影响受贿罪既遂的认定。理由是，刑法意义上的收受他人财物与民法意义上的所有权的转移是两个不同的概念，不能完全以民法意义上的所有权的转移来界定刑法意义上的收受他人财物的行为性质。

基于之前对收受贿赂未办理权属登记的情况的定性分析，本书认为，对于权属登记未变型受贿，虽未办理变更登记，但已实际控制相应财物，这不能直接成为受贿人犯罪未遂的理由。因为毕竟刑法侧重于客观事实的判断，而不像民法那样注重法律关系的确认。从客体侵害的角度，受贿人对他人的财产无论是否办理法定过户手续，只要实际收受达到客观占有，就已经可以排他地享受到贿赂利益，其对贿赂的收受在刑法意义上就已完成。再者，现实生活中经常出现受贿人为逃避法律制裁，而故意不办理权属变更登记的情况。如果这时再规定不办理变更登记就成立犯罪未遂的话，无疑将留下制度上的漏洞，有放纵犯罪之嫌。

但要需要注意的是，以上的分析和主张，适用于行、受贿双方本来就没打算办理物品的变更登记，或者实际控制了物品后，再办理变更登记的情况。可如果请托人允诺给予国家工作人员房屋或者汽车等物品，但没有实际交付，而是约定由请托人先办理权属变更登记后再交付，在权属变更手续尚未完成、财物尚未交付的情况下案发，由于国家工作人员没有实际控制该财物，应作为受贿未遂处理。

（二）关于收受财物后退还或者上交的情形

《意见》第9条规定："国家工作人员收受请托人财物后及时退还或者上交的，不是受贿。国家工作人员受贿后，因自身或者与其受贿有关联的人、事被查出，为掩饰犯罪而退还或者上交的，不影响认定其受贿罪。"

《意见》第9条规定的是先收后还型受贿犯罪。实践中，国家工作人员收受请托人财物后，在案发前退还或上交所收财物的情况较为复杂，主要有三种情况：第一种是国家工作人员并无收受财物的故意，行贿人送财物时确系无法推辞而收下或者系他人代收，事后立即设法退还或者上交的；第二种是收受财物后未立即退还或者上交，但在案发前自动退还或者如实说明情况上交的；第三种是收受财物后，因自身或与其受贿有关联的人被查处，为掩饰犯罪而退还或者上交的。第一种情况说明行为人主观上没有受贿故意，因此不能以受贿论处；第三种情况说明其主观上并无悔罪意思，而是为了规避法律交出财物，从法律上讲受贿犯罪已经实施完毕，符合受贿罪的构成要件，应当以受贿罪定罪处罚；但是对于第二种情况则存在较大认识分歧。《意见》第9条的规定似乎界定了上述第二种情况的性质，但是，司法实践中对于这一规定的理解仍然存在分歧。

一种意见认为，从刑事政策考虑，案发前自动退还或者如实说明情况上交的，一般都可不以受贿罪处理，这有利于区别对待一部分想悔改的国家工作人员。但其为他人谋取利益，致使公共财产、国家和人民利益遭受重大损失的除外，如果其行为构成滥用职权等其他犯罪的，依照刑法的相关规定定罪处罚。另一种意见认为，刑法规定"情节显著轻微危害不大的，不认为是犯罪"，但"案发前自动退还或者如实说明情况上交"是否都能认定为"情节显著轻微，不认为是犯罪"，是否符合刑法的规定，需要进一步研究。实践中存在的国家工作人员收受财物后未及时退还或上交的情况，如出差或者是由别人擅自代收等，只要该国家工作人员一有条件便立即退还或者上交的，与第一种立即退还或上交的情况一样，同样说明其主观上并没有受贿的故意，不属于受贿，尽管此时距离请托人送财物，已过去了一段时间。考虑到实践情况的复杂性和宽严相济刑事政策的需要，《意见》没有规定"立即退还或上交的，不是受贿"，而是规定"及时退还或上交的，不是受贿"。也就是说，《意见》不去刻意强调"立即"性，而是强调主客观相一致的"及时"性，是具有特殊意义的。只有行为人主观上没有受贿的故意，确实具有退还或者上交之意思，客观上其退还、上交行为表现又是积极、主动的，且时间上做到不拖延，才"不是受贿"。否则，即使是在案发前退还或上交财物的，也只是对赃物的处置问题，不影响受贿罪的认定。主观上是否具有受贿的故意性，要以客观行为的主动性和及时性来体现和证明，这才是《意见》的应有之意。

但是《意见》中对"及时"一词的概念规定比较模糊。如何认定，在实践中存在争议。有意见认为应明确规定一个时间界限，如可借鉴挪用公款罪的规定，明确规定收受财物后在3个月内退还的，可认定为及时退还。但也有观点认为，"及时"不应该限定具体的时间长短，只要在合理的时间段内，且能够反映出国家工作人员主观上无受贿的故意，就应当认定为属于"及时退还或者上交"。本书认为，"及时退还或者上交"应从以下方面来判断：

首先，行为人主观上在被动收受财物后没有形成受贿的故意，收到财物后确实有退还或者上交的意思。许多案件中行为人都有过形式上的初期"拒收"最终"收受"的情况，有时只是简单地客套几句即收受财物，此即典型的"假拒绝"、"下不为例"型的"真收受"，受贿的故意比较明确；有时是确实不想收而难以推拒，只好违心地收受，事后想办法退还或者上交，此种情况下，事后的及时退还或者上交，往往具有及时性且不难考察和证实；有的是"半推半就"，虽然有"半推"的形式，但最终还是"就"了，此种情况下，如果事后退还或者上交，则退还或者上交的"及时"性就变得极为重要。本书认为，某些情况下，行为人基于刑罚威慑、不信任行贿人或其他方面的原因，明确拒绝收受请托人财物，并有证据证明这种意思表示是真实的和一贯的，而不是假推真就的"假拒绝、真收受"的情形，其主观受贿的罪过，就应根据是否具有及时退还的事后行为等因素来加以判断。实践中，可以通过行为人的供述和辩解、请托人、行为人家属或朋友的证言以及事后及时退还等证据材料来全面证明。

其次，从客观行为方面上看，国家工作人员有退还或者上交财物的积极性、主动性、及时性。如：国家工作人员被动接受财物后，知情后立即表示要退还，也有退还行动如多次打电话要求退还，但因为客观原因还未来得及退还就案发的。这种情况下国家工作人员接受财物完全是被动的，其积极退款的行为说明主观上没有收受贿赂的故意，不应上升到刑事案件。

最后，应以认识到所送财物具有贿赂性质为前提，财物的价值并不是国家工作人员所必须认识到的。如有的请托人在送的礼品中夹杂其他贵重物品，国家工作人员对此没有意识到，只要其在知情后及时退还或者上交就不应认定为受贿。这也是"及时退还或上交"应有之义。

（三）关于在离职后收受财物受贿数额的认定

《意见》第10条规定："国家工作人员利用职务上的便利为请托人谋取利益之前或者之后，约定在其离职后收受请托人财物，并在离职后收受的，以受贿论处。国家工作人员利用职务上的便利为请托人谋取利益，离职前后连续收受请托人财物的，离职前后收受部分均应计入受贿数额。"

关于职后受贿的问题见本章上文论述，这里仅讨论职后受贿时数额的认定问题，也即第10条第2款的规定。根据《意见》规定：离职前后连续收受请托人财物的，离职前后收受部分均应计入受贿数额。本书认为，《意见》是将离职后的部分推定为"事先约定"。对于离职前后连续收受请托人财物的，不以离职前有约定为前提，即没有约定在其离职后收受请托人财物的，只要有证据证明是连续收受的，就属于该情形，对离职前后收受部分均应计入受贿数额。

附　录　"为他人谋取利益"要件各种学说比照简图

（⇩行为流程图，自上而下）

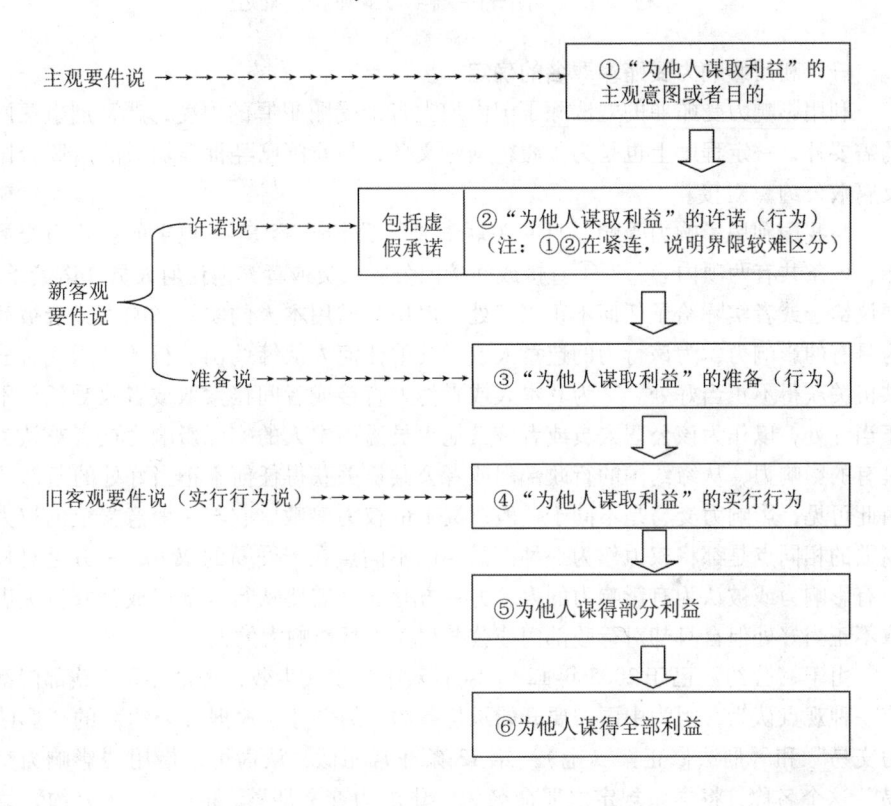

```
主观要件说 →→→→→→→→→→→→→  ┌─────────────────────────┐
                              │①"为他人谋取利益"的      │
                              │  主观意图或者目的        │
                              └─────────────────────────┘
                                         ⇩
              ┌─许诺说→→→→→  ┌────────┐┌─────────────────────────┐
              │              │包括虚  ││②"为他人谋取利益"的许诺（行为）│
              │              │假承诺  ││（注：①②在紧连，说明界限较难区分）│
  新客观      │              └────────┘└─────────────────────────┘
  要件说      │                       ⇩
              │                ┌─────────────────────────┐
              └─准备说→→→→→   │③"为他人谋取利益"的准备（行为）│
                               └─────────────────────────┘
                                         ⇩
                               ┌─────────────────────────┐
旧客观要件说（实行行为说）→→→  │④"为他人谋取利益"的实行行为  │
                               └─────────────────────────┘
                                         ⇩
                               ┌─────────────────────────┐
                               │⑤为他人谋得部分利益        │
                               └─────────────────────────┘
                                         ⇩
                               ┌─────────────────────────┐
                               │⑥为他人谋得全部利益        │
                               └─────────────────────────┘
```

第四章　利用影响力受贿罪

第一节　利用影响力受贿罪概述

一、利用影响力受贿罪罪名的确定

利用影响力受贿罪的立法除了国内加大打击受贿犯罪的力度，严密刑事法网的需要外，一定程度上也是为了履行国际义务，与我国已经批准加入的《联合国反腐败公约》对接。

与我国利用影响力受贿罪具有关联的是《公约》第18条规定的影响力交易罪，该条共有两项内容："①直接或间接向公职人员或者其他任何人员许诺给予、提议给予或者实际给予任何不正当好处，以使其滥用本人的实际影响力或者被认为具有的影响力，为该行为的造意人或者其他任何人从缔约国的行政部门或者公共机关获得不正当好处。②为其本人或者他人直接或者间接索取或者收受任何不正当好处，以作为该公职人员或者该其他人员滥用本人的实际影响力或者被认为具有的影响力，从缔约国的行政部门或者公共机关获得任何不正当好处的条件。"由此可见，影响力交易是不同于一般意义上的权力腐败。它与一般意义上的权力腐败的相同点是都将权力作为一种商品。而不同点在于交易的双方，一方是对权力有影响力或被认为有影响力的人，另一方是那些需要从行政部门或公共机关谋取不正当好处但自身却对行政部门或公共机关不具影响力的人。

由于《公约》已于2005年12月14日对中国正式生效，理论界和实践部门都有一种观点认为，因为中国需要开始承担条约中的义务，根据《公约》的"影响力交易"和《刑法修正案（七）》第13条非常相似，认为可以借用"影响力交易"这个名称，将本条规定之罪命名为"影响力交易罪"。事实上，《公约》第18条的英文标题为"Trading in influence"，在《公约》的中文版中将其翻译为"影响力交易"，而《公约》第18条第一部分是在规定行贿犯罪性质的影响力交易行为，相较我国目前行贿罪的规定要宽泛；《公约》第18条第二部分规定的是受贿性质的影响力交易行为，是广义的受贿类犯罪，不仅犯罪主体由国家工作人员扩展到一般主体，受贿的范围也由财物扩大到"不正当好处"。由此可见，《公约》规定的"影响力交易"的内容涵盖是非常广泛的，而《刑法修正案（七）》第13条的规定只是其规定的一小部分内容，对该条选择"影响力交易罪"罪名，显然是以偏概全，容易在认识上造成混淆，也不利于今后《公约》在我国的转化适用。同时，应当认识到，"影响力交易"只是《公约》内容的一个概括，而不是一个法定的罪名，具有可参照性。[1]

本书主张"利用影响力受贿罪"的命名。该罪名准确体现了本罪罪状所描述的本质特征。在本罪中，行为人的利用行为具有双重性，即先利用了国家工作人员或者自己（即离职的国家工作人员）对其他国家工作人员的影响，进而又利用了其他国家工作人员的职权行为，能够说明职务行为的不可收买性这一法益受到了侵犯。

二、增设利用影响力受贿罪的意义

《刑法修正案（七）》设立利用影响力受贿罪具有重要意义，主要体现在以下两个方面：

1. 从国内来看，严密了刑事法网，符合时代需要。该罪有效地应对受贿犯罪的新动向，在以法惩腐方面弥补了法律漏洞，比之前更为有效地解决司法实践中打击腐败的疑难问题。在《刑法修正案（七）》颁布之前，对于社会中已经存在的大量的国家工作人员关系密切的人，比如其近亲属、情妇等人与国家工作人员联手大肆收受财物的腐败行为，法律往往是乏力的。由于受贿罪的犯罪主体只能是国家工作人员，与国家工作人员关系密切的人只能以受贿罪的共犯论处，而事实上上述共犯互相推卸责任，再加之共犯关系的认定，无疑在取证方面给检察机关添加了困难，结果往往是国家工作人员由于检察机关举证责任的问题最终不会被追究受贿罪的刑事责任，而与其关系密切的人则由于不成立受贿罪的共犯也无法被追究刑事责任。最终导致此种人在社会上有恃无恐，成为国家人民利益的一个大蛀虫，在刑法立法上造成了不必要的漏洞。利用影响力受贿罪正是在这种背景下出台的，箭头直指与国家工作人员关系密切的人员，严密了刑事法网，威慑了国家工作人员关系密切的人员。

2. 从国际社会方面来看，将"关系人"纳入受贿犯罪规制的范围，也是与国际公约的规定接轨的要求。我国作为《公约》的缔约国，理应遵守《公约》的规定，承担缔约国的国际义务，不断完善受贿类犯罪的体系，加大对贿赂犯罪的打击力度。《刑法修正案（七）》把受贿犯罪的犯罪由国家工作人员扩展到国家工作人员及其近亲属、其他与国家工作人员关系密切的人、离职的国家工作人员及其近亲属或者其他与其关系密切的人，正是呼应了《公约》的要求，顺应了当前国家和国际反腐的新趋势。当然，相对于《公约》第18条所规定的第二种行为的主体既包括公职人员，也包括"其他任何人员"，我国的刑事立法与《公约》的要求还存在这一定的距离。

---

[1] 于志刚："中国刑法中贿赂犯罪罪名体系的调整——以《刑法修正案（七）》颁行为背景的思索"，载《西南民族大学学报（人文社科报）》2009年第7期。

第二节　利用影响力受贿罪的主体要件

根据《刑法修正案（七）》第 13 条，本罪的行为主体包括三类：其一，国家工作人员的近亲属或者其他与国家工作人员关系密切的人；其二，离职的国家工作人员；其三，离职的国家工作人员的近亲属或者其他与离职的国家工作人员关系密切的人。因而，这三类主体的认定及其范围成为认定利用影响力受贿罪的重要方面，认定中涉及以下三个核心概念："近亲属"、"关系密切的人"、"离职的国家工作人员"。

一、国家工作人员的近亲属的范围

国家工作人员近亲属的认定取决于两个方面，一是国家工作人员的认定，二是及亲属范围的认定。有关国家工作人员的认定同受贿罪主体的认定，此处不赘，在这里主要探讨"近亲属"的认定与范围。"近亲属"的概念是在民事、刑事和行政法律领域都出现的概念，但是在不同的部门法领域"近亲属"的内涵与外延是存在差别的。其中在行政法领域中，近亲属的概念最为广泛，根据最高人民法院《关于执行〈中华人民共和国行政诉讼法〉若干问题的解释》第 11 条第 1 款之规定，近亲属包括和配偶、父母、子女、兄弟姐妹、祖父母、外祖父母、孙子女、外孙子女其他具有抚养、赡养关系的亲属。在民事法律部门，最高人民法院《关于贯彻执行〈中华人民共和国民法通则〉若干问题的意见（试行）》第 82 条第 6 项规定近亲属概念，包括配偶、父母、子女、兄弟姐妹、祖父母、外祖父母、孙子女、外孙子女。在《刑事诉讼法》中也规定了近亲属的概念，相比较前两个司法解释，《刑事诉讼法》中的近亲属范围最为狭小，根据《刑事诉讼法》第 82 条第 6 项之规定，近亲属是指夫、妻、父、母、子、女、同胞兄弟姐妹。

面对三个不同部门法领域的不同规定，利用影响力受贿罪中的近亲属的范围究竟依据哪种规定，理论上也存在着争议。有学者认为，从受贿犯罪近亲属与民事意义上的近亲属包含诸多经济利益关系的特性而存在类似性，因此应当将利用影响力受贿罪中的近亲属范围保持与民事意义上的近亲属的范围一致性。本书并不赞同这种观点。作为不同的部门法，调整的社会关系和调整方式存在很大的不同，概念的不同反映了不同法律部门的特征。因此，如果仅仅因为可能存在的立法漏洞而在不同的法律部门之间进行概念的挪用，并不合理。这样做一方面忽视了本部门法律的完善，而过度依赖作为整体的法律体系；另一方面这样的挪用法律概念过于轻率，可能造成法律概念的混乱，最终伤害法律的权威性。基于上述分析，本书认为应当采用《刑事诉讼法》中的近亲属的概念。

二、其他与国家工作人员关系密切的人的范围

在《刑法修正案（七）》中首次出现了"其他关系密切的人"，这是在法律

条文中做一个兜底性的规定。目前并没有司法解释或其他法律文件规定"其他关系密切的人"的具体所指。在理解何为"其他关系密切的人"，首先需要区别一个与之相关的概念"特定关系人"。2007年7月8日最高人民法院、最高人民检察院出台《关于办理受贿刑事案件适用法律若干问题的意见》，曾对"特定关系人"有过准确的定义，即与国家工作人员有近亲属、情妇（夫）以及其他共同利益关系的人。从这一规定可以看出，"特定关系人"强调共同的利益关系，实践中通常表现为有经济利益或是共同财产关系。而从"其他关系密切的人"的用语中可以看出强调的是相互间的密切关系。很显然，共同的利益关系和相互间的密切关系这两个概念是不能够等同的，而是前者包涵后者的关系，也就是说密切关系比共同的利益关系更广泛。从实践中看，能够利用国家工作人员或离职国家工作人员影响力的人也不限于共同利益关系。所以说，不具有共同利益关系但是同样属于关系密切的人也是本罪的主体，比如说师生、战友等关系。

当然，在认定"其他关系密切的人"的时候，要注意该规定强调两者的关系超过社会一般人认为的普通层次，达到了紧密的联系、黏合程度。因此在判断密切关系时，应注意按照社会一般人的观念，根据实际情况予以判断关系是否"密切"，所以"其他关系密切的人"存在一定理解上的弹性。同时，社会生活复杂多样，密切关系也是个动态的有一定包容性的概念。这样的规定有其优点，即能够使法律保持一定的稳定性，但是也存在一定缺憾，即在客观上扩大了法官的自由裁量权，使得该条文的运用存在一定的含混。

例如，梅某系A股份公司固定资产管理处工程师（非国家工作人员），负责发包工程项目决算初审。B冶金公司（国有控股公司）参与承建A公司热轧酸洗板产品项目，A公司固定资产管理处负责该项目招投标与决算，直接决定B公司承接项目数量以及结算款数额，梅某负责决算初审。其间，梅某接受C建筑公司总经理张某请托，利用其与B公司密切的工作联系，向B公司总经理康某（国家工作人员）提出，能否在业务转包中给予张某商业机会和关照。尽管梅某对B公司没有制约作用，也不具有使B公司无法获取或者减少获取工程款的权力，但康某考虑到与梅某保持顺畅关系能确保结算进度从而不造成工作拖拉，决定帮助张某从B公司获取业务。康某授意下属在《不锈钢工程承包单位施工任务分包申请表》中将C公司"工业与民用建筑工程施工总承包三级"资质擅自改为"二级"，使其符合不锈钢工程行业规范以及本公司承包商资质要求。事后，C公司从B公司获取600余万元分包业务；梅某收受张某感谢费65万元。[1]本案中，梅某结算初审的进度对于B公司是否能顺畅开展工作具有一定作用，其利用职权形成

---

[1] 薛进展、闫艳："利用影响力受贿罪的司法认定"，载http://www.360doc.com/content/10/1005/15/26005_58590747.shtml，最后访问日期：2010年10月10日。

的工作关系影响康某的职务行为,符合利用影响力受贿罪中关系密切人影响国家工作人员职务行为要件特征。

三、离职国家工作人员的认定

离职的国家工作人员在担任国家工作人员期间,由于工作需要或其他原因,可能与在任的国家工作人员存在着种种感情或利益上的联系,即使在离职之后原职位的影响力仍然发挥作用,这种情况在实践中已经屡见不鲜,《刑法修正案(七)》正是对这一种一直潜藏于社会之中的犯罪行为的有力回击。

离职国家工作人员是指曾经是国家工作人员,但是在实行行为时已经不再是国家工作人员。根据《公务员法》的规定,离职的原因包括退休、离休、辞职、辞退和开除等。需要指出的是本罪的"离职"强调的是主体处于离职这一状态,至于离职原因在所不问。

四、国家工作人员能否构成本罪主体

先看下面一个案例:

被告人甲被逮捕前是某派出所下属的保安公司工作人员,其在担任派出所长期间,因工作上的关系,与某拆迁公司总经理乙结识并形成所谓朋友关系,这种关系在甲不再担任所长之后至案发之时仍维持了近五年。某日,甲受在银行工作的儿子之托,鼓动乙将动拆迁公司的公款一亿元存入某银行,自己则先后收受了银行给予的好处费一百余万元。后因被人举报而案发。

对此存在分歧意见:第一种意见认为,甲仍属于现职国家工作人员,其之所以能够利用乙的职权而受贿,与其国家工作人员身份具有不可忽视的关系,仍属于利用职权或地位上的便利条件而受贿,应当构成受贿罪。

第二种意见认为,甲虽然仍具有国家工作人员身份,但此次受贿所利用的,并非因职权或地位而形成的便利条件,而是利用了与乙多年的朋友关系,因而相当于非国家工作人员利用影响力实施的受贿犯罪。

本书持第二种意见。有论者认为,本罪的主体仅限于非国家工作人员,如果是国家工作人员利用影响力而收受贿赂的,则应认定为《刑法》第388条的受贿罪。本书认为这一观点过于绝对化。国家工作人员利用本人职权或者地位形成的便利条件,通过其他国家工作人员职务上的行为,为请托人谋取不正当利益,索取请托人财物或者收受请托人财物的,以受贿罪论处。国家工作人员之间可能只存在单纯的上下级或同级的工作关系,也可能只存在某种密切关系,也可能既存在上下级或同级的工作关系同时也存在某种密切关系。在第三种的情况下,主要看该国家工作人员利用哪一种关系实行受贿行为,如果利用的是因工作和职务产生的制约关系的影响力,那么应当认定为《刑法》第388条受贿罪,如果利用的

是相互之间的密切关系，那么应当认定为利用影响力受贿罪，因此，本罪的主体同样可以是国家工作人员。或者可以这样说，本罪的主体不限于国家工作人员，但包括国家工作人员。

第三节 利用影响力受贿罪的客观方面要件

一、影响力的界定

（一）影响力的涵义

显而易见，《刑法修正案（七）》新设立的利用影响力受贿罪扩大了受贿犯罪的规制范围，在受贿犯罪方面是一大突破，具有重要的意义。认定本罪时，如何理解"影响力"则显得十分关键。影响力，顾名思义，是指一个人在与他人交往的过程中，影响或改变他人心理或行为的能力。有学者认为，在利用影响力受贿罪中的"影响力"，实际上与管理学上的影响力的内涵是统一的，即表明一个人用间接或无形的方式作用或者改变人或事思想、行为或性质的力量。[1]

（二）影响力的类型

有学者将影响力区分为权力性影响力和非权力性影响力。权力性影响力是指在职务中产生的、具有强制性、下级必须遵守的一种影响力。非权力性影响力是指行为人自身的非权力因素所产生的影响力，比如品格、知识、才能等。在笔者看来，如果利用的是权力性影响力，那么应认定为《刑法》第388条受贿罪。如果利用的是非权力性影响力，那么应当认定为本罪，因为与国家工作人员关系密切的人所利用的影响力中虽然并不排除因工作和职务产生的影响，但是并不包括在工作和职务中产生的制约关系（直接的或间接的），而应当限定因工作或职务产生的密切关系。

由此可见，本罪的增加使我国的受贿体系分类标准更加细化。具体来说，在受贿犯罪罪名体系中，首先是根据犯罪主体是自然人还是单位划分为受贿罪、非国家工作人员受贿罪与单位受贿罪，而后在犯罪主体是国家工作人员情况下，根据是否利用的是本人的权力细化出斡旋受贿行为，而《刑法修正案（七）》更进一步，在国家工作人员是犯罪主体时进一步细化，根据利用他人权力的方式是工作制约还是其他因素，又规定了利用影响力受贿罪，并且此罪名的犯罪主体又不限于国家工作人员。所以说，我国的受贿犯罪的体系越来越完善，越来越具有针对性。

---

[1] 何承斌、易利娜："论影响力交易罪——以商业贿赂的刑法规制为切入点"，载《中国刑法学年会论文集（2006）——和谐社会的刑事法治》（下卷），中国人民公安大学出版社2006年版，第1704页。

在实践中，利用影响力受贿罪中的影响力，根据产生原因的不同，可以划分为以下几种类型：

1. 基于一定的感情所产生的影响力。在生活中，人与人之间产生情感是必然的，尤其在中国这样一个重视礼尚往来的社会，感情是人际交往的重要纽带无论是亲情、友情还是爱情都会在现实生活中对双方都有一定的影响力。在影响力交易中，这种影响力的滥用，主要表现为丈夫妻子或者关系要好的朋友利用另一方的影响力，帮助请托人从行政部门或者公共机关获取不正当好处。

2. 基于一定的血缘关系所产生的影响力。自古以来，中国人就非常重视血缘关系，血缘关系在人际关系中扮演重要的角色。父母、子女、兄弟姐妹以及亲戚都对我们的行为产生重要的影响。

3. 基于一定的地缘关系所产生的影响力，如同乡关系。同乡关系因人而异，在比较注重家乡观念的人心里，同乡关系具有一定的影响力，也会对他们的行为产生一定的影响。

4. 基于一定的事务关系所产生的影响力。因事务的需要而产生的关系，在中国比较常见。同事关系就是其中的一个重要表现。此外，如同学关系、师生关系等，都可以归入此类，也都对关系中另一方具有一定的影响力。

（三）利用影响力的方式

1. "关系密切的人"索取或者收受了请托人的财物，通过国家工作人员职务上的行为，为请托人谋取不正当利益。在此种行为方式中，"关系密切的人"因为实际上不具有相关权限，所以为请托人谋取不正当利益时是先利用其与国家工作人员的特殊关系，对国家工作人员施加影响，促使国家工作人员利用职务上的便利，达成请托人的请求。值得注意的是，"关系密切的人"的行为包括两个部分：①将请托事项告知有主管权限的国家工作人员，告知的目的是为了给请托人谋取利益；②索取或者收受请托人的财物。换言之，只要"关系人"在主观上意图为请托人谋取不正当利益，在客观上已经将请托事项告知了有主管权限的国家工作人员，并且索取或者收受了请托人的财物，即构成利用影响力受贿罪。

2. "关系密切的人"利用国家工作人员的职权或者地位形成的便利条件，通过其他国家工作人员职务上的行为，为请托人谋取不正当利益，索取或者收受请托人的财物。在此种行为方式中，"关系密切的人"的利用行为具有双重性，先利用中间人（国家工作人员）的职权或者地位向有主管权限的国家工作人员施加影响，进而利用该有主管权限的国家工作人员的职务行为为请托人谋取不正当利益。同样，"关系人"的行为也包括两个部分：①将请托事项告知中间人，或者利用中间人的职权或者地位，将请托事项告知有主管权限的国家工作人员；②索取或者收受请托人的财物。当然，为请托人谋取不正当利益的行为，只能由有主管权限的国家工作人员来完成。由于"为请托人谋取不正当利益"只是利用影响力受贿罪的主观动机,因此,谋取不正当利益成功与否并不影响本罪的成立。

二、通过便利条件谋取不正当利益

(一)便利条件的界定

如何理解受贿罪中"便利条件"是判定此罪与彼罪的重要区别,因此也成为理论界研究的重点。

对于利用影响力受贿罪的便利条件,法律并未明确规定。本书认为按照立法精神,其内涵与受贿罪中的"便利条件"完全一致。因此,各种受贿罪"便利条件"的争议也就是对利用影响力受贿罪中"便利条件"的争议。具体来讲,这种非制约性的影响程度上限是没有达到制约的程度,就是请托人利益实现的根本原因在于第三者职务行为的行使,而不在于行为人职务的行使,其下限是超出亲友关系等一般社会关系的范围。

(二)不正当利益的认定

在前面我们已经讨论过,利用影响力受贿罪其实与受贿罪在性质上是统一的。具体表现在客观方面,不正当利益的认定也是按照受贿罪的认定标准。即"不正当利益"包括两种情形:一是利益本身非法,即谋取违反法律、法规、国家政策和国务院各部门规章规定的利益;二是利益本身可能是合法,但是取得利益的途径或者手段违法,即国家工作人员或有关的单位提供帮助或方便条件时违反了有关的程序。依据的规定是 1999 年 8 月 16 日最高人民检察院制发的《关于人民检察院直接受理立案侦查立案标准的规定(试行)》,其中明确指出:"本规定中有关贿赂案中的'谋取不正当利益',是指谋取违反法律、法规、国家政策和国务院各部门规章规定的利益,以及谋取违反法律、法规、国家政策和国务院各部门规章规定的帮助或者方便条件。"

三、数额较大或者有其他较重情节

(一)数额方面

利用影响力受贿罪的成立要求数额较大或有其他严重情节,并且本罪法定刑数额方面依据三个档次,分别是数额较大、数额巨大及数额特别巨大,由此可见,本罪虽然不是单纯以数额定罪量刑,数额在本罪的定罪量刑中还是占据重要的地位。然而刑法和随后的司法解释未对数额较大、数额巨大及数额特别巨大做出具体规定。

《刑法》第 385、386 条和《关于人民检察院直接受理立案侦查案件立案标准的规定(试行)》第 3 条均将受贿罪的立案标准规定为 5000 元。本罪与受贿罪有本质上的区别:行为人的身份不是现职国家工作人员,不具有主管、负责、承办某项公共事务的职权,其通过自身的影响力,利用的是其他国家工作人员职务上的行为;对职务行为具有依赖性,对不正当利益的谋取具有间接性,所以,社会危害性小于受贿罪,在犯罪构成上,理应与国家工作人员直接利用自己的职务行为为请托人谋取利益有所区别。由于本罪的法定刑明显低于受贿罪,因此,作为犯罪构成的犯罪数额应当高于受贿罪的5000元,对于数额不大的利用影响力的受贿行为不以犯罪论处。司法实践中,有学者提出数额较大可以设定为5万元,数额巨大和数额特别巨大可以设定为25万元、100万元,也是值得参考的。[1]

这样,一方面,可限制本罪的处罚范围,贯彻宽严相济的刑事政策;另一方面,也可节约有限的资源,将打击重点集中在受贿罪。

(二) 情节方面

根据《刑法修正案(七)》第13条之规定,构成本罪除了"数额较大"外,"有其他较重情节"也成为本罪的构成要件。这一规定是在受贿犯罪的构成要件的立法上是一个进步。同《刑法》第385条和第163条对受贿罪与非国家工作人员受贿罪的规定中都属于数额犯,即以行为人索取或收受的贿赂的数额作为定罪量刑的依据,"有其他较重情节的"没有被考虑在内。

"有其他较重情节的"的理解需要注意以下几点:其一,刑法中明文规定的"情节"是定罪情节,并不是指某一方面或某几个方面,而是指在犯罪过程中,表明行为的社会危害性和行为人的人身危险性及其程度,作为区别罪与非罪、此罪与彼罪的一系列主、客观事实的综合考虑。只要某一方面情节严重,其行为的社会危害性就达到了应受刑罚处罚的程度,应当认定为犯罪。[2]其二,情节的认定需要实质性的解释。由于刑法的相对稳定性和简短性的需要,刑法并没有在所有罪名的法定情节中采用罗列的方式,当然,这也是不现实的。因此,刑法对情节的规定必然存在不确定性和开放性。在判断某一个行为是否"情节严重",必须在罪刑法定原则的支配下,以犯罪本质为指导解释犯罪构成。其三,个罪中"情节严重"和刑法总则中规定的"情节显著轻微危害不大的,不认为是犯罪"的规定。当刑法将情节规定为构成要件时,只有在行为符合某一种情节时,才具备严重的社会危害性,才能成立犯罪;当刑法没有将情节规定为构成要件时,仍然要在其他的构成要件中考虑"情节严重"的问题,使犯罪构成整体所反映的社会危害性达到值得科处刑罚的程度。

客观地讲,利用影响力受贿罪的成立并不一定等于行为人索取或者收受财物数额较大。换言之,即使行为人索取或者收受财物的数额较小,也可能因为具有其他较重情节,如"关系人"通过国家工作人员为请托人谋取不正当利益造成恶劣影响等,也可能构成本罪。

---

[1] 谢杰、闫艳:"利用影响力受贿罪司法认定若干疑难问题",载《反贪工作指导》2010年第2期。

[2] 张明楷:《刑法分则解释原理》,中国人民大学出版社2003年版,第224~225页。

第四节　利用影响力受贿罪的主观方面要件

一、概述

犯罪的主观方面是指犯罪主体在犯罪时对自己所实施的犯罪行为及其犯罪结果所持的心理态度。犯罪的主观方面包括了故意、过失、动机和目的等。其中最重要的是犯罪故意和犯罪过失两方面，也是认定犯罪不可或缺的要件。影响力交易罪的主观方面只能是故意而不是过失。如果具有影响力的人没有接受不正当好处的意图，那么就不可能存在"权钱交易"，也就不可能侵犯职务行为不可收买性这一法益，从而不成立利用影响力受贿罪。

犯罪故意分为直接故意和间接故意，本罪的犯罪故意仅仅是直接故意还是既有直接故意又有间接故意呢？对此，本书认为，利用影响力交易罪只能由直接故意构成，间接故意和过失不能构成利用影响力受贿罪。在利用影响力受贿罪中，具有影响力的人的犯罪目的是获取不正当好处，只有索取或收受不正当好处的行为是具有影响力的人为达到其犯罪目的所定然要实施的行为。至于是否具有为请托人谋取不正当好处的行为，并不必然影响犯罪目的的达到。在现实生活中，也存在"收钱不办事"或是"收钱不马上办事"的现象。从刑法保护的角度来看，只要请托人给予不正当好处购买影响力，具有影响力的人明知该不正当好处的性质而仍然决意收取，就已确定地发生了危害结果。而间接故意区别于直接故意的一个特征是，危害结果的发生不是必然的，而是可能发生也可能不发生。所以根据利用影响力受贿罪的特征，本罪无法由间接故意构成。

二、故意的认识因素

在本罪中，行为人在权钱交易模式中扮演了一个特别的角色，所以行为人认识因素的内容相对于其他犯罪更为复杂，主要包括三个方面：一是明知将影响力用于交易行为损害了国家工作人员职务行为的不可收买性。也就是说，行为人对自己行为的社会危害性的认识，认识到自己的行为侵犯到刑法保护的客体。二是对利用自身影响力斡旋其他国家公职人员的明知。行为人明知自己收受贿赂的对价是自己要运用自身所具有的实际影响力或被认为具有的影响力去影响其他国家公职人员职务上的行为，让其他国家公职人员办请托人请托之事。三是对索取或者收受贿赂的明知。行为人明知自己索取或者收受的是贿赂。索取或者收受也是本罪在客观方面的行为，并且这两种行为也是在行为人主观罪过的支配下实施的。按照主客观相一致的原则，也应是行为人主观认识因素中的重要内容。

三、故意的意志因素

在本罪中，行为人的意志内容表现在：行为人明知自己的行为会造成侵犯国家工作人员职务行为不可收买性的危害结果发生，仍决意实施这种行为。意志因素是决定犯罪人的主观恶性的决定因素，因为"意志是将犯罪行为付诸实施的一种主观意图，在这种主观意图中包含着危害社会的主体倾向。"如前所述，行为人对于国家工作人员职务行为的不可收买性是持有一种积极的违反态度的。因为行为人运用影响力去影响其他国家公职人员时，是希望自己的影响能够奏效，其他国家公职人员能够按照自己的意愿去为或不为一定行为的。所以，从这个心理态度可以证实，行为人是积极希望这种危害结果发生的。因而，也可以证明本罪在意志因素上是希望危害结果发生的。

从主观方面分析中，我们也可以区分特定关系人是构成受贿罪的共犯还是单独构成利用影响力受贿罪。在具体案件中，往往存在特定关系人收取财物的行为和国家工作人员腐败行为交织在一起，如何认定特定关系人的行为成为难点。具体来说，在特定关系人主观中包含着自己收取贿赂的对价是利用关系斡旋这一认识和意志因素，应认定为利用影响力受贿罪；如果特定关系人认识到自己收取的财物，实质上是国家工作人员的腐败的对价，而自己只是充当其中客观"收取"财物的一个环节，应认定为受贿罪的共犯。正如，最高人民法院、最高人民检察院《关于办理受贿刑事案件适用法律若干问题的意见》中第7条所规定的，"授意请托人以本意见所列形式，将有关财物给予特定关系人的，以受贿论处。"在此情况下，我们可以看到，特定关系人作为受贿行为人和请托人之间的工具，而不具有利用影响力受贿罪主观上的构成要件，因此不能构成本罪。

第五节 利用影响力受贿罪的认定

一、关于利用影响力受贿罪的溯及力问题

溯及力问题是指在法律对在其生效之前的事件和行为是否适用的问题。刑法的溯及力问题的一般原则是"从旧兼从轻"原则，也就是说，对于生效之前的事件和行为原则上按照当时的法律论处，例外情况是，如果新刑法规定的刑责较轻时，按照新刑法。

对于利用影响力受贿罪的溯及力问题，根据"从旧兼从轻"原则，《刑法修正案（七）》之前法律规范不认为是犯罪的，而《刑法修正案（七）》认为是犯罪的，则依据之前的法律，即不认为是犯罪。如果《刑法修正案（七）》与之前的法律均认为是犯罪的，适用法定刑较轻的刑法规范。那么《刑法修正案（七）》是否有相同犯罪行为的规定呢？利用影响力受贿的行为被认定为犯罪是首次出现于《刑法修正案（七）》，在此之前的法律并不认为该行为是独立的犯罪行为。综上分析，《刑法修正案（七）》颁布之前的实施的利用影响力的受贿行为不能认定为利用影响力受贿罪。

然而，在司法实践中，有观点认为，在修正案颁布之前实施的符合利用影响

力受贿罪的行为，可能同时也符合受贿罪、非国家工作人员受贿罪，[1]所以按照"从旧兼从轻"的原则，应当按照轻罪也就是利用影响力受贿罪论处。本书不认同上述观点。受贿罪、非国家工作人员受贿罪以及利用影响力受贿罪是完全不同的三个罪名，在犯罪构成方面存在较大差别，尤其是客观方面的特征。上述观点在理解职务上的便利时存在将其扩大的缺陷，并没有将三个罪相比较在相似的概念中做出界定。事实上，与国家工作人员关系密切的人所利用的影响力，尽管也可能是在工作中产生，但绝不是工作上的制约关系。所以说，利用影响力受贿罪是全新的罪状，在罪质和罪量方面不存在与受贿罪、非国家工作人员受贿罪相交叉的情况，也就是说，一个行为不可能同时符合受贿罪（非国家工作人员受贿罪）和利用影响力受贿罪，因而，也就不存在择轻适用刑法规范上的溯及力问题。

二、利用影响力受贿罪与相近罪名的区别

（一）利用影响力受贿罪与非国家工作人员受贿罪的区别

1. 主体要件不同。利用影响力受贿罪的主体是与国家工作人员关系密切的人、离职的国家工作人员以及与离职的国家工作人员关系密切的人；强调关系密切或是离职国家工作人员。而非国家工作人员受贿罪的主体是公司、企业或者其他单位的人员，并不一定是与国家工作人员或离职国家工作人员存在密切关系，更不一定是离职国家工作人员。

2. 客观方面要件不同。利用影响力受贿罪中，为请托人谋取利益，所直接利用的并非是"职务上的便利"而是"密切关系"所产生的影响力。在非国家工作人员受贿罪中，正如典型的受贿类犯罪，所利用的是"职务上的便利"，其强调的是本单位职务上的便利。

（二）利用影响力受贿罪与受贿罪中斡旋受贿行为的区别

1. 主体要件不同。利用影响力受贿罪的主体主要分三类：①国家工作人员的近亲属或者其他与国家工作人员关系密切的人；②离职的国家工作人员；③离职的国家工作人员的近亲属或者其他与离职的国家工作人员关系密切的人。而斡旋受贿行为的主体是国家工作人员。由于"关系密切的人"也有可能是国家工作人员，两罪的主体有小部分重合，即当国家工作人员成为"关系密切的人"，这时候两罪的主要区别就在于行为方式上的不同。

2. 行为方式不同。斡旋受贿行为是利用第三人的职务行为为请托人谋取利益，同时也必须以本人职务上的职权地位影响为前提。也就是说，利用者与被利用者必须存在职务上的影响关系才能够成立利用了本人职权或地位形成的便利条

---

[1] 谢杰、闫艳："利用影响力受贿罪司法认定若干疑难问题"，载《反贪工作指导》2010年第2期。

件,这种影响关系强调的是与职务关联。而利用影响力受贿罪中,为请托人谋取利益,利用影响力的行为人和被利用者之间的制约关系是"密切关系"。

(三)利用影响力受贿罪与诈骗罪的区别

本罪与诈骗罪存在相似之处,如都获得了他人的财物,主观方面都为故意,等等。但两罪的区分也是明显的:

1. 主体要件不同。如前所述,本罪的主体是特殊主体;而诈骗罪为一般主体,即达到刑事责任年龄16周岁且具有刑事责任能力的人均可构成。

2. 客观行为表现不同。本罪行为表现为利用影响力索取或者收受财物;诈骗罪则表现为使用欺诈方法骗取数额较大的公私财物。行为人实施了欺诈行为,欺诈行为从形式上说包括两类,一是虚构事实,二是隐瞒真相;从实质上说是使被害人陷入错误认识的行为,并做出行为人所希望的财产处分。如果行为人自己说他与某某国家工作人员有着这样那样的关系,可以通过该国家工作人员为请托人办理这样那样的事情,如就业、入学、参军、升学、转户口等,因而收取请托人数额较大的财物。最终事情未能办成,钱财也不退。对于这样的情况,应根据不同的情况做出处理:如果行为人与国家工作人员确实具有密切的关系,对国家工作人员具有影响力,其也收取了请托人的财物,即使其没有为请托人谋取到不正当利益,也应以本罪的既遂认定;如果行为人事实上与其所称的国家工作人员并没有密切的关系,而谎称具有这样的关系,并收取钱财的,并具有非法占有他人财物的目的的,应以诈骗罪认定处理;如果既不能证明行为人与国家工作人员具有密切的关系,也不能证明行为人具有非法占有他人财物的目的,行为人不构成犯罪,应作为民事纠纷性质的案件处理。

(四)利用影响力受贿罪与介绍贿赂罪的区别

介绍贿赂罪,是指犯罪主体在请托人与国家工作人员之间进行的引见、沟通、撮合,促使行贿与受贿得以实现,情节严重的行为。介绍贿赂罪相当于行贿行为和受贿行为之间的一个"媒介"行为。两罪的差别主要表现在以下方面:

1. 主体要件不同。利用影响力受贿罪主体是与国家工作人员关系密切的人、离职的国家工作人员以及与离职的国家工作人员关系密切的人;而介绍贿赂罪主体是一般主体。在司法实践中,介绍贿赂罪的行为人往往与国家工作人员有着某种联系的人,也存在着关系密切的人介绍受贿,但这并不表明介绍贿赂罪的主体是特殊主体。

2. 客观方面要件不同。利用影响力受贿罪的行为主体利用国家工作人员职权或者地位形成的便利条件受贿,而国家工作人员本身并未参与该行为。介绍贿赂罪是撮合双方受贿和行贿行为的完成,本身并不是受贿。虽然介绍贿赂罪也规定在《刑法》分则第八章"贪污贿赂罪"中,但本罪并不是受贿和行贿行为,只是因为其与受贿和行贿类犯罪存在密切联系所以刑法才规定在一起。

第五章　单位受贿罪

第一节　单位受贿罪概述

单位受贿罪是单位犯罪的一种，也是我国现行刑法规范中少有的在自然人与单位同时构成犯罪的情形下，将单位犯罪单列作为独立罪名的情形，尽管如此，单位受贿罪仍然适用单位犯罪的一般规定。

一、单位犯罪概述

（一）单位的概念和特征

准确界定单位犯罪是理解单位受贿罪的前提，而理解单位犯罪必须首先明确何为"单位"。需要注意的是，刑法中"单位"一词，是将日常生活用语直接挪用在法律中，其所能涵盖的范围十分庞杂。1997 年刑法在适应市场经济发展要求的基础上，规定公司、企业、事业单位、机关、团体实施危害社会的犯罪行为，可以成立单位犯罪。一般来说，单位是由一定的物质条件和人员组成的、能够承担一定责任的、相对独立的合法组织。单位是人格化了的社会组织，有独立的意志，区别于自然人和临时团体。[1]

一般认为，作为犯罪主体的单位须具备以下构成特征：

（1）单位具有合法性和现实性。单位的合法性体现在以下几个方面：其一，设立的目的和从事的业务活动合法。刑法中的单位必须是在法律规定的单位范围内且以从事合法经营活动为宗旨的组织。最高人民法院《关于审理单位犯罪案件具体应用法律有关问题的解释》第 2 条"个人为进行违法犯罪活动而设立的公司、企业、事业单位实施犯罪的，或者公司、企业、事业单位设立后，以实施犯罪为主要活动的，不以单位犯罪论处"的规定，其实，就是同时从这两个方面对单位犯罪的否定。其二，程序合法。单位应该依法成立，办理相关登记、变更、年检、撤销、解散和清算等手续，法律都有明确规定。未经依法成立或设立的非法组织，不具备法定的单位资格，即便是以单位名义实施犯罪，也不能够成立单位犯罪。其三，单位的现实性。能够成为犯罪主体的单位应该是已经设立、现实存在的单位。单位的权利能力和行为能力，与自然人的身份始于出生不同，而是

---

[1] 房清侠：《刑法理论问题专题研究》（第四版），中国人民公安大学出版社 2003 年版，第 23 页。

开始于其依法成立之日,终止于其撤销、解散之时。单位成立以后,基于某种原因被撤销、破产、倒闭时就丧失了其主体资格,如有人继续以单位名义实施犯罪的,则应构成自然人个人犯罪。

(2) 单位具有组织性。这是单位在结构上的特征,单位为了实现一定的宗旨和目标,应形成一定的组织机构形式,这些组织机构可以划分为意思机构、执行机构、监督机构等,分工协作,共同完成单位的任务。

(3) 单位具有独立性。单位的独立性,是指单位在一定的范围内,能够以自己的名义进行社会活动,并享有权利、承担义务。首先,这种独立性体现在意志上,单位有自己的意志,这种意志区别于单位内部成员的意志。其次,这种独立性体现在法律资格上,单位有独立于其组成人员的权利能力和行为能力,单位的权利能力和行为能力,开始于其依法成立之日,终止于其撤销、解散之时。

(4) 单位具有财产性。我国刑法规定的单位都必须有一定的财产和经费。这是单位区别于一些没有任何财产和经费的"皮包公司"等虚假单位的重要特征。单位有独立的财产和经费,也是能够承担刑事责任的前提和基础。

(二) 单位犯罪的概念和特征

关于单位是否能成为犯罪主体,在我国刑法学界存在争议。主要观点有否定说和肯定说。

否定说认为:①从我国单位的社会主义性质来看,单位不能成为犯罪主体。因为我国的单位都是依法成立的,其产生和宗旨都具有合法性,其本身利益和国家利益是一致的。②从犯罪构成的条件来看,犯罪是人的有意识、有意志的行为,而单位是多人的集合体,本身没有意识和意志,不可能产生犯罪构成所要求的故意和过失。③从刑罚的适用来看,一方面,单位作为犯罪主体缺乏刑罚适用性,因为我国刑法规定的主刑都不能适用于单位,附加刑中也仅有罚金可以适用;另一方面,把单位作为犯罪主体,违背了我国罪责自负原则和刑罚适用的目的。

肯定说认为:①从单位的性质来说,单位既然可以成为行政违法、民事违法和经济违法的主体,当然也可以成为刑事违法的主体,因为犯罪和违法并没有绝对的界限。②从犯罪构成的条件看,单位可以具备犯罪的主观要件,单位代表人、代理人的意识、意志,是单位的意识和意志。③从适用刑罚上看,对单位犯罪适用"双罚制"可以解决单位犯罪的刑罚适用问题,同时单位承担刑事责任是一种特殊的罪责自负,并不违背我国刑法罪责自负的原则。[1]

我国立法采取了肯定说,1987年《海关法》第一次规定了单位犯罪,此后,

---

[1] 张中友主编:《百种单位犯罪的界限处罚与预防》,中国检察出版社2001年版,第9~11页。

关于单位犯罪的立法大量出现。到 1997 年《刑法》修订以前，我国已在 12 个单行刑法和个别非刑事法律，如《铁路法》、《监狱法》中分别作出了有关单位犯罪的规定。据不完全统计，单位犯罪的罪名截止刑法修订之时已约占全部罪名的 1/3。而修订后的刑法在总则和分则中均对单位犯罪有所规定，总则部分第 30 条规定：公司、企业、事业单位、机关、团体实施的危害社会的行为，法律规定为单位犯罪的，应当负刑事责任。修订后的刑法第 31 条对单位犯罪的处罚原则作了明确规定，强调对单位犯罪实行以"双罚制"为原则，以"单罚制"为例外。修订后的刑法分则中，约有九十多条都规定了能够由单位构成的犯罪，有近二百个关于单位犯罪的规定，这些规定遍及危害国家安全罪、危害公共安全罪、破坏社会主义市场经济秩序罪、妨害社会管理秩序罪、贪污受贿罪等章节，单位受贿罪即为单位犯罪的一种。对单位犯罪来说，刑法规定必须是刑法分则明确规定为单位犯罪的行为，认定处罚单位犯罪，必须以刑法分则有明文规定的为限。刑法分则在规定各种情形的单位犯罪中，每个罪名在构成要件、成立条件和行为表现形式上是有所不同的。

通说认为，单位犯罪，是指公司、企业、事业单位、机关、团体实施的危害社会的依照法律规定应受刑罚处罚的行为。单位犯罪具有以下特征：

第一，社会危害性，即对社会危害的行为，这是单位犯罪的社会属性。

第二，依法应受惩罚性，即按照法律规定应受刑罚处罚的行为。这是单位犯罪的法律属性。在这一方面，单位犯罪与自然人犯罪不同。《刑法》第 30 条规定："法律规定为单位犯罪的，应当负刑事责任。"从该法律条文中可以看出，刑法惩罚的犯罪主体以自然人为常态、以单位为例外。也就是说，刑法分则中规定的具体犯罪，凡是法律没有明文规定单位可以成为犯罪主体的，则意味着该具体犯罪只能由自然人构成，不包括单位。只有当法律明文规定某一犯罪主体包括单位，才能构成单位犯罪，由单位承担刑事责任。这也是罪刑法定原则在单位犯罪方面的体现。

第三，单位犯罪的主体必须是单位，即公司、企业、事业单位、机关、团体等依法成立的组织。这也是单位犯罪与自然人犯罪的关键区别。

二、单位犯罪的构成

（一）以单位的名义实施犯罪

1. 对内表现在，单位犯罪是由单位的决策机构按照单位的决策程序决定实施的。单位的意志，通常是由单位集体研究决定，或者由单位的负责人或者被授权的其他人员决定同意。盗用、冒用单位名义实施的犯罪行为，或者单位内部成员未经单位决策机构批准、同意或者认可而实施的犯罪行为，或者单位内部成员实施的与职务无关的犯罪行为，不是单位犯罪而是自然人犯罪。对外表现在，单位以独立的法律关系主体从事活动。

2. 以单位的分支机构或者内设机构、部门的名义实施犯罪，违法所得亦归分支机构或者内设机构、部门所有的，应认定为单位犯罪。不能因为单位的分支机构或者内设机构、部门没有可供执行罚金的财产，就不将其认定为单位犯罪而按照个人犯罪处理。

（二）为单位谋取不正当利益或者违法所得大部分归单位所有

1. 为单位谋取不正当利益，违法所得大部分归单位所有通常足以证明是为了单位谋利。但在没有违法所得的场合，如决策和实行过程表明的确是为了单位谋利，也认为具备此要件。

2. 违法所得大部分归单位所有，无论初衷是否为单位谋利，违法所得大部分归单位所有的，也认为具备此要件。单位负责人以单位名义实施犯罪的，违法所得归个人的，以自然人犯罪论处。[1]

三、单位受贿罪在立法上的沿革

如上所述，在 1979 年刑法中不存在单位受贿罪的相关规定。最早规定单位能够成为贿赂犯罪的主体是 1988 年 1 月 21 日全国人民代表大会常务委员会颁布的《关于惩治贪污罪贿赂罪的补充规定》（以下简称《补充规定》）。该《补充规定》第 6 条规定："全民所有制企业事业单位、机关、团体，索取、收受他人财物，为他人谋取利益，情节严重的，判处罚金，并对其直接负责的主管人员和其他直接责任人员、处 5 年以下有期徒刑或者拘役。"单位受贿罪在此首先以单行法的方式得以确立。

1997 年刑法吸收了 1988 年的《关于惩治贪污罪贿赂罪的补充规定》的相关规定，并进一步做了补充，体现在第 387 条之规定："国家机关、国有公司、企业、事业单位、人民团体，索取、非法收受他人财物，为他人谋取利益，情节严重的，对单位判处罚金，并对其直接负责的主管人员和其他直接责任人员，处 5 年以下有期徒刑或者拘役。前款所列单位，在经济往来中，在帐外暗中收受各种名义的回扣、手续费的，以受贿论，依照前款的规定处罚。"至此，单位受贿罪被纳入到我国刑法典中。

第二节 单位受贿罪的主体要件

这里所称的单位，指的是广义上的单位，即不仅指单位自身，而且还包括其分支机构或所属部门在内，既包括有法人资格的单位，也包括没有法人资格的单位。

一、单位受贿罪主体的内涵

依据《刑法》第 387 条之规定，本罪的主体是"国家机关"、"国有公司"、

---

[1] 曲新久主编：《刑法学》（第二版），中国政法大学出版社 2009 年版，第 81 页。

"企业"、"事业单位"、"人民团体"。

（一）国家机关

这里所称的"国家机关"，包括中央和地方各级国家权力机关、国家行政机关、国家军事机关、国家审判机关和国家检察机关，执政党的机关也可视为国家机关。这里所称的"团体"，是指为了一定的宗旨自愿组成进行某种社会活动的合法组织。如全国总工会、共青团等等。

（二）国有公司、企业

根据2005年新修订的《公司法》第2条规定，所谓"公司"，是指依照《公司法》在中国境内设立的有限责任公司和股份有限公司。公司制是现代市场经济国家普遍采用的企业组织的重要形式。过去，将公司的概念通常定义为一种工商业组织，经营产品的生产、商品的流转或某些建设事业等。随着时代的发展，公司的实际内涵在日新月异的变化发展，尤其是多类服务公司、信息公司等如雨后春笋的产生，在现代市场经济环境中，公司以其独立的财产、独立的法人人格和股东的有限责任占据了市场经济的主导地位。在我国，国有公司往往经营的领域是对国民经济有着重要意义的资源性产品。

这里所称的"企业"，不限于其所有制性质，既包括国有的，也包括集体的，以及合资或独资、私人所有的企业、事业单位。企业是指从事生产、运输、贸易等经济活动的部门，我国市场经济经过几百年的孕育和发展，逐步形成了三种最基本的企业制度：一是个人业主企业制；二是合伙企业制；三是如前所述的公司企业制。根据1998年国家统计局、国家工商行政管理局印发的《关于划分企业登记注册类型的规定》，我国目前的企业类型包括：①内资企业，包括国有企业、集体企业、股份合作企业、联营企业、有限责任公司、股份有限公司、私营企业及其他企业；②港、澳、台商投资企业，包括合资经营企业，合作经营企业，港、澳、台商独资经营企业，港、澳、台商投资股份有限公司；③外商投资企业，包括中外合资经营企业、中外合作经营企业、外资企业及外商投资股份有限公司。[1] 其实，公司也是企业的一种形式，但由于我国存在着大量公司以外的其他经营性组织，如合伙企业、个体私营企业等，为了与公司相区别，便将除依《公司法》设立的公司以外的其他以营利为目的的经济组织称为企业，即除国有公司以外的其他以获取经济利益为目的的所有在中国进行了企业登记的各种经营实体。

在单位受贿罪中，公司、企业的性质必须是"国有公司、企业"，这里需要明确的是，国有公司仅指独资国有公司还是包括国有控股公司。在计划经济时

----

〔1〕 孙力主编：《妨害对公司、企业的管理秩序罪》，中国人民公安大学出版社2003年版，第191页。

代,我国所有制形式单一,不存在混合所有制形式,因此对国有公司和非国有公司的区分比较容易。在改革开放之后,多种所有制形式出现,混合所有制越来越普遍。从立法本意中,本书认为,本罪名的规定主要是为了保护国有单位的经济运行,原因是国有经济对国家经济起着支柱和先导作用。混合所有制中的国有成分只是采取了不同的形式,其本质未变。所以,根据这个标准,凡是国家控股的公司和企业,都应当认定为国有。

(三) 事业单位和人民团体

事业单位是指从事社会各项事业、拥有独立经费或财产的各种社会组织。如中央和地方的新闻、出版、电影、博物馆、剧团、各级学校、科研机构以及医药卫生等单位。[1] 单位受贿罪的"事业单位",仅指全民所有制事业单位,不包括集体所有制和民办事业单位。一般来说,国有事业单位所需经费由国家开支,依照法律或行政命令设立,不以营利为目的。

根据1998年实施的《社会团体登记管理条例》第2条之规定:"本条例所称社会团体,是指中国公民自愿组成,为实现会员共同意愿,按照其章程开展活动的非营利性社会组织。国家机关以外的组织可以作为单位会员加入社会团体。"社会团体的主要特征是公民自愿组成的从事非营利性活动的组织。在一个经济利益、社会利益和思想观念多元化和差异化逐步扩大的社会中,社会团体是现代政治生活的重要组成部分,能够起到协调社会公共事务,维护群众合法权益等积极作用。在我国,社会团体数目众多,它们在宪法和法律的范围内开展活动。这些社团的分支机构遍布城乡,联合和团结全国的职工、青年、妇女以及各界人士,广泛地参与国家和地方的政治生活,在国家的经济文化政治生活中起到重要作用。

单位受贿罪中社会团体也要求是"国有"性质,一般是指各民主党派、各级共青团、工会、妇联等群众组织。该类组织大都范围较广,对我国的政治经济生活存在一定的影响力,因此对妨害各类民主党派、各级共青团、工会、妇联等群众性组织的受贿行为进行打击具有现实的必要性。

二、单位分支机构或内设机构

刑法明文规定单位犯罪主体有公司、企业、事业单位、机关、团体,单位分支机构或内设机构没有注明。因此在司法实践和理论中对于出现的单位分支机构或内设机构的犯罪曾有过争论。刑法理论通说认为:公司、机关、事业单位及其分支机构、内设职能部门能够成为单位犯罪主体。[2] 司法实践也普遍认同这一观点。2001年1月21日最高人民法院《全国法院审理金融犯罪案件工作座谈会纪

---

[1] 于志刚主编:《多发十种职务犯罪的定罪与量刑》,中国方正出版社2001年版,第364页。
[2] 曲新久主编:《刑法学》(修订版),中国政法大学出版社2006年版,第41页。

要》规定:"单位的分支机构或者内设机构、部门实施犯罪行为的处理。以单位的分支机构或者内设机构、部门的名义实施的犯罪,违法所得亦归分支机构或者内设机构、部门所有的,应认定为单位犯罪。不能因为单位的分支机构或者内设机构、部门没有可供执行罚金的财产,就不将其认定为单位犯罪,而按照个人犯罪处理。"这一规定对单位的分支机构或者内设机构可以成为单位犯罪的犯罪主体这一问题做了详细的规定。既然单位分支机构或内设机构能够成为单位犯罪的主体,当然也可以成为单位受贿罪的主体。也就是说,单位的分支机构或内设机构以自己的名义实施的受贿行为并且违法所得归该分支机构或内设机构所有的,都应当认定为单位受贿罪,而不能认定为受贿罪。

第三节 单位受贿罪的客观方面要件

受贿罪与单位受贿罪最大的不同在于主体的差异,单位受贿罪是现行刑法中少有的在单位与自然人均构成犯罪时,将单位犯罪单独设立为独立的罪名的情形,因此在客观方面要件上,对于受贿犯罪的相关探讨在单位犯罪中同样适用。本节为了避免重复,仅就单位受贿罪不同于受贿罪的情形进行论述。

一、单位受贿罪中的"索取"和"收受"

单位受贿罪是在刑法中根据犯罪主体的不同从受贿罪中独立出来的。因此,单位受贿罪的法律特征与受贿罪存在密切的联系。1979年刑法对受贿罪的客观行为描述的较为简单,只规定了"收受贿赂",在1982年《关于严惩严重破坏经济的罪犯的决定》以及1988年的《关于惩治贪污罪贿赂罪的补充规定》中,受贿与索贿行为已经并存,都包括在受贿罪的客观行为中。1997年刑法采用了相同的规定,依据现行刑法,单位受贿罪的行为方式包括两种:一为索取,二为非法收受。

所谓"索取",是指主动地向他人索要财物的行为。从索取行为的内在结构上可以看出,该行为是复合行为,即由索要和收取两个行为构成。一般来说,在实践中索取财物有两个特征:一是主动性,二是交易性。所谓"主动性",就是指犯罪单位要求来本单位办理事务的人员或者单位,向本单位缴纳一定数额的法定收费标准以外的其他费用,或者要求办理事务者给予本单位全体工作人员一定的"手续费"等。主动性,最常见的表现是向对方积极地提出财物要求,但是也可能是采用暗示或提醒方式,而并非一律带有勒索性。"交易性",是指索取财物与该犯罪单位正在处理的事务有关,也正是基于某些个人或者单位有求于该单位,该单位才借机要求对方单位或者个人给予本单位以财物或者其他财产性利益。

所谓"非法收受",即国家机关、国有公司、企业、事业单位、人民团体对行贿人给付的财物予以接受。收受行为的显著特征在于其被动性，也就是说行贿人主动交付财物，而犯罪单位是消极地接受。因此，相对于积极主动地索取他人财物，收受他人财物则相对难以准确判断，并不因为是"收受"本身难以判断，而是通常难以认定收受财物与该单位办理事务的便利之间的因果关系，这也是法律认定的薄弱之处。所以，在具体案件中，应考虑双方的关系，往来财物的数额等因素，来判断是否存在收受行为。

这里需要特别注意的是，相对于受贿罪，单位受贿罪的成立条件要严格一些，在受贿罪中索取财物这种行为本身即构成受贿罪，而不以"为他人谋取利益"为要件，而单位受贿罪无论是索贿型还是被动收贿型都要求"为他人谋取利益"，单纯的索取财物的行为并不构成犯罪。

二、对"情节严重"的认定

根据《刑法》第387条的规定，国有单位受贿行为，必须是"情节严重"才构成本罪，依法追究刑事责任。怎样才达到"情节严重"的程度，立法上没有明文规定，也没有专门的司法解释，在实践中应该对其细化，从而具有可操作性。根据我国对于贪污贿赂犯罪的立法原意，"情节严重"，应当主要是指受贿的数额较大，也包括受贿的其他恶劣情节。具体数额及其他情节在1999年9月16日最高人民检察院发布的《关于人民检察院直接受理立案侦查案件立案标准的规定（试行）》中规定：单位受贿数额在10万元以上的应予立案；单位受贿数额不满10万元，但具有下列情形之一的应予立案：①故意刁难、要挟有关单位、个人，造成恶劣影响的；②强行索取财物的；③致使国家或者社会遭受重大损失的。这是人民检察院的立案标准，但人民法院的定罪判刑的标准尚不可知。

第四节 单位受贿罪的主观方面要件

本罪的罪过形式是故意。也就是说，行为人故意利用本单位的权力和职能，索取或者非法收受他人的财物，为他人谋取利益。

在此需要指出的是，相对于自然人犯罪的故意，单位犯罪的故意无论是在认识因素上还是意志因素上都与前者有本质的不同。单位的认识和意志方面是单位作为一个整体的认识和意志，往往表现在其决策层的认识和意志。这种罪过方面的整体性是单位作为一个整体承担刑事责任的主体依据。单位犯罪的意志形成过程一般由单位决策机构集体研究决定，或者由单位的主要负责人以单位的名义做出决定。单位犯罪罪过绝不是单位内部某个成员的意志，也不是单位各个成员意志的简单相加，而是单位内部成员在相互联系、相互配合、协调一致的条件下形成的整体意志。

在司法实践中，认定单位意志往往从单位意志的形成方式入手。一般来说，主要有以下两种形式；一种方式是，由单位决策机构做出。单位的决策机构是指有权做出决定的机构，如公司的董事会等。另一种方式是，由单位负责人员做出。单位的负责人员是指公司、企业的法定代表人或者有关机关、团体的首长或领导。

同时，单位受贿罪的主观目的是为单位谋取利益，如果以单位名义索取或者非法收受他人财物之后将贿赂归为己有，应以个人受贿罪论处。

综上，在认定单位受贿罪的主管方面时应注意以下几个方面：①实施犯罪以单位的名义进行；②犯罪行为的实施体现单位的认识和意志；③犯罪所得非法利益归单位所有。其实，上述几个方面同时也是区分单位受贿犯罪和自然人受贿犯罪的重要内容。

第五节 单位受贿罪的认定

一、单位受贿罪的罪与非罪的界限

根据《刑法》第387条规定，单位受贿罪以"情节严重"为犯罪构成要件。所以，国家机关、国有公司、企业、事业单位、人民团体，索取或非法收受他人财物的，为他人谋取利益，尚未达到情节严重的，属于单位受贿违法行为，不属于刑法调整的行为，由有关部门依法予以行政处罚，并对直接负责的主管人员和其他直接责任人员予以行政处分。

由此可见，单位受贿犯罪与违法行为之间的界限在于行为是否达到"情节严重"，司法实践中主要根据最高人民检察院1999年9月16日发布的《关于人民检察院直接受理立案侦查案件立案标准的规定（试行）》的规定，单位受贿罪中的"情节严重"主要从两个方面认定：一是数额方面。单位受贿数额在10万元以上的，属于情节严重。二是情节方面。单位受贿数额虽然不满10万元，但是有故意刁难、要挟有关单位、个人，造成恶劣影响的；强行索取财物的；致使国家或者社会利益遭受重大损失的，同样可以构成本罪。所以说，只有当单位受贿未达到10万元且不具有上述情形的，才是单位受贿违法行为。

二、单位受贿罪与相近罪名的区别

（一）单位受贿罪和受贿罪（以单位的名义个人受贿）的区别

单位受贿罪与受贿罪都是故意犯罪，都有索取或者非法收受财物的行为。但两罪存在本质上的不同，其区别主要表现在以下几个方面：

1. 犯罪主体要件不同。单位受贿罪是刑法规定的单位犯罪，犯罪主体包括国家机关、国有公司、企业、事业单位、人民团体；而受贿罪是自然人犯罪，犯罪主体是国家工作人员。这是两罪的主要区别。

2. 犯罪的客观方面要件不同。单位受贿罪是利用本单位的职权为他人谋取利益；而受贿罪是利用行为人本人职务上的便利。另外，两者虽然都包括索贿行为，但通过索贿而受贿的，其行为要求存在着很大不同，具体来说，单位受贿罪中的索贿行为必须是以为他人谋取利益为前提；而在受贿罪中，索贿行为本身即可构成犯罪，并不同时要求为他人谋取利益。

3. 犯罪的主观要件方面不同。一方面，单位受贿罪的主观目的是非法获取他人的财物后归单位所有，也就是说单位受贿罪的非法利益并不是由个人享有，而是由单位享有；而受贿罪中的主观目的是将贿赂归为己有。因此，对于以单位的名义索取或者非法收受他人财物后将贿赂归为个人所有的行为，应以受贿罪论处。另一方面，单位受贿罪的主观目的是由单位的意志形成的，单位意志虽然是由个人意志集合而成，但是绝不是个人意志的简单相加，单位意志的独立性在现代社会中是不可否认的；而受贿罪的个人意志纯属于自然人的个人意志。

（二）单位受贿罪与非国家工作人员受贿罪的区别

两罪在客观方面都表现为利用职务上的便利，索取或者收受贿赂，但是两者存在明显的差异。

1. 主体要件不同。单位受贿罪的主体是国家机关、国有公司、企业、事业单位、人民团体；对于非国家工作人员受贿罪而言，主体是公司、企业或者其他单位的工作人员，属于自然人主体。

2. 主观方面要件不同。单位受贿罪的主观方面的形成是单位意志的实现，现实中的具体情况可能是领导班子集体研究决定，也可能是经过请示由主管领导一人拍板，但无论采用哪种形式，犯罪都是在单位意志下的受贿行为，而不是单位中某个个人意志的体现；而非国家工作人员受贿罪的主观方面是由接受贿赂的犯罪主体的个人意志来决定的。

第六章　非国家工作人员受贿罪

第一节　非国家工作人员受贿罪概述

一、非国家工作人员受贿罪的立法沿革

1997年《刑法》第163条规定:"公司、企业的工作人员利用职务上的便利,索取他人财物或者非法收受他人财物,为他人谋取利益,数额较大的,处5年以下有期徒刑或者拘役;数额巨大的,处5年以上有期徒刑,可以并处没收财产。

公司、企业的工作人员在经济往来中,违反国家规定,收受各种名义的回扣、手续费,归个人所有的,依照前款的规定处罚。

国有公司、企业中从事公务的人员和国有公司、企业委派到非国有公司、企业从事公务的人员有前两款行为的,依照本法第385条、第386条的规定定罪处罚。"

其中,第1款的规定是在1995年的《关于惩治违反公司法的犯罪的决定》第9、14条的基础上经过修改新增加的一个犯罪,与《关于惩治违反公司法的犯罪的决定》相比,刑法将"公司董事、监事或者职工"和"有限责任公司、股份有限公司以外的企业职工"修改为"公司、企业的工作人员";将"贿赂"改为"他人财物";增加了"为他人谋取利益"的要件。

随着我国改革开放的不断深入,市场经济的不断繁荣,商业受贿案件日益增加,1997年《刑法》第163条在犯罪主体规定上的漏洞凸现出来,全国人大常委会于2006年6月在《刑法修正案(六)》中对《刑法》第163条进行修改,这主要体现在两个方面:一是扩展了犯罪主体的范围,即由"公司、企业的工作人员"扩展为"公司、企业或者其他单位工作人员";二是在该条第2款中所规定的"在经济往来中,违反国家规定收受各种名义的回扣、手续费归个人所有"中增加了"利用职务便利"的规定。这次修改在一定程度上填补了该罪的法律漏洞。

二、非国家工作人员受贿罪的罪名确定历程

一个科学的罪名应当能够对犯罪本质特征做出高度概括。因此,罪名的确定容易引起争议。总的来说,确定罪名时要遵循三个原则,即罪名应具有合法性、科学性和概括性。现行《刑法》第163条规定的非国家工作人员受贿罪,先前的罪名是"公司、企业人员受贿罪",其根据在1997年刑法规定的罪状,在《刑法修正案（六）》中所作的主体上的更改，罪状也随之有了本质上的不同，随之，引起了如何确定该罪罪名的问题。

97年刑法典实施不久，由于《关于惩治违反公司法的犯罪的决定》（以下简称《决定》）并未规定其第9条所涉犯罪的罪名，一时间，理论界和实务界就如何确定其罪名进行了热烈的讨论，大致有以下这些主张：商业贿赂罪、商业受贿罪、业务受贿罪、公司企业人员受贿罪、公司企业职员受贿罪、公司企业工作人员受贿罪等。[1] 其中，"商业受贿罪"这一罪名受到理论界和司法界的支持，且1995年12月25日最高人民法院发布的《关于办理违反公司法受贿、侵占、挪用等刑事案件适用法律若干问题的解释》就采用了该罪名。本书认为，"商业受贿罪"这一罪名与《决定》第9条的规定并不相符。首先，该罪名强调犯罪主要发生在商业领域这一特征，其实受贿并不仅仅发生在商业领域，单位内部的管理活动中也可能存在受贿的情形；其次，我国刑法的罪名通常是以该行为的主要方式来确定，在已有受贿罪的前提下，确定该罪罪名应当注意是否能够和受贿罪相区分。"商业受贿罪"这一罪名没有很好的区分度。其实受贿罪也可能在商业领域发生，比如在国家针对某项工程招标投标时，国家工作人员索取或收受贿赂，而为他人谋利益的情形。而"业务受贿罪"罪名中因"业务"的范围比"商业"还要广泛，在日本刑法中存在"业务侵占罪"，"业务"的范围和我们日常所理解的存在较大差异。严格来讲，公司的董事、监事不属于职员的范畴，因而"公司企业职员受贿罪"的罪名也不准确。

在当时提出的诸罪名中，"公司、企业人员受贿罪"较符合《决定》第9条和第14条描述的罪状，因而对在《决定》第9条和第14条的基础上经过修改形成的1997年《刑法》第163条，最高人民法院和最高人民检察院均以"公司、企业人员受贿罪"作为其司法罪名。需要指出的是，"公司、企业人员受贿罪"只是在形式上较符合1997年《刑法》第163条的罪状描述，但该罪名存在一个缺陷，即依据某人是否在公司、企业工作作为标准划分，我们知道与此罪密切相关的受贿罪主体的划分依据主要是以该人员与工作性质相符的身份，而不是所在单位，而"公司、企业人员受贿罪"采取的划分依据是该人员所在单位，这样一来，在受贿行为上，根据不同的标准划分不同罪名，造成了体系的混乱，不符合罪名规则科学性的要求。

2006年6月，全国人大常委会通过了《刑法修正案（六）》，在公司、企业人员受贿罪的犯罪主体中增加"其他单位的工作人员"，这样是否按照1997年《刑法》中的罪名模式将该罪罪名修改为"公司、企业、其他单位人员受贿罪"？在

---

[1] 参见张志强、黄楚元："公司企业工作人员受贿罪刍议"，载《中央政法管理干部学院学报》1997年第6期。

《刑法修正案（六）》制定前的理论研究中就有主张将"公司、企业人员受贿罪"修改为"公司、企业、其他单位人员受贿罪"或"公司、企业、其他组织人员受贿罪"。如果使用"公司、企业、其他单位人员受贿罪"的罪名，则上述"公司、企业人员受贿罪"罪名的缺陷得以保留，而且作为选择式罪名，"其他单位人员受贿罪"严格来讲不属于规范的罪名。最终，在 2007 年 10 月 25 日最高人民法院、最高人民检察院公布的《关于执行〈中华人民共和国刑法〉确定罪名的补充规定（三）》中将第 163 条的罪名修改为"非国家工作人员受贿罪"。

从立法原意上考虑，《刑法修正案（六）》之所以扩大该罪主体主要是源于严密法网的考虑，1997 年《刑法》颁布之后，学者们对《刑法》第 163 条所规定的"公司、企业人员受贿罪"的非议颇多，指出该罪的主体范围过于狭窄，存在法律漏洞，无法处罚大量的受贿犯罪。因为自然人犯罪主体可以分为国家工作人员和非国家工作人员。而 1997 年《刑法》关于自然人受贿犯罪包括受贿罪和公司、企业人员受贿罪，受贿罪的主体为国家工作人员，公司、企业人员受贿罪的主体为公司、企业人员。但公司、企业人员无法涵盖所有的非国家工作人员，这就导致了大量既不属于国家工作人员又不属于公司、企业人员的其他单位人员的受贿行为得不到法律的处罚，在立法上形成了处罚的漏洞。

应当说，采用"非国家工作人员受贿罪"的罪名，能够比较准确地反映该罪的本质特征，既不会使人产生误解，缩小对商业领域贿赂犯罪行为的打击范围，又不会遗漏对发生在商业领域之外的贿赂犯罪行为的惩处，而且能够与《刑法》第 163 条第 3 款规定的犯罪主体为国家工作人员的受贿罪区别开来（符合罪名确定的原则）。

第二节　非国家工作人员受贿罪的主体要件

从本罪的立法演变以及罪名确定过程可知，非国家工作人员的认定及其范围是认定本罪的关键内容。

一、公司、企业中非国家工作人员的认定

（一）公司中的非国家工作人员

依据公司法的规定可知，公司是指依照法定条件和程序设立的、以营利为目的的社团法人、企业法人。公司包括依照公司法在我国境内设立的有限责任公司和股份有限公司。公司制是在市场经济中，现代国家企业所用的重要组织方式。最初，公司的概念通常被定义为一种工商业组织，经营产品的生产、商品的流转或某些建设事业等。随着时代的发展，公司的实际内涵在飞速的扩充，尤其是多类服务公司、信息公司等如雨后春笋般蓬勃发展，在现代市场经济环境中，公司以其独立的财产、独立的法人人格和股东的有限责任成为了市场经济的重要主

体。公司的工作人员是指有限责任公司、股份有限公司的董事、监事或者职工。有限责任公司、股份有限公司的董事、监事是指依照公司法的规定，经过有限责任公司的股东会或者股份有限公司的创立大会、股东大会选举的董事会或监事会的成员。公司职工是指，除了公司董事、监事以外的公司经理、会计等行政人员、业务人员和其他受公司聘用从事公司事务的人员。

（二）企业中的非国家工作人员

企业是指从事生产、运输、贸易等经济活动的部门，我国市场主体经过几百年的孕育和发展，企业制度日趋成熟，逐步形成了三种最基本的企业制度：一是个人业主企业制；二是合伙企业制；三是如前所述的公司企业制。根据1998年国家统计局、国家工商行政管理局印发的《关于划分企业登记注册类型的规定》，我国目前的企业类型包括：①内资企业，包括国有企业、集体企业、股份合作企业、联营企业、有限责任公司、股份有限公司、私营企业及其他企业；②港、澳、台商投资企业，包括合资经营企业，合作经营企业，港、澳、台商独资经营企业，港、澳、台商投资股份有限公司；③外商投资企业，包括中外合资经营企业、中外合作经营企业、外资企业及外商投资股份有限公司。可见，公司也是企业的一种形式，与此同时我国存在着大量公司以外的其他经营性组织，如合伙企业、个体私营企业等，为了与公司相区别，便将除依公司法设立的公司以外的其他以营利为目的的经济组织称为企业，故本罪所规定的犯罪主体中的"企业工作人员"是指股份有限公司、有限责任公司以外的企业人员，即除公司以外的其他以获取经济利益为目的的所有在中国进行了企业登记的各种经营实体。

二、其他单位中非国家工作人员的认定

（一）事业单位中的非国家工作人员

作为我国计划经济时代的产物，事业单位在我国经济体制的地位独特，因为这个概念在国外并不存在，事业单位的法律概念，根据2004年施行的《事业单位登记管理暂行条例》第2条的规定："事业单位，是指为了社会公益目的，由国家机关举办或者其他组织利用国有资产举办的，从事教育、科技、文化、卫生等活动的社会服务组织。"在我国，事业单位包括了教育、科研、勘察设计、勘探、文化、卫生、体育、新闻出版、交通、气象、地震、海洋、环保、测绘、标准计量、知识产权、进出口商检、物资仓储、城市公用、社会福利、经济监督、农林牧水、信息咨询、机关后勤等行业。目前，我国的事业单位大部分由国家投资兴办，政府直接管理，公立事业单位性质的占90%以上，其他性质的不足10%，也就是说，我国的事业单位中绝大部分是国有事业单位，还有一小部分是国有资产与非国有资产共同举办的非国有事业单位。

由于我国的事业单位是过去计划经济遗留的产物，所以事业单位无论是机构设置、人员编制，还是管理体制和运行机制等诸多方面有着浓厚的行政色彩，结果导致在法律层面国有事业单位中某些工作人员的身份性质成为一个争议颇多的领域。如果按照受贿罪定罪，受贿罪中的"利用职务之便"要求是有公共管理性质的职务，由于事业单位人员从事的事务虽然涉及公共利益，却不存在公共管理的性质，因此不宜定为受贿罪。而事业单位又明显不属于公司、企业，所以也不能以公司、企业人员受贿罪入罪。事业单位人员受贿行为也存在着较大的社会危害性，却无法对此进行定罪量刑。即使勉强入罪，也存在法律解释上的尴尬。在《刑法修正案（六）》出台以后，公司、企业人员受贿罪的主体扩大到了"其他单位的工作人员"，事业单位人员受贿行为就有了与其身份性质相符合的罪名来论处了。

（二）社会团体中的非国家工作人员

社会团体的含义，根据 1998 年实施的《社会团体登记管理条例》第 2 条规定："本条例所称社会团体，是指中国公民自愿组成，为实现会员共同意愿，按照其章程开展活动的非营利性社会组织。国家机关以外的组织可以作为单位会员加入社会团体。"由此可见，社会团体主要特征是公民自愿组成的从事非营利的组织。在一个经济利益、社会利益和思想观念多元化和差异化逐步扩大的社会中，社会团体是现代政治生活的重要组成部分，能够起到协调社会公共事务，维护群众合法权益等积极作用。在我国，有成千上万个社会团体，它们均依据宪法和法律独立自主地开展活动。这些社团的分支机构遍布城乡，联合和团结全国的职工、青年、妇女以及各界人士，广泛地参与国家和地方的政治生活，在社会生活的诸多领域都可以看见社会团体的身影。

目前我国的社会团体主要分为三大类：一是参加中国人民政治协商会议的人民团体，包括中华全国总工会、中国共产主义青年团、中华全国妇女联合会、中国科学技术协会、中华全国台湾同胞联谊会、中华全国工商业联合会等六个全国性团体，由于他们在政治中的独特地位，使得他们的社会影响也比较广泛。二是由国务院机构编制管理机关核定，并经过国务院批准免于登记的团体，包括中国文学艺术界联合会、中华全国新闻工作者协会、中华职业教育社、中国作家协会、中国法学会、中国人民对外友好协会、中国国际贸易促进委员会、中国残疾人联合会、宋庆龄基金会、黄埔军校同学会、中国人民外交学会、中国红十字会总会、中国职工思想政治工作研究会、欧美同学会等全国性的社会团体。以上两类社会团体的主要任务、机构编制和领导职数由中央机构编制管理部门直接确定，虽然从性质上看，他们都是非政府性的组织，但是他们与政府关系密切，执行的事务和行使的职能也大都是有关社会公共利益。三是由公民自愿组成，为实现该团体成员共同利益，依据其章程开展活动的非营利性社会组织，这类社会团体属于民间性的社会团体，根据 1998 年实施的《社会团体登记管理条例》规定，成立这类社会团体必须提交业务主管部门审查同意，并依照该条例的规定进行登记。业务主管部门是指县级以上各级人民政府有关部门及其授权的组织。如我国境内组织的协会、学会、联合会、研究会、联谊会、促进会、商会等。

在上述分类中，前两类社会团体因受国家财政经费支持，其地位、工作范围和功能具有一定的特殊性，因此也被人们称为"人民团体"。从所有制性质上说，"人民团体"必然是国有的社会团体，但"社会团体"有相当多数是非国有的。这一类组织虽不以营利为目的，但具有独立的组织机构和人员，有独立于团体成员的属于团体财产，也是社会经济活动中必然的产物和不可或缺的成分，因此该类组织中工作人员如果存在利用职务上的便利，索贿或者受贿的行为，社会危害性也不可小觑，应当引起足够的认识。其中，国有社会团体（人民团体）中的非国家工作人员和非国有社会团体中的非国家工作人员应是本罪的调整对象。

（三）民办非企业单位中的非国家工作人员

在我国的非企业单位当中，还存在着大量利用非国有资产举办的社会组织，即所谓的民办非企业单位。根据1998年实施的《民办非企业单位登记管理暂行条例》第2条的规定："民办非企业单位，是指企业、事业单位、社会团体和其他社会力量以及公民个人利用非国有资产举办的，从事非营利性社会服务活动的社会组织。"其不得从事营利性经营活动，其登记管理机关不是工商行政管理机关，而是国务院民政部门和县级以上人民政府民政部门。与事业单位的"官办性"相比，民办非企业单位带有明显的"民间性"特征，是利用非国有资产举办的单位。我国目前的民办非企业单位主要包括：①教育事业，如民办幼儿园、民办小学、中学、学院、大学、民办专修（进修）学院或学校，民办培训（补习）学校或中心等；②卫生事业，如民办门诊部（所）、医院、民办康复、保健、卫生、疗养院（所）等；③文化事业，如民办艺术表演团体，文化馆（活动中心）、图书馆（室）、博物馆（院）、美术馆、画院、名人纪念馆、收藏馆、艺术研究院（所）等；④科技事业，如民办科学研究（所、中心），民办科技传播或普及中心、科技服务中心、技术评估所（中心）等；⑤体育事业，如民办体育俱乐部、民办体育场、馆、院、社、学校等；⑥劳动事业，如民办职业培训学校或中心、民办职业介绍所等；⑦民政事业，如民办福利院、敬老院、托老所、老年公寓、民办婚姻介绍所、民办社区服务中心（站）等；⑧社会中介服务业，如民办评估咨询服务中心、民办信息咨询调查中心、民办人才交流中心等；⑨法律服务业；⑩其他非企业单位。[1] 可以看出，民办非企业单位主要从事教、科、文等社会公共利益事业，但由于资金来源的民间性，其必然具有一定程度的独立经济利益，参与社会经济活动，故也是本罪调整的对象。

（四）国家机关中的非国家工作人员

关于本罪的犯罪主体中新增加的"其他单位的工作人员"，很多研究止步于

---

[1] 朱建华："论公司、企业人员受贿犯罪主体的立法完善"，载《现代法学》2005年第6期。

事业单位、社会团体中的非国家工作人员上。然而，我们应当看到，单位本身就是个涵盖性非常广的概括性词汇，而且如果"其他单位"仅指事业单位和社会团体，那么《刑法修正案（六）》完全可以采用罗列的方法规定犯罪主体，由此可见，立法的本意是欲调整除国家工作人员外的一切单位工作人员的受贿行为。国家机关中的非国家工作人员按照逻辑应当在其中。

国家机关即各级国家权力机关、行政机关、审判机关、检察机关、军事机关、中国共产党、中国人民政治协商会议的各级机关。我国的国家机构设置复杂，人员众多，分工细化。国家机关中的工作人员根据工作的内容和性质来区分，主要有两类：①以代表国家从事公务活动的国家工作人员；②为国家机关的日常工作和运转提供服务的人员，如司机、保安、后勤人员等。对于如何界定国家工作人员，根据《刑法》第93条的规定，《刑法》中所称的"国家工作人员"是指国家机关中从事公务的人员。所谓"公务"，根据最高人民法院2003年11月印发的《全国法院审理经济犯罪案件工作座谈会纪要》指出："从事公务，是指代表国家机关、国有公司、企业、事业单位、人民团体等履行组织、领导、监督、管理等职责。公务主要表现为与职权相联系的公共事务及其监督、管理国有财产的职务活动。"由此可见，《刑法》所称的"国家工作人员"，要符合两个要求：其一，在国家机关中工作的人员；其二，从事"公务"活动的人员。第二类人员在国家机关中所从事的这种服务性的工作并不具有法律规定的"公务"的性质，即并不是组织、领导、监督、管理的职责，这类人员不应该是《刑法》第93条所规定的"国家工作人员"。这些国家机关中的非国家工作人员，虽然没有公务职权，但他们在国家机关中也担负一定的工作职责，如为国家工作人员执行公务提供交通服务，为国家工作人员提供饮食服务，他们利用职务上的便利，索取或收受他人财物，为他人谋取利益的行为也具有社会危害性。如政府食堂的采购人员利用物资采购的职权，从关系人处高价购买食品，收取他人贿赂。因此对于国家机关中的非国家工作人员利用职务上的便利，索取或收受他人财物，为他人谋取利益的行为应按非国家工作人员受贿罪来论处。

例如，被告人张某，原系某国有企业国际事业有限公司设备物资部业务员。1997年9月至2000年10月，被告人张某在担任该国有企业业务员期间，利用负责本单位保险业务的职务便利，在与被告人陈某所在的香港某货运有限公司进行保险业务的过程中，非法收受被告人陈某以单位名义给予的保险费用回扣款，共计人民币510 944.11元。该案的争议焦点是张某的行为究竟是构成受贿罪还是非国家工作人员受贿罪。根据上面的分析，我们可以得知，张某尽管属于国有企业的工作人员，但由于其不具有国家工作人员的主体身份，而且其业务工作也不是从事公务的活动，不符合受贿罪的构成要件，而构成非国家工作人员受贿罪。[1]

(五) 居 (村) 民委员会等群众自治组织中的人员

根据《村民委员会组织法》和《城市居民委员会组织法》的规定，我国的村民委员会和居民委员会等基层组织在性质上是一种根据相关法律法规成立的由居民或村民选举产生的，自我管理、自我教育、自我服务的基层群众性自治组织，其既不属于事业单位和社会团体，也不是营利性的经济组织。作为由基层社区居民所组成的群众性自治组织，其当然不是一级国家政权组织，不具有国家机关的性质，但这种自治组织的人员往往又具有一定的群众自治范围内的权利。

可见，作为具有一定的管理职能的自治性组织，其管理职能通常关系到社会公共利益，在特定的时期和场合，村 (居) 民委员会执行的事务有公务的性质，即符合最高人民法院 2003 年 11 月印发的《全国法院审理经济犯罪案件工作座谈会纪要》中有关"公务"的规定，与此相对应，全国人大常委会在《关于〈中华人民共和国刑法〉第九十三条第二款的解释》中规定：村民委员会等村基层组织人员在协助人民政府从事特殊款物的管理，土地征用补偿费用的管理，代征、代缴费用的管理等行政管理工作时，属于《刑法》第 93 条第 2 款规定的'其他依照法律从事公务的人员'，其利用职务上的便利，索取或者收受他人财物的，按受贿罪论处。这一解释为对基层组织人员从事几类特定公务时的受贿行为的界定提供法律依据，一定程度上严厉打击此类人员贪污贿赂等腐败行为。然而，随着基层公共事务的增多，基层群众组织工作范围已经日渐扩大，《刑法》第 93 条第 2 款的解释已经远远不足以约束村 (居) 民委员会的行为，在法律没有触及的范围新的腐败滋生蔓延，在《刑法修正案 (六)》生效前，村 (居) 民委员会人员在自治事务范围内实施的向他人索取或收受他人财物，为他人谋利益的权钱交易的行为，既不属于刑法规定的"其他依照法律从事公务的人员"的行为范围，又难以归类至公司、企业人员受贿罪主体中的公司、企业的行为范围，使得这个领域成为法律的空白和犯罪的乐土。《刑法修正案 (六)》将公司、企业人员受贿罪的主体扩大到"其他单位的工作人员"后，结束了上述的困境，村 (居) 民委员会等群众自治组织的工作人员实施公务行为之外的自治事务范围内的行为时应属于"其他单位的工作人员"，其利用职务上的便利，索贿受贿，为他人谋取利益的行为应按本罪来论处。

---

[1] 本书编写组编：《商业贿赂法律知识问答及案例分析》，中国方正出版社 2009 年版，第 94 页。

第三节 非国家工作人员受贿罪的客观方面要件

一、"利用职务上便利"的认定

"利用职务上的便利"是本罪客观方面的重要特征,对这一要件的准确理解是认定本罪的关键环节。如上所述,在我国刑法典中,"利用职务上的便利"在多个条文中出现,仔细研读,不难发现在不同的罪名中,该表述的含义存在不同的含义,也即"利用职务上的便利"的含义具有相对性。比如,在受贿罪中,根据2003年11月最高人民法院印发的《全国法院审理经济案件工作座谈会纪要》,"利用职务上的便利"是指利用本人职务上主管、负责、承办某项公共事务的职权或利用职务上有隶属、制约关系的其他国家工作人员的职权。在本罪中,由于犯罪主体的差别和犯罪领域的不同,"利用职务上的便利"更侧重于本单位中对资产管理、资本运作、社会经济活动的支配控制权限上的便利。

(一)"利用职务上的便利"是否包括间接利用职权

在受贿罪名中其实同时包括直接利用职权的受贿和间接利用职权的受贿,作为与此相似的罪名,本罪的利用职务上的便利除了直接利用本人职务范围内的权力,即依照规定属于本人职务范围内享有的主管、分管、决定、处理以及经办某事务的权力,是否是包括行为人利用本人职权或地位形成的便利条件,通过其他公司、企业或其他单位工作人员职务上的行为,为请托人谋取利益,而本人从中索取或非法收受财物的间接利用职权的情况成为有争议的地方。

本书赞同"利用职务上的便利"不包括间接利用本人职权,仅指利用本人职权。理由是,根据我国受贿犯罪规定的体系,在《刑法》第385条所规定的受贿罪属直接受贿行为,《刑法》第388条规定了"利用本人职权或者地位形成的便利条件"构成间接受贿行为,由此可见,法律对于直接利用职务上的便利和间接利用职务上的便利这个问题采取的方法是分开表述,因此当法律条文中仅仅表述为"利用职务上的便利"时,依体系解释的原则,应当理解为直接利用,本罪即是如此。虽然现实生活中存在非国家工作人员凭借自己的权力、地位指挥、影响下属以及利用其他人员的权限为"贿赂人"谋取利益的情形或者利用、凭借权限对人的地位、职位的控制左右他人,或者利用他人有求于己的行为,为"贿赂人"谋取利益等情形,这些情形有待于司法解释或是立法完善,在没有新的体系调整前,不宜理解为间接利用,以免有违背罪刑法定原则之嫌。

需要指出的是,本罪中犯罪行为不是与其职权无关的熟悉工作环境、在工作中建立人际关系、在工作单位偶然获得某个信息等便利条件,而应当与其职务应具有直接的因果关系。而对于单纯利用职务便利之外的工作关系为他人谋取利益,从而索取、收受财物的,因不符合非国家工作人员受贿罪的构成要件,不能以本罪论。在认定是否"利用职务上的便利"时，一定要分清利用职务之便与利用工作之便的区别。

（二）"利用职务上的便利"是否包括利用将来或过去职务上的便利

1. 对利用将来"职务便利"的认定。在行为人在尚未获得某个职位之前，利用该职位的便利，索取或收受贿赂，为他人谋利益的行为。由于行为人受贿行为的当时并不在该职位上，因此受贿行为的时候行为人不可能有该职位所赋予的权力，也就是说，该权力在受贿行为时并不具有现实性，不具有为他人谋利益的可能性，这时的"权钱交易"还处在条件未完全的约定阶段。据此，有学者认为这不能构成"利用职务上的便利"，本罪"利用职务上的便利"只能理解为利用现有职务上的便利。另外又有学者认为，对于事前受贿，只要行为人在实施手段行为时，具备了交易资格和交易条件，无论何时实施目的行为，均应认定为交易完成，构成受贿罪。对于职前受贿，除排除受贿人在实施目的行为时根本不具备交易资格的情形外，均应认定交易完成，构成受贿罪。

本书认为，职前的行贿行为相当于对职位权力的一种"投资"，行贿人一般是期许在不久的将来实现自己所要求的利益。而受贿人对这种权力的投资也是明知的，这种情况同样是将"权力"作为一种商品进行买卖，只是交易一方的"商品"在时间上稍有滞后而已，其本质与普通的受贿行为并无差异。因此，应当认定本罪。

2. 对利用过去"职务便利"的认定。由于在受贿罪中，1989年"两高"联合发布的《关于执行〈关于惩治贪污罪贿赂罪的补充规定〉若干问题的解答》第三部分第3条曾明确规定："已离、退休的国家工作人员，利用本人原有职权或地位形成的便利条件，通过在职的国家工作人员职务上的行为，为请托人谋取利益，而本人从中向请托人索取或者非法收受财物的，以受贿论处。"本罪中是否包括职后受贿的情形也引起理论界的讨论。本书认为，上述规定本身就存在扩大犯罪主体的嫌疑，国家工作人员既然已经离休或退休，自然不再是国家工作人员的身份，所谓的"利用职务之便"和刑法中受贿罪的"利用职务之便"有着本质上的差异。而在2009年《刑法修正案（七）》第13条规定了利用影响力受贿罪，其中明确规定离职国家工作人员利用本人原有职权或者地位形成的便利条件，通过在职的国家工作人员职务上的行为，为请托人谋取利益，而本人从中向请托人索取或者非法收受财物的，以受贿论。利用影响力受贿罪的出现为上述的争论提供了明晰的答案，利用过去职务便利和利用现在职务便利分别以不同罪名论处，两者是有区别的不同情形。

鉴于受贿罪的上述规定，非国家工作人员在离职或离、退休或利用原有职权或地位形成的便利条件，索取或收受贿赂，为他人谋利益的行为，不能以非国家工作人员受贿罪论处。

需要特别指出的是，非国家工作人员在离职或离、退休前，利用职务或地位形成的便利条件为他人谋取利益，约定离职或离、退休后收受财物的，这是事后行为，不是职后行为，应以本罪论处。

二、"为他人谋取利益"的认定

本罪中"为他人谋取利益"是否为本罪的构成要件，理论界对此存在分歧，主要有以下两种观点：

"否定说"认为，本罪表述与《刑法》第385条受贿罪的表述存在差异。前者索贿行为构成受贿罪应以"为他人谋取利益"为要件，而且必须数额较大，但后者对于索贿行为构成犯罪并没有"为他人谋取利益"要件的限制。[1] 同时，根据《刑法》第163条第3款规定，以刑法第385、386条的受贿罪来定罪处罚。持此学说者认为非国家工作人员受贿罪与受贿罪中"为他人谋取利益"这个要素应用同一标准，以避免司法实务中无所适从。

"肯定说"认为，非国家工作人员受贿罪中索取或者收受贿赂以"为他人谋取利益"为犯罪构成要件。[2] 因为本罪有别于受贿罪中对索取或者收受贿赂成立犯罪要件的区别规定，这是因为考虑到两罪主体及本质不同，因此，着重以"为他人谋取利益"的要件规定，应理解为仅适用于非国家工作人员受贿罪。

本书认为，在理解非国家工作人员受贿罪时，根据体系解释的应该参照或借鉴受贿罪等相关犯罪理论，但是不能简单套搬受贿罪的学理来理解非国家工作人员受贿罪。毕竟两罪名还存在很大差异。那么，"为他人谋取利益"应作何解释呢？是否应当成为本罪的构成要件呢？"为他人谋取利益"中"为……"说明行为人有意识、有意愿。从利益的实现方面来看，则涵盖了意图或承诺为他人谋取利益、正在为他人谋取利益、尚未谋取到利益以及为他人谋取到利益，同时，这种谋取到利益既包括谋取到全部利益，又可以指谋取到了部分利益。而这种利益既可以是合法利益，又可以是非法利益。"他人"呢？可以是行贿人，也可以是行贿人指示或暗示的第三人以及单位。至于"为他人谋取利益"是否为本罪的构成要件，本书赞成"肯定说"。理由如下：

首先，从《刑法修正案（六）》关于《刑法》第163条的表述来看，索取或者收受贿赂两种行为都以"为他人谋取利益"与"数额较大"为必要的构成要件。

其次，两罪条文表述存在差异。非国家工作人员受贿罪客观方面的条文表述："索取他人财物或者非法收受他人财物，为他人谋取利益，数额较大的。"而受贿罪客观方面的条文表述："索取他人财物的，或者非法收受他人财物，为他

---

[1] 刘家琛主编：《经济犯罪罪名释解与法律适用》，中国检察出版社2003年版，第129页。
[2] 陈立主编：《财产、经济犯罪专论》，厦门大学出版社2004年版，第89页。

人谋取利益的。"从上面表述可以看出，非国家人员受贿罪在取得方式、手段、数量上并列作为其罪名成立的客观方面的组成部分，而受贿罪在表述非法收受他人财物时，以"或者"相隔了前面的索取行为的规定，也就是说，"索取他人财物"与"非法收受他人财物，为他人谋取利益的"是并列的，因此，我认为上述分析应符合立法本意，不应以对《刑法》第385条的理解来规定第163条。

最后，两罪主体、客体及客观方面存在较大差异，影响、危害程度不同。本书认为，"为他人谋取利益"是对"索取和收受"二者行为的限定，无论是"索取他人财物"还是"非法收受他人财物"都应以"为他人谋取利益"相要求。即"为他人谋取利益"是本罪成立的必备要件，当然这种利益并非指现实性全部实际取得。

三、数额较大的认定

根据《刑法修正案（六）》第7条的规定，本罪的构成要件中要求索取或者非法收受他人财物"数额较大"。由此可见，本罪是典型的数额犯。在司法实践中，通常是根据1995年12月25日最高人民法院《关于办理违反公司法受贿、侵占、挪用等刑事案件适用法律若干问题的解释》和2001年4月18日最高人民检察院、公安部《关于经济犯罪案件追诉标准的规定》中的规定进行认定的，即"索贿或者收受贿赂5000至20 000元以上的，属于数额较大"和"公司、企业的工作人员利用职务上的便利，索取他人财物或者非法收受他人财物，为他人谋取利益，或者在经济往来中，违反国家规定，收受各种名义的回扣、手续费，归个人所有，数额在5000元以上的，应予追诉。"但是学者对此也有不同观点：有的学者认同"索贿或者收受贿赂5000至20 000元以上的，属于数额较大"的说法；有的学者认为商业贿赂不同与公务贿赂，本罪的社会危害性比受贿罪要小，且在现实社会中商业贿赂的数额也比较大，应参照受贿罪，对非国家工作人员受贿罪的数额规定适当放宽。国家工作人员受贿数额较大为5000元以上，那么，确定非国家工作人员受贿罪受贿数额为10 000元以上，较为适宜。

本书认同将非国家工作人员受贿罪的受贿数额确定为10 000元以上。因为，现在参照国家工作人员构成受贿罪的5000元标准是1997年3月确定的，距今已有十多年，期间国家的经济已经快速发展，物价水平也发生了明显变化，同样数额的金钱10年前与10年后的"含金量"已大不同，再用97年的标准应该说是不合理的。

第四节　非国家工作人员受贿罪的主观方面要件

本罪的主观方面与受贿罪的主观方面相同，此处不再赘述。

第五节　非国家工作人员受贿罪的认定

一、非国家工作人员受贿罪与诈骗罪的区别

两罪在犯罪构成上存在着较大的差别，一般来说比较容易区分。但是，在公司、企业或者其他单位的人员索取或收受他人财物的过程中存在欺骗时，需要仔细甄别。在具体行为过程中，如果公司、企业或者其他单位的人员没有为请托人谋取利益，而是采取了虚构事实或隐瞒真相的方式，骗取请托人信任，索取或收受请托人财物的，应以诈骗罪论处；如果虽然具有职权，但是并没有打算为他人谋取利益而虚假许诺的，构成诈骗罪与非国家工作人员受贿罪的想象竞合，择一重罪处罚。

二、非国家工作人员受贿罪与职务侵占罪的区别

根据《刑法》第271条之规定，职务侵占罪是指公司、企业或者其他单位的人员，利用职务上的便利，将本单位财物非法占为己有，数额较大的行为。非国家工作人员受贿罪与职务侵占罪的区别主要有以下几个方面：

1. 侵犯法益不同。非国家工作人员受贿罪的客体是公司、企业或者其他单位的管理制度和企业的廉洁性。职务侵占罪的客体是公司、企业或者其他单位的财产所有权。

2. 客观方面要件不同。非国家工作人员受贿罪的行为方式如前所述。而职务侵占罪的行为方式是行为人利用自己主管、经手或者管理本单位财物的便利条件以窃取、涂改账目或者伪造单据等方法侵占本单位的财物。

三、非国家工作人员受贿罪与敲诈勒索罪的区别

《刑法》第274条规定："敲诈勒索公私财物，数额较大的，处3年以下有期徒刑、拘役或者管制；数额巨大或者有其他严重情节的，处3年以上10年以下有期徒刑。"敲诈勒索罪，是指以非法占有为目的，采取威胁或者要挟的手段，强行索取公私财物数额较大的行为。

非国家工作人员受贿罪与敲诈勒索罪同属于侵犯财产的犯罪，存在相同之处，即两罪的主观方面都是故意，而且都是以非法占有为目的。在现实生活中，犯罪行为的发生往往十分复杂，在一些复杂的案件中区分非国家工作人员受贿罪与敲诈勒索罪对于定罪量刑是很有必要的。两罪的区别主要体现在以下方面：

1. 主体要件不同。前罪的主体是公司、企业或者其他单位的人员；后罪则是一般主体，即达到法定责任年龄，并且具有刑事责任能力的人。

2. 在客观方面的表现形式不同。非国家工作人员受贿罪是利用职务上的便利，索取或收受他人财物，为他人谋利益以及在经济往来中，违反国家规定收受回扣和手续费归个人所有；敲诈勒索罪是采取威胁或要挟的方式，迫使被害人交付一定的财物。

综上分析，在主体是国家工作人员的情况下，如果公司、企业或者其他单位的人员利用职务上的便利，采取威胁或者要挟的手段索取他人财物的，构成非国家工作人员受贿罪与敲诈勒索罪的想象竞合犯，择一重罪处罚。

第七章 受贿犯罪的特殊犯罪形态

第一节 受贿犯罪[1]的进程形态

一、概述

受贿罪是直接故意犯罪,从理论上来讲,受贿罪同一般直接故意犯罪一样,当然存着预备、未遂、中止等犯罪的未完成形态。但是,从实体上考量,受贿罪的预备与中止形态的社会危害性小而"不具有可罚性",[2]同时,在程序法上,受贿罪是对合犯的性质决定了受贿罪与行为人形成相互依存的利害关系,并且两者往往是单线联系,导致贿赂犯罪行为极具隐蔽性,预备、中止的情形很难进入到实质的刑事追诉程序。事实上在司法实践中,受贿犯罪以受贿罪(预备)、受贿罪(中止)定罪处罚的判决还未曾出现过。基于此,本书认为对于受贿罪预备、中止的研究不具多大理论和实践意义,故略去不论,仅就既遂、未遂问题进行研究。

二、受贿罪既遂与未遂的认定

(一)收受型受贿罪的既遂与未遂的区分

受贿罪的既遂、未遂的区分问题,实质上就是受贿罪既遂的认定问题。关于收受型受贿罪的既遂标准,在理论上与实务上存在不同的看法。主要有以下几种观点。[3]

1. 承诺说。该说认为,在收受贿赂的情况下,只要行为人做出为他人谋取利益的承诺,就构成受贿罪的既遂,而无论贿赂是否已经实际收受;只有在承诺以前,才存在未遂的问题。

2. 谋取利益说。该说认为,如果行为人为他人谋取到了利益就为既遂,如果由于意志以外的原因未为他人谋取到利益则为未遂,至于受贿人是否实际取得贿赂在所不问。

---

[1] 受贿罪的未完成形态与本书其他三种受贿犯罪并无差别,因此,在本节中仅仅提及受贿罪的未完成形态,对其他受贿犯罪可以以此类推。

[2] 孟庆华:《受贿罪研究新动向》,中国方正出版社2005年版,第246~249页。

[3] 参见于志刚主编:《多发十种职务犯罪的定罪与量刑》,中国方正出版社2001年版,第300~301页;周振想主编:《公务犯罪研究综述》,法律出版社2005年版,第214页;另见赵秉志主编:《刑法学各论研究述评》,北京师范大学出版社2009年版,第663页。

3. 实际受贿说。该说主张以受贿人是否实际取得贿赂作为既遂与未遂的标准，如果行为人实际取得了贿赂就为既遂，如果行为人未取得贿赂则为未遂。因为获得贿赂是行为人的犯罪目的，收取贿赂是受贿罪客观方面的主要行为和根本内容，而为他人谋取利益只是行为人为了实现收取财物的目的而实施的手段行为。该说是目前我国理论界的通说。

4. 谋取利益与实际受贿结合说。该说认为，行为人既利用职务之便为他人谋取了利益又实际取得贿赂的才构成既遂，如果只具备了其中一个方面，另一方面由于意志以外的原因没有具备，构成受贿罪的未遂。

以上关于受贿罪既遂标准的观点，实际上提出了四种行为的做出作为受贿既遂的标准：一是承诺行为，二是受财行为，三是谋利行为，四是受财行为＋谋利行为。"承诺说"认为有承诺行为就构成受贿罪的既遂是不恰当的，这种观点可能受到"为他人谋取利益"要件之"承诺说"的影响，但是两者的内涵并不一样，后者主要旨在说明职务行为与财物之间的关联性与对价性，是受贿犯罪是否成立，是否进入刑事法网的评价范围应受刑罚处罚的问题，而不是这里说的犯罪成立的形态问题。如果行为人承诺以后未来得及收受贿赂便案发，就认定为受贿罪的既遂，未免失之过严。[1]"谋取利益说"与"谋取利益与实际受贿结合说"都要求有谋利行为，显然认为"为他人谋取利益"要件是客观的行为要件（即采"为他人谋取利益"要件的"旧客观要件说"或者"实行行为说"），即认为谋利行为是受贿行为的实行行为。"谋取利益与实际受贿结合说"显然不当缩小了受贿罪的调整范围，此处不再赘述。另外，"谋取利益说"也不恰当，谋利行为可能发生在收受贿赂之前，也可能发生在收受贿赂之后，但这对受贿罪的性质都不具有决定性的意义。如果行为人仅仅谋利，但因为意志以外的原因而没有收到贿赂的，就不能说行为人的犯罪行为"已得逞"，不能认定为既遂；反之，如果行为人收受贿赂后，没有或者未能为他人谋取利益的，犯罪目的已得逞，应当认定为既遂。[2]

本书认为，从受贿罪的客观方面来看，"为他人谋取利益"要件（"承诺说"）旨在说明财物与职务行为形成的对价关系，而为他人谋取利益的行为只是行为人为了实现收取财物的目的而实施的手段行为，也就是说为他人谋取利益的行为是从属于受贿行为而存在的；获得贿赂是行为人的犯罪目的，因而收取贿赂是受贿罪客观方面的主要行为和根本内容，因此受贿罪的实行行行应当是收受贿赂的行为，离开了收受行为，就无所谓受贿罪，更遑论构成要件的齐备；从受贿

---

[1] 陈兴良：《当代中国刑法新境域》（第二版），中国人民大学出版社2007年版，第953页。
[2] 陈兴良：《当代中国刑法新境域》（第二版），中国人民大学出版社2007年版，第953～954页。

罪的主观意图来看，"得到贿赂是行为人的真正目的之所在。根据我国刑法的规定，犯罪未得逞是既遂与未遂相区别的根本标志。具体到受贿罪，所谓未得逞，应该是指因意志以外的原因贿赂未到手。"[1] 从实际情况来看，受贿罪可以表现为"先拿钱后办事"、"先办事后拿钱"、"只拿钱不办事的"（需有具体请托事项），在司法实践中都认定为既遂。因而，"实际受贿说"作为收受型受贿罪既遂的标准是合适的。

（二）索贿型受贿罪的既遂与未遂的区分

索贿型受贿是否存在未遂问题？理论上存在着否定说与肯定说两种相反的观点。"否定说"认为，索贿的，只要实施了索取贿赂的行为就构成既遂，不存在未遂的情况；"肯定说"则认为，索贿型受贿罪同收受型受贿罪一样，也存在未遂问题。[2]

两者的实质区别在于是否将索贿型受贿行为认定为行为犯。"否定说"认为索贿是行为犯，刑法理论一般认为，"行为犯是指以危害行为的完成作为犯罪客观方面齐备标准的犯罪。只要行为人完成了刑法规定的犯罪行为，犯罪的客观方面即为齐备，犯罪即为既遂形态。"[3] 所以，对于行为犯而言，已经实施刑法分则规定的各种具体构成要件的实行行为，即为既遂；具体到索贿型受贿罪而言，索贿的行为一经做出，行为人即已构成受贿罪的既遂，也就无所谓未遂的问题。"肯定说"则相反，认为索贿刑受贿罪也是结果犯，如果只存在索取贿赂的行为，而由于行为人意志以外的原因未实际获得贿赂的同样是受贿罪未遂。

本书赞同"肯定说"，如上所述，"索取"按照字面意思来看，包含了两层意思，一是"索要"（主观上有要求），二是"收取"（客观上已经获得）；因此，"受贿罪中的'索取'也应该是指行为人向相对人索求并取得他人财物的行为"。现实生活中，行为人索要贿赂，相对人答应给付，但是在案发前行为人仍未实际取得财物的情形是存在的，我们称之为"索而未取"。此时，显然法律所规定的构成要件没有齐备，之所以没有齐备，是由于行为人意志以外的原因。因此，索取贿赂但是没有实际取得财物时完全符合犯罪未遂的特征。[4]

综上，不管是收受型受贿还是索取型受贿行为，都是结果犯，都以行为人实

---

[1] 陈兴良：《当代中国刑法新境域》（第二版），中国人民大学出版社2007年版，第954页。

[2] 参见陈正云、钱舫：《国家工作人员职务经济犯罪的定罪与量刑》，人民法院出版社2000年版，第306页。

[3] 王作富主编：《刑法》，中国人民大学出版社1999年版，第117页。

[4] 当然，在"索而未取"的情形下也可能构成无罪，如行为人以明示或者暗示的方式索求相对人行贿的，相对人不予理会或者明确拒绝的，此时很难认定职务行为与财物存在关联性与对价性，不应当认为构成犯罪，或者至多可以认定为受贿罪的预备状态。参见肖中华：《贪污贿赂罪疑难解析》，上海人民出版社2006年版，第172~174页。

际取得贿赂为既遂的标准。

(三) 贿赂的去向与受贿罪的既遂

承上所述,收受财物是受贿罪既遂的标准,受贿案件中,行为人收受行为人交付的财物,财物的去向可分为以下几种情况:①藏匿或者供自己(或者亲友)消费;②案发前将财物退还给行贿人;③案发前将财物交公;④案发前将财物作为公务开支或者公益事业。情形①不影响受贿罪的成立,理论界与实务上均无异议。对于情形②③④是否影响受贿罪的成立,实务中认识不一,争论很大。[1]本书认为,行为人收受财物后,犯罪状态即已达到既遂,刑法理论一般认为,行为一旦达到既遂状态就不可逆转,所以赃物的去向并不影响受贿罪的成立;这如同行为人实施盗窃行为之后,对于盗赃物如何处理(理论上称为不可罚的事后行为)并不影响盗窃罪的成立。行为人收受贿赂以后,对于贿赂的处理一般来讲就是民法上的财产处分行为,与国家工作人员职务行为的不可收买性之间不存在关联性。因此,贿赂的去向一般来说只可能是量刑上的情节,对于受贿罪的成立并无影响。例如,受贿人收受财物后因为悔罪或者害怕受到追诉而将收受财物的财物退还、用于公务或者公益事业;或者受贿人因未能把"请托事项办妥"而将财物退还或者因行贿人的要求而退还。

当然,实践中这样的情形也是可能存在的,财物的去向也可能影响实行行为"收受"的成立,也可能阻却收受贿赂故意的成立,从而阻却受贿罪的成立。例如行为人发现相对人暗中送财而立即退还的情形,也就是"收而不受"的情形。也有学者称之为"客观受贿",所谓"客观受贿"是指"行为人主观上缺乏罪过,根本不愿意受贿,但由于行贿人的蒙骗而在事后发现行贿人留有财物的,或者当场无法拒绝、违心地收下,或者行为人的家属由于不明真相等原因替行为人收受,但事后行为人及时将贿款退还或者公开上交,或者基于各种原因而无法退还和上交,捐赠给公益事业的情况。"[2]需要指出的是,此时收受的财物的去向能够阻却受贿故意的成立,行为本身不构成受贿,不是行为人的行为在构成受贿罪的前提下,而是对赃物的去向的评价问题。

---

[1] 引发的争论可能源于 2006 年 6 月 26 日上海市高级人民法院刑二庭、上海市人民检察院公诉处共同主持召开商业贿赂犯罪法律适用问题研讨会上形成的《商业贿赂犯罪法律适用研讨会纪要》。其中对于受贿款用于公益(务)的一些情况不再认定为犯罪。另参见肖中华:《贪污贿赂罪疑难解析》,上海人民出版社 2006 年版,第 179~183 页;于志刚:"受贿款物用于公务(公益)问题的思考",载《人民检察》2007 年第 7 期。

[2] 于志刚:"受贿款物用于公务(公益)问题的思考",载《人民检察》2007 年第 7 期。

第二节 共同受贿犯罪

一、概述

(一) 共同受贿的概念与特征

共同受贿犯罪是共同犯罪的一种。根据我国《刑法》第 25 条的规定："共同犯罪是指二人以上共同故意犯罪，二人以上共同过失犯罪，不以共同犯罪论处。"同时《刑法》第 385 条规定："国家工作人员利用职务上的便利，索取他人财物的，或者非法收受他人财物，为他人谋取利益的，是受贿罪。"因此，共同受贿犯罪是指国家工作人员与他人相勾结，利用国家工作人员职务上的便利，索取他人财物或者非法收受他人财物，为他人谋取利益的特殊犯罪形态。

成立共同受贿犯罪必须符合以下特征：

1. 犯罪主体的复数性，即行为人必须是两人以上。根据刑法理论，构成共同犯罪的主体必须是两个以上具有刑事责任年龄的人，这里的人，既包括具有刑事责任年龄的自然人，也包括我国刑法规定的能够成为犯罪主体的单位。同时，由于受贿犯罪要求行为人必须具有国家工作人员的身份，因此，共同受贿犯罪的行为人中至少有一人是国家工作人员，否则既不能构成共同的受贿犯罪，也不能构成单独的受贿罪。具体说来有以下几种情况：一是国家工作人员与国家工作人员共同实施的受贿罪，这就是单一主体的共同受贿犯罪，即犯罪主体都具备一定的特殊身份，如政府机关内各部门相互勾结，或者上下级相互勾结，利用共同的职务便利，共同索取贿赂，或者为他人谋取利益，而共同收受他人财物的行为。二是国家工作人员与非国家工作人员相互勾结，利用国家工作人员的职务便利，共同实施的受贿犯罪，这里的非国家工作人员主要指的是公司、企业以及其他与国家工作人员没有特定关系的非国家工作人员，这里的非国家工作人员的界定应当作扩大解释，即使行为人具有国家工作人员的身份，但是在该共同犯罪中并未利用其身份进行犯罪，应当理解为非国家工作人员。三是国家工作人员与特定关系人共同实施的受贿犯罪，根据 2007 年 7 月 8 日"两高"出台的《关于办理受贿刑事案件适用法律若干问题的意见》的规定，这里的"特定关系人"指的是：与国家工作人员有近亲属、情人以及其他共同利益关系的人。后两者都属于混合主体的共同受贿犯罪，即在犯罪主体上，部分共同犯罪人必须具备受贿罪的特殊身份，部分行为人不具备该身份。

2. 犯罪主观方面具有共同的受贿故意。共同受贿犯罪是共同犯罪的一种，因此在主观方面也必须符合共同犯罪的规定，必须具有共同的犯罪故意。共同的受贿故意，指的是参与共同受贿的各行为人对索取他人的财物或者收受他人财物的非法性在主观上具有明知的心理，并且在利用国家工作人员的职权便利为他人谋取利益的方面存在意思联络。通常表现为：各行为人具有利用国家工作人员职权为他人谋取利益的共同意志；各行为人相互勾结，都希望通过达成权钱交易获得一定的利益；并且在主观上有比较亲密的联系和贯通。[1]

3. 犯罪客观方面要求共同的犯罪行为。共同犯罪的理论中对共同犯罪人的分类，依分工分类法，即以各共同犯罪人在共同犯罪过程中的分工为标准，一般将共同犯罪行为人分为正犯（实行犯）、共犯（教唆犯和帮助犯）；依作用分类法，即以各共同犯罪人在共同犯罪过程中的作用为标准，将共同犯罪行为人划分为主犯、从犯、胁从犯。我国刑法理论在采取作用分类法的同时还兼顾了分工分类法，即我国刑法理论上共同犯罪人的分类为主犯、从犯、胁从犯，在这之外还添加了教唆犯。共同受贿犯罪在客观方面要求行为人具有共同的犯罪行为，共同的犯罪行为不等于相同的犯罪行为，它指的是各行为人在共同受贿犯罪中均从事了属于受贿罪客观方面的部分或者全部，例如，部分行为人从事了索取贿赂或者收受贿赂的行为，部分行为人从事了为他人谋取利益的行为，或者部分行为人从事了教唆行为抑或是帮助行为等。总之，各行为人在实施共同犯罪时，不论分工如何，参与程度如何，所有行为人的犯罪行为都是有机联系的，在整个犯罪的链条中，这些行为具有共同性，它和犯罪结果之间都具有因果关系。[2]但是，基于受贿犯罪的特殊性，在共同受贿犯罪行为中，要求其中一个或数个行为人具备国家工作人员的身份，也只有基于该国家工作人员的职务上的便利，才能有条件去实施其他行为，因此，共同受贿犯罪有着区别其他共同犯罪的特殊性。

（二）身份与共同受贿的认定

刑法规定的犯罪行为大部分由一般主体就可以完成，但是有部分因其特殊性，刑法规定只有某些特定的主体才能完成，或者因为其特定的主体而影响其刑罚的轻重，而这些特定主体中有相当部分是指具有特殊身份的主体。刑法理论上把这种由于一定的身份而成立的犯罪或影响刑罚的轻重的犯罪，叫做身份犯。犯罪构成要件的身份，又叫构成身份，即这种身份是一定犯罪的犯罪构成要件，如果不具备这种身份就不构成犯罪，这是刑法理论中的纯正的身份犯或叫真正的身份犯。影响刑罚轻重的身份又叫加减身份，即具有一定身份的行为人从事某种行为被定罪量刑时，刑法依照该身份加重或者减轻、从重或者从轻其所承担的刑罚处罚，这样的身份犯在刑法理论上被称为不纯正的身份犯或不真正的身份犯。

关于身份犯的立法根据，我国有学者认为，刑法规定身份犯无非要达到两个目的：一是借助行为人某些特殊身份的有无，来限制某些犯罪的犯罪主体及犯罪

---

[1] 在这里需要注意的是，主观上有比较亲密的联系和贯通，并不仅仅限于口头语言，在一些场合，眼神或者手势均可认定为主观上具有共谋。不论采取何种方式，只要双方会意即可。

[2] 姜伟、侯亚辉："共同受贿犯罪若干问题探讨"，载《中国刑事法杂志》2002年第2期。

的成立范围,以区分罪与非罪、此罪与彼罪的界限,以便准确妥当地对某些危害行为追究刑事责任。二是借助行为人某些特殊身份的有无,来区分危害程度不同的犯罪之轻重罪责,以突出和加重对某些具备特殊身份的犯罪分子及其特定罪行的打击,使刑罚的轻重与其行为的危害性相对应,同时也对某些具备特定身份而使行为社会危害性较小的犯罪分子和犯罪行为从宽处罚,做到宽严相济。身份之所以影响犯罪的成立,是因为特定的身份赋予了行为人特定的职责即权利和义务,若不正确行使这些权利,或不忠实履行这些义务,就会破坏刑法保护的其他权利和义务关系,具有相当严重的社会危害性,需要刑法通过刑罚来予以制裁。而如果行为人不具备这种身份,则这种犯罪的主客观要件便失去了赖以建立的主体基础,行为人就不可能构成该种犯罪。有些特殊身份之所以影响刑罚的轻重,是因为刑事责任程度是立法者规定刑罚轻重的依据,而特定的身份与特定的权利义务相联系。具有特定身份的人和不具有特定身份的人虽然实施了相同的或者相近的危害行为,由于特定身份的影响,两种行为人的主观恶性和客观危害会有不同。有无特定身份的行为人的刑事责任程度不同,那么刑罚轻重理当不同。[1]

还有学者认为,刑法关于特殊主体的规定,从根本上讲,是由于这种特定身份与所及行为之间的内在联系决定的。行为对社会的危害性及其程度,是犯罪的最本质特征,也是行为责任原则的理论支撑点。而特定的身份与一定的行为相结合,往往影响到行为对社会的危害程度和行为人的罪过程度,从而也就自然影响到刑事责任的有无和大小。这是刑法中规定特殊主体犯罪的理论基础。如果某种特定的身份既不影响行为对社会的危害性及其程度,也不能反映行为人的罪过,则不应当作为特殊主体加以规定。该论者进一步详细分析,认为身份之所以影响刑事责任,主要是基于以下理由:①危害行为只有具有某种身份的人才能实施;②身份决定行为对社会的危害程度;③行为与某种特定的身份相结合,表明行为具有危害社会的性质;④身份表明行为的危害程度或类型;⑤身份表明主体在危害行为中的作用;⑥身份与其对危害结果应负的责任有关;⑦身份表明行为违反了职责要求;⑧身份表明行为人没有履行法定义务;⑨身份表明行为亵渎了职务的不可收买性;⑩主体身份表明行为的主观罪过。[2]

在共同受贿犯罪中,存在着单一主体的共同受贿犯罪以及混合主体的共同受贿犯罪。单一主体的共同受贿,由于各共同犯罪人都具有特殊的国家工作人员的身份,都可以从事受贿犯罪,因此该身份在此类共同受贿犯罪中一般不存在难点和异议,与单独(正)犯的身份犯无异。但是在混合主体的共同受贿犯罪中,由于各共同犯罪行为人所具有的身份不同,部分行为人具备国家工作人员的身份,

---

[1] 赵秉志:《犯罪主体论》,中国人民大学出版社1989年版,第271~272、291~293页。
[2] 张智辉:《理性地对待犯罪》,法律出版社2003年版,第203~210页。

即受贿犯罪所要求的特殊身份,部分行为人则不具备这种身份,在这种情况下,不具备特定身份的行为人能否与具备特定身份的行为人构成身份犯的共同犯罪?即非身份犯能否构成身份犯的共同犯罪,在认识上并不一致。肯定的观点认为,具有特定身份的人与没有特定身份的人可以构成特定身份犯罪的共同实行犯。否定的观点认为,只有两个以上具有特定身份的人共同实施特殊主体的犯罪,才能构成共同犯罪,因为身份是犯罪主体的构成要素之一,身份决定着犯罪主体的性质。

关于无身份者能否构成共同受贿犯罪的共犯,我国刑法理论界曾展开过论辩,在这里立法上表述的变化是引起论争的主要原因。1988年全国人大常委会《关于惩治贪污贿赂罪的补充规定》(以下简称《补充规定》)第1、4条规定"与国家工作人员、集体经济组织工作人员或者其他经手、管理公共财物的人员勾结,伙同贪污的,以共犯论处"、"与国家工作人员、集体经济组织工作人员或者其他从事公务的人员勾结,伙同受贿的,以共犯论处"。1997年刑法修改时,对《补充规定》第1条作了保留,即第382条第3款明确规定"与前两款所列人员勾结,伙同贪污的,以共犯论处",但其并未在受贿罪条文中作同样类似的保留性规定,即1997年刑法并未明确规定与国家工作人员勾结,伙同受贿的,以受贿罪共犯论处。

"否定说"认为,1997年刑法实际上取消了内外勾结的受贿罪共犯的规定,并认为这一取消是科学的。其主要理由是:一是受贿罪是身份犯,其犯罪主体必须是国家工作人员,不具有这一特定身份的人不能与国家工作人员构成共犯,除非法律有特别规定。由于刑法并没有内外勾结受贿共犯的规定,所以非国家工作人员与国家工作人员相勾结,伙同受贿的,不能以受贿罪共犯论处。并且,受贿罪的客体是国家工作人员职务行为的不可收买性。它主要惩处的是国家工作人员,因而不能将非国家工作人员作为受贿罪共犯处理。二是适用刑法总则共同犯罪的规定,其条件是共同犯罪人的行为均符合构成要件,缺一不可。非国家工作人员与国家工作人员相勾结,伙同受贿,国家工作人员收受财物可以构成受贿罪,但非国家工作人员不具有特定身份,没有职务的便利可以利用,虽然有收受他人财物的故意和行为,但由于构成要件缺失,就不能适用共同犯罪的规定,不构成受贿罪。[1] 三是刑法保留内外勾结的贪污共犯,取消内外勾结的受贿共犯,是因为两罪侵犯的客体有区别。两罪的客体虽然都包括国家工作人员职务行为的不可收买性,但贪污罪的客体着重于公共财物的所有权,受贿罪的客体着重于国

---

[1] 邓祥瑞:"非国家工作人员不构成受贿罪共犯——兼谈新刑法废除受贿罪共犯条款的立法理由",载《湖南师范大学社会科学学报》2000年第3期;谭孝敬:"非国家工作人员不构成受贿罪",载《中国律师》1999年第2期。

家机关和其他国有单位的正常工作秩序。非国家工作人员虽不能单独利用职务便利构成贪污罪,但在伙同贪污中,却能勾结国家工作人员完成贪污行为,侵犯公共财物的所有权。在伙同受贿中,非国家工作人员虽然得到了一定财物,但要利用职权为他人谋取利益,破坏国家机关和其他国有单位的正常工作秩序,还得靠国家工作人员的行为完成。且收受的财物并不是受贿罪客体。所以刑法取消内外勾结的受贿罪共犯是科学的。[1] 上述理由在否定说中具有一定的代表性。还有学者更是从无身份者没有特殊身份者的权力也不承担特殊主体才能承受的特殊义务着手,认为特殊的共同犯罪应当要求每一个主体必须具备特殊的主体资格,进而认为无身份者甚至不应该成为贪污罪的共犯。[2]

"肯定说"认为,非国家工作人员勾结国家工作人员,伙同受贿,构成受贿罪的共犯,是适用刑法总则关于共同犯罪的规定和刑法共犯理论的当然结论。1997年刑法虽然未做出明确规定,但《补充规定》的精神显然是有效的。对非国家工作人员与国家工作人员相勾结,伙同受贿的,可直接适用刑法总则关于共同犯罪的规定,追究非国家工作人员受贿罪的刑事责任。因为"基本上不存在将受贿共犯认定为其他犯罪的问题,因而没有提醒的必要"。[3] "肯定说"目前仍为刑法学界的通说。

我国刑法中没有有关身份犯的共同犯罪的立法规定,但是立法与司法对无身份者可以构成身份犯的共同犯罪问题,一直是持肯定的观点。《补充规定》第1条第2款规定:"与国家工作人员、集体经济组织工作人员或其他从事公务的人员勾结,伙同受贿的,以共犯论处。"1998年4月29日最高人民法院发布的《关于审理挪用公款案件具体应用法律若干问题的解释》第8条规定:"挪用公款给他人使用,使用人与挪用人共谋,指使或者参与策划取得挪用款的,以挪用公款罪的共犯定罪处罚"。我国现行《刑法》第382条第3款规定:"与前两款所列人员勾结,伙同贪污的,以共犯论处。"该条款表明了非国家工作人员可以构成贪污罪的共同犯罪。在我国的刑事司法实践中,实际上也是贯穿了这一原则。2000年6月30日最高人民法院发布的《关于审理贪污、职务侵占案件如何认定共同犯罪几个问题的解释》第1条规定:"行为人与国家工作人员勾结,利用国家工作人员的职务便利,共同侵吞、窃取、骗取或者以其他手段非法占有公共财物的,以贪污罪共犯论处。"这些规定都表明了我国的立法与司法实践对此问题持肯定态度。

---

[1] 王发强:"刑法是否取消了内外勾结的受贿罪共犯",载《人民法院报》1998年8月13日。
[2] 杨兴培、何萍:"非特殊身份人员能否构成贪污罪的共犯",中国法学会刑法学研究2001年学术研讨会论文。
[3] 张明楷:"非国家工作人员伙同受贿的共犯认定",载《检察日报》2001年11月1日。

(三) 共同受贿犯罪的犯罪故意

受贿罪共同犯罪故意是二人以上通过主观联络，在对共同受贿行为具有同一认识的基础上，对其所会造成的危害社会的结果的希望或者放任的心理态度。共同受贿故意不同于单独受贿故意，具有内在的主观联络，这种主观联络表现为共同犯罪人以国家工作人员受贿行为为核心的双重认识和双重意志。在认识因素方面，共同犯罪人明知本人行为的社会危害性以及自己和他人共同实施受贿犯罪。在意志因素方面，共同犯罪人在认识本人行为和他人行为的基础上，对于本人行为和他人行为会造成危害社会的结果具有希望或者放任的心理态度。共同受贿行为在共同受贿人的主观心理态度支配下得以实施，反映出共同受贿人的主观恶性和社会危害性。

对共同受贿故意的认定，必须以共同受贿行为及相关情况为客观依据。根据受贿故意性质的不同，可以将共同受贿犯罪的共同故意分为实行故意、帮助故意和教唆故意。[1]

1. 共同受贿犯罪的实行故意。共同受贿犯罪的实行故意是指国家工作人员实行受贿行为的故意。在单一主体的共同受贿犯罪中，表现为国家工作人员明知自己和其他国家工作人员共同实施受贿犯罪行为，会侵犯国家工作人员职务行为的不可收买性，并希望这种结果发生的主观心理状态。在混合主体的共同受贿犯罪中，表现为国家工作人员明知自己和他人共同实施受贿犯罪行为，明知自己利用职务之便，索取他人财物，或者非法收受他人财物，为他人谋取利益的实行行为以及他人的帮助行为会侵犯国家工作人员职务行为的不可收买性，并希望这种结果发生的心理状态。可以看出，共同受贿犯罪的实行故意中的认识因素既包括对自己行为的认识，也包括对他人帮助行为的认识。在对本人实行行为的认识方面，国家工作人员必须具有收受他人财物的认识和利用职务之便为他人谋取利益的认识。二者之间具有关联性和因果性，即基于同一事实而产生具有因果关系的收受他人财物的认识和为他人谋取利益的认识。在他人帮助行为的认识方面，国家工作人员必须明知他人帮助行为会促使自己受贿行为的顺利实施。

2. 共同受贿犯罪的教唆故意。共同受贿犯罪中的教唆故意是指行为人具有教唆国家工作人员产生受贿犯意的故意。在认识因素上，教唆故意需要具备两方面的认识：一是明知被教唆的国家工作人员没有受贿的犯意或者受贿的犯罪意图处于未确定的状态，其教唆行为可能或必然使国家工作人员产生受贿犯罪意图或者促使国家工作人员的犯罪意图明确并进行受贿行为；二是要明知其所教唆的行为会侵犯国家工作人员的职务的不可收买性。在意志因素上，行为人不仅希望或者放任其教唆行为，而且希望或者放任被教唆的国家工作人员实施受贿行为。

---

[1] 林喆等主编：《腐败犯罪学研究》，北京大学出版社2002年版，第572页。

3. 共同受贿犯罪的帮助故意。受贿罪的帮助故意是指行为人具有为国家工作人员实行受贿犯罪提供帮助，促使受贿罪实行行为的顺利实施的故意。在认识因素上，一方面，明知帮助行为将促使受贿罪实行行为的顺利实施；另一方面，明知帮助行为与国家工作人员的实行行为的结合将侵犯国家工作人员职务的不可收买性。在意志因素上，行为人不仅希望或者放任其帮助行为，而且希望或者放任通过自己的帮助行为使受贿罪实行行为能够顺利实施，并产生侵犯国家工作人员职务行为的不可收买性的后果。在认定受贿罪的帮助故意时，要注意帮助者应当明确知道国家工作人员将要或正在实施受贿行为。

二、共同受贿犯罪的认定

共同受贿犯罪包括单一主体的共同受贿犯罪与混合主体的共同受贿犯罪。单一主体的共同受贿犯罪是指共同受贿犯罪的犯罪主体都具有国家工作人员的身份，利用各自的身份，互相勾结，共同利用职务上的便利，为他人谋取利益，索取或收受贿赂的行为。对于单一主体的共同受贿犯罪，属于身份犯相互勾结的共同犯罪，在认定上比较简单，一般说来都构成受贿罪。混合主体的共同受贿犯罪是指共同受贿犯罪的犯罪主体中部分行为人是国家工作人员，具备特定的身份，部分行为人不具备该特定的身份，行为人之间相互勾结，利用国家工作人员所具备的特殊身份，利用其职务便利，为他人谋取利益，索取或收受贿赂的行为。对于该类共同受贿犯罪的认定，在理论和实务上都具有一定难度，应当分类进行认定。

(一) 单一主体共同受贿的认定

1. 国家工作人员共同勾结的表现形式。单一主体的共同受贿犯罪的行为人都具有国家工作人员的身份，他们共同利用各自的职务上的便利，为他人谋取利益，索取或收受贿赂。一般说来，各个行为人均构成受贿罪。但是不能简单地认为所有国家工作人员都是直接实行犯罪的实行犯，并进而认为他们都是主犯，国家工作人员共同受贿，其中某个或某些国家工作人员可能仅仅是教唆犯、帮助犯。从作用来看，也可能仅仅是从犯、胁从犯。区分的关键是要看是否符合受贿罪的构成条件：利用职务之便索取贿赂或者利用职务便利，收受贿赂，为他人谋取利益。是否利用职务便利是判断共同受贿人是共同实行犯还是教唆犯、帮助犯的关键根据。受贿人可以是在同一单位的同一工作岗位，也可以是同一单位的不同工作岗位，甚至可以是不同的工作单位，但如果他们的职务与行贿人请托的事情有关联并使行贿人在感受到受贿人的索取财物的意思表示后，产生确信必须向受贿人给予财物；或者他们在收受财物后利用职务便利为他人谋取利益，那么他们就构成受贿的共同实行犯，反之，如果他们没有利用本人的职务便利，那就只能构成教唆犯或帮助犯。现实生活中一些需要层层审批，层层把关或多人共同负责的事情，行贿人需要打通所有环节，客观上容易发生国家工作人员共同受贿犯罪。

一般说来，根据行为人的身份职务不同，可以将国家工作人员相互勾结的表现形式分为以下两种：

(1) 同一单位的国家工作人员互相勾结共同受贿。许多时候，行贿人的某一请托事项仅凭某个国家工作人员一个人的职权是很难实现的，而需要由单位内部其他人员甚至包括其他部门的人员共同协同配合，如银行贷款、工商局注册登记等活动，都要经过申请、审核、批准、发放等多个环节。在这种情形下就会导致这些部门的国家工作人员出于互相贯通的共同受贿心理，勾结起来，分别利用本人的职务便利为行贿人谋取部分利益，通过这些部分谋利行为的整合，最终完成行贿人的请托事项。这种情况很容易引起某个单位的群蛀案、窝案。

(2) 不同单位的国家工作人员互相勾结共同受贿。在我国，由于各个不同单位也可能存在既分工又协作的情况，不同单位的国家工作人员之间就会存在一定的制约和协作关系，行贿人请托事项就可能涉及不同单位的国家工作人员的职务行为。这些人员也可能因职务上的关系和共同受贿犯罪的心理相勾结，共同索贿受贿。比如一起刑事案件从立案、侦查、起诉、审判和执行，涉及公安、检察、法院、司法等执法机关。上述机关的国家工作人员就可能为某起个案的处理勾结起来，为当事人谋利，共同收受贿赂。

2. 国家工作人员共同受贿与斡旋受贿行为的区别。如第三章部分所述，斡旋受贿不是一个独立的罪名，而是一种特殊的受贿方式，侵犯的是国家工作人员职务的不可收买性。它是指国家工作人员利用本人职权或地位形成的便利条件，通过其他国家工作人员职务上的便利，为请托人谋取不正当利益，索取或收受请托人财物的行为。

此类犯罪的特点是：一是犯罪主体必须是"现职"国家工作人员。已离、退休的国家工作人员因为已失去了国家工作人员的特殊身份，即使其利用本人原有职权或地位形成的条件，通过在职国家工作人员职务上的行为，为请托人谋取利益，本人非法索收财物的行为不应以受贿罪论处；二是本人职权和地位形成的便利条件应当限定为与被利用人的职权之间不存在制约关系，如果存在制约关系则是一般受贿行为；[1] 三是根据现行法律规定，行为人必须是为请托人谋取不正当利益，才可能构成斡旋受贿犯罪，如果是正当的利益，则不能追究刑事责任。

从行为构成来看，斡旋受贿也必然涉及到两个国家工作人员，他们利用职务上的合力，实现为请托人实施谋取不正当利益的要求；并且都索取或收受了请托人的贿赂。这与国家工作人员相互勾结共同受贿的形式十分相似，但是两者具有本质的不同，司法实践中对此应当严格加以区别。

---

〔1〕冯殿美："论受贿罪的共同犯罪"，载《山东大学学报》2002年第3期。

（1）犯罪主体不同。前者虽然涉及两名国家工作人员，但直接利用职务便利为请托人谋利的国家工作人员并没有收受贿赂，所以不能成为受贿罪的主体。

（2）犯罪主观方面和客观行为均不同。共同受贿的两个国家工作人员之间具有利用双方或一方的职务便利为他人谋利并收受贿赂的共同故意，不管双方是否均利用了本人的职务便利，其对于行为的目的指向都是明确和共同的，即"以权换钱"。而斡旋受贿中的两名国家工作人员之间并无受贿犯罪的意思联络。直接利用职务便利的国家工作人员系在另一国家工作人员的指使、要求下为他人谋取不正当利益，但没有从请托人处收取贿赂的故意和行为，如果其利用职权的行为触犯其他罪名，如滥用职权罪、徇私枉法罪等，则应以该构成的其他罪名单独定罪论处。如胡楚寿受贿案：

胡楚寿，原系国有重点金融机构监事会主席，曾任中国农业银行副行长、中国农业发展银行副行长。胡楚寿于1996年至2003年间，利用其职务便利，为他人谋取利益，并利用其职权、地位形成的便利条件，通过其他国家工作人员职务上的行为，为他人晋升职务、申办贷款、顺利中标、出售大厦提供帮助，单独或伙同其子胡刚多次非法收受他人给予的人民币540万元、港币90万元（折合人民币95.48万元），共计人民币635.48万元。其受贿行为被北京市第一中级人民法院判处无期徒刑，剥夺政治权利终身，并处没收个人全部财产。其中2000年8月，胡楚寿在担任国有重点金融机构监事会主席期间，接受新锦安实业发展（深圳）有限公司董事长高金明的请托，利用其职权、地位形成的便利条件，违反规定，通过中国农业银行深圳市分行有关领导，为该公司向中国农业银行深圳市分行出售香丽大厦作为营业网点提供了帮助，并在深圳市长城大酒店收受高金明给予的港币30万元（折合人民币31.84万元）。[1]

胡楚寿利用其担任中国农业发展银行副行长、国有重点金融机构监事会主席等职务便利，为他人谋取利益，为他人晋升职务、申办贷款、顺利中标、出售大厦提供帮助，应当属于受贿罪。而其利用其职权、地位形成的便利条件，通过其他国家工作人员职务上的行为，通过中国农业银行深圳市分行的有关领导，为他人谋取利益，设立营业网点，并且收受贿赂，其与中国农业银行深圳市分行的有关领导之间并无受贿的共谋，事后也并未分赃，因此该行为不属于共同犯罪，而属于斡旋受贿。

（二）混合主体共同受贿的认定

混合主体的共同受贿犯罪中，要求必须有部分共同犯罪人具备国家工作人员的身份，而部分共同犯罪人不具备该种身份，或虽然也是国家工作人员，但是不

---

[1] 熊选国主编：《刑事审判参考》（2006年第5集·总第52集），法律出版社2007年版，第184页。

利用该身份进行该受贿的共同犯罪。对于混合主体共同受贿犯罪的研究，应当以不具备该犯罪中特殊身份的行为人的身份来区别分析。

1. 国家工作人员与非国家工作人员共同受贿的认定。《刑法修正案（六）》第 7 条规定，将《刑法》第 163 条修改为："公司、企业或者其他单位的工作人员利用职务上的便利，索取他人财物或者非法收受他人财物，为他人谋取利益，数额较大的，处 5 年以下有期徒刑或者拘役；数额巨大的，处 5 年以上有期徒刑，可以并处没收财产。"

"公司、企业或者其他单位的工作人员在经济往来中，利用职务上的便利，违反国家规定，收受各种名义的回扣、手续费，归个人所有的，依照前款的规定处罚。"

"国有公司、企业或者其他国有单位中从事公务的人员和国有公司、企业或者其他国有单位委派到非国有公司、企业以及其他单位从事公务的人员有前两款行为的，依照本法第 385 条、第 386 条的规定定罪处罚。"

该规定取消了以往的公司、企业人员受贿罪，将其并入到非国家工作人员受贿罪，这就意味着在我国现行刑法意义上来说，公司、企业工作人员不再单独作为类似犯罪的主体，而是统称为非国家工作人员，因此，以往的国家工作人员与公司、企业人员共同受贿犯罪和国家工作人员与非国家工作人员共同受贿犯罪合并，共同成为国家工作人员与非国家工作人员共同受贿犯罪，当然，基于非国家工作人员的身份不同，本节将国家工作人员的家属单列出来，作单独分析。

非国家工作人员受贿罪和受贿罪在客观行为特征上完全相同，只是由于主体的不同而被分列为两罪，但两者量刑差异甚大（同样的情况还发生于职务侵占与贪污案件中）。当公司、企业人员等非国家工作人员与国家工作人员共同实施受贿或侵吞单位款项的行为时，应如何定性处理成为理论界与实务界探讨的重点。这种情况被称为混合特殊主体共同犯罪，目前主要存在四种观点：

（1）主犯决定说。认为对不同特定身份者分别利用各自职务便利实施的共同犯罪，应当按照主犯的犯罪性质定罪。

（2）分别定罪说。认为身份犯是刑法对具有特定身份的人构成犯罪所做出的特殊规定，既然法律已经对不同身份所构成的犯罪做出了明确的规定，就应当严格按照刑法的规定定罪处罚，故对不同的特定身份者共同受贿犯罪应当分别以受贿罪和非国家工作人员受贿罪认定。[1]

（3）从一重处断说。认为对于对混合特殊主体共同犯罪应采取从一重处断的原则。因为共同犯罪的社会危害性决定了从一重处断原则的合理性，符合刑法对

---

〔1〕 中华人民共和国最高人民法院刑事审判第一庭编：《刑事审判参考》（1999 年第 4 辑·总第 4 辑），法律出版社 1999 年版，第 39 页。

混合主体勾结职务犯罪从重处罚的立法价值取向,可以保证刑法的平衡要求,并且操作简便易行。[1]

(4) 综合分析说。认为对于这种情形,不能绝对地按主犯决定说或分别定罪说,而应具体问题具体分析,应按行为的社会危害性来确定。进而提出社会危害性是一个综合指标,对上述情形不要单纯考虑谁是主要实施者或谁是特定身份者,而是既要考虑行为人本身的主客观因素,又要考虑行为人的行为对整个社会的客观影响和人们对这种行为的评判。[2]

对于以上四种观点,理论界大都认为各有利弊。其中,"主犯决定说"以共同犯罪人作用大小对犯罪性质进行评价混淆了定罪与量刑的关系,且在同时出现二个以上主犯的情况下难以适用,并不可取;"分别定罪说"体现了受贿共同犯罪中特定身份者行为的独立性,但忽视了共犯的从属性,有悖共同犯罪的原理;"从一重处断说"忽视了犯罪主体对犯罪行为社会危害性的影响。赵秉志教授曾对此进行过详细的阐述,他认为混合特殊主体共同受贿需要具体考察利用职务便利的情况,故"分别定罪说"与"从一重处断说"各具合理性;至于社会危害性的综合指标则过于笼统。据此,其提出了针对三种不同的情况区别对待的处理原则:一是国家工作人员与非国家工作人员中只有一方利用职务便利的共同受贿犯罪案件,应以利用职务便利人实施的犯罪性质定罪;二是国家工作人员与非国家工作人员只是各自利用自己职务上的便利为他人谋利,共同收受贿赂的,应分别定罪;三是国家工作人员与非国家工作人员不仅利用各自的职务便利,而且相互利用对方职务便利予以协同的,应视为符合想象竞合的情形,适用刑罚较重的罪名。[3]

本章着重讨论的是受贿罪的共同犯罪,不涉及非国家工作人员受贿罪,因此国家工作人员与非国家工作人员共同受贿的情形主要指非国家工作人员参与国家工作人员的受贿行为中,作为受贿罪的共犯存在。一般来说,非国家工作人员在参与受贿犯罪的实行中,由于其不具备国家工作人员的特定身份,无法利用职务便利,因此,其在共同犯罪中主要还是以收受贿赂行为为主。非国家工作人员实施收受贿赂的行为主要存在以下几种情形:

(1) 国家工作人员与非国家工作人员事先共谋,对共同受贿进行了商议和分工,即由前者利用职务便利为请托人谋利,而后者负责收受贿赂。则在这种情况下,后者实施的收受行为应视为对于整个受贿犯罪具有控制和支配力,以共同实行犯论处。

---

[1] 潘伯华:"混合主体勾结职务犯罪处断原则探讨",载《人民检察》2000年第2期。
[2] 杨辉忠、华丽:"职务犯罪中的混合身份共犯",载《南京大学法律评论》2001年第1期。
[3] 赵秉志、许成磊:"贿赂罪共同犯罪问题研究",载《国家检察官学院学报》2002年第1期。

（2）国家工作人员与非国家工作人员事先无共谋，但是后者在前者不知情的情况下，先主动收受了请托人的钱物，而后教唆、怂恿、要求国家工作人员为请托人谋利，国家工作人员在对已收受钱物明知的前提下为请托人谋利，使整个受贿犯罪行为得以完成。此时非国家工作人员是犯罪的起意者，其收受行为在整个犯罪中起到了支配作用，如果没有其先收受钱物的行为，受贿犯罪也不可能发生，应以共同实行犯论处。

（3）国家工作人员在非国家工作人员不知情的情况下，首先利用职务便利为请托人谋取了利益，而后教唆或指使非国家工作人员出面收受贿赂。此时收受贿赂的行为对于整个受贿犯罪没有支配作用，在这种情况下非国家工作人员实际上只是国家工作人员利用的工具而已，其行为只具有帮助前者的性质，以帮助犯论处是合适的。

2. 国家工作人员与其家属共同受贿的认定。

（1）家属能否作为受贿罪共犯。国家工作人员与其家属共同受贿总体上属于国家工作人员与非国家工作人员共同受贿的情形。对家属参与的行为是否构成受贿罪共犯，理论界有不同的观点。[1]第一种意见认为，国家工作人员的家属收受了他人的贿赂，这一贿赂纳入了家庭共同消费或使用的范围，国家工作人员又利用职务之便为他人谋取了利益，就可认定他们主观上有共同的犯罪故意。换句话说，国家工作人员对其家属收受贿赂，无论明知与否，都应承担刑事责任。第二种意见认为，国家工作人员与其亲属共同受贿的认定，应坚持主客观相一致的观点。只有国家工作人员明知其家属接受贿赂的具体情况，并主观上有为他人谋取利益的故意，才能构成共同受贿犯罪。这种明知表现为接受贿赂时，国家工作人员在场或者虽不在场，但有证据证明其家属事后告诉了他。如果国家工作人员并不清楚其家属接受了贿赂，则不能构成受贿罪。第三种意见认为，只要国家工作人员有为他人谋利益的行为，也知道其家属接受贿赂的基本内容，就可以认定共同受贿，而不必要求国家工作人员对受贿的数额等内容是否明知，也不必考虑这种认识的来源。

第一种观点有客观归罪之嫌。家属虽然知道财物的贿赂性质，也与国家工作人员共享贿赂，但家属接受贿赂时并没有与国家工作人员形成共同受贿故意，也没有证据证明他们有为他人谋取利益的故意的意思沟通，且客观上也没有参与受贿行为的实施，不符合共同犯罪的构成要件。第二种观点将故意的范围限定太窄，不利于打击这种特殊形式的共同犯罪。第三种观点比较符合实际。国家工作人员与其家属长时间生活在一起，很容易进行思想交流，彼此都相互了解，相互间所做的一些事情不必明说，彼此间可能知道内情。只要能够证明国家工作人员

---

[1] 孙国祥：《贪污贿赂犯罪疑难问题学理与判断》，中国检察出版社2003年版，第369页。

大体明知贿赂的存在,对贿赂没有明显反对,不要求其明知贿赂的具体情况,就应当认定二者具有共同受贿的故意。家属的行为是否构成受贿罪共犯,关键在于双方有无共同受贿的故意和行为。实践中,家属参与国家工作人员的受贿活动很常见,但家属的每次参与行为是否都构成共同受贿犯罪,应当具体分析。

第一,家属明知国家工作人员收受了贿赂而与其共享的行为定性。国家工作人员利用其职务上的便利,为他人谋取利益,收受他人贿赂或索取他人财物,并将贿赂交给其家属共享,并告之整个事情。因家属使用贿赂时,国家工作人员的受贿犯罪已经完成,即家属无共同受贿的主观故意和行为,故其家属仅有共享贿赂的行为不构成受贿罪共犯。

第二,家属明知是贿赂而收受的行为定性。在现实生活中,有时行贿人为了感谢国家工作人员为其谋取利益,到其家中送钱送物,但国家工作人员不在家,其家属在行贿人讲明了送钱意图和请托事项之后,代为收下财物,而事后告知国家工作人员。此时国家工作人员与家属均具有占有受贿财物的故意。无论国家工作人员或者其家属是否实际占有该财物,由于其对财产的共同所有或者继承的特殊关系,均应视为其共同占有了该财物。家属主观上明知是不该收受的他人财物,客观上收下钱财并将送钱事项、请托事由告诉了国家工作人员,是整个受贿行为中的一个重要环节,属于共同犯罪中的帮助行为;同时,国家工作人员利用职权为他人谋取利益,具有共同受贿的行为。因此对家属的行为应当以受贿罪的共犯认定。在司法实践中也是这么操作的。2003年11月13日最高人民法院印发的《全国法院审理经济犯罪案件工作座谈会纪要》规定"国家工作人员的近亲属向国家工作人员代为转达请托事项,收受请托人财物并告知该国家工作人员。或者国家工作人员明知其近亲属收受了他人财物,仍按照近亲属的要求利用职权为他人谋取利益的,对该国家工作人员应认定为受贿罪,其近亲属以受贿罪共犯论处"。

如北京市海淀原区长周良洛受贿案:1998年至2006年期间,周良洛利用担任中国共产党北京市朝阳区委员会(以下简称"朝阳区委")宣传部部长、北京市朝阳区人民政府(以下简称"朝阳区政府")副区长、北京市朝阳区户外广告管理领导小组(以下简称"朝阳户外广告领导小组")副组长、北京市海淀区人民政府(以下简称"海淀区政府")区长等职务便利,为请托人谋取利益,单独或伙同其妻被告人鲁小丹多次非法收受陈硕等十人给予的款、物共计折合人民币1672万余元。其中,鲁小丹明知周良洛利用职务便利为他人谋取利益,与周良洛共同非法收受他人给予的贿赂款共计折合人民币889万余元。2008年3月28日,北京市海淀区原区长周良洛被北京市第二中级法院一审判处死刑,缓期两年执行;其妻鲁小丹被判处无期徒刑。

本案中,周良洛利用其职权为他人谋取利益,并且收受他人的贿赂,理应构成受贿罪。鲁小丹作为周良洛的妻子，与周良洛共谋犯罪，明知是贿赂款项而予以收受并转达，构成受贿罪的共犯，以共同犯罪论处。

(2) 家属作为共同受贿共犯的认定。实践中，家属作为共同受贿犯罪的共犯，存在着实行犯、教唆犯与帮助犯三种情形。

第一，作为共同受贿犯罪的实行犯主要有两种方式。一是预谋型共同受贿。家属与国家工作人员共谋，由国家工作人员利用职务上的便利为他人谋取利益，由家属收受他人财物，家属直接实施了受贿罪构成要件客观方面的行为。这种方式属预谋型共同受贿。预谋型共同受贿是指国家工作人员与其家属事先共同策划、相互分工、相互配合，共同完成受贿行为。这种情形下共同受贿的主观故意非常明显，在事前已经形成。双方按照各自事先的约定各自行动，不必要求国家工作人员对贿赂情况有详细了解，只要国家工作人员知道是在按事前的约定行动，就可认定有共同受贿的故意。显然，家属已有受贿故意，并积极与国家工作人员共谋受贿事宜，甚至为国家工作人员出谋划策，出面与行贿者商谈为其谋取利益事宜等，通知国家工作人员为请托人谋取利益，其表现和作用与国家工作人员的受贿行为相当甚至超过，已经实施了受贿罪的实行行为，应认定为实行犯。二是纵容型共同受贿。纵容型共同受贿是指国家工作人员没有主动寻求贿赂，但家属利用国家工作人员职务便利收受或者索取贿赂，国家工作人员对家属的行为予以纵容、默许。纵容型共同受贿有以下三种情形：①家属先收受或索取了贿赂，然后请求国家工作人员利用职务上的便利给相对人谋取利益，国家工作人员在知道贿赂存在的情况下，答应了请求。这种情况不要求家属明确告诉贿赂的存在，只要国家工作人员通过家属的表现知道贿赂的存在即可。②家属先收受或索取了贿赂，然后请求国家工作人员利用职务上的便利给相对人谋取利益，国家工作人员在不知道贿赂存在的情况下，答应了家属的请求，但事后国家工作人员知道贿赂的存在，没有反对。没有反对可以是明确表示同意，也可以是采取默许的方式，也可以是口头表示不行但没有采取实际退还或者上交行为。③国家工作人员先利用职务上的便利为他人谋取利益（属于正常职务行为），其家属利用此事独自向相对人收受或索取了贿赂，国家工作人员知道后没有反对（没有反对情况与前述相同）。

第二，家属作为教唆犯，表现为家属诱导、劝说、鼓励国家工作人员利用职务便利为他人谋取利益并收受财物，国家工作人员在家属的教唆下产生了受贿犯罪的故意，并实施了受贿行为。在这种情形下，国家工作人员本身并无受贿犯罪故意，由于其家属诱导、劝说便产生受贿犯罪故意，并进而实行受贿行为，家属与国家工作人员构成受贿罪共犯。

第三，家属作为帮助犯，表现在用各种方法为国家工作人员收受贿赂创造必要的便利条件，如与国家工作人员共同商议收受贿赂、传递有关请托事项的信息、沟通关系并收受财物、帮助国家工作人员向行贿人索取贿赂等。另外，还有一种情形就是指使型共同受贿，即国家工作人员先利用职务之便为他人谋取利益，并约定了贿赂，然后告知并指使、要求或安排其家属代收贿赂。在这种情形中，家属的行为其实质就是一种帮助行为，即受国家工作人员的指使、要求或安排代为接受贿赂行为。

（3）家属利用国家工作人员的身份单独收受或索取财物的行为定性。通常情况下，家属收受了他人送给国家工作人员的贿赂都会如实转告，但有时候，少数国家工作人员的家属利欲熏心，甚至利用国家工作人员的特殊身份，暗示他人行贿或明知行贿方是为了利用自己的特殊身份而不予拒绝，接受了他人的财物，或者主动向请托人索取贿赂，事后却没有将收受他人钱物的事告诉国家工作人员，而国家工作人员利用职务便利为请托人谋取了利益。国家工作人员虽然为请托人谋取了利益，但确实不知道或者没有证据证明国家工作人员知道其家属接受了财物，国家工作人员的行为就不构成受贿罪，因为其行为不具备受贿罪的构成要件。当然，相互间也不构成共同受贿犯罪，也不能对家属单独按照受贿罪进行处罚，因为非国家工作人员不可能单独构成受贿罪的犯罪主体，据此，有论者认为应该根据具体情况对家属单独按照诈骗罪或敲诈勒索定罪处罚。[1] 本书认为，在这种情形，国家工作人员的家属也可能构成利用影响力受贿罪。当然，国家工作人员如果利用其职权为他人谋取利益，构成其他犯罪的，可依照刑法的相关规定处理。

如在辽宁省沈阳市原市长慕绥新受贿案中，慕绥新多次在家中通过其前妻贾桂娥收受贿赂款物，每次贾桂娥均将受贿情况告知慕绥新，对于这种情形应认定二人为共同犯罪。但是其中1997年，沈阳特种环保设备制造股份有限公司董事长刘桂琴去慕绥新家，把4.51万股环保股票和股权证明、身份证复印件交给贾桂娥，贾桂娥并未将此事告知慕绥新。

慕绥新利用职务便利，为他人谋取利益，而由妻子收受贿赂款项，双方应当构成受贿罪的共同犯罪。但是对于贾桂娥私自收受而并未告知慕绥新的部分款项，由于慕绥新对这部分款项事先并未与贾桂娥通谋，事后也并未得知妻子收受了贿赂，因此在对待这部分款项上，不能将其归结于慕绥新的受贿罪之中。这种行为如果发生在《刑法修正案（七）》颁布之后，应当对贾桂娥按利用影响力受贿罪认定，对此项钱款，应当对贾桂娥单独定罪。

（三）自然人与单位共同受贿犯罪的认定

单位参与的共同受贿犯罪，通常有两种类型，一种是两个以上的单位共同受

---

[1] 熊选国：《刑法刑事诉讼法实施中的疑难问题》，中国人民公安大学出版社2005年版，第292页。

贿犯罪，另一种则是单位与自然人共同受贿犯罪。对于前一种，根据2001年1月21日最高人民法院印发的《全国法院审理金融犯罪案件工作座谈会纪要》的规定，两个以上单位以共同故意实施的犯罪，应根据各单位在共同犯罪中的地位、作用大小，确定犯罪单位的主、从犯。因此，一般认为两个以上的单位共同受贿犯罪，符合共同犯罪的概念，应作为共同犯罪来对待，符合主犯、从犯条件的，仍然可以分清单位的主犯和从犯。在具体处罚的时候，应当给从犯单位以相应的从轻或减轻处罚。而第二种类型，即单位主体与自然人主体共同受贿犯罪的问题则是相当复杂，理论界存在不同的认识，分歧主要在两者能否构成共同受贿犯罪和如何对其定性处罚这两个问题上。

1. 单位能否成为共同受贿犯罪的主体？关于单位能否成为共同犯罪的主体问题，刑法学界有不同观点。多数学者认为，我国刑法中关于"共同犯罪是指二人以上共同犯罪"的规定中的"人"既包括自然人，也包括单位，有单位参与的共同故意犯罪应当认定为共同犯罪，从而肯定单位可以成为共同犯罪的主体。也有的论者对此持否定态度，认为单位本身没有意识和行为，单位与单位、单位与自然人之间不可能有共同的犯罪故意和犯罪行为。此外刑法对于共同犯罪规定中的"人"再怎么扩张解释，都难以解释为单位，因为单位与法人是两个不同的概念。所以"二人以上"只能解释为两个以上的自然人。据此，对于若干个单位伙同实施的犯罪，应当也只能根据各个单位在犯罪中的犯罪情节，分别依照有关刑法规定进行处罚，而没有必要像对自然人的共同犯罪那样，区分主犯、从犯、胁从犯与教唆犯进行处罚。[1]

"肯定说"是目前理论界的通说。一是单位是具有人格的组织，具有行为能力，具备一定的刑事责任能力，能以自己的名义独立地进行一定的犯罪活动。虽然其本身没有意识，但单位由自然人组成，自然人的意识可以形成单位的意志，单位代表人或决策机构的决定是单位意识或意志的表现。当单位做出违背法律和刑法构成犯罪的决定和行为时，就应当对自己的行为负刑事责任。二是现行刑法已经明确将单位作为一种不同于自然人的独立犯罪主体类型加以规定，那么就是说从立法上承认了单位是具有刑事责任能力的犯罪主体资格，单位在实施犯罪行为后，具有刑事可罚性，因此，单位与自然人在共同犯罪故意支配下，实施了犯罪行为的，完全可以构成共同犯罪。三是在司法实践中，最高人民法院的《全国法院审理金融犯罪案件工作座谈会纪要》已经明确规定了两个以上单位共同受贿的，符合共同犯罪要件的，以共同犯罪论处。

单位共同受贿犯罪，是指两个或两个以上的单位之间，或者一个或一个以上的单位与自然人之间，共同故意实施受贿犯罪的行为，其在形式上可以表现为单

---

[1] 童伟："数额犯若干问题研究"，载《华侨大学学报（人文社会科学版）》2001年第4期。

位之间的共同受贿犯罪和单位与自然人之间的共同受贿犯罪两大类。当然，需要指出的是，在有单位作为一方的共同犯罪中，单位可以成立共同犯罪的范围不能任意扩大，必须限定在刑法分则明文规定单位可以构成的犯罪范围内。这是单位共同犯罪不同于自然人之间的共同犯罪之特殊之处。就单位受贿犯罪而言，根据刑法的规定，单位和自然人都可以实施罪质相同的受贿犯罪，但却成立不同的罪名。

2. 自然人与单位共同受贿。在我国刑法中，关于单位犯罪的规定，一般情况下与自然人犯罪共用一个罪名，在贿赂犯罪中，对单位行贿罪也是如此，因而当单位与自然人共同对国有单位实施行贿时，二者可以成立对单位行贿罪的共同犯罪，以对单位行贿罪定性，并结合共同犯罪的处罚规定进行处理，并不存在疑问。但对于受贿行为和对国家工作人员行贿行为而言，单位和自然人却构成不同的罪名，即单位构成单位受贿罪、单位行贿罪，自然人则构成受贿罪、行贿罪，这便给共同犯罪的认定带来一定的难题。

如何认定单位参与的受贿犯罪，理论界主要有四种观点：

(1) 有身份者行为标准说。该说把单位犯罪看作身份犯，按照身份犯与共犯的原理加以解决。在身份犯与非身份犯构成共同犯罪的场合，应当以身份犯所成立的犯罪追究非身份犯的刑事责任，因此，在单位和个人构成单位受贿犯罪共犯的场合，对个人行为的定性，应当依单位所实施的行为性质处罚，即对个人不再另定受贿罪。该观点将国家工作人员作为了非身份犯，但不可否认国家工作人员与单位共同受贿的场合，如果国家工作人员利用了职务便利，国家工作人员也是身份犯，因此是欠妥的。

(2) 主要作用说。认为主要考察究竟是单位还是个人利用职务便利的行为对受贿行为起关键作用。如果单位起主要作用的，则全案以单位受贿罪论，如果自然人起主要作用的，全案以受贿罪论；如果彼此作用大小难以区分，则应以单位受贿罪定罪量刑。此种主张在国家工作人员与单位均起主要作用的情况下便无法适用，另外，也忽视了单位的刑事责任问题。

(3) 分别定罪说。认为单位受贿罪与受贿罪的关系主要在于犯罪的客观特征相同。同一种受贿行为，自然人与单位分别构成受贿罪和单位受贿罪，这正如同一种盗窃军用物资的行为，普通人与军人分别构成盗窃罪与盗窃军用物资罪，因此，对自然人和单位共同受贿的情况的处理，也可以依照后者的方法，即单位与自然人分别构成不同的犯罪，不成立共同犯罪。在受贿的案件中，单位构成单位受贿罪，自然人构成受贿罪。该种观点不承认单位与自然人能够构成共同受贿犯罪，使我们失去了探讨单位与自然人共同受贿犯罪定性问题的可能。

(4) 折衷说。这种观点大体上是上述第二种和第三种观点的折衷，认为在单位与个人共同受贿案件中，如果单位或个人一方没有利用本单位或个人职务上的便利，而整个案件只利用了一方的职务便利，则对此依照实行犯行为的性质定性，要么是以单位受贿罪定性，要么是以受贿罪定性，对没有利用自己职务便利的一方则作为犯罪的共犯论处。如果作为共同犯罪的一方的自然人主体没有利用单位的身份或职务便利，同样单位也没有利用自然人的职务便利，而是分别利用各自的职务便利进行索取或收受贿赂，则对单位和自然人分别定罪为宜，即对单位以单位受贿罪论处，对自然人以受贿罪论处。

自然人与单位共同受贿犯罪的定性，归结到底还是单位能否成为受贿罪的主体的问题，因此在关于单位与自然人共同受贿犯罪的定性上，本书赞成折衷说，认为应以下原则定罪处罚：

（1）单位和国家工作人员各自利用自己职务或相互形成的制约关系共同索取或收受贿赂，一方面，国家工作人员构成受贿罪，单位是国家工作人员的共同实行犯或帮助犯；另一方面，国家工作人员与单位在单位受贿罪的构成要件上发生重合，构成单位受贿罪的共同犯罪，单位是实行犯，国家工作人员是实行犯或帮助犯。此种情况系一行为触犯数个罪名，属想象竞合犯，应从一重处断，国家工作人员有可能定受贿罪，也有可能定单位受贿罪，而单位也有可能定受贿罪，也有可能定单位受贿罪。

（2）对于国家工作人员利用职务便利与单位共同索取或收受财物的，单位没有利用职权的，则对国家工作人员定受贿罪，单位则是受贿罪的共犯。

（3）对于单位利用职权与国家工作人员共同索取或收受他人财物的，国家工作人员没有利用职务便利的，单位定单位受贿罪，国家工作人员是单位受贿罪的共犯。

3. 单位内部自然人与单位共同受贿的认定。讨论单位与自然人共同犯罪，首先应限定于单位所可能构成的犯罪的范围之内，由于单位就刑法规定的某些犯罪来说缺乏刑事责任能力，因此它不可能通过共同犯罪形式触犯其单位所不能触犯的犯罪。此问题最终可归结为单位内部的自然人可否与本单位一起构成共犯的问题。一般情况下单位内部的自然人，尤其是对单位犯罪负有直接责任的主管人员不会与本单位构成共犯，但并非单位内部的所有成员都不能与本单位构成共同犯罪。这种情形往往表现为：单位内部的自然人不是以其单位内部成员的身份而是以独立的个人身份与单位共同实施某种犯罪，但此时的个人与代表单位实施犯罪的直接责任人员不能为同一人。

在单位故意犯罪中，单位内部的自然人以单位犯罪的具体执行者的身份出现，在为单位谋取利益的同时，也为自己谋取利益的情形，应如何处理？有人认为，该单位成员一方面作为单位犯罪的直接责任人员，其行为具有单位犯罪的特征，同时其具有为自己谋利的目的，其主观方面及其行为均超出了单位犯罪的要素，具有相对的独立性，对此可按单位犯罪的共犯处理。

本书认为，如果其在实施单位犯罪过程中，利用某些方便条件另外实施其他犯罪或相关犯罪，也是另外独立成罪的问题，但不能作为单位犯罪的共犯来处理，因为在很多情况下，单位直接负责人员为自己谋利并不为单位所知，即单位并未与其达成意思联络，从而缺乏构成共同犯罪的主观基础。

在单位受贿中，经单位集体决策机构决定或法定代表人的决定，收受他人贿赂，利用职务便利为他人谋利，在此过程中，行贿人又另外要求该单位犯罪的直接责任人员谋取其他不正当利益，该直接责任人员利用自己职务上的便利收受贿赂的，则该行为人一方面作为单位犯罪的直接责任人员要受到单位受贿罪的刑事责任追究，另外其单独构成受贿罪，应进行并罚。

单位的负责人在代表单位受贿的过程中，将本属于单位非法所得的受贿利益，从中截取一部分中饱私囊的行为。这种为自己谋取利益的行为不是并行于行为人代表单位而为单位谋取利益的行为，而是在犯罪的整体过程中，在为单位谋取利益的范围之下又从单位非法利益中获取利益，因而如果上述人员在实施受贿行为过程中一直是以单位受贿意志的具体执行者身份接受或索取贿赂，贿赂也归属于单位所有，但由于其身份上的特殊地位，之后又将其全部或部分私吞的，则该直接责任人员又另外单独构成了贪污罪，在这种案件中，单位构成单位受贿罪，而作为单位的主管人员和其他直接责任人员既构成单位受贿罪，又构成贪污罪。

（四）受贿罪的共同犯罪与介绍贿赂罪的界限

我国《刑法》第392条第1款规定："向国家工作人员介绍贿赂，情节严重的，处3年以下有期徒刑或拘役。"这就是介绍贿赂罪的法条依据。该罪在1952年《中华人民共和国惩治贪污条例》和1979年刑法中均有规定。但是，对该罪的行为表现却直至1999年最高人民检察院《关于人民检察院直接受理立案侦查案件立案标准的规定（试行）》才得以明确：即指在行贿人与受贿人之间沟通关系、撮合条件，使贿赂行为得以实现的行为。刑法理论界又将其细分为两种形式：其一，受行贿人之托，为其物色行贿对象、疏通行贿渠道、引荐受贿人、转达行贿的信息、为行贿人转交贿赂物、向受贿人传达行贿人的要求。其二，按照受贿人的意图，为其寻找索贿对象，转告索贿人的要求等。[1]

在受贿罪的共同犯罪中，与介绍贿赂罪的行为方式相似的是受贿罪的帮助犯与教唆犯。在共同受贿犯罪中为受贿犯罪提供便利或者帮助的，促使受贿犯罪顺利实施的，是共同受贿犯罪的帮助犯，而介绍贿赂罪中的沟通关系、撮合条件似乎也可以理解为受贿罪的一种帮助行为；在共同受贿犯罪中教唆本来没有受贿意

---

[1] 高铭暄主编：《新编中国刑法学》，中国人民大学出版社1998年版，第996页；赵秉志主编：《刑法新教程》，中国人民大学出版社2001年版，第845页。

图的人进行受贿,而介绍贿赂罪中,经常伴随着行为人劝说、拉拢行贿人或者受贿人,介绍贿赂并教唆贿赂的行为。就量刑幅度来说,共同受贿犯罪中的帮助犯也应以受贿罪来量刑,由此可以看出,介绍贿赂罪的量刑比共同受贿犯罪的帮助犯则轻得多。那么在共同受贿犯罪中的帮助行为与刑法特别规定的介绍贿赂罪的实行行为是否可以区分以及应当如何区分呢?对于上述问题,理论界形成了"区别说"和"同一说"两种截然相反的观点。

"区别说"认为两者是有区别的。至于区别的标准怎样?表述则不尽相同。如有论者认为,区别主要在于:首先,中介人不同于行贿、受贿的帮助犯,他必须与贿赂行为的两个主体均有联系。其次,中介人不同于行贿、受贿的教唆犯,其行为非因自己的主动意图,而是根据行贿人或受贿人的请示或委托。[1]有人则认为:贿赂行为的帮助行为是刑法总则所规定的非实行行为,而介绍贿赂行为是刑法分则规定的实行行为。在主观上,贿赂罪的帮助犯仅有单纯帮助贿赂实行犯的意思,而介绍贿赂行为人不仅有帮助贿赂实行犯的意思,而且主要是出于介绍贿赂的故意。区分二者的关键就是看行为人有没有介绍贿赂的故意。[2]还有观点认为:区分的标准在于行为人是否获得利益,帮助受贿并参与分赃的,成立受贿罪的共犯,帮助行贿并为了谋取自己的不正当利益的,成立行贿罪的共犯;帮助受贿但没有分赃,帮助行贿却不是为了谋取自己不正当利益的,成立介绍贿赂罪。[3]

"同一说"则主张介绍贿赂的行为实质上是共同犯罪的一种形式,在受贿与行贿之间,总有倾向性地代表某一方,或者是受某一方的委托进行活动,所以介绍贿赂罪行为应当归属于受贿罪的帮助犯或行贿罪的帮助犯,进而认为介绍贿赂罪没有必要独立成罪,应在立法上逐渐取消。[4]

刑法规定了介绍贿赂罪的存在,是有其存在的必要性的,介绍贿赂罪与共同受贿犯罪之间也是存在区别的:

(1)主观故意内容不同。内外勾结共同受贿的国家工作人员与非国家工作人员具有共同受贿的故意内容,即利用国家工作人员的职务便利为请托人谋取利益收受财物,目的在于以权换钱,从行贿一方取得非法财物。而介绍贿赂罪的犯罪故意则是通过中介贿赂行为获取酬劳费,其性质是佣金,介绍贿赂人主观上并无与受贿人或行贿人共同的犯罪故意。

(2)外部人员或介绍人代表的利益不同。内外勾结受贿的外部人员实施的是

---

[1] 肖扬主编:《贿赂犯罪研究》,法律出版社1993年版,第278页。
[2] 王作富主编:《刑法分则实务研究》(第二版·下),中国方正出版社2003年版,第2035页。
[3] 周道鸾、张军主编:《刑法罪名精释》,人民法院出版社1998年版,第927页。
[4] 张明楷:"受贿罪的共犯",载《法学研究》2002年第1期。

教唆、帮助、实行行为，在与请托人的接洽中，代表国家工作人员的利益，共犯只为受贿的一方服务，以取得行贿人的财物。而介绍贿赂人员只是穿针引线，并不代表国家工作人员，并为行、受贿双方沟通关系，提供服务。

（3）财物性质及占有情况不同。内外勾结受贿是共同收受财物，财物由内外勾结人员共同非法占有。请托人送财物也是将内外勾结的人员视为一个整体，贿赂并不分出份额。而介绍贿赂的行为人与国家工作人员不能共同占有贿赂的财物，而是单独收取费用，也不是贿赂物的提供者，如果行为人参与分赃，则构成了受贿罪共犯。介绍贿赂的犯罪分子是根据行贿和受贿主体双方的意图进行沟通、撮合的，他不是某一方的从犯或教唆犯，而是一种独立的犯罪人。介绍贿赂的行为既不能与行贿行为或受贿行为划等号，也不能包容在行贿行为与受贿行为中，因此，介绍贿赂人在主观上并无与受贿人或行贿人共同的犯罪故意，反之，如果行贿人或受贿人本无行贿或受贿的犯罪意图，而是由于第三者的煽动、劝说、诱导等教唆行为，才引起这种意图的，那么第三者的行为已不是独立的介绍贿赂性质的行为，而是一种故意的教唆行为，应以行贿罪或受贿罪的教唆犯论处。

第三节 受贿犯罪的罪数形态

一、概述

所谓罪数，就是指犯罪的个数，亦即行为人所触犯的犯罪究竟为一罪还是数罪。所谓罪数论，指的是对被告具体的犯罪行为事实，探讨其犯罪的个数，究竟是一罪还是数罪，如果是数罪应如何处罚的理论。在犯罪行为事实的评价上，犯罪成立的个数问题应如何判定，以及对成立一罪或者数罪应如何处罚等问题，是我们研究罪数的主要问题之所在。

（一）关于罪数判断标准的主要学说

1. 行为标准说。该说认为，犯罪是行为，应以实现犯罪意思的行为个数为标准区分一罪还是数罪，因此犯罪的单复数应当以行为的个数为标准。行为人实施了一个行为为一罪，实施了数个行为为数罪。可见，这一观点认为行为的单复数决定了罪数的单复数。

2. 法益标准说。又称为结果标准说。该说认为犯罪的本质是对法益的侵害，没有侵害法益的行为就不是犯罪。应以行为侵犯的法益数量为标准区分一罪还是数罪，侵害法益的个数决定着犯罪的个数。行为侵害一个法益的为一罪，行为侵害数个法益的为数罪。日本学者泷川幸辰在其《犯罪论序说》一书中提出："犯罪是符合构成要件的行为，每当有充分满足构成要件的法益侵害，并且发生了与其数目相应的的具有可罚价值的事实，从而就应当解释为成立了数个犯罪。"[1]

3. 犯意标准说。又称为意思标准说。该说认为，犯罪是行为人主观上的犯罪意思或者犯罪意图的外部表现，犯罪的本质是行为人的危险性格，行为和结果只不过是行为人反社会危险性格的表征。应当以行为人的犯罪意思作为判断罪数的标准，行为人的犯罪基于一个犯意的为一罪；行为人的犯罪基于数个犯意的为数罪。

4. 构成要件标准说。持构成要件说的论者认为应当以符合构成要件的次数为标准来区分一罪和数罪。详言之，某种事实一次符合一个构成要件的就是一罪；一次符合两个构成要件或者两次符合一个构成要件的，就是两罪；以此类推。贝林格（Binding）说，"所谓一罪者，是一次实现为一个肯定的刑法法条所规定的犯罪构成要件。从而数罪即是数次实现为一个或数个肯定的刑法法条所规定的犯罪构成要件。"[2]

5. 犯罪构成标准说。犯罪构成标准说是我国罪数认定的通说。我国关于罪数的判断标准承袭了前苏联，主张以犯罪构成作为认定罪数的标准。该学说认为，犯罪构成是犯罪主体、犯罪主观方面、犯罪客体、犯罪客观方面四个要件的统一，符合一个犯罪构成的为一罪，符合数个犯罪构成的为数罪。犯罪构成标准说在我国处于通说的地位，是与我国以犯罪构成理论为核心的犯罪论体系相呼应的。犯罪构成理论是我国刑法学的核心理论，它贯穿于刑法学中认定犯罪与适用刑罚有关的所有领域，当然也涵盖罪数的判断问题。在罪数的判断上，该说坚持主客观要素的有机统一，认为各要素之间是相互联系，不可分割的统一整体。尽管客观主义标准说和主观主义标准说在强调其一方面要件的同时也考虑其他要素，但无论是从出发点还是落脚点都是偏执一端，割裂主客观要件之间的联系，而犯罪构成标准说避免了这一缺陷，切实体现了主客观相统一的原则。

（二）罪数判断的指导原则

1. 全面评价原则。全面评价原则，是指对罪数的判断应当包括行为所侵犯的全部法益。根据穷尽判断原则，找出符合犯罪构成的具体犯罪行为所侵犯的法益，即所列罪数应当能够全面评价行为所侵犯的全部法益，而不能有所遗漏。根据分权理论，立法者专门从事立法活动，司法人员专门从事司法审判工作，这已成为现代民主法治社会所普遍承认的规则。因此，对于立法者所制定的刑法规范，司法人员必须严格按照法律的规定，受法律的约束，只有对法律进行符合法理的解释才能正确地适用于具体的犯罪事实。立法者制定刑法是以保护法益，惩罚犯罪为目的的，从而维护社会秩序和保障人权。刑法规定的犯罪因其侵犯的法

---

[1] [日] 泷川幸辰：《犯罪论序说》，王泰译，法律出版社2005年版，第166页。
[2] 转引自田明海："罪数原理论"，中国政法大学2003年博士学位论文。

益种类不同,而各自具有不同的犯罪构成,将这些不同的犯罪构成进行抽象的归纳大致可分为主观要件和客观要件两大类。司法审判人员在对具体犯罪事实进行裁判时就必须对各个犯罪构成的主客观要件进行检验,如果在某个犯罪构成的主客观要件均已齐备的情况下就应判断成立该犯罪。例如,甲某为了泄愤,明知乙某在屋内仍放火烧毁了乙某居住的宿舍楼。本例中,甲某的一个放火行为,已经具备了我国刑法关于放火罪的主客观要件,成立放火罪;同时该行为又具备了故意杀人罪和故意毁坏财物罪的犯罪构成,符合关于故意杀人罪和故意毁坏财物罪的主客观要件,成立故意杀人罪和故意毁坏财物罪。那么甲某的一个放火行为,总共构成了放火罪、故意杀人罪、故意毁坏财物罪三项罪名,根据穷尽判断原则,我们无一遗漏地将甲某的放火行为所侵犯的法益全部找到,予以罗列,下一步则是要根据禁止重复评价原则对这几个犯罪构成之间的关系进行评价的问题。根据罪刑法定原则,司法人员对立法者所设定的各种犯罪类型必须毫无遗漏地全面予以评价,检验具体犯罪事实是否符合各犯罪构成的主客观要件。在认定犯罪成立的初步阶段,如果某罪所应具备的主客观要件均已齐备,那么在认识上或者说形式上就没有理由否定该罪的成立,这就是所谓的穷尽判断原则的适用。

2. 禁止重复评价原则。根据穷尽判断原则,在犯罪成立的初步判断阶段,某行为事实虽然在形式上(认识上)符合数个犯罪构成的要求,表面上成立数个犯罪,但是如果基于比例原则和平等原则的考量认为成立数个犯罪有违罪刑相适应原则,那么判断之初的部分犯罪就没有必要作为评价的基础,这就是所谓的禁止重复评价原则的适用。立法者在制定刑法时,为了全面有效地对法益进行保护,往往根据法益的不同范围和形态,或者是根据侵害行为所处的不同阶段可能对法益造成的侵害而设定各种不同的犯罪类型。由于刑法的目的主要在于对法益的保护,立法者通过对犯罪构成要件的规定予以宣告并且规定了制裁措施予以实现;同时,刑法存在的另一目的也在于防止国家滥用刑罚权,避免无端侵犯人民的基本权利。因此,司法人员在适用刑法时必须严格遵守比例原则和平等原则。根据比例原则,司法审判人员在适用刑法认定罪数的单复时要求符合刑法规范的目的,与刑法规范目的的实现达到一种均衡性;如果认定的罪数超过了刑法的规范目的,即属于评价过剩,应该严格予以禁止。根据平等原则,在适用刑法时,对于被告人与被害人之间应该基于平等的立场,对被告人不得予以过度的惩罚,也不得造成惩罚不足的情况;对于被害人不得过度地保护,也不能保护不足。如果在罪数的认定上,出现了对于被告人或者被害人评价不足或者评价过度的情形,就是有违平等原则的要求,也应严格予以禁止。刑法的目的重在对法益的保护,犯罪是对法益加以侵害或者存在威胁的行为,行为必须具有对法益的侵害性或危险性,才能成立犯罪。因此,应当以法益的侵害性作为重复评价的基础。某具体犯罪事实所侵害的法益,如果具有侵害法益的同一性,也就是刑法对于该法益的保护已经十分必要且全面了,就应当禁止重复评价,否则就是评价过剩;反之,如果所侵害的法益不具有同一性,而是侵害了数个法益,刑法的某一构成要件不能完全对该数个法益进行充分、有效的保护时,此时就应该重复评价,否则就会陷入评价不足的境地。

二、受贿犯罪的罪数认定

我国刑法不仅专章规定国家工作人员受贿犯罪与国家机关工作人员渎职罪,而且规定了非国家工作人员受贿罪与大量公司、企业人员渎职犯罪。因此,收受贿赂为他人谋取利益涉嫌渎职的罪数认定,是牵涉众多受贿类犯罪与渎职类犯罪极为复杂的罪数问题。刑法理论与司法实践对于此类广泛存在的受贿且渎职的罪数问题远未形成一致意见,特别是《刑法》第399条第4款的规定更加剧了对受贿犯罪罪数认定的争论,本节就从刑法这一规定入手探讨受贿犯罪的罪数认定问题。

对行为人利用职务便利收受贿赂,为他人谋取利益涉嫌渎职犯罪的,应当数罪并罚,还是择一重罪处断?这一问题存在着两种截然不同的观点:

第一种观点认为,应当以一重罪论处。不过,在这一观点内部,不同论者的理由也不尽相同。有论者认为是牵连犯,应当从一重罪处断。[1] 有论者认为是法条竞合,其理由是:既然收受财物构成受贿罪要以"为他人谋取利益"为要件,因此,如果"为他人谋取利益"的行为构成犯罪,本身就属于受贿罪的内容,应当认定为受贿罪一罪。但是,《刑法》第399条第4款规定"依照处罚较重的规定定罪处罚",由于该款属于注意规定,因此,对于所有此类案件均应当从一重罪处断。[2] 有的认为属于想象竞合犯:第399条第4款规定的是"司法工作人员贪赃枉法行为构成受贿罪"的情况,这一条文中规定的具体枉法行为就属于受贿罪中的为他人谋取利益的构成要件要素,这属于(法律意义上的)一行为侵害数法益的情况,完全符合想象竞合犯的特征,适用处罚较重的罪予以处罚就能对其进行全面评价,如果适用数法条予以处罚的话,违背了双重评价禁止原则。[3]

第二种观点认为,应当数罪并罚。此种观点认为,由于"为他人谋取利益"的行为已经属于新的不同于受贿罪的犯罪行为,就不存在法条竞合关系。至于说是牵连犯,在部分情况下是能够成立的,但是,由于受贿罪本身是性质严重的犯罪,即使认为是牵连犯,为了实现罪刑相适应,也应当构成数罪,实行并罚。

---

[1] 高铭暄主编:《刑法专论》(下编),高等教育出版社2003年版,第846~847页。

[2] 黄奇中:"刑法第399条第4款的理解与适用——兼论法规竞合与想象竞合犯、牵连犯、吸收犯的界限",载《中国刑事法杂志》2004年第4期。

[3] 游伟、谢锡美:"双重评价禁止与充分评价原则剖析——关于刑法中牵连犯处断的思考",载《法律适用》2007年第11期。

《刑法》第399条第4款只是一个例外规定。[1] 上述观点中涉及牵连犯的问题将在下文详细研讨，而"想象竞合说"和"法规竞合说"存在的缺陷较为直白和易于反驳："想象竞合说"和"法规竞合说"存在的前提是行为人实施了单一的犯罪行为，同时触犯了数个罪名，即使有所谓的法律单一行为说（根据法律相关规定把几个自然行为拟制为单一行为，作为一个犯罪行为来处理），但是法律拟制也要遵守刑法的基本原则来进行，收受财物行为和滥用职权行为是两个性质截然不同的行为，且两行为由不同的法条分别规定了不同罪名，那么对于这两个行为就不能再人为地把其拟制为一行为和当作一罪来处罚，否则就会不当地减轻行为人的责任，导致罪刑不相当的后果。

要解决在这一问题的争论，只有从整个刑法的条文结构、类罪的公平、量刑平衡性等宏观角度进行思索，才能判断何种理论观点和解决模式更能体现出对不同案件的公平、公正、平等处罚。

（一）关于《刑法》第399条第4款适用范围的争议

《刑法》第399条第4款规定："司法工作人员收受贿赂，有前三款行为的，同时又构成本法第385条规定之罪的，依照处罚较重的规定定罪处罚。"此处所谓前三款行为，即《刑法》第399条第1款规定的徇私枉法罪、第2款规定的枉法裁判罪和第3款规定的执行判决、裁定失职罪，执行判决、裁定滥用职权罪。而第385条规定之罪，即受贿罪。从形式上看，这一规定是明确和可行的。但是，回顾立法，则会发现1988年《关于惩治贪污罪贿赂罪的补充规定》（以下简称《补充规定》）曾经规定，对于此类行为应当数罪并罚："因受贿而进行违法活动构成其他罪的，依照数罪并罚的规定处罚。"

1. 适用范围的理论争议。刑事立法上处罚标准的前后不一致和简单变更，无论是在刑法理论中还是司法实践中，都引发了巨大的争议和困惑：《刑法》第399条第4款的规定，究竟是一个例外性的法律拟制？还是一个可以普遍适用的"注意性规定"？也就是说，第399条第4款的规定是否适用于除本条规定之外的因收受贿赂而触犯其他犯罪的场合？

有论者认为，第399条第4款是一个例外规定，不能将其推广适用于其他犯罪。此种观点认为，由于"为他人谋取利益"的行为已经侵犯了新的不同于受贿罪的法益，就不存在法条竞合关系。至于说是牵连犯，在部分情况下是能够成立的，但由于受贿罪本身是性质严重的犯罪，即使认为是牵连犯，为了实现罪刑相适应，也应当数罪并罚。因此第399条第4款是一个例外规定，不能将普遍适用于其他犯罪。[2] 有的论者也认为"该条款为例外规定"，理由却不同：一是立法

---

[1] 张明楷：《刑法学》（第二版），法律出版社2003年版，第952页。
[2] 张明楷：《刑法学》（第二版），法律出版社2003年版，第952页。

者考虑到,在收受贿赂的情况下,司法机关工作人员渎职的可能性会大大增加,这种现象具有普遍性,如果在处罚上不明确规定一个标准,实践中一般会对其数罪并罚,所以对贪赃就可能枉法的场合,特别规定从一重罪处罚。二是难以找到合适的理由解释为何要对其做出注意性规定。[1]

也有论者认为:第399条第4款是一个注意规定,应当适用于所有类似的场合。有的论者指出,第399条第4款是一个标志性的规定,否定了司法工作人员贪赃枉法受贿的数罪并罚,在没有新的法律出台前,对受贿过程中又触犯其他犯罪的,依照牵连犯从一重论处。[2] 类似观点认为解释了为什么只有第399条第4款有如此规定,而对其他徇私舞弊类型犯罪没有明确规定的理由:一是立法技术使然;二是由于司法实践中"司法工作人员贪赃枉法"而实施徇私枉法行为或者枉法裁判行为,相对于其他徇私舞弊类型犯罪中的"贪赃舞弊"情况更为普遍一些,因而有必要予以明确规定。[3]

还有论者认为,理解为"注意规定"较为妥当,理由是:一是该款的规定并没有改变基本规定的内容,即使没有该规定,也可以依照法条竞合中重法优于轻法的例外原则进行处理;二是如果认为是特别规定,那么对完全相同的行为结构有的数罪并罚,有的从一重论处,将"显得极不协调";三是立法者之所以要设置此种"注意规定",是要纠正《补充规定》中数罪并罚的错误规定,提醒司法者不能再对此种情形进行数罪并罚了。[4]

2. 关于引发争议之本源的反思。

(1) 关于第399条第4款规定的罪数形态的争议。第399条第4款只是规定了一种处罚规则或者说标准,但是,由于刑事立法只会规定处罚标准而不可能明确指出理论上的罪数形态,因此,引发的问题之一是,对于第399条第4款的规定,在罪数形态上应当如何理解?对此,刑法理论上有不同的观点,概括起来有以下三种:第一种观点认为,该款规定属牵连犯形态;[5] 第二种观点认为,该款规定属想象竞合犯形态;[6] 第三种观点认为,该款规定属吸收犯形态。[7] 在上述观点中,持第一、二种观点的人都不少,而持第三种观点的相对较少。在这一问题上,笔者赞同第一种观点,也认为第399条第4款的规定属于牵连犯,理由

---

[1] 胡东飞:"论受贿罪中'为他人谋取利益'构成犯罪的罪数问题——兼论刑法第399条第4款的性质及其适用范围",载《中国刑事法杂志》2006年第1期。

[2] 张军等:《刑法纵横谈》,法律出版社2003年版,第442~445页。

[3] 赵秉志主编:《中国刑法实用》,河南人民出版社2001年版,第1508页。

[4] 黄奇中:"刑法第399条第4款的理解与适用——兼论法规竞合与想象竞合犯、牵连犯、吸收犯的界限",载《中国刑事法杂志》2004年第4期。

[5] 周光权:《刑法各论讲义》,清华大学出版社2003年版,第575页。

[6] 高铭暄、马克昌主编:《刑法学》,北京大学出版社2001年版,第658页。

[7] 胡康生、李福成主编:《中华人民共和国刑法释义》,法律出版社1997年版,第568页。

将在后面加以详述。

(2) 第 399 条第 4 款究竟是"注意性规定"还是"例外性规定"？源于上述第一个问题的争议，会直接导致第二个问题的争议，即第 399 条第 4 款究竟是"注意性规定"还是"例外性规定"？本书认为，第 399 条第 4 款属于特别规定，不具有普遍适用之意义。理由是：牵连犯必须是两个独立的构成犯罪的行为有手段与目的或原因与结果之间的关系，且理论上一般认为要"从一重处罚"。而我国刑法并没有明确牵连犯的处罚原则，因此，对于牵连犯只能是以刑法明文规定的处罚规则为准，在刑法没有明文规定的情况下，不能绝对化地、一概而论地认为只要是有牵连关系的犯罪都只能适用从一重罪处断原则，而是应当具体问题具体分析和进行充分思索，在尊重刑法中禁止双重评价原则与充分评价原则基础之上，视情况而定，如果有些手段行为（或者原因行为）的性质本身非常严重，仍然按照一罪进行处断会明显地造成刑罚不公的话，应当基于刑罚的公正原则予以数罪并罚，而不能为追求刑罚的效率与方便原则，过于简单化地、不分情况地完全以一罪处罚之。

(二) 对滥用牵连犯"从一重处罚"规则现象的批判

如本书前面所述，受贿罪的实行行为是收受贿赂行为，受贿罪保护的法益是国家公职人员职务行为的不可收买性。因此，受贿罪中"为他人谋取利益"的行为，根本无法包括犯罪行为。理由是：作为犯罪成立的行为只能是实行行为，同时，"为他人谋取利益"要有为他人谋利的目的，同时也要有目的行为，但是，作为受贿罪这一罪名只需"为他人谋取利益"的许诺行为即可，如果谋利行为已经超出本罪所能涵盖的范围时，就不能再将其以受贿罪一罪来论处，否则就会违反刑法中的完全评价原则。那对于受贿后为他人谋取利益的行为又另行构成犯罪的，究竟应当以一罪论还是以数罪论？有论者提出以牵连犯论、从一重罪处罚的观点，本书认为，虽然此种观点把此两个行为分开来评价是一大进步，但是其最终仍然是滥用了牵连犯理论，更是滥用了"从一重处罚"的规则，把本该数罪并罚的两罪当作一罪处罚。

对于牵连犯，本书更倾向于数罪并罚，理由是：

1. 从世界各国的立法及理论看，对牵连犯实行数罪并罚是大势所趋。虽然费尔巴哈于 1815 年在受命起草的《巴伐利亚刑法典》（草案）中表述了牵连犯的概念，并提出"从一重处断原则"，但此后的一百多年间，牵连犯的概念以及"从一重处断"原则并未得到各国刑法学及刑事立法的普遍认可。作为日本牵连犯来源地的德国及法国刑法，早已将牵连犯废止，日本也已在 1974 年的《修正刑法草案》第 67 条中删除了牵连犯的规定，我国台湾地区"刑法"也在 2005 年重新修正时删除了牵连犯的规定，这些国家和地区废除牵连犯的原因是：要么牵连犯自身标准模糊不清，要么"从一重处断"原则矛盾重重。

2. 对牵连犯实行"数罪并罚",是罪刑相适应原则的客观要求,有利于解决当前司法实务中具体操作的困境。试举两例:其一,牵连犯在共同犯罪中会导致共同犯罪人罪名不一致的情形。假设甲、乙、丙共同实施枉法裁判行为,其中甲是主犯,且收受贿赂6万元,依照第399条第4款的规定,甲因受贿罪"处罚较重"将被认定为受贿罪,而乙、丙因没有受贿情节而被定为枉法裁判罪,这显然与共同犯罪的定罪处罚原理是相违背的。[1]其二,既然牵连犯属于处断的一罪,那么国家对数个牵连行为仅有一个追诉权和刑罚权,在实践中,如果对轻罪先行判决,将导致无法处罚重罪的现象。例如,某丙挪用数千万的资金用于操纵期货交易价格,其中挪用资金的行为属于手段行为,最高可处10年有期徒刑,为重罪;操纵期货交易价格属于目的行为,最高可处5年有期徒刑,为轻罪。如果操纵期货交易价格的行为先行案发,而挪用资金的行为尚未被发现,司法机关只追究其操纵期货交易价格的行为,最高只能判处5年有期徒刑。按照从一罪处断的论断,如果在刑罚执行过程中或执行完毕以后,又发现了有牵连关系的挪用资金行为,就不能另行追究其挪用资金的犯罪行为,结果导致重罪轻判。如果机械地执行从一重处断原则,只能通过审判监督程序撤销原来的操纵期货交易价格的判决,另行处理属于重罪的挪用资金行为,抛开司法成本不说,原来的判决本身并没有任何错误,因此也不存在撤销的理由和根据。[2]以上两例只是对牵连犯实施绝对化"从一重处断"所形成的常见司法尴尬。

3. 在牵连犯理论中树立"有罪必定"的观念,能更好地满足刑法功能的实现。"有罪必定"应当理解为在行为人数行为中,凡独立地符合某种罪的犯罪构成就应当将该行为单独予以定罪量刑。在牵连犯中,牵连犯数行为的犯罪构成的基本性质是不相同的,牵连犯是实质数罪且为异质数罪,根据犯罪构成定罪的标准,牵连犯这种异质数罪的情况当然构成了数罪并罚的前提。[3]"数罪并罚论"实际上只对具有独立关系的牵连犯适用,因为在具有独立关系的牵连犯中,行为人实行的两个行为侵害了两个不同种类性质的法益,两个法益之间不存在包含关系,适用任何一个法条都无法对行为人实行的行为的不法内涵作出全面的评价,因此,必须同时适用数法条的规定来对行为人实行数罪并罚,否则便违背了充分评价原则。犯一个罪与犯两个罪处刑同等,罪刑相适应原则便难以得到实现,也

---

〔1〕 金碧华、严励:"'刑法第399条第4款'之合理性探讨——从罪数形态的维度进行分析",载京师刑事法治网,http://www.criminallawbnu.cn/criminal/Info/showpage.asp? pkID=9668,最后访问日期:2010年10月1日。

〔2〕 苏敏华:"渎职与受贿行为并存时的处断原则",载《人民法院报》2008年12月31日。

〔3〕 余振华:"论牵连犯之存废及其罪数",载《刑事法杂志》第36卷第6期。

无法达到刑罚惩罚、预防犯罪的目的，最终导致刑法的公平价值目标的缺损。[1]因此，"数罪并罚论"应当作为具有独立关系的牵连犯的处罚原则。除了刑法有特别规定之外，对于两种性质完全不同的行为，前后行为之间具有独立性，且以哪一个行为定罪都不能对行为人实行的行为的不法内涵作出全面的评价的，应当同时适用两个法条的规定进行数罪并罚，才能做到罚当其罪，否则便有违于充分评价原则，刑法的公平、正义的价值目标就无法实现。因此，对于牵连犯的处罚原则，应当具体问题具体分析，既不能一概"从一重处断"，也不能对所有牵连犯均实行"数罪并罚"。从观念上讲，笔者支持"一罪一罚"的理念，认为所有的牵连犯均应当数罪并罚。但是，鉴于牵连犯"从一重处断"规则在理论上的长期影响和立法上的具体体现，在此种背景下选择以下折衷观点或许是可取的："鉴于犯罪形态的复杂性，对牵连行为的社会危害还应具体问题具体分析，选择最能体现罪刑均衡的处理方式，而不应困囿某一方式，以求达到最佳的社会效果。"[2]就受贿罪而言，一方面，它是比较严重的犯罪，而受贿罪的法定刑主要是根据受贿数额设定的，各种情节只能在相应的数额范围内起作用；另一方面，国家工作人员收受贿赂为他人谋取利益的行为所构成的犯罪，都属于性质严重的渎职犯罪。如果对构成犯罪的为他人谋取利益的行为不另外认定为犯罪实行并罚，往往难以实现罪刑相适应，这有悖于刑法的正义要求。

（三）对将受贿后渎职的行为以牵连犯"从一重罪处罚"的观点的反思

近年来，"禁止重复评价"理论在刑法学界得到了广泛认可。也正是基于这一理论，对于受贿后为他人谋取利益的行为又另行构成犯罪的，许多论者得出了应当"以一罪论"的结论。

1. 关于数罪并罚会违反"禁止重复评价原则"的论点。不少论者认为，对于受贿后为他人谋取利益的行为又另行构成犯罪的，如果数罪并罚，会违反"禁止重复评价"理论。例如有论者认为，如果在受贿罪中"为他人谋取利益"的行为构成犯罪时实行数罪并罚，有对"为他人谋取利益"的行为进行重复评价之虞。[3]还有论者认为，《刑法》第385条后段所规定的受贿罪的客观行为属于复合行为，也就是说，实施"为他人谋取利益"的行为应当是受贿罪客观行为的应有之义。因此，如果受贿罪中"为他人谋取利益"的行为构成犯罪时，收受贿赂的行为可以视为后者的原因，而滥用职权行为视为前者的结果。这属于一种典型的牵连关系，应当按"从一重罪处罚"的牵连犯原则处理，如果数罪并罚就会有

---

[1] 游伟、谢锡美："双重评价禁止与充分评价原则剖析——关于刑法中牵连犯处断的思考"，载《法律适用》2007年第11期。

[2] 邵砚涛："牵连犯若干问题辨析"，载《政法论丛》1999年第3期。

[3] 游伟、肖晚祥："论受贿罪构成要件中'为他人谋取利益'——现行立法及其与理论、司法的冲突研究"，载《政治与法律》2000年第6期。

违双重评价禁止原则。[1] 类似观点认为，无论是按数罪并罚，还是牵连犯，或是吸收犯，都会违背刑法中禁止重复评价的原则，只有按法规竞合理论以一罪论处才符合刑法的基本原则。

2. 反驳性批判：数罪并罚并不违反"禁止重复评价原则"。"禁止重复评价"指的是对于同一犯罪事实不能进行刑法中的两次评价，而受贿后滥用职权行为是分别构成犯罪的两个行为，而且此二罪的性质与内容是截然不同的，并没有所谓的重叠与重合。受贿罪的实行行为是"收受财物"行为，因为受贿罪的成立标准是"收受贿赂"，在"收受"时只要有为他人谋取利益的"许诺"即可构成受贿罪。即使将"为他人谋取利益"视为一种"行为"，那么，由于国家工作人员在非法收受财物之前或者之后许诺为他人谋取利益，职务行为的不可收买性受到了侵犯，因此，"为他人谋取利益的许诺"本身就是一种行为，符合刑法将"为他人谋取利益"规定为客观要件的表述，也就是说，只要收受财物时有"为他人谋取利益的许诺"就构成受贿罪，而不要求有为他人谋取利益的实行行为与最终谋取利益的结果。因此，在此之后的渎职行为与前行为没有必然的联系，而是构成另外一个犯罪的实行行为，因而对于不同的犯罪行为进行评价和科刑，并不存在重复评价的问题。只要国家工作人员就其职务行为收受了他人的财物，许诺为他人谋取利益的，就已经使职务行为的不可收买性受到了现实的侵犯，因此，如果行为人由此进一步实施的为他人谋取利益的行为触犯刑法构成犯罪（背职行为），则说明其行为已经侵犯了另外的不同于受贿罪的法益，换言之，此时行为人的行为完全符合两个罪的构成要件，对此理当数罪并罚。否则，如果只认定为受贿罪，一方面，会导致罪刑不相适应；另一方面，会使得受贿罪负担的内容过于庞大，使大多数的数罪变成一罪，这显然是不合适的。

综上所述，对受贿后行为人利用职务便利收受贿赂，为他人谋取利益涉嫌渎职犯罪的，应该数罪并罚。实践中，我国最高审判机关所持的正是这种态度。最高人民法院刑事审判第一庭还就被告人胡某某在担任某监狱副监狱长、被告人韦某某在担任某中级人民法院刑事审判第二庭庭长期间，徇私舞弊为服刑罪犯减刑、假释的行为专门以《审判长会议纪要》的形式发布了应该对这种行为数罪并罚的研究意见。会议纪要认为，区分一罪还是数罪的根本标准在于符合构成要件的行为的个数，"为他人谋取利益"只是受贿罪的主观要件，无论是收受贿赂还是索取贿赂，为他人谋取利益的行为又构成其他犯罪，完全符合数罪的构成，数罪之间既非法条竞合关系，也非刑法意义上的牵连关系，对之进行数罪并罚也不

---

[1] 许发民、王明星："如何处理受贿后又实施为他人谋取利益的行为？——受贿罪一罪与数罪的问题研讨"，载 http: //www.china-holiday.com/blog/user1/4308/archives/2005/52350.html，最后访问日期：2010 年 10 月 15 日。

违反禁止对同一行为评判的原则。至于《刑法》第 399 条第 3 款的规定是刑法的特别规定，只适用于特别的情形，不具有普遍意义，因此对这种情形应该数罪并罚。[1]

---

[1] 参见最高人民法院刑事审判第一庭、第二庭编：《刑事审判参考》（2001 年第 3 辑·总第 14 辑），法律出版社 2001 年版，第 73~76 页。

第八章　受贿犯罪的刑罚

第一节　受贿罪的刑罚

一、受贿罪的刑罚标准

依据刑法规定，本罪根据受贿数额和受贿情节，依据贪污罪的规定法定刑幅度处罚。索贿的从重处罚。具体量刑标准如下：

1. 个人受贿数额在10万元以上的，处10年以上有期徒刑或者无期徒刑，可以并处没收财产；情节特别严重的，处死刑，并处没收财产。

2. 个人受贿数额在5万元以上不满10万元的，处5年以上有期徒刑，可以并处没收财产；情节特别严重的，处无期徒刑，并处没收财产。

3. 个人受贿数额在5000元以上不满5万元的，处1年以上7年以下有期徒刑；情节严重的，处7年以上10年以下有期徒刑；个人受贿数额在5000元以上不满1万元，犯罪后有悔改表现、积极退赃的，可以减轻处罚或者免予刑事处罚，由其所在单位或者上级主管机关给予行政处分。

4. 个人受贿数额不满5000元，情节较重的，处2年以下有期徒刑或者拘役；情节较轻的，由其所在单位或者上级主管机关酌情给予行政处分。

5. 对多次受贿未经处理的，按照累计受贿数额处罚。

6. 索贿的从重处罚。

二、受贿罪刑罚的相关问题

（一）受贿罪适用死刑的情形

在我国，虽然保留了受贿罪的死刑，但现行刑事政策采取了严格限制死刑适用的政策，对于经济犯罪中的死刑规定尤为如此。死刑的适用受到严格制约，首先表现在总则对死刑适用的规定，具体表现在以下几个方面：①只有刑法分则规定了死刑的犯罪，才可以判处死刑。②根据我国《刑法》第49条之规定，有两类人不适用死刑：一是犯罪的时候不满18周岁的人，二是审判的时候怀孕的妇女。除此之外，任何人触犯刑法构成犯罪，依法应当判处死刑的，均应适用死刑。③根据我国《刑法》第48条之规定："死刑只适用于罪行极其严重的犯罪分子。对于应当判处死刑的犯罪分子，如果不是必须立即执行的，可以判处死刑同时宣告缓期2年执行。"

就分则规定来说，在受贿类犯罪中，只有受贿罪才可以适用死刑，适用死刑必须是数额在10万元以上且情节特别严重。因此，受贿数额是认定受贿罪是否可以判处死刑的一个因素，但不是唯一因素，人民法院还应当结合案件的其他具体情况，如犯罪造成的社会影响、犯罪人的认罪态度等以及是否有自首、立功、坦白、积极退赃等量刑情节，确定受贿罪的情节是否特别严重、是否适用死刑及在适用死刑时是否是必须立即执行。

下面以几个有重大影响的案件的裁判为例，来说明实践中受贿罪死刑适用的情形。

1. 成克杰受贿案。成克杰受贿案中，北京市第一中级人民法院的刑事判决书（［2000］中刑初字第1484号）对其判处死刑的理由为：被告人成克杰的受贿数额特别巨大，其作为高级领导干部，所犯罪行严重破坏了国家机关正常工作秩序，侵害了国家工作人员职务的廉洁性，败坏了国家工作人员的声誉，犯罪情节特别严重，依法应予严惩。最高人民法院在核准成克杰死刑的刑事裁定书（［2000］刑复字第214号）的理由为：成克杰作为高级领导干部，利用职务上的便利，进行权钱交易，收受巨额贿赂，受贿数额特别巨大；其行为严重侵害了国家公职人员职务行为的廉洁性，严重损害了国家公职人员的声誉，严重破坏了国家机关的正常工作秩序，造成了极为恶劣的社会影响，犯罪情节特别严重，应依法惩处。

2. 王怀忠受贿案。山东省济南市中级人民法院的刑事判决书（［2003］济刑二初字第32号）对其判处死刑的理由是：被告人王怀忠受贿犯罪数额特别巨大，其中索取贿赂数额亦特别巨大，索取贿赂后将绝大部分用于阻止有关部门对其犯罪的查处，犯罪情节特别严重，且在确凿的证据面前，百般狡辩，拒不认罪，态度极为恶劣，应依法严惩。最高人民法院刑事裁定书（［2004］刑复字第15号）的理由为：王怀忠受贿数额特别巨大，并具有多次索贿的法定从重处罚情节。更为恶劣的是，王怀忠为逃避法律制裁，在有关部门查处其涉嫌经济犯罪期间，仍继续向他人索贿，且将索取的巨额贿赂用于企图阻止有关部门对其经济犯罪问题的查处，受贿犯罪情节特别恶劣，社会危害性极大，罪行极其严重。[1]

3. 郑筱萸受贿案。北京市第一中级人民法院刑事判决书（［2007］一中刑初字第1599号）对其判处死刑的理由是：被告人郑筱萸身为国家药品监管部门的主要负责人，本应认真行使国家和人民赋予的权力，为保障与国计民生有重大关系的药品的使用安全和生产经营秩序尽职尽责、廉洁从政，但其却置国家和人民的重要利益于不顾，为有关企业在获得相关许可证、药品进口、注册、审批等方面谋取利益，直接或者通过其妻、子多次收受贿赂，严重地侵害了国家工作人员的

---

［1］ 张军主编，最高人民法院刑事审判第一庭、第二庭编：《刑事审判参考》（2005年第6集·总第35集），法律出版社2004年版，第218页。

职务廉洁性，严重地破坏了国家药品监管的正常工作秩序，危害人民群众的生命、健康安全，造成了极其恶劣的社会影响。被告人郑筱萸受贿数额特别巨大，犯罪情节特别严重，社会危害性极大。[1]

4. 文强案。2010 年 5 月 21 日，重庆市高级人民法院在文强案二审的审理中确认，1996 年至 2009 年期间，文强利用其先后担任重庆市公安局党委委员、党委副书记、副局长，重庆市司法局党委书记、局长的职务便利，为他人职务晋升、工作调动、就业安置、承揽工程等谋取利益，先后多次单独或伙同其妻周晓亚收受包括黑社会性质组织的组织者、领导者在内的他人财物，折合人民币共计1211 万余元。其中，文强、周晓亚共同收受他人财物折合人民币 449 万余元。2003 年至 2008 年期间，文强明知王天伦、谢才萍、岳宁、马当、王小军等人组织、领导的多个黑社会性质组织从事有组织的违法犯罪活动，仍予以包庇、纵容。公开宣判后，二审审判长张波就为何维持对文强判处死刑立即执行等焦点问题接受采访时指出：文强所犯受贿罪数额特别巨大，情节特别恶劣，后果特别严重。因此重庆市高级人民法院认为，一审法院综合考虑文强犯罪的事实、性质、情节以及对社会的危害程度，以受贿罪判处文强死刑，剥夺政治权利终身，量刑适当，符合法律规定，符合罪刑相适应的刑法基本原则。[2]

根据上述案例来可以看出，影响对受贿罪适用死刑的情形，不只是数额、还会综合考虑犯罪行为对国家和人民利益造成损害的程度、犯罪人的犯罪手段以及犯罪后的认罪态度等。

（二）受贿罪与行贿罪刑罚调整之必要性

《刑法》第 389 条规定：为谋取不正当利益，给予国家工作人员以财物的，是行贿罪。第 390 条规定了对行贿罪最高刑为无期徒刑的处罚。行贿罪在构成要件上必须为谋取不正当利益而行贿，而作为其对合犯的受贿罪仅在斡旋受贿的情况下要求为谋求不正当利益，其他受贿情形则无此要求。由此可见，行贿罪在构成要件要求上比受贿罪严格；在处罚上，由于受贿罪的法定最高刑为死刑，而行贿罪在追诉前主动交待可减轻或免除处罚，可见行贿罪的处罚比受贿罪明显为轻。

对于侵犯法益相同、主观恶性相当的行贿、受贿犯罪却配置以差异悬殊的法定刑显然是不合适的。本书认为，在立法上，整体降低贿赂犯罪法定刑的情况下，考虑加重行贿罪的法定刑，将其提高到与其危害性相当的水平。

首先，随着经济全球化进程的加快，行贿犯罪等腐败行为也已不再局限于一

---

[1] 熊选国主编：《刑事审判参考》（2007 年第 6 集·总第 59 集），法律出版社 2008 年版，第 140 页。

[2] http://whb.news365.com.cn/gnsc/201005/t20100522_2713213.htm，最后访问日期：2010 年 10 月 22 日。

国范围内，而呈现出跨国化的特征。为惩治和预防跨国腐败行为，国际社会通过了《联合国反腐败公约》（以下简称《公约》），《公约》虽然没有关于刑罚的具体规定，但是在规定各种贿赂犯罪的时候总是把行贿与受贿一起规定的，没有对行贿行为另行规定。这在一定意义上表明其对行贿行为的评价与对受贿行为的评价是相近或相同的。我国已经正式加入了这一公约，我国有义务使国内刑事立法与《公约》逐步衔接，因而提高行贿罪的法定刑是理所当然的。此外，从外国刑法的有关规定看，大陆法系国家通常对行贿罪规定的刑罚与对受贿罪所规定的刑罚往往是完全相同的。

其次，我国传统上比较注重打击受贿犯罪行为，往往为了有效打击受贿而放纵了行贿犯罪。实践中放纵行贿的倾向会使行贿人的犯罪成本的降低，行贿人以极小的代价换取巨大的利益，进一步刺激了贿赂犯罪的决意。如果我们不能有效地遏制行贿行为，便不可能从源头上有力地控制受贿犯罪。为了从根本上遏制腐败犯罪，除了侦查机关必须转变"轻行贿、重受贿"的观念，不断提高自身侦查水平，实现从"由供到证"到"由证到供"侦查模式的转变外，在立法上有必要重新评价行贿行为的危害性，将行贿与受贿看作是同样具有危害性的行为，加大对行贿罪的处罚力度，规定和受贿罪相同的处罚标准。

（三）受贿罪比照贪污罪处罚的不合理之处

我国《刑法》第386条规定对于受贿罪应当按照第383条处罚，即：①个人受贿数额在10万元以上的，处10年以上有期徒刑或无期徒刑，可以并处没收财产；情节特别严重的，处死刑，并处没收财产。②个人受贿数额在5万以上不满10万元的，处5年以上有期徒刑，可以并处没收财产；情节特别严重的，处无期徒刑，并处没收财产。③个人受贿5000元以上不满5万元的，处1年以上7年以下有期徒刑；情节严重的，处7年以上10年以下有期徒刑。个人受贿数额在5000元以上不满1万元，犯罪后有悔改表现、积极交出贿赂的，可以减轻或者免予刑事处罚，由其所在单位或者上级主管机关给予行政处分。④个人受贿数额不满5000元，情节较重的，处2年以下有期徒刑或者拘役；情节较轻的，由其所在单位或者上级主管机关酌情给予行政处分。此外，对多次受贿未经处理的，按照累计数额处罚。索贿的从重处罚。从条文规定来看，似乎将受贿罪依照贪污罪处罚并无不妥，但仔细推敲就不难发现，这种做法是不合理、不严密的，甚至是违背刑法的基本理念的。理由如下：

1. 受贿罪与贪污罪的社会危害性的表现不同。受贿罪比较贪污罪量刑，其量刑标准都是"数额"与"情节"，但受贿罪与贪污罪中的"数额"与"情节严重"的内涵不一致，不能将两者等同，并依此把两罪按照同一条文处罚。受贿罪与贪污罪的数额尽管表面上看起来都是钱财，但其内涵并不一致，受贿罪的钱财是非法获取他人财物，而贪污罪的财物是非法占有自己合法主管、经管的公共财物。[1]所以，一个侵犯的是私权，一个侵犯的是公权，两者处罚也应有所区别。

受贿罪的情节严重是指：①收受贿赂达100万元以上；②受贿后为他人谋取巨大的非法利益；③由于受贿为他人谋取利益而致使国家、社会、他人蒙受巨大的经济损失；④由于受贿后为他人谋取利益导致重大人身伤亡或特别巨大的财产损失；⑤在战争、灾难发生期间受贿的；⑥由于受贿导致冤假错案，错判错杀的；⑦索取巨额贿赂或多次索贿。[2]

而贪污罪的情节严重是指：①累犯；②贪污集团中首要分子或共同贪污中的主犯；③公检法机关工作人员贪污没收的财物；④贪污国家贵重物资或救济款、侨汇、侨储，而造成严重后果的；⑤贪污手段恶劣；⑥为掩盖贪污行为而栽赃陷害或嫁祸于人的；⑦贪污数额巨大，拒不退还的；⑧销毁罪证，拒不坦白交代的。[3]

可见，受贿罪情节严重侧重于受贿后实施职务行为而造成的危害结果的大小，而贪污罪的情节严重则侧重于实施贪污的手段、方法、对象及犯罪后的态度，两者所强调的内容不同，因此，在处罚上应该有所区别。

2. 两罪不存在依照处罚的基础。现行刑法将受贿罪与贪污罪依照处罚，就是认为两者有一个共同基础——贪污受贿数额的决定性作用，并以此为客观标准，作为罪与非罪、罚与不罚的分水岭。这无疑带有客观归罪的色彩，也不符合立法的精神和刑事解释学的基本原则。要改变这种观念，必须对贪污受贿的危害有一个非常清醒的认识，这才是对贪污受贿量刑的前提和基础。贪污罪的社会危害性在很大程度上，当然要通过数额直接反映，但对于渎职罪中的受贿罪则不尽然。由于受贿的渎职性决定其社会危害性不是取决于受贿所得的数额，而是取决于受贿行为有关的其它一系列因素，尤其当受贿行为对国家、集体或公民利益所造成的严重损失时，更不能仅从数额的大小决定刑罚的轻重。[4]受贿数额的大小不是受贿罪社会危害性的主要表现，如果仅以受贿数额的多少来处罚受贿人，则可能达不到社会防卫的效果。

受贿的数额并不能完全表明受贿人的主观恶性。所谓主观恶性主要是指行为人对其行为及其社会危害性所持的心理态度。就枉法受贿犯罪而言，受贿数额只能表明受贿人对接受贿赂这一违法行为的预知程度和顽固程度，而无法表现受贿人滥用职权为行贿人谋取非法利益的预知程度和顽固程度。枉法受贿者在主观方面有两个故意，既违法履行职务的故意和以此为代价去获取贿赂的故意。后者可

---

〔1〕 赵秉志主编：《新刑法教程》，中国人民大学出版社1997年版，第91页。
〔2〕 赵秉志：《贪污贿赂及相关犯罪认定处理》，中国方正出版社1999年版，第32页。
〔3〕 赵秉志：《贪污贿赂及相关犯罪认定处理》，中国方正出版社1999年版，第170页。
〔4〕 钟澍钦主编：《新中国反贪污贿赂的理论与实践》，中国检察出版社1995年版，第131页。

以用金钱去衡量其主观恶性程度，而前者则不总是能用金钱来衡量。当枉法受贿人为行贿人谋取的非法利益是物质利益时，可以用金钱来衡量其枉法的恶性程度；当受贿人为行为人谋取的利益为非物质利益时，则不能用金钱来衡量其枉法的恶性程度，如为行贿人办假执照、假户口，等等。因此，其主观恶性程度主要表现在违法履行职务的故意上。

受贿的数额并不能表明受贿行为的本质特征。受贿行为的特征包括两个方面：一是受贿人利用职务之便；二是接受贿赂。就收受贿赂而言，本书认为，受贿行为侵害了职务行为的不可收买性，但是，受贿的数额并不能表明廉洁性程度，我们不能认为收受5万元的人比收受10万元的人更廉洁，因此，受贿的数额不能体现受贿行为的本质；相反，利用职务之便的行为才能体现受贿行为的本质特征，受贿人利用其国家工作人员的身份和职务上的优势，收受贿赂，放弃其行为的公正性，损害了国家和公众的利益，造成了社会公众对国家公共行为的不信任，导致整个社会管理运作效力的低下，其造成的恶果远非收受的贿赂所能比拟，危害性是人们所无法预料的，所以，受贿人利用职务之便的行为而造成的危害后果才是其行为的本质特征。

3. 明确规定处罚的数额导致理论与实践的困惑。现行刑法规定5000元以下，情节较轻的不构成犯罪，那么就有人利用这一空隙而作案，从另一角度来看，就是承认国家工作人员的行为是可以收买的，只不过不要用5000元以上的金钱，这也是与受贿立法的宗旨相违背的。就实际操作来说，明确标明受贿的数额会增加侦查的难度。由于受贿的数额成为定罪判刑的关键，检察机关必须尽量证实每一笔赃款，以保证定罪判刑准确性，而有的受贿人收受贿赂的时间长达几年、几十年，甚至其本人也不清楚是谁行贿的、行贿多少、在什么时间什么地点行贿，而检察机关则必须花大量精力证明那些很难再现的细节，浪费侦查资源；有的受贿人明知受贿数额的重要性，始终不肯讲出真相，而贿赂双方行事又极为隐秘，双方得利，相对一方不会告发，以至于最后只能以巨额财产来源不明罪论处，但我国巨额财产来源不明罪最高刑经《刑法修正案（七）》修改后也只有10年，和受贿罪的刑罚相差较大，这使许多人逃脱了应有的法律制裁。由于检察人员把精力集中在受贿的数额上，相对忽视了枉法行为对国家、集体和公民利益的损害，也就是说司法人员把主要精力放在受贿犯罪的次要方面，丢掉了受贿犯罪的主要方面。所以，受贿罪以数额作为处罚的标准，其主要着眼点并不是保护社会利益，这与我们惩罚受贿，保护整个社会利益的原则相违背。

4. 将受贿罪按照贪污罪的量刑抹杀了受贿罪枉法与非枉法的重大区别。贪污罪是利用手中的职权将公共财物非法据为己有，是一种典型的枉法行为，不存在枉法与不枉法的区别问题，所以，在对贪污罪量刑时无须考虑这一因素。但是受贿却有枉法与非枉法的区别，如前文所述，枉法与非枉法的职务行为体现不同的社会危害性，因此，在对受贿罪进行处罚时必须考虑这一区别，以做到罪刑相适应，但将受贿罪与贪污罪同一处罚却抹杀了这一区别。当然，我国刑法用情节严重对这一问题进行了补充，但由于情节严重其本身缺乏可操作性，而难以有效地运用到司法实践中，对枉法与非枉法受贿行为这一原则区别作用不大，因此，必须加以立法明晰。

5. 受贿罪按照贪污罪量刑不能适应受贿罪现实发展的需要。贪污罪的对象只能是财物，我国传统的刑法理论也认为贿赂仅限于财物[1]，故认为两者具有相同的处罚基础，但是随着社会的发展，贿赂再也不能局限于财物的范围了。台湾刑法理论认为行贿的客体为贿赂及其他不正当利益，贿赂是指金钱或其他可以用金钱折算之财物；其他不正当利益是指贿赂以外之一切可以供人需要或满足之有形或无形之不当利益而言，包括物质利益与非物质利益，前者是指诸如设定债权、免除债务、给予无息贷款，后者诸如给予地位、允许性交或者其他性行为。我国也有许多学者认为"从贿赂的本质及其危害作用来看，把贿赂仅局限于财物是适当的，为使我国刑事立法更加完善，修改刑法，扩大贿赂的范围，使其包括财物和其他非法利益是必要的，它有助于强化对公务员腐败行为的抑制作用。"[2]从现实发生的受贿情况来看，越来越多贿赂都包括非物质利益，而司法机关对此无法处理，可见，将受贿罪依照贪污罪以财物作为处罚的标准，滞后于受贿犯罪现实的发展状况，不能满足打击与预防受贿犯罪的需要。

我国刑法将受贿罪依照贪污罪的处罚显然是不合理的，基于这种认识，本书认为既然把贪污罪、受贿罪分成两个独立的罪，就应该根据两个罪的不同特点和不同的处刑要求分别规定不同的法定刑。

第二节 利用影响力受贿罪的刑罚

一、利用影响力受贿罪的刑罚标准

根据《刑法》第388条之一的规定，本罪量刑标准为：

1. 数额较大或者有其他较重情节的，处3年以下有期徒刑或者拘役，并处罚金。

2. 数额巨大或者有其他严重情节的，处3年以上7年以下有期徒刑，并处罚金。

3. 数额特别巨大或者有其他特别严重情节的，处7年以上有期徒刑，并处罚金或者没收财产。

---

[1] 苏惠渔主编：《刑法学》，中国政法大学出版社1994年版，第689页。

[2] 肖扬：《贿赂犯罪研究》，法律出版社1994年版，第175页。

二、利用影响力受贿罪刑罚的相关问题

2009年《刑法修正案（七）》在《刑法》第388条后增加了一条，随后2009年10月14日，最高人民法院、最高人民检察院公布的《关于执行〈中华人民共和国刑法〉确定罪名的补充规定（四）》将《刑法修正案（七）》第13条规定的罪名确定为利用影响力受贿罪。但同时，利用影响力受贿罪和受贿罪的法定刑区别很大。那么如何认定受贿罪共犯，特别是特定关系人构成的共犯和利用影响力受贿罪两者的界限，利用影响力受贿罪会不会成为国家工作人员的免罪符呢？

（一）受贿罪的共犯与利用影响力受贿罪的区分

理论上来说，一是看国家工作人员和关系密切的人是否存在犯意联络。如果国家工作人员知晓，并且和关系密切的人共同实施受贿，此时就构成受贿罪共犯。如果国家工作人员完全不知道，其作出为请托人谋利的行为完全是因为关系密切的人的煽风点火作用或欺骗。那么此时，关系密切的人构成利用影响力受贿罪。二是从行为方式上进行判断。如果关系密切的人利用自己的影响力间接地破坏职务活动的廉洁性就构成利用影响力受贿罪，如果是共同参与到国家工作人员的受贿中去，则构成受贿罪。实践中大体有以下几种情形要加以明示：①如果国家工作人员不知情，没有谋利。请托人给予贿赂的对象是国家工作人员，则此时该"身边人"构成招摇撞骗罪或者诈骗罪。②国家工作人员知情，而且是和该身边人共同实施犯罪，但是，国家工作人员不出面，由其"身边人"代收，此时构成共同受贿罪。③"身边人"明知是贿赂，收受后告知国家工作人员，在国家工作人员让其退还后，消极对待，应当综合考虑相关情节加以判断，一般来讲不应当以受贿罪论处。④请托人给予的贿赂对象是国家工作人员的"身边人"，身边人利用到自己的影响力获得利益并且国家工作人员不知情，但是该"身边人"利用自己的影响，通过国家工作人员的职务行为为请托人谋利，或者是索取贿赂行为，此时构成利用影响力受贿罪。在具体的办案过程中不难发现，在非国家工作人员和国家工作人员共同受贿与否的认定上还应当注意家属保存、转移、隐藏贿赂物行为性质的认定。

（二）利用影响力受贿罪不会成为国家工作人员的免罪符

在利用影响力受贿罪出台后，很多人担心它会不会成为国家工作人员的免罪符，会不会在实践中出现丢卒保帅的现象。本书认为，利用影响力受贿罪是刑事立法走向缜密、科学的表现，而不会达到国家工作人员免罪的反效果。最高人民检察院检察理论研究所副研究员石磊博士曾说过，在实践中，最重要的是要查清国家工作人员与其近亲属或者关系密切的人是否存在通谋。如果有，则认定为受贿罪共同犯罪；如果没有，则以利用影响力受贿罪定罪处罚。也就是说，认定关系人是构成利用影响力受贿罪还是和国家工作人员构成受贿罪共犯的关键是在于侦破是否存在通谋。在《刑法修正案（七）》出台之前，在无法查出是否存在通

谋时司法机关或者会按照共犯处理，或者在仅能查出关系密切人收受贿赂情况，无法查出国家工作人员的犯罪行为时，将二者都做无罪对待。前者实际上违反了疑罪从无的刑事诉讼原则，而且也与罪刑法定原则相冲突。后者则是放松了法网，一定程度上纵容了犯罪的存在。利用影响力受贿罪的出台，使得刑法适用更加科学，本着实事求是的态度，能证明存在通谋则构成受贿罪共犯，不能证明通谋则也不放纵已经侦破的犯罪行为。因此，利用影响力受贿罪不是国家工作人员的免罪符。

第三节　单位受贿罪的刑罚

一、单位受贿罪的刑罚标准

根据《刑法》第387条，本罪情节严重的，对单位判处罚金，并对其直接负责的主管人员和其他直接责任人员，处5年以下有期徒刑或者拘役。

二、单位受贿罪刑罚的相关问题

（一）对于单位索贿应否从重处罚

对此问题，有学者持肯定态度，即认为对于单位索贿的，也应当从重处罚。本书认为，这种观点值得商榷。首先，从立法上来看，《刑法》第387条并没有明确规定。刑法关于"索贿从重处罚"的规定，只是在《刑法》第386条即受贿罪中规定，而不是在受贿罪和单位受贿罪之后专条加以规定。由此可见，从立法者本意上，关于"索贿从重处罚"的规定只是适用于自然人犯罪。其次，从理论上来看，对单位索贿的也不应从重处罚。立法者之所以只对受贿罪做出关于"索贿的从重处罚"的规定，就是他们认为索贿型的受贿罪的危害性比收受型的受贿罪的更重，故需要从重处罚。而在单位受贿犯罪中，立法者却认为索贿型的受贿犯罪和收受型的受贿犯罪危害性是一样的，这一点可以从立法关于单位受贿罪客观要件的规定中可以看出，即在单位受贿罪中，"为他人谋取利益"是任何类型的受贿犯罪的共同必备要件，也就是同样危害性大小的犯罪行为也应当适用同样的量刑标准。因此，在单位受贿犯罪中，对于索贿的处罚不应当从重，这不仅符合立法规定，也比较符合立法原意。

（二）在单位受贿罪中，对国家机关、人民团体判处罚金

1. 是否应当判处罚金。对单位犯罪中的单位判处罚金，这是许多规定单位犯罪的国家的普遍做法。一般而言，对公司、企业、事业单位判处罚金是无可非议的。因为公司企业是典型的营利性组织，有独立的经济利益和独立的财产和经费；事业单位虽然不是纯营利性组织，但在一定范围内也可从事与其事业相关的生产经营活动，也存在相对独立的经济利益。但是当单位是国家机关或某些不从事经营活动的人民团体时，对他们判处罚金是否可行，有无实际意义？从理论上

来讲，国家的立法机关、行政机关、司法机关、军事机关是国家机器的组成部分，其经费来源于财政拨款，对其判处罚金，必然影响国家机器的正常运转，而且罚金最后上缴财政又归于国家，起不到罚金的经济制裁效果，没有多大的实际意义。对经费由国家财政预算供给的一些人民团体也存在同样问题。但刑法并未规定对单位处以罚金时对单位的性质加以考虑，所以在当前，对国家机关和人民团体同样适用罚金。

2. 罚金数额的确定。单位受贿犯罪中，国有单位基本上都是在经济利益的驱动下收受贿赂，而罚金刑对贪利性犯罪具有较好的预防与惩罚作用。因此，刑法对单位受贿犯罪的刑事责任设置罚金刑不仅是必要的也是科学的。但是我国刑法关于本罪的罚金规定有一个明显特点，就是罚金无具体数额之限制，只是笼统的规定"判处罚金"，而具体数额由法官自由裁量。罚金刑的这种立法方式，既有法官可根据行为人的犯罪情节灵活掌握的优点，也有法官随自己意志判断，难免产生不合理的弊端。

本书认为，最好的解决办法应该是立法者在条件适合的情况下确定倍比罚金刑。因为，一方面，倍比罚金制度便于法官在一定限度内根据案件具体情节加以自由裁量，又不至于受经济情况变化的影响，这样既有利于实现罪责刑相适应，又有利于司法机关公正司法；另一方面，采用倍比罚金制，也有相应的立法经验可以借鉴，如刑法对于单位犯生产、销售伪劣商品罪的就是采用倍比罚金的立法模式。就目前单位受贿罪的立法现状而言，对单位判处罚金而言，也应当使罚金数额与受贿数额有一定的比例关系，可以参照其他经济犯罪的规定，一般应以受贿数额的1倍到5倍为宜。具体适用时，应根据实施单位本身的性质、犯罪手段、所利用的职务情况、为他人谋取的利益以及危害结果等犯罪情节进行全面、综合分析，以正确地确定罚金数额，做到罪责刑相适应。

第四节　非国家工作人员受贿罪的刑罚

一、非国家工作人员受贿罪的刑罚标准

根据《刑法》第163条的规定，本罪的量刑标准为：

1. 数额较大的，处5年以下有期徒刑或者拘役。
2. 数额巨大的，处5年以上有期徒刑，可以并处没收财产。

二、非国家工作人员受贿罪刑罚的相关问题

《刑法修正案（六）》第7条将《刑法》第163条修改为："公司、企业或者其他单位的工作人员利用职务上的便利，索取他人财物或者非法收受他人财物，为他人谋取利益，数额较大的，处5年以下有期徒刑或者拘役；数额巨大的，处5年以上有期徒刑，可以并处没收财产。公司、企业或者是其他单位的工作人员

在经济往来中，利用职务上的便利，违反国家规定，收受各种名义的回扣、手续费，归个人所有的，依照前款的规定处罚。国有公司、企业或者其他单位中从事公务的人员和国有公司、企业或者其他国有单位委派到非国有公司、企业以及其他单位从事公务的人员有前两款行为的，依照本法第 385 条、第 386 条的规定定罪处罚。"

本罪的处罚主要包括以下几个部分：

1. 在一般行为的客观要件中，主要适用《刑法修正案（六）》第 7 条第 1 款的规定："公司、企业或者其他单位的工作人员利用职务上的便利，索取他人财物或者非法收受他人财物，为他人谋取利益，数额较大的，处 5 年以下有期徒刑或者拘役；数额巨大的，处 5 年以上有期徒刑，可以并处没收财产。"

2. 在特殊行为的客观要件中，主要适用《刑法修正案（六）》第 7 条第 2 款的规定："公司、企业或者其他单位的工作人员在经济往来中，利用职务上的便利，违反国家规定，收受各种名义的回扣、手续费，归个人所有的，依照前款的规定处罚。"

由此可以得出：在定罪量刑上分为两个层次，把"数额较大"和"数额巨大"作为量刑标准。"数额较大"刑法没有做出明确的规定，在具体的定罪量刑上依据相关的司法解释和本地区的经济水平，符合罪责刑相适应原则。"数额巨大"是本罪的加重处罚事由，这里的数额巨大，在最高人民法院重新做出解释以前，可以参照 1996 年 1 月 24 日最高人民法院发布的《关于办理违反公司法受贿、侵占、挪用等刑事案件适用法律若干问题的解释》第 1 条的规定，是指受贿 10 万元以上。

如果从事公务的人员（国有公司、企业或其他国有单位中从事公务的人员和国有公司、企业或者其他国有单位委派到非国有公司、企业以及其他单位从事公务的人员）有一般的受贿行为和特殊的经济受贿行为的，依照受贿罪的规定定罪处罚。

第九章 受贿犯罪的量刑

第一节 量刑情节概述

量刑情节是指在某种行为已经构成犯罪的前提下,人民法院对犯罪人裁量刑罚时应当考虑的,据以决定量刑轻重或免除刑罚处罚的各种情况。需要特别指出的是,传统刑法理论将案件情节区分为犯罪事实情节和量刑情节,这种区分也不是绝对的,因为多数犯罪事实既是定罪情节又是量刑情节。如受贿罪中的 5000 元的数额,既能决定定罪,在无其他量刑情节的情况下又能影响量刑。所以广义上的量刑情节是指对量刑起到影响作用的一切情节。

一、量刑情节的种类

(一)法定量刑情节与酌定量刑情节

以刑法是否就量刑情节及其功能做出明确规定为标准,可以将量刑情节分为法定量刑情节与酌定量刑情节。法定量刑情节是刑法明文规定其具体内容、能够影响量刑轻重的事实情况。它不仅指刑法分则规定在受贿犯罪中的各种量刑情节,当然也包括刑法总则规定的对各种犯罪共同适用的情节。理论与实践中,一般又将法定情节分为应当型情节与可以型情节。

酌定情节又称裁判情节,是指刑法没有明文规定,根据立法精神从审判实践经验中总结出来的,反映犯罪行为的社会危害程度和犯罪人的人身危险程度,在量刑时酌情适用的情节。酌定情节多种多样,概括起来,常见的酌定情节主要有以下几种:

1. 犯罪动机。犯罪动机不同,反映犯罪分子主观恶性不同。一般说犯罪动机卑鄙恶劣的,其主观恶性大,社会危害性及改造的难度也大,处刑应重。

2. 犯罪手段。犯罪手段狡猾、隐蔽程度不同,反映出来的犯罪人行为的社会危害程度是有所不同的。

3. 犯罪的时间、地点等当时的环境和条件。相同类型的犯罪,在不同的政治经济形势下发生,所造成的社会危害大不相同,量刑时要予以考虑。

4. 犯罪侵害的对象。同样是受贿罪,不同岗位的公务人员因其所担负的职责不同,犯罪侵害的对象也不同。如受贿后玩忽职守与受贿后徇私枉法所侵害对象是不同的,其行为的社会危害性也有差异,处刑轻重当然应有所不同。

5. 犯罪所造成的损害结果。作为非构成要件的损害结果的大小是量刑轻重的重要根据，它们虽然对定罪没有影响，但是其能够直接表现犯罪行为对刑法所保护的社会关系所造成的损害程度，因而是重要的酌定情节。

6. 犯罪人的个人情况和一贯表现。犯罪人的个人情况和平时的一贯表现，是与犯罪有关的思想和行为表现，可以从一个侧面反映犯罪人的主观恶性的大小，是量刑时应当考虑的事实情况。

7. 犯罪人犯罪后的态度。犯罪后的态度可以表明其悔罪程度、主观恶性大小，量刑时应当适当加以考虑。

（二）单功能量刑情节与多功能量刑情节

以同一量刑情节对量刑影响的功能多少为标准，可以将量刑情节分为单功能情节与多功能情节。单功能情节是指只具有单一功能的量刑情节，对量刑的影响只有一种可能性。多功能情节是指对量刑具有两种以上功能的量刑情节，对量刑的影响具有两种以上可能性，其核心是从某一量型情节所包含的多种功能中选择其中一种功能，并将其适用于具体案件的量刑。我国刑法规定的量刑方式绝大多数属于多功能情节。

（三）案中量刑情节与案外量刑情节

以情节与犯罪行为在时间上的关系为标准，可以将量刑情节分为案中情节与案外情节。案中情节是指犯罪过程当中出现的各种情节，即反映行为的社会危害程度的情节。案外情节是指犯罪行为之前或之后出现的情节，即反映行为人人身危险性的情节。

二、量刑情节适用的一般原则

量刑指导原则是指贯穿量刑活动始终、对全部量刑活动具有指引和制约作用的基本准则。量刑指导规则体系的重要基础，对引导和规范法官的自由裁量权、确保量刑公正均衡的实现和刑罚目的的完成具有重要指导意义。量刑指导原则包括刑法明文规定的一系列基本原则和量刑实践活动中遵循的基本准则。我们认为，量刑情节的适用应注意遵循以下一般原则：

（一）依法适用原则

最高人民法院印发的《人民法院量刑指导意见（试行）》（以下简称《量刑指导意见》）规定："量刑应当以事实为依据，以法律为准绳，根据犯罪的事实、犯罪的性质、情节和对于社会的危害程度，决定判处的刑罚。"依法量刑也就是要做到量刑以事实为依据、以法律为准绳，应当坚持罪刑法定原则，要贯彻法律面前人人平等原则，平等适用刑法。

（二）罪责刑相适应原则

《量刑指导意见》规定："量刑既要考虑被告人所犯罪行的轻重，又要考虑被告人应负刑事责任的大小，做到罪责刑相适应，实现惩罚和预防犯罪的目的。"具体来说，量刑遵循罪责刑相适应原则就是做到：①刑罚要与犯罪性质相适应。

刑事案件中基本犯罪构成事实体现出犯罪的质的规定性，同时决定了量刑的起点和法定刑幅度。②刑罚要与犯罪事实相适应。犯罪事实包括基本犯罪事实和基本犯罪构成事实以外的其他犯罪事实和犯罪情节，这些犯罪事实和情节反映犯罪主客观方面的情状和社会危害性程度，影响刑事责任的大小，决定着具体犯罪案件的基本刑罚量。③刑罚要与犯罪人的人身危险性相适应。犯罪人的人身危险性不直接反映罪行的轻重，却可以反映犯罪人对社会潜在的威胁程度。

（三）宽严相济原则

《量刑指导意见》规定："量刑应当贯彻宽严相济的刑事政策，做到该宽则宽，当严则严，宽严相济，罚当其罪，确保裁判法律效果和社会效果的统一。"宽严相济的刑事政策，是党中央在构建社会主义和谐社会新形势下提出的一项重要政策，对量刑具有重要的指导作用，并体现在最高人民法院制定的《量刑指导意见》中。法律规范是宽严相济刑事政策的合法性基础和制度性保障。所以，"宽"不是法外施恩，"严"也不是无限加重，而是要严格依照刑法、刑事诉讼法以及相关刑事法律，根据具体案件情况来惩罚犯罪，做到宽严相济，罚当其罪。

（四）量刑均衡原则

《量刑指导意见》规定："量刑要客观、全面把握不同时期不同地区的经济社会发展和治安形势的变化，确保刑法任务的实现；对于同一地区同一时期、案情相近或相似的案件，所判处的刑罚应当基本均衡。"

量刑均衡是实现社会公平正义的需要，是树立司法权威和公信力的基本条件。由于我国刑法规定的法定刑量刑幅度过于宽泛，对各种量刑情节没有具体规定调节幅度，长期使用粗放的、估堆式的量刑方法，造成不同法官之间、不同法院之间、不同地区之间的量刑畸轻畸重的情况发生。量刑均衡原则就是要求不同地区、不同法院、同一法院的不同法官或者合议庭在同一时期对案件事实基本相同的被告人，做出的量刑结果保持基本平衡。

三、量刑情节在审判实践中的运用

（一）正确处理法定的应当型情节、可以型情节与酌定情节之间的关系

应当型情节是一种硬性规定，审判人员具有遵守的义务，没有自由斟酌、任意选择的权利；可以型情节是种授权性规定，审判人员有权根据案件的具体情况决定是否实现刑法规定的内容；但该规定同时表明了一种倾向性意见，即在通常情况下，应实现酌定情节是刑法没有作出明文规定的、由审判人员适当考虑、具体斟酌的情节。以上三种情节的适用强度依次递减。审判人员在量刑时，必须正确认识不同情节的不同地位与作用，不能将上述不同情节同等看待，而应根据刑法的规定区别对待，即法定的应当型情节优于可以型情节，可以型情节优于酌定情节。

（二）正确处理案中情节与案外情节的关系

案外情节虽然与犯罪无关，但在量刑时是应当考虑的一个重要因素，二者都

不能忽视。但二者的地位和作用是不同的,在同属于法定情节或同属于酌定情节的前提下,或者说在情节的功能相同的情况下,案中情节应优于案外情节。

(三)正确适用多功能情节

在存在多功能情节的情况下,首先,应考虑犯罪的危害程度,犯罪的危害相当轻微的,应选择较大的从宽功能;反之,选择较小的从宽功能。其次,要考虑量刑情节本身的情况。最后,要考虑刑法规定的顺序,刑法规定的多功能法定情节是有顺序的,如可以"免除或者减轻处罚"、可以"减轻或者免除处罚",这种顺序性,反映了刑事立法的倾向性意图,启示审判人员在量刑时首先考虑排列在前面的功能。

(四)正确处理多种情节并存的量刑

多种情节并存是指一个案件同时存在多种量刑情节,或者存在多个从宽处罚情节,或者同时存在多个从严处罚情节,有既存在从宽处罚情节,又同时存在从严处罚情节。这种情况,量刑比较复杂,实践中做法各异,学理上也存在着诸如抵消法(宽严相济)、择一法(择一量刑、相加或相加升格)、升降法(拔高或降低刑度)等不同的主张,但都有失偏颇。具体量刑中应做如下处理:

1. 从宽情节并存的量刑。多种从宽情节并存,是指在同一案件中,同时存在两个以上从宽情节即从轻、减轻或免除处罚情节,具体表现为三种情况:其一,几种从轻处罚情节并存的量刑。必须考虑该犯罪的社会危害性的大小和法定刑的轻重,然后考虑从轻处罚情节对量刑的影响。如果犯罪的社会危害性特别严重,在不考虑从轻情节时应判法定刑中较重的刑,甚至最重的刑,那么几个从轻情节只能在法定刑幅度上有所下降地判刑。如果犯罪的社会危害性较重或一般,在考虑从轻情节应判法定刑中的较轻刑甚至法定最低刑,那么,几个从轻处罚情节的并存也可以变为一个减轻处罚的情节。另外,在两个以上从宽处罚情节与从轻处罚情节之间存在包容关系时,应采取吸收原则量刑。其二,几种减轻处罚情节并存的量刑。这种案件也必须考虑犯罪的社会危害性大小与法定刑轻重,再结合减轻情节而定。对于犯罪的社会危害性较小,法定刑较低的案件,若有两个以上减轻情节也可以根据具体情况免除处罚。其三,几种不同作用的从宽情节如从轻、减轻等从宽处罚情节并存的量刑。也应根据其犯罪的社会危害性大小与法定刑轻重来考虑是从轻处罚,还是减轻处罚,抑或免除处罚。

2. 多种从严情节并存的量刑。多种从严情节并存是指在同一案件中,几从重处罚情节并存。处理多种从严情节并存时首先也要考虑犯罪的社会危害性,一般来说从严情节的量刑同整个犯罪社会危害性程度成正比关系,即案件的社会危害性大,从严情节的量刑作用就大,反之就小。两个以上从重情节,在相应的法定刑幅度内要判处较重的刑罚,甚至可以判处法定最高刑,但不能变为加重处罚。如果犯罪行为的社会危害性总体上较轻,虽有两个以上从重情节,在量刑时从重处罚幅度也要小一些。

3. 从宽与从严情节并存时的量刑。几个案件中既有从轻处罚、减轻处罚、免予处罚情节存在，也有从重处罚情节存在，形成从宽处罚与从严处罚情节处于一种纵横交错的状况。对于这种情况，不能简单用抵消法或者择一法解决，要分别情况区别对待，要考虑整个案件社会危害性的大小，再结合情节来分析决定。如案件的整个社会危害性较轻的，一般遵循从宽兼从严的原则，如案件的社会危害性从总体上看较重，应遵循从严兼从宽的原则。如犯罪的社会危害性特别严重，必须充分反映从严情节的作用，特殊情况下才能考虑从宽情节。

第二节 受贿犯罪的概括性情节

一、概括性情节的性质

受贿犯罪中存在多处"情节严重""情节特别严重"的概括性规定，那么这种概括性情节在定罪量刑中的性质如何呢？我国学者关于概括性情节的性质，主要有非构成要件说和构成要件说。

（一）非构成要件说

该说认为情节并非犯罪构成要件。其代表观点是，当刑法规定"情节严重"或"情节恶劣"才构成犯罪时，只是一种提示性的规定，而很难说是一种构成要件。理由是：①犯罪构成要件一般都有四个方面；②就刑法规定众多情节来看，有的属于客观方面，有的属于主观方面，还有的属于客体或对象，有的属于主体，既然犯罪构成的四个方面都有情节，就不宜把情节作为一个独立的要件；③刑法分则有的条款只把情节作为区分同一犯罪中的重罪与轻罪的标准，显然不是构成要件。[1]

（二）构成要件说

该说认为情节是犯罪构成要件，这种观点又有以下三种不同的看法：

1. 综合说。该说认为，当刑法规定"情节严重"是构成要件时，只有情节严重的，才能认定为犯罪。刑法做出如此概括性的规定，表明它不是强调某一方面的具体内容；虽然"情节严重"可以还原到客观构成要件与主观构成要件之中，但在以情节严重为要件的犯罪中，又难以事先对情节严重做出具体限定。结果是，情节是否严重，需要通过分析案件的全部情况进行综合判断。[2]

2. 量的构成要件说。该说认为，这些概括性的定罪情节是表明行为社会危害性的量的规定性，是量的构成要件。可以这样认为，刑法规定构成要件反映的是

---

[1] 高铭暄主编：《中国刑法学》，中国人民大学出版社1989年版，第83页。
[2] 张明楷：《刑法学》（第三版），法律出版社2007年版，第108～109页。

行为的严重社会危害性,而严重的社会危害性是通过两个方面来体现的,一是行为的质,二是行为的量。所有的行为都应该达到一定质和一定量的社会危害性,这是犯罪构成要件的本质。所以,犯罪构成要件是对一定行为严重社会危害性的性质和程度的规定,只有质与量的统一才能表明某一行为的性质,达不到条文规定的行为的质和量的要求,一个行为就不能被认定为犯罪。因此,犯罪构成要件可以分为质的构成要件和量的构成要件。[1]

3. "情节要件"说。该说认为,概括性定罪情节虽然与其他犯罪要件密切相关,但只是相关而不是重合,情节要件是评价其他要件之后剩余的综合,是这类犯罪构成的具体要件之一。这正是这类犯罪不同于其他犯罪的最显著的特点。[2] 还有论者指出,定罪情节是犯罪构成量的规定性,而犯罪构成要件是犯罪质的规定性。如果把"情节"与"构成要件"相提并论,则容易混淆概念,所以,把情节在犯罪构成中的地位重新界定一个名词以区别于"构成要件"。[3]

(三) 对非构成要件说和构成要件说的分析

通过以上对非构成要件说和构成要件说两种观点的阐述可见,非构成要件说的立足点是通说的犯罪构成四要件论。按照犯罪构成四要件理论,所有能够决定行为的社会危害性及其程度的因素,都可分别归属于四个构成要件之一,除此没有其他的构成要件。而赋予概括性情节以"构成要件"的体系地位,显然与通说不相容。因此,在通说的体系内,概括性情节不是构成要件,是当然结论。而反观构成要件说的三种观点,虽然都认为概括性情节是构成要件,但是该说主张之"构成要件"显然与非构成要件说的所谓的"构成要件"具有不同的含义。综合说中所指的作为构成要件的概括性情节,不是强调某一方面的具体内容,即概括性情节并不仅仅归于四个构成要件的某一要件,换言之,概括性情节是跨构成要件的,需要综合判断;量的构成要件说中所指的概括性定罪情节是量的构成要件,是立足于将犯罪构成要件区分为质的构成要件和量的构成要件的逻辑基础上,进而主张概括性定罪情节是量的构成要件;"情节要件"说中的所谓"情节要件"则更是以区别概括性情节和四个构成要件为目的,直接表明"情节要件"不同于"构成要件"。因此,构成要件说的三种观点所认为的概括性情节是构成要件,并不是通说意义上的构成要件,而是具有其他含义的"构成要件"。

(四) 本书的看法

综上,本书认为,非构成要件说和构成要件说并非绝对的肯定与否定的关系,相反,两者都认为概括性情节并不是通说意义上的构成要件。关于概括性情

---

[1] 刘艳红:"情节犯新论",载《现代法学》2002年第5期。
[2] 金泽刚:"论定罪情节与情节犯",载《华东政法学院学报》2000年第1期。
[3] 李翔:《情节犯研究》,上海交通大学出版社2006年版,第113页注释部分。

节的性质应当注意以下几点：

1. 概括性情节不是通说的犯罪构成要件。把概括性情节称为综合性要件、量的要件或者"情节要件"容易造成概念上的混乱，好像在犯罪构成四要件外还存在其他要件，实际上这里所说的"构成要件"并非通常意义上的"构成要件"。

2. 概括性情节不仅仅表示量的因素。例如《刑法》第 392 条第 1 款规定：向国家工作人员介绍贿赂，情节严重的，处 3 年以下有期徒刑或者拘役。根据最高人民检察院《关于人民检察院直接受理立案侦查案件立案标准的规定（试行）》第 7 条规定：涉嫌下列情形之一的，应予立案：①介绍个人向国家工作人员行贿，数额在 2 万元以上的；介绍单位向国家工作人员行贿，数额在 20 万元以上的。②介绍贿赂数额不满上述标准，但具有下列情形之一的：为使行贿人获取非法利益而介绍贿赂的；3 次以上或者为 3 人以上介绍贿赂的；向党政领导、司法工作人员、行政执法人员介绍贿赂的；致使国家或者社会利益遭受重大损失的。因此，该罪的"情节严重"的内容，实际上包括了数额、犯罪目的和行为后的情节等，其中犯罪目的就难以被认为是量的因素。笼统地将概括性情节归结为量的构成要件，恐怕不能反映概括性情节的全貌。

3. 概括性情节不能作为单独的"情节要件"。"情节要件"说正确地指出了概括性情节有别于已由刑法条文明文规定的构成要件内容，概括性情节只能包含这些要件要素以外的要素。例如《刑法》第 223 条第 1 款规定，投标人相互串通投标报价，损害招标人或者其他投标人利益，情节严重的，构成串通投标罪。此处的"情节严重"，就应当是"投标人相互串通投标报价，损害招标人或者其他投标人利益"所明文规定的要件内容之外的要素，如对其他投标人、招标人等投标活动的参加人采取威胁、欺骗等非法手段的，就属于该罪的情节严重的内容。而"投标人相互串通投标报价，损害招标人或者其他投标人利益"的行为，并没有明文规定手段要素，这个手段要素正可以为概括性情节所包含。但是，认为概括性情节是评价其他要件之后剩余的综合，而且要单独作为一个"情节要件"，是值得商榷的。概括性情节不能抽象地作为犯罪构成要件之一，而只能还原为犯罪构成要件要素，置于某个或某几个犯罪构成要件下，结合其他已由刑法明文规定的犯罪构成要件要素共同起到认定犯罪的作用。因而概括性情节不能说是剩余的综合。

4. 概括性情节不仅仅是一种提示性的规定。不可否认，概括性情节确实具有提示性的作用。但是，概括性情节并不仅仅是提示性规定，它对犯罪成立与否具有重要的作用甚至是决定性的作用，与犯罪构成具有千丝万缕的联系，不是可有可无的。

一言以蔽之，概括性情节既不是犯罪构成要件，也不是一种提示性的规定，而是犯罪构成要件要素。刑法条文规定了概括性情节，就表明了已由该条文明文规定的犯罪构成要件和要素并不完整，必须结合其他犯罪构成要件要素才能组成完整的犯罪构成要件，进而有机统一为完整的犯罪构成，并据此认定犯罪。这些概括性情节所包含的内容，可以是主观构成要件要素或者客观构成要件要素，也可以是表示质的犯罪构成要件要素或者表示量的犯罪构成要件要素，应视具体情况而定。

需要指出的是，这些犯罪构成要件要素一旦确定，就归属于某个犯罪构成要件内，其本身并不具有独立的犯罪构成要件地位。

二、实践中概括性情节的认定

概括性情节所包含的犯罪构成要件要素不是任意的，必须符合刑事政策的取向和刑法的目的及具体各罪所保护的法益。数额等作为情节的一种形式，当然也是犯罪构成要件要素。实际上，影响受贿罪社会危害性的情节或因素多种多样，在定罪量刑时应综合考虑，归结起来主要有以下五种：

（一）受贿数额

受贿数额的大小可以反映行为人的贪婪程度，也可以间接地反映行为人渎职的程度。受贿数额巨大往往会在社会上造成更大影响，引起公众对政府及其工作人员的不满和不信任，而且人民群众对国家工作人员收受数额较大的贿赂总是比收受数额较小的贿赂更难以忍受。所以，立法机关在确定受贿罪刑罚时应当对数额给以足够的注意。但是，在刑法中明确具体数额，并仅仅以数额标准来划分罪与非罪的界限的做法也是不科学的，因为这容易导致"唯数额是问"的错误倾向，而忽视受贿罪其他方面的衡量标准和情节认定。

（二）犯罪的方式和次数

索贿和受贿虽然都是利用职务之便，为他人谋利而非法获取他人财物的行为，但它们却有重大的区别。索贿者在主观上具有主动勒索他人财物的恶意，对方给予财物是被迫、违心的。而在受贿中，行贿人给予财物则是自愿或主动的。可见，索贿是行为人故意不履行应当履行的工作职责，以不为他人谋利相要挟，向对方施加精神压力而索取他人财物的。通过比较可以得知，受贿的方式及受贿次数的多少可以反映出行为人主观恶性的大小。主动采取索贿方式、多次受贿对公务活动造成的影响更为恶劣，应当处以更重的刑罚。所以，与收受贿赂方式相比较而言，对于国家工作人员利用职权、采取要挟、威胁甚至恐吓等手段，强行索取他人财物的，立法上应当反映出对其从重处罚的精神。

（三）是否背职

从受贿人实施职务行为是否正当，可以将受贿分为不违背职务的行为和违背职务的行为，即"受贿不枉法"和"枉法受贿"。在数额相当的情况下，"枉法受贿"显然要比"受贿不枉法"的犯罪情节要严重，受贿人因受贿而实施了违背职责的行为，许多国家普遍都将它确立为从重处罚的情节。根据德国《刑法典》第

331、333条的规定，法官、仲裁员受贿，处5年以下自由刑或罚金，公务员处3年以下自由刑或罚金刑。对有"枉法"情节的贿赂犯罪，量刑则要复杂得多；公务员要处5年以下自由刑或罚金，法官或仲裁员则在1年以上10年以下自由刑内量刑，情节较轻的，在6个月以上5年以下幅度内量刑。[1] 我国在受贿犯罪的量刑上也应当有所区别，而不应混为一谈。

（四）所造成的后果大小

社会危害性的大小是衡量违法犯罪的一个重要标准或主要因素。刑法中对于情节轻微、情节严重、情节特别严重的规定应当从受贿所造成的危害后果来考虑，对于因受贿犯罪而给国家、集体或个人造成重大损失的，理应加重处罚。从目前司法实践掌握的情况来看，我们认为"情节严重"和"情节特别严重"应当包括以下几种情形：①共同受贿中的主犯；②受贿人系累犯的；③因其受贿罪行而使国家、集体遭受重大损失的；④索取或收受用于救灾、救济、优抚、抢险、扶贫等款物而造成严重后果的；⑤用受贿的钱财进行嫖娼、赌博等非法活动的；⑥受贿犯罪手段恶劣，为掩盖其受贿罪行而栽赃陷害或者嫁祸于人的；⑦受贿犯罪被发现后携款外逃、销毁罪证、拒不交待罪行以及拒不退赃的，对具有上述情节的受贿则应依法从重处罚。

（五）主体的身份

刑法中对于有特殊职务、身份的国家工作人员和一般公职人员犯受贿罪的处罚也应当区分开，如公、检、法等司法机关的工作人员所实施的受贿犯罪，通常与枉法追诉、裁判相伴而行，它不仅破坏了法律的威信和严肃性，而且践踏当事人的合法权益。例如德国《刑法典》第331、333条的规定，法官、仲裁员受贿要处5年以下自由刑或罚金，而公务员则处3年以下自由刑或罚金刑。[2] 所以，刑法上对司法、执法人员以及其他担任特殊职务的国家工作人员受贿的，在量刑幅度上应当规定得相对重一些，对一般公职人员受贿的处罚则可以相对轻一些。

第三节 受贿犯罪的数额

一、受贿犯罪数额的认定

根据我国刑法的规定，受贿犯罪的刑罚主要是以受贿的数额为主要标准建立的，受贿的数额既是定罪的依据，决定着受贿的罪与非罪，同时又是量刑的主要依据，决定着刑罚的轻重，而且受贿的数额还是量刑时的一个重要酌定情节。因此，正确的认定受贿的数额，对于正确的量刑做到罚当其罪具有决定性的意义。

---

[1] 徐久生、庄敬华译：《德国刑法典》，中国方正出版社2004年版，第167~169页。

[2] 徐久生、庄敬华译：《德国刑法典》，中国方正出版社2004年版，第167~169页。

受贿所得数额的认定，一般不会有什么大的问题，只要将行为人收受的财物计算为人民币的价值即可。但是由于受贿的贿赂物表现为多种多样，形态各异，千差万别，且有些财物各个时期的价值不定或表面价值与实际价值差距很大，以致对受贿所得数额的认定产生一定的困难，因此，有必要对这些情况进行分析，以认定受贿所得的数额。

（一）关于有价证券的数额认定

1. 外币数额的认定。对于行为人索取或收受外币的，应按照索取或收受国家外汇管理局公布的外汇卖出价计算等值人民币的数额。

2. 股票数额的认定。对于索取或收受股票案件受贿案件犯罪所得数额的认定，2003年11月13日最高人民法院印发的《全国法院审理经济犯罪案件工作座谈会纪要》（以下简称《纪要》）中规定，"在办理涉及股票的受贿案件时，应当注意：①国家工作人员利用职务上的便利，索取或非法收受股票，没有支付股本金，为他人谋取利益，构成受贿罪的，其受贿数额按照收受股票时的实际价格计算。②行为人支付股本金而购买较有可能升值的股票，由于不是无偿收受请托人财物，不以受贿罪论处。③股票已上市且已升值，行为人仅支付股本金，其'购买'股票时的实际价格与股本金的差价部分应认定为受贿。"根据这一规定，涉及股票受贿案件所得数额应视不同情况分别认定：

（1）对于索取或收受股票，没有支付股本金的，受贿所得金额应按照索取或收受股票时股票的实际价格认定受贿犯罪所得数额。在具体实践中，受贿数额认定的方法为：对于索取的股票，如果这种股票没有上市，且没有实际升值的，应按股票的票面计算其受贿犯罪所得的数额；如果这种股票虽然没有上市，但实际已升值，如有实际价格的，应以实际价格予以认定。对于索取或收受的股票，如果已经上市，可以在二级交易市场进行交易的，应按市场交易价格计算其受贿犯罪所得的数额；对于索取或收受的股票，如果是进入上市交易公司的股票，但行为人收受或索取的是不能进入二级市场交易部分的股票，应按已经上市的同种的股票的价格计算其受贿犯罪所得数额。

（2）行为人索取或收受的股票已经上市，行为人实际支付了低于股票实际价格的股本金，应按索取或收受股票时股票的实际价格与已支付的股本金的差价部分计算其受贿犯罪的所得数额。

（3）行为人支付了股本金，购买的是较具升值潜力的股票，不认为是犯罪所得。

3. 收受干股数额的认定。干股是指未出资而获得的股份。对于收受干股的数额认定要分两种情形处理：①进行了股权转让变更登记，或者相关证据证明股份发生了实际转让的，受贿数额按转让行为时股份价值计算，所分红利按受贿孳息处理；②股份未实际转让，以股份分红名义获取利益的，实际获利数额应当认定为受贿数额。

4. 其他有价证券数额的认定。对于行为人索取或收受有价证券的,如果属于数额不明或无法确定数额的,应按照 1991 年 11 月 16 日国务院《国有资产评估管理办法》委托资产评估机构进行评估,根据该评估办法第 29 条"对有价证券的评估,参照市场价格评定重估价值;没有市场价格的,考虑票面价值、预期收益等因素,评定重估价值"的规定评估出有价证券的价值。

(二)有关"物"的数额认定

1. 索取或收受的物品的价格,应当以索取或收受物品的有效证明确定。对于不能确定的,应当区别情况,根据索取或收受财物当时、当地同类物品的价格,按照下列核价方法,以人民币计算价格:

(1)流通领域的商品,按市场零售价的中等价格计算;属于国家定价的,按国家定价计算;属于国家指导价的,按指导价的最高限额计算。

(2)生产领域的产品,成品应按以上规定的方法计算。

(3)生产资料、生活资料等物品,原则上按购进价计算,但索取或收受财物当时市场价高于原购进价的,按当时市场价的中间价格计算。

(4)农副产品,按农贸市场同类产品的中等价格计算。

(5)进出口货物、样品,按上述(1)的规定计算。

(6)金、银、珠宝等制作的工艺品,按国有商店的零售价格计算;国有商店没有出售的,按国家主管部门核定的价格计算。

(7)不属于国家馆藏三级以上文物的一般文物,包括古玩、古书、画等,按国有文物商店的一般零售价格计算,或者按国家文物部门核定的价格计算;拍卖所得的文物、字、画等,按拍得价格计算。

(8)邮票、古钱币、纪念币等收藏品、纪念品,按国家有关部门的核定的价格计算。

(9)同种类的大宗行贿物品,行贿人以多种价格购进,能够分清的,分别计算;难以分清的,按此类物品的中等价格计算。

(10)受贿人以明显低于受贿当时、当地零售价购进的物品,受贿数额按照受贿当时、当地市场价格与实际支付价格的差额计算。

(11)对于索取或收受珍贵文物,珍贵、濒危动物及其制品,珍贵植物及其制品,违禁品的,可以委托文物部门和林业部门等相关主管部门进行估价,予以认定。

(12)对于索取或收受的物品价格不明或价格难以确定的,应当按照最高人民法院、最高人民检察院、原国家计划委员会、公安部联合制定的《扣押、追缴、没收物品估价管理办法》的规定,应委托指定的估价机构进行估价;对于陈旧、残损或使用过的物品,以及伪劣物品有价值的,也可按照本条的规定处理。

2. 对于无形资产的数额认定，可以参照 1991 年 11 月 16 日国务院发布的《国有资产评估管理办法》的规定委托资产评估机构进行评估。

（三）共同受贿犯罪数额的认定

在司法实践中，共同实施受贿的行为多种多样，比较常见的形式有：①多人共谋，一般是共同出谋划策，所得赃款原则上均分；②领导指使下级，或者是主要地位的指挥次要地位的，该情况下一般领导得大头、下级得小头；③根据个人所起作用、大小进行分赃。在这样的情况下，如何正确认定犯罪数额，确定各人应获量刑，以实现法律公平和正义，体现罪责自负的刑罚原则，是一个值得研究的问题。

在共同受贿案件中，受贿罪的犯罪数额存在分配问题，只有准确地计算共同受贿犯罪中各共同犯罪人的犯罪数额，才能准确地对各共同犯罪人适用刑罚。从目前司法实践的情况来看，对于共同贪污受贿犯罪中如何计算各共犯的犯罪数额，存在不同的看法和处理方式。目前有"分赃数额说"和"犯罪总额说"。"分赃数额说"认为，各共同犯罪人只对自己实际分得的赃款、赃物的数额承担刑事责任，其主要理由是：如果要每个犯罪人都以共同犯罪数额作为量刑的基础，那就是不加区别地要每个罪犯都承担其他共犯的罪责，违反了罪责自负原则。"犯罪总额说"则认为应以共同犯罪的总额作为确定各共犯的刑事责任的尺度。

就现在的司法实践而言，在共同贪污受贿犯罪中，"个人受贿数额"指的是各共同犯罪人实施贪污受贿行为涉及的犯罪总额。但这个数额的确定，只是为选定各共同犯罪人所应适用的法定刑幅度确立了标准。为了做到罪刑相适应，对各共同犯罪人也有必要考虑实际的分赃数额大小，即个人所得赃款、赃物的多少。比如，在共同受贿犯罪中共受贿 20 万元，但某个犯罪人实际所分得的赃款为 5 万元，那么按照上述犯罪总额的定罪量刑标准，该主犯应当以个人受贿 20 万元确定法定刑幅度，即适用《刑法》第 383 条第 1 款第 1 项，而不应适用该款第 2 项。但是对于该犯罪人的实际分赃数额只有 5 万元这一情节，可以在量刑时适当考虑。

二、受贿犯罪中退赃与赃款赃物的追缴

（一）受贿犯罪中退赃与赃款赃物追缴的概念

所谓"赃"，在刑法中应指被告人或犯罪嫌疑人通过犯罪手段非法获取的财物（包括金钱和物品）。退赃是指犯罪分子将犯罪所得的赃款赃物，直接退还被害人或上缴司法机关的行为。追缴是指司法机关在办案过程中依职权追索被告人的违法所得。

（二）受贿犯罪中退赃与赃款赃物追缴的认定

1. 退赃与追缴的区别。退赃与赃款赃物的追缴都是量刑考量的情节，但二者的从轻幅度是不同的。退赃是被告人或犯罪嫌疑人主动退还的，追缴是司法机关依职权执行的，二者反映了被告人或犯罪嫌疑人不同的主观恶性和悔罪态度。

2. 退还财物的认定。受贿人受贿后将财物退还给行贿人，是否属于"退赃"？对于受贿人受贿后又将财物退还行贿人的案件，不仅涉及到受贿罪的罪与非罪，还涉及到对受贿人的量刑的轻重。由于退还非法收受财物的情况不同，在认定时应具体分析。从司法实践看主要有以下几种情况：

（1）发现暗中送的或者家属代为收受财物而退还。在现实生活中，有的行贿人为谋取某种利益，在对方不接受财物情况下采取暗中送物或将财物故意放在对方的办公室或家中即离去等方式，让对方接受财物，对方一旦发现才及时退还。还有的因为对方拒收财物或怕对方不收财物，就以种种借口让其家属代收，对方发现后，即将财物退还。对上述情况，由于行为人缺乏受贿的故意，显然不能以犯罪论处，更谈不上"积极退赃"减轻处罚的问题。

（2）因悔罪或未把许诺的事办成而退还。有的行为人索取或非法收受他人财物后，因某种原因而认识到自己行为的错误或未把许诺的事办成而决定把财物退还给对方，对这两种行为的性质的认定，在司法实践中意见不一。一种意见认为，主张退还索取或非法收受的他人财物，致使受贿行为不复存在，谈不上定罪处罚的问题。另一种意见认为，行为人虽然将索取或非法收受的财物退还了，但不能抹杀已构成受贿罪的事实，只是处理上可以从宽而已。本书同意第二种观点。一是这种退还，不能否定犯罪事实的客观存在及其对社会的危害，这种退还仍然是构成犯罪前提下的退还；二是这种退还，只能说是一种悔罪表现，行为人从非法占有他人财物变为不愿占有他人财物，表明其主观恶性的减弱；三是这种退还，除情节显著轻微危害不大外，对于受贿罪的构成没有影响，只对量刑具有一定意义。鉴于受贿人最终将索取或非法收受的财物主动退还，这属于"积极退赃"行为，由于其主观恶性的严重程度和情节恶劣程度以及社会危害性相应减轻，因而在处理时，一般应予以从宽处理。

（3）因对方索要而退还。这种情节有三种表现：一是对方对索贿不满，要求退还；二是对方谋取利益的目的未达到，要求将贿赂款退还；三是对方因受到追查而要求退还。对具有这几种情形之一的，是否要按犯罪处理，本书认为应按犯罪处理，但可以考虑酌情从宽。首先，上述几种退还，除情节显著轻微外，都是犯罪既遂下退还；其次，从主观上看，上述几种退还，均不是行为人的自动退还，而在对方要求下被迫而退之。因而较之前述的因悔罪或未把许诺的事办成而退还的主观恶性大，因而亦应以受贿罪论处，但是，其退还财物的行为，不能认定为有悔改表现，积极退赃。当然，由于这类案件行为人最终毕竟未得到财物，相对来说，社会危害性要小一些，因此，在处理上可酌情从宽。

（4）因逃避法律追究而退还。行为人索取、非法收受他人财物后，一旦事发，往往以退还财物来掩盖受贿犯罪行为，企图逃避法律制裁。这种情形，它表明行为人主观恶性更大，犯罪情节更严重，应当依法从重惩处，而不能认定为积极退赃。犯罪分子依法不成立自首，但犯罪分子如实交代犯罪事实，有下列情形之一的，可以酌情从轻处罚：①办案机关掌握部分犯罪事实，犯罪分子交代了同种其他犯罪事实的；②办案机关掌握的证据不充分，犯罪分子如实交代有助于收集定罪证据的。犯罪分子如实交代犯罪事实，有下列情形之一的，一般应当从轻处罚：①办案机关仅掌握小部分犯罪事实，犯罪分子交代了大部分未被掌握的同种犯罪事实的；②如实交代对于定罪证据的收集有重要作用的事实。

（5）退赃与追缴的数额。退赃必须达到一定数量，才可以得到从宽处理，但实际情况千差万别，有的人想退赃但因已经挥霍多数而退赃数量较小，有的人有能力退赃而拒不退赃或假惺惺地退赃小部分，如何通过退赃行为考查被告人的悔罪态度，没有可参考的固定标准。退赃达到多大的比例，也没有定数。通常情况下，应该要求退还全部或绝大多数赃款赃物，才可以从宽处理。

3. 退赃与追缴的主动程度。退赃行为是客观存在的案件事实，能够有力的佐证经济损失的挽回、社会危害性的降低，是被告人悔罪的标志性行为，将是人民法院从宽量刑的依据，辩护人应恰当掌握。退赃应该是被告人具有诚意的积极主动行为，而不是被动的。

（1）退赃应该有犯罪嫌疑人、被告人的主动的意思表示。也就是说，必须是犯罪嫌疑人、被告人先有明确的意思表示，这样才可以更加鲜明的突出犯罪嫌疑人、被告人的诚意和悔罪态度。

（2）退赃行为应该与如实交待全部罪行适时结合。退赃的前提应该是交代了全部罪行，如果司法机关认为还有罪行没有如实交代或者隐瞒拒不交代，那么，这个时候的退赃能否得到从宽处理，就值得斟酌。

4. 共同受贿犯罪中的退赃退赔。一般而言，共同受贿犯罪中被告人内部应当按照其各自分赃份额进行退赃。因此，在考虑共同受贿犯罪中的量刑问题时，对退赃应区别不同情况分别确定从宽幅度。在各被告人均到案并能履行退赃义务的情况下，某一被告人按其分得的赃款赃物进行退赃的即视为全部退赃。在其他同案犯未到案，或者虽到案但无能力退赃或拒不退赃的情况下，该被告人应对其参与的全部犯罪数额退赃，并适用较大的从宽幅度。否则只能按照部分退赃的情况确定从轻处罚的比例。对于其他未能退赃的被告人，因共同犯罪的社会危害性得以减轻并非其实施的退赃行为所致，无法体现人身危险性是否减小和悔罪态度如何，故一般不应得到从宽处罚。

（三）受贿犯罪中的退赃与赃款赃物追缴的量刑问题

根据《刑法》第386条规定，对犯受贿罪的，根据受贿所得数额及情节，依照《刑法》第383条规定处罚。而《刑法》第383条第1款第3项规定，个人贪污数额在5000元以上不满1万元，犯罪后有悔改表现、积极退赃的，可以减轻处罚或者免予刑事处罚。

2009年3月12日最高人民法院、最高人民检察院印发的《关于办理职务犯罪案件认定自首、立功等量刑情节若干问题的意见》规定：①贪污案件中赃款赃物全部或者大部分追缴的，一般应当考虑从轻处罚。②受贿案件中赃款赃物全部或者大部分追缴的，视具体情况可以酌定从轻处罚。③犯罪分子及其亲友主动退赃或者在办案机关追缴赃款赃物过程中积极配合的，在量刑时应当与办案机关查办案件过程中依职权追缴赃款赃物的有所区别。④职务犯罪案件立案后，犯罪分子及其亲友自行挽回的经济损失，司法机关或者犯罪分子所在单位及其上级主管部门挽回的经济损失，或者因客观原因减少的经济损失，不予扣减，但可以作为酌情从轻处罚的情节。

第四节　受贿犯罪的自首与坦白

一、受贿犯罪的自首

（一）自首的含义

根据自首的适用对象、法定成立条件以及处罚原则的不同，可将自首分为一般自首、准自首和特别自首，对于受贿犯罪的量刑来说，所涉及的包括一般自首和准自首。一般自首，又称典型自首，是指我国《刑法》第67条第1款所规定的自首，即"犯罪以后自动投案，如实供述自己的罪行的，是自首。"准自首，又称特殊自首（亦可称余罪自首），是相对于一般自首而言的。根据我国《刑法》第67条第2款的规定，是指被采取强制措施的犯罪嫌疑人、被告人和正在服刑的罪犯，如实供述司法机关还未掌握的本人其他罪行。

（二）受贿犯罪自首的认定

1. 受贿犯罪自首认定的具体情形。《关于办理职务犯罪案件认定自首、立功等量刑情节若干问题的意见》（以下简称《意见》）中明确规定成立自首须具备两个条件：自动投案和如实供述自己的罪行。没有自动投案，在办案机关调查谈话、讯问、采取调查措施或者强制措施期间，犯罪分子如实交代办案机关掌握的线索所针对的事实的，则不能认定为自首。因此认定是否属于自首，关键是看行为人是否具备了自动投案和如实供述的具体认定标准，具体认定标准如下：

（1）自动投案具体情形的认定。自动投案是指犯罪分子在犯罪后、归案之前，出于本人的意志而向有关机关或个人承认自己实施了犯罪，并自愿置于有关机关或个人的控制之下。原有的《关于处理自首和立功具体应用法律若干问题的解释》（以下简称《解释》）将"自动投案"理解为"犯罪事实或者犯罪嫌疑人未被司法机关发觉，或者虽被发觉，但犯罪嫌疑人尚未受到讯问、未被采取强制措施时，主动、直接向公安机关、人民检察院或者人民法院投案"。《意见》则将自动投案的具体认定标准修改为："犯罪事实或者犯罪分子未被办案机关掌握，或者虽被掌握,但犯罪分子尚未受到调查谈话、讯问,或者未被宣布采取调查措施或者强制措施时,向办案机关投案的,是自动投案。""没有自动投案,在办案机关调查谈话、讯问、采取调查措施或者强制措施期间,犯罪分子如实交代办案机关掌握的线索所针对的事实的,不能认定为自首。"这里的办案机关仅限定为纪检、监察、公安、检察等法定职能部门。同时《意见》还延续了《解释》关于视为自动投案的规定精神,进一步规定:"犯罪分子向所在单位等办案机关以外的单位、组织或者有关负责人员投案的,应当视为自动投案。"

《意见》将"调查谈话"和"采取调查措施"列入判断是否属于自动投案的时间点对《解释》的标准做出了修正。《解释》仅将"讯问"和"采取强制措施"列入判断是否属于自动投案的时间点,导致很多贪污贿赂案件中,出现了有关机关对被询问人虽未立案但有大量证据和线索情况下而对其进行询问,并限制其人身自由和进行政策教育,从而交代了犯罪事实,将这种在讯问和采取强制措施前的交代行为被认定为自首的情形。这完全违背了自首的立法本意,变相放纵了犯罪,因为在这种情况下,犯罪嫌疑人不具有自动投案的行为,也不具有投案的主观意愿。《意见》在一定程度上做出了修正,更突显出"自动投案"的自愿性的本质。因此,正确认定是否成立自首主要从投案时间对自动投案的要件加以分析和界定。

(2) 自动投案时间的界定。《意见》将判断是否构成自动投案的时间提前到"调查谈话"时,"调查谈话"时间的起算问题,直接影响到自首的认定。实践中有两种情形:第一种情形是在办案人员掌握了一定线索的情况下,口头、电话通知嫌疑人到指定地点说明情况,嫌疑人在其住所、办公场所或检察机关等地点接受谈话,本书称之为非正式调查谈话。第二种情形是检察机关向嫌疑人发出询问通知书等文书,指定地点、时间,接受谈话,本书称为正式调查谈话。如果不管用哪一种形式通知的谈话都符合《意见》的"调查谈话",从形式上来说是具有可操作性的,但这违背了宽严相济的刑事司法政策的精神,也容易导致拒不供述的情况出现。因此结合犯罪嫌疑人的投案意愿以及具体方式综合考虑,采第二种方法判断标准为佳。

实践中受贿人自动投案的情形多属于"罪行尚未被司法机关发觉,仅因形迹可疑,被有关组织或者司法机关盘问、教育后,主动交代自己的罪行的",这种情形被认定为自动投案的原因是,鉴于受贿犯罪的特殊性,实践中,在对受贿人首次讯问之前一般都会有一个检察、纪检监察、审计等机关与受贿人进行谈话的过程,这个过程的启动对于受贿人来说肯定是被动的,但是由于有关组织和机关对受贿人的犯罪事实仅限于怀疑,所以将这个过程视为受贿人自动投案有利于受贿人主动交代自己的犯罪事实。"在这个前期过程中,即便行贿人已经交代了一部分犯罪事实,也不应影响受贿人自动投案的成立。因为从受贿人的角度看,他不知道司法机关同时找没找行贿人谈话，找哪个行贿人谈话，该行贿人是否交代，所以一开始因为'形迹可疑'找到受贿人，如果认定是自动投案的话，除了首次讯问或采取强制措施可以将自动投案转为被动投案外，其他任何情况都应当视为自动投案。"[1]

（3）如实供述的认定。根据《解释》的规定："如实供述自己的罪行，是指犯罪嫌疑人自动投案后，如实交代自己的主要犯罪事实。"在受贿犯罪中，"如实供述主要罪行"有其特殊性。贿赂犯罪的侦查规律是一个"行贿人——受贿人——行贿人"的动态过程。司法实践中，检察机关或者有关组织发现受贿犯罪嫌疑人，往往选择一定时机接触行贿人或受贿人，一般有三种情况：第一种情况是先接触某个已知的行贿人，取得口供后，再接触受贿人；第二种情况是选择某个已知的行贿人和受贿人同时接触，取得口供且在双方的口供得到互证后，再拓展未知行贿人的范围和扩大犯罪金额；第三种情况是先接触受贿人，从受贿人的交代中找相关行贿人核实。司法实践中，受贿人大多情况是收受多个行贿人的多次财物，这就决定了最初接触行、受贿双方取得的口供很少能一步到位，而是经过一个"个别行贿人与受贿人相互印证后，再从受贿人拓展到其他行贿人"的反复过程。

由于贿赂犯罪口供获取的特殊性，行为人对犯罪事实的交代有时是司法机关已掌握的，有时是司法机关尚未掌握的，更多时候是二者兼而有之，这往往取决于侦查人员的审讯水平、审讯策略及被调查对象的个体特征等因素。对于"掌握"，不能狭义地理解为掌握了全部的证据和犯罪事实，凡属线索已被掌握的，并由一定证据证明该在案人可能犯有某罪时，即为罪行已被掌握。[2] 司法机关掌握或未掌握的犯罪事实对于认定行、受贿双方自首至关重要。正是基于犯罪人主动供述司法机关尚未掌握的罪行的行为，司法机关才得以破案，法律尊严得以维护，因此应视为自首。[3]

司法机关掌握受贿人的主要犯罪事实是一个反复过程，所以在这个过程中，行贿人先开口交代，还是受贿人先开口交代，或是双方同时开口交代，对于打开案件突破口至关重要，但不能仅凭是谁先交代而判断受贿人是否属于自首。只要司法机关掌握受贿人主要犯罪事实的时间是在首次正式调查谈话前、讯问前或采取强制措施前，并且主要是通过受贿人自己交代而掌握的，就应当认定受贿人自首，而不论行、受贿双方何者先开口交代及"行贿人到受贿人"之间的往复过程如何复杂。如果司法机关掌握的受贿人的主要犯罪事实是在首次讯问前或采取强

---

[1] 潘成刚、董滨："贿赂犯罪的自首问题"，载《国家检察官学院学报》2009年第2期。
[2] 王志祥、付伟国、姚兵："论准自首"，载《山东警察学院学报》2005年第6期。
[3] 马克昌主编：《刑罚通论》，武汉大学出版社1999年版，第383～384页。

制措施前，并且通过受贿人和行贿人掌握的比例相当，则如果是受贿人先开口交代或双方同时开口交代，也应当认定受贿人自首；反之，则不认定自首，但可酌情从轻处罚。

（4）单位自首的认定。对于单位自首的，主要问题在于审查投案人是否有资格代表单位自首。《意见》规定，对于单位犯罪有两种情况可以认定为单位自首：①单位集体决定或者单位负责人决定而自动投案，如实交代单位犯罪事实的；②单位直接负责的主管人员自动投案，如实交代单位犯罪事实的。单位犯罪自首的主体不同于自然人犯罪自首的主体，其一切活动都必须通过单位成员具体实施，因此单位的行为必须是能够代表单位意志的成员的行为。单位的意志是经单位集体研究决定或者其单位负责人决定，由单位负责人或者直接负责的主管人员的实施来体现。所以，单位犯罪后自动投案的主体只能是单位中能够代表单位意志的成员，因此该成员资格的审查成为重点。单位的主要负责人能够代表犯罪单位意志，其自首行为应视为单位自首；直接负责的主管人员，作为单位负责人以外的领导层成员，负责一个或几个方面的工作，在其所主管的工作范围内代表着单位的意志，其自首行为也应视为单位自首。

（5）准自首的认定。最高法《解释》规定准自首的条件是：被采取强制措施的犯罪嫌疑人、被告人和已宣判的罪犯，如实供述司法机关尚未掌握的罪行，与司法机关已掌握的或者判决确定的罪行属于不同种罪行的，才成立自首。如果属同种罪行，则不成立自首，但可以酌情从轻处罚；如果如实供述的同种罪行较重的，一般应当从轻处罚。

在司法实践中，准自首的情况有两种：①犯罪分子如实交代办案机关未掌握的罪行，与办案机关已掌握的罪行属不同种罪行的。如办案机关掌握的是犯罪分子贪污的罪行，但是在办案机关对其采取调查谈话等措施后，犯罪分子交代了受贿的罪行，对于犯罪分子交代受贿的罪行，应当视为自首。②办案机关所掌握线索针对的犯罪事实不成立，在此范围以外犯罪分子交代了同种罪行的。如办案机关收到了某甲收受某乙贿赂的举报材料，但是在对某甲采取调查谈话等措施后，通过调查发现某甲收受某乙贿赂的犯罪事实不存在或者不成立犯罪，但在此期间某甲主动交代了收受某丙贿赂的犯罪事实，对此应视为自首。[1]

2. 受贿犯罪自首的特殊情形与认定。

（1）行为人自动投案后，如实供述自己的罪行后又翻供的认定。司法实践中，经常遇到有的受贿行为人在自首供述自己的罪行后，又推翻自己的交代，否认自己的受贿事实，经教育，随后又作了如实交代。有的甚至屡供屡翻，反复无

---

［1］ 陈国庆、韩耀元、王文利："《关于办理职务犯罪案件认定自首、立功等量刑情节若干问题的意见》理解与适用"，载《人民检察》2009 年第 7 期。

常。对此能否认定为自首？最高人民法院的《解释》规定："犯罪嫌疑人自动投案并如实供述自己的罪行后又翻供的，不能认定为自首；但在一审判决前又能如实供述的，应当认定为自首。"根据这一规定，对受贿犯罪的行为人在自首后，如实供述了自己的犯罪行为后又翻供的，要根据具体情况来决定是否认定为自首。

第一，自动投案并如实供述自己的罪行又推翻自己已作的供述，否认自己的受贿事实，在一审判决前没能再如实供述自己的受贿事实的，不能认定为自首。在实践中，这种情况有两种：

第一种情况是翻供与辩解，"翻供"是指犯罪嫌疑人对自己以前已经交代的犯罪事实又予以否认。犯罪分子如果翻供就会丧失"如实供述自己罪行"这一自首认定的要件，将不能成立自首。而"辩解"是指犯罪嫌疑人在客观地供述自己的罪行的基础上对受贿的经过情节、后果或承担的责任的轻重、大小所做的解释与说明。辩解是法律允许的行为，是犯罪嫌疑人的权利。不能因为犯罪嫌疑人想为自己开脱罪行而就认为其不是自首。区分翻供与自首的关键是犯罪嫌疑人是否欲推翻自己以前交代的犯罪事实。因此，受贿犯罪的犯罪嫌疑人如实交代了自己的主要犯罪事实后，又对具体情节做了变更或补充的，只要不是否定犯罪的主要事实，即使推翻了过去的某种供述，只要这种推翻与事实相符，不能影响自首的成立。第二种情况是全部翻供与部分翻供，如果受贿犯罪行为人在交代了自己的受贿罪行后，又对其中的一小部分犯罪事实予以推翻的，只要不影响受贿犯罪的构成或量刑档次的改变，在某些事情上的翻供亦不影响自首的认定，仍应以自首对待。

第二，自动投案并如实供述自己的罪行后，又推翻已作供述，否定自己的受贿事实，但在一审判决前又能如实供述自己的受贿犯罪事实的，应认定为自首。

第三，自动投案并如实供述自己的罪行后，又推翻自己的供述，且屡供屡翻，反复无常。对于这种情况，有学者认为要分情况处理，如果在一审宣判前犯罪嫌疑人重新供述的原因是基于政策的感召，则宜认定为自首，如果是在侦查机关给出的证据面前被迫重新招供的，则不宜认定为自首。[1] 但本书认为，此种情形无论行为人最后重新招供出于何种原因，只要是在一审判决前做出的，就应认定为自首。依据《解释》规定，在一审判决做出前又如实供述，并未对促使其重新供述的原因做出限制，并且在这种情况下，即使犯罪嫌疑人最后的供述是基于侦查机关所出示的证据的压力，但不可否认的是，这种情况下侦查机关的侦查还是受益于犯罪嫌疑人先前的如实供述。但犯罪嫌疑人的这种屡翻屡供、出尔反尔的行为所反映出来的悔罪心态自然打了折扣，这种自首在量刑过程中的作用当然

---

[1] 廖福田：《受贿罪纵览与探究》，中国方正出版社2007年版，第756~757页。

也会降低。

（2）对被"两规"、"两指"人员的交代的认定。在我国的实践中，大部分受贿犯罪中的受贿罪都是首先有纪检监察机关介入调查，在发现需要移送司法机关处理后再移送司法机关的。那么，在这种情形下，对违法违纪的对象在"双规"、"双指"期间，主动交代了纪检监察机关尚未掌握的受贿犯罪事实，在移送司法机关后，能否认定为自首？

根据2009年3月12日最高人民法院、最高人民检察院发布的《意见》第1条规定："犯罪事实或犯罪分子未被办案机关掌握，或者虽被掌握，但犯罪分子尚未受到调查谈话、讯问，或者未被宣布采取调查措施或者强制措施时，向办案机关投案的，是自动投案。在此期间如实交代自己的主要犯罪事实，应当认定为自首。"在随后的"两高"有关部门负责人就《意见》答记者问上明确了这其中的办案机关包括纪检、监察机关。因此，对违法违纪的对象在"双规"、"双指"期间，主动交代了纪检监察机关尚未掌握的受贿犯罪事实，在移送司法机关后认定为自首是没有障碍的。

（3）其他特殊情形的认定。根据《意见》规定：没有自动投案，但具有以下情形之一的，以自首论：①犯罪分子如实交代办案机关未掌握的罪行，与办案机关已掌握的罪行属不同种罪行的；②办案机关所掌握线索针对的犯罪事实不成立，在此范围外犯罪分子交代同种罪行的。单位犯罪案件中，单位集体决定或者单位负责人决定而自动投案，如实交代单位犯罪事实的，或者单位直接负责的主管人员自动投案，如实交代单位犯罪事实的，应当认定为单位自首。单位自首的，直接负责的主管人员和直接责任人员未自动投案，但如实交代自己知道的犯罪事实的，可以视为自首；拒不交代自己知道的犯罪事实或者逃避法律追究的，不应当认定为自首。单位没有自首，直接责任人员自动投案并如实交代自己知道的犯罪事实的，对该直接责任人员应当认定为自首。对于具有自首情节的犯罪分子，办案机关移送案件时应当予以说明并移交相关证据材料。

（三）受贿犯罪中自首的量刑幅度

根据最高人民法院印发的《人民法院量刑指导意见（试行）》规定："对于自首情节，综合考虑投案的动机、时间、方式、罪行轻重、如实供述罪行的程度以及悔罪表现等情况，可以减少基准刑的40%以下；罪行较轻的，可以减少基准刑的40%以上或者依法免除处罚。"上述规定的内涵是：对于自首情节，一般情况下，法官从轻处罚的幅度不能超过基准刑的40%，在40%的范围内，既可以对犯罪人从轻处罚也可以减轻处罚，当犯罪人同时具有其他从宽处罚情节时，也可以免除处罚。特殊情况下即犯罪较轻时，法官的从轻幅度可以超过40%，甚至可以直接决定予以免除处罚。因此，比较《人民法院量刑指导意见（试行）》中关于自首的规定和《刑法》第67条的规定即"对于自首的犯罪分子，可以从轻或者减轻处罚。其中，犯罪较轻的，可以免除处罚"，可以发现，二者在体例上完全一致，但在内容上，《量刑指导意见》更加具体。同时，为受贿犯罪中在具备自首情节时，对犯罪人刑罚的量定提供了更加具有可操作性的依据。

合理确定自首的从宽比例必须综合考虑以下六个方面的因素：

1. 投案的动机。犯罪分子投案时，出于真诚悔罪，还是慑于法律的威严；为了争取宽大处理，还是潜逃在外生活无着；是亲友规劝还是醒悟，还是并非自愿、被亲友送至公安机关，都体现了犯罪人对犯罪行为的主观认识，确定从宽比例时要有所区别。

2. 投案的时间。犯罪分子作案后立即投案，还是长时间潜逃后投案；是犯罪事实和犯罪人均被发现后投案；等等。不同的投案时间，或者时机，体现了犯罪人的投案行为对司法机关侦破案件所起的作用的大小，也体现了犯罪人的人身危险性不同，也应当在确定从宽比例时予以体现。

3. 投案的方式。犯罪分子是本人主动到司法机关投案，还是因形迹可疑被盘问时如实供述的投案，或者被采取强制措施时供述其他不同种罪行，是确定从宽比例的重要依据。

4. 如实供述罪行的程度。有的犯罪分子到案后仅供述主要犯罪事实，有的则对所有犯罪事实和具体细节都如实供述；犯罪分子有多次犯罪行为的，有的归案后全部供述，有的仅供述部分犯罪事实，而对另一部分犯罪事实不供述，企图蒙混过关；有的到案后始终如实供述，有的则时供时翻。上述不同的供述程度体现了犯罪人对犯罪的认识和态度，在认定从宽比例时需要加以甄别。

5. 悔罪表现。犯罪分子到案后，有的能充分认识到犯罪行为的社会危害性，愿意悔过自新；有的却只认罪、不悔罪，对自己的行为不认识、不悔过，对被害方不道歉、不赔偿、不退赃。虽然犯罪人的悔罪表现有的可以单独做为量刑情节予以考虑，但是自首情节所考虑的悔罪表现范围更广，要综合分析上述投案的动机、时间、方式等因素做出判断。

6. 罪行的轻重。确定自首的从宽比例，一般根据自首的具体表现，但也要结合犯罪人罪行的轻重。对罪行较重的犯罪人，选择的自首从宽比例应该小一些，对于罪行较轻的犯罪人，法官选择的自首从宽幅度比例可以大一些，对于罪行较轻的，要超出40%裁量，这样的量刑结果才更显公平合理。

二、受贿犯罪的坦白

（一）坦白的涵义

坦白有广义与狭义之分。广义的坦白泛指一种认罪态度，包括自首与坦白，自首是坦白的最高形式。一般在表述刑事政策时使用，诸如"坦白从宽，抗拒从严"。狭义上的坦白，指刑法理论和司法实践中的坦白，并不包括自首，其涵义与自首有严格的区分。本书中的坦白，指的是狭义中的坦白。

由于我国1997年刑法典及相关的司法解释并未将坦白予以立法化，所以对于坦白并没有法定概念。这样，在司法理论界，关于坦白，不同的专家学者即有不同的观点：

有的学者认为，所谓坦白，是指犯罪事实和犯罪分子均被发现以后，犯罪分子在侦查起诉、审判过程中，向公、检、法机关如实交待自己的罪行的行为。[1]有的学者认为，所谓"坦白"，一般是指犯罪分子被动归案以后，自己如实交待被指控的犯罪事实的行为。[2]有的学者认为，所谓"坦白"，是指犯罪分子被动归案以后，如实供述自己被指控的犯罪事实，并接受国家审查、裁判的行为。[3]还有的学者认为，所谓"坦白"，是指犯罪人在被动归案以后，主动如实交待自己被指控的罪行，并接受审查和裁判的行为。[4]笔者认为，关于坦白的概念的界定，以上四种观点均有其可取之处，但又均具有某种程度的不合理性。第一种观点对坦白的概念的界定不是十分严谨。按照该观点，如果犯罪事实和犯罪分子均被发现以后，犯罪分子尚未被缉捕归案，此时若犯罪分子自动投案的，应成立自首而非坦白。即使犯罪分子处于侦查起诉、审判过程中，如果其向公、检、法机关如实交待公检法机关尚未发觉的本人的其他罪行的，亦应成立准自首而非坦白。第三种和第四种观点对坦白的概念的界定用语是较为严谨的，亦准确地揭示出了坦白的本质特征，即被动归案、主动交待被指控的罪行。但却都将"接受审查和裁判"作为坦白的必备要件，似有"画蛇添足"之嫌。笔者认为将"接受审查和裁判"列为坦白的必备要件是不妥当的。因为犯罪人在被动归案后只要能主动如实交待自己被指控的罪行，即已能认定为坦白。至于如何对其进行审查和裁判，则属于司法机关的司法裁量活动。犯罪人是否接受审查和裁判，与坦白并无根本的对立和冲突。相对而言，第二种观点较为合理。在逻辑上该观点与我国1997年刑法典关于自首的概念保持了较好的一致，在自首的概念中，"接受审查和裁判"已被删除，而坦白的界定条件比自首更为宽泛，因此"接受审查和裁判"在坦白的概念中更不能成为必备要件。因此，本书认为，坦白的概念应界定为：犯罪人被动归案以后，主动如实地交待自己被指控的罪行的行为。根据笔者在本文第二章第一节准自首的认定中的有关论述，如果被采取强制措施的犯罪嫌疑人、被告人和已宣判的罪犯，如实供述司法机关尚未掌握的罪行，与司法机关已掌握的或者判决确定的罪行即使属同种罪行，也应当认定成立自首，而不应当认定为坦白。

---

[1] 苏惠渔主编：《刑法学》，中国政法大学出版社1997年版，第334页。

[2] 高铭暄、马克昌主编：《刑法学》，北京大学出版社、高等教育出版社2000年版，第287页。

[3] 赵秉志、吴振兴主编：《刑法学通论》，高等教育出版社1993年版，第402页。

[4] 周加海：《自首制度研究》，中国人民公安大学出版社2004年版，第209页。

（二）受贿犯罪坦白的认定

根据以上对坦白概念的界定可以看出，坦白的认定须具备以下两个条件：

1. 被动归案。被动归案，顾名思义，是与主动归案相对而言的。这是坦白认定的前提条件，也是其与自首的首要区别。根据我国1997年刑法典关于自首条款的规定，主动归案可包括以下两种情形：①一般自首中的"自动投案"行为；②准自首中的犯罪嫌疑人、被告人和正在服刑的罪犯"如实供述司法机关还未掌握的本人其他罪行"的行为。由此可知，被动归案并非出于自身的主动选择，而是犯罪人强制被动归案的情形。

在司法实践中，被动归案大致有以下几种情形：①犯罪人因犯罪被司法机关采取强制措施而归案。根据我国刑事诉讼法的规定，这些强制措施有五种，即：拘传、取保候审、监视居住、拘留或逮捕。②犯罪人因罪行被发觉被司法机关传唤到案。传唤是司法机关为了讯问犯罪人而将其召到指定地点的一种方法。值得注意的是，这其中不包括犯罪人罪行尚未被司法机关发觉，仅因形迹可疑被司法机关盘问的情形。③犯罪人因现行犯罪或因犯罪后潜逃被群众识出而被扭送归案。这里应将人民群众扭送与犯罪人亲友的送首、陪首行为区别开来。④犯罪人在被通缉、追捕过程中，因走投无路而被迫归案的。如公安机关围捕持械劫匪，劫匪无路可逃而弃械归案的。

2. 主动如实交待自己被指控的罪行。司法机关决定对犯罪人采取强制措施，进行传唤，或者人民群众扭送犯罪人归案时，通常只对案件有个大致的了解，有的甚至尚停留在仅知某罪系某人实施的基础上。全面、详致地查清全案的情况，一般还有赖犯罪人归案后的如实交待。所谓"主动"交待，是与被迫供认相对的，是指犯罪人在被动归案后，在司法机关未出示任何证据的情况下，自行向司法机关供述有关犯罪的事实情况。[1] 如果犯罪人在被动归案后，并不主动交待，甚至百般抵赖，直至司法机关出示确凿的证据证实其犯有相关罪行，犯罪人才承认的，则是被迫供认，不能认定为坦白。如在受贿案中，受贿人百般抵赖拒不承认，直至司法机关出示行贿人的供述证言及从受贿人家中起获的受贿款物时，受贿人才供述的，即是被迫供认而非主动交待。如果犯罪人在被动归案后，虚构事实、隐瞒真相，意图影响对自己的定罪和量刑的，则不应认定为坦白。所谓犯罪人交待"自己被指控的罪行"，是指犯罪人所交待的是其本人所犯有的、已被司法机关掌握并因此对其进行讯问或采取强制措施的罪行，或者是其本人所犯有的、人民群众据之将其扭送，或者是其本人所犯有的、司法机关据之对其采取通缉、追捕措施的罪行。[2] 如果犯罪人在被动归案后，不是主动如实交待自己被指

――――――――――――
〔1〕 周振想：《自首制度的理论与实践》，人民法院出版社1989年版，第130页。
〔2〕 周加海：《自首制度研究》，中国人民公安大学出版社2004年版，第211页。

控的罪行，而是主动如实交待其所犯有的、司法机关尚未掌握的其他罪行的，则属于准自首，而不是坦白；如果犯罪人在被动归案后，不是主动如实交待自己的罪行，而是检举揭发他人罪行的，则属于立功，而不是坦白；如果犯罪人在被动归案后，既能主动如实交待其被指控的罪行，又能主动如实供述其所犯有的、司法机关尚未掌握的其他罪行的，则应当认定其同时成立坦白和准自首。

（三）受贿犯罪坦白的量刑幅度

《人民法院量刑指导意见（试行）》规定："对于被采取强制措施的犯罪嫌疑人、被告人和已宣判的罪犯，如实供述司法机关尚未掌握的罪行，与司法机关已掌握的或者判决确定的罪行属同种罪行的，根据坦白罪行的轻重以及悔罪表现等情况，可以减少基准刑的20%以下。"具体确定坦白的从宽比例时，应该重点把握以下两个因素：①所坦白罪行的轻重。如果司法机关掌握的是轻罪，犯罪人坦白的是重罪，说明其悔罪态度较好，主观恶性和人身危险性较小，从宽比例要大一些，反之从宽的比例就不宜过大。②悔罪表现。一般来说，犯罪人坦白得越早、坦白得越多、坦白得越细，说明犯罪人的悔罪态度越真诚，法官要结合其坦白的动机、对犯罪的认识等诸多因素来判断其悔罪态度的好坏。

第五节 受贿犯罪的立功

一、立功的涵义

根据1997年刑法和1998年4月6日最高人民法院制定的《关于处理自首和立功具体应用法律若干问题的解释》（以下简称《解释》）的规定，立功的主要表现形式有：犯罪分子到案后有检举、揭发他人犯罪行为，包括共同犯罪案件中的犯罪分子揭发同案犯共同犯罪以外的其他犯罪，经查证属实；提供侦破其他案件的重要线索，经查证属实；阻止他人犯罪活动；协助司法机关抓捕其他犯罪嫌疑人（包括同案犯）；此外，具有其他有利于国家和社会的突出表现的，也应当认定为有立功表现。据此，立功是指犯罪人犯罪后揭发他人犯罪行为查证属实，或者提供侦破其他案件的重要线索查证属实，以及其他经确认的对国家和社会有利的突出表现的行为。

二、受贿犯罪立功的认定

我国《刑法》第68条规定："犯罪分子揭发他人犯罪行为，查证属实的，或者提供重要线索，从而得以侦破其他案件等立功表现的，可以从轻或者减轻处罚；有重大立功表现的，可以减轻或者免除处罚。"最高人民法院的《解释》又对立功的有关问题做出解释。根据刑法和该《解释》的规定，所谓立功，是指犯罪分子到案后检举、揭发他人犯罪行为，包括共同犯罪案件中的犯罪分子揭发同案犯共同犯罪以外的其他犯罪，经查证属实；阻止他人犯罪活动；协助司法机关抓捕其他犯罪嫌疑人（包括同案犯）或者具有其他有利于国家和社会的突出表现行为。立功分为一般立功和重大立功两种。

（一）一般立功的认定

一般立功的表现为：①犯罪分子到案后有检举、揭发他人犯罪行为，包括共同犯罪案件中的犯罪分子揭发同案犯共同犯罪以外的其他犯罪，经查证属实；②提供侦破其他案件的重要线索，经查证属实；③阻止他人犯罪活动；④协助司法机关抓捕其他犯罪嫌疑人（包括同案犯）；⑤具有其他有利于国家和社会的突出表现，应当认定为有立功表现。

（二）重大立功的认定

《解释》第7条对重大立功作了如下规定："犯罪分子有检举、揭发他人的重大犯罪行为，经查证属实；提供侦破其他重大案件的重要线索，经查证属实；阻止他人重大犯罪活动；协助司法机关抓捕其他的重大犯罪嫌疑人（包括同案犯）；对国家和社会有其他重大贡献等表现的，应当认定为有重大立功表现。"并且规定了重大犯罪、重大案件、重大犯罪嫌疑人的标准，一般是指犯罪嫌疑人、被告人可能被判处无期徒刑以上的刑罚或者案件在本省、自治区、直辖市或在全国范围内有较大影响等情形。以上规定中的"可能判处无期徒刑以上刑罚"，是指犯罪行为的法定最高刑是无期徒刑以上的刑罚。可能判处无期徒刑以上刑罚不等于实际判处无期徒刑以上刑罚。如某犯罪分子检举了一起故意杀人案经查证属实，经过初步审查，被检举人可能判处无期徒刑以上刑罚，即可认定检举人的行为构成重大立功。即使后来查明被检举人具有数个法定从轻、减轻处罚情节，只判处了有期徒刑，也不影响对检举人的行为认定为重大立功。否则，立功的标准难以适用，不利于鼓励犯罪分子立功。"案件在本省、自治区、直辖市或全国范围内有重大影响"，可从被检举人的身份、犯罪的性质、动机、手段、社会影响的大小及被害人的身份情况等方面考虑。"对国家和社会有其他重大贡献等表现的"可以参照《刑法》第78条的规定，例如：有发明创造或者重大技术革新的；在日常生产、生活中舍己救人的；在抗御自然灾害或者排除重大事故中有突出表现的等情形。

（三）不成立立功的情形

根据最高人民法院、最高人民检察院《关于办理职务犯罪案件认定自首、立功等量刑情节若干问题的意见》的规定，以下情形不能认定为立功：

1. 立功必须是犯罪分子本人实施的行为。为使犯罪分子得到从轻处理，犯罪分子的亲友直接向有关机关揭发他人犯罪行为，提供侦破其他案件的重要线索，或者协助司法机关抓捕其他犯罪嫌疑人的，不应当认定为犯罪分子的立功。

2. 犯罪分子揭发他人犯罪行为时没有指明具体犯罪事实的；揭发的犯罪事实与查实的犯罪事实不具有关联性的；提供的线索或者协助行为对于其他案件的侦

破或者其他犯罪嫌疑人的抓捕不具有实际作用的，不能认定为立功。

3. 犯罪分子揭发他人犯罪行为，提供侦破其他案件重要线索的，必须经查证属实，才能认定为立功；否则，在查证属实之前，也不能认定为立功。

4. 据以立功的线索、材料来源有下列情形之一的，不能认定为立功：①本人通过非法手段或者非法途径获取的；②本人因原担任的查禁犯罪等职务获取的；③他人违反监管规定向犯罪分子提供的；④负有查禁犯罪活动职责的国家机关工作人员或者其他国家工作人员利用职务便利提供的。

另外，行贿犯检举受贿犯，或者受贿犯检举行贿犯，不属于立功。因为受贿犯罪属于对合犯，有行贿就有受贿，有受贿就有行贿，交代自己的受贿罪行，必然就要交代行贿人；交代自己的行贿罪行，必然要牵扯出受贿人，仍然属于如实交代自己罪行的范畴，不能认定为有立功表现，否则，有悖于刑法的禁止双重评价原则。

（四）单位受贿罪是否存在立功

对单位犯罪能否成立立功，法律上没有明确规定，对此的理解是有人肯定有人反对。根据《刑法》第 68 条的规定看，否认单位犯罪可以具有立功情节的理论是不充分的。而且从理论上和实践中看，单位立功应该是能够成立的。单位出于其意志和决定，以单位的名义揭发其他单位或自然人的犯罪事实，查证属实的，或者提供重要线索，使其他案件得以侦破的，完全符合法律规定的立功的实质条件。但单位犯罪立功后，单位立功的从宽处罚效力是仅及于犯罪的单位还是也包括对犯罪负有责任的单位成员，是个需要讨论的问题。对此，有认为，单位立功的，仅对单位从宽处罚，不及于单位中的个人。本书认为，单位立功对单位从宽处罚，但对单位成员是否从宽则要因具体情况而定。成立立功的前提条件是知悉他人的犯罪事实或情况，因此，只有单位内部的直接负责的主管人员和其他直接责任人员知悉并揭发他人犯罪事实才可能成立单位犯罪立功，因此，对知悉并揭发他人犯罪事实的单位成员应以立功论处，而对于其他并不知晓他人犯罪事实的成员不能以立功从宽处罚。

三、受贿犯罪中立功的量刑幅度

《人民法院量刑指导意见（试行）》（以下简称《量刑指导意见》）规定："对于立功情节，综合考虑立功的大小、次数、内容、来源、效果以及罪行轻重等情况，确定从宽的幅度。①一般立功的，可以减少基准刑的20%以下；②重大立功的，可以减少基准刑的20%～50%；犯罪较轻的，可以较少基准刑的50%以上或者依法免除处罚。"

（一）重大立功与一般立功的从宽处罚功能不同

根据《量刑指导意见》的规定，一般立功"可以减少基准刑的20%以下"，重大立功"可以减少基准刑的20%～50%"，说明一般立功与重大立功在量刑作用上存在两点不同：①从宽幅度不同，重大立功的幅度大于一般立功，这主要是根据立功大小来区分其量刑作用。②重大立功有最低从轻幅度，说明重大立功是非任意的从宽处罚情节，一般应当从宽处罚；而一般立功没有最低从宽幅度，是任意的从宽处罚情节，特殊情况下可以不从宽处罚。

（二）确定立功具体从宽比例

无论是一般立功还是重大立功，在确定具体从宽比例时，主要考虑以下因素：

1. 立功的大小。《量刑指导意见》已根据立功大小把重大立功和一般立功的从宽幅度做出了明显的区别，说明立功的大小是从宽处罚的第一要素。而同样是重大立功或一般立功，立功较大的从宽比例也应当大于立功较小的从宽比例。

2. 立功的次数。一般情况下，立功次数越多，从宽幅度越大。但是对于一些多次的较小立功，与一次较大的立功相比，其从宽幅度也要综合衡量，不能单纯看次数。

3. 立功的来源、内容和效果。根据相关规定，通过非法手段、非法途径获取的，通过原担任查禁犯罪职务获取的，通过违反监管规定获取的立功线索，都不能认定为立功。

4. 罪行的轻重。所犯罪行较轻但立功较大的，从宽幅度相对较大些；所犯罪行较重但立功较小的，从宽幅度要小一些。

（三）"犯罪较轻"的重大立功表现的从宽处罚

一般应当以根据犯罪人的具体犯罪行为确定的刑罚不超过 3 年有期徒刑，作为"犯罪较轻"的标准。《量刑指导意见》规定，犯罪较轻且有重大立功情节的，"可以减轻基准刑的 50% 以上或者依法免除处罚"。其含义表明，同时具备"罪行较轻"、"重大立功"两个条件的，就突破了重大立功"可以减少基准刑的 20%～50%"的幅度，从宽幅度扩大到"50%"以上，甚至能够免除处罚。

（四）"自首后又有重大立功表现"的从宽处罚

《刑法》第 68 条第 2 款规定，"犯罪后自首又有重大立功表现的，应当减轻或者免除处罚。"为了实现刑法对"自首后又有重大立功表现"规定的应减功能，《量刑指导意见》规定："犯罪后自首又有重大立功表现的，应当减少基准刑的 70% 以上"。

第十章　受贿犯罪的立法完善

第一节　受贿犯罪立法完善的必要性

一、社会的发展要求受贿犯罪立法的完善

如本书上文所述，我国的贿赂犯罪立法经历了多次完善，而每一次立法完善都是为了能够基本适应惩治贿赂犯罪的现实需要，促进反腐败斗争的深入开展。当前，我国经济、政治、文化、社会建设进入新的发展阶段，反腐倡廉面临新的形势和任务，顺应形势发展要求，进一步完善贿赂犯罪立法自是应有之义。

（一）反腐倡廉建设的基本任务要求进一步完善贿赂犯罪立法

党的十七大第一次把反腐倡廉建设与党的思想建设、组织建设、作风建设和制度建设一起确定为党的基本建设的基本任务，建立健全惩治和预防腐败体系在反腐倡廉建设中具有全局性、战略性的地位。在防治体系建设中，必须进一步完善惩治腐败犯罪的刑法体系。完善贿赂犯罪立法则是其中的重要环节，是加强反腐倡廉建设的基本要求和刑法保障。

（二）司法实践面临的困难和问题要求进一步完善贿赂犯罪立法

近年来，司法机关在办理贿赂犯罪案件的实践中，遇到许多困难和问题，直接影响惩治贿赂犯罪的力度和实效。有些法律适用问题，最高司法机关尽量通过司法解释或者司法指导性文件予以解决，但仍有一些问题，已经超越了司法解释所能解决的范围，必须通过立法解决。有些司法解释的规定经实践证明可行的也需要在立法上固定下来。所有这些只有通过完善立法才能实现。

（三）履行国际公约义务的承诺要求进一步完善贿赂犯罪立法

《联合国反腐败公约》是第一部全面指导国际反腐败斗争的全球性法律文件，形成了全球打击跨国腐败犯罪的共同接受的准则，确立了被转移他国的腐败资产返还的原则，并首次在国际范围和层面建立了预防和打击腐败并加强国际合作的机制。2005年10月27日，第十届全国人大常委会第十八次会议表决通过了关于批准《联合国反腐败公约》的决定。公约由此成为我国应当信守的国际公约，有关部门正在研究实施公约的措施。我国刑法有关贿赂犯罪的规定与之相比还存在不小的距离。为全面履行公约义务，促进公约的实施，树立我国良好的国际形象，应当根据我国实际尽早完善贿赂犯罪立法。

（四）刑法立法的科学性要求进一步完善贿赂犯罪立法

科学性是刑法立法的一项基本原则，其内在要求就是在创制刑法规范时价

取向有科学性，使刑法规范能够全面系统并且理性地与社会现实需要保持协调，主要体现出系统性、确定性、协调性三种特质。我国贿赂犯罪的刑法规范虽然历经多次修改完善，但就现行规范的系统性、确定性、协调性而言，还存在进一步完善的空间。

二、刑法自身的缺陷要求受贿犯罪立法的完善

（一）罪名体系的不完善

科学地确定罪名，是完善贿赂犯罪立法的关键步骤。罪名的粗细问题与法律的适用及其惩治效果，有着密切的关系，是贿赂犯罪立法必须首先解决的一个问题。[1] 仅仅用一个罪名进行高度的概括，则有悖于罪刑法定的要求。因此，对贿赂犯罪类型及其罪名的细化不仅是罪刑法定的要求，而且是刑法是否能真正反映社会政治经济并与之发展相适应的问题，也是关系到刑法能否为其提供有力保证的问题。

首先，我国现行贿赂犯罪体系根据犯罪主体和对象的不同，将贿赂犯罪分为自然人贿赂犯罪和单位贿赂犯罪，其中自然人贿赂犯罪又包括国家工作人员贿赂犯罪和非国家工作人员贿赂犯罪。但是在司法实践当中特别是自然人贿赂犯罪中，实施相同的犯罪行为，仅仅由于身份上的差别，而分别定不同的罪名，处以不同的刑罚，这显然是歧视性的身份立法，有违刑法的平等原则。[2] 这种不协调尤其体现在单位贿赂犯罪罪名设置上，由于我国现行刑法对于受贿的罪名设置采用的双重标准，如有的按照犯罪主体划分，有的按照犯罪对象划分，具体到单位贿赂犯罪罪名上，如向国家工作人员行贿的，个人构成行贿罪，单位构成单位行贿罪；而向公司、企业或者其他单位工作人员行贿的，并没有单独设置单位对公司、企业或者其他单位工作人员行贿罪；又如单位对国家工作人员行贿的构成单位行贿罪，但是在单位对国家机关、国有公司、企业、事业单位人民团体行贿时也没有单独的设置单位对单位的行贿罪，而是和自然人共用对单位行贿罪的罪名。

其次，我国刑法对于贿赂犯罪罪名的划分是大而粗的，这一划分不仅不能适应贿赂犯罪形式的复杂多样性，也有违刑事立法的明确性和可操作性原则，在司法实践中往往造成适用法律上的不平衡。比如对《刑法》第388条的规定，我国刑法理论界就存在着争议，有的学者认为该条文中规定了"以受贿论"，即认为该条不是一个独立的罪名而是受贿罪的特殊形式，有的学者虽然认为该条是一个独立的罪名，但是对罪名的表述却不尽一致。因此对我国贿赂犯罪罪名体系重构

---

[1] 刘光显："完善贿赂罪名罪状的立法探讨"，载《求实》1996年第4期。

[2] 王平、朱泽培、吴蓓艳："论贿赂犯罪罪名体系"，载《甘肃政法成人教育学院学报》2003年第4期。

时有必要考虑增设相关罪名。

(二) 受贿罪的主体范围过于狭窄

我国刑法中受贿罪的犯罪主体为"国家工作人员",根据《刑法》第93条规定,"本法所称国家工作人员,是指国家机关中从事公务的人员。国有公司、企业、事业单位、人民团体中从事公务的人员和国家机关、国有公司、企业、事业单位委派到非国有公司、企业、事业单位、社会团体从事公务的人员,以及其他依照法律从事公务的人员,以国家工作人员论。"立法采用的是列举式表达方式,"国家工作人员"只是"依照法律从事公务人员"的一种表现形式,随经济、政治体制改革深化,非国家工作人员依照法律从事公务逐渐增多,无法全部被包含。我国受贿犯罪主体的这一界定,具体来说有以下不完善之处:

首先,农村的村民委员会等基层组织人员的贿赂行为无法界定。村委会和基层党支部主要管理本村的集体事务,其虽然不是一级政权组织,但是在实际上却经常协助当地政府开展一些与本村的村民有关的群众工作以及完成一些行政管理任务,基层组织所从事的这些活动在一定程度上都代表着党和政府,也具有一定的公务性。现实生活中存在着大量基层组织人员的受贿行为,但是由于"国家工作人员"并未将其包含在内,在性质上该类人员又不属于公司、企业或者其他单位工作人员受贿罪中的"其他单位工作人员",因此对于这类人员的受贿行为就出现了立法空白。

其次,对外国公职人员、国际公共组织官员贿赂行为无法认定。近年来,贿赂外国公职人员和国际公共组织官员的犯罪行为日益受到关注,尤其是我国加入《联合国反腐败公约》之后在反腐败问题上与国际社会的接轨就显得更加重要。在现实生活中,我国参与国际商业活动也日益频繁,在国际商业活动中对外国公职人员、国际公共组织官员行贿具有严重的社会危害性,对于贿赂外国公职人员或国际公共组织官员的犯罪,我国刑法没有相关规定。我国刑法规定行贿的对象仅仅是国家工作人员,是无论如何也不能将外国的公职人员和国际公共组织的官员解释在内的。因此,如果出现我国公民向外国公职人员、国际公共组织官员行贿,根据现行刑法的规定,既不能将行贿的中国人以行贿罪处罚,也不能将受贿的外国人按照受贿罪来处理。

(三) 受贿犯罪贿赂的内容过于狭窄

根据我国刑法的规定,贿赂是指行为人收受或索取的财物。关于贿赂的内容与范围,我国理论学界一直存在争论,主要有三种观点,即财物说、财产性利益说(又称物质利益说)和利益说(又称需要说)。

如上文所述,从受贿罪的本质上来看,本书同意利益说的观点,然而由于利益说所包含的含义更加广泛,利益说与现行法条中的"财物"一词的冲突是不可调和的,使用"财物"一词并不足以涵盖其广泛的外延与内涵,也不能明确的表达出刑法所要规制的行为和内容，将"财物"界定为贿赂犯罪的犯罪对象，已经不符合司法实践的要求了，也不符合刑法关于明确性和确定性的要求，因而有必要对于贿赂的内容做出重新的界定。

（四）将"为他人谋取利益"作为构成要件的不必要性

我国刑法规定，受贿罪需要有"为他人谋取利益"的要件。长期以来，在我国刑法学界对于"为他人谋取利益"这一要件就有着不同的看法和主张，并且对于该要件到底是属于主观要件还是客观要件一直存在着争议，归纳起来主要有以下几种观点：其一，"客观要件说"认为，"为他人谋取利益"是受贿罪的客观要件，即行为人必须实施为他人谋取利益的行为。如有的学者认为，"为他人谋取利益"仍然是受贿罪的客观要件，其内容是许诺为他人谋取利益。另有的学者从不同的角度予以说明，认为"为他人谋取利益"是一个过程，期间经过许诺、实施和最后实现三个阶段。因此，为他人谋取利益，是一个动态的概念。存在着许诺、实施和实现三种前后相续的阶段性行为，只要有其中任何一种行为，就具备了为他人谋利的要件。其二，"主观要件说"认为，为他人谋取利益只是受贿人的一种心理态度，属于主观要件的范畴，而不是通行观点所说的那样，是受贿罪的客观要件。[1] 其三，"取消说"认为，以上学说均有不合理之处，主张在受贿罪的构成要件中取消"为他人谋取利益"的规定。

在现实生活中虽然大多数的国家工作人员都通过职务之便为他人谋取利益，但是也有一部分行贿人是在逢年过节或是结婚、丧礼等时间向国家工作人员赠送金钱、礼物等物品，来进行感情投资，这种情况下，国家工作人员在收受贿赂的当时并未为他人谋取利益，那么按照现行刑法关于受贿罪的规定，这种行为即不构成犯罪。我国刑法将"为他人谋取利益"作为受贿罪的构成要件，其不足之处表现为：首先，这一要件的规定不符合受贿罪的本质。由于受贿罪侵犯的客体是国家工作人员职务行为的不可收买性，因此在收受贿赂之后是否为他人谋取利益并不影响其社会危害性的实质；并且根据我国现行刑法的规定，受贿罪在客观方面必须具备"利用职务上的便利"、"为他人谋取利益"和"索取、收受财物"三个要件，缺少任何一要件都不能认定是受贿罪的既遂。但是，从刑法理论上分析，这一规定与受贿罪的本质也是相互矛盾的。受贿人的主观意图与真正目的是得到贿赂，可见，为他人谋取利益，对于受贿罪来说，并不是必备要件，而只是在量刑时应当考虑的。其次，这一要件的规定将大量的贿赂犯罪行为排除在刑法规制之外，也为受贿人提供了逃避接受法律制裁的借口。最后，这一要件的证明

---

[1] 周振想主编：《公务犯罪研究综述》，法律出版社2005年版，第191页。

难度大，限制了对受贿罪的打击。[1]现实生活中，谋取利益的行为多种多样，比如有收受贿赂为他人谋取正当利益，也有收受贿赂为他人谋取不正当利益；有的为他人谋取的利益已经实现，也有为他人谋取的利益部分实现或尚未实现，在这些情况下，司法机关很难用证据加以证明。

第二节 完善受贿犯罪立法的原则

一、必要性原则

法律的修改完善是一项复杂的系统工程。完善贿赂犯罪立法，必须坚持统筹兼顾，首先要坚持的就是必要性原则，完善贿赂犯罪立法，应当着眼于现行规定中那些不适应反腐败斗争需要、严重影响和制约惩治贿赂犯罪的部分，而对那些虽然存在完善余地但并不影响司法适用的规定，原则上不必修改。借用我国立法实践通常采用的原则就是"可改可不改的不改"。

二、可行性原则

法律贵在执行。对那些缺乏执行可行性的规定，可以维持现状而不作修改。我国加入《联合国反腐败公约》以来，理论界就如何更好地与公约衔接进行了广泛热烈的探讨，在比较研究的基础上很多学者提出根据公约规定全面修改完善我国受贿犯罪的意见。受贿犯罪的情形比较复杂，有些贿赂行为虽然应当追究其刑事责任，但从我国国情出发，进行规定的条件还不成熟，即使规定了，实践中也难以操作执行，因此可暂不作规定。

三、协调性原则

受贿犯罪的修改完善，涉及到罪名的增加、具体犯罪构成要件的完善、法定刑的调整等具体问题，既要考虑微观条文的修改，又要考虑总则规定与分则规定、分则规定之间的协调，使完善后的贿赂犯罪立法保持内在逻辑上的严密一致，内容上的统一和谐，罪刑关系上的协调一致，避免矛盾、冲突甚至相互否定现象的出现。

四、渐进性原则

立法虽然应当具备一定的前瞻性，但整体而言，主要是对现行法律关系的确认和调整。一定意义上可以说，立法一经通过即已落后于实践。立法的完善是一项长期的任务。同时，立法与一国历史、文化、传统、政治、经济等因素密切相关。因而修改完善贿赂犯罪立法切不可急于求成、期望能够一蹴而就，必须充分考虑现实国情，扬弃理想主义的影响，积极、稳妥推进。那些目前尚不具备立法

---

[1] 何承斌："论我国贿赂犯罪体系的重构——以《联合国反腐败公约》为中心"，载《现代法学》2006 年第 6 期。

条件的规定，在不久的将来也许就会成为现实的迫切需要而得以在立法中明确规定。

第三节 受贿犯罪立法完善

一、受贿犯罪罪名体系的完善

所谓"体系"者，乃依某种原理或规则所组织的知识的统一体。此非单纯之知识的集合或分类，而系由贯通全体知识之原理予以支配、统一，并使其间保持有机的关联之组织也。立法体系是由诸多法律规定组成的，之所以成为体系乃是因为各个规定之间相互协调，具有逻辑统一性。体系化的立法不仅可以体现出规范内部的关联性，还会有助于法律规范内部和法律规范外部的衔接。如果只注重单个法律规定的研究，而忽视了与此法律规定相关联的其他法律规定，那么就很难理解这一法律规定的内涵。在贿赂犯罪体系内部，努力保持罪与罪之间协调性，使之逐渐的系统化，有助于促进贿赂犯罪立法的合理化和科学化。

要完善我国受贿犯罪的罪名体系，首先，要改变我国现行刑法中受贿犯罪罪名的划分依据，如前所述现行贿赂犯罪罪名的划分是依据犯罪主体是单位还是自然人以及犯罪对象的不同进行的，这种多重标准的分类依据暴露出来的狭隘性和严重弊端不再赘述，本书认为，应当根据贿赂犯罪犯罪主体身份的不同予以归类；其次，要改变我国贿赂犯罪罪名大而粗的问题，本书认为造成这一现状的主要原因在于立法技术和立法模式上的滞后，以及在立法过程中忽视了贿赂犯罪态势，割裂了各种贿赂行为之间的联系。

（一）完善受贿犯罪罪名体系的立法方法

刑法理论界对于完善贿赂犯罪罪名体系的立法方法归纳起来大致有三种：[1]一是维持现状，即主张基本维持我国贿赂犯罪的立法现状，保留单一罪名的现行立法模式，仅对受贿罪的罪状进行修改，并列举从重处罚的情节，设立从重处罚条款。二是制定专门法规，即立法机关把综合治理贿赂犯罪的各种手段法律化，采用综合性的专门法规，对当前与贿赂犯罪作斗争的最迫切需要解决的问题进行必要的规定，解决司法实践中的困难。综合性专门法规的特点在于诸法合一，不仅有实体法的规定，而且有程序法的规定，还有组织法的规定；不仅有刑罚的方法，而且有行政处分；不仅有权力义务的规范，而且包括设置机构的原则等。三是采用"罪刑系列"的立法方法，改变现行受贿罪立法法网稀疏的状况，将单一的大受贿罪细分为多种犯罪，即在普通受贿罪的基础上，设立受贿罪的系列罪名。由于贿赂犯罪属于多发性犯罪，并且其行为方式复杂多样，针对这一特点，

---

[1] 刘光显、周容生：《贿赂犯罪理论与实践》，人民法院出版社2005年版，第224页。

应当以"罪刑系列"的立法方法来对抗其罪行的多样化。

"罪刑系列"是指就同一种罪法律规定的一串近似的犯罪构成以及与之相应的刑罚。"罪刑系列是犯罪形式多样化的立法反映",我国现行刑法对于贿赂犯罪较为单一的罪刑规定已经不能应对形式多样的贿赂犯罪。从国外的立法经验来看,"罪刑系列"的立法方法,大致有三种模式:[1]一是列举式,即就一种罪的几个形式加以简单罗列,如原联邦德国刑法典规定的杀人罪有:谋杀、故杀、激愤杀人、应被害者请求而杀人、杀婴、残害人群、过失杀人等七个。二是对称式,即同一个罪的几个形式之间存在对称关系,这一立法模式以联邦德国刑法中的贿赂犯罪为例,德国刑法中贿赂犯罪分为以下层次,两两相对:第一层次分为行贿罪与受贿罪;第二层次受贿罪以是否实施违背职责的行为分为不违背职责的受贿罪和违背职责的受贿罪两个对称罪名,各自又两两相对地列出了法定刑轻重不同的两类犯罪主体即公务员、从事特别公务的人员与法官、仲裁人。行贿罪与受贿罪相对,相应的分为违反公职的行贿和不违反公职的行贿,而且行贿对象也相应地分为两类,与受贿罪两类主体相对应。三是主从式,即先规定一个基本的犯罪构成要件与法定刑标准,在此基础上,再对基本罪状的构成要件要素进行部分的增、删、改,并根据新的修正构成要件的社会危害性的不同程度配置轻重有别的法定刑,至此以基本罪状为基点、以修正构成要件为补充的主从式罪刑系列得以成型。例如日本《刑法》第197条是受贿罪罪刑系列的基本构成要件,本条中以"之一"形式出现的是基本罪的修正形态。相对于普通受贿罪而言,单纯受贿罪缺少客观方面的实施职务行为的条件;加重受贿罪不仅要有职务行为而且要有职务行为本身的违法性,即实施违背职责的行为;事前受贿罪和事后受贿罪实施职务行为与收取贿赂时间上有错位,即不是处于同一主体的任职过程中;斡旋受贿罪利用的职权并非出自受贿者本人,即职权实施者与受贿罪主体不具有同一性。又如德国《刑法典》第331条第1款规定的是受贿罪的基本犯,即只要就一般的职务行为要求、约定、收受利益,即构成受贿罪,第331条第2款规定的犯罪可谓第1款的加重犯,即要求约定、收受的利益是针对确定的法官的行为的回报。之后又分别针对第321条第1款和第2款设置了加重犯。相比较"罪刑系列"立法方法的三种模式,可以看出列举式虽然简单方便,但是却很难看出贿赂犯罪的内部关联线索,对称式模式之下虽然能够清晰把握各个贿赂犯罪条文的内在联系,然而在制定和适用上缺乏灵活性,相比而言,结合我国贿赂犯罪的犯罪态势,主从式和对称式相结合模式较为适合。因此,笔者在对我国贿赂犯罪罪名体系立法重构时将采用主从式和对称式相结合的立法模式,并且借鉴我国境外其他国家或地区关于贿赂犯罪的立法经验。

---

[1] 储槐植:《刑事一体化》,法律出版社2004年版,第237~238页。

（二）我国受贿犯罪罪名体系的完善

1. 根据犯罪主体的不同，分为两大类贿赂犯罪，即针对国家工作人员贿赂犯罪和针对非国家工作人员的贿赂犯罪。针对国家工作人员的贿赂犯罪旨在规定侵害了从事公务活动的人员的职务行为的廉洁性和不可收买性的贿赂犯罪行为；针对非国家工作人员的贿赂犯罪的立法重构即规定针对国家工作人员以外的主体的贿赂犯罪行为。

2. 在上述两大类的贿赂犯罪之下，分别设置受贿罪和行贿罪。具体来说，即针对国家工作人员的贿赂犯罪和非国家工作人员的贿赂犯罪，分别设置普通受贿罪和普通行贿罪。在我国有的学者认为应当设置为受贿罪、行贿罪和介绍贿赂罪，并且在我国现行刑法中针对国家工作人员的贿赂犯罪中也设置了单独的介绍贿赂罪罪名，但是本书认为取消介绍贿赂罪的设置更为合适，理由如下：其一，在司法实践中介绍贿赂罪与贿赂犯罪的共犯的区分标准不具可操作性。虽然我国学者对于介绍贿赂罪与贿赂犯罪共犯的区分提出了诸多标准，但都存在不合理之处，如有的观点认为："行贿罪、受贿罪的帮助犯认识到自己是在帮助行贿一方或者受贿一方，因而其行为主要是为一方服务；而介绍贿赂的行为人认识到自己是处于第三者的地位介绍贿赂，因而其行为主要是促成双方的行为内容得以实现。"[1]在司法实践中，很少有完全中立的处于第三者地位的介绍人，大多是出于行贿人急于行贿却无法直接与想要的行贿的对象取得联系，于是便找到介绍人完成行贿的过程。在这一过程当中，介绍人必定是从行贿人的角度出发，为其服务的，这也是一种帮助行为。有学者主张从主观方面进行分析，认为"在主观上贿赂罪的帮助犯仅有单纯帮助贿赂实行犯的意思，而介绍贿赂罪的行为人则是出于介绍贿赂的故意，区分二者的关键就是看行为人有无介绍贿赂的故意。"[2]然而，何为"介绍贿赂的故意"和"帮助贿赂的故意"，这两种故意如何区别，在这种观点中并没有明确的表达。本书认为，我国刑法理论界做出介绍贿赂罪和贿赂犯罪共犯的区别标准都不能准确的将二者区分开来，主要原因就是二者并无本质区别。其二，我国刑法设置介绍贿赂罪的意图是基于严厉打击贿赂犯罪的意图，想要将行贿、受贿行为之外的介绍贿赂行为也作为处罚的对象，但是在具体设置上显然没有体现这一立法意图。介绍贿赂罪的法定最高刑仅为有期徒刑3年，而行贿罪的法定最高刑为无期徒刑，受贿罪的法定最高刑则为死刑。如果将本为行贿罪共犯或受贿罪共犯的行为作为介绍贿赂罪处理，在量刑上就有可能出现不平衡的现象，有违严厉打击贿赂犯罪的立法初衷。因此，本书认为不应当单独设置介绍贿赂罪这一罪名，那么对于介绍帮助贿赂的行为都可以以贿赂犯罪的共犯

---

[1] 张明楷：《刑法学》（第二版），法律出版社2003年版，第667页。
[2] 王作富主编：《刑法分则实务研究》（下），中国方正出版社2007年版，第1851页。

来处理。

3. 鉴于受贿犯罪的特殊性和复杂性，再细化具体罪名。我国刑法理论界对国家工作人员的贿赂犯罪罪名的设置也有不同的主张：如关于受贿罪的设置，有的主张分为经济受贿罪和一般受贿罪；有的主张分为普通受贿罪、居间受贿罪、借故受贿罪和单纯受贿罪；有的主张分为公务员受贿罪、公职人员和受委托人受贿罪。如关于行贿罪的设置上，有的主张分为狭义的行贿罪和广义的行贿罪、收买性行贿罪和酬谢性行贿罪、直接行贿罪和间接行贿罪、得利行贿罪和未得利行贿罪、政治性行贿罪和经济性行贿罪、普通行贿罪和加重行贿罪。虽然这些不同的主张都有其一定的道理，但是这些分类并没有从总体上把握贿赂犯罪的内在联系，忽视了贿赂犯罪这一类罪名与其若干具体罪名之间的体系性关系。在这一类人员贿赂犯罪罪名的设置上，可以借鉴我国台湾地区"刑法"以及日本刑法的规定，我国台湾地区"刑法"规定处罚的贿赂行为包括受贿行为和行贿行为，在对受贿行为设置罪名时依据受贿行为是普通受贿行为还是加重受贿行为具体细化为不违背职务的受贿罪和违背职务的受贿罪。日本刑法中的受贿罪也是依此而分类的，设置了受贿罪和加重受贿罪；相对于违背职务的受贿罪是以受贿时已经违背职务，台湾地区"刑法"又设置了受贿而违背职务罪，这一罪名旨在规制行为人在有贿赂行为之后又实行了具有义务违反性的职务行为，德国、日本刑法中均无此罪名。不管是普通的受贿罪还是加重刑的受贿罪，其主体是已经具备公职人员身份的人，那么对于将为公职人员或曾为公职人员的准公职人员的受贿行为，我国台湾地区"刑法"设置了准受贿罪，日本刑法中设置了事后受贿罪。日本刑法中还针对行为人利用其地位或身份进行的贿赂犯罪设置了斡旋受贿罪和斡旋第三人受贿罪，我国台湾地区"刑法"中无此罪名。台湾地区"刑法"在对行贿行为设置罪名时没有依据普通行贿行为和加重行贿行为划分，而是只设置了违背职务的行贿罪，对于不违背职务的行贿行为不做处罚。日本刑法则将二者合并为一个行贿罪，而没有违背职务或不违背职务之分。借鉴以上台湾地区"刑法"和日本刑法中的相关规定，本书对于我国国家工作人员和非国家工作人员贿赂犯罪罪名拟进行如下设置：普通受贿罪和普通行贿罪旨在规定普通的受贿行为和普通的行贿行为，根据加重的受贿行贿行为即枉法受贿或行贿分别设置枉法受贿罪和枉法行贿罪，同时针对利用行为人身份地位而进行的贿赂行为设置斡旋受贿罪，对于将成为国家工作人员或曾为国家工作人员的准国家工作人员的受贿行为设置职前受贿罪和职后受贿罪。

4. 取消单位贿赂犯罪。我国现行刑法中的犯罪主体包括单位，在贿赂犯罪中规定了单位受贿罪和单位行贿罪即《刑法》第387条和第393条的规定，这都是由单位作为主体的贿赂犯罪，此外《刑法》第391条还规定了针对单位进行行贿行为的对单位行贿罪。笔者对于单位作为犯罪的主体本身即持质疑的观点，主要基于以下理由：其一，根据我国刑法的规定国家机关可以成为犯罪的主体，那么在理论上我国的各级国家权力机关、行政机关和司法机关都有成为犯罪主体的可能性，然而这些国家机关的职责在于行使国家权力、管理国家事务、行使司法权等，让他们成为犯罪的主体接受法律的制裁时在司法实践中处于尴尬境地。人民将会被一个犯罪并负有刑事责任的国家机关管理，有罪的国家机关在犯罪的情况下又该如何行使职权呢？其二，现行刑法对于单位犯罪刑罚的设置上实行"双罚制"，即对单位判处罚金，并对其直接负责的主管人员和其他直接责任人员判处刑罚。在国家机关成为犯罪主体的情况下，对国家机关应当判处罚金，然而在我国现行的体制之下国家机关并没有自己独立的财产，其财产或资产都来自于国家财政的拨款，而国家财政又来源于国家的税收，这样一来对于国家机关判处罚金并未达到刑罚设置的目的。其三，在司法实践中，对于单位犯罪的适用存在大量的难题。例如：单位的职能部门或内部机构并不是我国贿赂犯罪的独立主体，那么在其职能部门或内部机构犯罪的情况下该如何确定犯罪主体。单位犯罪中直接负责的主管人员和其他直接责任人员承担刑事责任的依据是什么，单位犯罪如果对其主管人员追究刑事责任，被判处有期徒刑以上刑罚，单位是否可以构成累犯？如果单位相关人员在服刑期间被假释或者被判处缓刑，而在其服刑期间该单位又犯罪，是否实行数罪并罚？综上所述，规定单位成为犯罪主体，刑法中的许多刑罚制度都面临着适用困难或者无法适用的境地，同样这一难题也存在于贿赂犯罪当中，因此笔者在对贿赂犯罪罪名重构时取消有关的单位贿赂犯罪罪名。

5. 增加外国公职人员、国际公共组织官员受贿罪和对外国公职人员、国际公共组织官员行贿罪。在上述罪名体系之下，犯罪主体都是我国人员，那么对于近年来出现的与外国公职人员、国际公共组织官员的有关的贿赂行为却仍然无法定罪，然而通过扩大解释将现行贿赂犯罪的主体解释为"外国公职人员、国际公共组织官员"也是不合理的，因此，有必要在我国贿赂犯罪罪名体系中增加外国公职人员、国际公共组织官员受贿罪和对外国公职人员、国际公共组织官员行贿罪。

二、受贿犯罪构成要件的完善

（一）受贿犯罪主体的重新界定

1. 国家机关工作人员的界定。要对国家机关工作人员的界定有一个明确的范围首先就要清楚国家机关的范围。国家机关的主要特点是掌握国家的公共权力，代表国家行使管理公共事务的职能，并且具有宪法和法律所赋予的国家强制力。"就国家机关的严格意义而言，一般是指我国宪法规定的属于国家机构组成部分的各级权力机关、行政机关、检察机关、审判机关和军事机关（中央军事委员会）。"[1]然而，根据我国的国情，有些单位虽然不属于宪法上的国家机构体系，

---

[1] 王作富主编：《刑法分则实务研究》（下），中国方正出版社2007年版，第1749页。

但是实际上却管理着国家公共事务，行使着国家的公共权力。这一类机关或单位在管理公共事务上的作用与宪法上的国家机关并无本质区别，比如中国共产党的各级党委机关和人民政协各级机关。在我国，中国共产党的机关虽然在宪法上没有列入国家机构体系之中，但是我国的一切国家机关都是受中国共产党领导的。我国各级国家机关都要在中国共产党的领导下制定有关国家建设的方针、政策，甚至法律、法规的制定和实施也是在中国共产党的领导之下。由此可见，中国共产党的各级党委机关也在行使着管理国家公共事务的职能，并且中国共产党的各级党委机关的活动与各级国家机关的管理活动是密切联系的，因此笔者认为党委机关也应当视为国家机关，党委机关的工作人员也视为国家机关的工作人员。人民政协在我国是在中国共产党领导下具有广泛代表性的统一战线组织，是参政议政的机关，是实行社会主义民主制度的一种重要组织形式。人民政协的各级机关，并不是国家机关，也不具有国家强制力，其主要作用是政治协商和民主监督，就国家的重大问题可以向国家领导机关提供建议、进行讨论，可见政协在国家的政治生活中是起着重大作用的。因此笔者认为，政协机关也应当视为国家机关，政协机关的工作人员视为国家机关工作人员。

2. 国有公司、企业、事业单位、人民团体中从事公务的人员的界定。国有公司、企业、事业单位是指由国家投资，其财产归国家所有，以实现国家利益为目标而建立的组织。那么人民团体该如何界定呢？在法律上并没有"人民团体"的概念，在我国刑法学界，对于人民团体的界定也有着很多不同的观点：第一种观点认为，人民团体是指各民主党派、工商联、各级共青团、工人、妇女等人民团体；第二种观点认为，人民团体是指经政府核准登记并由政府划拨经费的各种社会组织；第三种观点认为，人民团体是指各民主党派、各级工会、共青团、妇联等组织，不应包括各种学会、协会、联合会等社会团体；第四种观点认为，将人民团体理解为工会、共青团、妇联等团体，范围过窄，应当采用所有制的观点来界定是比较适当的办法，也是比较符合立法原意的。《刑法》第93条把人民团体与国有公司、企业、事业单位并列，可见立法者认为人民团体也是"国有"性质的团体。本书认为，采用罗列的方法将属于人民团体的组织列出来并不能完全涵盖所有的人民团体，应当根据立法原意以及该团体的本质属性来界定其含义，即人民团体是经政府核准登记并由国家预算划拨经费，有完整的章程和健全的机制的各种社会组织。

3. 国家机关、国有公司、企业、事业单位委派到非国有公司、企业、事业单位、社会团体从事公务的人员的界定。在这一类人员的界定当中需要明确的是被委派到社会团体中从事公务的人员的范围。在《刑法》第93条中同时出现了人民团体和社会团体两个词语，那么社会团体与人民团体是否是一个概念呢？笔者认为，二者并非同一概念，因为如前所述，人民团体是与国有公司、企业、事业单位并列，而社会团体与非国有公司、企业、事业单位并列，显然社会团体应当区别于人民团体的概念，即社会团体是不由国家财政拨款设立的民间团体。

4. 其他依法从事公务的人员的界定。从《刑法》第 93 条的法条表述可以看出，这类人员的构成应当具备两个条件：一是从事公务活动；二是依照法律产生。对于这一类人员的规定，立法者是基于国家工作人员的复杂情况，采用罗列的方式，不可能对所有的国家工作人员进行彻底概括而规定的兜底条款，那么究竟哪些是依法从事公务的人员，我国刑法并没有明确规定，因此在理论界也产生较大的争议，主要集中体现在村委会、居委会等群众自治性组织与基层党务人员上。目前，对于村委会的争论已经解决，2000 年 4 月全国人大常委会通过的《关于〈中华人民共和国刑法〉第九十三条第二款的解释》的立法解释中明确了村民委员会成员属于"其他依法从事公务的人员"的情况，但是对于居民委员会成员的情况并没有做出规定。笔者认为居民委员会的界定也可以借鉴对于村民委员会的规定，即如果其受行政机关委托代替行政机关从事一定的象征管理的事务，在此种情况下，实际上是依法受托而从事公务，可以视为是"其他依法从事公务的人员"，应当以国家工作人员论，并不能笼统的认为村委会和居委会成员是国家工作人员。那么基层党务人员能否成为国家工作人员呢？笔者认为，基层党务人员属于"其他依法从事公务的人员"。根据我国的现实情况，虽然村支部并不是党委的一级机关，但是包括村党支部在内的基层党组织在当地的行政事务中也发挥了公共事务管理的作用，在一定程度上代表着党和政府的形象，因此将此类人员视为"其他依法从事公务的人员"是有合理性依据的。

5. 增设外国公职人员、国际公共组织官员作为外国公职人员、国际公共组织官员受贿罪的主体。如前所述，在对我国贿赂犯罪罪名体系重构时，增加了外国公职人员、国际公共组织官员受贿罪和对外国公职人员、国际公共组织官员行贿罪，因此，相应地应当增加外国公职人员、国际公共组织官员罪作为该罪的主体。《联合国反腐败公约》第 2 条第 2 款规定，"外国公职人员"系指外国无论是经任命还是经选举而担任立法、行政、行政管理或者司法职务的任何人员，以及为外国，包括为公共机构或者公营企业行使公共职能的任何人员。因此，"公职人员"这一概念，包含了我国贿赂犯罪中的国家工作人员和非国家工作人员。根据反腐败公约谈判工作特设委员会的说明注释，"外国"一词包括从国家到地方的各级政府及其各下属部门。[1] 关于国际公共组织官员的范围，《联合国反腐败公约》第 2 条第 3 款规定，"国际公共组织官员"系指国际公务员或者经此种组织授权代表该组织行事的任何人员。就国际组织而言，可分为政府间组织和非政

---

[1] 赵秉志、王志祥、郭理蓉：《联合国反腐败公约暨相关重要文献资料》，中国人民公安大学出版社 2004 年版，第 91 页。

府组织、全世界范围内的国际组织和区域间国际组织、综合性国际组织和专业性国际组织等，而《联合国反腐败公约》本身并没有明确指出哪些人属于国际公务员或哪些组织的成员可以作为国际公务员。有的学者认为"国际公共组织官员"应当是具有公共职能或提供公共服务的政府间组织，如联合国及其各种机构、世界贸易组织、国际货币基金组织、国际奥委会等。

6. 非国家工作人员受贿罪主体的界定。根据《刑法修正案（六）》第 7 条和《刑法》第 184 条第 1 款的规定，该罪主体是公司、企业、金融机构或其他单位的非国家工作人员。这里的"其他单位"的范围该如何界定呢？在《刑法修正案（六）》中，"其他单位"是和"公司、企业"并列加以规定的，根据 1999 年 6 月 25 日最高人民法院发布的《关于审理单位犯罪案件具体应用法律有关问题的解释》的规定，我们可以推定《刑法修正案（六）》中所指的"其他单位"至少应包括除公司、企业、金融机构以外的依法设立的，以营利为目的，从事商品、服务买卖的市场主体和其他具有合法组织形式的并具备一定经费和财产的相对独立的社会组织。[1]

近年来，一些社会中介组织的工作人员如公证员、执业律师、评估师、会计师等在从业过程中也实施了较为严重的贿赂行为，我国《刑法》第 229 条第 2 款规定了承担资产评估、验资、验证、会计、审计、法律服务等职责的中介组织的人员索取他人财物或者非法收受他人财物，故意提供虚假证明文件的行为规定为提供虚假证明文件罪。但是我国现行刑法当中并没有将这些行业组织人员纳入贿赂犯罪的主体范围之中，那么对于上述中介组织的人员只收受或索取贿赂而没有提供虚假证明的情况该如何定罪处罚呢？因此，在《刑法修正案（六）》公布之后，这一问题就得到了解决。笔者认为，这里的"其他单位"包括了行业性的中介组织，那么针对行业组织人员单纯收受贿赂的行为可以纳入到此法条的规定之下。

（二）贿赂内容的重新界定

通过前文对于将贿赂的内容界定为"财物"弊端的分析，可以看出"财物"不论从内涵还是从外延上都已经不能满足贿赂犯罪打击的需要，也违背了贿赂犯罪设立的宗旨。对于贿赂范围的规定，世界各国、各地区对公职人员贿赂犯罪的贿赂的内容的规定大致有以下几种：一是将贿赂的内容仅规定为贿赂，但是对贿赂的内容和形式不加任何限制。采取这一规定的如日本刑法，在罪状描述中只提"贿赂"而不提其具体形式，在判例中对贿赂进行了解释：不论是有形的还是无形的，应当包括人们需要、欲望的一切利益。另外《俄罗斯联邦刑法典》将贿赂

―――――――――

[1] 何丽娜："我国商业受贿罪与公务受贿罪之比较分析"，载《黑龙江省政法管理干部学院学报》2007 年第 2 期。

的范围表述为"任何方式的贿赂"。二是将贿赂的范围规定为利益或报酬。我国香港特别行政区《防止贿赂条例》中的表述为"索取或接受任何利益者",并对其作了详细的列举;新加坡《反贪污法》规定为"报酬"。三是将贿赂的内容规定为财物或其他利益。如意大利刑法规定为"收受、期约其他利益的"。四是将贿赂的内容规定为贿赂或其他不正当利益。我国台湾地区的"刑法"对"贿赂"的解释是指金钱或其他可以金钱折算之财物;"其他不正当利益"则指贿赂以外的一切足以供人需要或满足欲望之有形或无形的不正当利益,物质性利益和非物质性利益。这里需要说明的一点是,这里的"不正当利益"其义仍然是"利益",台湾学者对此的解释是:"不正当利益,包括甚广,乃指贿赂以外足以供人需要或满足欲望之一切利益而言。例如债务之免除,金钱之借贷之给予,娱乐之享受,性交之允许等均属之。"从台湾学者的解释和举例来看贿赂之"利益",没有正当和不正当之分。五是将贿赂的范围规定为财物。如我国的规定,即"索取他人财物"、"非法收受他人财物"。六是规定为"不正当好处"或"不应有的好处",如《联合国反腐败公约》第15条规定:各缔约国均应当采取必要的立法措施和其他措施,将下列故意实施的行为规定为犯罪:①直接或间接向公职人员许诺给予、提议给予或者实际给予该公职人员本人或者其他人员或实体不正当好处,以使该公职人员在执行公务时作为或者不作为;②公职人员为其本人或者其他人员或实体直接或间接索取或者收受不正当好处,以作为其在执行公务时作为或者不作为的条件。可见,《联合国反腐败公约》把贿赂范围界定为"不正当好处"。又如《联合国打击跨国有组织犯罪公约》第8条规定的"贿赂"是指作为公职人员"公务时作为或不作为的条件"的"不应有的好处"。通过以上对于其他国家和地区的立法进行比较,可以看出仅将贿赂的范围规定为财物的,已经是极少数了,很多国家和地区都将财产性利益和非财产性利益作为贿赂的标的物。

本书认为我国贿赂犯罪的贿赂内容界定为"利益"较为合适。因为"财物"一词无论其内涵或外延都无法通过扩大解释将其解释为既包括物质性利益又包括非物质性利益。将贿赂的内容界定为"利益"正好符合了"利益说"的观点,即凡是能满足人的物质和精神等方面需求的一切有形或者无形、物质或者非物质、财产性或者非财产性的利益都应当纳入贿赂的范围之中。贿赂犯罪的实质是对职务行为廉洁性的侵害,那么现实生活中,利用解决工作、提供住房、甚至是色情服务等收买工作人员的行为大量存在,有些行为无法用金钱去衡量,既然一切可以收买工作人员的东西都可能造成对职务行为廉洁性的侵害,如果不将这些行为作为犯罪处理,则使职务行为的廉洁性得不到应有的保护,并且也违背了贿赂犯罪的立法初衷。

(三) 取消"为他人谋取利益"要件

对于是否在受贿罪中规定"为他人谋取利益"这一要件,大致存在两种立法模式：一种是将"为他人谋取利益"作为受贿罪的构成要件，如我国刑法即是如此规定；另一种是不将"为他人谋取利益"作为受贿罪的构成要件，当今世界上的大多数国家都采取这种做法，如美国、日本、德国、朝鲜、韩国、罗马尼亚、保加利亚、阿尔巴尼亚、匈牙利、泰国、奥地利、波兰、丹麦等国家。日本刑法关于受贿罪的罪状表述为"公务员就其职务上的事项，收受、要求或者约定贿赂的"。如前所述，对于"为他人谋取利益"这一要件在我国的刑法理论中存在着很大的争议。笔者认为，无论是把"为他人谋取利益"作为受贿罪的客观行为要件，还是理解为一种许诺行为，仍然存在着无法解决的问题。造成上述争议的根本原因并不在于人们对这一要件的理解，而在于这一规定本身不合理。因此，只有取消这一要件，才能根本地解决上述问题。取消"为他人谋取利益"的要件，不但可以解决理论上对受贿罪的理解的争议，而且在司法实践中可以为受贿罪的适用提供方便。

三、受贿犯罪刑罚配置的完善

（一）在受贿犯罪的刑罚设置上增加资格刑、罚金刑

由于贿赂犯罪是行为人利用了身份或地位形成的便利条件来直接或间接地索取或收受请托人的不正当利益，进而侵犯了其职务行为的廉洁性，因而应当在附加刑中增设资格刑，以对其身份和地位予以否定，剥夺其再犯的可能性。国际上有不少国家和地区对于贿赂犯罪都设置了资格刑，相比较我国香港地区的刑罚设置，《香港防止贿赂条例》中对于贿赂犯罪的处罚只有两种，即监禁刑和罚金，并且附有剥夺公权的资格刑。意大利《刑法典》中规定，公务员或受委托从事公共服务的人员，因索贿行为构成犯罪而受到处罚，就意味着被褫夺公职终身。2001年韩国《反腐败法》第45条第1款也规定："在担任公共机构的职务期间因犯有与其职务有关的腐败行为而当然地辞职、或被免除职务或开除的公职人员不得在任何公共机构担任职务，在辞职后3年之内不得在与其曾任职务有密切联系的任何具有一定营利目的的私营公司担任职务，自辞职之日起5年内不得在任何以追求公共利益和与营利公司相互合作为目的的社会团体和组织担任职务。"第52条又进一步对违反前述义务的行为规定了"违反有关因腐败而被开除的公职人员的雇佣限制罪"，对于"因犯有腐败行为而被开除的公职人员违反第45条第1款的规定受雇于公共机构、营利公司或者社团的，处2年以下有期徒刑或2000万元以下的罚金。"笔者认为，结合我国的实际情况，借鉴境外立法对于资格刑的设置，在贿赂犯罪的刑罚体系中设置资格刑是十分必要的。在罚金刑的设置上，我国现行刑法也是缺失的，由于贿赂犯罪带有一定的经济性，因此给予犯罪分子一定的经济制裁也是必要的，如日本《刑法典》第197条第5款规定："犯罪人或者知情的第三者所收受的贿赂，应当没收。贿赂的全部或者一部分无法没收时，追征其价款。"而第198条规定："犯行贿罪的，处3年以下惩役或者250万

元以下罚金"。本书认为，我国有必要在借鉴国外立法经验的基础上对贿赂犯罪设置罚金刑，从而能更好的实现罪刑相适应的基本原则。

（二）限制受贿犯罪死刑的适用并最终废除死刑

根据我国刑法的规定，受贿犯罪法定最高刑可处以死刑。近期也有一些学者提出对"贪污罪、受贿罪"等绝大部分贪利犯罪逐步进行死刑废除，控制死刑适用，重构刑罚体系。本书第十二章也对受贿犯罪的死刑问题有过专门论述，在目前死刑存废问题存在分歧意见的情况下，讨论我国受贿罪的死刑设置确实有着很强的现实意义。

1. 受贿罪的死刑在我国将会较长时期存在，目前不具备废除死刑的条件。社会民众的意见是我国立法的一个重要依据。民众对于目前官员腐败现象的痛恨及严惩的要求，不可能使我国受贿罪在短期内废除死刑。

2. 我国刑法对受贿罪设置死刑确实存在较明显的不足。

（1）与有关国际公约的要求不符。联合国于1966年12月16日通过的《公民权利和政治权利国际公约》第6条第2款中规定："在未废除死刑的国家，判处死刑只能是作为对最严重的罪行的惩罚"。联合国经济与社会理事会于1984年5月25日通过的《保证面临死刑者权利的保护的保障措施》中则进一步明确规定："最严重的罪行"理解为其范围"不应超出具有致死的或其它极其严重之结果的故意犯罪"。我国作为缔约国，理应遵守该国际公约。贪污受贿犯罪不可能直接致人死亡，也不可能严重威胁国家和社会安全，其"情节极其严重"的含义与该公约"最严重的罪行"的含义相似，不应超出该公约规定的死刑适用范围。

（2）与世界上多数国家不对受贿犯罪适用死刑的普遍做法不符。进入20世纪以来，世界性的刑法改革轰轰烈烈地进行，在这种背景下，废除死刑已成为世界性的潮流。自1990年以来，平均每年有大约3个国家废除死刑。据大赦国际统计，截至2005年10月4日，对所有罪行废除死刑的国家有11个，在实践中实际上废除死刑的国家有24个，总共有121个国家以不同方式、不同程度地废除了死刑，保留死刑的国家为75个。已经废除死刑的国家占到全部国家总数的61.17%。[1]即使在保留有死刑的国家中，一般也不对受贿罪适用死刑，甚至也较少采用无期徒刑，多数均为有期徒刑。如受贿罪的法定最高刑，美国是15年，巴西是8年，意大利是20年，日本是30年，朝鲜是20年，蒙古是10年。对受贿罪适用死刑的国家虽然存在，但只有极个别的国家，而这极个别国家都属于经济不发达的国家。如越南《刑法典》第279条第4项规定，因受贿而有下列情形之一的，处20年有期徒刑、终身监禁或者死刑：①贿赂财产价值在3亿盾以上的；

---

[1] 参见高一飞："死刑统计数据应当公开"，载南方律师网，http://www.southlawyer.net，最后访问日期：2010年10月15日。

②造成特别严重后果的。[1] 泰国《刑法典》第148条规定:"公务员为了自己或者第三人,违背职务强迫或者诱使他人交付或者提供财物或者其他利益的,处5年至20年有期徒刑或者无期徒刑,并处2千至4万铢罚金,或者处死刑。"第149条规定:"公务员、国会或者省议会议员为自己或者他人,而非法要求、收受或者同意收受财物或者其他利益,承诺执行或者不执行职务的,不论执行或者不执行职务是否非法,都处5年至20年有期徒刑或者无期徒刑,并处2千至4万铢罚金,或者处死刑。"

(3) 对受贿罪适用死刑并不能真正预防该种犯罪的发生。因为受贿犯罪以公共权力的滥用为手段,其目的是为了谋取非法利益。社会发展的客观规律告诉我们,公共权力是随着国家的出现而产生的。只要存在公共权力,就可能存在权力的滥用,就可能存在受贿犯罪。对于受贿犯罪的防治,我们主要应侧重于制度的构建和完善,防止官员滥用权力,而不能完全依赖于严刑峻罚。并且受贿罪既然是一种职务犯罪,在处罚时剥夺犯罪分子的实行该种犯罪的资格或许比单纯地处以极刑更能预防该种犯罪的发生。

3. 我国刑法上曾有过对受贿罪不采用死刑的做法。如我国1979年刑法对贪污罪保留了死刑,而对受贿罪规定的法定刑一般是5年以下有期徒刑或者拘役,只有犯受贿罪同时致使国家或者公民利益遭受严重损失的,才处5年以上有期徒刑。只是1982年3月8日全国人大常委会颁布的《关于严惩严重破坏经济的罪犯的决定》(以下简称《决定》)才将1979年《刑法》第185条修改为:"国家工作人员索取、收受贿赂的,比照刑法第155条贪污罪论处;情节特别严重的,处无期徒刑或者死刑。"1988年全国人大常委会制定的《关于惩治贪污罪贿赂罪的补充规定》(以下简称《补充规定》)沿用了1982年《决定》的立法精神,1997年修订后的刑法基本沿用了1988年《补充规定》的立法内容,对于受贿罪也可以适用死刑。由上可以看出,我国刑法也并非一贯对受贿罪适用死刑,而是有所变化和发展的。

因此,我国刑法从长远发展目标看应废除受贿罪的死刑。当然就目前而言,我国不具备废除死刑的条件,但应严格限制受贿罪的死刑适用。对受贿罪中罪行特别严重的,即受贿数额特别巨大并且具有造成国家、集体财产特别重大损失或采用索贿手段等情节的,可以考虑尽量适用死缓;只有对极少数罪行确实极其严重者,并且具有多个从重处罚情节的,才可以适用死刑立即执行。对仅具有数额特别巨大或情节特别严重单一情节的受贿者,可以考虑适用10年以上有期徒刑或无期徒刑。

---

[1] 米良译:《越南刑法典》,中国人民公安大学出版社2005年版,第127页。

下编 受贿犯罪的证据问题研究

第十一章 受贿犯罪的证据概述

第一节 受贿犯罪证据的概念

受贿犯罪作为一种特殊的身份犯，在证据的特征、收集、审查、运用等方面均有其特殊性，纵观世界各国、各地区，均对贿赂犯罪的证据立法予以高度重视，因为"证据问题，是刑事诉讼的核心问题",[1] 受贿犯罪的证据就是认定受贿犯罪的核心，没有受贿犯罪证据，没有与受贿犯罪相应的证据规则等制度支持，惩治受贿犯罪将举步维艰。

一、受贿犯罪证据的概念

受贿犯罪证据是指，检察人员在查办受贿案件过程中依照法定程序收集、审查、认定以及审判人员在审判中依照法定程序审查、认定的能够证实犯罪嫌疑人、被告人实施了受贿犯罪行为以及犯罪情节的一切相关事实。

二、受贿犯罪证据主要内容

1. 受贿犯罪证据收集的主体中，主要是检察机关侦查人员。依我国《刑事诉讼法》第18条规定，贪污贿赂犯罪由人民检察院立案侦查。并且在其他法条中并未就其他机关的贪污贿赂犯罪侦查权进行规定，这就意味着人民检察院对受贿案件的侦查权具有唯一性，其他机关无权管辖。但是，受贿犯罪证据收集的主体是检察机关侦查人员，这并不排除其他机关对受贿案件的先行调查。在我国，很大一部分的受贿案件首先是纪检监察部门进行调查然后移送检察机关进行立案侦查的，并且在某些情况下公安机关、国家安全机关、海关缉私部门也可能在调查其他刑事案件的过程中发现受贿案件的证据，此时，纪检监察部门、公安机关、国家安全机关、海关缉私部门所收集的证据就必须由检察机关在立案后进行审查

---

[1] 孙应征主编：《公务贿赂犯罪研究》，中国长安出版社2006年版，第311页。

和转化，使证据收集的主体符合刑诉法的规定。

2. 证据审查和认定的主体可以是检察机关也可以是审判机关，这由诉讼阶段决定。在受贿案件审查起诉阶段，审查、认定的主体是检察机关，而在审判阶段，审判机关根据控辩双方的举证、质证，从而达到对受贿证据的审查，并最终作出认定。在两个阶段中所认定的受贿犯罪证据的性质是不一样的，在审查起诉阶段的属于控诉证据，而在审判阶段所认定的则属于有罪证据。

3. 受贿犯罪证据的内容是与受贿犯罪有关的客观事实。受贿犯罪证据的关联性是指作为证据的事实必须与案件事实存在着某种联系，该联系不仅客观存在着，而且能证明案件真实情况，对证明案件事实具有法律意义。证据对于案件事实证明力的有无以及证明力的大小，取决于证据与案件事实有无联系，以及联系的紧密程度。"与待证的贿赂犯罪案件事实相关联是公务贿赂犯罪案件证据的实质要件。"[1] 客观性则是指受贿犯罪的证据事实必须是伴随着案件的发生、发展的过程而遗留下来的、不以人们的主观意志为转移而存在的事实。它不依赖于提供证据的人而存在，同时不因与人的联系而改变它的本来面目。"刑事证据是客观存在的事实，客观性是刑事证据最基本的因素和特征。"[2] 某个证据的形式客观并不代表其真实可靠，某个证据内容客观也不能说明这个证据就能准确反映事实。但是，不具有客观性的证据必然不具有真实性。因此，为了避免想象、猜测、臆断、虚构等作为定案证据来使用，必须对证据的客观性进行审查。

4. 受贿犯罪证据是依法调查收集的有关事实材料。证据的合法性包括以下内容：①收集程序的合法性。我国《刑事诉讼法》第43条、最高人民法院《关于执行〈中华人民共和国刑事诉讼法〉若干问题的解释》第61条、《人民检察院刑事诉讼规则》第140条都明确规定了严格禁止司法工作人员刑讯逼供和以威胁、引诱、欺骗及其他非法的方法收集证据，于2010年7月1日生效的《关于办理死刑案件审查判断证据若干问题的规定》、《关于刑事案件排除非法证据若干问题的规定》更是将非法证据予以明确的排除，对在收集过程中存在刑讯逼供、暴力、威胁、欺骗等法律禁止的行为的事实材料，不得作为证据使用；②证据种类合法性。原来只能是《刑事诉讼法》第42条规定的七种证据类型，但《关于办理死刑案件审查判断证据若干问题的规定》中在原有的七种证据类型基础上增加了电子证据等证据形式。对于法定证据形式之外的任何形式的材料，都必须经过检察机关的转化，方能作为认定受贿犯罪事实的证据；③证据来源必须合法。即提供证据的主体必须符合法律规定的条件。

---

[1] 孙应征主编：《公务贿赂犯罪研究》，中国长安出版社2006年版，第312页。

[2] 陈光中主编：《刑事诉讼法》，北京大学出版社2002年版，第149页。

第二节 受贿犯罪证据的法律特征

受贿犯罪证据除了具备刑事证据的合法性、关联性、客观性的一般法律特征外，还具有自身的特征，这是受贿犯罪证据特征的重点所在，也是认定受贿犯罪证据的困难之处。

一、证据的单一性与一对一性

受贿案件本身的特性导致物理性证据缺乏。一方面，受贿犯罪的过程一般来说就是"权钱交易"的过程。由于犯罪方式的特殊性，它往往只对交易的双方产生直接影响，而这种影响往往是"无形"的，因而受贿行为引起外界事物的变化，不像其他案件那样会明显地外化为各种具体的表现形式并留存下来。与受贿案件相比，盗窃、抢劫案件中留下的作案工具及对人身、财产造成的损害，贪污案件中大量存在的凭证、单据，一般来讲均是有形的，易于提取。另一方面，受贿案件中的赃款赃物作为一种有形的间接证据，往往无法直接和单独地对案件事实起到证明作用。所以，相对其他案件而言，受贿案件中有形的、具有物理性的证据十分缺乏。"一对一"形态是指受贿犯罪侦查、公诉和审判过程中出现的有罪证据与无罪证据或者控诉证据与辩护证据的证明力相对等的一种特殊证据现象。从侦查学的角度看，这属于侦查僵局的一种表现形式。贿赂犯罪证据大多以言词证据为主，而言词证据具有易变性等特点，导致"一对一"证据的出现成为常态。"一对一"实质上是供证不一的证据，包括具体行为是否发证的不一致和行为内容或方式的不一致等内容。由于受多种因素影响，实践中"一对一"证据形态不仅在侦查阶段大量存在，而且在审查起诉阶段甚至审判阶段都有不同程度的存在。

二、证据的隐蔽性与假象性

受贿证据的隐蔽性主要是因为其秘密性。在受贿犯罪中，因受贿行为一般在没有第三人在场的情况下进行，通常不存在账目记载。尽管受贿犯罪必定存在赃款赃物，但由于新的贿赂方法不断出现，各种以合法形式掩盖受贿犯罪事实的名目不断增多，赃款赃物的来源和去向更加隐秘，因而受贿犯罪案件的实物证据具有很强的隐蔽性。[1] 由于受贿犯罪分子大多具有较高的社会地位、文化水平和专业知识，有的还具有一定的反侦查能力，他们在犯罪前后，都不同程度地采取了各种反侦查措施。反侦查活动主要有：[2] ①毁灭罪证；②破坏现场；③订立攻守

---

[1] 王晓华、乔刚："贪污贿赂案件言词证据的收集"，载《国家检察官学院学报》2009年第4期。

[2] 詹复亮："论当前贿赂犯罪的规避及其对策"，载《浙江检察》1997年第1期。

同盟；④串供、翻供、翻证；⑤转移赃款赃物；⑥洗钱，通过法律规避手段将赃款赃物合法化，或者通过开办各种贸易公司或者娱乐场所的途径将赃款合法化，或者通过家属经营房地产业务的途径将赃款合法化；⑦潜逃；⑧"攻关"，即利用各种关系网，甚至采取贿赂、色情等手段，与侦查部门相抗衡。"由于反侦查活动比较猖獗，贪污贿赂犯罪活动的真实面目被严重掩盖甚至扭曲，以致令人真假难辨。这种掩盖罪行的造假程度远非一般刑事犯罪所能比拟。侦查过程中一旦稍有失误，往往就容易被假象所迷惑，极有可能使获取的证据失实，严重影响证据真实性，使案件事实无法认定，甚至使犯罪分子逃避法律制裁。"[1]

三、证据的易变性与不稳定性

易变性是受贿犯罪案件证据的重要特点，这主要是因为大多数受贿案件的认定，主要依赖于言词证据，言词证据的易变性是由言词证据的主观性演化而来的。[2] 但是，言词证据本身受到各种因素的制约，如个人对客观事物感知的主观差异性、记忆的有限性、语言表述的不确定性等，都会影响到言词证据的稳定性。更重要的是，犯罪嫌疑人供述和证人作证时，大都具有复杂的心态。犯罪嫌疑人归案后，慑于法律的威严，为了得到从宽处理，可能会部分或全部供认犯罪事实，然而，因为对可能受到的法律惩罚怀有恐惧心理或受到其他外在因素的影响，又可能推翻原来的供述。证人作证时，因出于对受贿人的愤恨或害怕自身受到法律追究，会如实作证，而一旦意识到自己的言词对犯罪嫌疑人可能造成的影响，尤其是在受到外界的威逼利诱时，又很可能改变证言。犯罪嫌疑人和证人的这种复杂心态，往往造成言词证据的反复，给准确认定案件造成极大的困难。证据的易变性与不稳定性是相伴相生的。这种不稳定性在一些贪污贿赂案件中的犯罪嫌疑人、被告人身上体现得尤为明显。这些案件中的犯罪嫌疑人、被告人多是一些有长期工作经验的人，社会阅历比较丰富，在接受讯问、审判时善于察言观色，面对不同的司法人员，甚至面对不同的发问方式，他们会采用不同的回答策略。他们回答问题时大都经过深思熟虑，所作的辩解具有很强的针对性。有的犯罪嫌疑人即使经过政策教育做了有罪供述，也会出于畏罪、抗拒以及侥幸等心理在之后的讯问或庭审过程中翻供，从而造成证据的变化。"特别是在一些'一对一'的贿赂案件中，行贿人往往以证人的身份提供证词，他们的证词是案件的关键证据，但是在很多案件中行贿人由于种种原因会在庭审的关键时刻改变证言，甚至当庭作伪证，直接导致案件追诉的困难。"[3]

---

[1] 詹复亮：《贪污贿赂犯罪及其侦查实务》，人民出版社2006年版，第315页。

[2] 王晓华、乔刚："贪污贿赂案件言词证据的收集"，载《国家检察官学院学报》2009年第4期。

[3] 王晓华、乔刚："贪污贿赂案件言词证据的收集"，载《国家检察官学院学报》2009年第4期。

四、间接证据与再生证据的决定性

受贿案件的原始证据的收集和保全难度大,导致可以证明犯罪事实的直接证据贫乏,又由于受贿案件的直接证据基本上仅限于言词证据,而言词证据又具有不稳定性,那么,间接证据的大量收集和运用就显得至关重要。间接证据虽然不能直接和单独地对案件事实做出肯定或否定的结论,但是,对直接证据真实性的判断要依赖间接证据的印证,以及在只有行贿人证言而犯罪嫌疑人拒不供认的案件中,形成证据链条的大量的间接证据就对案件事实的认定起到完全的证明作用。间接证据具有系列性,与受贿犯罪的过程相对应,每个环节均有相应的间接证据予以证实,而由所有的间接证据形成的证据链条,推导出一个唯一的、具有排他性的结论,证明了受贿行为的存在。所以,间接证据在受贿案件认定中的决定性作用是不容忽视的。如行贿人向财物人员说明赃款去向后要求其以其它事由入账的证据;行贿人通过行贿获取好处的证据;受贿人收受贿赂后交给亲属使用、保管、处理的证据等。这些关联证据虽然仅能证实案件事实的部分片断,但是结合其他证据,同样能够证明案件的主要事实,成为制服犯罪的有力武器。

间接证据的决定性作用体现在以下两点:

1. 辅助定案的作用。即在直接证据确凿的情况下,但尚未符合"确实充分"的证据要求,此时须由间接证据辅助直接证据,支撑案情框架。在辅助定案时,其重要地位与作用丝毫不逊于直接证据。这是因为:①间接证据此时不可或缺,舍此则有违"确实充分"的证据要求;②间接证据除了证明案情外,对同案中的直接证据往往也能起到鉴别真伪并加以固定的作用。而这第二点对有效遏止当前受贿案件中常出现的翻供、翻证现象,具有很大的价值。

2. 直接定案的作用。即在直接证据缺乏的特定情形下,仅凭间接证据来认定犯罪事实。《关于办理死刑案件审查判断证据若干问题的规定》对运用间接证据定罪做出了明确规定。本书认为,《关于办理死刑案件审查判断证据若干问题的规定》的做法同样适用于受贿犯罪的认定。再生证据是指在案件立案侦查之后,犯罪嫌疑人在进行串供、翻供、毁证等反侦查活动中派生出来的,能够证实确有犯罪事实发生的那部分间接证据。实践中,该类证据主要来源于贿赂行为双方打电话、捎口信、写纸条、订立攻守同盟、转移赃物等反侦查行为。这些再生证据中能够反映行贿受贿事实的内容,一旦被收集固定,就可以作为证实受贿犯罪的证据。

第三节 受贿犯罪证据的种类及分类

我国以法律规范的方式对犯罪证据的形式进行确定。作为认定犯罪嫌疑人或被告人有罪的证据形式只能是法律规定的。明确规定证据形式有利于司法人员明确各种证据事实相对应的表现形式。

不同国家在程序法或者其他相关法律中均对证据的形式做出了规定，但由于不同的国家特定的历史传统、文化背景、民族心理及诉讼价值观等因素的影响，世界各国关于证据形式的立法规范差别很大。英美法系，如美国，证据种类主要有四种：即实物证据、书面证据、证人证言和司法认知。[1] 大陆法系，如德国、法国刑事诉讼法典散见于法条中的证据种类有物证、书证、证人证言、鉴定结论、被害人供述和辩解、检查笔录。俄罗斯刑事诉讼法典则规定了证人证言、被害人陈述、犯罪嫌疑人陈述、刑事被告人供述、鉴定意见、各种物证、侦查行为和审判行为的笔录及其他文件。[2] 我国《刑事诉讼法》第42条第2款规定："证据有下列七种：①物证、书证；②证人证言；③被害人陈述；④犯罪嫌疑人、被告人供述和辩解；⑤鉴定结论；⑥勘验、检查笔录；⑦视听资料。"据此，我国刑事证据只有上述七种表现形式，也就是说，证据来源只有具有上述七种表现形式才能进入刑事诉讼程序。但是《关于办理死刑案件审查判断证据若干问题的规定》第29条将电子邮件、电子数据交换、网上聊天记录等"电子证据"纳入到"证据的分类审查与认定"中，也就承认了"电子证据"可以作为法定证据之一在刑事诉讼中使用。由于法律的稳定性，在一定时期内刑事证据的法定形式是固定不变的，但随着科技的进步、诉讼经验的不断积累以及人们对诉讼规律认识的不断深化，证据形式的划分必将更为全面和科学。

一、受贿犯罪证据的种类

（一）犯罪嫌疑人、被告人供述和辩解

犯罪嫌疑人、被告人供述和辩解是指犯罪嫌疑人、被告人在刑事诉讼中，就被指控的犯罪事实以及其他与案件有关的情况向检察机关侦查、公诉部门或者审判机关所作的陈述，即通常说的口供。关于"犯罪嫌疑人、被告人供述和辩解"的称谓是否恰当，有学者提出如下意见，即应将其更名为"犯罪嫌疑人、被告人陈述"。理由是"陈述更具有中间性和包容性，既包括认罪的供述，又包括无罪或罪轻的辩解，还包括对共犯犯罪行为的揭发和作证"，[3] 甚至还具有供述和辩解所不具备的含义，同时，它还能与被害人陈述、证人证言等名称有机协调起来，符合立法技术的要求。[4] 口供通常包括以下两种形式：

---

[1] 卞建林译：《美国联邦刑事诉讼规则和证据规则》，中国政法大学出版社1996年版，第23页。

[2] 卞建林主编：《证据法学》，中国政法大学出版社2005年版，第138页。

[3] 陈光中主编：《中华人民共和国刑事诉讼法再修改专家建议稿与论证》，中国法制出版社2006年版，第321页。

[4] 陈光中、严端主编：《中华人民共和国刑事诉讼法修改建议稿与论证》，中国方正出版社1999年版，第184~185页。

1. 犯罪嫌疑人、被告人承认自己犯罪并就有关事实所作的供述，包括受贿人的自首、坦白、供认。根据有关法律规定，自首是指犯罪嫌疑人或被告人实施犯罪以后，自动投案，如实供述自己的罪行的行为。在司法实践中，受贿犯罪嫌疑人的自首有不少是基于弃卒保车、避重就轻等目的而假投案、假自首。坦白是指犯罪行为已被有关组织或者司法机关掌握，而对犯罪嫌疑人或被告人进行讯问、传讯或者采取强制措施后，在侦查、起诉、审判的各个环节，犯罪嫌疑人或被告人如实交代自己罪行的行为。[1] 供认则是指犯罪嫌疑人或被告人在事实和罪证俱全的情况下，承认自己全部或部分罪行的行为。犯罪人的供认应当是出于自愿的，完全没有外力强迫的。

2. 犯罪嫌疑人、被告人说明自己无罪或罪轻的辩解。即犯罪嫌疑人、被告人否认自己有犯罪行为，或者虽然承认了犯罪，但同时主张依法不应追究刑事责任或者从轻、减轻、免除处罚等申辩和辩解。主要表现为否认、申辩、反驳、提供反证等。[2]

供述和辩解有可能全面反映事实，也有可能完全不能反映事实，其往往是真假混杂，这是由于犯罪嫌疑人、被告人是刑事诉讼中的中心，案件的结果如何与其有着切身的利害关系，其所提供的证据作为独立的证据形式，既具有很强的证明力，同时也存在很大的规避性和虚假性。在司法实践中，既不能因为证据的虚假性大而走向"零口供"的极端，也不能因为供述和辩解的直接证明作用而走向"惟口供"的极端。前者有可能导致收集证据不足，对打击犯罪不利；后者则容易导致刑讯逼供，为翻供翻证提供理由。本书认为，应坚持"重事实、重证据、不轻信口供"的原则，严格依照法律法规办案，以免造成冤假错案。

（二）证人证言

证人证言，是指证人就其所知道的案件情况向检察机关侦查、起诉部门或者审判机关所作的陈述。贿赂犯罪的证人往往有：检举揭发人、受贿人的亲属、行贿人、行贿人的亲友或同事、中间人。贿赂案件中的证人证言主要有：其一，犯罪嫌疑人配偶及其近亲属的证言。在贿赂案件中，犯罪嫌疑人配偶及近亲属与犯罪嫌疑人关系密切，往往对受贿事实有所知晓，有些案件中犯罪嫌疑人的配偶及其近亲属甚至直接参与收受贿赂。此外，在许多案件中犯罪嫌疑人将收受的财物用于家庭生活，所以犯罪嫌疑人的家庭成员往往对受贿事实十分清楚。其二，犯罪嫌疑人周围其他人员的证言。犯罪嫌疑人作为社会意义上的人，必然存在一定的社会关系，其所在单位同事、上级领导以及身边的朋友圈子都有可能知晓犯罪

---

[1] 詹复亮：《贪污贿赂犯罪及其侦查实务》，人民出版社2006年版，第322页。
[2] 陈光中主编：《刑事诉讼法》（第二版），北京大学出版社、高等教育出版社2005年版，第165页。

嫌疑人的受贿犯罪情况。其三，行贿人的自首、坦白、指认、陈述的贿赂犯罪事实。其四，贿赂犯罪行为实施的目击者所提供的有关贿赂犯罪的证言。其五，同贿赂犯罪目的、动机有关的言行，如行贿人为了某种目的曾说过要进行贿赂的言论及准备贿赂的行动。

证人证言可以为侦查活动提供线索和方向，为办案人员发现和收集新的证据提供来源，可以作为鉴别案内其他证据来源真伪的手段，或者对有关证据起到补强的作用，有助于准确认识和把握受贿案件事实，及时侦破贪污贿赂案件，对受贿犯罪被告人提起公诉和准确地定罪量刑有着十分重要的意义。

（三）物证

物证是指以其物质属性、外部特征、存在场所等证明受贿案件真实情况的一切物品和痕迹。包括下列种类：一是贿赂的款物。实践中，常常被称为贿赂犯罪的赃款赃物，如用于贿赂犯罪的人民币、各种外币、支票、汇票、本票、股票、金银首饰、有价证券、外国护照、压岁钱、高档家用电器、摩托车、高级手表、家具、珠宝及其他物品。其它如招工指标、户口指标、出国担保、机动车辆的使用等。二是贿赂犯罪现场留下的财物与痕迹。如包扎财物的纸张、口袋等。三是证明贿赂犯罪发生的现场证据。如行贿人、受贿人曾经到达现场的证明、留下的烟头、用过的茶杯及其他痕迹。

物证虽然属于间接证据，不能直接证明受贿犯罪事实，但是它的客观真实性及相对稳定性使其不容易受主观因素干扰，在一定时期内可保持其固有的特征，证明力更强，在现代刑事诉讼中扮演着"证据之王"的角色。借助物证，能真实可靠地揭露、证实犯罪，鉴别其他证据的真伪，对确定侦查方向、查明案情等方面具有重要作用。另外，在诉讼构成中，可以使公众了解受贿犯罪的作案手段、方法、原因、结果，帮助公众充分了解受贿犯罪的实施过程，增强公众反贿赂的意识。

（四）书证

书证是指以文字、图案、符号等形式记载的内容或表达的思想证明受贿案件事实情况的书面或其他物质材料。侦查实务中，一般包括下列方面：一是证明犯罪嫌疑人主体的书面材料，包括身份证、户籍证明、干部履历表、职务任命书、职权证明、工作证、居民身份证、证明犯罪嫌疑人所在单位性质的法人执照；二是证明行贿款来源的银行存折、支取的账单、受贿人或行贿人收受财物或送出财物行动的有关笔记、日记；三是有关受贿人利用职务便利行为的文件、记录和批示；四是有关经济活动、金融活动的合同、协议，资金往来票据，财物记账、回扣、手续费的票据、财物记账等。

书证所记载的内容或者表达的思想往往能直接证明有关的案件事实，而且同其他证据相比，其证明力更强，具有更好的证明作用。同时，书证形式固定，能在较长时期内保存并发挥其证明作用。在受贿犯罪案件中常有运用书证突破案件的例子。

（五）鉴定结论

鉴定结论也称鉴定人意见，是指司法机关依法指派或聘请具有专门知识和专门技能的人，对受贿案件需要解决的专门性问题进行分析、鉴别后提出的书面意见。受贿案件中常见的鉴定有两种：①司法会计鉴定。司法会计鉴定是指为司法机关查明案情，对案件所涉及到的会计问题进行鉴别和判断，并出具书面鉴定结论的一种法律诉讼活动。鉴定的主要内容有会计核算资料的鉴定、实物资产鉴定、货币资金鉴定、往来款项鉴定、长短期投资鉴定、银行借款鉴定、成本费用鉴定、利润鉴定等。它对侦查工作提供线索、确定侦查方向，揭露和证实受贿犯罪活动以期提出相应的检察建议起着十分重要的作用。②文书鉴定。文书鉴定，是指运用文件检验学的原理和技术，对文书的笔迹、印章、印文、文书的制作及工具、文书形成时间等问题进行鉴定。在实际办案中进行鉴定的文书除了公文和书信外，还包括车票、船票、飞机票、发票、收据、人民币等，其内容的真伪及制作方法都需要进行鉴别。文书鉴定可以在分析案情、缩小调查范围、明确案件的调查方向、认定犯罪嫌疑人等方面提供证据。

（六）视听资料

视听资料是指司法人员按照法定程序，采用先进科学技术，以录音、录像等科技设备来证明受贿案件真实情况的证据。在过去，学者们通常将电子证据归类为视听资料，[1]但在2010年颁布的《关于办理死刑案件审查判断证据若干问题的规定》第二部分"证据的分类审查与认定"中，明确将"电子证据"排除在"视听资料"外而设置在"其他规定"之下，这或许表明了"电子证据"作为一种高科技发展的产物，其具有独立的证据形式而不再附属于视听资料之下，因此此处的"视听资料"并不包括电子证据。

视听资料在侦查和提起公诉中发挥着重要作用。在侦查阶段，随着查处职务犯罪的深入，受贿犯罪呈现出新的特点，即犯罪手段智能化，反侦查能力加强，仅靠交代政策和口供侦破案件的侦查模式无法适应客观形势发展的需要。视听资料为收集原始证据和直接证据提供了有效的法律途径。在公诉中，由于法院审查判断证据的传统模式发生了较大的变化，起诉阶段证据的矛盾冲突加剧，质证对抗增强，证据的真实性及证明力成为了定案的关键。视听资料在公诉中的有效运用，可以提高和支持公诉的力度。

---

〔1〕 詹复亮：《贪污贿赂犯罪及其侦查实务》，人民出版社2006年版，第325页；杨迎泽主编：《检察机关刑事证据适用》，中国检察出版社2001年版，第63页；陈光中主编：《刑事诉讼法》，北京大学出版社、高等教育出版社2002年版，第170页。

视听资料虽然具有较大的正确性和可靠性，但它也有被伪造的可能。例如，有关人员出于某种目的，对磁带进行消磁或剪辑，甚至故意制造假现场后再录音录像等。这就要求司法工作人员、当事人、辩护人、诉讼代理人必须对视听资料进行认真的审查判断，不能对其盲目崇拜。

（七）勘验、检查笔录

勘验、检查笔录，是指检察机关侦查、公诉部门和审判机关及其有关人员对与案件有关的场所、人身、物品等进行勘验或检查时所作的实事求是的记录。勘验的对象为犯罪现场及其痕迹、物品，检查对象是活体，即人身。侦查实验由于其目的、方式和参加人员与勘验、检查基本相同，而且常与勘验、检查同时进行，因此，侦查实验笔录也属于勘验、检查笔录。勘验、检查笔录不仅仅使用文字记载，而且包括绘图、录像、照相等形式。随着社会的发展和科技的进步，照相、录像等技术在勘验、检查中被广泛使用，在记录中所占的比重和起到的作用有超过文字的趋势，因此有学者认为将"勘验、检查笔录"称为"勘验、检查记录"更为恰当。[1] 勘验、检查笔录在侦查受贿犯罪案件中对固定和保全证据，核实其他证据，查清全案情况起着不可取代的作用。

（八）电子证据

电子证据又称为计算机证据，是指随着计算机及互联网络的发展在计算机或计算机系统运行过程中因电子数据交换等产生的以其记录的内容来证明案件事实的电磁记录物，包括电子邮件，互联网网站发布的内容等。电子证据已经衍生出纷繁复杂的形式，通常人们所能看到的除了电子邮件证据外，还包括表现为电子数据交换、电子资金划拨、电子聊天记录、电子公告牌记录和电子签章等样式的各种证据。从广义上讲，电报、电话、传真资料以及电子文件、数据库、手机短信等也属于电子证据范畴。[2]

电子证据具有以下特点：①无形性，电子证据实质上只是一堆按编码规则处理成的"0"和"1"的数据，看不见，摸不着，与其余的七类证据的外在表现形式完全不同；②易破坏性，由于电子数据是以数据的形式存在的，数据容易被人为改变，数据被人为篡改后，如果没有可资对照的副本、影像文件就难以查清、难以判断；③复合性，它不仅可体现为文本形式，还可以图形、动画、音频、图像、视频等多媒体形式出现，由于其依托具有集成性、交互性、实时性的计算机及其网络系统，极大地改变了传统证据的运作方式。

在商品交易以及科学技术不断发展的今天，电子证据在贿赂犯罪侦查中起着

---

〔1〕 蒋丽华："勘验、检查笔录规则研究"，载《中国司法鉴定》2003年第2期。

〔2〕 戴继平："电子证据的法律定位思考"，载 http://www.law-lib.com/lw/lw__view.asp?no=3446，最后访问日期：2010年7月7日。

越来越重要的作用,利用电子证据侦破的案件屡见报端。但是电子证据也有它自身的弱点,如计算机硬盘、光盘等,它的产生和重现必须依赖于这些特定的电子介质,这直接削弱了它的证明力。电子证据使用电磁介质,储存的数据修改简单且不易留下痕迹,这导致了当有人利用非法手段入侵系统、盗用密码时,还有操作人员的差错或供电系统和网络的故障、病毒等情况发生时,电子证据均有可能被轻易地盗取、修改甚至全盘毁灭而不留下任何证据。尤其是在计算机和网络技术日益进步的今天,使得破坏数据变得更轻易而事后追踪和复原变得更困难。这些问题的出现无疑对检察机关侦破受贿案件提出了更高的要求。

(九) 再生证据

它并不是法定证据种类之一,但是再生证据在侦破贿赂犯罪案件中发挥着十分重要的作用。相对于原生证据而言,所谓受贿的再生证据,是指行贿、受贿方及其利益关系人为逃避法律追究而进行的掩盖犯罪事实、隐藏、包庇犯罪嫌疑人等反侦查活动中形成的、新的、能够证明贿赂案件真实情况的证据。在贿赂案件中,犯罪嫌疑人作案后由于害怕暴露罪行,往往会与行贿人订立攻守同盟,而行、受贿双方一旦发现自己的权钱交易被察觉或贿赂的同案嫌疑人落网,特别是通过各种途径探知对方已坦白供述,必然会生反常心理,进行频繁活动,采取各种手段掩盖事实真相。如为赃物赃款编造合法来源或转移赃物赃款;涂改、伪造和销毁能够证明贿赂犯罪的书证;频繁同行贿嫌疑人会面或用电话、书信同行贿嫌疑人联系,订立攻守同盟,这些都是再生证据。

二、受贿犯罪证据的分类

(一) 原始证据与传来证据

根据证据材料是否直接来源于案件事实进行的划分。原始证据是指直接来源于案件事实或者是从第一来源所获取的证据,即第一手材料。如被害人陈述、犯罪嫌疑人或被告人供述和辩解、物证原物、书证原本、案件事实的目睹者所提供的证言、视听资料、勘验检查笔录原件等。传来证据是指从原始证据中派生出来的不是直接来源于案件事实或者从派生证据中再派生的证据,即第二手及第二手以上的材料。如转述他人告知案情的证人证言;某些物证的复制品,如书证复印件、文件副本等。传来证据必须有确切的来源和根据,没有确切来源的道听途说、以讹传讹、捕风捉影不是传来证据。

(二) 言词证据与实物证据

根据证据形成的方法、表现形式、存在状况、提供方式的不同进行的划分。言词证据是指人直接感知案件情况,或者间接得知与案件有联系的情况所做的一种口头或书面的以人的言词为形式的证据,包括证人证言、被害人陈述、犯罪嫌疑人或被告人供述与辩解、鉴定结论等。实物证据是指某种与案件事实有关联的实物形式的证据,包括书证、物证、勘验、检查笔录,视听资料等。受贿案件作为以言词证据为基本证据的案件,据以定罪的证据主要是犯罪嫌疑人、被告人供述,证人证言,其他诸如书证、物证不能直接证明案件事实,只能间接印证言词证据。但由于言词证据本身具有不确定性、不稳定性,易受各种主观和客观因素影响,在司法实践中,犯罪嫌疑人、被告人对犯罪事实时供时翻、先供后翻以及证人推翻证词的现象时有出现。因此在收集和运用言词证据时需要谨慎对待。物证的特点是客观真实,但作为"哑巴证据"容易被更换甚至篡改,因此在收集时需要采用勘验、检查、搜查、扣押等方式对物证进行固定、保全,以防被伪造甚至毁灭。

(三)直接证据与间接证据

根据证据能不能独立证明案件的主要事实进行划分。案件的主要事实是指犯罪事实是否存在,该犯罪行为是否是受贿犯罪嫌疑人、被告人所为。凡是能够直接证明犯罪事实是否存在,以及犯罪嫌疑人、被告人是否有罪的证据,就叫做直接证据。如被害人陈述、或被告人供述与辩解、证人亲眼目睹的证言等。间接证据则是不能独立地直接证明案件的主要事实,而只能证明案件事实的某种情况的证据。如作案工具、痕迹、遗物等。直接证据的证明力强,对起诉指控犯罪嫌疑人罪名成立十分有利。但由于受贿案件中的犯罪嫌疑人、被告人大多是领导干部,一般受过良好的高等教育,智商高,阅历深,有较为广泛关系网,且略懂法律知识,有的自己就是司法或执法部门人员,反侦察能力强,因此直接证据的获取十分困难,在受贿犯罪证据"一对一"的情况下难以定案。在面对"一对一"的证据案件时,要将直接证据与间接证据相结合来定罪。对于"一对一"的疑难案件,即在直接证据上有罪证据和无罪证据对峙,对受贿罪既不能证成也不能证否,这时就需要依赖间接证据揭露事实真相。

第十二章 受贿犯罪的证明对象

第一节 证明对象概述

一、证明对象的概念与意义

所谓证明对象，又称证明客体、待证事实或要证事实，[1] 是指司法人员和诉讼当事人等证明主体在诉讼中运用一定的证明方法证明所欲证明的案件事实及其他有关的事实。也就是说，用已知的刑事证据事实去证实的那些未知或待证的案件事实和其他相关事实，即为证明对象。

证明对象是刑事证明中的一个重要问题，在诉讼证明中居于极为重要的地位，它是诉讼证明活动的起点和归宿。一方面，证明对象是证明的最初环节和出发点，正是因为在观念上首先设定了证明对象才能进一步明确由谁负责证明（证明主体和证明责任）、证明到何种程度为止（证明标准）以及如何进行证明（证明方法）等问题，即证明对象作为诉讼证明的起点，决定着诉讼证明活动如何进行。另一方面，证明对象标识了证明主体的行为指向，在诉讼证明的阶段中又基于终点地位，构成了证明活动的目标和归宿，这是因为证明过程的完成有赖于证明对象得到法律所认可的证明。可见，证明对象既是证明的出发点，又是证明的落脚点。

证明对象的重要性不仅体现在证据法学领域，其在诉讼法领域也具有重大意义。在诉讼过程中，证明对象与诉讼客体互为表里，证明对象可视为诉讼客体的派生或"投影"。这种状况是由于诉讼活动与证明活动的共生关系所决定的。在刑事诉讼中，明确案件的证明对象是收集证据的前提，可以使证明活动始终目标明确，既不疏漏案件中必须证明的事实而导致证据不充分，也不为与案件无关或枝节的事实所纠缠而浪费人力、物力，对正确、及时地处理案件具有十分重要的意义。

此外，明确证明对象还能够提高办案质量。在诉讼过程中，不仅对实体性问题应当运用证据加以证明，而且对办案程序是否有违法行为以及证据的真实程度也需要加以证明。这有利于督促办案人员在收集、审查、判断证据时认真负责、一丝不苟，在采取每个措施时，都严格依法办事。只有侦查人员、检察人员及审

---

[1] 我国台湾地区学者把证明对象称为"待证事实"、"要证事实"。

判人员办案都自觉地做到了"以事实为根据,以法律为准绳",案件的质量才会提高。

二、证明对象的范围

明确证明对象的范围,即明确哪些事实属于证明对象,哪些事实不是证明对象,这是收集、运用证据查清案情的前提条件。如果把证明对象的范围限定得过窄,遗漏了应该证明的事实,就会妨碍全面了解案情,不利于依法办案,甚至可能导致错判;如果把证明对象的范围限定得过宽,甚至把与案件无关的事实也列为证明对象,就势必使司法人员分散精力,浪费人力、物力,影响案件的及时处理。而明确了证明对象的范围,知道有哪些待证事实需要加以证明,收集证据就能做到有的放矢,防止把不属于此罪的行为当做此罪罪证去收集、加以证明,或把属于此罪的行为错当成无罪或他罪处理。反之,如不明确证明对象的范围,不知道待证事实包括哪些,不知道应当从哪些方面去收集证据,整个案件的证据收集工作就会陷入盲区。

一般而言,刑事诉讼中的证明对象应该包括已经发生的刑事案件的全部事实。但是,从刑事诉讼目的和诉讼实践来看,查明案件全部真实情况既无必要,又无可能。因为,已经发生的刑事案件不可能以任何方式重现,这一点决定了人们只能借助尽可能确实、充分的证据和严密的逻辑思维获得对刑事案件事实的认识。这种认识的广度和深度又显然要受制于人们现有的认知能力和客观所能提供的条件。基于这种认识和对诉讼规律的把握,立法者在法律中比较抽象地规范了刑事诉讼证明对象的范围。这种规范,首先表现为刑事实体法中有关犯罪构成要件的规定和量刑原则。通常而言,哪些问题可以作为证明对象是由实体法决定的,因此,为了明确证明对象的外界边线,应当明确实体法规范的有关规定。其次,表现为刑事程序法中有关证据的收集、审查判断和运用的相关原则、程序、方法的规定。前者可以称为"实体法事实",主要是犯罪行为是否发生、是否为犯罪嫌疑人、被告人所为及其情节轻重的事实;后者可以称为"程序法事实",由于现代刑事诉讼对于诉讼证明活动施加程序控制,以保障诉讼证明的正当性与合法性,因此通说认为应将程序法事实也纳入到证明对象的范围内。

三、受贿犯罪的证明对象

通过上述分析,我们得知,证明对象包括实体法事实和程序法事实,具体到受贿犯罪中,当然也不例外,即受贿犯罪的证明对象包括受贿犯罪行为是否发生、是否为犯罪嫌疑人、被告人所为及其情节轻重的实体法事实和办理受贿案件过程中在诉讼程序上具有法律意义的程序法事实。前者主要包括犯罪构成要件事实、有关各种量刑情节的事实以及排除行为的违法性、可罚性和行为人刑事责任的事实;后者则主要包括证据取得的程序和方式是否合法的事实、对犯罪嫌疑人、被告人应否采取某种强制措施的事实、诉讼程序是否超越法定期限的事实等。关于受贿犯罪证明对象中的实体法事实和程序法事实，将在本章第二、三节中分别予以详细论述。

第二节 受贿犯罪证明对象中的实体法事实

一、证明对象中的实体法事实概述

关于刑事证明对象的范围问题，无论学者们持何种主张，他们均承认刑事证明对象的基本部分是与定罪量刑有关的实体法事实。这一点不难理解，刑事诉讼要解决的中心问题，是被告人的行为是否构成犯罪、所犯何罪、罪重还是罪轻、应否处以刑罚、应处以何种刑罚的问题。因此，实体法事实是直接决定案件处理结果的关键所在、是刑事诉讼中首要的证明对象。

现行刑事诉讼法并未对证明对象问题做明确的规定，只是在第43条规定：审判人员、检察人员、侦查人员必须依照法定程序，收集能够证实犯罪嫌疑人、被告人有罪或者无罪、犯罪情节轻重的各种证据。最高人民法院1998年9月2日发布的《关于执行〈中华人民共和国刑事诉讼法〉若干问题的解释》对此作了明确的规定。该解释第52条规定："需要运用证据证明的案件事实包括：①被告人的身份；②被指控的犯罪行为是否存在；③被指控的行为是否为被告人所实施；④被告人有无罪过，行为的动机、目的；⑤实施行为的时间、地点、手段、后果以及其他情节；⑥被告人的责任以及与其他同案人的关系；⑦被告人的行为是否构成犯罪，有无法定或者酌定从重、从轻、减轻处罚以及免除处罚的情节；⑧其他与定罪量刑有关的事实。"可见，这样的规定也是将与定罪量刑有关的事实，即实体法事实作为主要的证明对象。

作为证明对象的实体法事实包括以下三个方面的内容：

（一）有关犯罪构成要件的事实

有关犯罪构成要件的事实，是指由刑法规定的，包括犯罪客体、犯罪主体、犯罪的客观方面和犯罪的主观方面的事实。其中，犯罪客体即被侵害的为刑事法律所保护的社会关系；犯罪的客观方面即行为人所实施的危害社会的具体的犯罪行为以及与行为相关的各种客观事实，如犯罪的时间、地点、方法、手段、危害结果等；犯罪主体即实施了危害社会的行为，依法应承担刑事责任的人或者单位；犯罪主观方面则指犯罪嫌疑人、被告人的主观心理状态，如有无故意或过失，犯罪的动机、目的等。在刑事诉讼中，这些事实主要解决的问题是确认犯罪嫌疑人、被告人有罪或无罪，如果确认有罪，则进一步判断构成何种罪。具体地说，这部分事实包括：

1. 犯罪行为是否已经发生。这是刑事诉讼中首先应当进行证明的内容。如果没有发生犯罪行为，或者虽有违法行为发生，但该违法行为不构成犯罪，那么，就不存在刑事诉讼证明问题。在绝大多数案件中,犯罪事实是否发生比较容易查明,但也有许多案件情况比较复杂,一下子难以判断清楚,诸如是自杀还是他杀、是事故还是破坏、是失火还是纵火等,不容易一下子查清,所以案发后,对犯罪事实是否发生的问题不能有所疏忽。如果掉以轻心,就有可能把本来不是犯罪的事实认定为犯罪事实,重者造成冤假错案,轻者浪费大量的人力、物力和时间。

2. 犯罪行为是否为犯罪嫌疑人、被告人所为。这是刑事案件的主要事实,是刑事诉讼中需要证明的核心问题。这一事实的认定直接关系到犯罪主体、主观方面和犯罪客体、客观方面的连接,即被指控的行为人与被指控的行为是否具有关联性。

3. 构成犯罪案件事实的各种情节,主要是指犯罪行为的实施过程,包括犯罪的时间、地点、手段、方法等。

4. 犯罪造成的危害后果,危害后果与犯罪行为之间有无因果关系。

5. 犯罪嫌疑人、被告人犯罪的主观罪过,包括故意和过失,必要时,还要分析犯罪的动机和目的。

以上这些内容是有关犯罪构成要件事实中的核心部分。为了便于在司法实践中运用,诉讼理论上将上述需要予以证明的有关犯罪构成要件的事实,概括为"七何"要素,即何人;何时;何地;基于何种动机、目的;采用何种方法、手段;实施了何种犯罪行为;造成了何种危害结果。在刑事诉讼中,查明"七何"要素,对于区分罪与非罪、此罪与彼罪、重罪与轻罪,有着十分重要的意义。有关犯罪构成要件的事实是刑事诉讼中最主要的而且必须首先运用证据加以证明的对象,是证明对象的关键和核心部分。

(二) 有关各种量刑情节的事实

影响量刑轻重的各种情节的有关事实,即作为影响量刑的从重或者从轻、减轻、免除处罚理由的事实,它在刑事诉讼中主要解决的问题是确定对犯罪嫌疑人、被告人的量刑,因此也应当作为证明对象加以证明。只有彻底查清这些量刑情节,才可能做到量刑适当、准确适用法律。根据我国刑法的规定,量刑情节可分为法定情节和酌定情节,具体包括:

1. 从重处罚的情节。如组织、领导犯罪集团进行犯罪活动或者在共同犯罪中起主要作用;教唆不满18周岁的人犯罪;累犯等。

2. 从轻处罚的情节。如已满14周岁不满18周岁的人犯罪;尚未完全丧失辨认或者控制自己行为能力的精神病人犯罪;预备犯;未遂犯;从犯;自首等。

3. 减轻处罚的情节。如预备犯、未遂犯、从犯、自首、正当防卫超过必要限度造成不应有的损害;紧急避险超过必要限度造成不应有的损害;造成损害的中止犯;胁迫犯;有重大立功表现、行贿人在被追诉前主动交代行贿等。

4. 免除处罚的情节。如预备犯、没有造成损害的中止犯、犯罪后自首又有重大立功表现、行贿人在被追诉前主动交代行贿等。

除了刑法所规定的影响量刑情节轻重的法定情节外，一些酌定情节也影响对案件的量刑，如犯罪时的环境和条件，特别是当时的社会政治、经济形势和治安状况；犯罪分子的一贯表现；犯罪后的态度等。

（三）排除行为的违法性、可罚性和行为人刑事责任的事实

这部分事实也可称为违法阻却事由和责任阻却事由。我国刑事诉讼法的任务是惩罚犯罪和保障人权，因此在对行为人的有罪事实予以查清的同时，对排除行为人行为的违法性、可罚性及刑事责任的事实也应当查清。根据有关法律，这些事实主要包括：

1. 排除行为的违法性的事实，是指某些行为虽然在外观上类似犯罪行为，表面上也符合犯罪构成要件，对特定的人或物造成了损害，但由于当时的客观条件和行为人的目的、动机等主观意志具有正当性，并且这种正当性足以排除行为的社会危害性，所以基于社会正义，从法律的功能出发，刑法明确否定这类行为的犯罪性质，即排除这类行为的违法性。如正当防卫、紧急避险、行使职权以及意外事故等行为。

2. 排除行为的可罚性的事实，是指《刑事诉讼法》第15条规定的六种免予追究刑事责任的情形，即情节显著轻微、危害不大，不认为是犯罪的；犯罪已过追诉时效期限的；经特赦令免除刑罚的；依照刑法告诉才处理的犯罪，没有告诉或者撤回告诉的；犯罪嫌疑人、被告人死亡的以及其他法律规定免予追究刑事责任的情形。这类事实一旦发生，即使法律规定的犯罪行为已经成立，也不具有可处罚性。

3. 排除行为人刑事责任的事实，主要指行为人无责任能力或者正处在依法不负刑事责任的时期。如行为人未达到刑事责任年龄而无刑事责任能力，或者行为人是处于不能辨认或者控制自己行为时期的精神病人。

二、受贿犯罪证明对象中的实体法事实的证明

（一）*法律依据*

作为受贿犯罪证明对象的实体法事实的法律依据即指规定受贿犯罪的实体法规范。由于本书中研究的受贿犯罪是将受贿罪、利用影响力受贿罪、单位受贿罪以及非国家工作人员受贿罪都包括在内的广义上的受贿犯罪，因此作为受贿犯罪证明对象的法律依据的实体法规范即指规定这四种犯罪的刑法条文，具体而言，

即《刑法》第163条、第385~387条、第388条之一[1]的相关规定。

(二) 实体法事实的内容

1. 犯罪构成要件事实。作为受贿犯罪证明对象的犯罪构成要件事实，即受贿罪、利用影响力受贿罪、单位受贿罪、非国家工作人员受贿罪这四种罪名的犯罪构成要件。由于这些构成要件的具体内容已经在本书前几章中进行过详细论述，故在此只是简单加以总结，并指出其中应予特别注意的问题。[2]

(1) 犯罪主体：受贿罪的犯罪主体为国家工作人员；利用影响力受贿罪的犯罪主体是国家工作人员的近亲属、其他与国家工作人员关系密切的人、离职的国家工作人员、其近亲属以及其他与其关系密切的人；单位受贿罪的犯罪主体为国家机关、国有公司、企业、事业单位、人民团体；非国家工作人员受贿罪的犯罪主体是公司、企业或其他单位的非国家工作人员。犯罪主体方面需要证明的是行为人是否达到刑事责任年龄，是否具有刑事责任能力，是否具有本罪名所要求的主体身份以及具体属于何种类型的工作人员等。值得注意的是，由于这四种犯罪的犯罪主体各不相同，因此在办理具体案件的过程中，在收集犯罪主体的证据时应注意加以区分、有所侧重。

(2) 犯罪主观方面：四种犯罪都要求行为人具有"直接故意"，以受贿罪为例，是指行为人明知利用职务上的便利，索取他人财物或者非法收受他人财物为他人谋取利益的行为是违法的，却故意而为之。由于主观方面是行为人的心理状态，在其不进行供述的情况下，很难予以证明，因此只能通过外在的行为表现出来。为此，很多国家和地区为了提高诉讼效率、加强对受贿犯罪的打击力度，都在其单行的反贪污贿赂法中确立了贿赂推定规则，通过证明犯罪嫌疑人、被告人收取、接受或者支付、给予了对方财物这一基础事实，即可推定该财物为贿赂财物，从而表明其主观上具有贿赂故意。至于这一规则，可详见本书在第十四章第三节中进行的介绍。

(3) 犯罪客观方面：受贿犯罪的客观方面，即为受贿犯罪的外部表现形式。而由于各种受贿犯罪的外在形式不同，且每个受贿犯罪的客观特征也具有多样

---

[1]《刑法修正案（七）》第13条规定：在刑法第338条后增加一条作为第388条之一："国家工作人员的近亲属或者其他与该国家工作人员关系密切的人，通过该国家工作人员职务上的行为，或者利用该国家工作人员职权或者地位形成的便利条件，通过其他国家工作人员职务上的行为，为请托人谋取不正当利益，索取请托人财物或者收受请托人财物，数额较大或者有其他较重情节的，处3年以下有期徒刑或者拘役，并处罚金；数额巨大或者有其他严重情节的，处3年以上7年以下有期徒刑，并处罚金；数额特别巨大或者有其他特别严重情节的，处7年以上有期徒刑，并处罚金或者没收财产。离职的国家工作人员或者其近亲属以及其他与其关系密切的人，利用该离职的国家工作人员原职权或者地位形成的便利条件实施前款行为的，依照前款的规定定罪处罚。"

[2] 关于这四类受贿犯罪的各个构成要件应分别收集哪些证据加以证明，请详见本书第十三章中的相关论述。

性，对此的具体介绍可详见本书实体部分的论述。概括而言，犯罪客观方面需要证明的有，行为人是否具有职务或地位上的便利、是否具有非法收受他人财物的行为、是否存在为他人谋取利益的行为等。个别犯罪还有数额的要求，例如非国家工作人员受贿罪要求索取或非法收受他人财物，数额较大的，才构成犯罪，否则不构成犯罪。因此，在收集证据的过程中还要注意收集相关证据对受贿数额加以证明。

2. 量刑情节。作为影响量刑的从重或者从轻、减轻、免除处罚理由的法定情节或者酌定情节也是受贿犯罪的证明对象。除了自首可以从轻或者减轻处罚、立功可以从轻或者减轻处罚、重大立功可以减轻或者免除处罚、犯罪后自首又有重大立功表现的应当减轻或者免除处罚、预备犯可以比照既遂犯从轻、减轻处罚或者免除处罚、未遂犯可以比照既遂犯从轻或者减轻处罚、没有造成损害的中止犯应当免除处罚、造成损害的中止犯应当减轻处罚、从犯应当从轻、减轻或者免除处罚等适用于所有刑事案件的量刑情节外，法律也规定有适用于受贿犯罪的特殊的量刑情节。具体包括：

（1）数额情节。《刑法》第 386 条规定，对犯受贿罪的，根据受贿所得数额及情节，依照贪污罪的有关规定处罚。因此要证明行为人受贿的数额是否达到了刑法规定的相应的量刑幅度数额的要求。

（2）从重处罚情节。《刑法》第 386 条规定，"索贿的从重处罚"，即为受贿罪的一个从重处罚情节，因此要注意收集行为人是否具有主动向他人索取财物的情节证据。

（3）减轻或者免除处罚情节。《刑法》第 383 条规定，"个人贪污数额在5000元以上不满 1 万元，犯罪后有悔改表现、积极退赃的，可以减轻处罚或者免予刑事处罚，由其所在单位或者上级主管机关给予行政处分。"由于受贿罪的刑罚幅度与贪污罪相同，因此这一规定也同样适用于受贿罪，因此在收集证据过程中，要注意行为是否具有犯罪情节较轻（数额在 5000 元以上不满 1 万元），能主动坦白、积极退赃、确有悔改表现的情节。

3. 排除行为的违法性、可罚性和行为人刑事责任的事实。本书认为，在受贿犯罪中，这部分事实以排除可罚性的事实为主，即《刑事诉讼法》第 15 条规定的六种免予追究刑事责任的情形，具体而言，是指情节显著轻微、危害不大，不认为是犯罪的；犯罪已过追诉时效期限的；经特赦令免除刑罚的；依照刑法告诉才处理的犯罪，没有告诉或者撤回告诉的；犯罪嫌疑人、被告人死亡的以及其他法律规定免予追究刑事责任的情形。

第三节 受贿犯罪证明对象中的程序法事实

一、证明对象中的程序法事实概述

在刑事诉讼中，除了要证明与犯罪嫌疑人、被告人定罪量刑有关的实体法事实外，刑事诉讼过程中还要证明的有涉及刑事诉讼程序有关方面的事实。这部分证明对象是指在办理刑事案件过程中，在诉讼程序上具有法律意义的事实。程序法事实作为证明对象不仅为我国法学界所主张，而且从其他国家和地区的立法和理论研究看，一般也都将程序法事实列为证明对象，例如日本、德国、意大利、原苏联以及我国台湾地区。这是因为程序法事实关系到诉讼主体的诉讼行为是否正确、是否合法。这些事实证明与否，不仅关系到实体法事实是否存在及其真伪问题，而且关系到裁判是否正确的问题，对正确处理刑事案件具有重要意义。作为证明对象的程序法事实主要包括：决定和影响对犯罪嫌疑人、被告人应否采取某种强制措施的事实；有关回避方面的事实；关于诉讼程序是否超越法定期限的事实；是否存在侵犯犯罪嫌疑人、被告人诉讼权利方面的事实；审判活动中有无违反法定程序的事实；其他与刑事程序合法性有关的事实，如管辖、办案人员在办案中是否有贪污受贿、徇私舞弊、枉法裁判的行为等。

二、受贿犯罪证明对象中的程序法事实的证明

通说认为，证明对象也包括程序法事实，因此在受贿犯罪中当然也不例外。具体到受贿犯罪而言，最为重要的一个程序法事实是有关非法证据的证明问题。在刑事诉讼中，非法证据是指证据内容、证据形式、收集或提供证据的人员及程序、方法不符合法律规定的证据材料。它包括四种情形：①证据内容不合法；②证据表现形式不合法；③收集或提供证据的人员不合法；④收集或提供证据的程序、方法、手段不合法。在受贿犯罪案件中，非法证据更多地表现为办案人员违反法律规定的权限、程序或采用其他不正当方法获得的证据，即前述第四种情形。

受贿犯罪是职务犯罪中隐蔽性最强的一种犯罪。在多数情况下，受贿犯罪行为是受贿与行贿的双方在极其隐蔽的情况下进行的，例如：没有第三人在场、没有财物账目的记载、没有收条、没有签字、犯罪痕迹极少，[1]属于"一对一"的犯罪。因此，此类犯罪的证据通常只有行、受贿双方的供述以及互为证据的证言，即我们通常所说的言词证据，所以贿赂案件的侦查，通常都要在突破犯罪嫌疑人的口供以及证人证言上下功夫。但是，由于行贿与受贿在多数情况下是一种

---

[1] 河北省人民检察院、唐山市人民检察院：《贿赂犯罪及其惩治的理论与实务》，中国检察出版社2004年版，第90~91页。

对合关系,是贿赂犯罪的两个方面,因此,双方在侦查时一般都不愿意供述犯罪事实,而没有犯罪嫌疑人的供述,这类案件很难定案,于是就造成了侦查机关采用非法手段获取犯罪嫌疑人的口供以及证人证言,从而导致贿赂犯罪中非法言词证据的大量产生。

基于在受贿犯罪案件中非法取证行为的普遍性,证据的合法性问题以及非法证据的取舍问题便成为受贿犯罪的主要证明对象之一。在界定非法证据时,值得注意的问题是采用秘密技术侦查手段取得的证据是否属于非法证据的问题。人民警察法和国家安全法都规定,为了侦查犯罪的需要,经过严格的批准手续后,可以采用技术侦查措施,通常包括电子监听监控、秘密拍照或录像、跟踪监视、邮件检查、存款检查等专门技术手段。因此根据法律规定和司法实践经验,对经过法律规定的严格的批准手续等法定程序、采用法律许可的秘密技术侦查措施取得的证据均不属于非法证据。

关于非法证据是否被采纳为定案根据的问题,由于涉及正当程序和客观真实两种截然对立的刑事诉讼价值观,以及刑事诉讼的惩罚犯罪和保障人权的两种目的观,历来受到理论界和司法实践的关注,形成了著名的非法证据排除规则。具体到受贿犯罪案件中,非法证据主要是指非法取得的犯罪嫌疑人、被告人的口供和证人证言,对这些证据,一旦查明系通过刑讯、威胁、引诱、欺骗或其他非法方法取得,即应一律予以排除,使司法人员在违法取证过程中的努力归于无效,客观上促使其自觉遵守法定取证程序,使"正当程序"理念得以有效贯彻,保障犯罪嫌疑人、被告人、证人的合法权益。对于非法取得的实物证据,不同国家采取不同的态度。根据我国最高人民法院、最高人民检察院、公安部、国家安全部和司法部最近联合发布的《关于办理刑事案件排除非法证据若干问题的规定》,非法证据的内涵和外延有所扩大,将非法取得实物证据也包括在内,但是与非法言词证据不同,物证、书证的取得只有在明显违反法律规定、可能影响公正审判、并且没有予以补正或者作出合理解释的情况下,才予以排除。

第四节 受贿犯罪赃款去向的证明对象归属问题

通过本章第二节和第三节的论述,不难得出,在办理受贿犯罪案件的过程中,必须同时明确实体法事实和程序法事实的证明内容和范围,并围绕这些证明对象去收集证据,运用证据,查清案件事实,证明犯罪嫌疑人、被告人是否实施了受贿犯罪。缺少其中任何一个方面的内容,案件事实都不可能查清。因此,在办理受贿犯罪案件时,收集、运用证据必须围绕受贿犯罪案件的证明对象而展开。只有这样才能使受贿犯罪案件的证据收集工作做到目标明确,有的放矢。

然而,在受贿犯罪的司法认定中,针对受贿犯罪证明对象的确定,存在颇多的疑难问题。其中，对于受贿犯罪赃款的去向是否影响受贿罪的认定及量刑，是各方争议的一个焦点。而无论学者们持何种主张，他们均承认受贿犯罪赃款去向属于与定罪量刑有关的实体法事实，分歧之处仅在于赃款去向是否属于实体法事实中的犯罪构成要件事实，即是否影响受贿犯罪的定性问题。

赃款是指违法犯罪行为人通过非法手段获取的不义之财。赃款与一般款项的最大区别，就是行为人取得款项手段的违法性与途径的非法性。"赃款去向"就是行为人以各种方式对不义之财的处分和不义之财的存在状态。赃款去向应是行为人完成犯罪之后的行为，与犯罪行为相比是既独立又相互联系的行为阶段，犯罪行为应是主行为，而赃款的处分是从行为，从行为只能附属于主行为，而不能改变主行为的性质和状态。基于这样一种主从关系，我们针对赃款去向的证明对象归属问题，主要有以下两个方面的认识：

一、赃款去向不属于犯罪构成要件事实

赃款去向不是受贿犯罪事实的组成部分，因而不能被视作影响对受贿行为定罪的因素。赃款去向是受贿既遂后，行为人对非法占有财产的非法处理，它不是犯罪事实。从犯罪阶段角度讲，当受贿行为人利用了职务便利，获取赃款时，其受贿行为已经得逞，犯罪行为已经既遂。至此，行为人在受贿主观故意支配下实施的行为已届完成，并由此对刑法保护的相应客体造成侵害，达到了犯罪主客观相一致的结合。那么，发生于既遂后的对赃款的处分，就不再可能是受贿犯罪事实的一个组成部分。既然赃款去向不是受贿的犯罪事实，依刑法总则关于犯罪阶段条文的规定，这一后来的事实就不应再对司法实务认定受贿罪造成影响。因为决定定罪的主导因素是犯罪事实本身。

或许有人说，受贿行为人将赃款用于公，反映出行为人在实施受贿行为时，并不具有为贪一己私利而出卖公职人员职务的廉洁性或违背公职行为的不可收买性的主观故意。但十分显然的是，这种以后来的行为去反映行为人过去行为时的主观心理状态的认识方法，是既悖常理又十分荒谬的。而且，这种认识也混淆了犯罪动机与犯罪目的。犯罪动机是推动行为人为某一行为的内心起因，不是犯罪构成的必要要件，只是量刑时应考虑的情节。而犯罪目的则是行为人实施行为达到危害结果的希望和追求，它决定犯罪行为的方向和性质，是故意犯罪构成的必要要件。根据我国《刑法》第385条的规定，受贿罪仅要求行为人主观上以索取收受他人财物为目的，而不论行为人实施贪污受贿行为的动机是生活困难急需用钱，还是贪图享受用于挥霍，也不论行为人的主观动机是为公还是为私。在受贿犯罪中，行为人的主观目的，也即其实施为法律所禁止行为的直接目的，就是利用职务之便将行贿人的财物置于自己控制之下。检察机关只要有证据证明其具有这种主观故意，就已经完成对该类犯罪构成要件中主观方面的证明。以赃款去向，特别是赃款用于公或用于私，作为衡量罪与非罪的标准，实质上是混淆了犯罪目的与犯罪动机的界限，把行为人的犯罪动机也即为什么占有财物这种犯罪起因，与行为人在实施行为时所直接追求的非法占有财物的犯罪目的混淆。正如劫富济贫的行为在道义上属于颂扬的范围，但在法律上仍构成犯罪。

此外，认为赃款去向影响定性的观点也歪曲了立法目的。设立受贿犯罪的目的，在于惩罚这种行为取得财物的违法性和对廉洁公务的侵害，以及对国家正常的财物管理活动的破坏。正常的公务支出本可通过正常的财经审批渠道解决，而以法律所禁止的手段来取得财物，必然使法益受到侵害。如刑法所规定的单位受贿犯罪，其非法所得基本上都用于单位业务支出，但并不能因此否定其构成单位犯罪。

二、赃款去向属于量刑的情节

赃款去向属于受贿犯罪的从行为，它虽然不能反映主观故意，但却反映行为人的犯罪动机，行为人处分赃款赃物的方式是影响对其进行量刑的因素。换言之，赃款去向的不同决定不同的处罚。赃款去向与量刑轻重的关系大致可分为三种：

第一种是不致对量刑轻重产生影响的情状。主要是指受贿后，以赃款消费（含贴补生活费用等合情合理消费），以及将赃款以各种名义储存，并为受贿行为人实际控制（其中包括以单位名义储存，但不为单位控制，实际由受贿行为人所控制）的情形。

第二种是可以导致从重处罚的情状。此种情状大致有将赃款用于挥霍的，用于非法活动的（包括用于赌博、吸毒、嫖娼、甚至用于行贿的，等等）。

第三种情状则是可以造成对受贿行为人从轻、减轻处罚结果的情状。这种情状最典型的是行为人在受贿后，或出于"良心发现"的自责，或出于某种客观原因的影响，驱使行为人将所得赃款用于单位的正当活动，即俗称的"用于公务"。如有证据证明的确有前述情形，可作为从轻、减轻处罚的证据，对情节轻微（如数额不大、危害较小）的可考虑免除刑罚。

第十三章　受贿犯罪证明责任的分配

第一节　证明责任概述

一、刑事证明责任的含义

证明责任是证明理论中较为复杂的一个问题，它不仅集中、动态地体现于整个审判过程中，并直接影响着诉讼的结果，而且早在审判开始之前就已经在指挥着人们的诉讼行为。因此，能否很好地履行证明责任是诉讼成败的关键。有法谚云："证明责任乃诉讼的脊梁"，如此评价证明责任似乎并不过分。不仅如此，证明责任在诉讼证明的理论体系中也堪称"脊梁"。这是因为，在诉讼证明的各个构成环节中，证明责任是唯一能与其他各环节都直接相连的要素，是衔接其他各个环节的桥梁和纽带。它不仅直接决定了诉讼证明的主体，从而为其证明行为提供了依据，而且通过为证明主体科加未尽证明责任之时要承担败诉风险的结果责任，说明了一切证明行为的动因，这一点从证明责任的概念中便可窥豹一斑。所谓证明责任，是指证明主体为了使自己的诉讼主张得到法院裁判的确认，所承担的提供、运用证据支持自己的主张以避免对于己方不利的诉讼后果的责任。可见，诉讼证明的实质，就是证明主体履行其证明责任，将对证明客体的论证达到证明标准的活动。整个诉讼证明活动均在刑事证明的支配和作用下进行。

目前，无论大陆法系还是英美法系，在证明责任概念的问题上，都形成了"双重含义说"。"双重含义说"认为，证明责任应当包括行为与后果两个方面，即行为意义上的证明责任与结果意义上的证明责任，也称形式的或主观的证明责任与实质的或客观的证明责任。前者要求当事人对所主张的事实负提供证据证明的责任，而不是仅仅主张事实而不提出证据加以证明，或者用证据外的方法如宣誓、决斗、神明裁判等方法对事实作出证明；后者指在事实处于真伪不明状态时，主张该事实的人承担不利的诉讼后果，即在诉讼程序结束时，如果案件的要件事实仍处于真假难定、存否不明的状态，法官既不得任意下判，也不得拒绝下判，而必须根据证明责任确定案件的胜败结果。

我国在借鉴两大法系关于证明责任的理论研究成果的基础上，多数学者也都认同双重含义说，其主要观点可以概括如下：

首先，证明责任总是与一定的诉讼主张相联系。诉讼主张既是审判程序的原动力，又是诉讼活动的终结与归宿。在任何性质的案件中，诉讼活动都是围绕着当事人双方的诉讼主张而展开、进行的。当事人的主张不仅是其举证加以论证的对象，而且限定了法院的审理范围。此外，从权利义务相统一的角度分析，如果说提出诉讼主张是当事人的一项诉讼权利，那么当事人要求实现该权利，以期法院作出有利于自己的判决，就必须承担相应的义务。而证明责任从本质上讲就是一种证明义务。如果当事人不履行或没有很好地履行这一义务，其诉讼权利就难以实现。因此，可以说，当事人诉讼主张的存在是证明责任产生的潜在前提。

其次，证明责任是提供证据责任与说服责任的统一。所谓提供证据的责任，是指双方当事人在诉讼过程中，应当根据诉讼进行的状态，就其主张的事实或者反驳的事实提供证据加以证明；所谓说服责任，是指负有证明责任的诉讼当事人应当承担运用证据对案件事实进行说明、论证，使法官形成对案件事实的确信的责任。由此可见，仅仅提出证据并不等于履行了证明责任，还必须尽可能地说服裁判者相信其所主张的事实存在或不存在。

最后，证明责任总是和一定的不利诉讼后果相联系。证明责任最终表现为，如果承担证明责任的一方当事人不能提出足以说服法官确认自己诉讼主张的证据，则需承担败诉或者其他不利后果的风险。在刑事诉讼中，如果控诉方不能提供确实充分的证据或诉讼结束时案件仍处于事实真伪不明的状态，指控的罪名便不能成立，被告人将被宣告无罪，这实质上是指控的失败，也就是对刑事控告方不利的后果。

与此同时，有人将我国证明责任理论中的有关概念与国外的相对概念进行比较后认为，我国证明责任理论中所谓提供证据的责任相当于国外证据理论中主观的、形式的、行为意义上的证明责任，而说服责任与不利后果责任则相当于所谓的客观的、实质的、结果意义上的证明责任。关于行为意义上的责任与结果意义上的责任之间的关系，有学者曾经论述道："承担结果意义上的举证责任的可能性的存在，是当事人必须履行行为意义上的举证责任的原因"[1]。可以说，结果责任的存在是敦促证明主体履行其行为责任的动因，而行为责任的实际承担也正是以避免承担结果责任为目的。

二、刑事证明责任的分配理念

在刑事诉讼中，所谓证明责任的分配，是指证明被告人有罪、无罪或其他与犯罪有关的特定事项的责任如何在有关机关和个人之间进行配置的问题。[2]科学合理地分配证明责任，不仅有利于保障被告人的权利，而且有利于实现司法公正和诉讼证明任务的完成以及刑事政策的实现。综合考察大陆法系和英美法系关于刑事证明责任的分配法则，不难发现，刑事证明责任的分配理念主要包括三个原

---

[1] 李浩：《民事举证责任研究》，中国政法大学出版社1993年版，第16页。
[2] 卞建林主编：《刑事证明理论》，中国人民公安大学出版社2004年版，第185页。

则，即无罪推定原则、利益衡量原则和诉讼便利原则。

（一）无罪推定原则

无罪推定，简单地说，是指任何人在未经证实和判决有罪之前，应视其无罪。无罪推定所强调的是对被告人所指控的罪行，必须有充分、确凿、有效的证据，如果审判中不能证明其有罪，就应推定其无罪。

在法律发展史上，无罪推定思想是由意大利著名刑法学家贝卡利亚作了最早表述。他在1764年所著的《论犯罪与刑罚》中精辟地指出："在法官判决之前，一个人是不能被称为罪犯的。只要还不能断定他已经侵犯了给予他公共保护的契约，社会就不能取消对他的公共保护。"[1] 此后，无罪推定原则被广泛认同与接受并逐渐法律化。1789年的法国《人权宣言》第9条规定，"任何人在其未被宣告为犯罪之前，应当被假定为无罪，即使认为必须予以逮捕。"1948年12月10日联合国大会通过的《世界人权宣言》第11条第1项规定："凡受刑事控告者，在未经依法公开审判证明其有罪前应视为无罪。"1966年联合国大会通过的《公民权利和政治权利国际公约》第14条第2项规定："受刑事控告之人，未经依法确定有罪之前，应假定其无罪。"

无罪推定原则不仅直接确立了"被告人不等于犯罪人"的观念，明确了被告人在刑事诉讼中的诉讼主体地位，还引申出两条基本要求：一是由控诉被告人犯罪的机关或人员提供确实、充分的证据来证明被告人被控犯罪的事实；二是由审判机关依照正当法律程序对被告人是否犯有被控罪行作最后认定。具体而言，无罪推定原则要求：①提供证据证明被告人有罪的责任由控诉一方承担，不得采用酷刑和其他非法方法收集证据；②控诉一方履行证明责任必须达到案件事实清楚、证据确实充分或者不存在合理怀疑的程度，若不能证明被告人有罪或者证明达不到法律的要求，则应判定被告人无罪，所谓疑罪从无，疑案作有利于被告人的处理；③被告人有辩护的权利，却没有证明自己无罪的义务，不能因为被告人不能或没有证明自己无罪而认定被告人有罪。可见，无罪推定的本质即明确控诉机关在刑事诉讼中的证明责任，其核心在于通过假定每个公民（包括被告人）均处于无罪的原始状态，赋予控诉机关推翻这种原始状态时必须提供充分证据证明的义务。

（二）利益衡量原则

利益衡量原则，是指在某些特殊的刑事案件中，基于其他各种综合因素的考虑而将部分或局部的证明责任分配给被告人一方，从而使刑事案件"一边倒"的证明责任分配模式得到恰当平衡。换言之，就是综合各种利益的衡量，具体问题具体对待。

---

[1]［意］贝卡利亚：《论犯罪与刑罚》，黄风译，中国大百科全书出版社1993年版，第40页。

利益衡量原则主要来源于英美法系。英美法系的学者通过总结，认为在对具体案件进行证明责任分配时所考虑的要素包括：①政策（policy）；②公平（fairness）；③证据所持（possession of proof）或称证据距离；④方便（convenience）；⑤盖然性（possibility）；⑥经验法则（ordinary human experience）；⑦请求变更现状的当事人理应承担证明责任，等等。在具体进行证明责任分配时，究竟哪些要素值得特别关注？对此，尽管英美学者们在分析上述七大要素时对证明责任的决定性影响方面有一定的差异，但他们就证明责任分配应当综合政策、公平（包括证据距离）、盖然性（包括经验法则）这三个要素进行衡量已形成共识。

（三）诉讼便利原则

所谓诉讼便利原则，是指根据经验法则判断在某种刑事案件中一般由何方当事人举证更为便利，或者根据对盖然性的预测，让主张不符合通常情形的当事人承担证明责任。例如，在英国，立法者以接触证据来源和提供证据的便利性为理由将证明责任置于被告人一方。因为在司法实践中，有些情况只有被告人本人了解，只有被告人易于接触证据来源，而检察官和侦查官是不可能办到或难以证明的，因此将这些问题的证明责任置于被告人一方是合理的。

第二节　我国有关刑事证明责任分配的一般规则

合理地分配刑事证明责任，不仅有利于保障被告人的权利，也有利于司法公正的实现、诉讼任务的完成以及刑事政策的落实。刑事诉讼中的证明责任一般由控诉方承担，被告人不承担证明自己无罪的责任。这是证明责任分配制度中，兼具民主性、公正性、合理性的一项基本原则，是社会文明进步的标志，已得到世界各国的普遍认同。

一、控方承担证明责任

证明责任由控诉方承担是刑事诉讼审判过程中证明责任分配和承担的核心制度。刑事诉讼中证明责任的承担是与无罪推定原则联系在一起的。无罪推定原则的确立，不仅改善了被告人的地位，而且明确了控诉方的证明责任。我国《刑事诉讼法》第12条"未经人民法院依法判决，对任何人都不得确定有罪"的表述，虽然不能完全等同于无罪推定原则，却体现了控诉方负有证明责任。

1. 控诉方负有提出证据的责任。我国《刑事诉讼法》第141条规定："人民检察院认为犯罪嫌疑人的犯罪事实已经查清，证据确实、充分，依法应当追究刑事责任的，应当作出起诉决定，按照审判管辖的规定，向人民法院提起公诉。"

2. 控诉方负有说服责任与承担不利后果的责任。我国《刑事诉讼法》第162条第3项规定："证据不足，不能认定被告人有罪的，应当作出证据不足、指控的犯罪不能成立的无罪判决。"在刑事诉讼中，对"事实真伪不明"的案件作出最终裁决所依据的是"无罪推定"和"疑罪从无"原则。对被告人所控罪行要有充分的证据加以证明，不能证明被告人有罪的，法官就应判定被告人无罪。

二、犯罪嫌疑人、被告人不承担证明自己无罪的责任

现代诉讼原理一致认为，在刑事诉讼活动中，犯罪嫌疑人、被告人一般不承担证明责任，即犯罪嫌疑人、被告人没有提出证据证明自己无罪的义务，亦不能因为犯罪嫌疑人、被告人不能证明自己无罪便据此得出犯罪嫌疑人、被告人有罪的结论。我国刑事诉讼法的规定体现了这一原理，即除法律另有规定外，犯罪嫌疑人、被告人不承担证明自己无罪的责任。

刑事诉讼要解决的是被告人有罪与无罪、罪轻与罪重的问题，被告人是受追诉的对象，与控诉方相比，无疑是弱势的一方。在大多数情况下，被告人往往因被采取强制措施而被限制或剥夺了人身自由，既无能力也无权利收集证据。而控诉方是代表国家行使刑事起诉权，是拥有众多人员、先进设备、充足经费以及侦查特权的处于优势地位的侦控机关。刑事诉讼是以适用国家刑罚为中心的活动，刑罚是最严厉的一种惩罚措施，为避免刑罚的滥用，控诉方在启动刑罚权时，必须以证据为前提，控诉方所掌握的证据必须达到查证属实、相互印证、没有疑点的要求。基于反对强迫自证其罪原则、无罪推定原则、有利被告原则的基本精神，在刑事诉讼中，被告人不承担证明自己无罪的证明责任。

刑事诉讼的设立目的是由第三者来公平解决国家与个人之间的纷争。控审分离，控辩平等对抗，法官居中裁判的现代审判模式，加强了被告人的辩护权，增强了控辩双方的对抗力度，平衡了控辩双方的对抗力量。在这种模式下，控辩双方为维护自身利益，都力求提供有利于己的证据，并围绕证据的真实性与证明力展开激烈辩论。对于控诉方的指控，被告人即使不作任何辩解与反驳，法官也应对控诉方的指控主张、证据真伪作出客观准确的判断。法官不能因为辩方没有提出辩解证据或者答辩理由，而在控诉方证据不足的情况下，对被告人作出有罪的判决。被告人在审判中举出证据证明自己罪轻或无罪属于行使法律赋予被告人的辩护权，而不是履行证明义务或责任，其既可以行使，也可以放弃。即使辩护方不能提供确实、充分的证据证实自己的主张，也不必然导致有罪的结果，是否有罪仅在于控诉方是否完成了自己的证明责任。

然而，根据我国法律规定，犯罪嫌疑人、被告人虽然不承担证明自己无罪的责任，但是也不享有沉默权，不享有可以拒绝回答与案件有关问题的权利。这是我国刑事诉讼法的一大不足，是与世界一些先进法治国家的差距所在，容易造成对犯罪嫌疑人、被告人人权的侵犯，因此我们急需完善立法，赋予犯罪嫌疑人、被告人以沉默权。

犯罪嫌疑人、被告人原则上不负证明责任，但在某些例外情况下也承担一定的证明责任，例如我国刑法规定的巨额财产来源不明罪及非法持有属于国家绝

密、机密文件、资料、物品罪等。以我国《刑法》第395条规定的巨额财产来源不明罪为例，该条规定，国家工作人员的财产或者支出明显超过合法收入，差额巨大的，可以责令说明来源。本人不能说明其来源是合法的，差额部分以非法所得论。刑法的这一规定是犯罪嫌疑人、被告人不承担证明责任的一个例外。但应当注意的是，对于此类案件，首先承担证明责任的主体仍是检察机关，即当检察机关收集到足够证据证明某国家工作人员的财产或支出明显超过合法收入且差额巨大时，证明责任即转移到犯罪嫌疑人、被告人身上，他必须说明差额部分的来源是合法的，否则即以非法所得论。法律的这一规定，是为了加大打击国家工作人员贪污贿赂犯罪的力度，在证据理论上叫做证明责任倒置。世界上很多国家和地区也有这样的立法例，这将在本章第三节予以详细介绍。

三、人民法院不应当承担证明责任

关于人民法院是否承担证明责任的问题，基于我国建国以来长期实行职权主义的诉讼模式，许多人认为人民法院应当承担证明责任，因为人民法院在诉讼中可以依职权调查取证，并最后审查证据、作出裁判。但是本书认为，无论在何种诉讼中，人民法院都不应成为证明责任的主体，特别是刑事诉讼法的修改及我国庭审方式改革的方向，越来越反映出这一点。

首先，就法律依据而言，现行《刑事诉讼法》第43条关于审判人员、检察人员、侦查人员必须依法定程序收集证据的规定，其基本精神为要求审判、检察、侦查人员必须依法取证，而且必须实事求是地收集有利于和不利于被告人两方面的证据材料。这是对审判人员如何收集证据提出的法律要求，并非规定证明责任的负担。此外，《刑事诉讼法》第45条和第158条的规定也只能理解为法律赋予人民法院的取证权和庭审中的庭外调查手段的依据，从上述法律规定并不能得出人民法院负证明责任的结论。

其次，从行为意义上讲，人民法院是国家的审判机关，其在刑事诉讼中进行的调查取证活动及审查运用证据、认定案件事实、性质并作出裁判的活动，是站在国家法律的角度独立行使审判权的具体表现，法院并不对案件事实是否存在提出任何主张，只就与案件结果有利害关系的控辩双方提出的证据和证明过程予以审查、判断，只有当现有证据材料存有较大分歧、难以认定时，法院才有必要收集其他证据材料对发生疑问的证据进行调查核实，而无需主动收集证据材料来证明被告人的刑事责任。而且，从结果意义上讲，法院也不因不行使取证权而承担任何不利裁判，如果它在行使审判权的工作过程中出现失误甚至差错，需要追究的也是一种工作责任问题，而不能因此认为其必须承担本属于诉讼方的证明责任。因此，法院查明案件事实的诉讼任务，决定了其所承担的实际上是一种查证责任，这与证明责任有着本质的区别。新刑事诉讼法关于审判方式的改革也正反映了这一点，例如修订后的刑事诉讼法将公诉案件的开庭前审查由原来的实质性审查变为程序性审查，取消了法院的庭前调查权和退侦权，并且强化了控诉方当庭的举证、证明责任，弱化了法院在法庭调查中的主导地位，加强了控辩双方的直接对抗等。

最后，人民法院不负证明责任，也是控审分离、强化控诉职能的需要。审判中立是对审判的基本要求，也是审判职能的基本特征，审判中立要求审判者不仅不能由控辩双方或与案件有直接、间接利害关系的人来担任，而且审判者应当对控辩双方不偏不倚，保持等距离。为了保证审判中立，控审必须分离。控审分离、控辩平等对抗和审判中立，三者互相联系，构成了控辩审三者之间最为科学合理的关系，也是实现公正审判的基本保证，并有利于激发控诉职能的积极行使，加强诉讼中的对抗机制，切实维护被告人的合法权益。所以，法官只能是中立的裁判者，而不是证明责任的承担者。

第三节 受贿犯罪案件中的证明责任倒置规则的域外考察

根据无罪推定原则，一般情况下，如要指控某个人构成犯罪，作为指控方须提出确凿有力的证据，以支持指控观点的成立，即证明犯罪嫌疑人、被告人有罪的证明责任由控诉方承担，这是刑事诉讼证明责任分配的一般原则。但有些案件行为人的行为非常隐秘，很难找到证据予以证明。例如受贿犯罪就具有较高的隐蔽性特点，经常是在只有行受贿双方在场的情况下进行，可谓"天知地知，你知我知"。当发现某国家工作人员的财产明显超出其合法收入时，要证明其来源是受贿所得就非常困难。有鉴于此，许多国家和地区一改传统的做法，在受贿犯罪案件中实行证明责任倒置规则，即要求被告人必须提出相应证据证明有关情况，否则将被认定有罪。这集中反映在对"财产来源不明"证据的证明上，但与我国不同的是，多数国家和地区不但规定"财产来源不明"可构成独立犯罪，而且也规定"财产来源不明"作为证据可以认证控告方控告的受贿罪。

一、在受贿犯罪案件中确立证明责任倒置的立法考察

法律的明确规定是运用证明责任倒置的唯一根据。由于证明责任倒置对被告人的影响十分重大，其人身权利、财产权利处于被剥夺的重大危险中，所以适用证明责任倒置的案件范围应由法律、司法解释等明确加以规定，而不能由法官来自由裁量。

据粗略统计，目前在反贪污贿赂法中确立了对财产来源不明的证明适用证明责任倒置规则的国家和地区有：巴基斯坦、印度、新加坡、埃及、马来西亚、泰国、尼日利亚、巴哈马、文莱、我国香港地区等。其中，巴基斯坦、印度是在单行反贪污贿赂法中规定该规则较早的国家。1947年，巴基斯坦在其《防止腐败法》第5条中规定，公务员"或任何他的受赡养者拥有与其公开收入来源不相称

的财物，而他本人又不能满意解释"，作为一种证据可以认定该公务员触犯"刑事不良罪"。[1]

新加坡《防止贿赂法》第23条关于"财产或者财产的证据"规定："被告人不能圆满地说明在或大约在被控犯罪时其财力或者财产的增值，即可以被法庭作为证据或者加以考虑确证任何证人在审判或者调查中提供的关于被告人接受或者取得或者同意接受或者企图取得任何报酬的作用和证明贿赂的接受或者取得或者同意接受或者企图取得该报酬的目的时诱使或者回报。"[2]

香港地区《防止贪污条例》将证明责任倒置视为证据特别规程，规定对于凡本条例所列罪行执行审判或侦查法庭或裁判司得加以考虑及证明被告人：①其人持有或支配金钱来源或非属于收益明朗来源之财产而不能作满意解释者；②其人在被指控犯罪时期或前后曾经获得金钱来源或财产之增加而不能作满意的解释者。《防止贿赂条例》第24条将"证明责任"专门规定为一条："在控告任何人违犯本条例所载罪项之诉讼中，如以合法权力或适当理由作为辩护者，则举证之责任应由被告人负担。"[3]

不仅许多国家和地区就受贿犯罪案件中的证明责任作了倒置的规定，而且这一规则还被联合国予以认可，在其通过的相关文件中有所体现。1990年联合国第八届预防犯罪与罪犯待遇大会的《反贪污腐化实际措施手册》中提出了在证明责任中"据此可以看出一个公职人员的消费水平和生活方式是否与其薪金收入相符合，如不相符，即应要求本人作出解释⋯⋯当明知他有贪污舞弊行为，从而产生非法收入或资产，但拿不到确切证据时，这也可以作为起诉的根据"，并认为，颠倒举证责任"这项程序性办法可能在本国内具有巨大的重要意义"。《反贪污腐化实际措施手册》指出，这项措施的意义在于，"从战略上讲，让拥有财产的官员负责说明和解释其财产，即相当于对腐败行为开展攻心战。由于始终担心会被要求对不义之财作出解释说明，使腐败官员处于两难境地，造成一种不安状态，从而产生遏制效果。作为一种战术武器，它是一种没收手段，所需资金较少，不公正或犯错误的可能性很小"[4]。之后，在2003年10月31日召开的第五十八届联合国大会全体会议上，审议通过了《联合国反腐败公约》，并于2005年12月14日正式生效。该公约第31条第8款即规定，"缔约国可以考虑要求由罪犯证明这类所指称的犯罪（即腐败犯罪——笔者注）所得或者其他应当予以没收的财产

---

〔1〕宋军、徐鹤喃、王洪宇："反贪污贿赂的特殊证据规则"，载《外国法译评》1995年第3期。

〔2〕左德起：《职务犯罪侦查问题研究》，法律出版社2005年版，第191页。

〔3〕左德起：《职务犯罪侦查问题研究》，法律出版社2005年版，第191页。

〔4〕刘铁鹰："一份值得借鉴的国际性法律文件——联合国《反贪污腐化实际措施手册》简介兼与我国反贪污贿赂立法现状之比较"，载《政法论坛》1992年第2期。

的合法来源，但是此种要求应当符合其本国法律的基本原则以及司法程序和其他程序的性质"。

此外，一些国家和地区在反贪污贿赂法中确立了贿赂推定规则，规定只有在犯罪嫌疑人、被告人没有反驳或者反驳不成立的情况下推定结论才能成立。此处的反驳既是赋予犯罪嫌疑人、被告人的权利，但同时也表明其应该承担相应的证明责任，即提供证据证明其提出反驳的主张。不过其证明并不必达到"证据确实充分"或者"排除合理怀疑"的标准，而是只要能够证明其事实主张的可能性大于甚至等于公诉方，能够引起合理怀疑即可，这种标准相当于"优势证明"标准。

二、证明责任倒置的内容

（一）证明的主体

证明的主体，即证明责任的承担者。在证明责任倒置情况下，证明主体一般仅限于犯罪嫌疑人、被告人，即被控方，而在传统诉讼中，这一责任是由指控方完成的。例如，香港地区1971年《防止贿赂条例》第24条规定："在控告任何人违犯本条例所载罪项之诉讼中，如以合法权力或适当理由作为辩护者，则举证之责任应由被告人承担。"其他凡是规定证明责任倒置的国家也都在其单行反贪法中作出了同样的规定。

（二）证明的对象

证明的对象，即犯罪嫌疑人、被告人被要求证明的范围。从国外的经验看，"财产来源不明"的主体可扩展到公务员的亲属、信托人、关系人等。即证明对象并不仅仅规定为被告人本身所持有的财产，还可以扩展到受被告人赡养的人以及其他任何人所拥有的与被告人有关的财产。例如，新加坡《防止贿赂法》第23条第2款规定："尽管任何其他人持有被告人的财力或财产……鉴于其与被告人的关系或者任何其他情况，但是仍然应当认为该财力或者财产……为被告人占有。"[1]

（三）证明的要求

国外一般对财产的证明程度要求较高，以上提到的所有国家和地区都不以被告人对财产来源仅作出"说明或解释"为限，而是要求作出"合理的证明"或"满意的解释"。例如，新加坡要求作出"圆满地说明"，埃及要求"证明增加部分的合法来源"，香港地区要求作出"圆满的解释"。至于究竟怎样才算达到了"令人满意的说明"或"圆满的解释"，各国均无具体标准，也不会有具体标准。这只能由审理案件的执法人员，根据每一案件的全部具体情节与证据综合判断。实践证明，往往对具体案件进行具体分析后所得出的结论最接近真实。[2]

---

[1] 宋军、徐鹤喃、王洪宇："反贪污贿赂的特殊证据规则"，载《外国法译评》1995年第3期。
[2] 周其华：《中外反贪污贿赂法比较研究》，经济科学出版社1997年版，第152页。

(四) 证明的效力

从各个国家和地区的法律规定来看，只要被告人对被司法机关怀疑来源不明的财产状况作出的解释或说明，符合上述证明的要求，那么就可以被依法解除怀疑或免遭定罪。相反，达不到上述要求的，则不仅要被确定为有罪，而且其"财产来源不明"的事实也将作为司法机关认定其构成受贿罪或贪污罪的证据。例如，新加坡1985年《防止贪污法》第23条第1款规定："在法院对依据本法或刑法典第161~165条或第213~215条犯罪或对此类任何犯罪的阴谋、企图或教唆行为进行任何审判或审问中，被控告人占有他不能令人满意地说明的与其已知收入来源不相称的财力或财产，或他在被指称的犯罪时间或大约这个时间获得了他不能令人满意地说明其财力或财产的增添，这一事实可被法院认证或考虑为证实了审判或审问中的人证即被控告人曾经接受或得到，或同意接受或企图得到任何报酬，并被认为该报酬是作为诱惑或酬金被贪污性地接受或得到或同意接受或企图接受的。"其1988年颁布的《反贪污法案》又重申："一个人所拥有的财产（在本法公布实施之前后已经占有的财产）或其在财产里的利益有与其已知的收入来源不相符合而该人又不能向法院作出合理满意解释时，其财产应被视为贪污所得。"[1] 马来西亚、文莱、尼日利亚、巴基斯坦、巴哈马等国的法规中也均有类似的规定。

第四节 受贿犯罪案件中的证明责任倒置规则在我国的确立

一、在我国确立受贿犯罪证明责任倒置的合理性和必要性

（一）合理性

本书主张，在财产来源得不到合理解释可以构成受贿犯罪的国家，对财产来源的合理说明可以被视为受贿犯罪的违法阻却事由。针对这一阻却事由，被告方负有证明责任，即被告方必须提出证据使法官合理地相信阻却事由存在，而公诉方有说服法官阻却事由不存在的责任。这一主张是基于以下认识：

1. 被告方的证明责任并不是毫无缘由的强制规定，这是由法律所赋予被告方的辩护权而引发的义务。辩护权作为一种权利，可以行使，也可以放弃。如果被告方只是消极地行使辩护权，即对公诉方的事实主张只是消极地否定，那么就不会产生被告方的证明责任义务；但如果被告方是积极地行使辩护权，即为了否定公诉方的事实主张而提出新的事实主张时，按照"谁主张谁举证"的原则，就必须举证来支持、证明自己所提出的事实主张，否则同样会承担不利的后果。证

---

[1] 巩富文："外国和中国香港反贪污贿赂的特殊证据规则"，载《西北大学学报（哲学社会科学版）》2002年第3期。

明责任义务是由事实主张而引发，无事实主张则无证明责任，事实主张是承担证明责任的前提。

2. 就证明责任的一般分配原则而论，可以由对相关事实最为了解且最为容易得到证据的一方当事人负证明责任。卞建林教授指出，刑事证明责任的分配理念之一即为利益衡量原则，所谓利益衡量原则，是指在某些特殊的刑事案件中，基于其他各种综合因素的考虑而将部分或局部的证明责任分配给被告人一方，从而使刑事案件"一边倒"的证明责任分配模式得到适当平衡。具体而言，美国在分配证明责任时考虑的要素主要包括政策、公平、证据距离、盖然性、经验规则、方便等。英国学者认为，在刑事案件中，影响证明责任分配的主要因素有法律上的逻辑、证据获得的难易程度、证据来源的可行性及公众对特定结果的倾向程度。日本学者石田穰教授则提出，法官依判例形成证明责任分配规范时应考虑的要素包括"证据的距离"、"依事实性质立证的难易"、"关于事实的存在或不存在的盖然性"、"诚实信用原则"或"禁反言"等。[1] 可见，英美及日本学者在分配证明责任时所考虑的因素中都包含有证据距离。在受贿案件中，诸如是否存在借贷关系、是否属于礼尚往来以及赃款赃物去向、用途等情况，只有被告人本人了解，只有被告人易于接触证据来源，而侦查人员或公诉人是不可能查清或难以证明的。因而根据利益衡量原则，将这些问题的证明责任置于被告方是合理的。

3. 被告方负证明责任并不违背无罪推定原则。纵观各国立法，即使是彻底地实行无罪推定原则的英美等国家，也都存在由被告方负证明责任的情形。以美国为例，如果存在下列违法阻却事由或责任阻却事由，被告人就负有提出证据证明特定事项的义务：①如果被告方在辩护时提出被告人患有精神病或不适于接受审判，被告方应对此提出证据加以证明；②如果某制定法规定，在没有合法授权、正当理由、特殊情况或例外情况下，实施某种行为就是非法，那么被告方就有责任举证说明存在合法授权、正当理由、特殊情况或例外情况；③如果被告方意图推翻制定法对某些事实的推定，或者意图援引法律条文中的但书、例外或豁免，这时被告方也负有举证责任。[2] 因此，财产来源的合法性作为受贿犯罪的一种阻却事由，理应由被告方负责证明。

4. 被告方承担证明责任并不排除控诉方的证明责任，而且这种证明责任始终存在，不可转移。当受贿案件的被告方主张犯罪阻却事由并提出证据时，乃否认犯罪存在。在这种情形下，为了证明受贿犯罪成立，驳斥、证明被告方主张的阻却事由不存在，是控方证明责任题中应有之义。正如一学者指出的，"当辩护

---

[1] 卞建林主编：《刑事证明理论》，中国人民大学出版社2004年版，第190~191页。

[2] 卞建林译：《美国联邦刑事诉讼规则和证据规则》，中国政法大学出版社1996年版，第21页。

理由被提出来的时候，起诉方有责任驳斥它，而不是被告方有责任证明它，这是一条总的原则"[1]。

(二) 必要性

在我国明确被告方对受贿犯罪的阻却事由负有证明责任，具有特殊的现实意义。以合法的形式为幌子进行受贿，是当前受贿犯罪呈现隐蔽性、智能性发展趋势的一个重要特征。在证明责任问题上，如果仅仅满足于被告人的一般辩解，而不责令其提供相关的证据，势必导致国家司法资源的无限耗费，也容易使一些狡诈的受贿犯罪分子逃脱罪责。因此在受贿案件中，明确被告人对阻却事由存在的主张负有提出证据的责任，在当前司法实践中具有特殊的现实意义。

1. 打击犯罪的客观需要。随着诉讼制度的民主化趋势，犯罪嫌疑人的权利受到进一步保护。刑事沉默权的确立是大势所趋，通过合法的司法手段查明某些问题将更为困难。为打击某些犯罪，必须对犯罪嫌疑人的权利进行一定的限制，要求其承担对特定事项的证明责任，以解决司法实践中的突出问题，是有效打击疑难犯罪的手段。反之，若一概要求控诉方对所有的刑事案件负证明责任，必将导致思维僵直，刑法运作不畅，造成法律空白、甚至司法无能的严重后果。

2. 实现刑法公正的需要。正如储槐植教授所言，"刑法重视人权保障并非单纯甚至主要不是为了有利于被告人，而是为了刑法公正。"[2] 在我国诉讼模式由职权主义向当事人主义借鉴的今天，强制鼓励负有特定义务的当事人提供客观证据，有利于查明案件事实，使法律事实更加接近客观事实，从而使审判结果客观公正。

3. 有利于节约司法资源，提高诉讼效率。国家司法资源是有限的，特别是在经济类犯罪案件中（包括贪污贿赂案件），经济行为本身的复杂性、频繁性和信息数量的巨大性，决定了查证工作的艰难性。往往是投入大量的司法力量仍然难以奏效，对非法行为的识别和取证，采取大海捞针式的方法是对司法资源的严重耗损，而且往往达不到很好的效果。通过证明责任倒置，可以减轻司法机关的负担。由更易于取得证据的被告方承担相应的证明责任，可以避免案件久侦无果而迟迟不能结案，从而大大提高诉讼效率。

4. 有利于实现刑法的一般预防的目的。"对于犯罪最强有力的约束力量不是刑罚的严酷性，而是刑罚的必定性。"[3] 通过有效的打击，可形成强大的威慑力。一旦"腐败成本"远远高于"腐败利益"，可使许多贪污贿赂犯罪行为消灭在萌

---

[1] [英] 理查德·梅："证明责任"，马明译，载《外国法学译丛》1989年第4期。转引自郭有评："受贿案件若干证据问题研究"，载柳经纬主编：《厦门大学法律评论》（第四辑），厦门大学出版社2002年版，第119页。

[2] 储槐植：《美国刑法》，北京大学出版社1996年版。转引自刘正敏："浅谈贪污贿赂案件的举证责任"，载《湖北师范学院学报（哲学社会科学版）》2004年第2期。

[3] [意] 贝卡利亚：《论犯罪与刑罚》，黄风译，中国大百科全书出版社1993年版，第59页。

芽状态，也可避免许多人产生侥幸和从众心理去"踩红线"和"打擦边球"。刑法作为最后一道防线，其结果关系到法律的权威性和社会正义的最终实现。在一个法治国家里如果刑事法律都难以有效发挥作用，事实查不清，其他的手段更是枉然，没有刑法的威慑，犯罪预防只是一句空话。打击不力的后果只能是越来越多的人铤而走险，前赴后继搞腐败。而完善的刑法机制、诉讼机制以及证明机制则可以从技术上排除各种干扰，对于是违法还是犯罪，都可以明确给予结论，从而使其行为受到法律追究，体现刑罚的确定性，最终表现为法律的威慑力。

5. 有利于刑事诉讼中的人权保障。实行证明责任倒置，可使行为人预见自己行为的法律后果从而自主的处分自己的权利，在保障法律权威性的同时最大程度地尊重了当事人的意愿，同时可有效地减少某些急功近利的侦查人员通过刑讯逼供等非法手段收集证据。当事人畏惧法律的周密性产生的威严而非办案人员的拳脚，是司法文明进步的表现。相比之下，其他诸如秘密监听、对当事人进行诸如"双规"之类的人身限制等侦查手段反而更容易侵犯公民及当事人的合法权益。

二、我国在受贿犯罪中确立证明责任倒置的有关问题

（一）关于证据合法性的证明责任问题

一般而言，刑事诉讼中的证明对象，包括实体法事实和程序法事实。而且随着近年来我国法学理论界及实务界程序意识的不断提高，以及新刑事诉讼法确立的较有控辩式色彩的审判模式的不断实践，对于程序法事实的证明问题也越来越引起人们的重视。从受贿案件的审判实践看，这个问题已渐渐显现出来。由于受贿案件具有取证难、证据单一、证据不稳定的特点，在办理受贿案件的过程中，最为常见的现象是被告人在法庭上翻供，证人在法庭上翻证，推翻原来所作的认罪口供、证言，声称以前的供述或证言系受侦查人员逼供、诱供、骗供、套供所致。在这种情况下，原来的供述、证言的取得方式的合法性成为了十分重要的问题。显然，对这些证据合法性的证明，即属于程序法事实证明责任的范畴，因为在这里需要判断的是这些证据的取得方式是否合法。

与实体法事实争执相比，程序法事实争执存在着根本差异。其一，程序法事实争执并非案件事由。对于这个争执判断的正确与否，与案件实体真实的发现有的具有某种间接关系，如采用非法方法获取的口供，可能涉及虚假陈述的内容；有的则可能与案件实体真实的发现无关，如未依法定程序搜查、扣押而取得的物证。其二，程序法事实的审理对象不是被告人，而是警察、检察官等执法者。程序法事实争执不同于实体法事实争执的两个特点，决定了在确定程序法事实证明责任时必须考虑两个因素：一是被告人对于程序活动缺乏自主性和支配性，也难以获取证明程序事实的相关证据；二是规定程序事实的证明责任，主要是基于正

当程序或者程序正义价值理念的要求，而非完全出于案件真实的发现目的。[1]

根据我国最高人民法院《关于执行〈中华人民共和国刑事诉讼法〉若干问题的解释》第61条的规定，即"严禁以非法的方法收集证据。凡经查证确实属于采用刑讯逼供或者威胁、引诱、欺骗等非法的方法取得的证人证言、被害人陈述、被告人供述，不能作为定案的根据"，以及2010年7月1日实施的最高人民法院、最高人民检察院、公安部、国家安全部、司法部《关于办理刑事案件排除非法证据若干问题的规定》，我国已经确立了非法证据排除规则，但从司法实践来看，非法证据排除规则在我国的应用却不尽人意。出现这种情况的原因固然是多方面的，但不可否认的是，证明责任制度的缺位是其中一个最为关键的原因。由于我国侦查制度的封闭性，实行既无律师在场又无同步录音录像的所谓"秘密审讯"的审讯制度，辩护方通常难以取得相应证据，因此很难承担证据非法的证明责任。为此，有必要建立起更具操作性和公平性的证明责任制度。首先，应规定当辩方提出证据非法的请求时，应提供相关线索或者存在非法取证的可能性的推理证明责任。对此有两个要求：一是除法院自行发现外，辩方必须承担非法证据的主张责任，如果辩方没有提起主张，应当推定侦查程序合法，否则将不符合诉讼经济和诉讼效率的原则；二是辩方提出相关主张后，应当向法院提供相应的线索或存在非法取证的合理依据。比如向法院展示嫌疑人身上的伤痕，出示带有血迹的衣物，向法庭提供刑讯的时间、地点、侦查人员的相关特征等。其次，当辩方提出排除非法证据的主张并承担推进性证明后，控方如果予以否认的，除非控方放弃使用该证据，应由控方承担证明责任，证明该证据系通过合法的方式、程序取得，而且这一证明应达到"事实清楚，证据确实充分"或者"排除合理怀疑"的标准。这种证明责任倒置的方式，既是出于检察机关是国家法律监督机关的职责要求，也是出于辩方在该问题上举证能力低弱的现实考虑。[2]

---

[1] 郭有评："受贿案件若干证据问题研究"，载柳经纬主编：《厦门大学法律评论》（第四辑），厦门大学出版社2002年版，第119~120页。

[2] 值得提及的是，这一证明责任的承担方式也符合两高三部最新发布的《关于办理刑事案件排除非法证据若干问题的规定》中的有关要求。该规定第6条规定："被告人及其辩护人提出被告人审判前供述是非法取得的，法庭应当要求其提供涉嫌非法取证的人员、时间、地点、方式、内容等相关线索或者证据。"这就表明启动证据合法性调查程序的初步责任由被告人及其辩护人承担，以避免不负责任地随意启动对证据合法性的"审理"程序的情况。该规定第7条第1款规定："经查，法庭对被告人审判前供述取得的合法性有疑问的，公诉人应当向法庭提供讯问笔录、原始的讯问过程录音录像或者其他证据，提请法庭通知讯问时其他在场人员或者其他证人出庭作证，仍不能排除刑讯逼供嫌疑的，提请法庭通知讯问人员出庭作证，对该供述取得的合法性予以证明。公诉人当庭不能举证的，可以根据刑事诉讼法第165条的规定，建议法庭延期审理。"以及第11条规定："对被告人审判前供述的合法性，公诉人不提供证据加以证明，或者已提供的证据不够确实、充分的，该供述不能作为定案的根据。"据此，控诉方对被告人审判前供述的合法性负证明责任，并要达到证据"确实、充分"的标准。

(二) 关于赃款去向的证明责任问题

赃款去向可以作为受贿犯罪中影响量刑的情节,这是在第十五章第四节中得出的结论。根据上文的分析,与财产来源相似,赃款的去向唯有被告人本人最清楚,唯有他才能确实地提供证明其赃款去向的客观真实情况,因此将赃款去向的证明责任分配给被告方是符合利益衡量原则的。反之,若将他最清楚不过的事实的证明义务转移到指控方,既不符合人的认识规律,也是强指控方之所难。具体地说,关于赃款去向的证明责任的分配,本书认为,应当根据情况区别对待,在一定条件下由控方承担证明责任,在一定条件下则应由被告方负证明义务。这里的证明责任的转换,依所主张的情节的不同而确定。

如果主张因为赃款去向反映出被告人的主观恶性程度深,建议裁判从重处罚,则支持这一主张的证明责任在控诉方。反之,如果主张赃款用于公务等去向,要说明被告人主观恶性程度较弱,请求法庭从轻处罚的,则证明责任就应由被告人及其辩护人承担。这一规定也是被告人辩护权的应有之义,因为被告人进行辩护的目的是提出证明自己无罪、罪轻或免于处罚的各种证据,而不会提出导致加重对自己的处罚的证据。因此当存在对己有利的情形时,辩方必然会进行申辩,而如果放弃对赃款去向的申辩权,其法律后果极可能对其不利。在此情况下,行为人不会轻易放弃权利而去承担不利于自己的后果。

第十四章 受贿犯罪的证明标准

第一节 证明标准概述

一、证明标准的概念

证明标准是指运用证据对案件事实进行证明所应达到的程度,它与证明责任密切相关,是案件事实得到证明对证据的质和量提出的具体要求。刑事证明标准是指在刑事诉讼中适用的证明标准,也即在刑事诉讼中承担证明责任的主体对运用证据证明案件争议事实所应达到的程度。刑事证明标准作为公安司法工作人员运用证据证明案件是否达到各诉讼阶段所应达到的证明要求的尺度,其本身就是一个包含有立案、侦查终结、提起公诉、有罪判决等证明标准的系统。"证明标准作为一个系统,其各部分相互联系,并形成合力共同发挥证明标准的整体功效、展现出自身的特征。"[1]

二、证明标准的特征

1. 动态性。即刑事证明标准是随着诉讼活动的深入而由简单到复杂、由低级到高级运动变化,在不同的诉讼阶段,其要求的证明标准也有所不同。

2. 层次性。相比动态性从动态的角度反映证明标准的变化特性,层次性则从静态的角度反映证明标准的变化特性。这表现在:①不同的诉讼阶段使用不同的证明标准。随着诉讼阶段的发展,证明任务与诉讼主体的行为有所不同,对案件的认识也会经历由表及里,循序渐进的层层递进过程。②不同的证明主体适用不同的证明标准。在我国刑事诉讼中,被告人不承担自证其罪的责任,而检控方若要证明被告人有罪则需要承担"案件犯罪事实清楚,证据确实、充分"的证明责任。但这并不是绝对的,例外的情况如,法律作出例外规定的犯罪事实。如职务犯罪中的"巨额财产来源不明罪",被告人对明显超过收入的财产或支出的来源的合法性承担证明责任,但这种证明责任是有限的,其并不需要达到充分证明的程度,"一般只需进行符合情理的说明,并在必要时提供有关的证明材料"[2]。又如对要求审判员回避、法院缺乏管辖权等事实根据的证明。③不同的证明对象

---

[1] 原俊迪:"论刑事诉讼证明标准",山东大学2006年硕士学位论文。

[2] 黄维智、雷建昌、张斌:《职务犯罪证据的收集与运用》,中国检察出版社2005年版,第173页。

使用不同的证明标准，即针对实体性法律事实与程序性法律事实，适用的证明标准有所不同。由于实体性法律事实关系到犯罪嫌疑人、被告人的定罪量刑问题，因此其证明标准要比程序性法律事实高。

3. 法定性。法定性即刑事诉讼证明标准必须由刑事诉讼法明确规定，这是保障实体正义与程序公正的要求。

三、大陆法系与英美法系证明标准概述

（一）大陆法系国家的证明标准

大陆法系的多数国家根据待证事实的不同性质，分别将证明方式分为证明与疏明，证明的标准高于疏明的标准，因为证明要求使法官对于待证事实形成确信的心证。[1]

大陆法系国家的证明标准可以概括为"内心确信"。内心确信的证明标准在1808年的法国《刑事诉讼法》第342条中第一次得到明确规定。[2] 其经典表述为"你们是真诚地确信吗"。法国1957年《刑事诉讼法》第304条明确规定，陪审官应以"诚实自由的人们所应有的公平与严正，根据指控证据和起诉理由，凭借自己的良心和确信作出判断"。现行法国《刑事诉讼法》第353条也基本上沿用了这一规定："法律仅向审判员提出唯一的一个包括衡量他们全部职责的问题，你们具有内心确信吗？"第427条又规定："除法律另有规定外，犯罪可以用各种证据予以证实并由审判官根据内心确信作出决定。"

"内心确信"是裁判者通过"自由心证"对证据的取舍和证明力权衡后的确认。自由心证证据制度将心证划分为四个等级，由低到高排列是：第一等级是微弱的心证，亦称不完全的心证；第二等级为盖然的心证；第三等级为盖然的确实心证；第四等级为必然的确实心证。"前两级为弱势心证，后两级为强势心证"。[3]，而有罪判决的证明标准是第四等级"必然的确实心证"。

"内心确信"的证明标准从名称本身来看带有强烈的主观标准意味，但是这并不代表法官可以任意证明，恰恰相反，这种确认必须依据明智推理，建立在对证据结果之完全、充分、无相互矛盾的使用之上。[4] 因此，这种内心确信是排除了任何疑问的内心确信。1808年法国《刑事诉讼法》规定的"内心确信"证明标准对世界各国的证明标准的确立产生了深远而又广泛的影响，欧洲大陆各国争相模仿。德国、比利时、意大利等国先后在法律中规定了这一标准。如德国《刑

---

〔1〕 上海社科院法研所编译：《诉讼法》，知识出版社1981年版，第202页。转引自孙长永、黄维智、赖早兴：《刑事证明责任制度研究》，中国法制出版社2009年版，第242页。

〔2〕 陈光中、徐静村：《刑事诉讼法》，中国政法大学出版社1999年版，第179页。

〔3〕 王亚新："刑事诉讼中发现案件真相与抑制主观随意性问题"，载《比较法研究》1993年第2期。

〔4〕 江伟：《证据法学》，法律出版社1999年版，第201页。

事诉讼法》第261条规定:"对证据调查的结果,由法庭根据它在审理的全过程中建立起来的内心确信而决定。"[1]

(二) 英美法系国家的证明标准

英美法系的证据法和证据理论将证明的程度分为九个等级:第一等级是绝对确定,由于认识论的限制,认为这一标准无法达到,因此无论出于任何法律目的均无这样的要求;第二等级是排除合理怀疑,既是刑事案件作出定罪裁决要求的最高标准,也是诉讼证明方面的最高标准;第三等级是清楚和有说服力的证据,某些司法区域在死刑案件中拒绝保释时以及作出某些民事判决时有这样的要求;第四等级是优势证据,是作出民事判决以及肯定刑事辩护时的要求;第五等级是合理根据,适用于签发令状,物证逮捕、搜查和扣押,提起大陪审团起诉书和检察官起诉书,撤销缓刑和假释以及公民扭送等;第六等级是有理由的相信,适用于"拦截和搜身";第七等级是有理由的怀疑,足以将被告宣告无罪;第八等级是怀疑,可以开始侦查;第九等级是无线索,不足以采取任何法律行为。[2] 在英美等国的刑事诉讼中,不同阶段会适用不同的证明标准,但是最典型的是作为定罪标准的"排除合理怀疑"标准。

关于"排除合理怀疑"的界定,理论界与实务界从其产生至今就没有停止过争论。在此我们并不打算对如此之多的定义进行罗列,只是想指出,"所谓怀疑,当然只是一种可以说出理由的怀疑,而不是无故置疑。否则,对于任何纷繁的事物,都可以发生想象的或幻想的怀疑。因此,所谓合理之怀疑,必非以下各种怀疑:非故意妄想的怀疑;非过于敏感的怀疑;非仅凭臆测的怀疑;非吹毛求疵、强词夺理的怀疑;非于证言无证的怀疑,即非通常有理性的人,所谓合理的、公平诚实的怀疑"[3]。

第二节 受贿案件的立案标准

本节将结合司法实践以及相关司法解释对受贿罪立案标准相关问题进行详细论述。

一、受贿罪立案标准

根据1999年最高人民检察院《关于人民检察院直接受理立案侦查案件立案标准的规定(试行)》(以下简称《立案标准》),对受贿罪立案需要符合下列两个条件之一:其一,个人受贿数额在5000元以上的。这是构成受贿罪立案的一般

---

[1] 毕玉谦:《民事证据原理与实务研究》,人民法院出版社2003年版,第817~818页。
[2] 何家弘主编:《司法鉴定导论》,法律出版社2000年版,第66页。
[3] 李学灯:《证据法比较研究》,台湾五南图书出版公司1992年版,第667页。转引自孙长永、黄维智、赖早兴:《刑事证明责任制度研究》,中国法制出版社2009年版,第248页。

条件，也就是说，原则上讲，个人收受贿赂数额达到5000元以上的，就应当立案。其二，个人受贿数额不满5000元，但具有：①因受贿行为而使国家或者社会利益遭受重大损失的；②故意刁难、要挟有关单位、个人，造成恶劣影响的；③强行索要的，三种情形之一的，也应当立案。立案标准作出这样的规定，是对《刑法》第386条、第383条第1款的回应。《刑法》第383条第1款第4项规定："个人贪污数额不满5000元，情节较重的，处2年以下有期徒刑或者拘役；情节较轻的，由其所在单位或者上级主管机关酌情给予行政处分。"依据这一规定，个人收受贿赂，数额在2000元以上，不满5000元，情节较重的，也构成受贿罪。所以，立案标准作出这样的规定是具有法律根据的，同时，立案标准对受贿罪立案数额作出特殊规定，也是对司法实践经验的总结，是针对受贿罪的严重情节作的规定。对受贿罪立案标准的把握应注意：

1. 《立案标准》明确了"利用职务上的便利"的含义：" '利用职务上的便利'，是指利用本人职务范围内的权力，即自己职务上主管、负责或者承办某项公共事务的职权及其所形成的便利条件。"①国家工作人员利用本人职务范围内的权力，是指本人依据法律法规规定和岗位职责所享有的决定、办理、处置某种实物的权力，包括人事权、财物权以及其他职务权力。表现形式有：通过积极实施或者承诺实施自己正当的职务行为，即职务上应当或有权作为的事项，为他人谋取利益；违背法定程序和工作制度、办事条件，积极实施或承诺实施在其职权范围内能够实施的行为，为他人谋取利益；通过消极地不实施自己的职务行为，不履行自己的职责，为他人谋取利益，从而向他人索取或收受贿赂；不是通过自己的积极的或消极的职务行为，而是以自己的职务所必须产生的特定事实，为他人谋取利益；②国家工作人员利用本人职务和地位形成的便利条件，是指行为人虽然不是直接利用本人职权，但利用了本人职权或地位所形成的便利条件，通过其他国家工作人员职务上的行为，为请托人谋取不正当利益，而本人从中向请托人索取或者非法收受财物。表现形式有：行为人利用与其职务有关的纵向关系，即行为人凭借自己的职权去指挥、影响、说服与职务活动有密切关系的同一部门、同一系统的上级、同级、下级国家工作人员，进行一定的职务行为；利用与其职务活动有密切关系的横向关系，即行为人凭借其所拥有的地位，去说服或影响与其在业务上有密切来往的相邻部门、单位的国家工作人员进行一定的职务行为，从而为请托人谋取利益。

2. 在某些情况下"不满5000元"同样应予立案。具体情形有：因受贿行为而使国家或者社会利益遭受重大损失的；故意刁难、要挟有关单位、个人，造成恶劣影响的；强行索取财物的。

3. 个人受贿数额"不满5000元"的下限。根据《立案标准》附则有关规定，个人受贿数额"不满5000元"是指接近5000元且已达到5000元的80%以上，即个人受贿数额在 4000 元以上,情节较重的,也应立案。

4. 实施非法收受或者索取他人财物的行为。①索取他人财物既可以是明示也可以是暗示。实践中,乘对方有求于己主动向对方提出贿赂的要求,甚至威吓要挟对方从而迫使对方就范的事例很多,但更多的是乘人有求于己"暗示"请托人给予自己贿赂。暗示索贿与一般接受贿赂相区别的关键地方在于:行为人有没有实施拖延、刁难和语言引诱的行为,行贿人是否因这些行为而被迫给予财物。实践中经常发生这样一种情况,即国家工作人员利用职务上的便利,在其他人和单位有求于己的时候,以借为名向他人索取财物,或者以暂用为借口非法收受财物为他人谋取利益,以此规避法律。对于这种案件是否为受贿案的认定应从以下方面进行判断:有无正当、合理的借款理由;款项的去向;双方平时的关系如何,有无经济来往;在借款或借用贵重物品之前双方是否存在请托与被请托的关系;出借人是否要求国家工作人员利用职务上的便利为其谋取利益;借款后是否有归还的意思表示及行为;是否有归还的能力;未归还的原因等。②非法收受他人财物。非法包括两个方面:一是利益的非法,如国家法律、法规、行政规章规定,禁止国家工作人员利用职务便利收受他人财物,禁止帐外给予国家工作人员回扣、好处费等,对于法律、法规、行政规章没有规定禁止的利益,一般不能作为受贿罪的非法利益;二是获取利益的手段非法,如行为人利用考核提拔干部的便利收受他人给予的财物等。

5. 为他人谋取利益。《刑法》第 385 条规定,国家工作人员利用职务上的便利索取他人财物的,无论是否为他人谋取利益,均构成受贿罪。同时,第 385 条规定,国家工作人员利用职务上的便利非法收受他人财物,必须同时具备"为他人谋取利益"的条件,才构成受贿罪。至于为他人谋取的利益是否正当,利益是否实现,一般不影响受贿罪的成立,而且行为人接受他人的贿赂财物,无论是在谋取利益的前、中、后阶段,均不影响受贿罪的成立。而第 388 条规定,国家工作人员利用本人职权或者地位形成的便利条件,通过其他国家工作人员职务上的行为,索取他人财物或者收受请托人财物的,只有为他人谋取不正当利益时,才构成受贿罪。所谓"不正当利益",《立案标准》规定,是指谋取违反法律、法规、国家政策和国务院各部门规章规定的利益,以及谋取违法法律、法规、国家政策和国务院各部门规章规定的帮助或者方便条件。如果是为请托人谋取正当的利益,即使非法收受了财物,也不能以受贿罪论处。

"为他人谋取利益"包括承诺、实施和实现三个阶段的行为。只要具有其中一个阶段的行为,如国家工作人员收受他人财物时,根据他人提出的具体请托事项,承诺为他人谋取利益的,就具备了为他人谋取利益的条件。明知他人有具体请托事项而收受财物的,视为承诺为他人谋取利益。在这种行受贿双方都心知肚明、非常默契的情况下,只要被请托的国家工作人员接受了请托人的财物就应当视为承诺为请托人谋取利益。

二、利用影响力受贿罪立案标准

该罪名是《刑法修正案（七）》新增加的罪名，利用影响力受贿罪属于数额犯，"数额较大"、"数额巨大"以及"数额特别巨大"关系到对被告人的量刑，更涉及到立案标准即能否立案的问题，但到目前为止最高立法机关和最高司法机关尚没有对该数额标准进行规定。本书认为可以参照受贿罪的立案标准处理。

三、单位受贿罪立案标准

根据《立案标准》的规定，单位受贿涉嫌有下列两种情况的，应予立案：其一，单位受贿数额在10万元以上的。这个条件具体而明确，单位接受贿赂，数额在10万元的，就应当立案。其二，单位受贿数额不满10万元，但具有下列情形之一的，也应当立案：①故意刁难、要挟有关单位、个人，造成恶劣影响的。这是单位受贿犯罪中的一种严重情节。国家机关、国有公司、企业、事业单位、人民团体，或者掌握国家经济、社会、文化监督、管理、调节、服务的公共权力，或者占有公共财产，处于资源、市场、供给的优势地位，在与有关单位、个人打交道过程中，故意刁难、要挟有关单位、个人，是一种严重的滥用权力和滥用公共资源行为，历来为人民所不能容忍。立案标准将单位受贿数额不满10万元，但具有故意刁难、要挟有关单位、个人情节的，作为立案的条件，也是出于这种考虑。②强行索取财物的。这也是单位受贿犯罪的严重情节之一，历来为我国法律所严惩。③致使国家或者社会利益遭受重大损失的。这是单位受贿罪立案标准的兜底条款，主要是考虑到单位受贿罪造成危害后果的多样复杂性，为适应司法实践需要而作的规定，通常是指单位受贿造成极为恶劣的社会影响等情况。对单位受贿罪立案标准的把握应注意：

1. 单位犯罪的主观故意具有认识因素和意志因素。认识因素是指单位受贿犯罪的参与者对于本单位的受贿行为和参与单位受贿犯罪行为的其他人员行为的认识情况。单位受贿的意志因素则只能是希望结果发生。单位犯罪故意的特征是：其一，单位犯罪的故意，是经单位决策机构的决策实现的，包括法定代表人授意或者决定以及单位领导机构集体讨论决定两种方式；其二，单位受贿犯罪的目的是为了单位集体获取非法利益；其三，单位受贿犯罪中的直接负责的主管人员和其他直接责任人员的罪过形式只能是直接故意。

2. 索取他人财物的认定。索取是指国家机关、国有公司、企业、事业单位、人民团体利用掌握的国家公共权力和公共资源、国有资源以及在资金、项目、技术、审批等方面的优势，通过要挟、控制、排挤等非法手段甚至明确提出要求，迫使他人给予本单位财物的行为。

3. 为他人谋取利益的认定。为他人谋取利益既可以是法律许可的正当利益，也可以是非法利益。

4. 帐外暗中收受。国家机关、国有公司、企业、事业单位、人民团体在经济往来中，只要在帐外暗中收受各种名义的回扣、手续费，不论是否为他人谋取利益，均以受贿论。

5. 情节严重的情况。单位受贿的行为只有在情节严重时才构成受贿罪。至于何为"情节严重"，一般是从行为的社会危害性大小和手段是否恶劣进行判断的。根据单位受贿的特点和客观实际需要，单位受贿罪中的"情节严重"应当指以下情形：①单位受贿数额在10万元以上的；②单位受贿数额不满10万元，手段恶劣，如强行索取财物的，或者使国家或者社会遭受重大损失的，再如由于国有单位受贿放纵走私，放纵企业排污造成重大损失等；③故意刁难、要挟有关单位、个人，造成恶劣影响的。[1]

四、非国家工作人员受贿罪立案标准

根据最高人民检察院、公安部《关于公安机关管辖的刑事案件立案追诉标准的规定（二）》第10条的规定，公司、企业或者其他单位的工作人员利用职务上的便利，索取他人财物或者非法收受他人财物，为他人谋取利益，或者在经济往来中，利用职务上的便利，违反国家规定，收受各种名义的回扣、手续费，归个人所有，数额在5000元以上的，应予立案追诉。非国家工作人员的受贿罪与受贿罪的不同之处在于，非国家工作人员受贿罪的主体为非国家工作人员，其收受贿赂的方式除了索贿和收受他人财物外，还可以是在经济往来中，利用职务上的便利，违反国家规定，收受各种名义的回扣、手续费，归个人所有。

第三节 受贿案件的公诉标准

一、英美法系与大陆法系公诉证明标准比较

（一）英美法系

在公诉证明标准上，英国的公诉标准是比较客观的，因为它不完全依靠检察官的主观判断，而更强调程序上的定罪可能性。1994年《皇家检察官守则》第5.1条规定："皇家检察官应当确信对每一个被告人提出的每一项指控都具有'预期可予定罪'所需的充分证据。皇家检察官应当考虑该案将如何辩护以及辩护对控诉可能造成的影响。"第5.2条规定："预期可予定罪属于一项客观性审查，它是指陪审团或者治安法官，根据法律的正确指导，对被指控的被告人定罪的可能性远远大于不定罪的可能性。"[2] 美国的起诉证明标准与英国大致相同的同时还

---

[1] 杨书文、韩耀元：《职务犯罪立案标准与司法适用》，法律出版社2009年版，第67页。
[2] 中国政法大学刑事法律研究中心组织编译：《英国刑事诉讼法》，中国政法大学出版社2001年版，第543页。

更注重对严重危害社会治安犯罪的起诉。美国《刑事检控准则》第9条规定："对于那些严重威胁社会公众的案件，即使检察官所在的司法管辖区的陪审团往往对被控犯有这类罪行的人宣告无罪，检察官也不得因此而不予起诉。"美国多数州的法律规定，检察官提起公诉的标准是具有"合理根据"，虽然字面上与合法逮捕的"合理根据"标准一样，但由于要考虑到提出的指控能否通过预审或者大陪审团的审查，实务上，该起诉标准往往高于合法逮捕的"合理根据"标准，起诉达到的证明标准实际上类似于英国的"预期可予定罪"标准。加拿大有关法律则规定，检察官在认定有充分证据和公共利益的需要进行起诉时，才决定起诉。[1] 加拿大 Martin Committee 曾确认有关共识："本国的基本司法原则是，提出或继续进行刑事检控，不单要有充分证据证明某人触犯刑事罪行，并且检控亦须符合公众利益。"[2] 其中的证据检验和公共利益检验均体现了预期定罪可能性的要求。由此可见，英美法系国家实行的一般是"预期可予定罪性"的标准。日本、我国澳门地区虽然不属于英美法系，尤其是澳门的刑事诉讼制度脱胎于葡萄牙刑事诉讼制度，长期属于大陆法系，但是，由于日本、我国澳门地区多年来都致力于刑事诉讼法的改革，积极吸收英美法系当事人主义的合理因素，在诉讼中引进对抗制，因此，公诉标准也接近于英美法系。在日本，法律上对检察官提起诉讼的标准并没有明文规定，但是，"检察实务中的起诉标准是，是否存在根据确凿的证据获得有罪判决的可能性"[3]。澳门《刑事诉讼法》第265条规定："……当达到充分迹象显示有罪发生并具体指明何人是犯罪行为人时，检察院应当针对此人提起控诉……""充分迹象系指该等迹象能合理显示出嫌犯可能最终在审判中被科处刑罚或保安处分者。"[4] 这种"预期可予定罪"的标准是与对抗制诉讼模式紧密相关的，是对抗制诉讼模式的必然要求。

(二) 大陆法系

大陆法系国家则以德国和法国为代表，其采取职权主义模式，采用"有足够证据证明控诉或犯罪嫌疑"标准；苏联解体后，俄罗斯对原有的《刑事诉讼法》进行了多次修改、增删，积极吸收当事人主义的部分合理因素，但其大体上还是保留着职权主义模式。俄罗斯《联邦刑事诉讼法典》第213条规定，检察长对调查机关或者侦查员送来的案件，应审查"所提出的控诉是否已经由案件中现有的证据加以证实"，如现有的证据已足够证实所提出的控诉，则应作出批准起诉书

---

〔1〕 杨成、单民主编：《中外刑事公诉制度》，法律出版社2000年版，第111页。

〔2〕 闵钐："《澳大利亚联邦检察院起诉规则》评析"，载孙谦主编：《检察论丛》（第九卷），法律出版社2004年版，第553页。

〔3〕 [日]松尾浩也：《日本刑事诉讼法》，丁相顺译，中国人民大学出版社2005年版，161页。

〔4〕 周士敏：《澳门刑事诉讼制度论》，国家行政学院出版社2001年版，第152～167页。

的决定,将案件交由法院进行审判。[1] 可见,俄罗斯现行的公诉标准是证据是否足以证实控诉,与德、法等实行职权主义模式的大陆法系国家所采用的"有足够标准证明控诉或犯罪嫌疑"的公诉标准是一致的。

由于大陆法系与英美法系的诉讼模式、法律文化历史传统,以及由此决定的检察官地位高低不同等因素,两种公诉标准存在着以下的不同,如标准本身的文字表述略有不同、检察官在裁量时所拥有的权限不同、检察官在审查证据时考虑的重点不同、公诉的价值追求也略有不同,[2] 但是两者也有着许多共同的地方,首先,刑事起诉必须以掌握足够证据为前提,必须有充分的证据证明指控或者犯罪嫌疑。检察官只需要确定其所提出的指控有足够的证据证明而不是无根据即可。对于"证据充分、足够"的标准则完全由检察官独立决定。其次,提起公诉的证明标准低于定罪标准。"起诉必须有足够的证据支持,这是公诉制度的通例。"[3] 但"足够"的标准在不同国家有不同的解释。在日本检察事务中,将有足够的犯罪嫌疑作为起诉的条件,而英国则实行"预期可予定罪"的公诉证明标准,德国是"有足够的事实根据",相比"内心确信"或者"排除合理怀疑"的定罪标准,提起公诉的证明标准明显与定罪标准存在梯度差别。最后,针对不同的证明对象适用不同的证明标准。就检察机关提起公诉而言,针对不同性质的案件,对于案件的不同事实,采用的证明标准也有不同。"如在德国,常使用'证明'和'说明'两种概念。凡是法官确信某一案情事实的,用'证明'这个概念;而'说明'意味着对诉讼事实只要一定程度即可"[4],"而在英美国家,则根据所要证明的罪行轻重适用不同的证明标准"[5]。

二、我国公诉证明标准

公诉证明标准是指检察机关提起公诉时运用证据证明案件事实所应达到的程度的要求。具体讲,当检控方提供的证据达到证明标准,就意味着完成了证明责任,其指控的犯罪事实成立;反之,则未完成证明责任,其指控的犯罪事实不能成立,即意味着公诉失败。我国《刑事诉讼法》第141条规定:"人民检察院认为犯罪嫌疑人的犯罪事实已经查清,证据确实、充分,依法应当追究刑事责任的……"这里的"犯罪事实已经查清,证据确实、充分"即我国的公诉证明标准。

---

[1] 苏方遒、许鹤喃、白俊华译:《俄罗斯刑事诉讼法典》,中国政法大学出版社1999年版,第129~130页。

[2] 参见孙长永、黄维智、赖早兴:《刑事证明责任制度研究》,中国法制出版社2009年版,第285页。

[3] 孙长永、黄维智、赖早兴:《刑事证明责任制度研究》,中国法制出版社2009年版,第284页。

[4] 王以真:《外国刑事诉讼法学》,北京大学出版社1999年版,第339页。

[5] 冯耀辉:"浅议我国公诉证明标准的完善",载《国家检察院学报》2007年第1期。

所谓"犯罪事实清楚",是指与定罪量刑有关的事实和情节都必须是清楚、真实的;所谓"证据确实、充分",是对用以确定案件事实的证据质和量的要求,即每一个证据都必须已查证属实,具有证明力,并且案件事实和各个要件都有相应的证据予以证明,证据之间、证据与案件事实之间的矛盾得到排除,全案的证据形成一个闭合的锁链。具体讲,应达到以下要求:①据以定案的证据具有关联性;②据以定案的证据具有可采性;③属于犯罪构成要件的事实均有相应的证据加以证明;④现有证据在总体上已足以对所要证明的案件事实得出确定无疑的结论,排除了其他一切可能性。[1] 学术上称之为"排他性证明标准"。根据《人民检察院刑事诉讼规则》第286条第3款"证据不足,不符合起诉条件"的反面规定,"排他性"是指:①据以定罪量刑的证据不存在疑问;②犯罪构成要件事实均有必要的证据予以证明;③据以定罪的证据之间的矛盾得到合理排除;④根据证据得出的结论具有唯一性,不存在其他可能。[2]

三、客观真实说与法律真实说

(一)客观真实说

传统的客观真实论认为:"我国诉讼中的证明任务就是确定案件的客观真实……司法机关所确定的这些事实,必须与客观上实际发生的事实完全符合,确实无疑。"[3] 诉讼中的"完全客观真实"要求诉讼主体对案件所有事实和情节的认识做到与客观事实全部一致和完全吻合。我们认为,这种要求诉讼主体将案件的所有事实和情节全部查清楚的客观真实,在诉讼中既不可能也没必要实现。[4]

我们主张的客观真实在一定的程度上是绝对真实。所谓"绝对",在汉语中有"肯定"、"一定"的意思。诉讼中的绝对真实体现在对关键事实的认定上应当而且能够做到确定性和唯一性,这就具有绝对的因素。具体来说,在刑事诉讼中,对于"谁是犯罪行为人"这一关键事实的认定必须达到确定性和唯一性。当然,我们主张的客观事实在一定程度上也具有相对性。诉讼中的相对真实体现在:一方面,基于主、客观多方面的原因,有些案件确实无法查清,例如有些刑事案件长期难以侦破;另一方面,有些案件虽然基本事实能够查清,但有些细节、甚至是一些对责任认定有意义的事实也难以查清。[5]

客观真实说以辩证唯物主义为基础,客观真实是绝对真实与相对真实的辩证统一。割裂二者的关系,只承认其中的任何一个方面都是片面的。只承认绝对真

---

[1] 卞建林:《证据法学》,中国政法大学出版社2000年版,第279页。
[2] 冯耀辉:"浅议我国公诉证明标准的完善",载《国家检察院学报》2007年第1期。
[3] 巫宇甦:《证据学》,群众出版社1983年版,第78页。转引自卞建林:《刑事诉讼的现代化》,中国法制出版社2003年版,第414页。
[4] 陈光中、李玉华、陈学权:"诉讼真实与证明标准改革",载《政法论坛》2009年第2期。
[5] 陈光中、李玉华、陈学权:"诉讼真实与证明标准改革",载《政法论坛》2009年第2期。

实而否认相对真实，就犯了"绝对论"的错误。同样，只承认相对真实而否认绝对真实，就犯了"相对论"的错误，从而得出案件判决结果不具有确定性、"唯一性"的错误结论。

客观真实说在防止公诉权滥用，惩罚犯罪，保障人权，防止冤假错案，实现司法公正方面发挥着重要作用。首先，坚持客观真实，是实现实体公正的前提，因为"有了真相，才会有正义，有了正义才会有公平"；[1] 其次，坚持客观真实，使控方提出的指控更具有针对性，更容易为被告人所接受。公诉中坚持客观公正，使控诉方提出的指控能反映客观真实，使被告人的定罪和量刑更准确，更容易让当事人接受；再次，有助于促使公诉方积极地查明事实真相。坚持客观真实，能够使办案人员寻求事实真相的内心驱动力得到增强，消除其懈怠情绪，减少案件在事实不清的情况下提出起诉。

（二）法律真实说

"法律真实是指公、检、法机关在刑事诉讼证明的过程中，运用证据对案件事实的认定应当符合刑事实体法和程序法的规定，应当达到从法律的角度认为是真实的程度。"[2] "法律真实，是说司法活动中人们对案件事实的认识符合法律所规定或认可的真实，是法律意义上的真实，是在具体案件中达到法律标准的真实。"[3] 这些不一致的表述都表达着一致的意思，即"强调认定案件事实的法定程序、规则和要求，而不追求认定事实的结果符合客观实际"[4]。有学者认为"与'客观真实'是一个最高的证明标准相对应，'法律真实'是一个最低的证明标准"[5]，有学者称法律真实是"手段和尺度，是实现客观真实的可操作性标准"[6]。

通过对客观真实说和法律真实说的对比，我们认为，从客观真实说来看，片面地理解客观真实说，那是不正确的，但即使是全面理解客观真实说还是不足以满足其在理论上和实践中的需要，因为其自身有着不可忽略的缺陷。首先，表现为缺乏层次性。客观真实说无论从绝对真实还是相对真实来理解，均不能解决其缺乏层次性的问题，在处理案件时，要么选择"绝对"，要么选择"相对"，而在二者之间似乎看不到一种衔接的桥梁。层次性不仅仅体现为梯度性，更应体现出

---

[1] 陈光中主编：《中国司法制度的基础理论专题研究》，北京大学出版社2005年版，第234页。

[2] 樊崇义："客观真实管见"，载《中国法学》2000年第1期。

[3] 何家弘："论司法证明的目标和标准——兼论司法证明的基本概念和范畴"，载《法学研究》2001年第6期。

[4] 陈光中、李玉华、陈学权："诉讼真实与证明标准改革"，载《政法论坛》2009年第2期。

[5] 陈为钢、张少林：《刑事证明方法与技巧》，中国检察出版社2008年版，第289页。

[6] 冯耀辉："浅议我国公诉证明标准的完善"，载《国家检察官学院学报》2007年第1期。

衔接性。其次，客观真实对程序正义、诉讼效率价值有所忽略。如果说从绝对真实的角度理解客观真实，那会使得办案人员努力追求对案件全部事实情况达到客观真实，但这是不可能的，最终只会使案件迟迟得不到侦破或判决；如果从相对真实的角度理解，则会使办案人员有随意办案的理由，因为一切的真实都只是相对的，那就没必要苦苦追求所谓的证据确实充分了。因此，不论是从哪个角度理解，都不利于实现程序正义和诉讼效率。从法律真实说来看，每个案件不是证据达到了法律真实就可以结案的，而且也不可能对每一种具体类型的案件规定详细的证明标准，即使有标准也难以包含全部。因此有必要对我国公诉证明标准进行重构。

四、受贿罪公诉证明标准重构

我国《刑事诉讼法》第 141 条规定："人民检察院认为犯罪嫌疑人的犯罪事实已经查清，证据确实、充分，依法应当追究刑事责任的，应当作出起诉决定，按照审判管辖的规定，向人民法院提起公诉。"我国法律对公诉的证明标准要求较高，即检察机关提起公诉的事实和证据标要求是"人民检察院认为犯罪嫌疑人的犯罪事实已经查清，证据确实、充分，依法应当追究刑事责任的"，它既包括对犯罪事实的要求，同时也包含了对定罪的要求，从字面上看，其与判决的标准并无区别。在司法实践中，由于检察机关的公诉部门与法院刑事审判庭长期的接触和交流，检察官对法官定罪的标准也有所了解，因而检察机关大体上是按照法院的定罪标准来掌握公诉标准的，其中很大程度上是要保证胜诉。当然，公诉标准与定罪标准并不是绝对的一致，实践中，检察官与法官对于"证据确实、充分"的理解并不完全相同。尤其是某些社会反响强烈、受到有关方面关注的案件，一方面公诉机关有进行起诉的需要；另一方面又未能对案件证明到无懈可击的程度，这时检察机关可能倾向于对证据不够扎实的公诉案件提起公诉。"更为突出的是，对检察机关自行侦查的国家工作人员实施的职务犯罪案件，即使证据不够充分，检察机关也倾向于提起公诉。"[1]

我国的证明标准缺乏层次性为很多学者所诟病。就此，有学者提出，在重构我国证明标准时应当将"客观真实"与"法律真实"结合起来，[2] 形成一个有层次性的证明标准。我们认为，"法律真实"是证明的最低标准，而"客观真实"则是最高标准，因此我国的公诉标准应当是介乎于"法律真实"与"客观真实"之间的一个幅度，而这个幅度应当比定罪标准的幅度要小，即公诉的证明标准与有罪判决标准基于同一起点——法律真实，但应当低于或略低于有罪判决的终

---

[1] 孙长永、黄维智、赖早兴：《刑事证明责任制度研究》，中国法制出版社 2009 年版，第 288 页。

[2] 陈光中、李玉华、陈学权："诉讼真实与证明标准改革"，载《政法论坛》2009 年第 2 期。

点——排除合理怀疑或内心确信,以起到刑事司法程序中的过滤功能,维护检察官的地位并充分发挥其主观能动性。尤其针对贿赂案件,由于其自身的特殊性,起诉难度较大,构筑证明标准较低的具有层次性的公诉标准就显得更有迫切性。根据证明标准的理论和我国的实践经验,借鉴、融合外国的公诉证明标准,结合我国立法、司法现状,我们认为,公诉标准可以表述为:认为有充分证据足以证明指控并且有可能导致有罪判决。这是考虑到:一是我国目前刑事诉讼模式仍然没有摆脱职权主义色彩,控辩双方的力量对比仍然十分悬殊,因此为保障被告方的诉讼权利,只有在"有充分证据证明指控"的情况下才能提起公诉;二是我国检察官既是提起公诉的主体也是法律监督主体,因此为防止其滥用公诉权,只有"极有可能导致有罪判决"的情况下方可提起公诉。在这一标准内,应创设层次性的证明标准。

在受贿犯罪案件中,对于收受贿赂与否的基本犯罪事实,以及"是否利用职务之便"、"是否为他人谋利益"、"是否违反规定"、"是否归个人占有"等非要件构成事实,其证明都必须满足最高的证明标准,即"事实清楚、证据确实、充分"。刑事诉讼法没有根据证明对象的不同给予划分,没有在非要件构成事实的证明标准上给予相应的降低。由于那些非犯罪要件构成事实天生具有很大的模糊性(比如是否为他人谋取利益和利用职务之便),所以在法庭审判实践中,被告人频频针对上述情况提出辩解,使检察机关在庭审中较为被动。因而在侦查程序中,为了得到案件的有罪判决,检察机关反贪部门疲于奔命,针对上述情况付出大量精力,调取、收集证据,以期满足苛刻的证明标准,效果却不尽如人意。就本质而言,这种现象其实正是这种单调划一的证明标准给控方造成的过大的证明负担。针对以上情况,我们认为:

1. 对于犯罪构成的基本事实的证明,人民检察院应当确定最高证明标准"确定的相信"或者"排除合理怀疑"等,这是对犯罪嫌疑人权利保障的应有之义。[1]

2. 对于犯罪构成中的非基本事实或者非犯罪构成的次要事实,控方在证明中就没必要达到最高证明标准,"优势证据"甚至"合理怀疑"等证明标准已经足够了。[2]

3. 对推定的事实无需证明。推定在刑事诉讼中的运用笔者已在十四章有详细论述,在此仅就与公诉标准有密切联系的推定进行论述。推定是指依照法律规定或者由法院按照检验法则,从已知的基础事实推断未知的推定事实存在,并允许

---

[1] 卜开明、胡立柱、程东:"贿赂犯罪侦查中的内在缺陷分析——以程序法为视角",载《安徽大学法律评论》2008 年第 1 期。

[2] 卜开明、胡立柱、程东:"贿赂犯罪侦查中的内在缺陷分析——以程序法为视角",载《安徽大学法律评论》2008 年第 1 期。

当事人提出反证予以推翻的一种证据法则。"推定仅于未能提供证据以充分辨明视为推定事实不存在之认定时，始有其适用"[1]，因此推定的实质是降低证明标准，即由一般的定罪标准"排除合理怀疑"，降低为"更大可能性"的证明。鉴于受贿犯罪主体的特殊性，一方面使犯罪更加隐蔽，收集证据更加困难；另一方面证据的单一性、对合性、互证性、不稳定性等特点使得受贿犯罪的调查特别困难。贿赂犯罪的一系列特点，使对该类犯罪的调查就特别困难。可以说，贿赂犯罪与刑事程序有着一种"天然性不协调关系"[2]。因此，我们认为，对于"一对一"证据的贿赂推定，如果被指控受贿的一方否定时就应当提供证明以示清白，而在共同受贿罪的推定中，在财产共有关系人一方收受他人贿赂，另一方利用职务之便为他人牟利的情况下，法律推定二人之间有共同犯罪的主观故意。在这类涉及广泛公众利益的案件中适用推定，是基于诉讼便利的需要，更为重要的是基于保护社会利益的需要。

4. 对于控方的争点形成责任，理所当然由控方承担刑事诉讼中的最高证明标准，对于针对被告人提出的辩解，控方应承担疑点排除责任。但是"疑点排除责任的证明标准也因其证明对象的不同而不同，对定罪量刑没有影响或影响不大的争议事实只需优势证明即可"[3]。同样也没有必要非要达到最高的证明标准不可。这种证明标准的降低，同样可以减轻检察机关在指控犯罪中的证明负担，在贿赂犯罪中，其必要性显得更为突出。

第四节 受贿案件的定罪标准

前已述及，在我国，提起公诉的标准和定罪标准在文字表达上是一致的，并且对提起公诉的标准结合法律真实说与客观真实说进行了评述，提出了建立"层次性"的提起公诉的证明标准。在评述我国定罪标准时，我们不再打算对定罪标准结合法律真实说与客观真实说再一次进行论述，而是结合我国目前对定罪标准进行改革的评议，提出改革我国受贿案件定罪标准的一些建议。

一、司法实践中对定罪标准的表述

我国《刑事诉讼法》第162条对法院作出有罪判决的事实与证据要求是："案件事实清楚，证据确实、充分"。尽管在法律上作出了这样的规定，但是司法实践中对有罪判决的表述却并不是那么一致。经学者对某省三级法院的76名从事刑事审判的法官进行调查发现：①52.63%的人认为形式证明标准的表述应当是

---

[1] 参见 E. M. 摩根：《证据法之基本问题》，李学灯译，世界书局1982年版，第60页。
[2] 王云海：《美国的贿赂罪：实体法与程序法》，中国政法大学出版社2002年版，第212页。
[3] 雷建昌："职务犯罪侦查模式比较研究"，载《社会科学研究》2004年第2期。

"犯罪事实清楚、证据确实充分"；②单选"排除合理怀疑"占 22.37%，如果再加上同时选择"排除合理怀疑"和其他标准的，则接受排除合理怀疑的比例达到 31.58%；③选择"内心确信"的比例占 6.58%，如果加上同时选择其他的则占 10.53%；④选择"确定无疑"的占 9.21%；⑤9.21% 的人同时选择 2 个以上的选项。[1]

二、关于是否引入"排除合理怀疑标准"的讨论

司法实践中对一般刑事案件的定罪标准把握上，大多数法官是坚持"犯罪事实清楚，证据确实、充分"，但对"排除合理怀疑"认同的法官也不在少数，而选择"内心确信"或者"确定无疑"的法官则仅仅是少数。作为大陆法系国家所普遍接受的"内心确信"标准在我国却得不到法官的青睐，主要是因为其名称的主观色彩太强，很容易联想到主观乃至擅断，这与马克思主义所坚持的主客观相联系是格格不入的。而"确定无疑"是最高人民检察院原副院长张穹在其《关于"严打"整治斗争中的法律适用问题》一文中提出的，他说："'基本事实清楚、基本证据确凿'是实践中办理刑事案件的证明要求，适用'两个基本'认定案件，必须达到确定无疑的程度，必须排除其他可能性，保证对被告人定罪量刑的正确"。该标准从 2001 年提出，到调查进行时的 2008 年，过了 7 年时间，但实践中对"确定无疑"的运用仅是少数。我们认为，一方面，有可能是因为法官对"确定无疑"标准的认识不够深入，且所谓"无疑"并不存在任何余地，比较绝对，尽管其用"两个基本"作为证明要求，但"基本"具体究竟是什么并没有明确的规定，最终还是要落到"排除合理怀疑"上；另一方面，则是由于"受到美国的强势文化和近年来理论界的影响"以及"联合国的有关文件中也使用了排除合理怀疑的表述"[2]。就我国司法现状而言，是否应该引进"排除合理怀疑"是需要慎重考虑的。

首先，对"排除合理怀疑"的认识存在混乱，不利于司法实践。作为确定被告人是否有罪的分界线，定罪标准的内涵必须是明确、具体、可操作的，唯有定罪标准的清晰，才能避免在司法实践中有罪和无罪界限的混淆，从而保证司法公正，保护公民权利，避免司法权的滥用，避免错判无罪或有罪。关于该概念的明确性，无论理论界还是实务界均对"排除合理怀疑"的涵义的理解存在很大的模糊性，就此情况，英美法系国家对"排除合理怀疑"使用以下方法进行解释：[3]一是把"排除合理怀疑"同人们在日常生活中作出重要决定时的心理状态进行类

---

[1] 参见李玉华、姜阀、张贵军："关于刑事证明标准的调查与分析"，载陈光中主编：《刑事司法论坛》（第一卷），中国人民公安大学出版社 2008 年版，第 253 页。

[2] 陈光中、李玉华、陈学权："诉讼真实与证明标准改革"，载《政法论坛》2009 年第 2 期。

[3] 孙长永、黄维智、赖早兴：《刑事证明责任制度研究》，中国法制出版社 2009 年版，第 254~257 页。

比；二是将合理怀疑解释为有理由的怀疑；三是将"排除合理怀疑"理解为对被告人有罪的一种共同的、道德上的坚定确信。但无论如何解释，"对事件进行实证证明的领域，达到绝对的确定性是不可能的……在这个领域，存在不同程度的确定性"[1]，而这也意味着存在不同程度的不确定性。其模糊性导致司法实践中陪审团在进行评议时，成员之间意见很不一致，很难作出一致的裁判[2]。如果将其引入我国司法实践，该标准在发源地的不确定性和模糊性会不会对我国的司法实践造成消极影响，这需要再认真考察。至于"排除合理怀疑"是否比"事实清楚，证据确实、充分"更具有操作性，这并无任何证据证明。因为这两个标准均是法官"基于自己的良心和理性，根据经验法则和逻辑法则加以综合判断。证明标准只是为法官判断和认定案件事实，对被告人是否有罪提供一个衡量标准"，因此很难说哪一个的可操作性比较强。

其次，"排除合理怀疑"并不是联合国相关司法文件对于定罪标准的统一规定。联合国人权事务委员会在1984年通过的关于《公民权利和政治权利国际公约》第14条的一般性意见中指出："有罪不能被推定，除非指控得到排除合理怀疑的证明。"但是在同年联合国通过的《关于保护死刑犯权利的保障措施》第4条却规定了："只有对被告的罪行根据明确和令人信服的证据而对事实没有其他解释余地的情况下，才能判处死刑。"至于什么是"对事实没有其他解释余地"并没有作出明确的规定，有学者认为该标准"显然高于'排除合理怀疑'"[3]。我们赞同该学者的观点，并认为，既然有比排除合理怀疑更高而且同样能够达到的标准，那么"排除合理怀疑"标准的引入就不具有唯一性。而对更高的标准是否引入则涉及到死刑案件证明标准是否应该和普通刑事犯罪的证明标准相同的问题，此处不作深究。

总而言之，对于"排除合理怀疑"标准的引入，我们不能贸然行事。在没有更符合我国刑事司法实践的证明标准出现前，我们更应当对现行的定罪标准进行把握，以适应现实的需要。

三、受贿罪定罪标准的构建

关于受贿犯罪定罪标准的问题，在一个调查中显示：73.68%的法官认为

---

[1] [美]巴巴拉·J.夏皮罗："对英美'排除合理疑问'主义之历史透视"，载王敏远主编：《公法》（第四卷），法律出版社2003年版，第78页。

[2] 1990年在美国密执安州的实验中，主持人挑选了606名大学生作为陪审员参与模拟审判，对有些陪审团，法官按照一些法院实际使用的陪审团指示对排除合理疑问进行了界定，对有些陪审团，法官则未进行界定。模拟审判结果发现，在未对排除合理疑问进行界定的陪审团中，陪审团之间以及陪审员与陪审员之间意见很不一致，结果导致大量审判被宣告无效。转引自：孙长永、黄维智、赖早兴：《刑事证明责任制度研究》，中国法制出版社2009年版，第258页。

[3] 陈光中、李玉华、陈学权："诉讼真实与证明标准改革"，载《政法论坛》2009年第2期。

"贪污贿赂案件应当与其他案件的定罪标准相同"，7.86%的法官认为"为了打击犯罪的需要，可以适当降低证明标准"，18.42%的人选择了"立法上规定相同的标准，但在实际运用中可以适当从低掌握"，其中12人是高级人民法院的法官。这说明降低贪污贿赂案件的实际证明标准在一定程度上和范围上是存在的。这主要是因为在贪污贿赂案件中，证明的难度越来越大。很多法官认为出现"一对一"时证明比较困难，对"明知"的证明比较困难，很难达到"事实清楚，证据确实、充分"的标准。[1]我们认为，受贿犯罪的定罪，原则上应当以"犯罪事实清楚，证据确实、充分"为证明标准，但同时应确立层次性的证明标准体系，即：

首先，对客观上是否存在受贿行为必须查清，因为受贿行为是受贿罪构成的基本条件。由于收集受贿犯罪的证据十分困难，"一对一"证据的情况经常出现，因此利用直接证据证明受贿行为的存在十分困难。这就要求侦查人员要利用其敏锐的观察力以及各种合法手段，收集各种与受贿行为有关的间接证据，形成证据锁链，使受贿行为得以查清。

其次，关于受贿罪的犯罪构成要件事实的认定，包括收受贿赂者身份的基本事实，以及"是否利用职务之便"、"是否为他人谋利益"、"是否违法国家规定"等非基本事实的认定必须准确，必须达到唯一性、排除其他可能性。受贿犯罪的主体以及客观方面的认定都是构成受贿罪不可或缺的要件，缺少其中任何一个都不能定罪。"试想，如果我们在连一个人到底是不是犯罪实施者都不确定的情况下，就对其定罪量刑，那将是对人权的极大的漠视。"[2]

最后，对受贿犯罪的主观方面可以适用推定进行证明。在本书第十四章中，笔者已就推定在刑事诉讼中的作用作了详细的介绍，在此不打算重复叙述。笔者在此仅结合定罪标准，着重指出推定在构建定罪标准中的作用。推定是指根据法律的规定或者由法院按照经验法则，从已证实事实直接认定另一事实的存在，除非被追诉者提出反证加以推翻，否则所推定的事实成立的一种证据法则。具体到贿赂推定则是指，行贿人提供证据证明对方受贿后，被指控受贿者应提供相反证据以证明其无罪，如不能提出反证，或者提出的反证无法达到证明的要求，则推定受贿罪成立的一项制度。[3]受贿犯罪定罪中运用推定的实质是降低定罪的证明

---

[1] 参见李玉华、姜涛、张贵军："关于刑事证明标准的调查与分析"，载陈光中主编：《刑事司法论坛》（第一卷），中国人民公安大学出版社2008年版，第253页。

[2] 陈光中、李玉华、陈学权："诉讼真实与证明标准改革"，载《政法论坛》2009年第2期。

[3] 卜开明："论犯罪构成与证明制度的关联——以贿赂罪为切入点"，载《广西政法管理学院学报》2009年第4期。

标准,即由"充分"降低为"极有可能"。[1] 这种推定的运用已经被国际公约以及我国相关法律认可。

《联合国反腐败公约》第 28 条规定:"根据本公约确立的犯罪所需具备的明知、故意或者目的等要素,可以根据客观实际情况推定。"我国《办理毒品犯罪案件适用法律若干问题的意见》第 2 条对毒品犯罪嫌疑人、被告人主观明知的认定问题作出了明确的适用推定的规定,即"走私、贩卖、运输、非法持有毒品主观故意中的'明知',是指行为人知道或者应当知道所实施的行为是走私、贩卖、运输、非法持有毒品行为。具有下列情形之一,并且犯罪嫌疑人、被告人不能做出合理解释的,可以认定其'应当知道',但有证据证明属被蒙骗的除外……"。因此,为了有效打击受贿行为,同时防止因为推定的滥用而随意出入人罪,我们认为,以我国有关法律和司法解释为基础,结合有关国际公约的规定,在立法上进一步明确规定:对于受贿犯罪,明知、故意或者目的等要素可以根据客观实际情况予以推定。

第五节 受贿类罪的证据参考标准[2]

《刑法修正案(七)》颁布以后,我国刑法将受贿罪的划分为:非国家工作人员受贿罪、受贿罪、单位受贿罪、利用影响力受贿罪。对于共同受贿的认定,其涉及以下三种情况:有特殊主体身份的人与没有特殊主体身份的人共同受贿,国家工作人员与特定关系人共同受贿,以及利用影响力共同受贿。由于各受贿罪在证据标准上均有不少重合之处,在此就不分开进行论述,仅以受贿类罪作为研究对象,对于受贿类罪中有特殊性的地方将在文中作出说明。由于客体是抽象的法益,一般是通过客观、主体、主观三方面进行体现和确定,因此本节将其受贿类罪分解为客观、主体、主观三个方面的证据参考标准进行论述。

依照刑法、刑事诉讼法及相关立法、司法解释的规定,受贿类罪公诉证据参考标准是:

一、受贿犯罪客观方面的证据

关于受贿犯罪客观方面的证据分三种情况:

(一)索取型受贿罪客观方面的证据标准

1. 利用职务便利方面的证据。

(1)犯罪嫌疑人的供述和辩解。包括:原任何职,职责范围怎样,是否利用

---

[1] 黄维智、雷建昌、张斌:《职务犯罪证据的收集与运用》,中国检察出版社 2005 年版,第 161 页。

[2] 参见最高人民检察院公诉厅编:《公诉案件证据参考标准》,法律出版社 2006 年版,第 637~644 页;肖中华主编:《贪污贿赂罪办案一本通》,中国长安出版社 2007 年版,第 171~281 页。

了自己职务上的主管、负责或者承办某项公共事务的职能及其所形成的便利条件，自己的职务行为，与行贿人是什么关系。

（2）相关证人证言。包括：犯罪嫌疑人任何职，职责范围怎样等。

（3）书证。证明犯罪嫌疑人职责范围的制度规定，受贿人利用职务行为的文件、记录、批文、工作会议须知及会议日程、审批表、注册表、认可表、技术审查报告、企业许可证、审批材料、公司情况说明及明细表、借条、收条等。

（4）行贿人的供述或证言。包括：与受贿人的个人关系、工作业务关系，行贿过程中与受贿人的工作关系或业务关系。

2. 索取他人财物方面的证据。

（1）犯罪嫌疑人的供述和辩解。内容包括：①索取财物的原因；②索取财物的时间、地点及次数；③索取财物时有无其他人在场；④是本人亲自接受，还是他人代为接受；⑤是事前接受还是事后接受；⑥索取的是现金还是物品；⑦索取的金钱是人民币、外币还是有价证券，是何种有价证券，具体数额、面值、包装，去向如何；⑧索取物品的名称、品牌、价值，存放形式及地点，去向如何。

（2）行贿人的供述和辩解。内容包括：①为何给予财物，是否愿意；②行贿的时间、地点和次数；③是否有其他人在场；④接受财物的是何人；⑤行贿是现金还是物品；⑥行贿的金钱是人民币、外币还是有价证券，具体数额、面值、包装；⑦行贿物品的名称、品牌、价值。

（3）证人证言。如果是对受贿人受贿行为知情的，其证言内容与受贿人供述与辩解相似；如果是对行贿人行贿行为知情的，其证言内容与行贿人的供述或证言相似。

（4）物证。①追缴的赃款赃物；②对无法移动的赃款赃物现场拍摄的照片；③用赃款购买的物品及照片；④对赃物的估价书。

（5）视听资料。能够证明行贿受贿行为的录音、录像资料。

（6）鉴定结论。有权机关对能证明行贿受贿行为的文件、视听资料、笔迹所作的刑事技术鉴定。

（7）书证。①索贿人或行贿人索取财物或送出财物的有关笔记、日记；②证明行贿款来源的银行存折、支取账单等。如系单位行贿的，应调取行贿单位的财物记账、银行账单等。

通过上述证据证明犯罪嫌疑人有利用职务便利索取他人财物的行为。

在审查、判断与运用上述证据时，注意区分索贿与敲诈勒索行为的界限，重点通过分析行为人索贿与其"职务便利"相联系的证据，从而证明其行为属于职务犯罪而不是普通的侵犯财产罪。

（二）收受型受贿罪客观方面的证据标准。包括：

1. 利用职务便利方面的证据。基本同于上述索取型受贿罪的证据要求。

2. 收受他人财物方面的证据。基本同于索取型受贿罪的证据要求。

3. 为他人谋取利益方面的证据。①证明受贿人利用职务便利为他人谋取利益的文件、批示等书证。②有关犯罪嫌疑人参加的与"为行贿人谋利益"有关的会议记录。③犯罪嫌疑人的供述和辩解。内容包括：是否意图为他人谋取利益，是否正在为他人谋利益，谋取了什么利益，是正当利益还是不正当利益，谋取利益的详细经过。④行贿人的供述或证言。其内容包括：是否要求受贿人谋取利益，是否获得了利益，获得了什么利益，是正当利益还是不正当利益。⑤其他证人证言。其内容包括：行贿人是否要求受贿人为他谋取利益，受贿人是否意图为行贿人谋取利益，是否谋取到了利益，谋取了什么利益，是正当利益还是不正当利益。

通过上述证据证明犯罪嫌疑人不仅收受了他人财物，而且利用职务便利为他人谋利益。证明"为他人谋利益"时，只需有受贿犯罪嫌疑人已经为他人谋取了利益或者正在为他人谋取利益的证据；特殊情况下有确凿的证据证明犯罪嫌疑人承诺为他人谋利益或者打算为他人谋利益也视为行为人"为他人谋利益"。

在收集、审查、判断、运用上述证据时，注意为他人谋利益不管是否正当、是否实现，都不影响受贿罪的成立。同时注意"谋利益"可以在收财物之后，也可以在收财物之前。正当履行职务后收受他人财物的，只要能够证明犯罪嫌疑人在收受财物时有"权钱交易"的故意，则仍成立受贿罪。

（三）斡旋型受贿罪客观方面的证据标准

1. 书证。①证明犯罪嫌疑人职责范围的制度、规定；犯罪嫌疑人利用职务的地位、影响实施斡旋贿赂的记录、批示；犯罪嫌疑人所在单位与其他国家工作人员所在单位的关系；其他国家工作人员的任职单位、部门、职务、职权、级别及获得上述职务、行使相应职权的时间。②证明受请托的国家工作人员接受请托为犯罪嫌疑人谋取利益的文件、记录、批示。③证明欲谋取的利益系不正当利益的法律、法规、国家政策和国务院各部门规章。④证明要求国家工作人员或者有关单位提供的帮助或者方便条件系"非法"的依据。

2. 受请托的国家工作人员的证言。内容包括：是否接受犯罪嫌疑人的请托，为什么接受请托，请托的具体内容，与犯罪嫌疑人的个人关系及工作关系，任职单位、部门、职务、职权、级别，及获得上述职务、行使相应职权的时间，是否接受请托为犯罪嫌疑人谋取利益，谋取什么利益，是不是"不正当利益"。

3. 证人证言。内容包括：犯罪嫌疑人与受请托的国家工作人员的个人关系、工作关系，犯罪嫌疑人的职权或者地位对受请托的国家工作人员是不是无"制约关系"，具体表现是什么，受请托的国家工作人员是否接受了犯罪嫌疑人的请托，为什么接受请托，犯罪嫌疑人是否要求其他国家工作人员为其谋取利益，是否谋取到了利益，谋取什么利益，是不是"不正当利益"。

4. 犯罪嫌疑人的供述和辩解。内容包括：与受请托的国家工作人员的个人关系及工作关系，本人的职权或者地位对受请托的国家工作人员是否有制约关系或者实际影响力，具体表现有哪些，请托了哪些事项，有无实现这些事项，要求其他国家工作人员为请托人谋取什么利益，是不是"不正当利益"。

5. 犯罪嫌疑人索取或收受他人财物方面的证据。基本同于索取型或收受型受贿罪的证据要求。

通过上述证据证明犯罪嫌疑人利用本人职权或者地位形成的便利条件，通过与其无制约关系的其他国家工作人员职务上的行为，为请托人谋取了不正当利益。

在审查、判断和运用上述证据过程中，应注重收集和审查犯罪嫌疑人收受他人财物后，是否仅利用职权或者地位形成的便利条件，通过他人为请托人谋取不正当利益的证据。如果行为人以利用亲情、友情关系，通过他人为请托人谋取不正当利益作辩解时，就应当重点查找斡旋受贿中"两国家工作人员"之间关系的证据，包括工作联系方面的书证、证人证言等。

还有一点应当注意，在犯罪嫌疑人是否收受财物问题上出现"一对一"情形时，要重点分析有关行贿人行贿的详细经过的证据，分析受贿犯罪嫌疑人收受财物前后其家庭财产的变化情况，如其银行存款变化情况，受贿人供述或者辩解的矛盾之处以及行贿人、受贿人平时的品行等，要做到排除合理怀疑，才能认定与收受财物有关的证据"确实、充分"。

（四）受贿犯罪常见的物证与书证

（1）物证。即关于收受的"财物"，包括现金和物品。物品包括流通领域的商品、生产领域的产品、单位和公民的生产资料、生活资料等物品、农副产品、进出口货物、金银珠宝、制作的工艺品、文物、有价支付凭证、有价证券、有价单证、邮票、纪念币等收藏品、纪念品等。常见的有以下物证：①涉及金钱的：银行客户回单、个人汇款凭证、银行支付系统专用凭证、信汇凭证、开户申请表、资金流水明细、银行转账凭条、客户交易查询资料、取款凭条、收条、发票、收款单、对账单、转账支票存根、开户资料等；②涉及汽车的：机动车登记表、机动车登记业务流程记录表、机动车销售统一发票、二手车销售发票、二手车价格评估结论书；③涉及房产的：涉案物品价格鉴定中心鉴定书、房地产登记申请书、房屋交接书、商品房预售合同、首付款发票、产权证、个人借款抵押合同和借款合同、房屋出售合同、契税缴款书、个人贷款放款通知书、房产证、记账凭证、外省市个人在京购房批准通知单及办理产权通知单、私人购房按揭合同、储蓄存款凭条、信汇凭证、银行账目、提前还款单据、搬迁置换合同等；④涉及股份的：公司工商登记材料、验资报告、出资的记账单据、产权交易合同、股权转让合同、出资证明、委托付款协议书、股权转让协议书、股东会决议等；⑤接受分红的：公司记账凭证、支票领用单、支票存根等；⑥涉及外币的：国家外汇管理局出具的汇价证明等；⑦涉及土地利用的：投标中标通知书、项目报告书、缓交征地费用报告、土地出让协议、有关项目建设的请示和批复、土地征用合同书、用地和资金协议、国有土地使用权出让合同、财物账目、拨款审批表等。

（2）估价证明等书证。根据国家发展和改革委员会、最高人民法院、最高人民检察院、公安部《扣押、追缴、没收物品估价管理办法》的规定，委托指定的估价机构估价，并调取估价证明。

（3）日记本、账本及其他书证。

（4）证人证言、犯罪嫌疑人供述、辩解。通过上述证据的收集和固定，证明受贿的对象是财物，以及证明受贿财物的数量。进一步证明犯罪嫌疑人的行为侵犯了国家工作人员职务的廉洁性。

在收集、审查、判断和运用上述证据过程中应当注意的问题是：

受贿犯罪嫌疑人索取、收受的是财物，不包括非物质利益。对于为受贿人提供装修等物资性利益时，应该有装修费用方面的物证、书证及有关部门的评估书，将其折算成"财物"。对于收受的不记名、不挂失的有价支付凭证、有价证券、有价票证，均以财物论，要有按票面数额和案发时已交的孳息、奖金或者奖品等可得收益一并计算的证据。对于股票，要有收贿当日证券交易所公布的该种股票成交的平均价格证据。对于收受的记名的有价支付凭证、有价证券、有价票证，能即时兑现的，以财物论。其中票面价值已定并能即时兑现的，如活期存折、已到期的定期存折和已填上金额的支票，以及不须证明手续即可提取货物的提货单等，应当有案发时应得的利息或者可提货物的价值的证据。如果票面价值未定，但已经兑现的，要有实际兑现的财物价值的证据。

如果犯罪嫌疑人用"亲友间礼尚往来，不是受贿"作辩解，应当重点收集以下证据：

（1）行贿人供述或证言。包括当地一般"礼尚往来"的数额，行贿者家属收入情况，行贿人与受贿人关系的亲密程度。

（2）受贿犯罪嫌疑人供述。包括受贿人与行贿人关系的亲密程度，以往曾经给行贿人送礼的情况等。

（3）证人证言，内容与上述相似。

（4）犯罪嫌疑人收受财物前后，为行贿人谋利益的情况。

通过上述证据证明犯罪嫌疑人有收受财物并利用职务便利为他人谋利益的行为。如果"礼尚往来"差额极不合理，则即使存在"亲友关系"，也不影响受贿罪的认定。

如果犯罪嫌疑人用"借款"而非受贿作辩解时，应当重点收集以下证据：①犯罪嫌疑人口供；②犯罪嫌疑人工资等家庭收支情况方面的书证；③关于"借条"的司法文书鉴定，主要是书写时间鉴定；④行贿人供述或证言。

通过上述证据，证明犯罪嫌疑人没有向行贿人"借款"，而是受贿。

（五）利用影响力受贿犯罪的客观方面的证据

1. 利用该公务员影响力的客观方面的证据：①通过该国家工作人员职务上的行为；②利用该工作人员职权或者地位形成的便利条件，通过其他国家工作人员职务上的行为；③离职的国家工作人员的近亲属、其他与其关系密切的人，利用该离职的国家工作人员原职权或者地位形成的便利条件。

2. 受托人与被利用的公务员的关系的产生方式：①基于血缘关系产生的影响力；②基于地缘关系所产生的影响力，如同乡关系；③基于事务关系产生的影响力，如同学、师生、同事关系以及其他基于业务产生的联系；④基于感情产生的影响力，如友情、恋情、情人关系等；⑤基于利益关系产生的影响力，如客户、共同投资人、合同、债权债务关系。

3. 利用影响力受贿允诺的认定：利用其他国家工作人员职务上的行为，为请托人谋取不正当利益。请托人与受托人即影响力者之间达成的允诺、约定，请托人给予影响力者贿赂，受托者收受财物，基于自己的影响力，许诺凭借影响力利用其他国家工作人员职务上的行为，为请托人谋取不正当利益的，即使事后的利用行为没有成功，也不影响本罪犯罪既遂的成立。

4. 对于允诺的成立，不需要行贿人与受贿人之间存在现实的口头或书面协议，只要能够认定行贿人行贿的目的在于某种利益，受贿人收取财物是基于自己职务上的便利，就可以认定这种允诺的成立，即受贿罪的成立。

5. 对"谋取不正当利益"的要求。本罪不论索贿还是收受贿赂都必须以"为请托人谋取不正当利益"为要件。

二、受贿犯罪主体方面的证据

1. 犯罪嫌疑人自然情况的证据。①居民身份证、工作证、护照等；②公安部门出具的户籍证明等。

2. 证明犯罪嫌疑人身份的证据。①国家机关、国有公司、企业、事业单位、人民团体所出具的委任书、聘用书等；②犯罪嫌疑人的行政职级、职务、职称证明材料；③不同时期的任免通知、任职通知、干部履历表；④受国家机关、国有公司、企业、事业单位、人民团体委派从事公务的证明材料；⑤干部职务变动登记表、干部任免审批表、开除党籍处分的通知、行政处分通知；⑥与犯罪嫌疑人职务有关的职权分工的规定，职能配置、内设机构和人员编制方案的通知、分工问题会议纪要、党组会议纪要；⑦证明公司、企业属于国有性质的书证；⑧对于受委托从事公务的人员，应重点查明委托机关、委托事项及权限、委托期限等内容；⑨犯罪嫌疑人的供述和辩解；⑩证人证言。

通过上述证据证明犯罪嫌疑人系国家工作人员，即证明其身份符合《刑法》第93条的规定（包括全国人大常委会《关于〈中华人民共和国刑法〉第九十三条第二款的解释》及有关司法解释的规定）。

在收集、审查、判断与运用上述证据过程中，应注意审查犯罪嫌疑人担任职务、行使相应职权的时间，特别是这一时间与行为人收受财物、为他人谋取利益的时间是否一致。如果行为人用"谋利益在前，收受财物时已经退休"来辩解，则应当查找其档案中有关退休时间的证据，根据最高人民法院《关于国家工作人员利用职务上的便利为他人谋取利益离退休后收受财物行为如何处理问题的批复》精神，以及《刑法修正案（七）》的有关规定，国家工作人员利用职务上的便利为请托人谋取利益，并与请托人事先约定，在其离职后收受请托人财物，构成犯罪的，以受贿罪定罪处罚。在认定这种类型的受贿案件时，查证国家工作人员利用职务上的便利为他人谋取利益的当时，对酬谢、回报、劳务费等给付财物问题是否"有约定"十分重要。有约定的，表明行为人具有受贿的故意，可以认定为受贿罪；没有约定的，不能证明行为人具有受贿的故意，不能认定。对于犯罪嫌疑人辩解自己所在公司、企业是非国有公司、企业时，一般从以下几方面列举证据：

（1）证明该公司、企业属于国有性质的书证。包括：公司、企业法人营业执照，公司法人工商注册登记证明，公司、企业法人设立证明，公司企业内部组成的有关合同、章程及协议书等。对公司企业资金来源不明、性质不清的，还须具备以下证据：相关证人证言。包括：是否是国家有关部门授权的单位以及国家机关、国有公司、企业、事业单位、人民团体投资（以下简称举办单位）等。应注意，必须股份都是国有股，才能证明其属于国有。

（2）证明犯罪嫌疑人在国有公司、企业中从事活动的性质属公务活动的书证。如相关的任职证明等书证。

（3）证明犯罪嫌疑人行使或进行公务活动的依据的书证。包括：法律、法规、国务院的决定、决议、命令，国务院各部门制定的规章；地方各级权力部门、政府部门以及主管部门、行业协会发布的规定、决定等具有规范性内容的文件；或者单位自行制定的规范、制度。

确认犯罪嫌疑人的主体身份，必要时，要列举犯罪嫌疑人的供述与辩解。内容包括：是国家机关工作人员还是国有公司、企业、事业单位、人民团体中从事公务的人员，是国家机关、事业单位、人民团体中从事公务的人员，还是国有公司工作人员和国有公司委派到非国有公司从事公务的人员；担任职务、行使相应职权的时间等。

对于党务工作者、人民政协工作人员，要证明其属于在乡级以上中国共产党各级机关、人民政协各级机关中从事公务的人员。

3. 针对利用影响力的受贿犯罪，其主体证据有：国家工作人员的近亲属、与国家工作人员关系密切的人、离职的国家工作人员、离职的国家工作人员的近亲属、与离职的国家工作人员关系密切的人。具体而言：①与该国家工作人员具有夫、妻、父、母、子、女、同胞兄弟姊妹的证明材料；②与该国家工作人员具有祖父母、外祖父母、孙子女、外孙子女以及同父异母或者同母异父的兄弟姐妹、养兄弟姐妹、继兄弟姐妹等非同胞兄弟姐妹等、情夫（妇）、共同财产利益关系的人、密切关系的人的证明材料。

4. 非国家工作人员受贿罪与受贿罪的区别关键是主体不同。非国家工作人员主体较多，用列举的方法难以概括，关于非国家工作人员受贿罪的主体在第六章已有详细论述，此处不再赘述。对于自然人身份、国家机关工作人员、受委托从事公务人员的公诉证据标准已在受贿罪部分详细列举，本罪主体身份的证据标准可参照之。

三、受贿犯罪主观方面的证据

根据受贿类型的不同，受贿罪主观故意内容也有所不同。索取型受贿的行为人具有利用职务便利索取贿赂的故意；收受型受贿的行为人有利用职务便利为他人谋取利益的故意；斡旋型受贿的行为人有为请托人谋取不正当利益的故意。尽管在主观方面有所不同，但在证据证明上，各种类型的受贿罪之间仍然存在共性证据。

1. 证人证言。包括：行贿人、举报人、受贿同谋人及其他知情人关于犯罪嫌疑人具有索取他人财物的故意，或者收受他人财物并为他人谋取利益的故意。犯罪嫌疑人通过其他人员接受财物的，其他人员还需要证实其系受犯罪嫌疑人指使，或者事后告之的证据。

2. 犯罪嫌疑人的供述和辩解。内容包括：犯罪嫌疑人有关受贿的动机、目的及预谋时间、地点、参与人及分工、方式、原因、经过、结果，是否明知行贿人意图通过他谋取利益，是否有索取、收受财物并占为己有的故意，是否有利用职务上的便利为他人谋取利益的故意，如果家属收受财物的，其家属是何时、何地告诉犯罪嫌疑人的，告诉的细节经过如何，告诉收受财物时，有何请托事项。对于正当履行职务收受财物者，是否明知所收财物与事前谋利益的关系。尤其要注意的是，对于国家工作人员利用本人职权或者地位形成的便利条件，通过其他国家工作人员职务上的行为，为请托人谋取不正当利益，索取或者收受请托人财物的，应当重点了解行为人是否明知请托人利用的是行为人职权或者地位形成的便利条件，通过其他国家机关工作人员的职务行为而谋取不正当利益等情况。而对于国家工作人员在经济往来中，违反国家规定，收受各种名义的回扣、手续费，归个人所有的，则需要查明行为人是否了解国家有关在经济往来中的规定等。

3. 用相关物证、书证推定受贿人的主观故意。包括：证明犯罪嫌疑人具有索取、收受他人财物并为他人谋取利益故意的物品、文件、视听资料等；以"借"为名索贿时的"借据"；收财物前"不同意"办事，收财物后又同意办事的"字条"等。

通过上述证据，一是证实犯罪嫌疑人具有索取、收受贿赂的故意；二是证实收受贿赂人同时具有利用职务便利为他人谋取利益的故意，即权钱交易故意。

在收集、审查、判断和运用上述证据时，应当注意国家工作人员利用职务上的便利为请托人谋取利益，在其离退休后收受请托人财物的，须有行为人利用职权为请托人谋取利益，并与请托人约定事后收受财物的证据，包括：①犯罪嫌疑人的供述和辩解。如是否为请托人谋取利益，谋取什么利益，是否约定事后收受财物等。②行贿人及其他知情人的证言。内容同上。对于收受财物后以不作为形式为他人谋取利益，却辩解自己无"权钱交易"故意的，应当有关于受贿人职权规定的证据，如受贿人参加某一会议的"会议记录"，以此推定行为人的受贿故意。对于受贿犯罪嫌疑人以"不知收受的香烟、茶叶中有金钱等有价证券"作辩解时，应当有行为人已经将上述香烟、茶叶消费等相关证据，还应当有行为人关于送上述香烟、茶叶详细经过的证言，以及犯罪嫌疑人的供述。

第十五章 受贿案件的特殊证据规则

第一节 证据规则概述

一、证据规则的概念

在英文中,证据规则的英文表述是"rules of evidence",我国台湾地区称之为"证据法则"。关于证据规则的概念,不同学者有不同的定义。台湾地区陈朴生著的《刑事证据法》中写道:"何种资料,可为证据,如何收集及如何利用,此与认定之事实是否真实,及适用之法律能否正确,极关重要。为使依证据认定之事实真实,适用之法律正确,不能无一定之法则,以资准绳。称此法则,为证据法则。"由此可见,台湾地区学者认为证据法则主要是关于什么可以作为证据使用,如何收集和利用证据的法律规定。[1] 在陈光中先生主编的《刑事诉讼法》(第二版)中,认为"所谓证据规则,在西方的刑事证据中是指控辩双方收集和出示证据,法庭采纳和运用证据认定案件事实必须遵循的重要准则"[2]。杨迎泽教授在其主编的《检察机关刑事证据适用》一书中,认为"证据规则是指确认证据的范围、调整和约束证明行为的法律规范的总称,是证据法的集中体现"[3]。还有的学者称,"证据规则就是指在收集证据、采用证据、核实证据、运用证据时必须遵循的一系列准则。换句话说,就是在诉讼中与证据有关的具有可操作性的程序性准则。其核心问题是证据的可采性问题"[4]。

虽然关于证据规则的定义,有很多不同的表述,但是从以上的介绍中不难看出,证据规则可以分为两大类,即证据本身的规则和运用证据的规则。关于证据本身的规则,是指关于证据的证据能力和证明力的规则。关于证据能力的规则是指何种证据资料可以作为证据提出的问题,包括相关性规则、传闻证据规则、最佳证据规则、意见证据规则、非法证据排除规则等;关于证据证明力的规则,包括品格证据规则、类似行为规则、补强证据规则等。关于运用证据的规则,是指诉讼各方在运用证据时必须遵守的规则,是一种动态规则,包括举证责任规则、

---

[1] 郑旭:"刑事证据规则",中国政法大学 2000 年博士学位论文。
[2] 陈光中主编:《刑事诉讼法》(第二版),北京大学出版社、高等教育出版社 2005 年版,第 208 页。
[3] 杨迎泽:《检察机关刑事证据适用》,中国检察出版社 2001 年版,第 173 页。
[4] 郑旭:"刑事证据规则",中国政法大学 2000 年博士学位论文。

拒绝作证权规则、司法认知、推定自认规则等。

当今世界,证据规则以英美法系国家最为发达。在英美法系国家,证据规则是普通法的组成部分,是在长期的司法实践中逐步积累起来的。传统上,许多证据规则表现为习惯、判例或者司法解释。但是,自从法典化运动在英美法系国家兴起以来,证据规则亦逐步法典化。美国《联邦证据规则》以及英国1984年《警察与刑事证据法》、1994年《刑事审判与公共秩序法》、1996年《刑事诉讼和侦查法》等都规定了大量证据规则。证据规则最早产生和确立于审判阶段,是法官在庭审过程中采纳证据以及陪审团运用证据认定案件事实所必须遵守的行为规则。但由于审判阶段是刑事诉讼的关键阶段,如果侦查和起诉阶段收集的证据结果不符合证据规则的要求,在审判阶段就不会被法庭采纳,因而在证据规则确立后,侦查和起诉机关也都予以遵守。现在,各国立法通常都明确规定,证据规则对控辩双方和法官、陪审团都具有约束力。

证据规则之所以会形成,主要是因为英美法系国家在诉讼制度上奉行当事人主义及陪审团制度,证据的提出、调查、质证均由当事人负责。为了规范当事人的举证、质证活动,防止对由非职业法官组成的事实审判者——陪审团产生误导,在长期的司法实践中通过判例逐步形成了一套相对完备、系统的证据规则,主要集中于证据能力方面,如传闻证据规则、最佳证据规则、意见证据规则、证据相关性规则、任意自白规则等。美国20世纪60年代司法革命时期,为了规范侦查权力的运作,加强人权保障,维护程序公正,又进一步确立了非法证据排除规则。在巫宇甦主编的《证据学》一书中讲到英美法系的自由心证的证据制度时,认为"英美法系国家继续保留着不少形式主义的规则","英国的证据法……着重规定了一系列关于采用证据和判断证据的规则,以利于正确地运用证据裁判案件"[1]。在大陆法系国家,实行职权主义诉讼模式,法官对程序的进行和证据调查起主导作用,证据的取舍及其证明力的大小由法官依其人格、能力、知识、经验而判断,因此为充分发挥法官的主观能动性以查明案件事实,对证据的证明能力方面不作过多限制。尽管如此,有些大陆法系国家,如德国,在借鉴英美证据规则合理因素的基础上,在立法上亦确立了一些证据规则以对证据的范围和运用予以规范,并在诉讼理论上形成了所谓程序禁止和证据禁止的学说。

二、证据规则的特征

证据规则是程序法中的一个相对独立的组成部分,它既不是一般的原则、精神或制度,也不是细枝末节,而是司法实践随手可用的尺度,它是实用的、规律性的证据操作规程,具有规范性、具体性、指导性、程序性等特征。

(一)具有强制的效力

证据规则是具有约束力的行为规范,它们通过法典、判例、司法解释、习惯

---

[1] 巫宇甦主编:《证据学》,群众出版社1983年版,第22~23页。

等形式表现出来，控辩双方、法官和陪审团在运用证据证明案件事实、认定案件事实时都必须予以遵守，否则，其行为构成违法行为，不能产生预期的法律效果，所作出的裁判可能被撤销。

（二）具有明确的指导性

不同于刑事诉讼的基本原则，证据规则都是具体的操作规程，控辩双方、法官和陪审团可以直接从证据规则中得知自己应当做什么，可以做什么和不能做什么。虽然证据规则中蕴含着更高层次的、抽象的原理、原则，但是，其本身不是原则，而只是具体的行为规范，是原则的具体化。例如，传闻证据规则中就蕴含着直接言词原则和辩论原则，但是其本身却是为了贯彻这些原则而确立的行为规范，指出取证和采证时的注意事项，可操作性强。

（三）具有明显的程序性

证据规则属于程序法的范畴，是程序法中的一个相对独立的组成部分。在有专门的证据立法的国家，证据规则一般被规定在单行的证据法中，但证据法本身就是程序法的重要组成部分。当然，证据规则与实体法之间也存在着密切的联系。一方面，作为程序法，证据规则是执行实体法的手段之一，其着眼点在于案件事实的证明过程，主要任务是为适用实体法而提供必要的事实要件；另一方面，实体法规定是形成或者确立证据规则的根据之一，在证明对象和举证责任的分配等方面，实体法的规定起决定性的作用。但是，从本质上来说，证据规则属于程序法，是当事人之间进行公平竞赛的规则。[1]

三、证据规则的意义

（一）有利于查明案件事实

查明案件事实是刑事诉讼的主要任务之一，也是证据规则的一项重要功能。许多证据规则的确立都是为了能够准确查明案件事实，避免事实的查处过程受到法外因素的干扰，对事实裁判者形成误导。譬如，关联性规则是发现案件真实的最基本规则，因为只有运用具有相关性的证据才能形成完整的证明链条，从而排除矛盾，得出确实、唯一的结论。反之，如果与案件事实无关的材料被当作证据采纳，不仅会分散法官和陪审团的精力，浪费时间，而且会混淆案件事实，为查明事实真相形成障碍。又如，传闻证据规则之所以要排除传闻证据的适用，一个重要的原因就是因为传闻证据的陈述者不出庭作证，控辩双方无法对他进行询问，其陈述的可靠性得不到法庭质证的检验而难以辨别，不利于案件事实真相的发现。此外，还有最佳证据规则、意见证据规则等，也是基于认识的可靠性原理，以保证诉讼证据的真实性，进而有利于案件事实的查明。

（二）有利于提高诉讼效率

诉讼效率是现代刑事诉讼的基本理念之一，正如著名的法谚所言，"迟来的

---

[1] 杨迎泽：《检察机关刑事证据适用》，中国检察出版社2001年版，第175页。

正义非正义"。而证据规则的适用不仅有利于发现案件事实，还有利于保障法庭审判的高效、有序运作，避免诉讼进程的无故拖延。这至少表现为以下方面：其一，由于证据规则作为规范证据的取舍与运用的行为准则，制定的都较为严密具体，具有较强的可操作性和指导性，这就使得控辩双方、法官和陪审团在法庭质证和辩论时有了明确的行为规范，这有利于减少纠纷，保证庭审的顺利进行。其二，根据关联性规则，法官有权将重复的、与案件无关或关系不大的、误导性的证据排除于法庭之外，从而保证庭审的集中进行。如美国《联邦证据规则》第403条"因偏见、混淆或浪费时间而排除相关证据"明确规定："证据虽然具有相关性，但可能导致不公正的偏见、混淆争议或误导陪审团的危险大于该证据可能具有的价值时，或者考虑到过分拖延、浪费时间或无需出示重复证据时，也可以不采纳。"其三，推定、自认、司法认知等规则的存在，也有利于提高诉讼效率。因为在适用推定、自认、司法认知时，对于特定的事实，无需当事人举证，法庭就可以直接认定这些事实的存在，这对于简化法庭调查和法庭辩论，提高诉讼效率无疑具有非常重要的意义。

（三）有利于保障人权

控制犯罪与保障人权是刑事诉讼两大尖锐对立的价值目标，二者必须妥善地加以协调，不可片面强调一面而忽视另一面。因此，现代各国在设计刑事诉讼制度时都力求实现这两者的兼顾，对证据规则的设计同样体现了这一理念。证据规则中的不少规则都是出于保护诉讼参与人，特别是犯罪嫌疑人、被告人的合法权利的目的而设立的。其中最为典型的就是非法证据排除规则，这一规则要求将通过非法手段收集的证据予以排除，即使查证属实，也不得用作认定案件事实的根据，这是对执法机关违法调查取证工作最彻底的否定和最严厉的谴责，可以从源头上遏制侦查和起诉机关采用刑讯逼供、威胁、引诱、欺骗等非法方法收集证据，从而保护犯罪嫌疑人、被告人的合法权利。

（四）有利于保护其他重大的社会利益

社会生活并不仅仅是由诉讼构成的，对人类的自由来说，存在着比准确地司法更为重要的东西。因此，当某些关系或利益从社会整体来考虑比有关证人提供的证言更为重要时，就有必要优先保护特定的关系或利益，而无论这样做会给审判程序造成多大的障碍。以证人特权规则为例，具有特定身份或从事特定职业的证人，有权拒绝作证，这是为了避免某些人履行作证义务与其"良心"和"职业利益"相抵触，对于维护夫妻、亲属之间的相互信赖以及律师与委托人、医生与病人、宗教职业者与信徒等职业内的相互信任，张扬人性具有非常重要的意义。美国法学家萨尔斯堡解释道："美国人很珍视特权，因为我们除了审判外，还有生活中的其他价值。我们不是为了作证而是为了生活来到美国的。我们保护有特权的社会关系，是因为它们对于社会生活至关重要。"[1]

四、域外主要证据规则考察

英美法系国家在长期的诉讼实践中积累形成了大量的证据规则，就其技术性而言，已经达到较高的程度，值得我们认真研究，其中最为重要的且通行于所有类型的刑事案件的证据规则主要有以下几个：

（一）关联性规则

关联性规则是英美法系的一项基础性证据规则，其地位主要体现在两个方面：一方面，关联性规则涉及的是证据的内容或实体，而不是该证据的形式或方式。因此，关联性规则适用于所有证据方式。另一方面，尽管具有关联性的证据并不必然具有可采性，但没有关联性的证据必然没有可采性，所以在英美法系国家，除非证据具有关联性，否则不产生证据能力问题。关联性是实质性和证明性的结合，也就是说，如果所提出的证据对案件中的某个实质性争议问题具有证明性，那它就具有关联性。在英美诉讼实践中，关联性的确认受到较为严格的限制，例如，证人、被告人或被害人的品格原则上被视为不具有关联性，但排除品格证据的要求也有一些例外，如对于证明被告作案目的和动机有着证明作用的品格证据可能会被纳入诉讼。

（二）传闻证据规则

传闻证据包括两种证据资料：一是证人在审判场所以外对案件事实所作的陈述；二是证人在审判时以他人感知的事实向法庭所作的转述。传闻证据规则是指原则上排斥传闻证据作为认定犯罪事实的根据的证据规则。根据这一规则，如无法定理由，在庭审或庭审准备期日以外所作的陈述不得作为证据使用，记载检察官或司法警察勘验结果的笔录、鉴定人制作的鉴定结论都不具有当然的证据能力。之所以确立传闻证据规则，主要是因为传闻证据在诉讼中的使用剥夺了诉讼双方对原始证人的询问和反询问的权利，违背了对抗制诉讼的基本精神。而且传闻证据的使用也违反了刑事诉讼的直接审理原则，由于法官未能直接听取原始证人的陈述，未能从陈述的环境和条件、陈述的内容和陈述时的态度、表情、姿势等各方面对陈述的真实性进行审查，因而不利于法官获得正确的心证。当然传闻证据规则也有例外。因为在许多情况下，如果绝对排除传闻证据，实际上做不到。英美证据理论认为在具有"可信性的情况保障"和具有"必要性"的情况下，可以适用传闻证据。

（三）非法证据排除规则

非法证据排除规则，又称合法性规则，是指收集证据必须依法进行，违法取得的证据不得作为定案根据。主要是指在刑事诉讼中应当排除那些通过非法搜查

---

[1] 中国政法大学刑事法律中心编：《中美证据法研讨会纪要》，第四部分，2000 年 5 月。

和扣押获取的物证。对非法证据是否排除,从根本上讲是一种价值选择。从保护被告人和其他诉讼参与人的合法权益的角度来看,非法取得的证据材料应当排除;从追求案件的客观真实并有效实现国家的刑罚权的角度来看,就需要非法证据的效力。前者体现了现代刑事诉讼中严守正当程序以保障基本人权的目的;后者体现了追求实体真实以惩罚犯罪的目的。现代任何国家的刑事诉讼法都禁止以违反法律的方式获取证据,然而对非法获得的证据能否获得证据能力,却有不同的处理方式。美国是实行非法物证排除规则的主要国家,在美国,以违法取得的证据材料为线索,进而以合法的手段取得的其他证据也应当排除,这就是"毒树之果"理论。

(四)最佳证据规则

最佳证据规则是英国普通法上的一项最古老的证据规则之一,原意是指在诉讼过程中应当提供最直接的和最有说服力的证据。它所针对的是证据的可采性问题,其作用在于保障在诉讼中向事实审理者提供最可靠的信息,以确保对案件事实认定的准确性。按照该规则要求,凡是在直接证据能够提供的场合,就应当排除第二位的证据和环境证据的使用。现代意义的最佳证据规则适用范围主要局限于书证领域。其涵义是,以文字材料的内容证明案情时,必须提交该文字材料的原件。以原始文字材料(包括录音、录像、摄影材料等)作为证据,其效力优于它的复制品,因而是最佳的。

(五)证据补强规则

补强证据(corroborative evidence)规则,是指为了防止错误认定案件事实或发生其他危险性,法律规定在运用某些证明力显然薄弱的证据认定案件事实时,必须有其他证据补充说明其证明力的一项证据制度,也就是说,当某个证据为不利于被告人的唯一证据时,法官不得依此证据作为判定被告人有罪和判处刑罚的依据,而要求要有其他的证据对此证据进行补充、肯定的法则,即使法官仅凭该证据已形成有罪之内心确信也不得依此作为判处被告人有罪的唯一根据。在证据补强规则中,最为重要的是自白补强规则,或称口供补强规则,即被告人自白只有在有其他证据进行补强的情况下才能够被用来认定被告人有罪,换言之,只有被告人口供,没有其他证据,不能认定被告人有罪。

(六)意见规则

意见规则就是要求普通证人作证只能陈述自己体验的过去的事实,而不能将自己的判断意见和推测作为证言的内容。对于普通证人而言,之所以排除意见形式的证据,主要考虑到以下两个方面的理由:其一,证人发表的意见并非是自己亲身感知的事实而是对事实的看法或观点,这样的看法或观点有可能是一种主观猜测,容易发生错误;其二,根据一定的证据材料对证人所感知的客观事实作出评价应当属于法官或陪审团的职权范围,证人以及其他证明手段的职能只是将亲身体验的事实提交给法院。允许证人对自己所感受到的事实发表所谓看法或者观点，有侵犯审判权之嫌疑。

五、我国刑事诉讼中的证据规则

在英美法系国家，通过长期的司法实践，确立了很多证据规则，其中比较重要的有关联性规则、非法证据排除规则、传闻证据规则、意见证据规则、最佳证据规则、补强证据规则等。我国没有明确使用"证据规则"的概念，但是在《刑事诉讼法》及司法解释中都有对在刑事诉讼中收集证据、审查判断证据、运用证据的程序、方法、要求的规定，其中不少条文体现了相关证据规则的内容，例如，《刑事诉讼法》第93条有关"犯罪嫌疑人对侦查人员的提问，应当如实回答。但是对与本案无关的问题，有拒绝回答的权利"的规定体现了关联性规则的内容；最高人民法院《关于执行〈中华人民共和国刑事诉讼法〉若干问题的解释》第61条"严禁以非法的方法收集证据。凡经查证确实属于采用刑讯逼供或者威胁、引诱、欺骗等非法的方法取得的证人证言、被害人陈述、被告人供述，不能作为定案的根据"的规定以及自2010年7月1日起实施的最高人民法院、最高人民检察院、公安部、国家安全部、司法部《关于办理刑事案件排除非法证据若干问题的规定》均体现了非法证据排除规则的内容；《刑事诉讼法》第46条"对一切案件的判处都要重证据，重调查研究，不轻信口供。只有被告人供述，没有其他证据的，不能认定被告人有罪和处以刑罚；没有被告人供述，证据确实充分的，可以认定被告人有罪和处以刑罚"的规定体现了自白补强规则的内容，等等。因此，我们认为，我国刑事诉讼中是存在证据规则的，我国的刑事证据规则可以理解为公安司法机关和当事人及其所委托的辩护人、诉讼代理人在刑事诉讼中收集、审查判断证据认定案件事实所必须遵循的重要准则。

然而，在肯定我国存在刑事证据规则的同时，也必须注意到其中的不足与缺陷。首先，我国的刑事证据规则是散见于不同的法律及司法解释中的，没有形成完整的证据规则体系，条文稀少，内容粗放，有待改革和完善；其次，就目前的规定而言，几乎所有的证据规则都不加区分地适用于所有的刑事案件。换言之，我国没有就某些特殊的刑事案件确立特殊的证据规则。而对不同类型的案件适用同样的规则很容易造成适用上的机械性，特别是对于那些社会危害性大而又取证困难的案件，如果严格要求按照一般的证据规则进行，则很可能导致犯罪难以被证实的结果，这显然不利于惩罚犯罪任务的实现。

在上述所说的需要运用特殊证据规则的案件类型中，以受贿犯罪案件最为突出。这是因为，与其他犯罪相比，受贿犯罪对政治、经济和社会都具有极大的危害性，其证据往往呈现出单一性、隐蔽性、不稳定性等特点，导致仅靠传统的证据规则很难对其加以认定，无法有效打击受贿犯罪。而通过考察世界很多国家和地区反贪污腐败的立法规定及司法实践，不难发现，自20世纪以来许多国家或地区(包括我国的香港、澳门、台湾地区)针对贿赂犯罪的特殊性,都先后采取了一系列特殊的证据规则。可以说,针对受贿犯罪适用特殊的证据规则已经是世界上许多国家和地区的一种普遍做法,并且对于有效打击腐败、实现司法公正与效率起到了非常显著的作用。为此,本书在本章将重点对外国及我国香港、台湾地区适用于受贿犯罪的特殊证据规则进行详细的介绍与评析,以期为我国的理论研究及司法实践提供一定的借鉴。

第二节 受贿案件的证据排除规则

受贿案件中的证据排除规则主要包括两项内容:一是坦白保护规则;二是习惯排除规则。

一、坦白保护规则

(一)坦白保护规则的概念及相关立法例

贿赂犯罪证据的特殊性(单一性、对合性、互证性、不稳定性等)决定了贿赂案件的侦查通常都要在突破犯罪嫌疑人的口供上下功夫。而贿赂犯罪是无受害人的犯罪,不论是行贿人还是受贿人,都不愿供述犯罪事实,而没有犯罪嫌疑人的供述,这类案件就很难定案。因此为了解决贿赂犯罪中的证据问题,从司法实践看,需要通过对行贿人或共犯的适当放宽而获取打击受贿犯罪的证据,这在查处贿赂犯罪中是必要的。坦白保护就是许多国家和地区为了分化瓦解贪污贿赂犯罪,而在其立法中确立的适用于贪污贿赂案件的一项特有的证据制度。所谓坦白保护,也可以称为坦白免责,是指任何人在回答司法人员的讯问时,如果主动如实地交待了包括自己的犯罪活动或者其他同案犯的犯罪行为在内的全部犯罪事实,法律将给予这种人一定的免除责任的保护。

目前已知的适用该项特殊保护规则的国家和地区有澳大利亚、南澳大利亚州、新西兰、新加坡、马来西亚、印度、文莱、尼日利亚、西萨摩亚、加拿大、加拿大新布伦瑞克省、中国香港等。其中,澳大利亚和新西兰是在单行反贪污贿赂法中规定该条款较早的国家,它们都是在20世纪初期规定的,澳大利亚1905~1973年《秘密佣金法》第8条规定:"在民事或刑事诉讼中,任何人都不得以回答或者告知可能证明其犯本法之罪为由,免予口头或者书面回答任何问题,或者提交告知的文件,但是,除控告伪证之外,在刑事诉讼中,他的回答不得采为不利于他的证据"[1]。新西兰1910年《秘密手续费法》第15条规定:"不能免掉任何人口头或讯问式回答问题,或者提供证件清单的权利,这些回答或证件清单

---

[1] 转引自最高人民检察院反贪污贿赂法研究起草小组编:《惩腐反贪 各国政府关注的焦点——中外反贪法分解比较》,经济科学出版社1995年版,第177页。

也许能判定或有助于判定他触犯了此条法令,但是在触犯此法令的罪行的刑事诉讼中,他的回答不能算作不利于他的证据。"〔1〕

至于其他国家和地区的法律规定,主要有:印度1947年《防止腐败法》第8条规定:"无论现行法律规定内容如何,……行贿人供述他曾给予或同意给予公务员任何报酬以外的酬劳或有价之物,他就不受刑法第165A条所规定之罪(指行贿罪)的起诉"〔2〕。新加坡1970年《防止贿赂法》第33条规定:"任何被要求提供证言的人员,当法院认为他在合理讯问中真实和全面揭发了全部事实时,应当有权收到法官签署的证明书,从而表明在本案中,他在讯问中真实和全面揭发了全部事实,该证书应当排除就所有这些事项对他进行任何追诉。"〔3〕香港地区1971年《防止贿赂条例》第23条规定:"在有关第二部所载罪项(即关于贿赂违例事项——引者注)之任何诉讼中,或为该诉讼之进行,法庭得在律政司之书面要求下,告知被控或涉嫌触犯该罪项或该第二部所载任何其他罪项之任何人士,如该人在该诉讼中,就其接受合法讯问之一切有关事项,作详尽及真实的证供,又如该诉讼乃依据裁判司条例第85条所规定,为将案件移送最高法院审理而进行之初级侦讯程序,而由最高法庭审讯时,该人亦如此作供者,则该人不会被控以其证供所透露之任何罪项;该人在任何该等诉讼作供后,除非聆听其作供之法庭认为其故意隐瞒证据或提供虚伪供词,并以书面形式向律政司证明该情事,否则不能以其证供所透露之罪项而检控该人。"〔4〕尼日利亚1975年腐败行为法令第23条第3款也规定如果证人(包括腐败共同犯罪中的共犯)对所有询问事项作了真实的、充分的披露,则可免除对他的法律诉讼。同时规定证人对询问是否作出了真实的、充分的回答由法庭裁定。

(二)坦白保护规则的类型

根据有关坦白保护规则的法律规定,坦白保护规则大致可分为两种类型:坦白免予起诉规则与坦白不得采证规则。

1. 坦白免予起诉规则。此种类型是指在受贿案件的刑事诉讼中,如果证人对自己的犯罪行为进行了回答或揭露,那么,他就获得免于对其所陈述的罪行进行追诉的权利。属于这种类型的国家和地区有新加坡、马来西亚、印度、尼日利

---

〔1〕 宋军、徐鹤南、王洪宇:"反贪污贿赂的特殊证据规则",载《外国法译评》1995年第3期。

〔2〕 转引自最高人民检察院反贪污贿赂法研究起草小组编:《惩腐反贪 各国政府关注的焦点——中外反贪法分解比较》,经济科学出版社1995年版,第175页。

〔3〕 转引自最高人民检察院反贪污贿赂法研究起草小组编:《惩腐反贪 各国政府关注的焦点——中外反贪法分解比较》,经济科学出版社1995年版,第177页。

〔4〕 巩富文:"高举肃贪惩腐司法之剑——外国及香港廉政司法措施述要",载《高教发展研究》1997年第2期。转引自巩富文:"外国和中国香港反贪污贿赂的特殊证据规则",载《西北大学学报(哲学社会科学版)》2002年第8期。

亚、文莱、南澳大利亚州、我国香港地区等。例如，印度1947年《防止腐败法》第8条中规定的"……他就不受刑法第165A条所规定之罪（指行贿罪）的起诉"，新加坡1970年《防止贿赂法》第33条中使用的措辞也是"该证书应当排除就所有这些事项对他进行任何追诉"，以及香港地区1971年《防止贿赂条例》第23条中规定的"该人不会被控以其证供所透露之任何罪项"。

2. 坦白不得采证规则。这是指任何人对自己犯罪行为的交待或揭露，不得在追诉其刑事责任的诉讼中作为对他不利的证据采用。澳大利亚、新西兰、加拿大、西萨摩亚即属于此类型。例如，澳大利亚1905~1973年《秘密佣金法》第8条中提到的"……除控告伪证之外，在刑事诉讼中，他的回答不得采为不利于他的证据"，以及新西兰1910年《秘密手续费法》第15条中规定的"……在触犯此法令的罪行的刑事诉讼中，他的回答不能算作不利于他的证据"。

（三）坦白保护规则的特点

虽然坦白保护规则分为两种类型，但总体而言，无论采用何种类型的国家和地区，在受贿案件中对这一规则的运用仍然具有相同的特点。

1. 任何被要求提供证言的人员，必须对讯问的事项作出真实、充分的回答或揭露，即在这样的情况下，其不得主张不被强迫自证其罪的权利。传统的英美法系的法规一般认为被告人有保持沉默的权利，不得被强制作证，但很多国家和地区都在反贪污贿赂法中规定了例外，坦白保护规则即为其一。如新加坡1970年《防止贿赂法》第33条就例外地规定，当两人或两个以上被控违反本法或者刑法有关规定之罪的，法院可以要求其中之一或者其他人作为证人为控诉方提供证言。

2. 由司法人员根据具体案情来判断证人是否已经作出"真实、充分或全面"的回答或揭露。通观各国的相关规定，可以看出，法律一般不明确规定"真实、充分或全面"的衡量标准，而是将权力赋予司法人员，由司法人员根据被要求提供证言的人员向司法机关所作的陈述或揭露，就是否已经达到"真实、充分或全面"的要求进行判断，从而决定可否给予一定责任的免除。

（四）坦白保护规则和"强制作证"与"刑事免责"

就本书理解而言，坦白保护规则与美国的"刑事免责"制度有异曲同工之妙。按照美国宪法第五修正案的规定，任何公民都有权拒绝对任何可能导致自己有罪的事件或事项进行供述、作证或提供其他证据，这项宪法上的权利通常被称为"拒绝自我归罪特权（The Privilege against Self-incrimination）"。由于公民拥有这项权利，国家机关即使认定某人为犯罪嫌疑人，也不得强迫该人就有关自己的犯罪进行供述、作证或提供有关证据；反过来说，公民即使已被国家机关认定为犯罪嫌疑人也能够以"供述证言或证据可能涉及自己的犯罪、可能使自己有罪"为由，拒绝供述、作证或提供证据。在贿赂犯罪中，"刑事免责"制度就是与这种"拒绝自我归罪特权"有关的一种制度。其内容是，国家机关面对公民行使其"拒绝自我归罪特权"而拒绝供述、作证或提供证据，从而不能获得证明某一犯罪事实所必需的供述、证言或其他证据时，通过免除其刑事责任的办法使其丧失所拥有的"拒绝自我归罪特权"，强制其进行供述、作证或提供证据，以此来证明受贿人或其他共犯者有罪，追究他们的刑事责任。[1]

"刑事免责"制度的主要特色及主要作用集中在以下两点上：首先，"刑事免责"是以保证能够对某项与嫌疑人有关的证据（不单单限于"供述"及证言，还包括其他可成为证据的资料等）进行强制性获取为目的，以这种强制作证为内容的制度。其次，"刑事免责"不单是适用于法院的公判程序中的一种证明手段，而且也是运用于包括从侦查到审判的整个诉讼过程中的诉讼方法。因此，"刑事免责"这一法律制度的主要含义首先应是"证据的强制"，刑事责任的免除是在强制作证前提下的免责。长期以来，美国联邦最高法院一直对"刑事免责"制度进行着这样的解释，即政府对公民个人拥有强制证据的权力，公民个人对政府负有提供证据的义务。这种权力和义务基于"普通法"上的一个不可置疑的确定性原则而存在，该原则的内容是"公共对个人所拥有的证据享有权利"。因此，政府所拥有的证据强制权与公民所享有的"拒绝自我归罪特权"存在着矛盾，为解决这一矛盾而登场的就是"刑事免责"制度。"刑事免责"制度不是对公民个人的"拒绝自我归罪特权"的否定，而是政府的证据强制权和公民个人的"拒绝自我归罪特权"的调和。这种调和对追究贿赂类犯罪是十分必要和有效的手段。具体而言，当政府决定对某一公民赋予"刑事免责"权后，就意味着政府可以对该公民进行证据强制、强迫该公民进行供述、作证或提供其他证据（以下简称"作证"）。当该公民接到要求作证的命令时，必须按照所规定的时间及地点进行作证。当该公民没有正当理由而拒绝作证时，法院就会视其为"抵抗性证人"，以"侮辱法庭罪"判处"民事性拘禁"或"刑事性处罚"，以此迫使该公民同意进行作证。

采取"强制作证"与"刑事免责"，是公民权利保障与侦查取证抑制犯罪这两种利益之间的协调，是公共利益与个人利益发生冲突后的调和。依据这一制度，受贿犯罪被确立为贿赂犯罪的打击重点，而将行贿人转化为污点证人，为司法机关作证证明贿赂犯罪的情况，司法机关给予其"刑事免责"，拒绝作证则要受到相应的刑事处罚。刑事免责能够跨越证人拒绝回答或提供信息的障碍，从而有效保证行贿人作证，以获得通过其他方式不能得到的信息。

除美国外，英国、加拿大、德国等其他很多国家和地区也有关于"强制作证"与"刑事免责"的规定，但与坦白保护规则的区别是，这些国家是出于打击

---

[1] 王世洲：《美国的贿赂罪：实体法与程序法》，中国政法大学出版社2002年版，第146页。

取证困难犯罪的需要而确立的这一制度,这些犯罪包括贿赂犯罪,但并不仅限于此。换言之,"强制作证"与"刑事免责"并不是这些国家贿赂犯罪中特有的证据制度。尽管如此,"强制作证"与"刑事免责"作为一项限制性权利,建立该制度的国家也均对其运用加以限制,规定这一制度只运用于特殊的证人,即只能是法律特殊规定的若干性质的案件中作证的人,而且这些证人所证明的犯罪应比证人自身所涉嫌的犯罪更为严重。

(五)坦白保护规则在我国确立的意义

上述一些国家和地区在单行反贪污贿赂法中确立坦白保护规则的最主要目的是要分化瓦解贿赂犯罪,这是针对该类犯罪具有较高的复杂性、隐蔽性、诡辩性和智能性的特点所采取的一项法律措施,特别是对有组织的共同受贿案件具有巨大的威慑作用。

贿赂犯罪不同于一般刑事犯罪,它是一种"对合性"的犯罪。所谓"对合性"犯罪,就是指基于对方的对向行为合力才能完成的犯罪。这种犯罪形式决定了行贿人和受贿人之间存在着唇齿相依、唇亡齿寒的利害关系,无论哪一方以证人的角色出现,他在证明对方犯罪的同时,也证明了自己犯罪。在具体的案件中,这种"对合性"表现为要么行贿、受贿双方都拒绝供认;要么一方承认了自己的犯罪事实,而另一方却拒不认罪,这就是贿赂犯罪中大量存在的"一对一"证据的情形。具体到受贿犯罪而言,我国当前司法实践中一个十分突出的问题就是行贿人往往拒不作证或作证后又翻证,这给办案工作造成很大阻碍。行贿人不作证的原因,除有时受到受贿人及其亲友的恐吓或利诱外,多数情况有其自身的多方面考虑:一是怕一旦作证会牵连自己,怕自己被司法机关以行贿罪立案判处;二是有的行贿人已经谋取到了所有要谋取的利益,对受贿人存有感恩心理,从而不愿作证;三是有的行贿人谋取的利益是否正当难以界定或根本就是正当利益,他们自知自己是证人而非案件当事人,司法机关难以奈何自己,拒绝作证。因此,如果没有相应的坦白免责规则,要促使贿赂犯罪的行贿、受贿双方如实供述犯罪事实,就是一件非常难办的事情。为此,有必要制订一项特殊规则,打破犯罪分子之间的牢固关系,分化瓦解他们,使行贿、受贿双方不再成为一个命运共同体。

相比于受贿而言,行贿的社会危害性较小,这是因为:首先,一般而言,受贿者是掌权的、当领导的,清正廉洁是当领导的本分,如果当领导的不接受贿赂,行贿者就没有市场;其次,现实的情况是,很多受贿者不仅不能拒贿,还通过种种方式暗示对方行贿,甚至明目张胆地公然索贿,否则,该办的事情不予办理,或者无限期拖延下去,迫使对方不得不按照其意图行贿;最后,受贿者的受贿事实只有行贿者最知情,行贿者不举报,就没有人能够举报。然而,由于我国现行法规对行贿者的量刑和对受贿者的量刑相差不大,因而行贿者根本不敢举报，受贿者便敢于肆无忌惮地受贿乃至索贿。所以，为了更好地反腐，就应根据具体情况"网开一面"，在行贿与受贿这两种具有相对性的犯罪中，选择后者作为打击重点，而对前者，则通过向其宣示从宽政策（例如适当减轻对行贿人的处罚）以获得其陈述，得到关于贿赂事实真相的关键性证据，在此基础上适当扩充证据，从而得以指控、惩处受贿犯罪。只有在风险由受贿一方承担时，受贿者在受贿时才不得不有所顾忌。

"坦白从宽"是我国长期以来所坚持的一项基本的刑事政策，这一政策的实质与免责条款相同，并且在长期的司法实践当中，对鼓励犯罪分子走自首和立功的道路无疑起到了积极作用。但由于种种原因，这一政策一直没有法律化，在司法实际中并未得到彻底地贯彻执行，贿赂犯罪嫌疑人、被告人能主动坦白交代的案件仍然是凤毛麟角，收效甚微，甚至某些地方还出现了"坦白从宽，牢底坐穿；抗拒从严，回家过年"的现象。在贿赂犯罪愈演愈烈，反腐败斗争形势日益严峻的今天，我们应认真总结这方面的经验教训，把"坦白从宽"政策法律化。而要达到这一目的，最为有效的途径就是在立法中确立坦白保护规则，通过法律形式规定行贿一方在如实揭露了对方的全部犯罪事实的同时，也主动交代了自己的行贿事实，或受贿双方中的任何一方在证实了共同犯罪中的共同犯罪人和共同犯罪行为的同时，也如实交代了自己的犯罪行为，法律将不予追究其刑事责任。表面看起来法律宽恕了一名罪犯，但却惩处了社会危害性更大的受贿罪犯或者破获了整个犯罪集团，而反之，如果我们对谁也不宽恕，似乎法律有尊严，但实际上我们有可能追诉不到任何人，因为行贿、受贿双方或者共同犯罪中的每一个人都会顽强抵抗，互相包庇。因此，只有在坦白保护规则的保障下，贿赂犯罪嫌疑人、被告人担心因作证而殃及自身的顾虑才会消除，才会有勇气有信心及时地供述全部案情，司法机关也得以消除种种侦查障碍，从而有利于贿赂犯罪案件的顺利侦破。

二、习惯排除规则

（一）习惯排除规则的概念及国外立法例

习惯排除规则，或称习惯不得作为证据的规则，是指商业、行业或职业上的惯例，不能作为行贿或受贿行为的无罪证据使用。与坦白保护规则一样，习惯排除规则是适用于贿赂案件中的特有的一项证据制度。自20世纪初以来，尤其是70年代以后，世界上许多国家和地区纷纷在其有关反腐败的单行法规中规定适用这一规则。其中，澳大利亚和新西兰是规定该规则较早的国家，在20世纪初就确立了这一规则，其他国家和地区，如新加坡、马来西亚、巴哈马、文莱、尼日利亚、西萨摩亚、美国、中国香港地区等则是在20世纪70年代以后规定的。

澳大利亚1905~1973年《秘密佣金法》第9条规定："在依照本法进行的民事或刑事诉讼中，证据不得采用去证明本法所说的任何利益或者报酬在任何商业或者职业中是惯例。"[1] 新西兰1910年《秘密手续费法》第11条规定的则更为详细："如果手续费、回扣和津贴是根据这些公认的行为和惯例，由第三方付给代理人的，那么，代理人收到的这些手续费、回扣和津贴是合法的"，"在触犯本法令的犯罪的诉讼中，……任何这类礼物或报酬是惯例的证据，不应该被接受"[2]。新加坡的规定与澳大利亚相似，新加坡1970年《防止贿赂法》第22条规定："在依照本法进行的任何民事或者刑事程序中的证据，不得采作证明本法所说的任何形式的报酬是任何专业、职业、行业或者业务中的惯例"[3]。

（二）习惯排除规则的类型

分析各国的立法例，习惯排除规则可以分为三种类型，按照严格程度的高低，依次为：完全排除规则（或称习惯一概不得作证规则）、公务人员除外规则、合理排除规则。

1. 完全排除规则。这一类型也可称为习惯一概不得作为证据的规则，是指凡是商业、行业或职业上的惯例，一律予以排除，不得作为证明无罪的证据使用，而没有任何考虑的余地。具体而言，无论习惯属于任何职业、行业，也不论是在刑事或民事诉讼中，均不得作为证据使用。例如，文莱《1982年防止贿赂法》第26条规定："在根据本法进行的任何民事或刑事诉讼中证明本法所规定的贿赂在任何职业、贸易、行业或属于惯常行为的证据不得采纳"[4] 我国香港地区1971年《防止贿赂条例》第19条规定："在有关本条例所载罪项之任何诉讼中，被告人不能以本条例所述任何利益之授受乃依照专业、行业、职业或业务之惯例，而作为辩护理由。"[5] 此外，澳大利亚、新加坡、马来西亚、巴哈马等国的反贪单行法规中也有类似的规定。

2. 公务人员除外规则。这一类型是指，习惯不能成为公务人员在法庭上的抗辩理由，但非公务人员则可以援引合理的习惯做法作为抗辩的理由。换言之，在贿赂犯罪案件中，习惯做法并不一律被禁止作为无罪证据使用，只有当犯罪嫌疑人、被告人为公务人员时，习惯才被排除。如尼日利亚联邦共和国1975年反腐败行为的法令第27条规定："①……如果某人被指控犯有本法所指涉及收受报酬

---

[1] 转引自最高人民检察院反贪污贿赂法研究起草小组编：《惩腐反贪 各国政府关注的焦点——中外反贪法分解比较》，经济科学出版社1995年版，第158页。

[2] 周其华主编：《国外反贪法比较研究》，经济科学出版社1997年版，第13～14页。

[3] 转引自最高人民检察院反贪污贿赂法研究起草小组编：《惩腐反贪 各国政府关注的焦点——中外反贪法分解比较》，经济科学出版社1995年版，第168页。

[4] 宋军、徐鹤南、王洪宇："反贪污贿赂的特殊证据规则"，载《外国法译评》1995年第3期。

[5] 巩富文："高举肃贪惩腐司法之剑——外国及香港廉政司法措施要要"，载《高教发展研究》1997年第2期。转引自巩富文："外国和中国香港反贪污贿赂的特殊证据规则"，载《西北大学学报（哲学社会科学版）》2002年第8期。

的犯罪,而他证明收此种报酬是他所在专业、商业、职业或行业中的习惯做法,并且法庭认为报酬的数额根据案件的情况是合理的,那么,该人不得定为犯罪。②本条第1款不适用于政府、政府部门或公共机构雇员的犯罪。"〔1〕

3. 合理排除规则。在这一类型中,法院拥有判断是否排除某一习惯做法的自由裁量权,并不一概排斥习惯做法,即由法院根据案件的具体情况来判定习惯是否合理合法,对于那些被判定为不合理的习惯,则应依法予以排除,而对于被判定为合理习惯的,则允许采纳为证据。具体而言,不管是公务人员或是非公务人员,也不管是何种行业、职业的习惯,只要这些习惯不被法律明文禁止或认为是非法的,法院在追究贿赂犯罪的诉讼中,可以根据具体案情,决定该习惯是否合法合理,如法院认为该习惯是合法合理的,则该习惯可以作为无罪的抗辩理由,反之则不能。如新西兰1910年《秘密手续费法》第11条规定:"除了本节规定的之外,习惯性礼物不能成为辩护的理由。" 与此同时还规定,"本法令所包含的任何条文,对于任何贸易或现在其他行业的任何公认合理的行为或惯例,并不禁止或认为是非法的……上述的行为或惯例法院在判定是否合法时,可以根据具体案情决定"。〔2〕上述所引的尼日利亚联邦共和国1975年反腐败行为的法令第27条第1款的规定也体现了合理排除的内容。

(三) 习惯排除规则在我国确立的意义

我国实行改革开放政策以来,各种经济形式蓬勃发展,在经济活动中也出现了名目繁多的回扣、手续费等,"回扣"之风可谓越来越普遍,已经成了不少行业中的一种惯例或习惯做法,成为市场竞争中的一种常用的"手段"。在这样的风气下,一些国家工作人员利用职务上的便利,大肆收受各种回扣、手续费,中饱私囊,侵害国家和人民的利益,成为破坏正当竞争规则,违背按劳分配原则,阻碍社会主义市场经济体制建立和发展的重要因素之一。针对这一现象,我国很早就予以了关注,并且出台了相应的规定进行打击。早在1988年,全国人大常委会就在其颁布的《关于惩治贪污罪贿赂罪的补充规定》中的第4条就首次明确规定:"国家工作人员、集体经济组织工作人员或者其他从事公务的人员,在经济往来中,违反国家规定收受各种名义的回扣、手续费,归个人所有的,以受贿论处"。1993年全国人大常委会颁布的《反不正当竞争法》,也明文将暗中给予或收受回扣的行为列入不正当竞争的范畴,并在该法第8、22条规定了它的法律责任。1997年我国重新修订刑法,将《关于惩治贪污罪贿赂罪的补充规定》中的相关内容纳入新刑法,在第163、385条对此作了明确规定,将公务人员和非公务人员在

---

〔1〕 转引自最高人民检察院反贪污贿赂法研究起草小组编:《惩腐反贪 各国政府关注的焦点——中外反贪法分解比较》,经济科学出版社1995年版,第167页。

〔2〕 宋军、徐鹤南、王洪宇:"反贪污贿赂的特殊证据规则",载《外国法译评》1995年第3期。

经济往来中，违反国家规定，收受各种名义的回扣、手续费，归个人所有的，分别以受贿罪和非国家工作人员受贿罪定罪处罚；刑法第387条还规定，国有单位在经济往来中，在账外暗中收受各种名义的回扣、手续费的，构成单位受贿罪。但是这些法律条文规制的仅仅是笼统的"回扣"和"手续费"这两种形式，至于它们各自的确切涵义及包含的具体范围则没有予以进一步的明确、界定。而司法实践中的常见情况则是，回扣、手续费的名目繁多，大量的是以虚假的折扣、佣金、奖金、劳务费、咨询费、会议费、宣传费等名义出现的，甚至还包括提供国内外各种名义的旅游、考察等给付财物以外的其他利益的形式，企图以合法的形式掩盖非法的交易来达到逃避法律的制裁。因此，每当犯罪嫌疑人或被告人以依照商业习惯或行业习惯收受费用合理为由进行辩解时，由于没有较为明确的法律规定作为依据，司法人员总是对是否属于法律规定的"回扣、手续费"而深感困惑，因此无法进行有力的反驳，导致这类案件往往难于查处、难于定性、难于判罚，很多情况下不得不宣告被告人无罪。可以说，正是法律规定的不明确使得司法实践中对"回扣"和"手续费"的判断缺乏一个统一权威的标准，这在客观上为贿赂犯罪嫌疑人、被告人开脱罪责提供了可乘之机。

基于"回扣"成风的社会现象以及对贿赂犯罪打击不力的司法实践，有必要在贿赂犯罪中确立习惯排除规则，以有效解决商业习惯与违法犯罪之间的冲突。但是，考虑到商业习惯的复杂性，以及我国多种所有制经济并存的生产资料所有制结构，在借鉴相关国家反贪污贿赂的成功经验的基础上，可以考虑在立法中确立这一规则时采取区别对待的态度，将重点放在对国家工作人员受贿犯罪的打击上，综合公务人员除外规则和合理排除规则两种类型规则的相关内容进行规定：凡国家工作人员取得任何专业、职业、行业或业务中的任何形式的报酬，均不得以任何商业习惯作为辩解的理由或证据，而至于公司、企业人员在刑事诉讼中能否以商业习惯作为无罪的抗辩理由，可由司法人员根据具体案情进行判断。这样既有利于维护公务人员的廉洁形象，又可以保护社会主义市场经济的正当竞争规则，使合理的习惯做法在经营活动中发挥作用。更为重要的是，这一规则的确立将为司法机关查处贿赂犯罪案件扫除诸多困难和障碍，有利于反腐败斗争的深入开展。

第三节 受贿案件的贿赂推定规则

在法律上，推定是一项重要的证据规则。设置推定的目的在于从立法上为司法审判活动提供必要的证明方法或手段，"可以免除主张推定事实的一方当事人的举证责任，并把证明不存在推定事实的举证责任转移于对方当事人"。通过推定制度，可以缓解司法实践中某些特殊情形下的证明困境，在不对当事人合法权益造成损害的前提下，节省诉讼时间、提高诉讼效率，因而为各国立法与实践所肯定。贿赂推定，顾名思义，即是将推定规则运用于贿赂案件中，以解决贿赂案件所具有的证明难的司法难题。这一规则已经被世界上许多国家所确立，并在严厉打击贿赂犯罪方面取得了很好的效果。

一、贿赂推定规则的相关立法例

（一）国外立法

现代意义上的贿赂推定最早出现在英国的单行反贪污贿赂法中。英国《1916年防止贿赂法》第2条规定："依照《1906年防止贿赂法》或者《1889年公共机构贿赂法》所规定之罪被起诉的人，当其被证明在王室或者任何政府部门或者公共机构供职中的任何现金、礼品或者其他报酬是由或来自于或者寻求与王室或者任何政府部门或者公共机构签订合同的人员或者其代理人所支付或者给予或者接受时，该现金、礼品或者其他报酬应当被认为是上述法律所说的作为诱导或者回报而贿赂地支付、给予或者接收，但反证被证实的除外。"[1]

此后，受普通法影响较深的国家或地区相继借鉴英国的做法，对贿赂推定予以规定。到目前为止，已有印度、巴基斯坦、泰国、新加坡、马来西亚、文莱、塞浦路斯、尼日利亚、巴哈马以及我国的香港、澳门等十几个国家或地区的反贪污贿赂法律规定了贿赂推定，且各国、各地区的规定都与英国的规定大致相同。

例如，新加坡1970年《防止贿赂法》第8条规定："依照本法第5条或者第6条所规定之罪（即贿赂、与代理人贿赂交易）被追诉之人，当其被证明在政府或者任何政府部门或者公共机构供职中的任何报酬是由或者来自于或者寻求与政府或者任何政府部门或者任何公共机构签订契约的人员或者某人的代理人所支付或者给予或者接收时，该报酬应当视为本法上文所说的为了诱导或者回报而贿赂地支付、给予或者接收，但反证被证实的除外。"[2] 文莱1982年《防止贿赂法》第25条规定："案件中对贿赂的推定，在涉及本条所规定罪行的诉讼中，如能证明被告曾酬谢别人或受到别人酬谢，并且此种情形在起诉中受到控告，即应推定此种行为即为贿赂，除非相反情况得到证明。"

瑞典似乎对贿赂推定更为严厉，瑞典《刑法典》规定了判断利用职务之便提供或接受的贿赂和报酬不一定要看得见，只要接受者对于原则作出了不忠的行为，如赠送者和接受者在一起有交易的往来，就可以认定已经提供和接受了报酬。可以看出该国对公务人员的言行有着极为严格的规范，公务人员和"求他办事的人"交往应该要保持一定的距离，如果对有交易的往来不能作出合理的解释，就会被推定为接受了报酬。正因为有如此严格的立法，瑞典才会成为世界上

---

[1] 朱兵："贿赂罪推定问题研究"，苏州大学2006年硕士学位论文。
[2] 阮传胜："论贿赂推定及其适用"，载《河北法学》2004年第11期。

防贪防腐、廉政建设比较成功的国家。[1]

(二) 我国香港、澳门地区立法

在法律思想上，由于我国的香港和澳门地区长期受国外的影响，因此在反腐败立法中借鉴了许多来自国外的内容，其中就包括贿赂推定规则。

香港特别行政区《防止贿赂条例》第 25 条规定："在有关第 4 条或第 5 条所载罪项（即贿赂、有关合约方面为得到好处及其他利益而行贿）的诉讼中，如已证明被告人曾给予或接受利益者，则除能提出反证外，该项利益应推定为罪项详情所指作为利诱或报酬而给予或接受者。"[2]

澳门特别行政区第 14/87/M 号法律（贿赂处分制度）第 7 条规定，现职或退休公务员如果拥有与其所收受或声明的薪酬不相称的财物或收益，或维持超过其职级薪酬所容许之生活水平，并且不提出如何拥有该等资产或收益的满意解释，或不能证明其所有的资产或收益之合法来源时，将受到纪律处罚。[3] 这里虽然没有明确提到推定为贿赂，但"受到纪律处罚"显然也包括贿赂的情况。

(三) 国际立法

除了许多国家和地区的相关规定外，对贿赂行为适用推定规则的做法也已经获得了国际法的肯定。联合国 1990 年第八届预防犯罪和罪犯待遇大会通过的决议中就指出："当明知他（指公职人员）有贪污舞弊行为，从而产生非法收入或资产，但拿不到确凿证据时，这也可以作为公诉的根据。"此外，2004 年 10 月 31 日，第五十八届联合国大会全体会议审议通过了《联合国反腐败公约》，其中第 28 条规定："根据本公约确立的犯罪所需具备的明知、故意或者目的等要素，可以根据客观实际情况予以推定"。由此可见，《联合国反腐败公约》专门规定了推定在腐败犯罪中的运用，从而降低了控诉机关的举证责任，以严厉打击腐败犯罪。以上决议和公约的规定无疑为贿赂推定的适用提供了国际法依据。

二、贿赂推定规则的内容

(一) 贿赂推定规则的概念

作为一项证据规则，推定是指依照法律规定或者由法院依照经验法则，从已知的基础事实推断未知的事实存在，并允许当事人提出反证予以推翻。以此类推，作为推定的下位概念，贿赂推定指的是在被控涉嫌贿赂犯罪的诉讼中，只要控方能够证明特定的基础事实存在，除非被告人提出反证，否则即可推定贿赂的存在。

然而，至于贿赂推定的确切概念，即其中的基础事实是指何种事实，作为推

---

[1] 曾志雄："论贿赂推定"，湖南大学 2009 年硕士学位论文。
[2] 最高人民检察院反贪污贿赂法研究起草小组编译：《外国和港澳地区反贪污贿赂法规汇编》，中国检察出版社 1991 年版，第 230 页。
[3] 曾志雄："论贿赂推定"，湖南大学 2009 年硕士学位论文。

定事实的"贿赂"究竟是贿赂的行为还是贿赂财物的性质，目前学界有两种观点。一种观点将贿赂推定的定义表述为："所谓贿赂推定，是指在被控涉嫌贿赂犯罪的诉讼中，如果控方能够证明被告人收取、接受或者支付、给予了对方财物，除非被告人提供反证，否则就推定该被收受的财物为贿赂财物的一项证据制度。"[1] 另一种观点则认为："贿赂推定是指行贿人或受贿人一方提供证据证明对方受贿或行贿后，被指控受贿或行贿的一方应提供相反证明以示清白，如不能提出反证，则推定受贿罪或行贿罪成立。"[2]

从以上关于贿赂推定概念的两种观点可以看出，前者是对贿赂财物的性质的推定，由于客观行为可以反映人的主观方面，并且主观状态也只能通过外在行为表现出来，所以这一概念的实质是在查明收受或者支付财物的事实后，在一方否认贿赂故意的情况下，推定其主观上具有贿赂的故意；后者则是单纯的对贿赂行为予以推定，也就是在行贿或者受贿一方证实或者供述了向对方行贿或者收受他人贿赂的情况下，若另一方否认，则推定其客观方面存在贿赂的行为。简而言之，前者可以称为"性质论"，是对贿赂罪构成要件中主观方面的推定；后者可以称为"行为论"，是对贿赂罪构成要件中客观方面的推定。

纵观国外有关贿赂推定的立法，都可归结为对主观上贿赂故意的推定，而非客观行为的推定，以受贿罪为例，就是指，只要控诉方能够证明被告人有接受请托人财物的行为，就推定其具有受贿的主观故意，从而构成受贿罪，除非被告人能提出合法收受的反证。

然而，从我国查处贿赂犯罪的司法实践来看，难点并不在于在已经证实犯罪嫌疑人、被告人有接受请托人财物的事实后，其否认利用职务之便收受财物并为请托人谋取利益的主观故意，而更多表现在对其接受请托人财物的查处上。由于贿赂犯罪证据所具有的"一对一"的特点，司法实践中经常遇到的情况是：在已经证明了一方行贿或受贿的情况下，对于有否收受贿赂的行为，另一方予以坚决否认。因为我国刑事诉讼法规定对犯罪的证明要达到"案件事实清楚，证据确实、充分"的标准才能予以认定，而在仅有行受贿双方的证言和供述的情况下，若二者不一致，显然不能满足前述证明标准，且仅凭孤证也根本无法认定犯罪。分析可见，在构建我国的贿赂推定时，将对犯罪客观方面的推定也包括在内似乎更为合理。当然，仅凭一方的证言是不能直接得出推定事实的，因为我们无从得知证言的真假。因此作为推定的基础，还需要一定数量的关联事实予以佐证，推定才能成立。

---

[1] 王明高、曾志雄："论贿赂推定"，载《湖湘论坛》2008 年第 2 期。
[2] 宋军、徐鹤喃、王洪宇："反贪污贿赂的特殊证据规则"，载《外国法译评》1995 年第 3 期。

(二) 贿赂推定规则的特点

通过以上对诸多国家、地区关于贿赂推定的立法考察，不难发现关于贿赂推定的规定具有以下共同特征：

1. 适用范围的特定性。首先，顾名思义，贿赂推定仅适用于贿赂犯罪案件，不适用于其他案件。相比于普通刑事案件较易取得证据而言，贿赂犯罪的调查取证活动则较难，因为其证据具有隐蔽性、单一性、不稳定性等特点，且以行受贿双方的言词证据为主，容易造成证据的"一对一"局面，这就为侦查机关进行取证造成了障碍。因此，为了有效的打击贿赂犯罪，各国在其反贪污贿赂法中将贿赂推定适用的案件性质严格限制在贿赂犯罪的范围内，例如，塞浦路斯1920年《防止贿赂法》规定："对违反本法的罪犯的任何诉讼过程中……"适用贿赂推定；根据新加坡《防止贿赂法》第8条的规定，"依照本法第5条或者第6条所规定被追诉之人"才适用推定，而这两条规定的只是公务人员贿赂和代理人贿赂的犯罪；英国1916年《防止贿赂法》第2条也规定，贿赂推定仅适用于1906年《防止贿赂法》或者1889年《公共机构贿赂法》所规定之罪，即只在职务犯罪是轻罪和与代理人贿赂交易两种情况下适用贿赂推定。[1]

其次，贿赂推定仅适用于犯罪构成要件中的某些个别要素，而非构成要件的全部要素。根据刑法理论，犯罪构成包括主体、客体、主观方面、客观方面四个要件，只有四个构成要件同时满足，才能构成犯罪。贿赂推定作为一种证明方法，是对完全证明的一种有效补充，虽然具有高度的盖然性，但仍不可避免例外的存在，即存在或然性。因此，推定不能被用于证明犯罪构成要件的四个方面，而只能用来对其中个别方面的行为或事实予以认定，而且该行为或事实应该是较难证明的。具体到贿赂推定而言，其所证明的仅仅是被告人收受或给予财物的性质问题，或者收受或给予财物这一客观行为是否存在的问题，至于主体是否属于国家工作人员、是否利用职务上的便利为他人谋取利益等构成要件，仍需要通过证据予以证明，而不能适用推定。

此外，为了严格控制贿赂推定的适用，在具有以上两点相同规定的基础上，不同国家针对贿赂犯罪的适用范围还有一些不同的限制。一方面，有些国家规定贿赂推定仅适用于某些特定的贿赂案件，不少国家的反贪污贿赂法将其表述为"某些案件中的贿赂推定"或者"特定情况下腐败的推定"。这里的"某些案件"或"特定情况"，即指我们通常所说的"一对一"案件。[2] 也就是说，在行受贿双方单独在场交接贿赂的情况下，由于没有其他旁证，案发后一人肯定贿赂存

---

〔1〕杨迎泽主编：《检察机关刑事证据运用》，中国检察出版社2001年版，第350~351页。

〔2〕黄维智、雷建昌、张斌：《职务犯罪证据的收集与运用》，中国检察出版社2006年版，第166页。

在，另一方否定时，可以适用贿赂推定。另一方面，还有些国家将贿赂推定仅适用于犯罪数额相对较大的贿赂案件。由于贿赂推定仅是一种具有高度盖然性的假定或估计，具有或然性，因此只有对那些严重损害国家公职的廉洁性、造成极坏社会影响而必须予以处罚的贿赂案件才能适用贿赂推定，以避免造成推定被滥用的情况。而衡量贿赂犯罪严重程度的一个重要因素就是贿赂数额的大小。例如，印度1947年《防止贿赂法》规定："推定不适用于所述的酬劳或有价之物数额微小而不能公正的认为是贿赂犯罪的情形"[1]。

2. 适用前提的限定性。推定是根据事物之间的常态联系，从基础事实得出推定事实的存在。因此，在适用推定前，必须已经最大程度地证明了基础事实的存在，并且对该基础事实的证明应达到各国相应的证明标准[2]。就"性质论"的贿赂推定，适用的前提是已经有足够的证据证明犯罪嫌疑人、被告人收受或给予了财物；就"行为论"的贿赂推定，适用的条件则是已经证明一方行贿或受贿的行为确实存在而另一方却拒不承认。为了使基础事实达到相应的证明标准，仅凭一方的口供或证言显然是不够的，还需要查证可能取得的其他旁证或间接证据，即"关联事实"。这些证据越多，可信程度越高，以此得到的对方行贿或受贿的推定结论也就越真实可靠。

3. 推定结论的可反驳性。推定依据的是事物之间的常态联系，即在大多数情况下，基础事实与推定事实之间有一种共存关系，当基础事实存在时，一般都能推导出推定事实的存在。这样一种共存关系来源于人们长期反复实践的经验总结，并不具有百分之百的准确性，因而推定结论也不具有绝对必然性，不能排除例外的存在。因此，几乎所有规定贿赂推定条款的国家均允许对方当事人进行反驳。例如，英国和新加坡在贿赂推定的条款中都规定有"但反证被证实的除外"；尼日利亚1975年《反腐败行为法令》第4条也规定："除非有相反证明外，该报酬将被推定是为前述之引诱、回报不正当地支付、给予或送予的"。文莱1982年《防止贿赂法》第25条规定："在涉及本条所规定的诉讼中，……即应推定这种行为即为贿赂，除非相反的情况得到证明。"其他国家和地区在规定贿赂推定时均将"除能提出反证"作为推翻贿赂推定的充要条件。可见，贿赂推定是一种可反驳的推定，反驳的理由既可以是对推定前提即基础事实的质疑，也可以提出新的事实与推定的结论进行对抗。当然，反驳并不是只要提出相反的说法就可以，而是要求在提出自己主张的同时应提供相应的证据予以证明，并足以使法官对推

---

[1] 宋军、徐鹤喃、王洪宇："反贪污贿赂的特殊证据规则"，载《外国法译评》1995年第3期。

[2] 至于对基础事实的证明要达到何种程度，各国有不同的证明标准，这些国家的反贪污贿赂法也没有规定，由各国司法人员根据本国的证明标准掌握。如有的国家是"超出合理怀疑"，有的国家是"达到内心确信"等。

定产生怀疑。只有这时，推定才能够被推翻。如果没有反驳或者反驳不成立，那么推定就可以代替直接证据并将支持事实裁判者的认定。可以说，贿赂推定在证据法上的一个很重要的意义就在于举证责任的部分转移，犯罪嫌疑人、被告人如果认为贿赂犯罪不成立，则必须提供证据予以反驳。提出反证的责任在被告一方，这是贿赂推定的作用所在。但从另一方面来看，由于犯罪嫌疑人、被告人对指控不服，其必然会进行辩护、提出自己的主张，因此反驳也是犯罪嫌疑人、被告人的一项权利，必须予以充分保障。

三、贿赂推定规则在我国确立的意义

作为打击贿赂犯罪的一项特殊证据规则，贿赂推定已经得到国际社会的普遍认可，而且不难发现那些规定了贿赂推定条款的国家基本上都是廉洁度较高的国家，贿赂推定在其中所发挥的作用不可低估。因此，在我国加大反腐败力度的大环境下，基于贿赂犯罪发现难、查处难、认定难的特点，适当地引进贿赂推定规则，无论对理论研究还是司法实践都具有重大的意义。

（一）贿赂推定的运用体现了刑事诉讼的两大诉讼价值理念：公正与效率

首先，司法机关作为国家公正的代表，依法对犯罪嫌疑人提起公诉、进行审判，追究被告人的刑事责任，就必须最大限度的查清案件事实。但由于受时间、环境和认识手段等主、客观因素的影响，司法机关追求案件实体真实的目的往往受到不同程度的限制。特别是对于贿赂犯罪而言，由于其具有取证难、证据较为单一且易变、对口供的依赖性大等特点，使得对贿赂案件的查处成为我国司法实践中的一大难题。加之依照我国刑事诉讼法的规定，定案需要"确实、充分"的证据，而实践中经常出现的一人肯定、另一人否定的情况很难符合"确实、充分"的要求，因此在实际中往往都以"证据不足"不了了之，使得司法的公正性受到了极大的挑战。此外，近年来，贿赂犯罪又出现了一些新的特点，以合法的形式掩盖非法的行贿、受贿目的，以逃避法律制裁，这已成为不少贿赂案件中常见的作案手法，这也是当前司法实践中遇到的新的难题。犯罪嫌疑人或被告人经常辩解的理由有借贷、礼尚往来或用于公务的开支等，这类辩解往往既难肯定也难以完全否定，处于一种似是而非的境地，且如果不由犯罪嫌疑人或被告人提供相关证据，对这些事实也难以查证。而在不能查证犯罪嫌疑人、被告人的辩解是否属实的情况下，由于不能排除合理怀疑，更无法达到"事实清楚，证据确实、充分"的标准，因此也很难作出有罪的认定，这在极大程度上会助长犯罪分子的狡辩心理，不利于对贿赂犯罪的打击。所以，在上述这些情况发生时，适用贿赂推定无疑将为司法机关审查认定案件事实和证据提供必要的发展空间，而且只要推定的规则和程序合乎情理和法理，那么其结论则是有说服力的，也就能最大限度地接近案件真相，以实现最大限度的司法公正。同时，依据贿赂推定可反驳性的特点，赋予被告人以反驳的机会，只要被告人反驳的理由充分且证据可信，那

么贿赂推定会因为被反驳而不成立，也就不会当然认定被告人有罪，这样既保障了被告人的辩护权利，也最大可能地避免了错案的发生。

其次，贿赂推定的适用有利于尽可能地节约司法资源，提高司法效率。在贿赂犯罪日益猖獗、严重腐蚀国家工作人员队伍、造成日益恶劣的社会后果的形势下，司法机关对运用普通证据规则不能有效打击贿赂犯罪感到极为困惑。司法实践中，若犯罪嫌疑人、被告人对于其收受的财物，一旦辩称是借的而不是送的，是朋友间的礼尚往来而不是贿赂，或者将收受的款项用于公务开支等，往往将直接影响贿赂犯罪的认定。对于这些辩解，除非犯罪嫌疑人、被告人提供相关证据，司法机关是很难予以查证的。如果司法机关长时间的对一个模糊问题进行审查，无疑会耗费大量的人力、物力、财力和时间，案件的积压也会给办案人员造成一种无形的心理压力，甚至影响案件的质量。因此，在已证明一方行贿或受贿，或收受或给予报酬的事实存在的前提下，适用贿赂推定，对于及时审结案件，保证案件质量、提高诉讼效率是有利无弊的。

（二）贿赂推定的运用体现了刑事诉讼价值取向的理性倾斜

作为刑事诉讼的两大价值目标，惩罚犯罪和保障人权是一对既统一又对立的矛盾体。虽然大多数学者都认为应当将惩罚犯罪与保障人权二者妥善的加以协调，有机地结合在一起，不可片面强调一面而忽视另一面。但是本书认为，这仅仅是刑事诉讼价值实现的一种理想状态。在现实中，不可能对每个案件的处理都能够实现惩罚犯罪与保障人权的完全平衡，尤其是那些疑难案件经常会涉及到二者的利益冲突。这时，就需要综合考虑国家利益、社会利益和个人利益，权衡各种利弊得失，在二者之间进行恰当的取舍。贿赂犯罪作为一种严重侵蚀国家政治、经济、文化，影响社会稳定，阻碍经济发展，毒化社会风气的罪行，在各种腐败案件中占据了相当的比例，已经成为"关系到人心向背"，"关系到我们党生死存亡和社会主义事业的安危成败"的大问题。与此相反的是，对贿赂犯罪的打击力度却十分不力。由于贿赂犯罪主体的特殊性，其文化素质、社会地位一般比较高，社会阅历丰富，实施犯罪的手段狡猾，证据经常呈现"一对一"的特点。因此仅凭一般的法律规则很难将犯罪嫌疑人、被告人绳之以法。为了强化对贿赂犯罪的查处，充分保护国家利益，在权衡利弊的前提下，将推定规则适用到贿赂犯罪中，从而实行举证责任的部分转移，以解决司法实践中的突出难题。可以说，在腐败问题十分严重、但反腐败斗争的形势不容乐观的当前状况下，这是符合刑事诉讼的基本理念的，体现了向控制犯罪这一方向理性倾斜的价值取向。

（三）贿赂推定的运用符合与国际社会接轨的需要

本书在前文中已经提到，对贿赂行为适用推定规则的做法已经得到了国际社会的普遍认可，不仅已有十几个国家和地区在立法中予以规定，而且还在国际法中有所体现。联合国1990年第八届预防犯罪和罪犯待遇大会通过的决议中就指出："当明知他（指公职人员）有贪污舞弊行为，从而产生非法收入或资产，但拿不到确凿证据时，这也可以作为公诉的根据。"此外，2004年10月31日，第五十八届联合国大会全体会议审议通过了《联合国反腐败公约》，其中第28条规定："根据本公约确立的犯罪所需具备的明知、故意或者目的等要素，可以根据客观实际情况予以推定"。由此可见，《联合国反腐败公约》就推定在腐败犯罪中的运用进行了专门规定，充分反映了国际社会的反腐败决心。我国政府已于2005年10月27日批准加入《联合国反腐败公约》。作为该项公约的缔约国，我们在享有公约建立的反腐败机制的同时，也应承担公约所确定的义务。根据国际法上的条约必须信守的原则，当国内法与国际条约不一致时，除非缔约国在签署公约时对某一条款作出保留外，否则该国之立法机关应及时对本国的现行法规进行必要的调整，以实现国际法向国内法的转化，保障国际公约的相关规定得到遵守。我国没有单行的反贪污贿赂法，刑事诉讼法中也没有针对贪污贿赂犯罪的特殊诉讼规定，也就是说，有关惩治腐败的规定仅有刑法及相关司法解释中的实体规定，而对于贪污贿赂的刑事诉讼规则、证据规则则与普通刑事案件没有差别。这与公约的规定相比较，存在一定的差距。因此，我国应积极利用公约所构建的国际性反腐败机制，完善我国立法，这不仅是与国际社会接轨的需要，而且符合反腐败斗争的发展趋势。

四、贿赂推定规则适用的两种特殊情形

（一）"一对一"证据的贿赂推定

"一对一"证据是指有罪证据与无罪证据或控诉证据与辩护证据的证明力相对等的一种特殊证据现象。[1] 这一现象在贿赂犯罪的查处中表现得特别明显，具体到贿赂犯罪中，就是指对于贿赂案件某一事实的存在，行贿人与受贿人往往各执一词，相持不下，而除此之外，再无其他任何证据佐证，或者至多只有一些不能形成完整证据锁链的间接证据。

"一对一"的贿赂犯罪具有很强的隐蔽性，实践中即便行贿人承认了有行贿行为且对受贿人进行了指认，但如果受贿人坚持予以否认，控诉机关往往很难收集到其他证据来证明受贿行为，从而导致受贿案件很难达到"案事实清楚，证据确实、充分"的定罪标准。在"一对一"的僵局难以打破的情况下，这类型的案件应作为证据不足，事实不清的疑案，作无罪处理；还是通过间接证据的收集，与行贿人的证言形成锁链印证犯罪事实的存在，成为当前学术界和实务界争议的焦点。从其他国家的立法例来看，对此类犯罪通过适用推定的方法加以认定是较为普遍的做法。我国大多数学者也赞同对此类犯罪设立推定，即当控诉机关已经提供确实充分的证据证明行贿事实存在的情况下，如果被指控受贿的一方否

---

[1] 詹复亮："非法证据与'一对一'证据的运用"，载《人民检察》2001年第1期。

定，就应提供证据以示清白，如提不出反证，就可以推定该财物为贿赂财物，推定其受贿事实存在，进而认定受贿罪成立。但在适用时应严格控制适用条件，以避免适用不当造成错案、冤案，应保证基础事实的确实性。基础事实应包括行贿事实，被指认受贿者利用职务上的便利为行贿人谋取利益的事实，以及该被指认受贿者拥有超出合法收入的数额较大的财产且本人无法说明其合法来源的事实。此外，还要注意间接证据的充分可靠性，要能够环环相扣，形成证明犯罪成立的完整链条。

（二）共同受贿故意的推定

实践中，国家工作人员利用职权为他人谋取利益，而由其家属收受或索取贿赂的现象极为普遍。据统计，正义网"贪官档案"公布的贪官中，亲属共同受贿比例为81%。可见，国家工作人员与亲属共同受贿，已经成为我国受贿犯罪的主要形式，而由于这种类型的受贿案件很难查实，因此也是受贿犯罪居高不下的最主要原因。在办理此类案件时，国家工作人员往往以自己不知情为理由否认自己有受贿行为，甚至其亲属也印证说系自己单独所为，检察机关很难甚至无法证明国家工作人员与亲属有共同受贿的故意。为了解决这一司法难题，惟一有效和合理的机制是采用贿赂推定制度，通过推定的方法认定"共同受贿"故意的存在。具体而言，应由刑事法律规定，对于亲属收受他人的贿赂，国家工作人员利用职务之便为请托人牟利的情况，应推定为该国家工作人员与其亲属之间具有共同受贿的主观故意，除非该国家工作人员提出具有相当证明力的证据予以反驳。这一做法也在许多国家和地区得到认可。例如，我国香港特别行政区《防止贿赂条例》第12条规定："凡串谋违犯本部所载罪名之任何人士，其所得之对待及惩罚，一如以此等罪名定罪所得者无异，而任何用于证明此等罪项之证据规则在证明串谋违犯此等罪项时亦同样适用"。新加坡1970年《防止贿赂法》和1972年《刑法》也有类似规定，并有一个亲属共同受贿犯罪例解："甲是公务员，甲妻收受礼物作为促使甲给一个特定的人职位的动机，甲帮助她这样做，乙应被判处不超过一年的监禁，或罚金，或两者并处"[1]。

但由于国家工作人员在不知情的情况下的确也很难提出证据证明自己"不知情"，因此对该推定的基础事实必须进行严格界定，以免发生冤枉无辜的情况。首先，必须有确实充分的证据证明国家工作人员的亲属有收受或索取贿赂的行为；其次，必须有确实充分的证据证明该国家工作人员利用职务上的便利为请托人谋取利益；再次，必须有确实充分的证据证明该亲属收受或索取的贿赂已纳入家庭共同支配、消费或者使用的范围。只要以上三个条件同时满足且被告人又提

---

[1] 全国人大常委会办公厅研究室：《国外廉政法律法规介绍》，中国民主法制出版社1989年版，第1605页。

不出合理反驳的，即可认定被告人构成"共同受贿"罪。[1]

此外，在运用共同受贿故意的推定时，还应注意以下两个方面：

首先，在司法实践中，应准确把握该类推定的适用对象。本书认为，共同受贿罪过的贿赂推定的适用对象除国家工作人员及其近亲属外，还应包括国家工作人员的情妇（夫）及其他有共同利益关系的人。因为，根据最高人民法院、最高人民检察院颁布的《关于办理受贿刑事案件适用法律若干问题的意见》第7条的规定，国家工作人员利用职务上的便利为请托人谋取利益，授意请托人以本意见所列形式，将有关财物给予特定关系人的，以受贿论处。特定关系人与国家工作人员通谋，共同实施上述行为的，对特定关系人以受贿罪的共犯论处。紧接着在第11条对"特定关系人"的范围进行了明确界定：本意见所称"特定关系人"，是指与国家工作人员有近亲属、情妇（夫）以及其他共同利益关系的人。

其次，由于贿赂推定存在举证责任转移的问题，为了保证其合理性，防止其滥用，可以对这种转移限定一些条件，如司法机关取得直接证据特别困难或者无法收集直接证据；或者夫妻采取同样方式多次受贿；或者行为人先前有过共同受贿的事实等。

五、贿赂推定规则在运用中的若干问题

（一）关联事实

所谓关联事实，是指虽未成为犯罪构成要件要素，但与构成要件事实具有密切关系的事实，比如与被害人结怨、曾经与被害人接触、曾经前往犯罪现场、案发后说谎、逃亡、藏匿、毁灭证据、勾结共犯同证人订立攻守同盟等。关联事实按时间划分，可分为被告人涉嫌犯罪以前的事实和涉嫌犯罪以后的事实。[2] 我国台湾地区著名刑事法学家蔡墩铭先生指出："被告涉嫌犯罪以前之事实，固可作为认定被告有无犯罪动机之依据，但不能直接用以认定被告之犯罪。惟如属于涉嫌犯罪以后之事实，如在接受犯罪调查时说谎，后来谎言被揭穿，交保后逃亡或藏匿或毁灭、伪造或变造证据抑或勾串共犯或证人，此种犯罪涉嫌后被告所出现之异常反应，每被认为被告内心有所顾忌，使其采取种种不当行为或举动，致被告涉嫌犯罪更为加重。"[3]

在受贿案件中，由于受贿案件证据的特殊性，决定了一般情况下，主要的证据就是行贿方和受贿方关于贿赂事实的证言和陈述，在"一对一"受贿犯罪中更是如此。但是区别于一般普通刑事案件的侦查遵循的是由事到人的过程，即先案

---

[1] 史立梅："论贪污贿赂犯罪案件中的推定"，载《河南省政法管理干部学院学报》2008年第6期。

[2] 郭有评："受贿案件若干证据问题研究"，载柳经纬主编：《厦门大学法律评论》（第四辑），厦门大学出版社2002年版，第111页。

[3] 蔡墩铭：《刑事证据法论》，台湾五南图书出版公司1997年版，第317~318页。

发，再根据证据追查、锁定犯罪嫌疑人；受贿案件的侦查则是由人到事的过程，即先根据举报或其他途径确定犯罪嫌疑人，再去挖掘其犯罪事实的过程。正因为此，贿赂案件从初查到发现犯罪事实要经过一段时间，所以犯罪嫌疑人难免会察觉，并且很少有人坐以待毙甚至投案自首。为达到逃避惩罚的目的，犯罪嫌疑人往往会作出一些反应来对付侦查，如伪造证据、毁灭证据、与相关的行贿人串供、订立攻守同盟、隐匿转移赃款赃物、打击报复举报人或者干脆畏罪潜逃，这些举动都是围绕受贿案件的关联事实或者称为再生证据[1]，只要有正常社会常识和经验的人都会判断出：一个清正廉洁，不做亏心事的人是决不会做出上述举动的。

1. 以潜逃推定。犯罪嫌疑人于案发后藏匿、逃亡，被认为是犯罪后的正常现象，这也就是所谓的畏罪潜逃。潜逃的目的是为了逃避法律的追究，因此犯罪嫌疑人如未犯罪，则无逃亡的必要。贿赂犯罪嫌疑人在作案后或案发后闻风逃亡，以此关联事实可对犯罪嫌疑人作出不利的推定。需要指出的是，以潜逃事实对行为人作出某些不利推定的合理性与正当性，已获得最高司法机关的肯定，如最高人民法院《关于审理挪用公款案件具体应用法律若干问题的解释》第6条明确规定，携带挪用的公款潜逃的，以贪污罪定罪处罚。这里，就是以被告人逃亡的事实，推定被告人有非法占有公款的故意和行为。据此，在受贿案件中也可以借鉴这一规定，将案发后潜逃作为对犯罪嫌疑人、被告人不利推定的关联事实。

2. 以谎言推定。受贿犯罪嫌疑人在归案初期，无不对犯罪事实予以否认，然而，犯罪嫌疑人的否认，有可信的，也有不可信的。一旦犯罪嫌疑人的这种否认被证明为不实，表明其显然是以谎言来否认，即可推定说谎的犯罪嫌疑人涉嫌犯罪的程度加重。如在讯问犯罪嫌疑人除了自己居住的房子外，有无购置其他房产，其为了掩盖其他房产为受贿所得的事实，而故意隐瞒有其他房产的事实，如果其他房产是其用合法收入或者其他合法途径如贷款购得，完全可以理直气壮承认，而不用说谎隐瞒事实。

3. 以毁灭证据推定。一般而言，犯罪事实应当依据证据予以证明。因此，倘若对证据予以毁灭、伪造或变造，必将使犯罪事实无法证明或难以证明。证据对于犯罪事实的证明既然如此重要，使得犯罪嫌疑人在作案后无不想方设法毁灭证据，隐匿、转移赃款赃物，或者伪造证据以混淆视听，以此增加检察机关的侦查难度。"苟非犯人实不至于毁灭、伪造或变造证据，既为罪证之毁灭、伪造或变造，必与犯罪难脱其关系。"[2] 因而，以毁灭证据的事实可对贿赂案件嫌疑人作

---

〔1〕 所谓再生证据，是指犯罪嫌疑人、被告人及其利害关系人在案件立案侦查后，为掩盖罪行、逃避法律追究而进行的一系列反侦查、反追诉活动（包括串供、翻供、毁证等）的过程中所形成的，能够证实犯罪真实情况的事实材料。

〔2〕 蔡墩铭：《刑事证据法论》，台湾五南图书出版公司1997年版，第320页。

出不利推定。

4. 以串供、订立攻守同盟推定。由于受贿犯罪证据的单一性、不稳定性以及受贿案件取证难等特点，导致了贿赂犯罪经常出现"一对一"的情形，即使突破了犯罪嫌疑人的口供、取得了行贿人的证言，在之后的诉讼过程中也常常出现犯罪嫌疑人、被告人翻供、证人翻证现象。这给侦查、审查起诉、审判工作造成了很大难度，严重干扰了司法活动的正常进行。究其原因，其中一个重要因素就是行贿、受贿双方串供或订立攻守同盟所致。因此，侦查人员一经查实串供、订立攻守同盟等反侦查事实就可对行贿、受贿一方作出不利推定。而且，从时间的先后看，毕竟贿赂事实发生在前，串供、订立攻守同盟等反侦查活动发生在后，甚至就是发生在调查、侦查活动的近期，相对可以比较容易取得一些证明串供、订立攻守同盟的证据，如电话记录、来往书信、补写的借条（可经鉴定确认真伪）等再生证据，来证明串供、订立攻守同盟的事实存在从而来推定贿赂事实的存在。

5. 以钱款在时间上的契合推定。如果行贿人的证言对于贿赂款的给付有确切的金额和时间，而且侦查部门也查到了犯罪嫌疑人在同时期有相同金额的存款记录或者消费支出记录，即产生了时间上的契合，那么就可以作出对犯罪嫌疑人不利的推定，除非其能证明该存款或消费支出的款项来源是合法的。理由在于，一般情况下，个人财产状况属个人隐私范畴，而且金融机构对于客户的资料是严格保密的，如果其不对外公布，外人根本无从知晓。这时如果行贿人指证的贿款金额、币种、时间与侦查部门查获的存款记录、消费支出记录在时间上有契合，而根据生活常识，绝对不会有这样的巧合。另外，公务员的工资、奖金和福利都有固定的金额、发放时间，一般都有据可查，除此以外的财产收入、支出和贿赂款产生时间上的契合，除非犯罪嫌疑人提供令人信服的证据，否则就应该推定受贿事实的存在。而且贿赂款的金额越大，或者存在其他外国货币，那么推定的强度也就越大。

6. 以打击、报复举报人推定。举报是每个公民的权利，也是刑事案件材料的主要来源之一。公民通过举报，把他们所掌握的被举报人的违法犯罪事实向专门机关反映，使专门机关启动调查程序。从这个意义上说，举报人和被举报人是敌对的。现实生活中，经常出现被举报人打击报复举报人的情况，手段包括侮辱、诽谤、身体伤害甚至雇凶杀人。而由于受贿犯罪的犯罪嫌疑人通常都有权有势，打击报复举报人的现象则更为严重。因此，如果能查明对举报人的打击报复确系被举报人所为，即可对其作出不利推定，且打击报复的程度越严重，推定的强度越大。

7. 以多人指证来推定。依据经验和常识可知，当多个不相关的人共同指证某一个人犯同一类型的错误时，那真实性就非常大了。因此，在司法实践中，涉嫌受贿的犯罪嫌疑人因为在职时间较长等因素（并不是绝对的），可能会涉及多个不相关的行贿人向其行贿的问题,如果出现侦查机关取到了多个(通常指三个)行贿人向犯罪嫌疑人行贿的证言,但犯罪嫌疑人拒不供述的情况,或者出现多名犯罪嫌疑人的供述同时指向同一行贿人,但该行贿人拒不作证的情况,则可推定受贿犯罪嫌疑人受贿的事实成立。

需要特别强调的是,关联事实究其实质,仅仅只是与犯罪有关,而非犯罪证据,更非犯罪事实,因此,依据关联事实或再生证据,尚不足以直接认定贿赂犯罪成立。以说谎、潜逃、毁灭证据等再生证据对被告人作不利推定,其意义在于对法官审查判断证据起着一种导向作用,即认为被告人无罪供述是不真实的、虚假的,从而强化法官对被告人有罪认定的心证。因此,对关联事实的推定,一方面减轻了控方的举证责任,同时也使被告人承担一定的举证责任,即被告人对关联事实负有解释或说明的义务,若要推翻关联事实产生的不利推定,往往还必须提供相应的证据予以反驳。[1]

(二) 证明责任与证明标准

1. 证明责任。适用贿赂推定的后果往往是把推定对之有利的一方的证明责任转移到另一方,即控诉方已在最大程度上证明一方行贿或受贿后,如果另一方能提供反证,则推定的结果不成立,从中我们可以看到贿赂推定会导致部分证明责任的转移。按照一般的证明责任分配原则,控诉机关应对被告人犯什么罪、犯的是一罪还是数罪,以及有无应当从重、从轻或减轻处罚的情节等事实主张承担证明责任,被告人对其无罪或罪轻不负证明责任。但对于某些特殊犯罪,尤其是那些公诉机关举证存在相当程度的困难,有些甚至因为自然原因无法取证,但犯罪嫌疑人、被告人举证则相对容易的犯罪,如果完全遵循此原则,一律由控诉方承担证明责任,而被告人却无须承担,这显然违反了司法公正与效率的原则,不利于维护社会公益。受贿犯罪即属于这种类型的案件,具有取证难、查处难的特点,因此将受贿犯罪的部分证明责任转移给被告人,在他不能提出反证时推定受贿犯罪成立,是权衡利弊所作出的必要选择,而且从责任分配角度而言,由被告对那些其具有证据上的信息优势的某些要素承担证明责任也更为公平合理。此外,被告人的证明责任也是由法律所赋予的辩护权而引发的义务,而并非毫无缘由的强制规定。辩护权的行使方式包括积极行使和消极行使两种,如果被告人积极行使辩护权,在否定检察机关的推定的同时提出了新的事实主张,则按照"谁主张谁举证"的原则,就必须举证来支持、证明自己的主张,否则同样会承担于己不利的后果。

至于受贿犯罪中证明责任的具体分配,总的来说,在贿赂推定适用过程中,

---

[1] 郭有评:"受贿案件若干证据问题研究",载柳经纬主编:《厦门大学法律评论》(第四辑),厦门大学出版社2002年版,第112~113页。

首先应由检察机关对基础事实的确实可靠承担证明责任，然后由犯罪嫌疑人或被告人承担部分证明责任，即通过行使其反驳权来实现，这种反驳既包括对基础事实的质疑，也包括提出新的证据与推定的结论相对抗。一旦被告方完成证明之后，案件中的证明责任就又转移到公诉方。而且，公诉方应该用确实充分的证据证明其指控的全部犯罪事实，这种证明责任是法律上的义务，自诉讼之始至终都由公诉方负担。公诉方不仅承担证据责任而且负说服责任，如未提出相当的证据或提出的证据未满足说服审理者，都应受败诉的裁判，即同时承担结果责任。

2. 证明标准。按照我国刑事诉讼法的规定，我国在刑事诉讼中采用的证明标准是案件事实清楚，证据确实、充分。但由于刑事犯罪种类繁多，非常复杂，如果统一采用一种证明标准，只会导致司法成本太高和放纵犯罪。特别是在国家重大利益需要保护，而侵犯该利益的犯罪行为按照通常的证明标准又很难证明的情况下，应该考虑适当降低证明标准，以利于有效打击这种犯罪形式。而在受贿犯罪案件中运用推定规则，就会导致证明标准的降低，即只要控诉方最大程度地证明了受贿方存在收取对方财物的事实，即可推定该财物为贿赂财物，或者只要控诉方最大程度地证明了对方行贿的事实，即可推定受贿事实的存在，除非提供反证予以推翻。

从贿赂推定本身的制度设计来看，由于推定结论的真实性在很大程度上依赖于基础事实的可靠性，因此对于基础事实的证明由控诉方负责，而且该证明必须达到"证据确实充分"或"排除合理怀疑"的标准。鉴于被告方与控诉方的取证能力对比悬殊，而且被告方经常处于被羁押的状态等情况，被告方的证明不必达到"证据确实充分"或者"排除合理怀疑"的标准，而只要能够证明其事实主张的可能性大于甚至等于公诉方、使法官合理地相信贿赂推定不成立即可，这种标准相当于"优势证明"标准。之后，证明责任又转移回控诉方，控诉方要对被告方提出的反驳证据承担"疑点排除责任"，必须证明指控的罪名成立至"排除合理怀疑"的程度，若公诉方所提出的证据不具有说服力，使裁判者仍有合理的可疑（只要有一个合理的可疑即可），怀疑被告可能系无辜之人，公诉方等于未尽应有的说服责任，裁判者必须对被告人作出无罪判决。

（三）贿赂推定与无罪推定的关系

有人指出，推定规则在贿赂案件中的适用，产生了对被告人不利的判断，并要求被告人承担一定的举证责任，即举证责任倒置，这是有悖于无罪推定原则的。但本书认为，贿赂推定的适用并不违背无罪推定的基本原则，两者具有相容性，理由如下：

无罪推定既是一项重要的刑事诉讼原则，也是现代社会一项重要的法治理念。所谓无罪推定，其基本含义是指，任何人在没有被审判机关作出有罪判决之前，在法律上应被推定无罪。而所谓有罪推定，是对纠问式诉讼制度中一系列现象的归纳：被告人主要作为诉讼客体而存在，没有辩护权；被告人是主要的证据来源；被控犯罪的人，可以不经其他司法程序而被拥有审判权的机关确定为犯罪。

无罪推定是法律拟制的一种表现形式，其意义包括两个方面：一是确定了被告人在刑事诉讼中的法律地位，即在未经法定程序判决有罪之前不得认定其有罪；二是证明被告人有罪的责任由控方承担，被告人不负证明自己无罪的义务。而贿赂推定，是在没有直接证据证明犯罪事实的情况下，根据贿赂一方的证言，以及与此相关的关联事实而作出的另一方贿赂事实成立的推断，除非其提出反证加以反驳。

通过考察无罪推定与贿赂推定的内容，便会发现二者并不属于同一范畴。无罪推定最根本的价值在于赋予被告人以刑事诉讼主体的地位，保障其以辩护权为中心的各项诉讼权利。无罪推定是一种纯粹的程序上的假定，即不管被告事实上是有罪还是无罪，在被依法判决有罪之前都必须被假定为无罪，它是为了使控辩双方失衡的主体地位尽量达到平衡而从程序上对被告进行适当的保护，对控诉机关的追诉活动进行适当的限制和约束而设置的一项原则，是就犯罪嫌疑人、被告人在诉讼中的诉讼地位而言的。而贿赂推定则是人们利用客观证据、基础事实，通过事物之间的常态联系对犯罪事实所作的假设，之所以作出这样的假设，是由于基础事实和待证事实之间具有普遍的共存关系，因此，其实际表现为利用刑事证据对实体问题的认定，有其存在的客观依据。同时，这种推定赋予了被告人充分的反驳权利，只要被告人能作出合理的反驳并提出相应的证据（证明存在合理怀疑即可），就可以推翻这种推定。此外，贿赂推定并不是对被告人贿赂行为的整体推定，而是对犯罪构成个别要件中的某些要素的推定。再者，推定虽然导致了举证责任的转移，使被告人在一定程度上负有提出证据并予以解释、说明的义务，但并未从根本上改变控方的证明责任，控方自始至终承担证明被告人有罪的责任，且这种责任包括提供证据的责任、说服责任和结果责任。[1] 可见，即使实行犯罪推定认定，它也是以无罪推定为前提的，要求控方收集证明基础事实的证据，同时在进行有罪认定之前，依据无罪推定原则对犯罪嫌疑人、被告人实施人权保障，这与封建专制时代以酷刑为工具和手段、被告人没有任何反驳的机会、纯粹的捕风捉影以出入人罪的有罪推定有着本质的区别。

值得注意的是，即使从英、美等较为彻底地实行无罪推定原则的国家看，不论在学说、判例或立法上，都允许有条件地适用推定，即由犯罪嫌疑人、被告人承担对特定问题的举证责任，如果其未履行这种责任，可以推定其有罪。在美国，如果"已证明的事实和最终推定的事实之间存在合理的联系"，即符合"极有可能"的标准，即可作出推定。如根据1973年联邦最高法院对"巴恩斯诉合

---

〔1〕 关于受贿案件中证明责任倒置的探讨，请详见本书第十七章。

众国"一案的判决意见,确立了一个举证责任倒置和事实上有罪推定的原则:最近明知且排他地拥有某犯罪赃物——无法解释或解释很无力——的事实可以作为有罪的推断。英国证据法同样肯定特别情况下由嫌疑人负举证责任,否则就推定有罪。例如,在英国法中,被告方对精神错乱的辩护承担举证责任。英国法中还有一种类似有罪推定的特殊的推定制度。英国议会于1994年11月通过了《刑事司法和公共程序法》,该法对被告人享有的刑事沉默权作了重大限制。例如,当嫌疑人的人身、衣服或者在其被逮捕处发现了可疑的物品和痕迹,而嫌疑人未回答警察对这些物品和痕迹的询问时,法官和陪审员可以作出对被告不利的推断;当嫌疑人在案件发生时或案发相近时间出现于某处,并为此而被逮捕时,如果嫌疑人对当时在场的原因未能作出解释,法官和陪审员可以对其作出不利的推断。[1]可见,贿赂推定与无罪推定并不矛盾,二者是相容与契合的。

---

[1] 郭有评:"受贿案件若干证据问题研究",载柳经纬主编:《厦门大学法律评论》(第四辑),厦门大学出版社2002年版,第114页。

第十六章 受贿犯罪证据的收集、审查与运用

第一节 受贿犯罪证据的收集

一、受贿犯罪证据收集的概念和任务

（一）受贿犯罪证据收集的概念

受贿犯罪侦查中的证据收集，是指受贿犯罪侦查部门为了查明受贿犯罪案件实施情况而依照法定程序调查、发现、收集和保全与案件有关的情况和材料的活动。收集证据是审查判断证据的基础，是最终公正处理案件的前提。

（二）受贿犯罪证据收集的任务

1. 发现证据。这是收集证据的首要任务，只有发现证据，才能取得证据。发现证据在收集中之所以是首要任务，主要因为：一是受贿犯罪的直接和间接证据数量本来就少。受贿犯罪往往是在秘密情况下进行，除行贿和受贿人外，连各自的亲朋好友都无从知晓，而且赃款赃物也通常从隐蔽渠道获得，较少出现书证，特别是由于私有经济的快速发展引起的大量现金流通，加上会计监管制度松动，行贿现金的支取一般没有财物账册印证。二是案发时间比较晚，行受贿案件通常是在犯罪发生后若干年才案发，并且经常是因为处理其他案件而暴露。案件的后发性导致犯罪嫌疑人供述与行贿人证言模糊，尤其是多次受贿、多次行贿的情况下，取得的证据在内容上的矛盾和缺失就在所难免。受贿案件证据的困难性决定了发现证据的重要性。[1]

2. 取得并保全证据。刑事证据既是刑事案件赖以成立的物质基础，又是讯问时促使犯罪嫌疑人如实供认罪行的武器，还是定罪量刑的客观依据。刑事证据的收集、确认和保管工作由检察机关侦查部门的侦查人员来完成，因而刑事侦查部门对刑事证据的保全具有极为重要的意义，它是保证整个刑事诉讼过程顺利进行的基石。它不仅有利于侦查活动的顺利开展，为讯问工作提供重要保障，而且有利于保障犯罪嫌疑人的合法权利以及改恶从善、重新做人。

办案人员发现证据后应及时予以提取并加以固定或保全，以争取侦查工作的主动。证据的取得可以通过不同途径、运用多种谋略进行，如及时搜查获取书

---

〔1〕 陈正云、文盛堂：《贪污贿赂犯罪认定与侦查实务》，中国检察出版社2002年版，第192页。

证、赃款赃物，及时询问知情人获取证言，及时询问犯罪嫌疑人获取口供等。取得证据后应当妥善保管，并加以固定或保全，以防止证据灭失或发生其他变化，特别是防止犯罪嫌疑人毁灭、伪造证据，或者订立攻守同盟、串供等。

二、受贿犯罪收集证据的基本要求

（一）重点把握贿赂案件应查清的基本证据

基本证据是指对认定案件的基本事实起决定性作用的证据，即对定罪量刑有直接影响的那部分证据，也就是认定贿赂案件的事实性质、罪名及量刑情节的有关证据，包括：①有关贿赂犯罪特殊主体的证据是否确实充分，即证明犯罪嫌疑人本人身份、职业及所属单位性质的证据，证明犯罪嫌疑人职权范围的证据，证明犯罪嫌疑人与有关单位隶属关系的证据；②有关犯罪动机、目的、手段的基本证据直接涉及到犯罪的构成与否以及性质；③查清有关犯罪数额的相关证据；④危害后果及漏罪的基本证据对定罪量刑有一定的影响。

（二）树立全面、依法收集证据的观念

摒弃"口供是证据之王"的思想，树立全面收集证据的观念。没有被告人的口供或者即使以后翻供，根据已经收集在案的证据，仍然能够证实其有罪并进行判处，这应是侦查活动所追求的目标。口供在贿赂案件中有重要作用，但是"零口供"对证据链条的完整性应该是没有决定性影响的，因为完整性不体现为证据的数量而是逻辑的严密性。尽管我国现阶段难以实现赋予被告人沉默权或者"零口供"的观念，但这种理念对司法工作者，尤其是侦查人员的取证、价值取向是非常有益的。全面收集证据，有效运用直接证据与间接证据形成完整的、承上启下的证据体系，证据之间相互一致并具有排他性，从而在"零口供"的情况下认定受贿案件事实，提高办案水平。同时，要求侦查人员必须严格按照法定程序和要求收集、提取与案件有关的客观真实的证据，绝不能滥用手中的职权采取刑讯逼供、威胁、利诱、欺骗等手段违法取证。

三、受贿犯罪证据收集的内容

（一）收集受贿犯罪主体证据的要求

1. 对于单位受贿以及国家工作人员贿赂案件的主体证据的要求是要以证据证明行为人具备国家工作人员的身份。对行为人的主体身份要求收集并运用下列证据：一是具备干部身份的有关书证材料，如干部履历表、转干证明及干部调动介绍信等干部经历的证明等。二是所在单位出具的职务证明、任命文件等，从而明确其职责范围，包括受贿人在单位内分管或主管什么事项，在经济交往、行政管理、司法活动中的权限，被授权、委托的范围，职务活动的具体内容、程序等，并进一步证明其是具备国家工作人员的身份并具有职务便利。特别应注意的是，对在国有公司、企业、事业单位、人民团体中从事公务的人员应调取行为人在管理岗位从事管理工作的证明材料，而对受委派从事公务的人员，则应同时调取委

派单位的营业执照等单位性质的证明材料、委派文件等委托授权材料。三是相关单位法定代表人、主要负责人等关于宣布授权的场所、宣布内容的证言，犯罪嫌疑人供述及亲笔供词等言词证据。特别是在委派单位操作非规范的情况下，更要注意对这些言词证据的调取及使用。四是关于职务证明的事项要明确具体，使职务行为与职务便利挂钩，切忌证明文件太笼统。

2. 对国有控股、参股公司、企业中国家工作人员认定的证据应包括其是否从事组织、领导、监督、管理等工作，是否符合代表国有投资主体行使职权两个基本条件。而是否接受国有单位委派并非决定性证据，委派是形式要件，真正决定国家工作人员主体身份的是行为主体"从事公务"这一实质要件。管理岗位与代表国有投资主体行使职权两方面证据完全能够确定国家工作人员的受贿主体要件。在对受国有控股单位委派的公司、企业人员的主体认定中，即使具有委派的形式，也具有代表国有控股投资主体从事管理职务的实质条件，仍然不能确认其为国家工作人员。

3. 对于利用影响力受贿的，对"与该国家工作人员关系密切的人"的认定，应依据《刑法修正案（七）》第13条的规定，限定在证据能够证明的以下人际关系范围内：亲（近亲属除外）友关系、同事同学同乡关系、师生关系、战友关系、利害关系、除职务制约之外的控制、胁迫关系等。

4. 对于非国家工作人员受贿的，由于非国家工作人员的范围较广，难以作列举式的具体说明，可参考本书第六章对非国家工作人员主体的详细说明。

（二）收集受贿犯罪主观故意证据的要求

要通过客观行为查明主观故意内容，从证明角度讲，主观故意的查明只能从客观行为推导。受贿罪的成立要求证明行为人主观上出于直接故意，间接故意及过失都不成立本罪。证据的收集须确认受贿犯罪嫌疑人关于利用自己职务便利的认识、为他人谋取利益的认识、占有财物的认识以及犯罪产生的动机、目的、原因、过程等主观认识因素。对于斡旋受贿、利用影响力受贿，还必须明确是否有为他人谋取不正当利益的认识。

对于新型受贿犯罪中的交易型受贿，受贿故意的证据标准必须具体到受贿人对低买高卖房屋、汽车等大额财物"明显"偏离市场价格具有认识。干股型受贿案件的受贿故意的证据标准必须是明确受贿人是故意以干股为名收受红利还是对股份与红利同时具有犯罪故意。委托理财型受贿案件的受贿故意的证据标准应当明确受贿人对行贿人提供"明显"高于正常收益标准的获利具有明知；如果有证据表明请托人提供了伪造的交易记录瞒骗国家工作人员，只是收受者并不明知该财产并非派生于其实际出资，事后也未发现事实真相，在这种证据情况下，不能认定行为人收受明显高于出资应得收益的"利润"而具有受贿犯罪的故意。

（三）收集受贿行为证据的要求

成立受贿罪客观方面要求行为人必须实施了利用职务上的便利索取他人贿赂

或利用职务便利收受他人贿赂，为他人谋取利益的行为。为此，应收集的证据包括：一是对在业务往来中发生的贿赂案件，应注意调取书证、人证等证据，以明确受贿人、行贿人经手的每一笔业务往来，不能人为地取舍或遗漏，对每一笔业务往来都要详细具体地查明，不能笼统概括，特别是要明确业务往来中行为人的职责范围及利益归属等，要具体到业务的前期洽谈至后续履行。二是调取充分证据证明受贿人有职务便利并利用了职务便利，包括：如何利用职务上主管、负责或者承办公共事务的职权及其所形成的便利条件的证据；职务行为与行贿人之间关系的证据。例如，在经济往来中收受回扣、手续费的，经济往来具体内容的证据；在金融业务活动中受贿的，金融业务内容的证据；农村基层组织人员收回的，协助政府从事行政管理工作内容的证据；斡旋受贿、利用影响力受贿的，行为人与其他国家工作人员、离职的国家工作人员的关系、与请托人的关系，请托人请托内容的证据等。对于非国家工作人员受贿的，还要收集其是否为他人谋取利益，谋取的利益是否成功，谋取了什么利益，是正当利益还是不正当利益。对于国家工作人员受贿的，"由于只要被请托的国家工作人员接受了请托人的财物就应当视为承诺为请托人谋取利益。根据立法规定的精神，受贿人为他人谋取的利益是否正当，为他人谋取的利益是否实现，一般不影响受贿罪的成立"[1]。而且行为人接受他人的贿赂财物，是在为他人谋取利益之前，还是过程中或之后均不影响受贿罪的成立。因此，只要证明了"收受财物"即可推定"为他人谋取利益"。三是要调取证明贿赂的具体次数，每次的时间、地点、过程、方式等的证据。贿赂系金钱的，要具体到币种、数额、票面、包装等；贿赂系实物的，要具体到种类、名称、型号、包装、数量、价格、新旧及有无发票等。四是要查明受贿后的处理，挥霍金钱的去向、物品损坏的情况、贿赂财物转移情况、因贿赂造成的损失等。如是否告知他人、告知何人；是否交公，为什么要交公；是公用还是私用；在公用的场合要查明公用的原因及性质。一般情况下，因受贿罪是行为犯，款物的使用不影响本罪的成立。

四、受贿犯罪证据收集的方法

（一）讯问犯罪嫌疑人

1. 讯问的概念。讯问犯罪嫌疑人，是指侦查人员为进一步查明和证实受贿犯罪事实，依照刑事诉讼法的有关规定对犯罪嫌疑人进行审问的一种侦查行为。讯问犯罪嫌疑人是收集受贿犯罪嫌疑人供述和辩解的手段，是查明受贿犯罪事实，印证案件证据材料的重要途径。

2. 讯问的内容。讯问犯罪嫌疑人，注意要问清下列方面：一是犯罪主体，是否具有国家工作人员身份，具体的国家工作人员种类，要讯问其工作单位、部

---

[1] 杨书文、韩耀元：《职务犯罪立案标准与司法适用》，法律出版社2009年版，第43页。

门、职务、职权、级别及获得上述职务、行使职权的时间。二是主观方面，讯问犯罪嫌疑人关于利用职务之便的认识，关于为他人谋利益的认识，关于占有财物的认识，以及犯意产生的动机、目的、原因、过程等主观认识因素。三是客观方面，问清利用职务便利的详细经过；受贿行贿的商谈经过；接受财物的次数、时间、地点、在场人，是个人亲自接受还是别人代为接受，是事前接受还是事后接受；贿赂的形式，是现金还是财物；受贿的数额、面值、包装、物品名称、品牌、价值；收受财物的存放形式、地点、去向和用途；是主动索要还是被动收受财物；受贿的名义是一般意义上的贿赂，还是以回扣、手续费为名义；行贿人的自然情况，与本人的个人关系，工作业务关系；是否为他人谋取了利益，谋取的什么利益，是正当利益还是非正当利益；收受的财物是否上缴、退赔等。固定好受贿人供述笔录是防止犯罪嫌疑人、被告人以后翻供的重要措施。[1]

3. 讯问的注意事项。

（1）在受贿人供述笔录固定时，应注意以下三个方面的工作：一是办案人员在制作供述笔录的过程中，要充分注意受贿犯罪嫌疑人供述笔录的内容是否合理。对于不合理之处，应当有针对性地进行讯问和调查，力求使供述笔录的内容合理化。二是办案人员要认真考察供述笔录的内容有无自相矛盾之处。对于有矛盾的，要针对矛盾之处，及时进行讯问和调查，以解决存在的矛盾，使供述笔录的内容一致化。三是办案人员应尽可能收集更多的其他证据印证供述笔录。由于在许多贿赂案件中，可收集证据的数量非常有限。所以，供述笔录对受贿事实的记载不能过于简单、概括，而应当有明确、具体的内容，包含丰富的细节。然后，对供述笔录中的细节充分进行印证，增强供述笔录的可信度。[2]

（2）严格依照法定程序收集口供。我国《刑事诉讼法》第43条规定，严禁刑讯逼供和以威胁、引诱、欺骗以及其他非法的方法收集证据。1996年12月最高人民法院《关于执行〈中华人民共和国刑事诉讼法〉若干问题的解释》第61条也规定："凡经查证确实属于采用刑讯逼供或者威胁、引诱、欺骗等非法的方法取得的证人证言、被害人陈述、被告人供述，不能作为定案的根据。"《关于办理刑事案件排除非法证据若干问题规定》以及《关于办理死刑案件审查判断证据若干问题的规定》均明确规定，对刑讯逼供取得的言词证据不能作为定案证据使用。

（3）收集口供要全面。单个贿赂犯罪嫌疑人的口供包括受贿人对自己受贿事实的承认（有罪供述），或对自己无罪、罪轻的辩解、否认（无罪辩解），或对他人的检举揭发。全面收集口供，既是检察官职责的必然要求，同时也是为了全面

---

[1] 俞军杰、张少林："浅论贿赂案件证据的特点及其收集"，载《犯罪研究》2007年第2期。
[2] 俞军杰、张少林："浅论贿赂案件证据的特点及其收集"，载《犯罪研究》2007年第2期。

查清案情，保护犯罪嫌疑人、被告人合法权利的必然要求。只有全面收集口供，才能为起诉、审判以及定罪提供充分的证据，保证案件的质量。

(4) 不轻信口供。《刑事诉讼法》第46条规定，要重证据、重调查研究，不轻信口供。在讯问受贿犯罪嫌疑人的同时，应积极收集其他证据，不断检验口供的真伪，才有可能收集到真实可靠的犯罪嫌疑人、被告人的供述。口供在受贿案件中可以作为直接证据证明犯罪事实的存在，同时因为受贿案件中直接证据的获取难度大，获取的数量少，倘若能获得真实可靠的口供，对定罪量刑是十分有帮助的。但是翻供问题在受贿案件办理中屡屡出现，表明了口供的不稳定性以及不可靠性。不轻信口供，立足于认真依法调查取证，才能使"翻供"问题得以解决，才能真正发挥口供的作用。

(二) 询问证人

1. 询问证人的概念。询问证人是指依法向证人调查了解案情的一种侦查行为。受贿犯罪一般是在比较隐蔽的情形下进行，但和其他犯罪一样，是发生在一定时间和空间。当行贿人在实施谋取不正当利益的行为时，会涉及到有关方面和人员，所涉及的人员很多就是证实受贿犯罪事实的证人。受贿犯罪的证人一般有：①检举、揭发人；②受贿人的亲属，包括受贿人的家属、子女、亲友等；③行贿人的亲友及同事；④贿赂人；⑤中间人。

询问应当选择恰当的环境。询问环境涉及询问的时间和地点。在时间方面，侦查人员对案件的快速反应就是在最短的时间内找到了解时间经过并且对侦查工作能提供有用信息的证人。在受贿案件中，一方面，由于受贿案件的隐秘性，从发生到案发已经过一段时间，证人的记忆也开始变得模糊；另一方面，由于受贿人往往掌握庞大的人脉资源，找到证人进行询问的时间越长，就越容易让受贿人有机会对证人进行恐吓、引诱等不法行为甚至将证人杀害，从而使询问证人愈加困难。如果询问证人不可能在案发后立即进行，侦查人员应考虑时间段对证人心理的影响，选择方便对证人进行询问的时间，保证询问的顺利进行。在询问地点的选择上，应当选择证人的住所、所在单位或在侦查机关办公场所进行。询问应避免在那些会导致证人记忆力降低、容易分散证人注意力的环境下进行，同时要注意引导询问的方向、保密询问过程和防止外界干扰。

2. 共犯作为证人的问题。贿赂犯罪证据以间接证据为主，直接证据相对较少，并且共犯直接参与了贿赂犯罪，其提供的证据对证明受贿犯罪嫌疑人是否曾参与受贿活动，他人是否协助、促使该受贿活动起着十分重要的作用。世界上许多国家和地区已经通过打击贿赂犯罪的立法和司法惯例将受贿案件中的共犯规定为证人。这些国家和地区在规定被告人有保持沉默权和不得被强制作证的同时，对受贿犯罪的同案被告人作证问题作出了例外规定。即要求同案犯中的一个或几个作为证人，提供证言，指证其余犯罪嫌疑人，同时还规定鼓励同案共犯作证的措施。如我国香港地区在《防止贿赂法》中规定了一条让香港廉政公署的调查人员称为"完善得令人难以置信"的法条，该法第 22 条规定："任何曾参与接受贿款的人士，如果在法庭上指证同案其他犯人，则不应该被视为同谋"。马来西亚、新加坡、尼日利亚这些英美法系国家，其证人的范围是广义的，被告人有选择是否在证人席上作证的权利，但如前述，在贿赂案件中，一方面沉默权和不得强迫证人作证制度的存在空间很小；另一方面国家赋予法官要求同案犯作证的权力。如尼日利亚联邦共和国 1975 年反腐败行为的法令第 23 条第 1 款规定："当两个或两个以上的人被指控有本法中的犯罪时，法庭可以要求其中一人或几人在起诉中作为证人提供证据。"新加坡《防止贿赂法》第 33 条规定："当两人或两人以上被控违反本法，法院可以要求其中一人或其他人作为证人为控诉方提供证言。"同时，这些国家和地区还为同案犯作证提供了相应的保障，如证人免责制度。如新加坡规定："任何被要求提供证言的同案人员，当法庭认为他们在合法的讯问中真实和全面地陈述了全部事实时，应当排除利用其证言对其进行任何追诉。"

综上所述，虽然我国在法律上并没有对受贿共犯作证问题进行规定，但从受贿犯罪的特点以及国际上对受贿共犯作证规定的立法与司法潮流看来，在受贿犯罪中，共犯作为证人，其陈述作为证人证言指控共犯有罪应是可行的。

(三) 勘验、检查

1. 受贿犯罪勘验、检查笔录的概念。受贿犯罪的勘验、检查是指检察人员为收集与受贿犯罪有关的证据，对与受贿犯罪有关的场所、物品、文件等进行勘验检查的行为。勘验、检查人员制作的勘验、检查笔录是查明受贿犯罪的证据之一。在受贿犯罪中，对勘验、检查笔录应作扩大理解，不应只局限于"笔"作的文字记录，还应包括绘图、照片、复印件等。

2. 勘验、检查的内容。对受贿犯罪的勘验、检查主要有：勘验、检查贿赂物；提取和勘验那些涉及受贿公职人员活动的文件；勘验、检查现场。受贿犯罪中的贿赂物不仅是指财物，还包括其他非法利益。贿赂物的表现形式有：①现金。人民币、外币，其便于携带、转移方便、容易隐匿。②有价证券。这包括：债券、股票、股票认购权、购物券等。③具体物质。如高档家用电器、高级家具、金银首饰等。④其他利益。如办理受贿人子女及本人出国、提供房屋使用权等。

3. 获取勘验、检查对象的途径。①进入有关单位或者场所勘验、检查与贿赂犯罪有关的现场；②向有关的单位和个人了解、查阅、复制有关的账目、文件、合同或者其他物品、资料，向信用合作社、证券交易所或者其他金融单位查询存款、股票、有价证券、保管物等。通过上述活动可提取到与贿赂犯罪有关的物品。

4. 勘验、检查的要求。[1] ①及时。及时就是要求侦查人员以最快的速度对

---

[1] 参见杨迎泽主编：《检察机关刑事证据适用》，中国检察出版社 2001 年版，第 330 页。

贿赂物、现场等进行勘查。受贿人大多是拥有庞大社会资源的官员，信息十分灵通，一旦知道其将要接受法律制裁，将迅速把受贿犯罪的证据销毁，因此，必须抓紧时间进行勘验、检查。②全面。全面即要求侦查人员不能对与案件有关的物品、场所等需要勘查的对象有所遗漏，应当全面收集，防止主观偏见。③细致。无论是对物品，还是对现场的勘查，都要努力发现其蛛丝马迹，尤其是受贿案件，很多证据都藏在意想不到的地方，需要侦查人员细致查找方能发现。④客观。即从实际出发，不能凭主观进行取舍，要摒弃缺乏全面细致调查的主观猜测。

（四）搜查

1. 搜查的概念。受贿犯罪的搜查是检察人员为查获犯罪嫌疑人和收集贿赂犯罪证据，对犯罪嫌疑人以及可能隐藏罪犯或犯罪证据的人的身体、物品、住所和其他地方进行的搜索检查。搜查是获取书证、物证的重要手段。

2. 搜查的内容。搜查的任务是发现贿赂物及其包装，因为贿赂物是行贿人犯罪的证明材料。在搜查时特别要注意那些能证明贿赂犯罪参与者相互认识的事实，收集能证明他们转交贿赂物的记录、与他人往来书信、电话号码和地址，以及贿赂的物品、现金、银行信用卡和购物卡、会员卡等消费卡，以及受贿人为行贿人谋取利益的批条、利用会议形式作出的有利于受贿人的决定书、出入受贿场合的登记簿、住宿票据等。

3. 搜查的步骤。搜查步骤分为搜查前准备与进行搜查两步。

（1）搜查前应确定搜查的对象并进行搜查准备，具体来说有以下几项：①确定搜查目的、重点。搜查前，首先要明确搜查目的是寻找书证、赃物等还是查获犯罪人，并据此确定搜查重点及搜查方法，有针对性地进行搜查。搜查的重点一般放在账单和文书等票据、证件、物品方面。如往来账册、单据、发票等账据；与案情有关的各种批文、许可文件、订货单等文书；人民币、外币、汇票等票据。②研究掌握被搜查对象的情况。被搜查对象包括被搜查的人和处所。搜查前，一是要认真分析研究被搜查人的基本情况；二是要了解被搜查处所的周围环境，以发现其可能藏匿赃物的地方的情况。③制定搜查方案。方案内容包括：搜查目的、重点、搜查的时间、地点、力量组织与分工、搜查方法与顺序、搜查中可能遇到的各种情况及其对策。④物质准备。准备好必要的器材、工具，如照相摄像器材、照明工具、测量测试工具、发现不可见痕迹的紫光灯以及枪支、械具等。

（2）进行搜查。不单重视对室内的搜查，且要注意对室外一定距离进行仔细搜查。①搜查的范围既可以是住宅，也可以是室外。室内搜查时，应当重点搜查与细目搜查结合起来，既要搜查看得见的地方，必要时也要利用技术手段发现可能隐藏犯罪证据的秘密地方。室外搜查时，则应事先了解并熟悉地形，在确定搜查范围基础上重点搜查。②搜查态度必须仔细认真。因为受贿人往往将犯罪证据收藏在某些很不起眼的地方，如果不细心观察将遗漏犯罪证据。

（五）扣押物证、书证

1. 扣押物证、书证的概念。受贿犯罪案件中的扣押物证、书证、视听资料，是指检察人员对发现能够证明受贿人有罪或无罪的物品、文件、视听资料，依法强制扣留的活动。扣押的目的在于保全。

2. 扣押物证、书证的内容。①扣押物证。受贿人的犯罪目的和动机决定了受贿犯罪中的物证主要是赃款赃物，因此赃款赃物就成为了认定贿赂犯罪的重要证据。受贿犯罪是贪利型犯罪，及时扣押，一方面能取得证据；另一方面可防止公共财产流失，同时也为将来剥夺犯罪分子的经济利益创造条件。在侦查贿赂犯罪过程中，对扣押的物证进行固定保全，运用较多的手段是查封、提取、冻结。②扣押书证。受贿犯罪案件中的书证主要有：会计资料、来往函件等。如集体用于行贿的会计资料有：账簿凭证、表册、支票、汇款单、存折、票证、提货单、发运单；有关记录、假借条、收条、送东西时所附的发票、银行账目等。其中"有关记录"这一书证比较复杂，因为这些记录有的是用文字，有的是用只有书写人或知情人才懂的符号、图形等密码方式记录。对书证的扣押要迅速及时，防止犯罪嫌疑人等毁灭、转移、伪造、变造书证。

（六）鉴定

1. 鉴定的概念。鉴定是指为查明案情，揭露、证实贪污贿赂犯罪，运用科学技术手段或其他专门知识，对案件有关的事实所进行的鉴别和判断。[1] 鉴定是取得证据证明案情和正确掌握案件性质的一种手段。按照全国人大常委会《关于司法鉴定管理问题的决定》，鉴定的对象包括物证、法医类证据、声像资料类证据（含电子证据）以及其他类证据（如会计资料证据、产品质量证据等）。

2. 鉴定的作用。通过鉴定，有助于准确判断是否需要立案，也有助于推进立案后的侦查工作。受贿犯罪的特点以及财物会计资料的特点，使得会计鉴定成为受贿犯罪证据中的重要内容。财物会计资料是一个完整的体系，它包括原始单据、记账凭证、账簿和各种报表。由于财物会计资料能够反映和表现经济活动过程和会计核算过程，因此通过对财物会计资料的鉴定，能够反映四方面的内容：①与受贿犯罪有关的经济业务活动产生、发展的时间、地点等情况；②受贿案件涉及的公民、法人，及某一财物会计资料的制作时间、制作人、审核人；③与案件有关的会计资料是否伪造、变造、遗失；④有关人员在会计核算事项的处理过程中有无错误及错误造成的结果等客观情况。

（七）运用侦查技术手段收集证据

反贿赂犯罪技术侦查手段是指检察机关侦查人员在办理贪污贿赂等刑事案件中依据国家赋予的特殊侦查权利，运用的各种专门的特殊的侦查手段。包括跟踪

---

[1] 詹复亮：《贪污贿赂犯罪及其侦查实务》，人民出版社2006年版，第484页。

监视、密搜密取、秘密辨认、刑事特情、化装侦查、侦听、邮检、密拍密录等。

我国法律对检察机关是否有权运用技术侦查手段并没有明确规定。但在受贿犯罪的侦查中，技术手段已经得到了广泛的运用。这是因为，其一，这是现实中侦查受贿犯罪的需要。科学技术的不断发展为受贿犯罪提供了更多可乘之机，不少犯罪分子利用现代化的科学技术手段进行交易，有些则是利用先进的交通通讯设备进行反追诉活动、转移证据和赃款赃物、干扰证人作证等。其二，这也是世界上许多国家和地区进行受贿犯罪侦查的必要手段。英美法德等法治发达国家，尽管在运用技术手段侦查的范围上有大有小，但这些国家都毫无例外地赋予了反贿赂机构侦查人员运用技术侦查手段的权力。例如，韩国检察机关中专门处理贪污贿赂犯罪案件的机构为不正腐败事犯特别搜查部，该机构内设六个部门，其中科学搜查指导课负责技术的运作、侦查装备、经费的保证和侦查技术的研究。我国台湾地区于1997年通过了"台湾通讯保障及监察法"对通讯监察等技术侦查手段进行了规定。我国香港地区的廉政公署在侦办贿赂案件时也使用侦听、秘密录像等技术手段。可见，技术侦查手段在世界范围内被广泛运用于反贿赂斗争中。[1] 其三，科技强检的发展战略以及检察机关引进器材设备的物质条件为技术侦查手段的运用奠定了基础。2000年1月10日，最高人民检察院颁布了《关于在大中城市加快科技强检步伐的决定》，确定了依靠检察科技进步和提高检察干警素质，是今后检察工作的重要发展方向。2003年最高人民检察院颁布实施的《人民检察院器材设备配备纲要》中提出，检察机关需要配备移动定位设备、特种照相设备、数字微型录音机、无线录音设备、低照度微型摄像机、监视器、监控摄像机等器材设备。

五、涉外受贿犯罪案件证据的收集

（一）涉外受贿犯罪的现状

1. 涉外贪污贿赂犯罪现状。据不完全统计，目前有四千多名贪污贿赂犯罪嫌疑人携公款五十多亿元在逃。其中，有的已潜逃境外，造成国有资产大量流失，使一些国有公司、企业难以为继，社会危害十分严重。[2] 根据"犯罪黑数"理论，逃亡国外的受贿犯罪嫌疑人及其所携带的赃款肯定要远远高于4000名和50亿元人民币。从以下数据可以看到外逃贪官污吏及其所携带赃款的现象是何等的严重：10个省市（不包括四川）失踪3358名；11个省市外逃5193名。其中10个省市（不包括四川）外逃县处级以上干部2056名。1997~1999年3年内，中

---

[1] 杨迎泽主编：《检察机关刑事证据适用》，中国检察出版社2001年版，第335页。
[2] "'身在曹营心在汉'，谁还会相信裸官"，载http://news.xinhuanet.com/comments/2010－/07/27/c＿12376698.htm，最后访问日期：2010年8月4日。

国累计资本外逃 530 余亿美元，其中很大一部分为职务犯罪非法所得。[1]

2. 涉外受贿犯罪调查现状。涉外受贿犯罪的调查取证难度十分大，这是由于受贿罪主体一般为政府官员，其所掌控的关系网有广泛的影响力，使其更容易利用金融渠道和出入境机会向境外转移所得的赃款赃物，以逃避国内法律的制裁，这些因素都给涉外贿赂犯罪的侦查增加了难度。

（二）涉外受贿犯罪的侦查方式

涉外贿赂犯罪的侦查方式一般有两种，一是国际司法协助，即一国法院或其他主管机关，根据另一国法院或其他主管机关的请求，依照国际条约的规定或者在平等互惠的基础上，代为或协助实行与刑事诉讼有关的司法行为。这种司法行为包括送达刑事诉讼中的司法文书、调查取证、通缉、逮捕、引渡等。而调查取证和引渡则是司法协助中的重要内容。二是其他途径。

1. 国际司法协助。目前我国已经与许多国家签订了司法协助条约，"自 1987 年至 1995 年 3 月，我国已经与 16 个国家签订了双边协议，其中涉及刑事司法协助的有 10 个，并参加了一些国际公约，加入了国际刑警组织，成为该组织的成员国，最高人民检察院也与一些外国检察机关订立了合作协议"。[2]

检察机关刑事司法协助多数是请求外国警方协助，这就涉及到涉外法域侦查协作方法。所谓涉外法域侦查协作方法是指，中国和外国不同法域之间涉案调查取证、缉捕人犯的侦查协作与配合方法。涉外侦查协作通常采取 ICPO（即国际刑警，International Criminal Police Organization）协查法。即通常通过国际刑警组织的关系，对逃往国外的职务犯罪嫌疑人及其罪行进行侦查和取证的方法。目前办理涉外职务犯罪案件，与有关的国际刑警机构侦查协作的方式主要有联查和代查两种。[3] 所谓联查，即中国检察机关派遣人员会同国际刑警中国国家中心局的人员，以国际刑警联络官的名义，前往涉案国和地区，与其国际刑警机构合作，在国外展开侦查活动。通过一系列活动形成的询问材料会由中国检察机关、国际刑警中国国家中心局和涉案国国际刑警机构人员共同签字，完善法律手续，保证证据的法律效力。所谓代查，即中国检察机关不直接派员出国调查，而是通过国际刑警中国国家中心局利用国际刑警组织的关系，请求有关国家或地区的国际刑警机构协助收集有关证据材料，直接侦讯、缉捕国外罪犯。

但是，国际刑警组织并不是万能的，缉捕外逃贪官污吏并非其工作重点。例如，《国际刑事警察组织章程与规则》第 3 条规定："严禁本组织进行政治、军

---

[1] 郭立新主编：《检察机关侦查实务：侦查概况·侦察机制·司法协助卷》，中国检察出版社 2005 年版，第 204~205 页。

[2] 杨迎泽主编：《检察机关刑事证据适用》，中国检察出版社 2001 年版，第 341 页。

[3] 郭立新主编：《检察机关侦查实务：侦查概况·侦察机制·司法协助卷》，中国检察出版社 2005 年版，第 275 页。

事、宗教或种族等性质的干预活动"[1]。而实践中很多外逃的国内受贿官员多以"受政治迫害"为由请求"政治避难",这就成为缉捕的障碍。同时,区域性司法协助的作用有限,一方面,由于外逃的贪官大多不选择邻近国家避难;另一方面,引渡等司法协助措施的实施受两国不特定的政治因素影响。又由于我国国内法的支持与配合不足,来自各国国内法和传统的障碍、各个执法机关执法观念和工作习惯的障碍以及费用高、周期长等原因,司法协助的功能不能得到充分发挥,于是出现了其他途径。

2. 其他途径。是指通过除司法协助以外的途径对境外证据调查取证。包括我国司法人员以秘密身份前往相关国调查取证、请我国驻外代表、相关国家和地区的律师、私人侦探等各种途径收集证据。[2] 检察人员通过其他途径取证的实质是司法机关调取证据的行为。这些情况主要有:我国公民或我国驻外代表,或我国司法人员通过私人关系委托境外的亲戚、朋友、同事等到境外收集证据,再由他们直接提交给我国司法人员;我国公民或我国司法人员通过私人关系,委托在境外的亲戚、朋友、律师、侦探等收集证据资料。这种方法虽然增大了我国司法机关侦破贿赂犯罪的机会,但由于取证主体特殊,证据失真的可能性较大,这就需要司法人员认真审查其证据能力和证明力。

第二节 受贿犯罪证据的审查判断

鉴于受贿犯罪证据审查的承前启后性,以及证据审查中涉及的特殊问题较多,因此就受贿犯罪证据审查中的特殊问题本书将以独立章节进行论述,此处仅就受贿犯罪证据审查判断的概念以及方法进行论述。

一、受贿犯罪证据审查判断的概念

受贿犯罪案件的证据审查是指,对在查处受贿犯罪案件过程中所收集的各种证据材料进行审查、鉴别和分析,以判断其是否真实和在认定案情方面的作用。"证据审查是证明贪污贿赂犯罪的关键环节,取得了正确材料而不进行审查判断,就不能分辨证据材料的真实可靠程度,对案件事实的认识就不能由感性向理性发展,也就不能对案件事实作出正确结论。"[3]

二、受贿犯罪证据审查判断的方法

审查判断的方法分为分别审查与综合审查。分别审查是综合审查的前提和基础,通过分别审查可以对各个证据的客观性、合法性、关联性进行判断,从而为

---

[1] 贾宇:《国际刑法学》,中国政法大学出版社 2004 年版,第 441 页。
[2] 杨迎泽主编:《检察机关刑事证据适用》,中国检察出版社 2001 年版,第 344 页。
[3] 文盛堂、陈正云:《贪污贿赂犯罪认定与侦查实务》,中国检察出版社 2002 年版,第 202 页。

综合判断证据的正确性提供坚实的基础。综合判断则是最终确定各个证据的可靠性，从而解决审查判断证据的其他问题，确定是否足以对案件事实作出正确的结论。

（一）对每个证据分别进行审查的方法

对每个证据分别进行审查，其目的是通过运用甄别法、鉴定法、辨认法等对所收集的证据，逐一进行审查，根据客观事物发生、发展、变化的一般规律和常识辨别其真伪，从而核实证人证言、犯罪嫌疑人、被告人供述和辩解的真实可靠性，为分析判断案件事实提供依据，帮助判断现场和获取的证据是否变动或伪造等情况。

分别审查的重点主要有三个：一是审查判断证据的来源，即证据的取得程序以及证据的直接出处。审查判断证据的来源，就是审查判断其来源是否合法、可靠。二是审查判断证据的内容。在受贿犯罪中，言词证据的特点使得翻供翻证现象出现频繁，为此，对于犯罪嫌疑人的供述和辩解、证人证言等必须认真分析、严格审查，减少翻供翻证对起诉的不利影响。三是审查判断证据与案件事实之间的关系。实质就是审查证据所反映的事实与证明对象即待证事实的关联性问题。

（二）对全部证据综合进行审查的方法

与分别审查不同，综合审查着眼于证据与证据之间，证据与案件事实间的协调一致，因此其主要运用比较法、印证法、反证法、排除法等，从而对证据与证据、证据与事实之间的联系进行宏观把握。综合审查判断的关键是发现矛盾和分析矛盾。因此，办案人员要善于对各种证据进行交叉的逻辑分析，善于从细微处发现不同证据之间的矛盾，然后分析矛盾的性质和形成原因，以便对案件中的证据作出整体性评价。实践表明，综合判断不仅要注意审查证据的真实可靠性，而且要注意审查证据的证明价值。在综合审查中要坚持全面以及变化发展的观点，注意各证据所反映的事实是否存在矛盾，全案证据是否确实充分，能够形成证据链就事实认定得出唯一的结论。

第三节 受贿犯罪证据的运用

一、受贿犯罪证据运用的概念和特点

受贿犯罪证据的运用，是指受贿犯罪侦查、公诉部门和审判机关及其工作人员运用证据认定受贿犯罪事实的一种诉讼活动。其实质是对受贿犯罪案件证据情况认识和判断的过程。受贿犯罪证据的运用特征：一是主体特定。检察机关侦查、公诉部门和审判机关及其司法人员是证据运用的法定机关，其他任何机关、团体和个人均无权进行相应的诉讼活动。二是目的明确。运用证据的目的是正确认定受贿犯罪事实，对案件作出正确的处理。三是程序合法。运用证据定案的程

序必须合法，以保证对案情的正确认识和判断。

二、受贿犯罪证据运用中的几种特殊情形

（一）举报材料的效力问题

举报形式在现阶段有署名和匿名两种。实践中，匿名举报大量存在，并且是现阶段打击和惩治贿赂犯罪的主要线索来源。但在定案时，无论是署名举报还是匿名举报的材料，均未将其直接作为定案的证据。这是因为：

1. 由于举报人在贿赂犯罪诉讼中处于特殊地位，既不属于刑事诉讼法所规定的被害人、证人范畴，也不是司法人员，因此举报材料既不是被害人陈述、证人证言，也不是司法人员收集的证据材料，而仅是以知情人身份主动出具的言词材料，并且这些材料一般不直接作证人证言使用，也不宜在法庭上公开宣读和将其装订入卷。这就涉及到其转化的问题。

2. 署名举报（来电、来信举报）、匿名举报材料本身没有合法的收集主体，对材料本身的真实性缺乏审查程序，有的甚至没有明确的材料提供者，因此，这就决定了它缺乏合法的收集主体，更谈不上进行必要的查证。所以说，它只能作为确定初查方案的参考材料，而不能作为证据使用。

举报材料尽管不能作为定案证据使用，但由于其作为初查的重要线索，对案件的突破有重要作用，因此不能忽视对举报材料的审查。对于举报线索，要确认其是否具有可查性，应当从报案线索的来源、方式、反映问题的性质、情节、数额以及举报人的举报动机和目的等方面进行综合判断。另外，要注意分析举报人在案情中的角色，鉴别线索的可信度。一般来说，对于关系人的举报，由于他们与案件的发生、发展以及案件的结果有着一定的牵连关系，是案件的重要知情人，因此这类人的举报可靠性比较强。对于犯罪嫌疑人的举报，有的是自己的案件牵涉到的人和事，有的是通过其他途径得到的信息，出于立功减刑或者其他原因，这类人的举报具有一定的可靠性。对于公民举报的，由于实践中"很多时候举报人的举报属于无特指内容的犯罪（现象）举报"[1]，举报人所举报的犯罪内容不具体，没有具体的目标，没有举报的对象、时间、地点、行为，仅仅就某一现象向检察机关举报。如果检察机关都认为是无中生有、捕风捉影而不引起重视，这样就会放纵罪犯。对于此类举报，检察机关应对举报内容进行确认，针对初查目标进行分类并制定初查方案，以最快的速度证明存在贿赂犯罪。

（二）初查材料的效力问题

1. 初查的原因。

（1）初查的法律原因。我国刑事诉讼法将立案规定为启动刑事诉讼程序的独立程序。立案的条件是事实清楚，需要追究法律责任。实践中，不论是办案机关

---

[1] 吴克利：《贪污贿赂犯罪侦查谋略与技巧》，中国检察出版社2009年版，第21页。

发现的案件线索还是接受报案、控告、举报和自首的材料，这些材料不仅形式单一而且内容还可能失实，不通过初查，仅仅凭借审查那些材料是很难判断一个案件是否符合立案标准的。这就促使办案机关在立案决定作出前，采取一定的调查、收集证据的方法，为判明案件是否符合立案条件创造必要的证据基础。

(2) 初查的现实原因。①犯罪的复杂化是形成初查制度的现实原因。随着经济、社会的发展，我国的刑事犯罪呈现出日益复杂化的趋势，特别是在经济领域，犯罪的复杂化程度更为突出。由此产生了对初查制度的迫切需要。正因如此，初查制度最初诞生于并主要体现在检察机关的反贪污贿赂实践中。②实务中对立案指标的应用。立案数、撤案数的多少，常常成为评价检察机关工作成效的重要指标。立案多、撤案少，说明办案机关的工作成效高；反之，成效低。为了确保多立案的同时，尽可能降低撤诉的风险，办案机关会在立案前的审查阶段尽可能收集较多的证据，以保证"立案质量"。

2. 初查材料的种类。反腐败专门机构受理的对国家公职人员贪污贿赂犯罪活动的举报线索，仅靠对举报材料的分析、判断、鉴别，尚难以确定是否有犯罪事实存在，为了保证立案的质量以及人权保障的落实，在决定是否需要立案侦查前需经过初查。因此，建立初查制度成为贪污贿赂犯罪侦查实践中的一项迫切需要。初查材料来源的特殊性，决定证据的合法性势必成为其是否具备证据效力的关键因素。而根据《刑事诉讼法》第42～43条等规定，一份材料欲具有法律上的证据效力，必须由符合规定的合法主体，依照法律规定的程序进行收集后，才能在程序上具备合法性。换言之，只有检察机关按照法定程序依法取得的初查材料才具有证据效力。具体来说有以下四种初查材料：举报材料、自首材料、纪检监察等机关移送给检察机关的材料以及侦查部门初查收集的材料。对于举报材料以及纪检监察机关移送的证据材料的证据效力问题已在上面述及，此处仅就其他自首材料和检察机关侦查部门初查收集的材料进行论述。

3. 检察机关侦查部门初查收集的材料的证明力。由于我国法律法规并没有对初查材料能否作为证据使用作出明确规定，因此争论颇多。有不少观点要么认为初查程序缺乏法律依据，本身缺乏合法性，因此所收集的材料不能作为证据使用。要么认为初查程序自身具有合法性，但是由于其与立案后的侦查程序有别，因此初查材料需要经过转化才能作为诉讼证据使用。本书认为，对于检察机关侦查部门初查收集的材料，只要初查过程中没有采取刑讯逼供或者以威胁、引诱、欺骗等其他非法方法取证，该材料无需经过转化即可作为证据使用。

(1) 初查程序具有合法性。在理论上，侦查措施可以分为强制侦查与任意侦查。所谓任意侦查是指不会对相对人的重要权益造成强制性干预或侵犯的侦查措施,如跟踪、守候、询问知情人、询问非在押的嫌疑人等。[1] 而初查,根据《人民检察院刑事诉讼规则》的相关规定:"在举报线索的初查过程中,可以进行询问、查询、勘验、鉴定、调取证据材料等不限制被查对象人身、财产权利的措施。不得对被查对象采取强制措施,不得查封、扣押、冻结被查对象的财产。"这就表明,初查仅仅是一种不会对相对人的重要权利造成强制性干预的任意侦查措施。

由于任意侦查不同于强制侦查,任意侦查或以相对人的资源配合为前提而进行,或以不给相对人的重要生活权益造成强制性干预的方式进行,对公民重要权益的威胁甚小,因此原则上不需要法定化,不需要像强制侦查那样采用"强制侦查法定原则",对类型、要件、程序等进行明文规定。对任意侦查措施,法律或者政策上不是绝对不能规定,[2] 即使我国刑事诉讼法没有明文规定,在立案程序之前侦查机关同样能够使用初查这一任意性侦查措施。

在大陆法系国家中,基于人权保障的需要,虽然不存在独立的侦查前置程序(即立案),但同样为侦查程序的正式启动设定了一定的条件,为的是防止侦查机关随意启动侦查程序,侵犯人权。在开启正式侦查前,德国法律要求必须有所谓"简单的、初期的怀疑",日本法律则规定侦查机关需要"认为存在犯罪",我国台湾地区则要求必须"知有犯罪嫌疑",学理上称之为"简单的开始怀疑",而它们的法律均相应规定了使用前置侦查证明达到进入正式侦查的标准。[3] 由此可见,刑事侦查区分为正式侦查和初步侦查,在正式侦查启动之前,往往需要通过初步侦查(即初查)来核实程序启动条件是否具备,这已是法治国家的普遍做法和普世经验。

(2) 初查与侦查并无实质性区别。尽管从立法的角度来说,"立案具有启动刑事诉讼的性质,立案决定之前的活动属于非诉讼活动"[4]。但是,在受贿犯罪案件中,从本质上看,初查与侦查并没有实质性的区别,理由如下:①行为主体。初查行为主体与侦查行为主体一致,都是检察机关。②行为方式。在初查中一般不能采取限制人身自由和财产权利的强制方法,但这并不代表初查中就不存在运用强制方法的情形,比如在紧急情况下,同样可以适用强制方法。因此,只能说侦查中的强制性方法的运用多于初查,初查与侦查的方法几乎相同。③行为

---

[1] 但是要注意,这并不意味着在任意侦查中,不存在强制力的使用,即在社会一般观念认为妥当的方法、状态以及限度内才能使用。参见[日]田口守一:《刑事诉讼法》,刘迪、张凌、穆津译,法律出版社1999年版,第30页。

[2] 孙长永:《侦查程序与人权——比较法考察》,中国方正出版社2000年版,第25页。

[3] 万毅、陈大鹏:"初查若干法律问题研究",载《中国刑事法杂志》2008年第4期。

[4] 杨文书:"论刑事立案的性质",载《中国刑事法杂志》2000年第2期。转引自柳忠卫、腾孝海:"贪污贿赂犯罪初查行为探析",载《法学论坛》2009年第2期。

结果。初查与侦查中所获得的证据都将成为案件的诉讼证据使用，初查和侦查后得出的结论都将推进诉讼进程或结束诉讼程序。④程序要求。两者都受到刑事诉讼法以及办案机关内部规定的相同程序的控制。⑤经过审查。无论是初查获得的证据还是侦查获得的证据，如果出现以非法方式取证的行为，所取得的言词证据同样不能作为逮捕、起诉、定罪、量刑的根据。

（3）初查材料可以直接作为证据使用。如前所述，侦查包括任意侦查和强制侦查，立案是强制侦查的启动要件，而不是任意侦查的门槛，因此无论在立案前还是立案后，任意侦查手段都是法律所允许的，没有必要排除其作为取证手段所获得的证据的证据能力，可以把"调查笔录"视为"讯问犯罪嫌疑人笔录"或"询问证人笔录"。

初查是与侦查程序相衔接的，"被调查人"与"嫌疑人"实际上是同一个人，程序的转换，不应当影响该笔录的证据能力。就如同一份书证，在初查程序中查获，跟在侦查程序中查获，并没有本质区别，不影响其证据能力。同时，任何证据都不过是案件信息的载体，初查是通过搜集案件信息（即初查证据）以查明是否存在犯罪事实，侦查时通过搜集案件信息（即侦查证据）以证明犯罪嫌疑人的犯罪事实，两者（初查证据与侦查证据）都是对案件信息的一种反映，程序的转换并不影响信息的记载和传递，因此无需转换。通过任意侦查手段获取的证据材料，可以作为诉讼证据使用；通过强制侦查方式获取的证据材料，只要符合法定的程序，也可以作为诉讼证据使用。因此，在初查中获取的证据材料，只要符合上述两种情形，都可以成为后续程序中的证据。除非认为确实有必要进一步核实或强化初审中已经获得的证据，在此后的侦查中才应当进行某些重复性的调查取证工作。否则，如果仅仅为了从形式上将初查中的证据转化为侦查中的证据，而在侦查阶段大量重复初查中已经进行过的工作，这既浪费司法资源，也增加诉讼参与人的诉累。

因此，初查阶段获取的证据，无论是实物证据还是言词证据，自始即具有证据能力，无需在侦查阶段再进行转化。

4. 自首材料的证据效力。就自首材料的证据效力而言，一方面，它可以直接证明犯罪嫌疑人是否向有关单位或司法机关投案，并供述自己的罪行；另一方面，也是证实其犯罪事实的直接证据。但是，自首材料的证据效力也应区别对待：一是犯罪嫌疑人向有关单位自首的材料，由于收集证据的主体和证据形式欠缺，因此，也不能直接作为证据使用，而只有经过检察机关的侦查人员对其以一定的形式加以固定之后，才能作为证据使用；二是犯罪嫌疑人直接向检察机关自首而形成的材料，则可以直接作为证据使用。

（三）自首立功证明材料的认定

1. 自首立功证明材料存在的问题。自首、立功是最常见的法定量刑情节之一,其证明材料当属刑事诉讼证据的范畴。当前认定自首、立功常见的证明材料形式主要是"案发经过",但"案发经过"究竟属于哪一种法定证据形式,理论上并无定论。

目前看来,自首立功证明材料存在以下问题:一是缺乏客观性。有的自首、立功证明材料因为侦查人员疏忽未能及时制作,到了审查起诉阶段甚至审判阶段才补写,但由于时过境迁,内容极有可能失真;也有的由于犯罪嫌疑人较多,抓捕工作有多人分头进行,但最后制作证明材料的侦查人员可能只有一人,制作人并非对每个被告人的到案情况都清楚,因此根据其他侦查人员的口述内容制作的证明材料,在客观性上有可能打折扣。二是证明力受质疑。实践中,检察机关、审判机关认定被告人自首、立功的主要依据是检察官出具的证明材料,往往缺少其他证据相互印证。由于这与定案证据必须达到确实充分的要求不一样,而且证明材料难以归入法定证据种类,造成诉讼各方的取舍标准不一致。

2. 自首立功证明材料的价值。实践中有观点认为,自首、立功证明材料不属于任何一种法定证据种类,因此没有存在的必要。但本书认为自首、立功证明材料有其存在的价值:一是从司法实践看,自首立功证明材料在刑事诉讼中被普遍使用,审判机关也经常在判决书中直接引用证明材料认定被告人的自首、立功情节。二是从其证明作用看,虽然证明材料不符合法定形式,但在大多数情况下其内容具有客观性和关联性,这对证明被告人自首、立功有很大作用。

3. 检察机关对自首立功证明材料的认定。对于内容具有客观性、关联性,但是证据形式不合法的自首、立功证明材料,应尽可能转化为法定证据形式,同时必须补充认定自首、立功的证据,形成证据锁链,达到确实充分的证明要求,避免认定自首立功仅凭证明材料这一"孤证"的局面。

(1) 检察院认定自首、立功证明材料的要求。检察院应将案发情况、自首、立功等作为审查案件的必备内容和必经程序:①审查终结报告中应有固定格式来认定自首、立功等法定量刑情节,审查时必须要有相关的证据来证明,不能仅凭"案发经过"这类"孤证"来认定;②对重大立功的,对可能判处死刑立即执行的严重刑事犯罪分子认定自首、立功的,或者对量刑有重大变化、可能影响其他同案犯量刑均衡的,应由部门负责人审批,对于社会影响特别重大的,应由分管检察长审批,如办案部门对上述情况认定有重大分歧的,可由分管检察长提请检察委员会讨论决定;③重视起诉书等法律文书的制作。检察机关必须在起诉书中客观表述事实,防止因疏忽大意遗漏或者错误认定而造成认定质量问题。同时应当准确提出从宽处罚意见,通过认定自首、立功情节,有效行使量刑建议权。

(2) 对自首证明材料的认定。在审查起诉阶段,要把证明材料视作对案件侦破活动过程的一种客观记录,而不是认定自首、立功成立与否的主观评价性意见。要结合其他相关证据如犯罪嫌疑人的供述、侦查人员的证言等作综合分析判断。在审查自首情节时,首先,要审查犯罪嫌疑人的到案经过,判断其是否属于自动投案,即一般的自动投案以及司法解释规定的视作自动投案的情形。其次,要审查对犯罪嫌疑人采取强制措施的法律文书,以及犯罪嫌疑人第一次供述的笔录,判断其是否在采取强制措施前如实交代犯罪事实。最后,要提审犯罪嫌疑人,进一步审查其到案经过和供述态度。如有疑问的,应要求侦查机关重新出具到案经过材料,必要时对有关侦查人员进行调查。

(3)对立功证明材料的认定。对于立功,较为常见的方式有两种,即协助抓捕型与检举揭发型。在审查协助抓捕同案犯的立功材料时,要审查两点:一是犯罪嫌疑人向司法机关提供同案犯重要线索的内容;二是审查犯罪嫌疑人有没有带领侦查人员抓获其他同案犯嫌疑人的行为,如果没有,要审查其提供的线索是否非常清楚而没有"带抓"必要或者该线索是检察机关按照正常工作程序不能掌握的,以及是否据此抓获同案犯;三是要审查被抓犯罪嫌疑人的到案情况。对于审查检举揭发他人犯罪的立功材料时,则要审查立功者检举揭发他人犯罪的笔录。对于检举揭发同案犯的,要审查是否为共同犯罪以外的犯罪事实。其次要审查有没有相关法律文书证明被检举揭发者的行为已经涉嫌犯罪,需要被追究刑事责任。

第十七章　受贿案件的非法证据排除

第一节　受贿犯罪非法证据的现状

一、非法证据的概念

非法证据排除规则首先产生于美国。1914年美国联邦最高法院审理 Weeks v. United States 一案中，根据美国宪法第四修正案确立了非法证据排除规则，该案主要是排除非法搜查、扣押的实物证据。1966年，美国联邦最高法院审理 Miranda v. Arizona 一案中，创建了举世闻名的"米兰达规则"，明确了非法言词证据同样应当排除。在美国，非法证据是指警察或者检察官违反联邦或州的宪法或者其他法律而取得的证据。[1]

在《关于办理刑事案件排除非法证据若干问题的规定》（以下简称《非法证据排除规定》）出台前，我国学界对于非法证据的定义有广义说与狭义说两说。广义说认为，非法证据是指以下四种情况，即证据的内容、表现形式、收集或提供证据的人员以及收集或提供证据的程序、方法、手段不合法。狭义说则认为非法证据是办案人员违反法定程序、方法、权限而取得的证据，其主要是指广义说的第四种情况。广义说将违背法律对证据所作的规范的证据一概称作"非法证据"，而狭义说则将非法证据限定在侦查人员在收集证据的过程中违反法律，侵犯当事人的人身权利所取得的证据。应当指出，"不合法的证据不等于非法证据，不合法是不符合法律规定，而非法指违反了法律规定"[2]，不合法包括了非法的情况，但不合法与非法的一个重要区别在于不合法的证据有可能通过补正或合理解释而成为合法证据，非法证据则由于其对公民基本权利造成了侵害，使法治秩序与正当程序的价值受到损害，因此无论如何不可能通过补正或解释而成为合法证据，否则将助长非法取证行为。

我国《非法证据排除规定》第1条规定，采用刑讯逼供等非法手段取得的犯罪嫌疑人、被告人供述和采用暴力、威胁等非法手段取得的证人证言、被害人陈述，属于非法言词证据。第14条规定，物证、书证的取得明显违反法律规定，可能影响公正审判的，应当予以补正或者作出合理解释，否则，该物证、书证不能

---

[1] 参见杨宇冠：《非法证据排除规则研究》，中国人民公安大学出版社2002年版，第4～5页。
[2] 杨宇冠：《非法证据排除规则研究》，中国人民公安大学出版社2002年版，第220页。

作为定案的根据。我国对于非法证据的定义，综合采纳了广义说和狭义说。对于言词证据，其主要是在证据收集的程序上对刑讯逼供、暴力、威胁等非法手段进行禁止，不允许通过补正或解释从而恢复其证据能力，但同时赋予侦查机关对不合法的书证、物证予以补正和合理解释的机会，使不合法的物证、书证成为合法。

二、受贿犯罪侦查中非法证据的现状

（一）受贿犯罪自身的特点，使刑讯逼供更容易出现

受贿犯罪作为职务犯罪中隐蔽性最强的一种，通常是在极其隐蔽的情况下进行，往往是既没有第三人在场，也没有财物记账、收条等书证，犯罪痕迹极少，行贿方与受贿方在言词上"一对一"的情况十分常见。这给侦查工作带来了很大的障碍，就侦查的途径而言一般有两条：[1] 一是在分析案情、初步确定侦查范围的基础上，通过大范围、长时间的外围调查，获取相关受贿犯罪证据，认定犯罪；二是办案人员以刑讯逼供或变相刑讯等非法手段快速获取犯罪嫌疑人口供，顺藤摸瓜地查获其他证据材料，进而通过证据间的相互印证，查明犯罪事实。两种方法在侦查时间、难度等方面均有着明显区别，选择刑讯逼供无疑可以更快捷地突破"一对一"的证据困境，并且案件能否侦破往往与办案人员的立功、受奖有关。因而通过刑讯逼供实现案件侦破就不足为奇了。

（二）对言词证据过分依赖，是非法言词证据出现的重要原因

在受贿犯罪证据的收集上，应当从犯罪嫌疑人违法活动的流程和各环节上寻找物证、书证，应当承认，在受贿犯罪侦查的开始阶段，由于物证和书证很少，因此难免对言词证据有所依赖，但是某些办案人员却仅仅把重点放在供述和证人证言上，为求言词之间相互印证而采取威胁、欺骗、引诱等超出合法讯问策略范围的手段，从而忽视了对其他证据的收集，这在一定程度上助长了翻供翻证、伪供伪证的出现。

第二节 受贿案件中非法证据排除规则的意义

一、有利于规范侦查部门对案件的收集程序

在美国，联邦最高法院在判例中多次重申：非法证据排除规则最重要的意义在于震慑警察未来可能继续发生的非法取证行为，尤其是震慑故意的、恣意的或严重疏忽的错误行为或在一定情形下可能重复发生的或系统性的疏忽。[2]《非法证据排除规定》出台的目的同样是为了防止刑讯逼供等一系列非法取证行为的出

---

[1] 龚举文："构建非法证据排除规则的理性思考——以查处职务犯罪为视角"，载《中南民族大学学报（人文社会科学版）》2010年第2期。

[2] Herring v. United States, 555 U.S. (2009). 转引自刘玫、郑曦："关于两个'证据规定'的评析"，载《西部法学评论》2010年第5期。

现。《非法证据排除规定》使得非法取证的难度增大,并且使侦查部门必须更注意自身的侦查行为才不致于使所收集的证据被排除。侦查部门在收集言词证据时将更加注意同步录音录像的使用,[1] 并且对于讯问策略的运用更加谨慎,减少甚至消除超出法律允许范围的威胁、利诱、欺骗的讯问手段的使用。同时,有利于侦查部门注重通过加强对侦查人员的系统培训,建立更加科学合理的侦查体制,强化情报信息和刑事技术工作的建设,建立打击效果与案件质量并重的绩效考核体制等手段,从根本上杜绝非法取证行为,从而合法地收集到有利于指控犯罪的物证和书证,减少对口供的依赖。尽管短期来看,侦查部门在受贿犯罪的侦查中会出现这样或那样的不适应,但是从长远来看,将使其侦查能力得到质的飞跃,这是打击越来越复杂的受贿犯罪的需要,也是侦查部门获得社会大众信任和尊重的不二选择。

二、有利于加强公诉部门对证据的审查意识

《非法证据排除规定》第3条明确规定:"人民检察院在审查批准逮捕、审查起诉中,对于非法言词证据应当依法予以排除,不能作为批准逮捕、提起公诉的根据。"该规定在赋予检察机关非法证据审查的权力的同时,也赋予了其审查的义务。"国外非法证据排除规则中的'排除'指用非法的方法所采集的证据不能够在刑事诉讼中用作指控犯罪嫌疑人、被告人的证据,即不能作为法院定罪的证据使用。这意味着国外非法证据排除规则主要是在法庭审理阶段进行,通过审理结果影响侦查和起诉工作",[2] "即使在审前程序中对非法证据的排除,也是通过司法审查程序由法官主持进行"。[3] 而我国则是赋予检察官在审前排除非法证据的权力,这可谓我国的证据制度一大创新。将排除证据的权力赋予检察机关行使,一定程度上是因为在我国现阶段设立庭前证据审查制度不太可能,而且检察机关在我国本来就具有法律监督的职能,对证据的合法性进行监督也是其职责的内容之一。但是检察机关对证据的审查方式、审查程序等方面在《非法证据排除规定》中并没有明确,有学者提出以听证的方式进行,并对听证程序的组成人员、证明程序等提出了建议,[4] 这种思路值得参考。

---

[1] 2006年最高人民检察院印发的《人民检察院讯问职务犯罪嫌疑人实行全程同步录音录像技术工作流程(试行)》和《人民检察院讯问职务犯罪嫌疑人实行全程同步录音录像系统建设规范(试行)》明确规定讯问时实行全程同步录音录像,该制度的建立结合非法证据排除规定将有利于自侦案件的讯问,防止刑讯逼供的发生。

[2] 杨宇冠:"执行《非法证据排除规定》应澄清两个问题",载《检察日报》2010年8月11日。

[3] 樊崇义:"'两个证据规定'理解与适用的几个问题",载《证据科学》2010年第5期。

[4] 谢佑平:"检察机关与非法证据排除",载《中国检察官》2010年第11期;樊崇义:"'两个证据规定'理解与适用的几个问题",载《证据科学》2010年第5期;左德起、贺明峰:"非法证据排除规则的困境及出路",载《证据科学》2010年第4期。

三、有利于人民法院在非法证据中的实际操作

在《非法证据排除规定》出台之前，我国《刑事诉讼法》第43条对非法证据排除就有原则性的规定："审判人员、检察人员、侦查人员必须依照法定程序，收集能够证实犯罪嫌疑人、被告人有罪或者无罪、犯罪情节轻重的各种证据。严禁刑讯逼供和以威胁、引诱、欺骗以及其他非法的方法收集证据。"但是，对于以什么程序进行排除法律并没有作出规定，因此在审判中缺乏操作性。司法实践中，对于犯罪嫌疑人提出的非法证据排除的申请，法院往往以无证据证实为由对被告人的辩解不予采纳，或者是将情况告知侦查机关，让侦查机关证明自己的取证行为是否合法，最终以无违法取证的一纸情况说明自身取证行为是合法的。

《非法证据排除规定》对于人民法院排除非法证据提供了重要的指导作用。首先，对非法证据排除的时间、方式和程序等有了较为详细的规定。如第5条规定，被告人及其辩护人在开庭审理前或者庭审中，提出被告人审判前供述是非法取得的，法庭在公诉人宣读起诉书之后，应当先行当庭调查。法庭辩论结束前，被告人及其辩护人提出被告人审判前供述是非法取得的，法庭也应当进行调查。第12条规定，在一审和二审阶段，对于被告人及其辩护人提出的被告人审判前供述是非法取得的意见，均可进行审查。对于证据出现疑问时如何进行调查核实、补充侦查和延期审理的问题，在第8～9条也作了较为详细的规定。其次，赋予了法院对证据是否合法存在疑问时的主动调查权。《非法证据排除规定》第8条规定："法庭对于控辩双方提供的证据有疑问的，可以宣布休庭，对证据进行调查核实。必要时，可以通知检察人员、辩护人到场。"这就意味着，在检察人员与辩护人不在场的情况下，法院可以独立地进行调查核实。

人民法院作为防止冤假错案出现的最后一道防线，其在证据排除中的作用无论如何强调也不为过。在程序价值被日益强调的今天，程序公正的理念相较过去更为人们所重视，而取证的程序同样需要得到公正、合理、合法的实施。人民法院对于非法证据的排除，可能在一定程度上会造成检法关系的紧张，但这是其作为司法机关所必须承受的阵痛。

四、有利于保障犯罪嫌疑人、被告人的合法权利

《非法证据排除规定》的颁布，使得我国宪法关于尊重和保障人权的规定得到进一步的落实。在刑事案件中，犯罪嫌疑人、被告人面对着强大的国家机器，其人身自由、个人隐私、财产权利等均有遭受侵犯的危险，在现实中，犯罪嫌疑人、被告人因刑讯逼供、威胁、引诱、欺骗等非法方式取证，从而身陷囹圄，甚至失去生命的例子也时有出现。为了防止冤假错案的出现，非法证据排除规则对非法证据的排除进行了详细规定，在排除的内容上，对非法言词证据以及非法取得的实物证据明确予以排除；在排除的程序上，明确了犯罪嫌疑人在侦查和审查起诉阶段可以向检察院提起非法证据排除申请，在开庭审理前或者庭审中以及法

庭辩论结束前向法庭提出排除申请，同时，对被告人或其辩护律师在提出排除申请时的提供证据的责任予以明确。

受贿案件中的犯罪嫌疑人尽管对国家工作人员的廉洁性以及社会利益造成了危害，但是作为社会中的一员，同样应当拥有公民的基本权利，同样需要诉讼中程序性权利的切实保障。冤假错案的出现，不只对我国司法权威造成负面影响，降低人民对司法机关的信任度，并且让社会大众认为惩罚犯罪可以凌驾于保障人权之上，其结果是国家尊重和保障人权的宪法宣言将会成为一纸空谈。

五、有利于《联合国反腐败公约》在我国的贯彻落实

2003年10月31日，第五届联合国大会全体会议审议通过了《联合国反腐败公约》（以下简称《公约》）。同年12月10日，中国外交部副部长张业遂代表中国政府在《公约》上签字。2005年10月27日，十届全国人大常委会第十八次会议以全票通过决定批准加入该公约。[1]《公约》中实际上并没有直接提及非法证据排除规则，但是在序言的中申明："承认在刑事诉讼程序和判决财产权的民事或者行政诉讼程序中遵守正当法律程序的基本原则"。[2] 这就表明了《公约》对证据收集的过程中应当遵循正当法律程序的要求。并且，就其内容看，其为了打击腐败而制定的一系列措施都是在正当法律程序原则的基础上建立的。其中第31条规定："各缔约国均应当采取必要的措施，辨认、追查、冻结或者扣押本公约确定的犯罪财产、设备或者其他工具，以便最终予以没收"；"……由罪犯证明这类所指称的犯罪所得或者其他应当予以没收的财产的合法来源，但是此种要求应当符合其本国法律的基本原则以及司法程序和其他程序的性质"。受贿犯罪的侦查、起诉、审判不仅仅是国内的问题，在经济全球化的今天，打击受贿犯罪已经上升到国际合作的层面。在《非法证据排除规定》出台前，由于非法证据排除规则的缺失，在国际合作打击受贿犯罪的过程中，"外国司法机关可能不采纳我国侦查人员收集的证据，或其当事人提出中国存在非法取证问题而要求进行反复听证，也可能认为这些证据的收集过程是违反正当程序、侵犯当事人合法权利的，因此拒绝采用"。[3] 这样会对遣返逃跑到国外的犯罪嫌疑人以及追回转移到国外的犯罪所得造成拖延。在《非法证据排除规定》出台后，这些问题将会得到一定程度上的解决，对进一步贯彻《公约》以及受贿犯罪侦查的国际合作发挥更大的作用。

---

〔1〕王海鹏："《联合国反腐败公约》中的证据规范问题探析"，载《西安财经学院学报》2008年第5期。

〔2〕关于"正当法律程序"的内容和我国刑事司法中的正当法律程序可参见杨宇冠："论构建我国刑事诉讼的正当法律程序体系"，载《杭州师范学院学报》2004年第5期。

〔3〕杨宇冠、宋蕊："《联合国反腐败公约》与非法证据排除规则"，载《中国法学》2005年第1期。

第三节 非法证据排除在证据审查中的具体运用

查明案件的真实情况,是准确适用法律对犯罪嫌疑人进行起诉、审判的基础,而案件的事实情况必须通过证据来证明。在证据的收集过程中,国家机关从打击犯罪的立场出发,往往会有意无意地违反法律规定收集、使用证据。在某些情况下,基于社会压力、上级领导的指示等因素,甚至出现了通过刑讯逼供、胁迫、引诱等非法手段获取言词证据、实物证据等行为。现代刑事诉讼不仅仅要求打击犯罪,并且强调要保护人权。不择手段地追求事实真相的做法已经被现代法治理念所抛弃,用非法手段获取的证据来证明非法行为,证明过程以及证明结果本身就是令人怀疑的。为此,世界上许多国家均通过立法或判例对非法证据排除规则加以规定,对通过非法手段获得的证据的证据能力加以规制。关于"非法证据排除规则"论著甚多,此处不打算对中外各家学说进行综述,仅结合我国新近颁布的《非法证据排除规定》以及过去有关非法证据排除的相关规定,对我国非法证据排除规则的运用加以论述。

一、非法证据的提出主体与审查主体

(一)提出排除非法证据的主体

《非法证据排除规定》第4~5条规定,起诉后的非法证据排除的提出者是被告人和辩护人,但批捕和起诉阶段的非法证据排除的审查由人民检察院自觉进行。理由是:根据《非法证据排除规定》第3条"人民检察院在审查批准逮捕、审查起诉中,对于非法言词证据应当依法予以排除,不能作为批准逮捕、提起公诉的根据",以及第6条"被告人及其辩护人提出被告人审判前供述是非法取得的,法庭应当要求其提供涉嫌非法取证的人员、时间、地点、方式、内容等相关线索或者证据","相关线索或者证据"仅是向法庭提供,在批捕和起诉阶段犯罪嫌疑人、被告人及其辩护人无权通过提供该"相关线索或者证据"进而启动审查程序。

同时,尽管第1条规定,采用暴力、威胁等非法手段取得的证人证言、被害人陈述,属于非法言词证据,但是在该规定的其他法条中并没有提及证人和被害人该如何提出证据排除的申请。在法律尚未就该问题进行明确规定前,非法取得的证人证言和被害人陈述不能由证人及被害人提出排除申请。

(二)非法证据的审查主体

我国《刑事诉讼法》第43条规定,严禁刑讯逼供和以威胁、引诱、欺骗以及其他非法的方法收集证据。这也就意味着,以非法方法收集的证据应当排除使用。在刑事诉讼中,除了法官的认证对证据进行审查外,刑事诉讼各环节的证据使用者,如侦查、侦查监督、审查起诉等部门的办案人员以及犯罪嫌疑人、被告人的律师等也需要对案件的证据进行审查，以判断其证据能力的有无和证明力的大小。本部分说的主要是法院以及检察机关的审查。最高人民法院《关于执行〈中华人民共和国刑事诉讼法〉若干问题的解释》第61条规定："严禁以非法的方法收集证据。凡经查证确实属于采用刑讯逼供或者威胁、引诱、欺骗等非法的方法取得的证人证言、被害人陈述、被告人供述，不能作为定案的根据。"最高人民检察院制定的《人民检察院刑事诉讼规则》第265条规定："严禁以非法的方法收集证据。以刑讯逼供或者威胁、引诱、欺骗等非法的方法收集的犯罪嫌疑人供述、被害人陈述、证人证言，不能作为指控犯罪的根据。"最高人民检察院于2001年发布的《关于严禁将刑讯逼供获取的犯罪嫌疑人供述作为定案依据的通知》要求各级检察机关"明确非法证据的排除规则"，"严格贯彻执行有关法律关于严禁刑讯逼供的规定"。2006年最高人民检察院发布的《关于在审查逮捕和审查起诉工作中加强证据审查的若干意见》规定："在审查逮捕、审查起诉工作中，对以刑讯逼供方式取得的犯罪嫌疑人供述、以暴力取证方式取得的证人证言和以威胁、引诱、欺骗等非法方式取得的犯罪嫌疑人供述、证人证言、被害人陈述等言词证据，应当依法予以排除。"2010年发布的《非法证据排除规定》则规定了，人民检察院在审查批捕、审查起诉中对非法证据予以排除，不准作为批准逮捕、提起公诉的根据。法院对由其依法确认的非法证据，不能作为定案证据。本书把检察机关在审查逮捕和审查起诉阶段使用非法证据排除规则对证据的审查称为"审查起诉前的审查"，而法院的审查则属于"审查起诉后的审查"。本文所说的非法证据审查主要是指检察机关的审查。

联合国《关于检察官作用的准则》第16条规定："当检察官根据合理的原因得知或者认为其掌握的不利于嫌疑犯的证据是通过严重侵犯犯罪嫌疑人人权的非法手段，尤其是通过拷打，残酷的、非人道的或者有辱人格的待遇或处罚或以其他违反人权办法而取得的，检察官应拒绝使用此类证据来反对采取上述手段者之外的任何人将此事通知法院，并应采取一切必要的步骤确保将使用上述手段的责任者绳之于法。"[1] 我国宪法赋予人民检察院检查监督权，而《刑事诉讼法》、《人民检察院刑事诉讼规则》等法律法规赋予了检察机关排除非法证据的权力。这次将其正式写进《非法证据排除规定》，再次进行确认，使检察机关的检察监督权的进一步落实有了强有力的保障。

二、检察机关在审查证据中的注意事项

1.《非法证据排除规定》对证据的形式合法性提出了要求，检察机关在证据审查时必须注意。《非法证据排除规定》第7条："经审查，法庭对被告人审判前

---

〔1〕 转引自李勤："略论检察机关之非法证据排除规则"，载孙谦主编：《检察论丛》（第十三卷），法律出版社2008年版，第210页。

供述取得的合法性有疑问的，公诉人应当向法庭提供讯问笔录、原始的讯问过程录音录像或者其他证据，提请法庭通知讯问时其他在场人员或者其他证人出庭作证，仍不能排除刑讯逼供嫌疑的，提请法庭通知讯问人员出庭作证，对该供述取得的合法性予以证明。""经依法通知，讯问人员或者其他人员应当出庭作证。""公诉人提交加盖公章的说明材料，未经有关讯问人员签名或者盖章的，不能作为证明取证合法性的证据。"针对法庭上对非法证据审查的需要，检察机关在证据审查时，不仅要注意收集讯问笔录、讯问过程的录音录像或其他证据是否足以提起诉讼，更要注意所收集证据的形式合法性，即讯问笔录是否有讯问人员的签名或者盖章，录音录像是否为原始版本。在被告人提出供述系非法取得的辩解后，提供讯问过程中的同步录音录像是证明口供获取过程合法性的有力证据。但是当庭播放的录音录像资料必须满足以下要件：一是同步录音录像要有向被告人、犯罪嫌疑人告知的程序，不能是偷录和抢录，否则视为无效证据；二是在征得被告人、犯罪嫌疑人的同意后进行录制的，否则视为对人权的侵犯；三是同步录音录像资料要显示讯问的时间、地点以及讯问人的情况，讯问资料是连续未经过剪辑，以体现讯问的合法性。〔1〕并且检察机关还需对讯问的人员、程序等方面进行监督，以保证讯问人员依法办案。

2. 检察机关证据审查的标准。《非法证据排除规定》第 11~12 条都对证据合法性的证明提出了"确实、充分"的标准，即法庭在合法性审查时，仅对检察机关能够提供确实充分的证据证明其证据具有合法性时方可采纳为定案证据，否则不能作为定案根据。《非法证据排除规定》并没有对检察机关审查非法证据提出审查标准，从理论上讲，对证据合法性的证明属于程序问题，其证明标准应当低于对实体问题的证明。从域外经验来看，关于非法证据的证明只要达到优势证据或者合理怀疑即可。〔2〕《非法证据排除规定》要求公诉方对证据合法性的证明要达到确实、充分的程度，能够证明被告人审判前供述属合法取得的，足以排除辩方提出的合理怀疑，法庭才确认该供述的合法性，准许当庭宣读和质证，这是合理的，但这仅仅针对法庭上对非法证据的排除。针对人民检察院在审查批准逮捕、审查起诉中，对于非法言词证据的排除，《非法证据排除规定》缺乏认定标准，并且缺乏认定的程序规定，明显缺乏可操作性。本书认为，在将来有条件的情况下，对于审查批准逮捕、审查起诉阶段的非法言词证据证据排除可考虑采取听证程序，其证明标准也应当达到"确实、充分"的标准。

三、非法言词证据的审查

我国对非法言词证据采用强制排除模式，因为以非法方法获取言词证据对基

---

〔1〕 李辰："被告人庭前供述是否排除的证明责任与标准"，载《检察日报》2010 年 6 月 14 日。
〔2〕 陈瑞华：《问题与主义之间：刑事诉讼基本问题研究》（第二版），中国人民大学出版社 2008 年版，第 383 页。

本人权的损害极大，其虚假的可能性也很大。同时，对仅有某些调查询问方式不妥的，但具有可靠性并符合自由和自愿原则的作为例外不予排除。

最高人民法院、最高人民检察院、公安部、国家安全部、司法部共同制定的《非法证据排除规定》首次对非法言词证据进行了定义，《非法证据排除规定》第1条："采用刑讯逼供等非法手段取得的犯罪嫌疑人、被告人供述和采用暴力、威胁等非法手段取得的证人证言、被害人陈述，属于非法言词证据。"第2～3条则对非法言词证据的效力进行了规定。《非法证据排除规定》第2条规定："经依法确认的非法言词证据，应当予以排除，不能作为定案的根据。"第3条规定："人民检察院在审查批准逮捕、审查起诉中，对于非法言词证据应依法予以排除，不能作为批准逮捕、提起公诉的根据。"

1. 我国对通过暴力等非法手段取得的言词证据采用绝对排除规则，即不对酷刑与酷刑以外的非法方法取得的言词证据进行区分。不管刑讯逼供、暴力、威胁对犯罪嫌疑人、被告人、被害人、证人的身体健康所造成的伤害严重与否，只要存在非法获得言词证据的就应当一律排除。

《非法证据排除规定》对非法手段获取的言词证据的绝对排除，显示出国家对犯罪嫌疑人权利保护的决心以及对国家机关滥用权力获取证据的严厉谴责。但由于对"刑讯逼供"、"暴力"、"威胁"、"等"、"非法手段"这些概念缺乏清晰的界定，必然会对《非法证据排除规定》的执行产生消极影响。其中，"刑讯逼供"、"暴力"虽有很大的解释空间，但仍然比较容易理解，诸如殴打、捆绑，长时间冻、饿、晒、疲劳战术、服用药品、催眠等。这些方式比较直观的判断方法就是看是否出现了轻微伤、轻伤、重伤、精神失常甚至死亡等后果。[1] 对于那些仅仅具有轻微伤害力的行为能不能认为是刑讯逼供，我国法律没有明确规定。按照《非法证据排除规定》的规定，即使是通过轻微伤害力取得的证据同样属于非法证据，也就是说轻微伤害力的行为也算刑讯和暴力。相对而言，"威胁"的含义就模糊多了，至于"引诱"、"欺骗"是否属于"等非法手段"也没有作出明确规定。侦查实务中，对犯罪嫌疑人施加一定的精神高压，采取隐瞒审讯意图，迂回旁敲的询问技巧，甚至暗示、诱导、许诺等手段都是常规适用的侦查策略和方法。在受贿犯罪中，很多情况下是"一对一"类型，因此侦查策略上对口供的依赖性就不可避免了。在职务犯罪侦查中，从某种意义上来讲"没有诱惑就没有侦查"。"坦白从宽，抗拒从严"这一刑事司法政策历来在侦查中被使用，有学者指称，这本身就是一种威胁和利诱，甚至可能是欺骗。[2] 可见，如果对"威

---

〔1〕 龚举文："构建非法证据排除规则的理性思考"，载《中南民族大学学报（人文社会科学版）》2010年第2期。

〔2〕 龙宗智："欺骗与刑事司法行为的道德界限"，载《法学研究》2002年第4期。

胁"、"引诱"、"非法行为"这些词语加以规定，除了使审讯活动难以进行下去，在排除证据时也将无从把握。

2. 我国对侵犯诉讼参与人程序性权利获得的言词证据采用裁量排除规则。即侦查人员未有效履行权利告知义务、剥夺犯罪嫌疑人、被告人获得律师有效帮助权等侵犯程序性权利而获取的言词证据，法律并不禁止其使用。最高人民检察院《关于在审查逮捕和审查起诉工作中加强证据审查的若干意见》中对有程序瑕疵的证据作出了补救规定，只要不影响证据的客观性、关联性，可以在向侦查机关提出纠正违法意见的同时，作为指控犯罪的依据。

3. 我国将非法言词证据的排除范围扩展到被害人陈述、证人证言。在已经确立了非法证据排除规则的国家，非法言词证据一般仅指犯罪嫌疑人和被告人的供述，因为非法言词本身违反了自白任意性的规定，违反了任何人不得自证其罪的刑事诉讼的基本原则。但在我国确实存在对被害人、证人以刑讯、欺骗、威胁、引诱等非法手段进行询问从而造成被告人被无辜定罪的情况，因此结合我国实际情况，《非法证据排除规定》对非法言词证据的范围进行扩大是符合我国实际情况的。

4. 对非法取证的方式作了限制性规定，不利于对犯罪嫌疑人、被告人、证人以及被害人的权利保障。如前所述，非法言词的取证对象在规定中得到了扩展，但是在手段上却被限缩。我国《刑事诉讼法》第43条规定："严禁刑讯逼供和以威胁、引诱、欺骗以及其他非法的方法收集证据。"但《非法证据排除规定》却对犯罪嫌疑人、被告人的取证方式用了"刑讯逼供等非法手段"作限定，把"威胁、引诱、欺骗"删去，对证人和被害人的取证方式用了"暴力、威胁等非法手段"作限定，把"引诱、欺骗"删去。尽管"引诱、欺骗"应作何定义存有难度，但何为"威胁"同样不是简单能说得清楚的，为何就规定了"威胁"而不同时规定"引诱、欺骗"呢？同时，尽管"等非法手段"作为其内容的延伸，但由于没有明确规定，在实践中难免作出不同理解。回避显然不能解决问题，在将来的立法中有必要对此问题进行回应，否则执法的混乱就难以避免了。

四、非法物证、书证的审查

1. 非法物证、书证排除模式。对于非法物证、书证采用裁量排除模式。理由是，仅仅因为搜查、扣押手续或者程序上的小瑕疵而让重大犯罪丧失定罪证据，在我国现有实际情况下不可能被认可。而且我国刑事诉讼制度对搜查、扣押程序的要求不够严格，侦查机关灵活性很大，是否违法难以界定。对侦查十分灵活同时对强制性侦查手段缺乏司法令状制度的情况下，要求贯彻非法物证排除制度是不现实的。[1] 对于明显违法，情节严重而案情较轻的，基于利益权衡原则可以考

---

[1] 黄维智：《证据与证明——以刑事法治为视角》，中国检察出版社2006年版，第64页。

虑排除某些违法取得的物证。

2. 过去的法律法规将证据排除的重点放在口供上,对物证、书证等缺少规定。《非法证据排除规定》第14条规定:"物证、书证的取得明显违反法律规定,可能影响公正审判的,应当予以补正或者作出合理解释,否则,该物证、书证不能作为定案的根据。"这是一个进步,据此解释,对通过非法搜查、非法扣押、非法羁押、非法侵入公民住宅、非法监听通讯和非法诱惑侦查、非法辨认等违反法律规定的方法所取得的实物证据,通过裁量排除有可能不得作为定案证据使用。法律之所以对实物证据作这一规定,主要是因为非法实物证据的危害性相比言词证据要小,并且它所承载的证明信息通常不会因收集主体和方式而发生改变。这种由法官根据案情而自由裁量排除的做法,比较符合我国现阶段侦查水平较低,侦查力量有限的司法实际,其规定是合理的,倘若要将那些有瑕疵的物证、书证一概排除恐怕侦查机关会陷入无法办案的境地。

对于这种"补正或者作出合理解释"的方法的不完善我们必须作出充分的考虑,首先,其可能产生以下不良效果:其一,有关办案人员不会由于其不当行为导致证据瑕疵而承担任何不利后果,这就有可能使其将该错误行为延续下来,更有甚者可能基于这样的心态而明知故犯,通过事后"补正或作出合理解释"的方法消除该瑕疵;其二,《非法证据排除规定》并没有赋予被告人及其辩护人对于该瑕疵证据提起审查的权利,而将是否进行补正或解释的权力赋予法官自由裁量。其次,解释是口头还是书面,需不需要质证、辩论等方面并无规定。最后,对于派生证据的排除,世界刑法学协会第十五届代表大会通过的《关于刑事诉讼中人权问题的决议》第10条明确规定:"任何侵犯基本权利的行为取得的证据,包括由此派生出来的间接证据,均属无效"[1]。在《非法证据排除规定》中,关于这些非法手段取得的派生证据的排除与否并没有规定。

3. 审查的内容。参考《关于办理死刑案件审查判断证据若干问题的规定》中对物证、书证审查的有关规定,本书认为,对物证、书证的审查内容包括:①物证、书证是否经过辨认、鉴定;物证的照片、录像或者复制品和书证的副本、复制件是否由二人以上制作,有无制作人关于制作过程及原件、原物存放于何处的文字说明及签名。②物证、书证的收集程序、方式是否符合法律及有关规定;经勘验、检查、搜查提取、扣押的物证、书证,是否附有相关笔录或者清单;笔录或者清单是否有侦查人员、物品持有人、见证人签名,没有物品持有人签名的,是否注明原因;对物品的特征、数量、质量、名称等注明是否清楚。③物证、书证在收集、保管及鉴定过程中是否受到破坏或者改变。④是否存在非法搜查、非

---

[1] 左卫民、刘涛:"证据制度国际性准则与中国刑事证据制度改革",载《公安大学学报》2002年第2期。

法扣押、非法羁押、非法侵入公民住宅、非法监听通讯和非法诱惑侦查、非法辨认等违反法律规定的行为。

五、非法证据排除规则：书面与现实的差距

赫尔曼教授曾说："在阅读刑事诉讼法文本的时候，我们不能陷入一种天真的法律实证主义思想，认为实际中的刑事诉讼程序在任何一个方面都是与法律的规定相吻合一致的。我们应当把刑事诉讼程序视为一种具有生命的有机体，它如同其他任何一个在社会中产生的系统一样，时刻在经受着变化，也常常以偏离法律规定的方式自己在发生变化。"[1]

"每一个社会均须有保护本身不受犯罪分子危害的手段。社会必须有权逮捕、搜查、监禁那些不法分子。只要这种权力运用适当，这些手段都是自由的保卫者。但是这种权力也有可能被滥用，而如果它被人滥用，那么任何暴政都要甘拜下风。"[2] 非法证据排除规则就是一种针对侦查权滥用的程序性制裁。无论是英美法系还是大陆法系国家，对于侦查权的控制基本上是通过司法权来实现的，即法院可以制约侦查权。但是在我国的司法体制中，法院却完全没有制约侦查权的地位，它既不是监督程序的中立裁判者，也不是整个刑事诉讼程序的主导者，而往往成为"侦查、控诉、审判"这条流水线上的"工序"接任者。而且，现行体制下侦查机关的负责人往往兼任该地区政法委书记，在行政位阶上高于司法机关负责人，因此法院针对侦查机关作出的裁判会有所顾忌。在一定程度上可能会影响非法证据排除规则的适用。有学者通过与法官的访谈发现，法官对审判警察十分敏感，"很多地区的法院不敢在审判中公然排除刑讯逼供获得的证据，确认参与取证的侦查人员违法行为，甚至在非常重大的违法取证行为的认定上，法院还要参加政法委召集的协调会，就是出于这种现实的考虑"。[3] 单靠检察机关对非法证据的排除显然是不足够的，在法院排除非法证据缺乏自主性和独立性的情况下，非法证据排除规则在中国能走多远实在是一个未知数。

---

[1] 李昌珂译：《德国刑事诉讼法典》，中国政法大学出版社1995年版，第3页。

[2] [英] 丹宁：《法律的正当程序》，李克强、杨百揆、刘庸安译，法律出版社1999年版，第109页。

[3] 吴丹红："非法证据排除规则的实证研究——以法院处理刑讯逼供辩护为例"，载《现代法学》2006年第5期。

第十八章 受贿犯罪证据审查中的特殊问题研究

第一节 纪检监察机关向检察机关移送案件证据的审查和转化

中国共产党的纪律检查委员会和行政监察委员会（合称纪检监察机关，党的十四大以后纪律检查机关与行政监察机关实行"两块牌子、一套班子"的合署办公形式）担负着查处党员和行政人员违法违纪的职责。党的十五大确立了党委统一领导、党政齐抓共管、纪委牵头协调、部门各负其责、人民群众广泛参与的反腐败领导格局和工作机制。纪检部门是反腐败查办大要案件的牵头协调部门，同时纪检机关查办的违纪违法案件往往成为检察机关查办的职务犯罪案件的重要线索来源，特别是一些有重大影响的要案一般都是纪检监察机关立案调查后，对构成犯罪的才向检查机关移送。[1]

一、纪检监察证据

1. 纪检监察证据的含义。《纪检监察业务简明教程》指出，所谓纪检监察证据，是纪检监察机关的检查人员依照规定程序收集的用以证明案件真实情况的一切事实。纪检监察证据具有三个基本特征：①客观性，纪检监察证据必须是客观存在的事实；②联系性，纪检监察证据必须与违纪案件相联系；③规定性，纪检监察证据必须符合党章、党内其他规定和国家法律法规的规定。[2]

2. 纪检监察证据的种类。《中国共产党纪律检查机关案件检查工作条例》第27条规定："证据包括：物证、书证、证人证言、受侵害人的陈述、被调查人的陈述、视听材料、现场笔录、鉴定结论和勘验、检查笔录。"《监察机关调查处理政纪案件办法》第17条规定："证据有以下几种：①书证；②物证；③证人证言；④被调查人的陈述和辩解；⑤视听资料；⑥鉴定结论；⑦勘验、检查笔录。"因此，纪检监察证据共有九种，即物证、书证、证人证言、受侵害人的陈述、被调查人的陈述、视听资料、鉴定结论、勘验检查笔录、现场笔录。中央纪委《关

---

[1] 黄维智、雷建昌、张斌：《职务犯罪证据的收集与运用》，中国检察出版社2005年版，第66页。

[2] 中央纪委监察部宣教室编写：《纪检监察业务简明教程》（下册），中国方正出版社2003年版，第80~82页。

于查处党员违纪案件中收集、鉴别、使用证据的具体规定》对这九种证据作了具体说明，与形式证据相比，除现场笔录外，其余八种证据都是相同或相对应的。现场笔录是纪检监察人员对非刑事案件有关的场所进行检查时所作的笔录，与刑事证据没有对应关系。

3. 纪检监察证据转化的原因。纪检监察证据的合法性要求与刑事证据的合法性要求有所区别。刑事证据具有合法性、关联性和客观性三个特点。合法性，也叫证据的许可性，是指对证据必须依法加以收集和运用，包括收集、运用证据的主体要合法，每个证据收集的程序要合法，证据必须具有合法形式，证据必须经法定程序查证属实。证据的合法性不仅关系到证据能力和证据的证明力，还关系到证据的证明作用和价值，它是证据的客观性和关联性的法律保障。受贿犯罪证据的作用在于对受贿人的犯罪事实进行起诉，因而起诉用的证据必须符合法律关于证据的规定，这些法律具体有《刑事诉讼法》、《人民检察院刑事诉讼规则》等。尽管纪检监察机关收集证据所根据的《中国共产党纪律检查机关案件检查工作条例》、《监察机关调查处理政纪案件办法》中规定的证据种类和《刑事诉讼法》规定的基本相同，但其在收集主体、收集程序以及讯问地点、讯问人员数量等方面均与之有所区别，故合法性的不同内涵决定了其转化的必要性。

二、移送案件中言词证据的可采性审查

1. 言词证据转化的必要性。受贿犯罪中被害人是国家而不是自然人，因此，除了行贿人与受贿人外，一般不存在受害人。纪检监察机关移送的言词证据以证人证言、被调查人陈述为主，基本没有被害人陈述。一方面，由于纪检监察机关移送的并不是犯罪嫌疑人、被告人的供述和辩解，而是被调查人的陈述，因此不能直接作为定案的证据使用；另一方面，我国刑事诉讼法对于询问的主体、地点、程序和证据的固定有明确的规定，未按法律规定收集的证据不是规范的证据，严格来说它不是合法的证据，因此必须通过审查判断进而对其进行转化。

有学者认为纪检监察人员制作的笔录由于从严格意义上讲主体不合法，因而不能作为证据。[1] 但面对日益令人担忧的腐败形势以及笔录在证明受贿人犯罪事实中的重要作用，对纪检监察证据的使用显得十分必要。如果仅仅因为主体不合法而将纪检监察人员所作笔录完全禁止使用则未免牺牲过大。本书认为，纪检监察证据的"转化"不仅仅是必要的，而且是可行的。一方面，由于纪检监察证据与刑事证据在定义和种类上基本相同，其对客观性和关联性的要求与刑事证据的要求并无二致，尽管其合法性方面存在一定的瑕疵，但该问题可通过"转化"，在证据收集主体、程序、方法等方面得以弥补。否则，只要合法性存在瑕疵就一

---

〔1〕 何家弘：“证据制度的改革和完善”，载 http：//www.lawsky.org/detail.asp? id=1275，最后访问日期：2010年8月15日。

律不能使用，那么转化就毫无存在的意义了。另一方面，有关通知对"转化"提供了法律依据。1989年，中央纪委、最高人民法院、最高人民检察院、公安部联合下发了《关于纪律检查机关与法院、检察院、公安机关在查处案件过程中相互提供有关案件材料的通知》。1993年，在纪检监察机关合署办公后，中央纪委、最高人民法院、监察部联合下发《关于纪检监察机关和检察机关在反腐败斗争中加强协作的通知》，其中明确规定了："纪检监察机关查处的违纪案件，经审查认为已触犯刑律，需要追究刑事责任的，应按照《刑事诉讼法》有关案件管辖的规定，及时将有关证据材料（或复印件）移送相应的检察机关。"两个"通知"为纪检监察证据向刑事证据的转化提供了依据。

2. 转化的方法。侦查人员对移送的包括被调查对象的陈述在内的全部证据进行审查，对符合立案条件的予以立案，启动侦查程序，然后根据侦查工作的需要选择合适的时机对犯罪嫌疑人、被告人进行讯问、对证人进行询问，从而作出不同处理：①若此时获得的供述和证言与犯罪嫌疑人、被告人、证人在纪检监察机关所作的笔录内容相吻合，则该调查陈述、证人证言可以转化，作为控诉证据使用；②若获得的供述和证言是对笔录内容的部分或完全否定，则侦查人员只能把纪检监察机关移送的调查陈述、证人证言作为旁证提示给嫌疑人，促使其如实供述，并结合侦查中收集到的证据对嫌疑人供述前后不一致的原因进行分析，此时只能作为弹劾证据使用。但有两种情况除外，对以下两种纪检监察机关收集的言词证据可进行转化，直接作为控诉证据使用：一是在没有被胁迫的情况下，被取证人书写的亲笔检查、亲笔证词；二是该言词证据提供者在刑事诉讼期间死亡、失踪、外逃或在国外定居，且有其他证据印证的，可以转化为控诉证据。[1]

三、移送案件中物证和书证的可采性审查

1. 物证和书证转化的必要性。物证在证明案件事实的过程中是特定的，具有不可替代性。对于纪检监察机关在办案过程中收集到的并在其控制下的与案件相关的物证，检察机关不可能再对这些涉案的物证进行重新收集，只能接受纪检监察机关的移送。同时，物证在客观性和稳定性方面要强于言词证据，不易受人的主观因素支配，也不因收集主体、程序的不同而改变性质，其证明力更强。因此，一般情况下，检察机关对纪检监察机关移送的物证可以根据诉讼的特点进行审查、分析以及作出相应的转化。

2. 物证审查判断的内容和方法。主要有以下两点：一是审查判断物证的来源是否有合法性，即对物证是在何时、何地、何种情况下，由何人提供或收集，使用何种侦查措施所查获进行审查，以此来认定物证在来源上是否合法。同时要确认物证是不是与案件事实相关的原物，取证活动中有没有非法侵犯被取证人权利

---

[1] 朱清平："试论纪检监察证据向刑事证据的转化"，华东政法大学2006年硕士学位论文。

的情况。二是审查判断物证的外部特征和发生的变化。第一种情况是不以人的意志为转移的因素而产生的,比如查获的赃物、股票的升跌、房价的升降以及贵重物品价值的变化等;第二种情况是有人铤而走险,人为更换,从而影响了证据能力甚至其证明力。因此,侦查人员收集到物证以后要及时指派或聘请有资质的专门机构或人员进行技术鉴定和价值评估,必要时对物证采取扣押、查封、提取、冻结等方式进行固定。

在受贿犯罪中,金钱与实物是常见的贿赂物,但现金、实物的特征决定了其往往很难作为直接证据证明受贿事实,要证明该物证为赃款赃物还需要在审查中综合运用鉴定、辨认等方法,把物证与书证、证人证言等证据进行综合比较,从而达到利用"哑巴证据"证明犯罪嫌疑人是否实施了受贿犯罪的目的。

3. 应当予以排除的物证。①对缺乏合法性、真实性、关联性之任一特征的物证予以排除;②对纪检监察机关可收集原物而没有收集,而是用照片、录像等固定的证据予以排除。但如果原物确实无法移动,或者容易损坏、消失、变质,或者因为保密需要不能调取原物的,司法机关对纪检监察机关移送的原物照片、录像并能对原物外形和特征如实反映的,予以转化为刑事证据。

4. 书证的审查和转化。书证主要以其内容证明案件事实,它不同于用物理属性和外观特征证明案件事实的物证。根据《中国共产党纪律检查机关审查工作条例》的规定,纪检监察机关收集的书证包括与案件有关的文件、资料、账册、单据、会议记录、工作笔记等书面材料。移送的书证中大部分是证明犯罪主体身份的文件资料。一方面,书证由于其随着案件事实的发生而产生,所反映的思想和记载的内容往往是案件事实的一部分或全部,因此能直接证明有关案件事实,证明力较物证强。但另一方面,书证比较容易伪造、变造,因此对其审查判断后方能转化。对书证的审查内容包括:书证是否为原件,有无涂改痕迹、模糊不清;如果是书证的副本、复印件或照片,是否有制作过程的文字说明,制作人和取证人是否在两人以上,书证提供单位或个人是否签名或盖章;收集过程中是否存在非法侵害被取证人权利的情形等。

四、移送案件中鉴定结论的可采性审查

1. 移送的鉴定结论的种类。鉴定结论由于其鉴定人与案件的当事人没有利害关系,因此鉴定结论比较客观公正,一般不会因为指派或聘请的机关不同而不同。纪检监察机关移送的鉴定结论可能有:①司法会计鉴定。主要用于对会计资料和小金库账目中专门性问题的鉴定。②文书物证鉴定。主要用于对行贿、受贿有关的可疑文件、文字材料的内容有无伪造、变更,及笔迹等方面的鉴定。③危害结果的鉴定。主要针对与行贿、受贿有关的建筑物质量、实际造价等的鉴定,对积压、霉变、报废商品质量、价格的鉴定,确定行贿、受贿给国家造成的损害程度。④声像资料鉴定。主要用于鉴定录音资料中的声音与有关人的声音是否同一。如有的受贿人提供了证明他已将行贿款退还给行贿人的录音资料，对此要通过鉴定认定所录声音与有关人的声音是否同一，以鉴别所提供证据的真伪。这些鉴定结论对于查明案件事实、确定案件性质、明确责任有重要的作用。

2. 对移送的鉴定结论的审查。不管鉴定人有多么客观，鉴定结论毕竟是通过主观判断得出的，受业务水平、送鉴材料、设备条件等影响，鉴定结论可能有错误。尤其是在贿赂犯罪案件中，很多鉴定结论是不依靠科学设备和仪器而产生的，这就要求对鉴定结论的采纳必须慎之又慎。在审查判断鉴定结论中应将重点放在以下五方面：鉴定人资格是否合法、送鉴材料是否真实、鉴定过程是否充分、鉴定方法是否科学、鉴定依据是否正确。

第二节 受贿犯罪中的翻供的审查判断

一、翻供的概念及其形式

1. 翻供的概念。翻供是指在侦查、起诉、审查过程中，犯罪嫌疑人、被告人推翻或改变其原来的全部或部分供述的行为，包括无罪者的翻供和有罪者的翻供两种。前者是合法、正当的，是保护自身利益、维护司法公正的重要手段；后者是不合法的、非正当的，是逃脱法律制裁、破坏司法秩序的非法图谋。这里论述的翻供仅指犯罪嫌疑人、被告人全部或部分地推翻原来真实有罪供述的行为。

2. 翻供的形式。以翻供的内容和目的分，翻供的形式有两种：一是有罪变无罪的翻供。犯罪嫌疑人、被告人推翻以前的有罪供述，进行无罪辩解。如将受贿罪改变成接受馈赠的行为。二是重罪变轻罪的翻供。在这种情况下，犯罪嫌疑人、被告人不否认自己犯罪，但在涉及犯罪性质、犯罪情节等方面，其供述与原来截然不同。如将索贿行为供述为受贿行为等。

二、翻供的原因及其影响

1. 翻供的原因。根据实务部门分析，[1] 翻供的主要原因有：一是出于恐惧惩罚的畏罪心理或出于逃避的侥幸心理；二是案件证据不够扎实，办案中有空子可钻；三是通风报信、内外串供等原因导致翻供；四是受同监房犯人的怂恿、教唆而翻供；五是由于办案人员使用不合法手段或不当手段收集口供，犯罪嫌疑人在不得已的情况下供述，一旦案件变更承办人或办案部门，嫌犯就推翻原供；六是有的案犯由于受案发时间、记忆等客观因素的影响，原供述含有虚假成分，后经回忆更正，从而推翻原供。

---

[1] 参见张凤阁主编：《出庭公诉新方略》，中国人民公安大学出版社 1998 年版，第 429～536 页。转引自郭友评："受贿案件若干证据问题研究"，载柳经纬主编：《厦门大学法学评论》（第四辑），厦门大学出版社 2002 年版，第 89～127 页。

2. 翻供的影响。其一，大多数案件被退查，而且大多数是两次退查，这浪费了司法资源，损害了公安司法机关的社会形象，同时阻碍打击犯罪与保障人权的诉讼目的的实现。其二，使得办案人员对犯罪嫌疑人或被告人降格认定和处理。由于受贿案件的翻供大多数是在审查起诉阶段和庭审阶段发生，针对翻供所作的补充侦查需要对原始证据进行核实和收集，而实践表明返工后被退查的案件处理效果都不太理想。这使办案人员对案件事实的认定和证据采信更为谨慎，同时也使得在案犯罪名的确定以及犯罪数额的认定上被迫"就低不就高"。

三、翻供的审查判断

鉴于翻供对侦查、起诉、审判活动造成的影响，对翻供的审查判断，要坚持实事求是的态度，对原供和翻供进行认真细致的查证，结合其他证据审查翻供的真实性，以减少其消极影响。[1]

1. 审查翻供的原因。讯问中要根据案情及翻供的具体情形作出准确分析，找出犯罪嫌疑人、被告人翻供的主要原因，以便针对不同的原因实施不同的讯问策略。

2. 审查翻供的内容。主要审查翻供的内容是否有理有据，特别是当犯罪嫌疑人、被告人指出具体的、可查证的人和事时，就更需要认真查证，这对鉴别翻供的真伪至关重要。

3. 审查取证途径的合法性。特别要审查是否存在刑讯逼供、胁迫、引诱等非法取证行为，必要时可对犯罪嫌疑人、被告人进行身体检查。

4. 审查供述的证明力。如果犯罪嫌疑人、被告人供述了那些只有实施犯罪的人才可能知道的事实和情节，那就证明了该犯罪事实确是其所为。如果供述的只是一些已经公开的事实和情节，则不可轻信，要排除犯罪嫌疑人获知这些事实、情节和侦查人员诱供的可能性。

第三节 受贿犯罪中"一对一"证据的认定

一、"一对一"证据的概念

"一对一"证据是指有罪证据与无罪证据或控诉证据与辩护证据的证明力相对等的一种特殊证据现象。[2] 在受贿案件中，由于犯罪基本上是犯罪嫌疑人、被告人与行贿人之间在秘密状态下进行的，因而行贿和受贿双发在交接贿赂物时，各只有一人在场，无其他直接证人。一方供认给对方送了贿赂物，对方拒不承认

---

[1] 郭立新主编：《检察机关侦查实务：讯问对策·询问技巧·翻供翻证卷》，中国检察出版社2005年版，第314页。

[2] 詹复亮："非法证据与'一对一'证据的运用"，载《人民检察》2001年第1期。

接收了；或一方供认收受了贿赂物，但对方拒不承认曾送过贿赂物。这就使得证明犯罪事实存在的直接证据呈现"一对一"的状态。

二、"一对一"证据审查判断的原则

实践中对"一对一"证据的审查判断一直存在较大的争议，有的主张审查"一对一"证据要坚持重证不重供，以证定案，有的主张审查"一对一"证据要坚持疑罪从无，不能定案。本书认为对"一对一"证据的审查判断不能走极端，要实事求是、全面考虑，坚持以下两个原则：

1. 重证据、重调查研究，不轻信口供的原则。我国《刑事诉讼法》第46条规定：对一切案件的判处都要重证据，重调查研究，不轻信口供。只有被告人供述，没有其他证据的，不能认定被告人有罪和处以刑罚；没有被告人供述，证据确实充分的，可以认定被告人有罪和处以刑罚。这是审查"一对一"证据首先应遵循的原则，它要求司法人员要重视口供之外的证据，尤其是那些看起来琐碎、不成体系的间接证据。要把这些间接证据与已有的直接证据结合起来审查判断，排除口供中的虚假部分，就是要善于用间接证据打破"一对一"的对立，通过调查分析来确定定案的证据和定案的理由。

2. 坚持事实与证据统一，疑罪从无、从轻的原则。我国《刑事诉讼法》第44条规定，公安机关提请批准逮捕书、人民检察院起诉书、人民法院判决书，必须忠实于事实真相。这不仅是对所有刑事案件的要求，本书认为更是对审查判断"一对一"证据的要求。忠实于事实真相，就是要坚持事实与证据统一，疑罪从无、从轻的原则，这与我国刑事诉讼法确定的无罪推定原则也是一致的。在刑事案件中绝对的事实真相是很难追求到的，但是与证据相统一、相一致的事实是容易把握的。因此，在审查"一对一"证据时，得出的事实结论必须要有相应的证据来支持，否则就要坚持疑罪从无、从轻。

以上是审查判断"一对一"证据应坚持的两个原则，这两个原则在审查判断时要全面考虑综合适用。"一对一"证据经过上述审查判断后，如果认为符合这几个方面，就可以定案；如果认为据以定罪的证据存在疑问无法查证属实，或者犯罪构成要件事实缺乏必要的证据予以证明，或者据以定罪的证据之间的矛盾不能合理排除，或者根据证据得出的结论具有其他可能性，就不能定案。

三、直接证据在受贿案件中的使用困境

有学者认为，表现为言词陈述的直接证据可以作为判断其真伪的依据，其可靠性主要从以下几个方面来分析：①陈述内容的可能性；②陈述内容的一致性；③陈述内容的合理性；④陈述内容的详细性。即通过分析陈述内容是否符合情理、是否存在编造来判断陈述的可靠性。[1] 实际上，通过陈述内容本身来判断陈

---

[1] 参见何家弘主编：《证据学论坛》（第八卷），中国检察出版社2004年版，第174页。

述的真伪，其作用是有限的。例如对于一个拥有丰富生活经验、能够精确把握社会情理的人，很难通过其陈述内容本身来判断其陈述的真实性，而受贿人通常是政府官员，他们社会经验十分丰富，有些甚至本身就是司法官员，逻辑思维严密，不容易从言词上发现破绽。直接证据系"孤证"的案件，其直接证据的可靠性一方面通过陈述内容本身来判断；另一方面还必须通过其他间接证据的印证和推论来进行判断，如通过陈述时的表情和举止（系间接证据）、陈述内容中的某些环节与间接证据内容的吻合等来判断直接证据是否可靠。

四、间接证据在证据"一对一"贿赂案件中的运用

在"一对一"贿赂犯罪案件中，会留下大量的间接证据。比如贿赂行为实施前的间接证据，包括行贿人、受贿人的违纪动机、目的、预谋过程，行贿方研究策划的经过，账目记载及其他书证材料，受贿人为行贿人谋取利益等；贿赂行为实施后的间接证据，包括行贿人、受贿人亲属及有关证人听到的、看到的有关可疑情况，行贿人、受贿人毁证、匿证、订立攻守同盟的证据材料，在受贿人及其亲友住处、办公室发现的贿赂物品，行贿人、受贿人说不清来源的款物，行贿人获取的不正当利益，由于受贿人的行为使国家遭受的重大损失等。因此，收集和利用间接证据对查办受贿案件有重要的作用：

1. 鉴别直接证据真伪的重要手段。在"一对一"贿赂犯罪案件中，直接证据多为当事人陈述，由于容易受到人的主观因素的影响，很多直接证据丧失其真实性。但间接证据多为鉴定结论和各种物证，其客观性强，在"一对一"贿赂犯罪案件中，可对直接证据起到印证的作用。实践中，侦查人员可以通过间接证据的逻辑联系进行相互对比印证，利用间接证据来判断、鉴别直接证据的真伪。间接证据对直接证据的印证表现为：一是间接证据可以对直接证据证明的某些非主要事实（即间接事实）进行直接印证，这种印证的结果既可以使事实认定者确信这些非主要事实的真实性，也可以使事实认定者据此相信该直接证据所证明的案件主要事实也可能确实可靠，因为一般经验认为，一项直接证据在涉及到间接事实时真实可靠而涉及到主要事实时则存在虚假的状况并不多见；二是事实认定者可以通过间接证据体系推论出一个"案件主要事实"，然后用这个"推论出的案件主要事实"与通过直接证据"证明的案件主要事实"进行印证，如果印证结果吻合，那么间接证据就通过推论途径在案件主要事实环节上间接地印证了直接证据。

2. 在无法取得直接证据的情况下，查证属实并形成完整证据锁链的间接证据，同样可以作为定案的证据。在"一对一"贿赂犯罪案件中，经常会发生收集不到直接证据的情况，这时只要有大量的、确实充分的间接证据互相联系、互相印证，构成一个完整的证据体系，排除其他可能性后，就可以作为定案的证据。

3. 运用间接证据的要求。运用间接证据建立一套完整的证据链条，突破"一

对一"贿赂案件，要达到以下要求：每一间接证据都与案件有客观必然的联系，各个间接证据之间都有客观、必然、直接的联系，不但有犯罪行为实施前和实施过程中的间接证据，还要有犯罪行为实施后的间接证据，且各间接证据环环相扣，没有断裂脱节，相互印证，肯定一种可能性，排除其他可能性。

第四节 受贿犯罪中死刑案件证据的审查判断

一、死刑案件证据审查的标准

我国《刑事诉讼法》第162条规定，对被告人作出有罪判决，必须做到"事实清楚，证据确实、充分"。但对"确实、充分"并没有作进一步规定。《关于办理死刑案件审查判断证据若干问题的规定》（以下简称《办理死刑案件证据规定》）对"确实充分"进行了明确规定。第5条对"证据确实、充分"予以细化：一是定罪量刑的事实都有证据证明；二是每一个定案的证据均已经法定程序查证属实；三是证据与证据之间、证据与案件事实之间不存在矛盾或者矛盾得以合理排除，强调必须排除其他可能性；四是共同犯罪案件中被告人的地位、作用均已查清；五是根据证据推断案件事实的过程符合逻辑和经验规则，由证据得出的结论唯一。

最高人民法院、最高人民检察院、公安部、国家安全部和司法部有关负责人在回答记者问时强调："由于死刑刑罚的不可逆转性，我们在起草《办理死刑案件证据规定》时，明确规定了死刑案件的证明标准必须是最高、最严的，以确保判处死刑的案件万无一失。"但这个标准并非适用于死刑案件的所有事实证明，《办理死刑案件证据规定》第5条第3款对证明必须达到证据确实、充分的事实作出了规定，同时也意味着对于不影响定罪量刑的事实，或者对被告人从轻处罚的事实不需达到这样的证明标准即可予以采信。这样规定，既可以避免司法实践中因一些细枝末节问题使案件久拖不决，还突出了对指控的犯罪事实的证明必须达到"确实、充分"的证明标准。

二、各证据类型的审查与认定

（一）物证、书证

1. 原始证据优先规则。《办理死刑案件证据规定》第6条第1款和第8条明确规定据以定案的物证、书证应当是原物，明确规定不能反映原始物证、书证的外形、特征或者内容的复制品、复制件应予排除。这就要求证据审查的机关必须对物证、书证是否为原物进行仔细检查，并且对于不是原物的物证和书证，必须按照对原物进行核实、鉴定或者其他方式证明其真实，否则该证据不能作为定案的证据使用。

2. 证据瑕疵可以补救。《办理死刑案件证据规定》第9条第2款对物证、书证收集程序、方式存在的瑕疵进行了列举式规定，证据审查时应当对照有关瑕疵的规定，通过采取有关办案人员的补正或者作出合理解释的方式对证据进行补正，以保证证据的可采性以及诉讼的顺利进行。

（二）证人证言、被害人陈述

1. 非法证据排除规则。《办理死刑案件证据规定》第12条第1~2款规定，对暴力、威胁等非法方法取得的证人证言，以及证人出于明显醉酒、麻醉品中毒或者精神药物麻醉状态，以致不能正确表达的证人所提供的证言均不能作为定案的证据使用。对办理死刑案件证据的规定是与《非法证据排除规定》的精神相一致的。在证据审查时，务必将两个"规定"相结合从而对非法证据进行排除。

2. 意见证据规则。《办理死刑案件证据规定》第12条第3款规定："证人的猜测性、评论性、推断性的证言，不能作为证据使用，但根据一般生活经验判断符合事实的除外。"我国现行《刑事诉讼法》没有关于意见证据的规定。在办理死刑案件中明确这一证据规则，有利于规范证人如实提供他们所感知的案件事实的证明活动，避免将证人自己的猜测、评论、推断作为其感知的事实，从而对案件事实作出错误判断。对于意见证据，在证据审查时必须区分是证人的猜测、评论、推断，还是一般生活经验判断，以防止错误排除合法有效的证据。

3. 有限度的直接言词规则。这一规定表明了控方做好证人出庭作证工作的责任。《办理死刑案件证据规定》第15条对证人出庭作出了有限度的规定，即人民检察院、被告人及其辩护人对证人证言有异议，该证人证言对定罪量刑有重大影响的或者人民法院认为其他应当出庭作证的，人民法院应当通知该证人出庭作证。并且对于未出庭作证证人的书面证言出现矛盾，不能排除矛盾且无证据印证的，不能作为定案根据。我国证人出庭率低，且死刑案件证据的认定涉及到被告人生命的重大问题，而有矛盾的证人证言在缺乏质证的情况下难以排除，容易造成冤假错案。该条规则，从实体上说，有利于保障正确认定案件事实；从程序上说，有利于保障诉讼当事人的质证权利。

4. 证人保密要求及作证保护。《办理死刑案件证据规定》第16条要求证人对涉及国家秘密或者个人隐私的应当保密，并且在必要时，人民法院对出庭作证的证人可以采取限制公开其信息、限制询问、遮蔽容貌、改变声音等方法对证人进行保护。证人出庭率低的一个重要原因是证人害怕受打击报复，尽管我国刑法对打击报复证人的行为予以严厉打击，但缺乏保障措施仍然使得证人出庭缺乏安全感。《办理死刑案件证据规定》了对证人的保护措施，有利于保障证人的人身与财产安全，提高出庭率。

（三）被告人供述和辩解

1. 保障被告人的诉讼权利。《办理死刑案件证据规定》第18条在审查的内容中明确规定了，讯问人告知被告人拥有申请回避、聘请律师，聋哑人、少数民族、外国人有权获得辩护等权利。《办理死刑案件证据规定》并将首次讯问笔录没有记录告知被讯问人诉讼权利内容的确定为讯问笔录有瑕疵，通过有关办案人员的补正或者作出合理解释方可采信。

2. 结合录音录像进行审查。《办理死刑案件证据规定》第18条规定了需要着重审查的七项内容，侦查机关随案移送有录音录像资料的，应当结合相关录音录像资料进行审查。录音录像资料能够反映被告人在供述时的神态、语气、精神状况等情形。结合录音录像资料进行审查有利于提高审查的质量。

3. 翻供情况下的庭前供述的采信。对被告人在庭审中的翻供，《办理死刑案件证据规定》第22条进行了区别对待。对于被告人庭前供述一致，庭审中翻供的，但被告人不能合理说明翻供理由或者其辩解与全案证据相矛盾，而庭前供述与其他证据能够相互印证的，被告人庭前供述可以采信。对于被告人庭前供述和辩解不一致的，则分了两种情况进行处理：其一，庭审中供认的，且庭审中的供述与其他证据能够印证的，庭审中的供述可予采信，庭前供述与辩解不予采信；其二，庭审中不供认的，且没有其他证据与庭前供述印证的，庭前供述不能采信。

（四）鉴定意见

《办理死刑案件证据规定》对鉴定意见应当审查的十项内容以及不能作为定案根据的九种情况进行了规定。其中第24条第2款规定："对鉴定意见有疑问的，人民法院应当依法通知鉴定人出庭作证或者由其出具相关说明，也可以依法补充鉴定或者重新鉴定。"其中"依法通知鉴定人出庭"的规定明显是针对目前鉴定人出庭质证率低，被告人及其辩护人无法对鉴定人进行质证的情况而设立的。但是其同时规定了"或者由其出具相关说明"，这就使得鉴定人出庭效果打了折扣，但这毕竟为鉴定人出庭参与质证提供了明确的依据，对于维护司法公正与被告人的诉讼权利有重要意义。

（五）勘验、检查笔录

《办理死刑案件证据规定》对勘验、检查笔录的合法性审查十分宽松。第26条第1款规定："勘验、检查笔录存在明显不符合法律及有关规定的情形，并且不能作出合理解释或者说明的，不能作为证据使用。"《办理死刑案件证据规定》用了"明显不符合"的字眼，而且要在"不能作出合理解释或者说明"的情形下才不能使用。至于何为"明显"，何为"合理"，《办理死刑案件证据规定》并未作出具体规定，而交由法官自由裁量。至于勘验、检查笔录的真实性与关联性审查，《办理死刑案件证据规定》第26条第2款对导致关联性与真实性有疑问的瑕疵进行了列举式规定，如没有见证人；勘验、检查人员和见证人没有签名、盖章的；勘验、检查人员违反回避规定等。

（六）视听资料

关于视听资料的审查内容以及不能作为定案证据的情形，《办理死刑案件证据规定》作出了明确的规定。对于该规定，本书认为，与普通刑事案件视听资料的审查并无重大区别之处，此处不再论述。

（七）电子证据

1. 电子证据的性质。《办理死刑案件证据规定》除了对传统证据形式进行规定以外，还增加了对电子邮件、电子数据交换、网上聊天记录、网络博客、手机短信、电子签名、域名等电子证据进行审查的规定。关于电子证据的定性，我国相关刑事法律法规和司法解释中主要有三种做法。第一种是将刑事诉讼电子证据定性为视听资料。《关于检察机关侦查工作贯彻刑诉法若干问题的意见》规定："视听资料是指以图像和声音形式证明案件真实情况的证据。包括与案件事实、犯罪嫌疑人以及犯罪嫌疑人实施反侦查行为有关的录音、录像、照片、胶片、声卡、视盘、电子计算机内存信息资料等。"

第二种是在一定程度上把部分刑事诉讼电子证据定性为物证。"两高"2004年联合发布的《关于办理利用互联网、移动通讯终端、声讯台制作、复制、出版、贩卖、传播淫秽电子信息刑事案件具体应用法律若干问题的解释（一）》第9条规定："刑法第367条第1款规定的'其他淫秽物品'，包括具体描绘性行为或者露骨宣扬色情的诲淫性的视频文件、音频文件、电子刊物、图片、文章、短信息等互联网、移动通讯终端电子信息和声讯台语音信息。"该司法解释已经明确将"淫秽电子信息"扩张为传播淫秽物品罪、传播淫秽物品牟利罪的犯罪对象。

第三种是将电子证据定位为书证。《人民检察院刑事诉讼规则》在"调取、扣押物证、书证和视听资料"一节中将电子邮件的扣押与邮件、电报的扣押一同规定在第192条；《公安机关办理刑事案件程序规定》在"扣押物证、书证"一节中也用同一个条文作了相似的规定。

《办理死刑案件证据规定》并没有将电子证据定性为视听资料、物证或者书证，而是设置到"其他规定"，一定程度上是对电子证据定性的规避。由于刑事法律的严肃性，证据的种类必须是法定的、确定的。因此，司法工作人员在法律法规对电子证据明确定性之前，对刑事诉讼电子证据归类时必须严格按照我国现有刑事法律法规的规定灵活准确适用。

2. 审查的注意事项。

（1）刑事诉讼电子证据的合法性和相关性审查。对刑事诉讼电子证据相关性审查应注意三个方面，即刑事诉讼电子证据是否能够证明案件的某方面问题；该问题是否为案件事实争议的问题；该刑事诉讼电子证据对争议问题的解决是否具有实质性意义。刑事诉讼电子证据具有相关性要求对以上三个问题的回答皆为肯定，只要其中一项为否定，则不具有相关性。证据的合法性则是从证据形式、收集程序等都必须符合法律对证据成为定案依据的规定所作出的限制。对刑事诉讼电子证据合法性的审查，关键在于审查侦查人员的收集、提取行为是否严格依照我国法律程序进行。

（2）刑事诉讼电子证据的客观性审查。刑事诉讼电子证据主要是储存在磁盘、磁带、卡带或纸带等可移动载体及硬盘设备或集成电路里，人们可以通过各种方法对数字编码进行增减和编辑而使电子信息被篡改、伪造、破坏或灭失，使刑事诉讼电子证据的不稳定性增加。并且，计算机病毒、硬件故障、软件问题、操作失误、网络故障等技术和意外情况都会影响到刑事诉讼电子证据的客观性。因此，司法工作人员要关注两种可能被伪造、篡改的情况：一是数据信息在作为刑事证据被固定前可能被修改；二是在收集、固定和运用的过程中，可能被修改而与原证据内容不符。

另外，评价电子证据的证明力还应当注意考虑以下因素：[1] ①生成、存储、传输电子文件的方法的可靠性；②识别电子文件发端人的方法的可靠性；③证人或者登录人对该信息与信息系统的熟悉程度；④保存电子信息完整性的可靠性；⑤鉴定结论中包含的电子证据的相关内容；⑥电子数据或电子文件赖以存在的信息与交流系统信息的属性和品质；⑦电子证据得以保存或记录信息系统的完整性，包括软硬件系统等；⑧电子证据本身的属性和品质；⑨其他影响电子证据准确性或完整性的因素。

三、证据的综合审查与运用

1. 依靠间接证据定案规则。《办理死刑案件证据规定》第33条对没有直接证据证明犯罪行为系被告人实施，仅依靠间接证据定案作了具体规定。司法实践中，部分刑事案件因为各种原因没有收集到或者无法收集到直接证据，但如果全案间接证据符合该条所列要求，可以认定被告人有罪，甚至判处被告人死刑，当然需要格外慎重，为此，对单纯运用间接证据证明犯罪的标准为"足以排除一切合理怀疑"，这明显要比《办理死刑案件证据规定》第5条的证据"确实、充分"的标准要高。

2. 调查核实存疑证据的程序。《刑事诉讼法》第158条规定了合议庭对证据有疑问的可以庭外调查核实。为了节省司法资源，提高诉讼效率，《办理死刑案件证据规定》第38条对庭外调查核实证据的程序进行了细化规定，并对如何运用庭外调查取得的证据作了明确规定。例如，对于被告人有立功、自首情节的证据，往往是检察机关、辩护人补充和法庭庭外调查核实取得的，对这部分开庭以后出现的个别证据，法庭可以分情况进行审查：庭外征求意见，若双方意见一致的，可以直接对证据加以认定；若双方意见不一致，有一方要求人民法院开庭进行调查的，则应开庭审理。

---

[1] 曾勉主编：《思索与实践：闸北区人民检察院理论研究成果集萃》（第二辑），上海社会科学院出版社2008年版，第299页。

第十九章 受贿犯罪证据的立法完善

第一节 现行受贿犯罪证据立法在查处受贿案件中的缺陷

《非法证据排除规定》以及《办理死刑案件证据规定》的颁布，使我国的刑事证据制度得到了一定程度的完善，在此之前，关于证据的规定仅散见于《刑事诉讼法》的相关规定之中，既不全面也不系统，远远不能满足我国法治建设的需要。但是，一方面，两个规定并不是针对打击受贿犯罪而颁布，因此缺乏针对性；另一方面，受贿犯罪有其自身特点，对特殊证据规则的设立有着不同于其他犯罪的需要。

一、受贿犯罪证明责任的分配存在缺陷

根据我国刑法的规定，证明责任倒置仅适用于巨额财产来源不明罪中巨额财产来源合法性的证明，该罪的其他要件以及其他犯罪均由检察机关承担证明责任。这种责任分配的方式，在受贿犯罪中造成了以下问题：

（一）受贿犯罪的取证途径受到限制

一般刑事案件会存在犯罪嫌疑人、被告人，被害人，证人三方，通过被害人的陈述对犯罪行为进行指认，以及通过证人的证言对犯罪嫌疑人、犯罪行为进行客观陈述，结合二者所提供的信息然后与犯罪嫌疑人的供述和辩解进行比对，找出案件的突破口，进而查找出有罪证据。而受贿犯罪中，被害人一般是国家，通常情况下受贿又是在极其秘密的情况下进行，因而被害人和证人这两个取证途径的缺失使得受贿犯罪的取证十分困难。另外，受贿案件中有罪证据与无罪证据的"一对一"情况十分普遍，倘若行贿人与受贿人均拒绝与侦查部门进行配合的话，有罪证据的获取将十分困难。在此需要指出的是，这并不是让侦查部门对行贿人与受贿人进行非法取证从而获取有利于指控的证据，而是希望通过制度的构建，在有利于受贿人或者行贿人同时有利于案件侦查的情况下，使侦查部门收集到足够的犯罪证据。

（二）受贿犯罪的证明标准过高

我国将立案标准确定为"有犯罪事实，需要追究犯罪嫌疑人的刑事责任"，将起诉和定罪标准确定为"证据确实、充分"。就立案标准，对于贿赂犯罪而言，由于其具有隐蔽性等特征，令揭露、证明该犯罪是否存在变得异常困难。有检察人员甚至认为如果能够证明某一贿赂犯罪事实确实发生，需要追究犯罪嫌疑人的刑事责任，基本上该犯罪就可以被起诉、判决了。就起诉和定罪标准而言同样存在着标准过高的问题，尤其是在缺乏受贿犯罪推定制度的情况下，对于受贿犯罪中主观要件的证明存在困难，对于"是否利用职务之便"、"是否为他人谋利益"、"是否违反规定"、"是否归个人占有"等非要件构成事实，其证明都必须满足最高的证明标准，这就为检察机关和审判机关在起诉和判决中带来了困难。

二、受贿犯罪证明对象的设定存在缺陷

"为他人谋取利益"不应当成为客观方面的要件。受贿犯罪的本质是"权钱交易"，其损害的是"国家工作人员"职务的廉洁性，只要非法收受他人财物即可构成受贿罪，至于是否为他人谋取利益仅应当作为量刑情节考虑。在现行立法下，对于非索贿型的受贿，仅收取财物而不为他人谋取利益的，不能以受贿论处，只能以诈骗罪论处，这不得不说是打击受贿犯罪中的一种尴尬的解决办法。

主观心理不应当作为证明对象。由于主观心理的取证途径主要是犯罪嫌疑人的"口供"，而口供是不稳定的，尤其在受贿犯罪中，要让一名有着广泛社会阅历的犯罪嫌疑人作出稳定而虚假的供述并不是一件困难的事情。并且，司法实践中受贿犯罪的共同犯罪越来越多，证明环节也越来越多，证明的困难程度不断提升。

第二节 受贿犯罪证据立法完善的建议

受贿犯罪的存在不仅有损国家机关的形象，而且有可能使人民丧失对政府的信任，使国家政权土崩瓦解。世界各国在防范与打击受贿犯罪上均不遗余力，纷纷制定与打击贿赂犯罪有关的专门法律。为了对受贿犯罪进行更加有效的预防和惩治，有必要对现行受贿犯罪证据立法予以完善。对受贿犯罪证明标准的介绍以及构建的建议已经在第十四章作出较为详细的论述，此处不再赘述。仅就受贿犯罪的证据规则立法完善提出建议。

一、坦白免予起诉的完善建议

坦白保护规则包括了坦白免予起诉和坦白不得采证，由于坦白不得采证规则已在第十五章有所论述，此处不再赘述，仅就坦白免于起诉的构建提出建议。

坦白免予起诉内含着两方面的内容，强制作证和免予起诉。作证是免予起诉的前提，而免予起诉则是强制作证的结果。对于那些已经被强制作证的被告人，其理应获得免予起诉，否则将使公民对司法诚信产生重大怀疑，不利于该规则的实施。

坦白免于起诉制度有其逻辑前提，即"拒绝自证其罪权利"。免予起诉是"公民拒绝自证其罪特权"与"公民有提供证据义务"相互妥协的产物。而我国不存在证人特权，如职业特权，亲属特权、公共利益豁免等特别规定，也没有类似于拒绝自证其罪权利的一般性规定，公民单方面地向政府承担提供证据的义务。根据刑事诉讼法的规定，共同犯罪中，犯罪嫌疑人不仅有义务检举揭发他人，也应当对自己的犯罪事实如实供述。犯罪嫌疑人供述本身就是法定的证据种类，可以作为证明自己有罪的依据之一。因此，国家根本无需对该义务承担任何代价，相反，不履行该义务的代价要由犯罪嫌疑人承受。因此，所谓免予起诉根本无从谈起。所以，要确立"坦白免予起诉"，法律应当赋予公民"拒绝自证其罪特权"，从而建立"坦白免予起诉"的逻辑前提。在确立了坦白免予起诉的逻辑前提后，要就强制作证和免予起诉作出具体可行的规定。本书建议如下：

1. 强制作证适用的案件性质必须是重大受贿案件，至于何为"重大"可参考涉案金额、涉案人员地位、案件性质以及案件社会影响等确定。将适用前提确定为"重大"案件，是因为在这些案件中，数额较大，对社会的危害性强，并且受贿人的权力使其具备更强大的反侦查能力，破案难度很大。在司法资源有限的现实情况下，用较小的代价换取成功的犯罪指控，既有利于节约司法成本也有利于降低犯罪黑数。

2. 强制作证适用的侦查状况应当是客观上存在重大侦破困难或者克服该困难成本很高，代价太大，或者通过其他合法渠道无法获得该强制作证的犯罪分子供述或提供的其他证据，且该犯罪分子的供述或掌握的其他证据具有独特的诉讼价值，其他证据无法取代。

3. 强制作证的适用对象必须在贿赂犯罪中罪行较轻并且掌握重要证据的人，一般限定于行贿人或者受贿人中地位和作用相对次要的犯罪分子，而不能是首要分子。因为首要分子正是受贿罪要惩罚的首要对象，对其适用强制作证就可能意味着对其免予起诉，最后将得不偿失，司法的正义就会沦落为犯罪分子逃脱刑罚的工具。

4. 强制作证的启动机关是检察机关。由检察机关根据案件的情况、侦查的难度等因素决定是否启动强制作证。

5. 强制作证的审批机关是人民法院。根据世界上已经确立了强制作证制度的国家的做法，"强制作证"的审批权应当由法院掌握。人民法院应当对被强制作证人的权利和义务进行书面告知，以增强其如实作证、提供稳定的证言的可能性，同时这也是司法机关所作承诺的证明。

6. 强制作证的保障措施。当检察机关的申请获得人民法院批准后，该证人则有如实作证的义务，否则应当承担法律责任。就我国现行法律规定而言，虽然《刑法》第305条规定了伪证罪的刑事责任，但是没有对证人拒绝作证的刑事责任进行规定。西方国家对拒绝作证的情况大多实行了拒绝作证犯罪化的做法。[1]

---

〔1〕 刘守芬、孙晓芳："刑事证人作证制度的现状与完善"，载《法学论坛》2002年第6期。

我国将来如果要确立坦白免责制度，也应当在刑法上对拒绝作证的行为作出处罚规定。有学者建议，"根据我国目前的《刑法》规定，可考虑使用妨碍公务罪进行处罚"[1]。当然，西方国家确立强制作证制度的同时也相应确立了免予作证的权利，鉴于该内容不属于本章讨论内容，此处不作介绍。

7. 免予起诉的主动权由该证人掌握。当其如实供述并作证后，检察院应当自动对其免于起诉，并向其发出"免予起诉书"。对于在事后发现该证人是故意提供虚假供述或者提供虚假证据的，应当由人民检察院作出撤销免予起诉的决定，并根据其所犯的罪行依法进行起诉。

二、习惯排除规则的完善建议

习惯排除规则与贿赂推定一样，是适用于受贿案件的特殊证据制度，其内容从排除范围的大小来看，包括完全排除规则、公务员除外规则以及合理排除规则三部分。本书认为，从短期和长期看来，在完善证据规则时不应当操之过急地将三种规则统一进行规定，而应当结合我国现实情况，循序渐进地逐步确立。

首先，就目前而言，应当确立"公务人员除外规则"。该规则就是为了使行使国家权力从事公务活动的人员不得因为习惯、惯例等原因而逃脱法律的制裁，从而保持国家公权力行使的纯洁性。就我国现实情况看来，受贿犯罪的主体，除了公务员以外，还包括新闻工作者、临床医生、体育裁判、村民小组长等人员，他们在某些情况下同样是国家权力的行使者，并且该群体造成的负面影响甚为巨大，因此，为了解决反腐工作中存在的现实问题，应当首先确立"公务人员规则"，在从事公务期间，取得任何专业、职业、行业或业务中的任何形式的报酬，均不得以任何商业习惯作为辩解的理由或证据。

其次，从长远看来，应当确立"完全排除规则"与"合理排除规则"。对于"合理排除规则"而言，由于其并不区分该被告人是否从事公务，只要该习惯不被法律明文禁止或认为是非法的，法院在追究贿赂犯罪的诉讼中就可以根据具体案情进行自由裁量。因此"完全排除规则"是"合理排除规则"确定的基础。为了协调"公务人员除外规则"与"合理排除规则"的关系，防止法官滥用自由裁量权，使公务人员以"习惯"作为抗辩理由，法律必须明确哪些交易习惯是禁止或是非法的。就我国而言，目前出现的受贿形式多种多样，如虚假的折扣、佣金、奖金、劳务费、咨询费、会议费、宣传费，甚至还包括提供国内外各种名义的旅游、考察等给付财物以外的其他利益等，因此通过法律明文规定何为"非法"似乎并不可行。本书认为，鉴于"合理排除规则"中蕴含的法官自由裁量权过大，倘若必须设立，应当通过法院的审判委员会进行集体商议方能认定，并且应当由同级人民检察院进行监督，对于认定不当的应当进行抗诉。同时，立法机

---

[1] 黄维智：《证据与证明——以刑事法治为视角》，中国检察出版社2006年版，第138页。

关应当通过对各地法院的判例进行研究，以归纳总结哪些交易习惯应当明文禁止，从而将"完全排除规则"与"合理排除规则"予以确立。因此，"完全排除规则"与"合理排除规则"在将来的证据立法中应予以规定。

三、贿赂推定的完善建议

贿赂推定的作用、意义以及其在我国的实际运用在第十五章已有论述，此处不再赘述。本书认为，在将来受贿犯罪证据的立法完善中，应当在以下原则指导下进行理解和适用，以防止"借口自由心证、多凭情况证据或所谓间接证据，为偏而不全之推论，甚至仅凭主观之推测"[1]，侵犯犯罪嫌疑人、被告人的合法权利。具体为：

1. 法定性原则。推定作为一项立法技术，其只能够由立法加以设立，不能由司法机关在司法活动中创设。由于推定规则在一定程度上降低了某些事实的证明标准，尽管该推定是可以推翻的，但一旦适用即对被告人造成不利，因此对其适用必须慎之又慎。鉴于被告人的"明知"、"故意"这种主观心理难以通过证据加以证明，因此根据客观情况对其进行推定是合理的。但是究竟客观情况出现到什么程度才能够适用推定，这也是需要法官进行充分评价的。对于何种基础事实的出现能够达到认定推定事实的效果，法律必须予以明确规定。

2. 符合经验和常识原则。美国证据法专家华尔兹教授曾言："推定产生于下面这种思维过程，即根据已知的基础事实的证明来推断出一个未知的事实。因为常识和经验表明该已知的基础事实通常会与该未知事实并存。"[2] 这表明基础事实与推定事实之间必须有合乎经验和常识的联系。对于受贿犯罪中推定的应用，并不能因为存在收受利益的行为就认定为受贿，"如果公务人员在非任职时收受他人好处，或者在任职期间所收受的利益与职权无关，因为该收受利益的行为与受贿行为之间并无合理联系，如果将其纳入贿赂推定的范围，则会导致打击过度、冤枉无辜的后果"[3]。因此，本书认为，确立推定规则时必须考虑基础事实与推定事实之间的合理关系，并且基础事实应当是真实可靠的，即这些证据从内容和收集程序上都必须是真实、合法的，从质和量两方面作为支撑，形成证据链。

3. 限定适用原则。由于推定的适用会使得部分事实无需证明即可根据基础事实予以认定，这在一定程度上减轻了控诉方的负担，但同时有可能使控诉方在收集证据方面有所懈怠，考虑到该推定的可反驳性，一旦由于辩方举证证明该推定不成立的时候，控方便可能陷于被动。并且，推定应当作为追究受贿犯罪的最后

---

[1] 李学灯：《证据法比较研究》，台湾五南图书出版公司1992年版，第301页。

[2] [美] 乔恩·R. 华尔兹：《刑事证据大全》（第二版），何家弘等译，中国人民公安大学出版社2004年版，第396页。

[3] 史立梅："论贪污贿赂犯罪案件中的推定"，载《河南省政法管理干部学院学报》2008年第6期。

手段适用，正常情况下应当通过提高侦查机关的侦查技术和侦查水平，通过合法的途径取得受贿犯罪证据并通过证据证明受贿事实的存在，一般仅适用于"一对一"案件等特定情况下。并且应当赋予被告人反驳的权利和反驳的机会，公诉人对运用贿赂推定必须予以详细论述，上级检察机关应当对下级检察机关运用贿赂推定进行监督和指导，以防止推定被滥用。

四、受贿犯罪证明责任倒置的完善建议

受贿犯罪证明责任倒置规则的设定并不是单纯地以打击受贿犯罪为出发点，而是在人权保障与打击犯罪二者中作出认真的权衡后得出的规则设计，有其自身的合理性与必要性，并且该规则在许多国家的受贿犯罪立法中已有所体现，其在打击犯罪、维护国家利益、保护被告人权利等方面的作用是不可忽视的。因此，我国在受贿犯罪的证据立法中也有必要吸纳该证明规则。本书认为，就受贿犯罪证明责任倒置规则而言，其内容有以下四个方面需要在立法中予以明确。

1. 受贿犯罪证明责任倒置的证明主体。在证明责任倒置情况下，证明主体一般仅限于犯罪嫌疑人、被告人。即对于该非正常收入，由被主张者，即犯罪嫌疑人、被告人，证明其财产是其合法取得。这样的分配，既是考虑了控方在证明该受贿财产来源上的举证困难，也体现了世界各国在这一问题上的通行做法。

2. 受贿犯罪证明责任倒置的证明对象，即犯罪嫌疑人、被告人被要求证明的范围和对象并不仅仅规定为被告人本身所持有的财产，还可以扩展到受被告人赡养的人以及其他任何人所拥有的与被告人有关的财产。由于在受贿犯罪中往往存在着财产转移的情况，表面上，受贿人本人所拥有的财产是符合其经济收入情况的，实质上，其往往通过将财产进行转移、委托投资等手段达到掩人耳目的效果。因此，对于证明的范围不能仅仅限于其本人所持有的财产。

3. 受贿犯罪证明责任倒置的证明要求。国外一般对财产的说明程度要求较高，一般要求达到"合理的证明"或"满意的解释"的程度方为履行了证明责任，否则该抗辩不能被采信，控方对该财产为受贿财产的指控即有可能成立。对于什么才是"合理"或者"满意"，世界上对于该证明程度作出规定的国家或地区，同样没有作出具体的、可量化的指标进行评定，这是由于案件情况各不相同，倘若没有对具体案件进行认真分析是很难对"合理"或者"满意"进行认定的。因此，审判人员的自由裁量权行使就必须慎之又慎，务必结合案件细节作出周全分析方可作出判断。

4. 受贿犯罪证明责任倒置的证明效力。从各个国家和地区的法律规定来看，只要被告人对被司法机关怀疑来源不明的财产状况作出的解释或说明，符合上述证明的要求，那么就可以被依法解除怀疑或免遭定罪。相反，达不到上述要求的，则不仅要被确定为有罪，而且其"财产来源不明"的事实也将作为司法机关认定其构成受贿罪的证据。

五、非法证据排除规则的完善建议

我国非法证据排除规则的出台，对于规范检察机关在受贿案件的侦查、审查、起诉工作方面无疑具有十分重要的意义，在实务界与学术界均得到了较高的评价，有学者更称其为"中国特色的非法证据排除规则"[1]。然而，成绩与赞扬并不能掩盖其所存在的问题与缺陷，而这些问题与缺陷在未来的受贿犯罪证据立法中应当予以完善。

（一）建立受贿案件逮捕与起诉阶段的非法证据排除听证制度

根据《非法证据排除规定》，检察机关在逮捕与起诉阶段对于非法证据应当予以排除，但对于负责排除的人员、排除的程序、排除后对犯罪嫌疑人、被告人及其辩护人是否需要告知等方面均缺乏规定，这可能会减损检察机关在非法证据排除中发挥的作用。有学者提出，在审查批准逮捕和审查起诉过程中，检察机关通过初步审查，认为犯罪嫌疑人、被告人提出的侦查机关用于申请批捕和检察机关用于起诉的证据是非法取得的，应该举行专门的听证程序对存在质疑的证据的合法性进行判断和决定。[2] 本书赞同该观点，并认为由于受贿犯罪属于检察院自侦案件，与其他刑事犯罪的听证方式应当有所不同，因此就受贿犯罪的证据立法而言，在未来可考虑规定以下程序予以完善：

1. 听证程序的主体。听证程序的设立对于检察机关排除非法证据，规范侦查机关工作，保障犯罪嫌疑人合法权利是有利的，而且是可行的。但是在受贿犯罪案件中，由于侦查机关恰恰是检察机关的侦查部门，这就可能会产生两个问题：其一，中立裁判者的角色由谁担任，即人员选任问题。应当说，在检察机关的人员组成中，挑选任何人作为裁判者都会让人产生不信任，因为任何人都不能够成为自己案件的法官。其二，如何保证检察机关能够在这种"自我矛盾"——利益共同——的情况下不偏不倚地对证据依法进行审查并作出公正的判断，即程序保障问题。针对第一个问题，本书认为，对于中立裁判者的挑选，鉴于我国目前非法证据排除的规定比较简单，不存在法治发达国家中对于非法证据的多种例外规定以及繁杂的操作程序，在现阶段可以考虑由人民监督员担任。由于人民监督员本身就具有监督人民检察院工作的职责，并且其文化素质一般较高，对其进行适当培训和考核合格后可由其进行裁定。至于程序保障问题，将在下面进行论述。

2. 证明责任分配。检察机关应承担其取证行为是合法的证明责任，否则就应当认定该证据是非法证据并予以排除。《非法证据排除规定》第6条规定，被告人及其辩护人提出被告人审判前供述是非法取得的，法庭应当要求其提供涉嫌非

---

[1] 杨宇冠、孙军："构建中国特色的非法证据排除规则——《关于办理刑事案件非法证据排除若干问题的规定》解读"，载《国家检察官学院学报》2010年第4期。

[2] 谢佑平："检察机关与非法证据排除"，载《中国检察官》2010年第11期。

法取证的人员、时间、地点、方式、内容等相关线索或者证据。在听证阶段，犯罪嫌疑人及其辩护人也应当提供涉嫌非法取证的人员、时间、地点、方式、内容等相关线索或者证据，但是第6条"要求辩方承担的线索说明义务充其量只是一种提供证据责任，而非证明责任内涵中的客观证明责任"，"即辩方只需'描绘'刑讯逼供的时间、地点、场景等即可，这并不会给辩方造成不合理的负担"。[1]

3. 具体程序运作。"排除非法证据的听证程序实际上是一种司法程序"[2]，在中立的第三方主持下，犯罪嫌疑人、被告人及其律师可以对有异议的证据的合法性进行质证，并就侦查人员的证明进行反驳。在必要时，可以申请证人作证，然后由中立的第三方听取双方的陈述并就证据进行核实，最终决定是否排除该证据。

(二) 讯问策略与非法证据排除规定的协调

1. 讯问策略区别于非法讯问。由于在受贿案件中，讯问过程有同步录音录像，因此那种以冻饿、晒烤、罚跪、轮番讯问等变相肉刑方式折磨犯罪嫌疑人的情况较少出现，当然，同步录音录像并不就是排除刑讯逼供的万能药。在我国，同步录音录像同样受到许多学者的质疑，并对其提出了不少批评的意见和改革的建议。[3] 但是，同步录音录像在受贿犯罪中防止刑讯逼供的作用是确实存在的，并且为检察机关反驳犯罪嫌疑人、被告人就检察机关在侦查、起诉过程中存在刑讯逼供等非法取证的行为，提供了有力的保障。因此，本书认为比较突出的问题或许是对于讯问策略的使用不当所导致的非法证据排除问题。

讯问策略中最常见的证据圈套是将犯罪嫌疑人前次犯罪时留在现场的痕迹、物证拿出来，谎称或者暗示是此次在犯罪现场上获取的。再就是制造"再生证据"，所谓"再生证据"，主要是指在侦查贿赂案件过程中，侦查人员在行贿人的协助下所制造的证据材料。具体做法是侦查人员要求行贿人穿上与行贿当天同样的衣服，提着与行贿当天相同的公文箱，在同样的晚间时分出现在犯罪嫌疑人回家的路途中，由侦查人员将这一情景拍摄下来，再以此为据对受贿犯罪嫌疑人进行讯问。[4] 对于证据圈套，由于其实际上属于伪造证据，极容易使犯罪嫌疑人作出虚假的自白，因此该类证据圈套应当禁止使用。但问题是，如果在讯问中存在

---

[1] 郭志媛、董满清："非法证据如何证明？——兼评《非法证据排除规定》"，载《西部法学评论》2010年第5期。

[2] 谢佑平："检察机关与非法证据排除"，载《中国检察官》2010年第11期。

[3] 熊皓、胡渝："讯问职务犯罪嫌疑人实行全程同步录音录像工作存在的问题及建议"，载《西南农业大学学报》(社会科学版) 2009年第4期；陈奇敏："讯问同步录音录像制度的现状、问题及完善"，载《上海公安高等专科学校学报》2009年第4期。

[4] 刘艳军："论'再生证据'在贿赂案件侦查中的运用及其局限"，载《侦查》1999年第3期。

欺骗、引诱、威胁的讯问方法时，是否就应当被一律排除呢？在同步录音录像的条件下，欺骗、引诱、威胁的讯问方法同样会被录制下来，倘若非法证据排除规则对"欺骗、引诱、威胁"不加以限定，犯罪嫌疑人、被告人就此提起排除的申请，控诉方将处于极为不利的境地。因此，本书认为，有必要对讯问策略与非法讯问中的欺骗、引诱、威胁进行原则性的区别，这不仅有利于法官对该情况的判别，同时也有利于规范侦查部门对侦查策略的使用，保护犯罪嫌疑人、被告人的合法权利。

2. 讯问策略的使用原则。对于如何区分讯问策略与非法讯问，本书认为，由于受贿案件的情况多种多样，法律难以作出明确而具体的规定，世界上许多法治发达国家同样没有对此作出明确的规定。[1] 但是，我国却在排除规则中将其全部排除，这明显是不符合犯罪侦查需要的。因此，本书认为，法律可以退而求其次进行原则性规定，使法官在判断是否属于非法证据时不至于在毫无规制的情况下胡乱地进行自由心证。在这方面，或许可以美国联邦最高法院于1969年判决的Franzier v. Copp 案作为参考。在该案中，美国联邦最高法院隐约地承认侦讯实务必然牵涉到诈伪、欺骗的手段，并且赞同这样的手段。但同时，其认为这些诈欺手段并非没有节制地使用，而是应当遵循两个原则：首先这种欺骗手段不能恶劣到使法院及社会大众的"良心愤慨"（shock the conscience）；其次，这种欺骗手段也不能潜存使人为不实自白的危险。[2] 本书认为，借鉴该判例，在使用讯问策略时应遵循以下原则：一是公序良俗原则，即不能严重超越公众认可的道德界限；二是防止导致虚假证据原则，即不能使用一些会扭曲或者剥夺犯罪嫌疑人自由意志的讯问策略，使无罪的人自认为有罪从而作出虚假的陈述；三是司法诚信原则，即侦查人员在受贿案件的讯问过程中不能超出法定范围，对犯罪嫌疑人作出不能兑现的承诺。因为这是对司法承诺的滥用，其实质是一种欺骗行为。结合这三个原则，可在欺骗、引诱、威胁这三种常见的侦查策略中的合法与非法间把握一条比较清晰的界线。

就欺骗策略而言。由于讯问策略往往是具有欺骗性的，正如美国著名法官波斯纳所言："法律并不绝对地防止以欺骗手段获得口供；在审讯中是允许一定的小的诡计的。特别是夸大警察已经获得的、对嫌疑人不利的其他证据，让嫌疑人

---

〔1〕 德国《刑事诉讼法》第136条规定："禁止以刑事诉讼法的不准许的措施相威胁，禁止以法律没有规定的利益想允诺。"日本刑事诉讼法规定了禁止采用胁迫的手段讯问，但是对欺骗和引诱手段没有规定。英国《1984年警察与刑事证据法》也没有规定禁止以威胁、引诱、欺骗的手段讯问犯罪嫌疑人。美国同样没有对讯问的内容作出详细的程序规定。

〔2〕 [美] 福瑞德·英鲍、约翰·莱德、约瑟夫·巴克来：《刑事侦讯与自白》，高忠义译，台湾商业周刊出版股份有限公司2000年版，第280页。

觉得招供不会失去什么的预先战术设计，都是许可的"[1]。对于欺骗手段而言，最容易导致的是非真实性的自白，但实际上，倘若该被讯问人不是犯罪者，对于受贿的地点、数额等情况是难以描述的，侦查部门对此也难以查清。在这种情况下，适当运用欺骗，有助于推进侦查工作的进行。例如，某检察机关在侦查徐某受贿案时，侦查人员在讯问时首先传递信息给他：像你这样的处级干部，审讯的规格就是具体的承办人员，局领导是不会出面的。接着，12小时一到，果断执行拘留并立即送看守所羁押，但在途中又将其突然带回，有局领导亲自找他谈话，既指明其罪行严重，又说明是受领导之托，给他最后一次机会显示挽救之情。此时的徐某如同惊弓之鸟，认为自己的问题已是板上钉钉，唯有主动交代，才有捞救命稻草的机会，完全没有反抗就将自己受贿130万元的犯罪事实彻底交代了出来。[2]这样的一种欺骗，既不违背公序良俗的规定，同时也在一般人可容忍的范围内，并且不会使犯罪嫌疑人作出非任意性的自白，因此在受贿犯罪中，对欺骗的运用应当从宽，只要不违背该三个原则就应当允许使用。

对于威胁和引诱而言，这两种手法较欺骗而言更容易取得违反嫌疑人意志的自白，尤其是威胁更有可能扭曲犯罪嫌疑人的意志从而获得不实供述，而引诱则可能使犯罪嫌疑人为了逃避讯问的压力，使无罪之人在感觉到如果不按照提问进行供述就难以脱身，从而作出违背意志和事实的所谓"供述"。因此，对于威胁和引诱必须予以限制，对于某些威胁和引诱的方法必须予以禁止。

（1）暴力威胁。在受贿案件中，由于同步录音录像，因此以暴力进行威胁的可能性不大，但绝对不能使用。

（2）以犯罪嫌疑人的与案件没有任何联系的亲人作为筹码进行威胁。以无辜的亲人作为筹码与犯罪嫌疑人交换不利于其自身的供述，这是明显的不能为社会所容忍的不道德行为，违背了公序良俗原则，因此这种情况必须绝对禁止。但是，这并不表明在讯问当中就绝对不能存在与犯罪嫌疑人的无辜的亲人有关的信息，只要这种利用不存在对其亲人的危害，不威胁到其亲人的合法权利，这种威胁就应当被法律所准许。例如，某检察院在调查掌握了犯罪嫌疑人梁某受贿的事实后，考虑到梁某阅历深、社会关系广，没有马上出击。直至梁某心爱的女儿出嫁前一天，检察院突然将其传唤讯问，并明确告诉他："你已经完全符合拘留条件，再不如实交代就拘留。"在这种情况下，梁某为了能够参加女儿的婚礼，只好如实交代自己受贿的全部事实，以换取暂时的取保候审。[3]在这个案例中，"再不如实交代就拘留"的意思其实就是：不让你参加你至爱的女儿的婚礼，不

---

[1] [美]波斯纳：《法理学问题》，苏力译，中国政法大学出版社1994年版，第231页。
[2] 何永星、倪集华：《职务犯罪侦查谋略》，中国检察出版社2007年版，第246页。
[3] 何永星、倪集华：《职务犯罪侦查谋略》，中国检察出版社2007年版，第185页。

过,如果你如实交代的话我们可以让你有机会参加。其中所隐含的意思不得不说是一种威胁,但这对犯罪嫌疑人的亲人不会造成任何损害,应当是可以被允许的。

(3) 对"坦白从宽、抗拒从严"的不当使用。我国刑事诉讼法只规定了犯罪嫌疑人有如实供述的义务,并没有对不供述规定"从严",同时并没有对"坦白"能否"从宽"进行规定,但是"坦白从宽、抗拒从严"作为一项刑事司法政策,在讯问中屡被使用,其对于推进侦查工作的作用是不可低估的,然而,其被歪曲理解所导致的犯罪嫌疑人感到"受骗"的情况也是确实存在的。有些侦查人员对犯罪嫌疑人就该政策作出超出法律范围的解释,把"坦白从宽"说成是"你认了我可以宽到你笑",把"抗拒从严"说成是"你不说,就要把你重判",前者属于引诱,是超出法律范围的许诺;后者则属于威胁,是超出法律范围的恐吓。有学者建议,为了维护司法机关应有的诚实守信的形象,"当侦查人员被犯罪嫌疑人问及量刑情况时,最好的处理办法是直言自己无权许诺"[1]。本书赞同这一观点,并认为,检察官在起诉中拥有量刑建议权,因此可以承诺将其"坦白"或者"抗拒"的情况在量刑建议中如实予以反映。

---

[1] 毕惜茜:"论侦查讯问中的司法诚信——从'坦白从宽,抗拒从严'的司法承诺谈起",载《武汉公安干部学院学报》2008年第1期。

参考文献

一、中文著作类（按姓氏笔画排序）

1. 于志刚主编：《多发之中职务犯罪的定罪与量刑》，中国方正出版社2001年版。
2. 马克昌主编：《刑罚通论》，武汉大学出版社1999年版。
3. 王作富主编：《刑法分则实务研究》（下），中国方正出版社2007年版。
4. 卞建林：《美国联邦刑事诉讼法规则和证据规则》，中国政法大学出版社1996年版。
5. 卞建林主编：《证据法学》，中国政法大学出版社2004年版。
6. 卞建林主编：《刑事证明理论》，中国人民大学出版社2004年版。
7. 左德起：《职务犯罪侦查问题研究》，法律出版社2005年版。
8. 孙力主编：《公务活动中犯罪界限的司法认定》，中国检察出版社2000年版。
9. 刘光显、周容生：《贿赂犯罪理论与实践》，人民法院出版社2005年版。
10. 刘家琛：《经济犯罪罪名解释与法律适用》，中国检察出版社2003年版。
11. 江伟：《证据法学》，法律出版社1999年版。
12. 曲新久：《刑事政策的权力分析》，中国政法大学出版社2002年版。
13. 曲新久：《刑法的精神与范畴》，中国政法大学出版社2003年版。
14. 曲新久主编：《刑法学》（第二版），中国政法大学出版社2009年版。
15. 阮齐林：《刑法学》，中国政法大学出版社2010年版。
16. 孙长永、黄维智、赖早兴：《刑事证明责任制度研究》，中国法制出版社2009年版。
17. 李希慧主编：《贪污贿赂罪研究》，知识产权出版社2004年版。
18. 杨书文、韩耀元：《职务犯罪立案标准与司法适用》，法律出版社2009年版。
19. 杨迎泽、资霏主编：《检察机关刑事证据适用》，中国检察出版社2001年版。
20. 肖中华：《贪污贿赂罪疑难解析》，上海人民出版社2006年版。
21. 肖扬：《贿赂犯罪研究》，法律出版社1994年版。
22. 吴克利：《贪污贿赂犯罪侦查谋略与技巧》，中国检察出版社2009年版。
23. 何秉松主编：《刑法教科书》（下），中国法制出版社2000年版。
24. 何家弘主编：《证据学论坛》（第八卷），中国检察出版社2004年版。
25. 张明楷：《外国刑法纲要》（第二版），清华大学出版社2007年版。
26. 张明楷：《刑法分则的解释原理》，中国人民大学出版社2003年版。
27. 张明楷：《刑法学》（第三版），法律出版社2008年版。

28. 张绍谦：《刑法理性论》，北京大学出版社 2006 年版。
29. 张建伟：《证据法要义》，北京大学出版社 2009 年版。
30. 陈为钢、张少林：《刑事证明方法与技巧》，中国检察出版社 2008 年版。
31. 陈正云、钱舫：《国家工作人员职务犯罪的定罪与量刑》，人民法院出版社 2000 年版。
32. 陈光中、严端主编：《中华人民共和国刑事诉讼法修改建议稿与论证》，中国方正出版社 1999 年版。
33. 陈光中、徐静村：《刑事诉讼法》，中国政法大学出版社 1999 年版。
34. 陈光中主编：《中华人民共和国刑事诉讼法再修改专家建议稿与论证》，中国法制出版社 2006 年版。
35. 陈光中主编：《刑事诉讼法》，北京大学出版社 2006 年版。
36. 陈兴良、周光权：《刑法学的现代展开》，中国人民公安大学出版社 2006 年版。
37. 陈兴良：《刑法疏议》，中国政法大学出版社 1997 年版。
38. 陈兴良：《当代中国刑法新境遇》（第二版），中国人民大学出版社 2007 年版。
39. 陈兴良主编：《刑法学关键问题》，高等教育出版社 2007 年版。
40. 陈国庆主编：《新型受贿犯罪的认定与处罚》，法律出版社 2007 年版。
41. 陈瑞华：《问题与主义之间：刑事诉讼基本问题研究》（第二版），中国人民大学出版社 2008 年版。
42. 汪建成：《冲突与平衡——刑事程序理论的新视角》，北京大学出版社 2006 年版。
43. 汪建成：《理想与现实——刑事证据理论的新探索》，北京大学出版社 2006 年版。
44. 林亚刚主编：《贪污贿赂罪疑难问题研究》，中国人民公安大学出版社 2005 年版。
45. 周士敏：《澳门刑事诉讼制度论》，国家行政学院出版社 2001 年版。
46. 周光权：《犯罪论体系的改造》，中国法制出版社 2009 年版。
47. 周光权：《刑法各论讲义》，清华大学出版社 2003 年版。
48. 周振想主编：《公务犯罪研究综述》，法律出版社 2005 年版。
49. 房清侠：《刑法理论问题专题研究》（第四版），中国人民公安大学出版社 2003 年版。
50. 孟庆华：《受贿罪研究新动向》，中国方正出版社 2005 年版。
51. 赵秉志、王志祥、郭理蓉编：《联合国反腐败公约暨相关重要文献资料》，中国人民公安大学出版社 2004 年版。
52. 赵秉志：《关于中国逐步废止非暴力犯罪死刑的研讨》，中国人民公安大学出版社 2004 年版。
53. 赵秉志主编：《中国刑法案例与学理研究（分则篇六）》，法律出版社 2001 年版。
54. 赵秉志主编：《刑法学各论研究述评》，北京师范大学出版社 2009 年版。
55. 赵秉志：《罪行各论问题——现代刑法问题新思考》（第三卷），北京大学出版社 2010 年版。
56. 侯国云、白岫云：《新刑法疑难问题解析与适用》，中国检察出版社 1998 年版。
57. 徐久生、庄敬华译：《德国刑法典》，中国方正出版社 2004 年版。
58. 高铭暄、马克昌主编：《刑法学》，北京大学出版社、高等教育出版社 2005 年版。
59. 高铭暄：《刑法专论》（下编），高等教育出版社 2003 年版。
60. 郭立新主编：《检察机关侦查实务：讯问对策·询问技巧·翻供翻证卷》，中国检察出版社 2005 年版。
61. 黄维智、雷建昌、张斌：《职务犯罪证据的收集与运用》，中国检察出版社 2005 年版。
62. 黄维智：《证据与证明——以刑事法治为视角》，中国检察出版社 2006 年版。
63. 龚培华、肖中华：《刑法疑难争议问题与司法对策》，中国检察出版社 2002 年版。
64. 储槐植：《刑事一体化》，法律出版社 2001 年版。
65. 詹复亮：《贪污贿赂犯罪及其侦查实务》，人民出版社 2006 年版。
66. 蔡墩铭：《刑事证据法论》，台湾五南图书出版公司 1997 年版。
67. 廖福田：《受贿罪纵览与探究》，中国方正出版社 2007 年版。
68. 熊选国主编：《〈人民法院量刑指导意见〉与两高三部〈关于规范量刑程序若干问题的意见〉理解与适用》，法律出版社 2010 年版。

二、外文著作类

1. ［日］大塚仁：《刑法概说·总论》，冯军译，中国人民大学出版社 2003 年版。
2. ［日］大塚仁：《刑法概说·各论》（第三版），冯军译，中国人民大学出版社 2003 年版。
3. ［日］大谷实：《刑法各论》，黎宏译，法律出版社 2003 年版。
4. ［日］田口守一：《刑事诉讼法》，刘迪、张凌、穆津译，法律出版社 1999 年版。
5. ［日］西田典之：《日本刑法各论》（第三版），刘明祥、王昭武译，中国人民大学出版社 2007 年版。
6. ［日］松尾浩也：《日本刑事诉讼法》，丁相顺译，中国人民大学出版社 2005

年版。
7. [日] 泷川幸辰：《犯罪论序说》，王泰译，法律出版社 2005 年版。
8. [日] 福田平、大塚仁：《日本刑法总论讲义》，李乔译，辽宁人民出版社 1986 年版。
9. [英] 丹宁：《法律的正当程序》，李克强、杨百揆、刘庸安译，法律出版社 1999 年版。
10. [英] 梅因：《古代法》，沈景一译，商务印书馆 1984 年版。
11. [意] 贝卡利亚：《论犯罪与刑罚》，黄风译，中国大百科全书出版社 1993 年版。

三、论文类

1. 卜开明："论犯罪构成与证明制度的关联——以贿赂罪为切入点"，载《广西政法管理学院学报》2009 年第 4 期。
2. 于志刚："中国刑法中贿赂犯罪罪名体系的调整——以《刑法修正案（七）》颁行为背景的思索"，载《西南民族大学学报（人文社会科学报）》2009 年第 7 期。
3. 王亚新："刑事诉讼中发现案件真相与抑制主观随意性问题"，载《比较法研究》1993 年第 2 期。
4. 王志祥、付伟国、姚兵："论准自首"，载《山东警官学院学报》2005 年第 6 期。
5. 王作富、田宏杰："'黑哨'行为不能以犯罪论处"，载《政法论坛》2002 年第 3 期。
6. 王作富、陈兴良："受贿罪构成新探"，载《政法论坛》1991 年第 1 期。
7. 左卫民、刘涛："证据制度国际性准则与中国刑事制度的改革"，载《公安大学学报》2002 年第 2 期。
8. 龙宗智："欺骗与刑事司法行为的道德界限"，载《法学研究》2002 年第 4 期。
9. 冯耀辉："浅议我国公诉证明标准的完善"，载《国家检察院学报》2007 年第 1 期。
10. 曲新久："'黑哨'行为已构成受贿罪"，载《政法论坛》2002 年第 3 期。
11. 朱本欣："斡旋受贿若干争议问题刍议"，载《云南大学学报（法学版）》2003 年第 2 期。
12. 刘光显："论间接受贿"，载《中国刑事法杂志》1998 年第 5 期。
13. 刘明祥："也论受贿罪中的'为他人谋取利益'"，载《华中科技大学学报（社会科学版）》2004 年第 1 期。
14. 刘荣生、胡云腾："受贿罪的定罪与量刑"，载《中国法学》1999 年第 1 期。
15. 孙国祥："以交易形式收受贿赂的方式与界限解"，载《人民检察》2007 年第

16 期。
16. 曲新久:"论刑法解释与刑法文本的同步效力——兼论刑法适用的逻辑路径",载《政法论坛》2006 年第 2 期。
17. 李希慧、童伟华:"受贿罪主观方面研究",载赵秉志主编:《刑法评论》(第五卷),法律出版社 2004 年版。
18. 李洁、林菲:"论贿赂在受贿罪犯罪构成中的地位兼论受贿罪立法及认定中的几个问题",载《法制与社会发展》1998 年第 3 期。
19. 李洁:"受贿罪法条解释与评析",载《河南省政法管理干部学院学报》2003 年第 5 期。
20. 李伟迪:"受贿犯罪的新态势与推定政策",载《中国刑事法杂志》2003 年第 3 期。
21. 杨兴培、何萍:"非特殊身份人员能否构成贪污罪的共犯",中国法学会刑法学研究 2001 年学术研讨会论文。
22. 吴丹红:"非法证据排除规则的实证研究——以法院处理刑讯逼供辩护为例",载《现代法学》2006 年第 5 期。
23. 何泽宏:"刑法中国家机关工作人员的立法解释与司法解释评析",载《现代法学》2003 年第 2 期。
24. 何承斌、易利娜:"论影响力交易罪——以商业贿赂的刑法规制为切入点",载《中国刑法学年会论文集(2006)——和谐社会的刑事法治》(下卷),中国人民公安大学出版社 2006 年版。
25. 何家弘:"论司法证明的目标和标准——兼论司法证明的基本概念和范畴",载《法学研究》2001 年第 6 期。
26. 余振华:"论牵连犯之存废及其罪数",载《刑事法杂志》第 36 卷第 6 期。
27. 张明楷:"论受贿罪的客观要件",载《中国法学》1995 年第 1 期。
28. 张明楷:"受贿罪中的'为他人谋取利益'",载《政法论坛》2004 年第 5 期。
29. 张明楷:"受贿罪的共犯",载《法学研究》2002 年第 1 期。
30. 张倩:"国家工作人员与家属共同受贿犯罪浅析",载《陕西青年管理干部学院学报》2000 年第 2 期。
31. 陈光中、李玉华、陈学权:"诉讼真实与证明标准改革",载《政法论坛》2009 年第 2 期。
32. 赵秉志、于志刚、孙勤:"论国家工作人员范围的界定",载《法律科学》1999 年第 5 期。
33. 赵秉志、许成磊:"贿赂罪共同犯罪问题研究",载《国家检察官学院学报》2002 年第 1 期。
34. 郝守才:"我国刑法中国家工作人员的界定标准",载《河南省政法管理干部学院学报》2002年第4期。

35. 姜伟、侯亚辉："共同受贿犯罪若干问题探讨"，载《中国刑事法杂志》2002年第2期。
36. 龚举文："构建非法证据排除规则的理性思考"，载《中南民族大学学报（人文社会科学版）》2010年第2期。
37. 梁根林："受贿罪法网的漏洞及其补救——兼论刑法的适用解释"，载《中国法学》2001年第6期。
38. 率黎："2003年至2008年北京市检察机关查办局级干部贪污贿赂犯罪案件情况分析"，载《法律监督论坛》2010年第59期。
39. 储槐植、杨健民："'事后受贿'能否构成受贿罪——析陈晓受贿案和徐德臣受贿案"，载姜伟主编：《刑事司法指南》（第二辑），法律出版社2000年版。
40. 曾乐非："论行贿罪中的司法认定"，载《检察实践》2003年第2期。
41. 游伟、肖晚强："论受贿罪构成要件中的'为他人谋取利益'"，载《政治与法律》2000年第6期。
42. 游伟、谢锡美："双重评价禁止与充分评价原则剖析——关于刑法中牵连犯处断的思考"，载《法律适用》2007年第11期。
43. 谢望原："'黑哨'、'黑球'与'伤熊'行为的刑法学思考"，载《政治与法律》2002年第6期。
44. 雷建昌："职务犯罪侦查模式比较研究"，载《社会科学研究》2004年第2期。
45. 熊选国："谈如何区分贪污罪与受贿罪"，载《法学杂志》1993年第1期。
46. 樊崇义："客观真实管见"，载《中国法学》2000年第1期。
47. 潘成刚、董滨："贿赂犯罪的自首问题"，载《国家检察官学院学报》2009年第2期。
48. 潘爱民、许建琼："受贿罪认定中的几个疑难问题"，载《人民检察》2001年第11期。

四、报纸类

1. 王作富："贪污、受贿'利用职务之便'有何不同"，载《检察日报》2003年5月8日。
2. 苏敏华："渎职与受贿行为并存时的处断原则"，载《人民法院报》2008年12月31日。
3. 李辰："被告人庭前供述是否排除的证明责任与标准"，载《检察日报》2010年6月14日。
4. 李洁："灰色收入当属贿赂犯罪隐蔽形式"，载《检察日报》2004年1月13日。

5. 李宏民："当前职务犯罪呈现十大特点"，载《检察日报》2007年3月27日。
6. 杨矿生："'事先约定'在受贿罪认定中的意义"，载《法制日报》2002年11月21日。
7. 张明楷："非国家工作人员伙同受贿的共犯认定"，载《检察日报》2001年11月1日。
8. 陈兴良："解读宽严相济的刑事政策"，载《光明日报》2006年11月28日。
9. 赵秉志、肖中华："间接受贿罪之认定"，载《检察日报》2002年7月30日。
10. 姜伟："对接公约，受贿罪应修改"，载《检察日报》2006年10月25日。
11. 袁祥："十种新类型受贿如何界定"，载《光明日报》2007年7月16日。

后　记

　　毕业工作已经8年多了，这8年，我工作的大部分时间都从事职务犯罪案件的审查起诉工作。在北京市人民检察院第一分院公诉二处，我不仅有机会接触到近10年来在这里审查起诉的20多件省部级领导干部受贿案的案件资料，而且我还有幸参与办理了其中的部分案件和很多在全国有重大影响的受贿案。在办理形色各异的受贿犯罪案件过程中，我对受贿案件司法实践中存在的实体问题和程序问题有着切身的体验，特别是在论证和研讨各种疑难、新型受贿犯罪案件的过程中，我产生了对受贿犯罪进行系统研究的想法。

　　3年来，我查阅了可以接触到的所有关于受贿犯罪的资料，研究了各种新型的受贿犯罪形式，力争求实地对受贿类犯罪进行深入的研究。我不仅从实体上对受贿类犯罪的基本理论问题和实务问题进行了探究，而且从证据上对各种受贿类犯罪的证据标准和证明方法进行了探讨。尽管本书对刑法涉及的所有受贿犯罪的罪名都进行了研究，但是本书基本上是司法实践的成果和结晶，书中归纳的大量具有操作性的受贿犯罪认定方法，穿插的形色各异的受贿犯罪生动案例，绝大部分都来自在一分院办理的具体实例，很多都是我传承的这里多年办理省部级受贿案件的宝贵经验。虽然时常会因水平有限而忧于自己的研究不能给实践提供有力的理论支撑和参考借鉴，但是也时常为自己在认真研究中每日收获的点滴进步所欣喜。在此我要特别感谢一分院的各位领导和同志们在日常工作中给我的支持与鼓励，特别是项明检察长多次与我探讨理论和改革前沿问题，他不仅精研刑事法学理论，也深切关心现实问题，给我很大触动。周晓燕副检察长作为办理省部级领导干部案件最多的检察长，既是检察业务专家，更是为人师表的领导，如果不是她给了我很多面对挑战和接受锻炼的机会，我不会有今天的经历与收获。还有王化军副检察长要求我深入研究工作中的具体问题，促使我更深入的思考问题，更严谨的研究问题。

　　在此书即将付梓出版之际，我要感谢清华大学的周光权教授、中国政法大学的卞建林教授、张凌教授在百忙中阅读了书稿，提出了非常宝贵的修改意见，特别是周教授还欣然运笔为本书作序，是他们的鼓励和指点让我有勇气将自己的研究提交出版。同时感谢父母为支持我们工作，毫无怨言帮我照顾女儿，如果这本书的出版能够带给他们些微宽慰，也将是对我最大的鼓励。

文章千古事，得失存心知。我深知我的学术功底有限，该书的学术价值有限，在研究和探索中难免存在缺陷与不足，非常诚恳得期望各位领导、同仁及法律界人士给予批评指正。那些深印在我脑海中的殷切目光，将会成为我今后前行的动力。

李 辰

2011年元旦于北京

图书在版编目（CIP）数据

受贿犯罪研究 / 李辰著. —北京：中国政法大学出版社，2011.4
ISBN 978-7-5620-3922-8

Ⅰ.受… Ⅱ.李… Ⅲ.贿赂-刑事犯罪-研究-中国 Ⅳ.D924.392.4
中国版本图书馆CIP数据核字(2011)第063351号

书　　名	受贿犯罪研究
出版发行	中国政法大学出版社(北京市海淀区西土城路25号) 北京 100088 信箱 8034 分箱　邮政编码 100088 Zf5620@263.net http://www.cuplpress.com　（网络实名：中国政法大学出版社） (010)58908325（发行部）58908285(总编室)　58908334(邮购部)
承　　印	固安华明印刷厂
规　　格	787×960mm　16开本　26.125印张　510千字
版　　本	2011年5月第1版　2011年5月第1次印刷
书　　号	ISBN 978-7-5620-3922-8/D·3882
定　　价	49.00元

声　明　1. 版权所有，侵权必究。

2. 如有缺页、倒装问题，由印刷厂负责退换。